lonely planet

Laos

ÉDITION ÉCRITE ET ACTUALISÉE PAR

Austin Bush, Bruce Evans, Nick Ray

PRÉPARER SON VOYAGE

SUR LA ROUTE

PRESSDIGITAL/GETTY IMAGES ©

RIZIÈRES, PRÈS DE LUANG NAMTHA P. 123

KENGPHOTOSTOCK/SHUTTERSTOCK ©

TAK BAT P. 53

KIM BRIERS/500PX ©

TAT KUANG SI P. 79

Sommaire

JUSTIN FOULKES/LONELY

LE MÉKONG À DON KHONG P. 252

AVERTISSEMENT

Au moment où nous terminions l'édition de ce guide, la pandémie de Covid-19 impactait fortement le monde du voyage. Les informations que vous trouverez dans cet ouvrage sont donc susceptibles de changements.

Renseignez-vous bien avant votre départ car la situation aura probablement évolué quand vous préparerez votre voyage.

COUPS DE PROJECTEUR

Bienvenue au Laos

Une nature luxuriante et une culture d'une grande richesse, à la croisée d'un passé douloureux et d'un avenir prometteur, font du Laos une terre mystérieuse pour les visiteurs en quête d'aventure.

Le temps s'est arrêté au Laos

Le Laos conserve une partie des traditions qui ont disparu ailleurs en Asie, balayées par le développement économique. On peine à croire que la calme Vientiane soit une capitale, et la vie rurale se poursuit, intemporelle, parmi les maisons sur pilotis et les rizières verdoyantes. À Luang Prabang, des centaines de moines aux robes safran recueillent l'aumône chaque matin dans les rues. Les voyageurs curieux de régions méconnues découvriront un pays épargné par le tourisme de masse.

Un kaléidoscope d'ethnies

De par sa position géographique au carrefour de l'Asie, le Laos possède une population très diversifiée. Au nord, les robustes Hmong vivent de la terre dans des villages montagnards ; au sud, les anciens des communautés kahu et alak affichent encore des tatouages traditionnels sur le visage ; tandis que les Katang, dans le centre du pays, dorment en bonne intelligence avec les esprits de la forêt. Dans tout le pays, le Laos offre de formidables occasions d'interagir avec les habitants. Cependant, de nouveaux trains à grande vitesse qui traverseront bientôt le pays, empiétant sur le territoire de communautés isolées, pourraient changer la donne.

Cinquante nuances de vert

Jungle touffue, rizières vert émeraude, plantation de théiers et de caféiers sur le plateau des Boloven : le paysage revêt ici toutes les nuances du vert. L'économie opère aussi une mue environnementale, puisque le Laos a ouvert la voie de l'écotourisme en Asie du Sud-Est. Des zones protégées ont été créées dans tout le pays, tandis que les randonnées avec séjour chez l'habitant permettent d'admirer une nature spectaculaire tout en s'immergeant dans le "vrai Laos", contribuant ainsi à aider les communautés locales et à préserver l'environnement.

Des activités pour tous

Balades fluviales au fil du Mékong, exploration de grottes et parcours en tyrolienne dans la canopée attendent l'amateur de loisirs en plein air. L'amoureux de la nature traversera à pied des régions où vivent gibbons et éléphants. Le passionné de culture pourra explorer mille et un temples, témoins de la spiritualité bouddhique. Quant au visiteur gourmand, il pimentera son séjour en goûtant à la cuisine laotienne. Enfin, repus, tous les voyageurs adoreront les bienfaits de la relaxation et du spa. Que dire de plus ? Vous ferez tout cela en prenant votre temps, une autre vertu laotienne.

Pourquoi j'aime le Laos

Par Nick Ray, auteur

Lors de mon premier voyage au Laos, en 1995, je suis immédiatement tombé sous le charme de la splendeur des paysages et de l'accueil si chaleureux des habitants. Depuis, j'y ai effectué de nombreux périples mémorable et, pourtant, ce pays énigmatique continue de me fasciner. Cette fois-ci, j'ai mis le cap au nord, vers les mystérieuses grottes de Vieng Xai, et j'ai embarqué pour de longues balades en bateau sur la Nam Ou pour rejoindre la lointaine province de Phongsali. Toutefois, c'est Luang Prabang qui m'a le plus impressionné, avec ses temples historiques, sa culture, ses restaurants et ses agréables excursions dans les terres.

Pour en savoir plus sur nos auteurs, reportez-vous p. 352.

Ci-dessus : Xieng Khuan (ou parc du Bouddha ; p. 153)

Laos

0 — 100 km
ALTITUDE
1 250 m
1 000 m
750 m
500 m
250 m
0
Aventure en tyrolienne
Une traversée de la jungle sur d'immenses tyroliennes (p. 136)
Trekking
Des randonnées écoresponsables dans la ZNP de Nam Ha (p. 123)
Luang Prabang
Le charme du cœur historique du pays (p. 46)
Grottes de Vieng Xai
Un impressionnant monde souterrain qui a servi d'abri pendant la guerre (p. 99)
Au fil du Mékong
De délicieuses croisières sur la "mère des eaux" (p. 94)
Vang Vieng
VTT, escalade, kayak, raft, tubing... dans un époustouflant paysage karstique (p. 180)
CHINE
VIETNAM
MYANMAR (BIRMANIE)
Mong La
Mengla
Ou Tai (Muang Nyot Ou)
Nam Ou
ZNP de Phu Den
Phongsali
PHONGSALI
Boun Tai
Dien Bien Phu
Son La
Pang Hok
Tay Trang
Muang Sing
Boten
LUANG NAMTHA
Muang Khua
HANOI
Haiphong
Xieng Kok
ZNP de Nam Ha
Luang Namtha (Namtha)
BOKEO
ZNP de Nam Kan
Vieng Phukha (Vieng Phoukha)
Udomxai (Muang Xay)
Nong Khiaw
Vieng Kham
Parc national de Nam Et/Phou Louey
HUA PHAN
Vieng Xai
Muang Mom
Huay Xai (Hoksay)
Chiang Saen
Pha Udom
Nam Tha
LUANG PRABANG
UDOMXAI
Na Meo
Sam Neua (Xam Neua)
Nam Soi
ZNP de Nam Sam
Muang Houn
Pakbeng
Mékong
Luang Prabang
Nam Khan
XIENG KHUANG
Muang Ngeun
Hongsa
Huay Kon
Muang Kham
Muang Nan
Phu Khoun
Phonsavan
Sainyabuli (Sayaboury)
Nong Haet
Nam Can
Muang Khoun (ancienne Xieng Khuang)
Kasi
Nam Ngum
Ca
Phu Bia (2 820 m)
Nam San
Vang Vieng
VIENTIANE
SAISOMBUN
SAINYABULI
Phon
Ang Nam
Vinh
20° N
106° E
Golfe du Tonkin
MER DE CHINE MÉRIDIONALE

Tham Kong Lo
Une extraordinaire grotte de calcaire à découvrir en pirogue (p. 196)
Vientiane
Nombreuses bonnes tables dans la paisible capitale, sur les rives du Mékong (p. 148)
Vat Phu Champasak
L'atmosphère magique d'un ancien sanctuaire bouddhique de l'Empire khmer (p. 233)
Si Phan Don
La vie à la laotienne sur une île idéale pour se ressourcer (p. 252)
THAÏLANDE
CAMBODGE
VIENTIANE
BANGKOK
DE VIENTIANE
KHAMMUAN
SAVANNAKHET
SALAVAN
SEKONG
CHAMPASAK
ATTAPEU
Phrae
Uttaradit
Kheuan Sirikit
de Nam Phoun
Phu Soai Dao (2 120 m)
Pak Lai
Chiang Khan
Sanamkhan
Kaen Thao
Tha Li
Loei
Phu Khao Khuay
Bueng Kan
Pak Kading
ZNP de Nam Kading
Mékong
Khoun Kham (Ban Na Hin)
Lak Sao
Nam Phao
Tham Kong Lor
ZNP de Phu Hin Bun
Nam Theun
Parc national de Nakai-Nam Theun
Cha Lo
Na Phao
ZNP de Hin Namno
Ky Anh
18° N
Dong Hoi
Udon Thani
Nakhon Phanom
Tha Khaek
Sai Bua Thong
Bualapha
Nong Bok
Sakhon Nakhon
ZNP de Phu Xang Hae
Saibuli
Atsaphangthong
Sepon
Dong Ha
Huang Hoa (Khe San)
Lao Bao
Dansavanh
Mukdahan
Savannakhet
Keng Kok
Muang Phin
ZNP de Dong Phu Vieng
Songkhon
Se Pon
Se Kong
Phichit
Phetchaburi
Khon Kaen
Kalasin
Roi Et
Chaiyaphum
Ban Lakhon Pheng
Ban Muang
ZNP de Xe Bang Nuan
Salavan
ZNP de Phu Xieng Thong
Chi
Lao Ngam
Muang Tha Taeng
Sekong
Ubon Ratchathani
Mun
Chong Mek
Vang Tao
Paksong
Pakse
Plateau des Boloven
ZNP de Dong Ampham
Nakhon Ratchasima (Khorat)
ZNP de Dong Hua Sao
Champasak
Kiet Ngong
Attapeu
Phou Keua
Bo-Y
ZNP de Se Pian
Si Phan Don
Muang Khong
Nong Nok Khiene
Anlong Cheuteal

10 façons de voir le Laos

Luang Prabang

1 Jadis capitale du Lan Xang, surnommé le "royaume du million d'éléphants", Luang Prabang (p. 46) rayonne sur le nord du pays. Connue pour sa vieille ville pleine de charme, ses innombrables temples parcourus par des moines en robe safran, la cité intemporelle, construite au confluent du Mékong et de la Nam Khan, séduit également par sa cuisine d'exception, mâtinée d'influences françaises, et ses charmants hôtels. Découvrez les venelles de la "péninsule tropicale" à vélo ou détendez-vous dans l'un des spas à prix abordables. Et soyez prêt à modifier votre planning pour rester un peu plus longtemps que prévu ! En haut : Vat Xieng Thong (p. 51)

Si Phan Don

2 Les amateurs de soleil et de farniente, ces îles tropicales (les "Quatre Mille Îles", p. 252), baignées par les eaux du Mékong, seront séduits, mais aussi les tempéraments plus actifs. Entre une matinée de tubing (descente de rivière sur une chambre à air) et une balade à vélo dans les rizières, vous irez faire un tour en kayak ou partirez à la découverte des rares dauphins de l'Irrawaddy, menacés d'extinction. Bref, des journées enrichissantes qui se concluent immanquablement par une sortie en bateau au coucher du soleil. Ne manquez pas l'excursion jusqu'aux puissantes Khon Phapheng (photo), surnommées les chutes du Niagara du Laos.

1

ART6539S/SHUTTERSTOCK ©

2

JUSTIN FOULKES/LONELY PLANET ©

3

Vientiane

3 Avec ses rues bordées de tamariniers et ses ruelles qui débouchent sur des villas de l'époque française, ses maisons traditionnelles chinoises et ses vénérables sanctuaires, Vientiane (p. 148), la capitale du pays, édifiée sur la rive gauche du Mékong, a des allures de belle cité alanguie. Vendeurs de rue, moines bouddhistes, fine cuisine et hôtels de charme composent l'atmosphère particulière de cette ville qui incite au bien-être ; on profite ici des spas et on s'adonne au yoga et au vélo. Vientiane n'a certes pas l'éclat de Luang Prabang, mais elle ne manque certainement pas de cachet. À gauche : Pha That Luang (p. 156)

Vang Vieng

4 Une ambiance paisible règne à Vang Vieng (p. 180), merveille posée au pied des falaises sur les bords de la Nam Song et capitale des sports d'aventure au Laos. Depuis que les jeunes baroudeurs ont jeté leur dévolu sur d'autres destinations, le calme est revenu et les lieux accueillent une clientèle plus familiale, en quête d'activités bien organisées – vol en montgolfière, randonnée, spéléologie, escalade ou descente de rivière en tubing. Enfin, dernière bonne nouvelle : les pensions modestes et les fast-foods cèdent peu à peu le terrain à des hôtels plus confortables et à de délicieux restaurants.

4

5

Trek et séjour chez l'habitant

5 Partez à la découverte des facettes méconnues du pays au cours d'un trek incluant une ou plusieurs nuits chez l'habitant. Le nord du Laos est une région particulièrement appréciée, mais on peut randonner partout dans le pays. Luang Namtha (p. 123) est la ville idéale pour organiser un trek écoresponsable dans la zone nationale protégée (ZNP) de Nam Ha, haut lieu de la randonnée dans la région du Mékong ; vous trouverez quantité de chambres d'hôtes dans les communautés lanten, khmu et tai daeng.

En haut : femme lanten près de Luang Namtha

Grottes de Vieng Xai

6 Ici, l'histoire s'inscrit dans la pierre. C'est à Vieng Xai (p. 98) que se réfugièrent les dirigeants du Pathet Lao lors de la campagne de bombardements menée par l'armée américaine entre 1964 et 1973. Au-delà de la splendeur des grottes naturelles, c'est la visite audioguidée (avec effets sonores) qui rend l'expérience unique. Lorsque vous entendrez les bombardiers au-dessus de vos têtes, il y a fort à parier que vous irez vous mettre à l'abri dans le jardin du "Prince rouge"... Ce splendide coin du pays requiert un long voyage, mais l'effort en vaut la peine.

Tham Kong Lo

7 Ce pourrait être le pire des cauchemars : imaginez le bras d'une rivière à son embouchure qui s'enfonce sous un imposant promontoire calcaire, et un batelier qui vous emmène sur un frêle esquif de bois dans les sombres entrailles de la montagne. La lente progression sous le haut plafond constellé de stalactites de cette galerie de 7,5 km, située dans la province reculée de Khammuan (p. 193), est une expérience inoubliable ! Le village de Ban Kong Lo, où guesthouses et petits hôtels ont récemment fleuri, est le point de chute le plus pratique pour visiter la grotte.

6

7

8

9

Croisière fluviale

8 C'est l'une des composantes essentielles d'un voyage au Laos, et il existe des options pour tous les budgets. Sur le Mékong, l'itinéraire reliant Luang Prabang et Huay Xai, une porte du Triangle d'or, via Pakbeng, est l'un des plus fréquentés. Des affluents, comme la Nam Ou, relient des destinations aussi diverses que Nong Khiaw et Muang Khua, d'où l'on gagne la lointaine province de Phongsali. Des excursions en kayak de plusieurs jours sont aussi organisées sur certains cours d'eau et, dans l'extrême Sud, vous attend le paisible archipel de Si Phan Don.

Vat Phu Champasak

9 Certes moins majestueux que les temples d'Angkor, mais tout aussi mystérieux, ces vestiges d'un sanctuaire bouddhique de l'époque khmère (p. 233) séduisent autant pour leur intérêt culturel que pour leur cadre. Le site est considéré comme l'un des joyaux du Laos. Appartenant jadis à une ville majeure, ces ruines s'accrochent aujourd'hui, solitaires, au flanc de la montagne Phu Pasak. Elles se dévoilent au fur et à mesure de la montée d'où vous jouirez, loin de la foule, d'une vue panoramique. Des vestiges semblables jalonnent les rizières et la forêt en contrebas.

Aventure en tyrolienne

10 Avec ses câbles suspendus traversant la jungle et les massifs karstiques du nord au sud du pays, le Laos s'est imposé comme la capitale asiatique de la tyrolienne. Le prestataire originel en la matière est la Gibbon Experience (photo ; p. 136), qui couvre les vallées boisées de Nam Kan. On trouve plusieurs autres tyroliennes au Laos : le Nong Khiaw Jungle Fly, le Green Jungle Park à Luang Prabang, le Tad Fane Zipline sur le plateau des Boloven ou le Mekong Fly qui surplombe de bouillonnants rapides. De belles poussées d'adrénaline en perspective.

L'essentiel

Pour plus de renseignements, voir *Laos pratique* (p. 307)

Monnaie
Kip laotien (LAK)

Langues
Lao, français et langues des diverses ethnies

Visa
Les Français, les Belges et les Canadiens doivent détenir un visa de 30 jours, qui est délivré à l'arrivée à l'aéroport et à la plupart des postes-frontières terrestres. Voir p. 312.

Argent
La devise officielle du Laos est le kip laotien (LAK) ; toutefois, le baht thaïlandais (THB) et le dollar américain ($US) sont largement acceptés.

Téléphones
L'itinérance est possible au Laos, mais elle coûte cher (contactez votre opérateur). On peut se procurer facilement des cartes SIM locales et des téléphones débloqués.

Heure locale
GMT/UTC plus 7 heures toute l'année ; quand il est midi à Paris, il est 17h (l'été) à Vientiane.

Quand partir

Haute saison
(novembre-mars)

- Températures agréables sur la majeure partie du territoire, mais froides en montagne.
- La meilleure période pour voyager.
- Réservez l'hébergement pour la période de Noël et du Nouvel An.

Saison intermédiaire
(juillet-août)

- Temps pluvieux dans les régions très humides, d'où des paysages d'un vert éclatant.
- Une période prisée notamment par les touristes européens et les baroudeurs.

Basse saison
(avril-juin, septembre-octobre)

- Avril-mai équivaut à la saison chaude : la température peut atteindre les 40°C.
- Septembre-octobre sont parfois très pluvieux, de fortes précipitations souvent accompagnées d'impressionnantes formations nuageuses.

Sites Web utiles

Institut français de Luang Prabang (www.if-laos.org). Des échanges culturels (projections, expositions...) et des cours de langue (le lao pour les expatriés), entre autres.

Ecotourism Laos (www.ecotourismlaos.com). Trekking et autres activités écotouristiques.

Hobo Maps (hobomaps.com). Informations et cartes à jour sur les transports, majoritairement ceux du nord du Laos.

Lao National Tourism Administration (www.tourismlaos.org). Informations touristiques fournies par le gouvernement.

We Are Lao (wearelao.com). Un site très apprécié qui couvre tout ce qui relève du tourisme au Laos.

LonelyPlanet (www.lonelyplanet.fr). Dernières nouvelles des voyages au Laos, forum de discussion et liens vers des sites utiles.

Radio nationale (www.laonationalradio.com). Des informations quotidiennes, en français, sur le Laos.

Vientiana Lao Cuisine (www.vientiana.blogspot.fr). Pour avoir un avant-goût de la cuisine laotienne, en français.

Numéros utiles

Pour des détails sur les indicatifs téléphoniques, voir p. 315.

Indicatif du Laos	✆856
Indicatif international	✆00
Ambulance	✆195
Pompiers	✆190
Police	✆191
Police touristique	✆192

Taux de change

Canada	1 $C	6 807 LAK
Zone euro	1 €	10 655 LAK
Thaïlande	10 B	2 917 LAK
États-Unis	1 $US	9 075 LAK
Vietnam	10 000 d	3 912 LAK

Pour connaître les derniers taux de change, connectez-vous à www.xe.com/fr.

Budget quotidien

Moins de 50 $US

- Chambre dans une guesthouse bon marché : 5-10 $US
- Repas dans une gargote ou dans la rue : 2-4 $US
- Bus locaux : 2-3 $US pour 100 km

50-150 $US

- Chambre d'hôtel climatisée : 12-50 $US
- Repas dans un restaurant correct : 5-10 $US
- Guide laotien : 25 $US/jour

Plus de 150 $US

- Chambre dans un hôtel haut de gamme ou un complexe hôtelier : 50-500 $US
- Repas gastronomique avec boisson : 15-50 $US
- Location d'un 4x4 : 60-120 $US

Heures d'ouverture

Bars et boîtes de nuit
17h-23h30 (plus tardivement à Vientiane)

Bureaux administratifs
8h-12h et 13h-17h du lundi au vendredi

Échoppes de nouilles 7h-13h

Magasins 9h-18h

Restaurants 10h-22h

Arriver au Laos

Aéroport international de Vattay Des bus et des *jumbo* desservent la ville depuis l'aéroport. La course en taxi/minibus coûte la somme fixe de 7/8 $US. L'aéroport est à seulement 6 km du centre-ville.

Aéroport international de Luang Prabang Vous paierez la somme fixe de 50 000 LAK pour un taxi depuis/vers l'aéroport (à environ 4 km de la vieille ville).

Aéroport international de Savannakhet Le trajet en *jumbo* depuis l'aéroport revient à 30 000 LAK, mais les chauffeurs demanderont peut-être plus.

Aéroport international de Pakse Un *săhm-lór* ou un *túk-túk* jusqu'à l'aéroport, situé à 8 km au nord de la ville, reviendra à environ 40 000 LAK.

Comment circuler

Les transports au Laos sont généralement très bon marché. Les trajets prennent parfois beaucoup plus de temps qu'il n'y paraît sur une carte.

Avion Les nombreuses liaisons intérieures permettent de gagner un temps considérable lors d'un séjour de courte durée.

Bateau Les cours d'eau sont des axes vitaux au Laos. Les voyages en bateau sont autant d'expériences authentiques.

Bus Des bus couvrent les principales lignes au départ de Vientiane, mais seuls des véhicules poussifs sillonnent les zones reculées.

Voiture Une voiture de location avec chauffeur est la solution la plus commode, mais assez chère, pour parcourir de grandes distances en un temps limité.

Pour plus de renseignements, voir **Comment circuler** (p. 322)

Hébergement

Vous trouverez davantage d'hébergements dans les chapitres de la section *Sur la route* (à partir de la p. 45)

BUDGET

Sauf mention contraire, les prix suivants s'entendent pour une chambre double avec salle de bains attenante, en haute saison.

$ moins de 25 $US (200 000 LAK)

$$ 25-75 $US (200 000-600 000 LAK)

$$$ plus de 75 $US (600 000 LAK)

Types d'hébergement

Guesthouses (pensions) Juridiquement parlant, une guesthouse au Laos compte moins de 16 chambres. La qualité des établissements est en hausse aux quatre coins du pays, mais les adresses les moins chères disposent encore parfois de douches avec eau froide ou d'une simple baignoire à la laotienne.

Chambres chez l'habitant Ces chambres, dans les zones rurales pour la plupart, sont très abordables et permettent de vivre une expérience locale. Les repas, simples, comprennent généralement deux plats et du riz gluant. Vous dormirez probablement sur un matelas à même le sol et à l'abri d'une moustiquaire.

Auberges de jeunesse Les auberges de jeunesse sont très courantes dans les sites touristiques, mais assez rares dans les terres.

Hôtels Situés en ville, les hôtels, de taille moyenne ou modeste, sont tournés vers les voyageurs d'affaires asiatiques et les touristes indépendants ou en voyage organisé. Quant aux hôtels haut de gamme, ils offrent une déco soignée, de nombreux équipements et un service professionnel.

Resorts Contrairement à d'autres pays, les "resorts" au Laos ne comprennent ni activités sportives, ni spa ou autres services similaires. Ils sont, pour la plupart, situés en dehors des villes.

Le top des hébergements

Petits budgets

Dans certains endroits comme Don Det, dans le sud du Laos, ou Muang Ngoi Neua, dans le Nord, on trouve des guesthouses (de simples cabanes coiffées de chaume, avec équipements collectifs), pouvant coûter 3 $US la nuit. Séjourner dans un village est de plus en plus prisé et peu onéreux.

➡ Aham Backpackers Hostel (p. 68), Luang Prabang

➡ Alisa Guesthouse (p. 221), Pakse

➡ My Box (p. 160), Vientiane

➡ PVO Hostel (p. 160), Vientiane

Familles

Vientiane compte de bonnes adresses avec piscine. À Luang Prabang, on trouve des complexes écotouristiques avec chutes d'eau, balades en bateau, visites de ferme et, pour les plus grands, VTT et tyrolienne. Les lits supplémentaires ne sont pas très répandus, hormis dans les hôtels les plus chers. Préparez-vous donc à partager des doubles ou des chambres avec lits jumeaux ; sinon, réservez des chambres dont les portes communiquent.

➡ Kong Resort (p. 187), Vang Vieng

➡ Nakorn Cafe Guest House (p. 231), Champasak

➡ Thongbay Guesthouse (p. 65), Luang Prabang

Voyager en solo

Les auberges de jeunesse sont plutôt rares à l'intérieur des terres, mais elles sont nombreuses dans les lieux touristiques. Il est très peu probable que les femmes voyageant seules subissent des désagréments. Toutefois, il peut

BARTOSZ HADYNIAK/GETTY IMAGES ©

être utile de faire équipe avec d'autres voyageuses sur les longs trajets par la route à destination de zones éloignées du pays. Il est également possible de passer un moment dans une chambre chez l'habitant : les villages sont pleins d'enfants et vous logerez dans une famille.

- Fan Dee (p. 65), Luang Prabang
- Hostel Savan Cafe (p. 211), Savannakhet
- Kingfisher Ecolodge (p. 238), Kiet Ngong
- Sailomyen Hostel (p. 162), Vientiane

Amoureux de la nature

Au Laos, le terme "resort" désigne souvent n'importe quel hébergement situé à l'extérieur d'une ville. Si vous cherchez quelque chose de plus abordable, il existe un nombre croissant de chambres chez l'habitant un peu partout au pays, en particulier dans les zones nationales protégées (ZNP) et alentour.

- Nong Kiau Riverside (p. 104), Nong Khiaw
- Spring River Resort (p. 198), Tham Kong Lo
- Tayicseua Guesthouse (p. 241), Paksong
- Vieng Tara Villa (p. 187), Vang Vieng

Réservations

Cela vaut la peine de réserver à Luang Prabang ou à Vientiane, durant la haute saison (novembre-février) et autour du Nouvel An laotien, en avril.

Lonely Planet (www.lonelyplanet.fr). Des comptes-rendus indépendants, ainsi que des conseils sur les meilleurs endroits où se loger.

Agoda (www.agoda.com). Un site de réservation basé en Asie, offrant quantité d'hébergements.

Airbnb (airbnb.com). Au moment de la publication, on comptait plus de 300 adresses au Laos.

Booking.com (booking.com). Eh oui, le Laos figure sur ce site ; recense plusieurs auberges de jeunesse.

Culture Trip (theculturetrip.com). Les pages consacrées au Laos comprennent des recommandations concernant les hébergements.

Hostelworld (hostelworld.com). Un portail Internet pour les voyageurs à petit budget, avec des établissements dans les grandes villes.

Travelfish (travelfish.org). Des rapports fiables d'hébergements petits budgets en Asie du Sud-Est, notamment au Laos.

Quoi de neuf ?

Le Laos est en train d'évoluer en matière de tourisme. De nouveaux hôtels voient le jour et les initiatives d'écotourisme proposées aux voyageurs ont augmenté de façon notable, notamment avec l'ouverture de zones naturelles protégées jusqu'alors interdites.

Laos Buffalo Dairy

Essayez-vous à la traite de bufflesses lors d'une visite de cette ferme écoresponsable aux portes de Luang Prabang (p. 79), avant de goûter aux produits bio – fromages, yaourts frais ou glaces. Une partie des recettes va aux fermiers, et des cours sont dispensés gratuitement à des étudiants locaux.

Parc de Nahm Dong

Découvrez le paysage verdoyant de ce nouveau parc (p. 78), situé à 10 km au sud-ouest de Luang Prabang, et faites une promenade dans la canopée et de la tyrolienne. Cela dit, vous pourrez également explorer la forêt, plonger dans des chutes et des bassins naturels ou encore découvrir l'artisanat local, en confectionnant du papier mûrier, un attrape-rêves thaï leu ou des broderies hmong. À noter, le restaurant-maison de thé laotien d'où la vue sur la vallée est superbe. Durant la saison sèche, de novembre à mars, il est possible de camper.

E-bike Adventures

Laissez-vous convier par ce prestataire (p. 60) à une aventure en VTT électrique au fil des rizières et des villages de minorités ethniques (avec une ou deux traversées de rivière) dans la campagne autour de Luang Prabang. Associez la balade à une sortie en kayak ou en paddle sur la Nam Khan ; des excursions sont également proposées, avec nuit de camping ou séjour dans le lodge attenant.

100% LOCAL

L'ACTUALITÉ AU LAOS

Par Austin Bush, auteur Lonely Planet

Indéniablement, le grand événement du moment au Laos est la construction du vaste réseau ferroviaire entre la ville chinoise de Kunming et la capitale, Vientiane. Une fois terminé – le chantier devrait s'achever en 2021, après avoir débuté en 2016 –, ce chemin de fer aura d'importantes conséquences pour le Laos, dont la consolidation des liens économiques et politiques avec la Chine.

L'écologie demeure un enjeu majeur au Laos. Malgré quelques mesures encourageantes, comme l'interdiction totale de l'abattage forestier, les dirigeants continuent de capitaliser sur les ressources naturelles du pays, dans un effort de s'imposer comme le "moteur de l'Asie du Sud-Est". L'illustration parfois tragique de cette politique est l'effondrement du barrage d'Attapeu en 2018, qui a fait au moins 100 morts et plus de 6 000 déplacés. On estime par ailleurs que le Laos aurait jusqu'à 140 barrages en projet, dont 9 sur le Mékong, ce qui provoque la consternation du Cambodge et du Vietnam, ses voisins en aval qui dépendent du fleuve pour l'irrigation des terres et leur approvisionnement en poisson.

Carpe Diem

Profitez du moment présent et savourez un repas dans ce restaurant gastronomique (p. 79), situé parmi les bassins et les cascades de Tat Kuang Si. La carte fusion a un fort accent français, avec cuisses de grenouille à la citronnelle et filet mignon, mais on y sert aussi des plats végétariens et pour les enfants. Difficile d'imaginer un cadre plus délicieux pour un restaurant.

Nong Khiaw Jungle Fly

Découvrez de splendides sites naturels au fil des paysages karstiques de Nong Khiaw avec ces tyroliennes (p. 102) qui traversent la jungle. La journée d'aventures comprend des "lianes à la Tarzan", une descente en rappel et une randonnée dans une forêt de bambous. Les équipements sont de qualité et les guides mettent l'accent sur la sécurité. Une expérience magique.

Séjour chez l'habitant dans la ZNP de Hin Namno

Cette expérience d'immersion culturelle, qui a vu le jour récemment dans le centre du Laos, permet d'explorer certains des coins les plus reculés de la ZNP de Hin Namno. La région est superbe et les activités sont nombreuses — de l'observation de la faune à la découverte des cascades, des rivières souterraines et des grottes - dont une aurait abrité 3 000 soldats du Viêt-cong dans les années 1970. Vous logerez à Ban Thongxam, un village yoy de 379 habitants au mode de vie traditionnel.

Vélo autour de Tham Kong Lo

Une initiative communautaire soutenue par une ONG a mis en place un service de location de vélos près de Tham Kong Lo, à Natane (p. 193) - une charmante façon de découvrir une campagne sublime. On peut trouver des hébergements chez l'habitant (*homestay*) dans le village.

Tyroliennes dans le Sud

Ce nouveau parcours de tyrolienne (p. 256) - situé à Don Khon, dans l'archipel de Si Phan Don - ne se contente pas de franchir le Mékong, il enjambe également les rapides des chutes de Tat Somphamit. Sinon, survolez la vallée des chutes jumelles de Tat Fan, à une altitude de 250 m. L'agence organise en outre des circuits d'observation des dauphins en kayak, en haute saison.

Nouvelles chutes d'eau à découvrir

Présentées comme parmi les plus belles du Laos, les chutes de Tat Sae Pha (p. 247), dans la province d'Attapeu, ne sont accessibles qu'à moto ou en 4x4. Les chutes voisines de Tat Sae Pong Lai sont tout autant spectaculaires. Une guesthouse et un restaurant ont été bâtis et les routes d'accès améliorées. Hélas, l'effondrement du barrage d'Attapeu a ramené le projet au point de départ. Des travaux de reconstruction sont en cours.

À VOIR, À ÉCOUTER ET À SUIVRE

@everydaylaos Un feed Instagram axé sur les gens.

Radio France Internationale (www.rfi.fr) Diffusée au Laos (100.5 FM) avec le soutien de la Radio nationale laotienne.

Lao Star (laostar.tv) Une chaîne de télévision nationale, surtout dédiée aux divertissements.

New Mandala (newmandala.org) Une immersion (en anglais) dans les sujets d'actualité du Sud-Est asiatique, notamment du Laos.

Le Rénovateur (www.lerenovateur.la) Organe du gouvernement laotien et hebdomadaire en langue française.

EN BREF

Groupes ethniques officiellement reconnus par l'État 49

Taux de croissance annuel moyen du PIB sur la décennie écoulée 7,5% (le plus élevé au monde)

Nombre d'habitants 7,2 millions

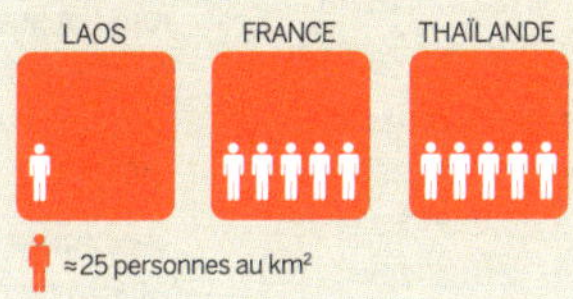

Envie de...

Sports de plein air

Vang Vieng Un terrain de jeu pour des activités palpitantes comme la descente de rivière sur une chambre à air (tubing), le kayak, la spéléologie, l'escalade et le vélo (p. 180).

Luang Prabang Paysage urbain et culturel unique pour cette ville aux *vat* dorés, et une myriade de possibilités de sorties VTT, randonnée, kayak, tyrolienne et chutes d'eau dans la campagne environnante (p. 53).

Province de Khammuan Ici, les pics karstiques recèlent des grottes profondes et des surplombs vertigineux (p. 193).

Plateau des Boloven Chutes d'eau impressionnantes, circuit à moto ou parcours en tyrolienne (p. 239).

Luang Namtha La porte d'accès du Nord-Ouest (p. 123) est le lieu parfait pour organiser des randonnées à pied ou à vélo et des sorties en kayak – à moins de préférer, plus loin dans la jungle, la Gibbon Experience (p. 136).

Province de Phongsali Un territoire accidenté magnifique, peuplé par des ethnies montagnardes. C'est l'une des meilleures destinations de trekking de la région (p. 110).

Plaisirs culinaires

Vientiane La capitale nationale de la gastronomie, avec des plats laotiens maison, des cafés typiques et une cuisine fusion d'inspiration méditerranéenne (p. 167).

Luang Prabang Choisissez le côté Mékong pour les couchers de soleil ou le côté Nam Khan pour les meilleures tables (p. 69).

Luang Namtha Une ville réputée pour ses excellents restaurants, qui font la part belle à la cuisine des minorités ethniques (p. 127).

Savannakhet Une destination relativement méconnue, mais en devenir grâce à ses spécialités laotiennes, notamment sa cuisine de rue le matin et à midi (p. 212).

Tamarind Apprenez l'art de la cuisine laotienne à Luang Prabang, dans le joli pavillon en bordure de lac du restaurant Tamarind (p. 59).

Balades fluviales

De Huay Xai à Luang Prabang L'une des traversées les plus accessibles du Laos, avec escale d'une nuit à Pakbeng (p. 75) – à ne manquer sous aucun prétexte.

Si Phan Don Avec un nom signifiant Quatre Mille Îles, rien d'étonnant à ce que les croisières soient de toute beauté sur ce tronçon du Mékong (p. 252).

Tham Kong Lo Une balade en bateau à l'attrait particulier : la traversée sur 7 km, au fil d'une rivière souterraine, d'un surprenant monde minéral (p. 196).

Vang Vieng Pour les jeunes baroudeurs, faire du tubing sur la Nam Song est un rite de passage. On peut aussi opter pour de plus classiques excursions en kayak (p. 181).

Hors des sentiers battus

Grottes de Vieng Xai Superbe réseau de grottes qui ont abrité la base du Pathet Lao lors des bombardements américains (p. 99).

Province de Phongsali Des treks à la découverte des ethnies montagnardes (p. 115) parmi les plus traditionnelles, dans le nord du pays.

Province de Khammuan Cette province du Centre se distingue par des paysages karstiques accidentés qui feront la joie des motards expérimentés effectuant un *road trip* sur la fameuse "Boucle" (p. 193 et p. 202).

En haut : Chutes de Tat Fan (p. 240), plateau des Boloven

En bas : Produits frais sur un marché de Luang Prabang (p. 46)

Nam Nern lors d'un safari nocturne Un circuit en bateau de nuit, dans le parc national de Nam Et/Phou Louey, pour approcher les animaux sauvages lorsqu'ils viennent s'abreuver aux points d'eau (p. 101).

Temples anciens

Luang Prabang On dénombre dans la cité royale plus de 30 temples dorés, dont le Vat Xieng Thong (p. 51).

Vat Phu Champasak Jadis, les Khmers dominaient la majeure partie de la région du Mékong et le Vat Phu est l'un des temples qu'ils avaient érigés au sommet d'une colline (p. 233).

Vientiane De superbes sanctuaires, à l'image du Pha That Luang, stupa doré symbolisant la nation, et du Vat Si Saket, qui abrite des milliers d'effigies du Bouddha (p. 152).

That Ing Hang Bâti vers le milieu du XVIe siècle, cet élégant *thâat* est l'un des temples sacrés les plus vénérés du sud du Laos (p. 209).

Fabuleux marchés

Luang Prabang Marchés de jour ou de nuit, les possibilités sont infinies. On apprécie le marché d'artisanat nocturne dans l'artère principale et celui des produits alimentaires (p. 73).

Marché du matin Ce marché de Luang Prabang, installé dans les petites rues de la vieille ville, est l'un des plus animés du pays aux premières heures de la journée (p. 69).

Grand marché de Sam Neua Cette succession d'étals vend des textiles typiques de cette région reculée, et fait également office de plaque tournante pour divers produits importés de Chine et du Vietnam (p. 94).

Talat Dao Heuang L'un des plus grands marchés du Laos, à Pakse, débordant de produits de toutes sortes, des aliments frais aux soieries et aux pièces d'artisanat local (p. 220).

Bien-être

Luang Prabang Le haut lieu du bien-être au Laos, avec quantité de spas dans les grands hôtels de la ville et ailleurs (p. 56).

Vientiane Quelques spas somptueux, des centres de remise en forme qui n'ont rien à envier à ceux des métropoles occidentales et une école de yoga vous attendent dans la capitale (p. 157).

Champasak Dans la petite ville de Champasak (p. 230), un spa et centre de méditation du même nom qui contribue à apporter aux jeunes filles de la région un cadre de vie gratifiant.

Nong Khiaw Remise en forme garantie après une séance yoga au Mandala Ou Resort (p. 104) ou un soin beauté au Sabai Sabai (p. 102).

Mois par mois

LE TOP 5

Bun Pi Mai, avril

Makha Busa, février

Bun Bang Fai, mai

Bun Awk Phansa, octobre ou novembre

Bun Nam, octobre ou novembre

Janvier

La haute saison dans la majeure partie du pays. Le temps frais est agréable pour visiter les hauts lieux touristiques. En altitude, il fait vraiment froid dans le Nord.

Jour de l'An

Jour férié pour les employés des ambassades et des travailleurs humanitaires résidant au Laos. Le jour de l'An est fêté également par les jeunes des villes.

Têt vietnamien et Nouvel An chinois

Célébrées à Vientiane, Pakse et Savannakhet, ces fêtes sont l'occasion de feux d'artifice et de visites aux temples vietnamiens et chinois. Les établissements tenus par des Chinois et des Vietnamiens sont fermés plusieurs jours.

Bun Khun Khao

Pour la fête annuelle des moissons, à la mi-janvier, les habitants des villages remercient les esprits de la terre pour leurs récoltes.

Février

Le temps est généralement frais et sec à cette période ; il peut même neiger en altitude dans des endroits comme Phongsali. Le Nouvel An chinois et le Nouvel An vietnamien tombent parfois en février.

Makha Busa

Appelée aussi Magha Puja ou Bun Khao Chi, cette fête qui a lieu le jour de la pleine lune célèbre une prédication du Bouddha devant 1 250 moines. Les cérémonies sont impressionnantes à Vientiane et au Vat Phu Champasak (p. 233).

Mars

L'atmosphère commence à se réchauffer : une bonne période pour s'attaquer aux hautes terres du Xieng Khuang, de Sam Neua et de Phongsali.

Bun Pha Wet

Fête religieuse durant laquelle on récite le jataka du prince Vessantara, autrement dit l'histoire de l'avant-dernière incarnation du Bouddha. C'est aussi la période privilégiée pour l'ordination des moines.

Avril

Le mois le plus chaud de l'année, avec des températures atteignant les 40°C. C'est aussi la période où l'on célèbre le Nouvel An laotien.

Bun Pi Mai

Le Nouvel An laotien constitue la fête majeure de l'année. Les maisons sont récurées et les effigies du Bouddha sont nettoyées à l'eau lustrale. Les habitants s'aspergent d'eau entre eux et ciblent parfois les touristes. Les marchés, magasins et restaurants sont fermés du 14 au 16 avril.

Mai

Une explosion de festivités ! C'est le début de la saison "verte" (creuse), où les tarifs sont plus intéressants. Comme

avril, ce mois est parmi les plus chauds de l'année.

Visakha Busa

Visakha Busa (ou Visakha Puja), qui correspond au 15e jour du 6e mois lunaire, célèbre dans tout le pays, la naissance, l'Éveil et la mort du Bouddha. Les célébrations s'organisent autour des *vat*.

Bun Bang Fai

La fête des Fusées est une cérémonie prébouddhique de l'appel de la pluie, célébrée en même temps que Visakha Busa. Figurant parmi les fêtes les plus endiablées du pays, elle inclut de la musique, de la danse et des processions qui s'achèvent par des tirs de fusées en bambou.

Juillet

La saison humide est marquée par de fortes précipitations, mais leur brièveté permet malgré tout d'explorer le pays.

Bun Khao Phansa

Le jour de la pleine lune (appelé aussi Khao Watsa) marque le début de la "retraite des pluies", une période de 3 mois durant laquelle les moines bouddhistes doivent s'établir dans un seul et même monastère. Nombre de jeunes hommes se font temporairement moines à cette période.

Août

Lors des vacances d'été, étudiants et touristes étrangers donnent un regain d'activité à la basse saison. Grâce aux rizières fertiles, les paysages sont d'un vert éclatant.

Haw Khao Padap Din

À la pleine lune, on rend hommage aux morts lors de cérémonies de crémation – des exhumations ont lieu à cet effet – et d'offrandes à la communauté bouddhiste, destinées à financer les prières des moines en faveur des défunts.

Octobre

En octobre, c'est sur l'eau que les choses se passent. Assistez au spectacle mémorable de bougies flottant au fil du fleuve dans les villages de tout le pays, avant l'excitante course de bateaux-dragons dans les grandes villes.

Bun Awk Phansa

À la fin de la retraite des pluies, longue de 3 mois, les moines se voient offrir des tuniques et des bols d'aumône. La veille de la fête est marquée par une cérémonie appelée Van Loi Heua Fai, où l'on fait flotter de petits bateaux en feuille de bananier transportant des bougies et de l'encens.

Bun Nam

Dans de nombreuses villes situées au bord du fleuve, notamment à Vientiane et à Luang Prabang, des courses de bateaux sont organisées le lendemain de l'Awk Phansa. Dans les localités de taille modeste, l'événement est décalé au 2 décembre, jour de la fête nationale (p. 159).

Novembre

La haute saison débute, alors que la mousson s'achève et que le climat est agréable. Face à l'afflux de visiteurs, les prix des hébergements repartent à la hausse.

Bun Pha That Luang

La fête du Pha That Luang, articulée autour du stupa éponyme, à Vientiane, dure une semaine et conjugue feux d'artifice, musique et libations. Des centaines de moines reçoivent des aumônes et des offrandes de fleurs, puis les festivités s'achèvent par une retraite aux flambeaux autour du Pha That Luang. (p. 160)

Décembre

Noël n'est pas une grande fête laotienne, mais c'est une période d'affluence touristique. Réservez de bonne heure et préparez-vous à payer le prix fort durant cette semaine de festivités.

Fête nationale

Discours et défilés marquent les cérémonies de commémoration de la victoire de 1975 sur la monarchie, le 2 décembre. Le drapeau laotien, frappé de la faucille et du marteau, flotte partout.

Festival du film de Luang Prabang

Une semaine de projections gratuites, début décembre. Le festival fait la part belle au cinéma du Sud-Est asiatique. Films sous-titrés en anglais. (p. 64)

Itinéraires

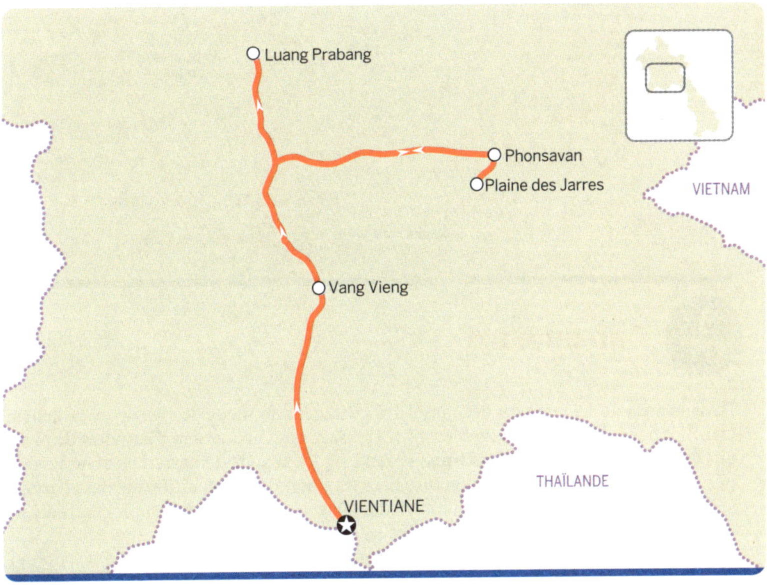

1 SEMAINE Une semaine laotienne

Votre périple laotien débute à **Vientiane**, la capitale du pays, "cité du santal" aux temples scintillants, en bordure du Mékong, qui a su préserver sa douceur de vivre. Découvrez ses multiples *vat* et son architecture, profitez de ses excellents bars et restaurants et craquez pour des objets d'artisanat.

Cap au nord ensuite, jusqu'à **Vang Vieng**, ancien eldorado pour les baroudeurs devenu l'épicentre des sports d'aventure : spéléologie, escalade, tyrolienne, kayak, VTT et trekking, sans oublier le tubing (descente de rivière sur une chambre à air), qui lui vaut sa notoriété. Toujours vers le nord sur la Route 13, faites un crochet par **Phonsavan**, porte d'accès à la **plaine des Jarres** et ses mystérieux mégalithes.

Vous terminerez votre voyage en beauté, à **Luang Prabang**, l'ancienne capitale royale du Lan Xang, joyau inscrit au patrimoine mondial de l'Unesco. Prévoyez d'y demeurer quelques jours pour vous imprégner de l'atmosphère hors du temps de sa vieille ville – ne manquez pas le *tak bat* (collecte des aumônes à l'aube) des nombreux moines de la ville. Gardez un peu de temps pour des escapades dans la campagne alentour, où découvrir des chutes d'eau et randonner dans la jungle, à pied ou à VTT, ou encore descendre des rivières en kayak, au cœur d'une nature à la beauté ensorcellante.

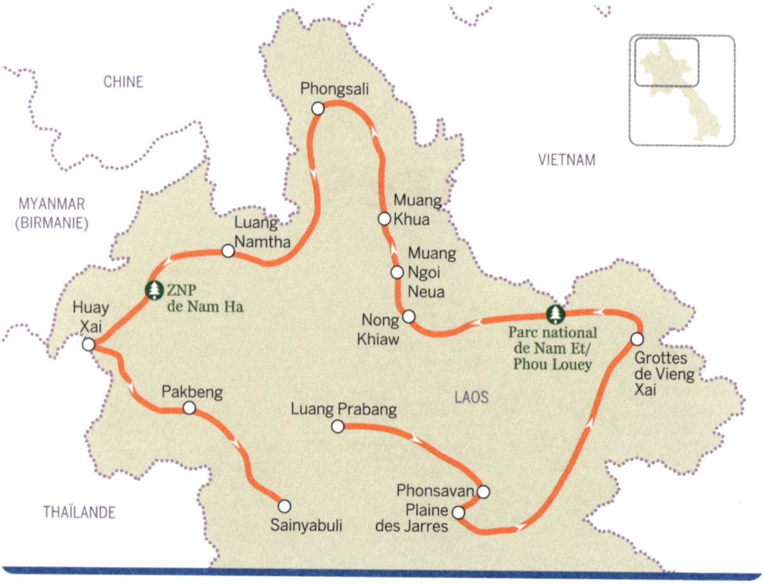

3 SEMAINES

Cap au nord

Dans le nord du Laos vivent des minorités ethniques au mode de vie encore largement traditionnel ; c'est l'une des meilleures régions du pays en matière d'activités de plein air. En son centre, **Luang Prabang** est l'endroit idéal pour démarrer, ou achever, votre périple. Cité millénaire à l'architecture exceptionnelle, elle constitue une destination en soi. Consacrez du temps à explorer la vieille ville et sa myriade de temples et d'édifices traditionnels, ainsi que ses galeries d'art, ses cafés et ses boutiques.

Votre prochaine étape, au sud-est, sera **Phonsavan**, point de chute d'où partir à la découverte de la mystérieuse **plaine des Jarres**. Il sera ensuite temps de sortir des sentiers battus pour rejoindre les **grottes de Vieng Xai**, aux époustouflantes formations karstiques.

Puis cap à l'ouest vers le lointain **parc national de Nam Et/Phou Louey**, propice à l'observation de la faune lors d'un safari nocturne. Poursuivez vers **Nong Khiaw**, joli village sur les rives de la Nam Ou (rivière Ou), entouré de hauts rochers calcaires escarpés. De là, vous embarquerez pour une véritable expédition dans la province de Phongsali, destination de trekking la plus authentique du Laos. À vous les randonnées épiques et les virées en bateau vers les petits villages de **Muang Ngoi Neua** et **Muang Khua**, et vous aurez en outre l'occasion de séjourner chez des villageois akha.

Étape suivante : **Luang Namtha**, dans le nord-ouest du pays, avec un choix d'agences tournées vers l'économie verte et les éco-activités – optez pour un trek dans la **ZNP de Nam Ha** ou une excursion à VTT dans la campagne, ou encore une sortie en kayak. Descendez ensuite vers **Huay Xai**, une ville-frontière (avec la Thaïlande) au bord du Mékong, et porte d'accès vers la Gibbon Experience. Si le temps vous est compté, retournez à Luang Prabang par le fleuve. Sinon les deux jours de traversée en bateau de Huay Xai à Luang Prabang via **Pak Beng** constituent une magnifique balade fluviale.

Une autre possibilité consiste à effectuer une simple traversée d'une journée, puis à laisser le fleuve derrière soi pour se diriger vers **Sainyabuli** et le remarquable **Elephant Conservation Center**, près du lac de Nam Tien. On peut également visiter ce passionnant centre dédié aux pachydermes au départ de Luang Prabang.

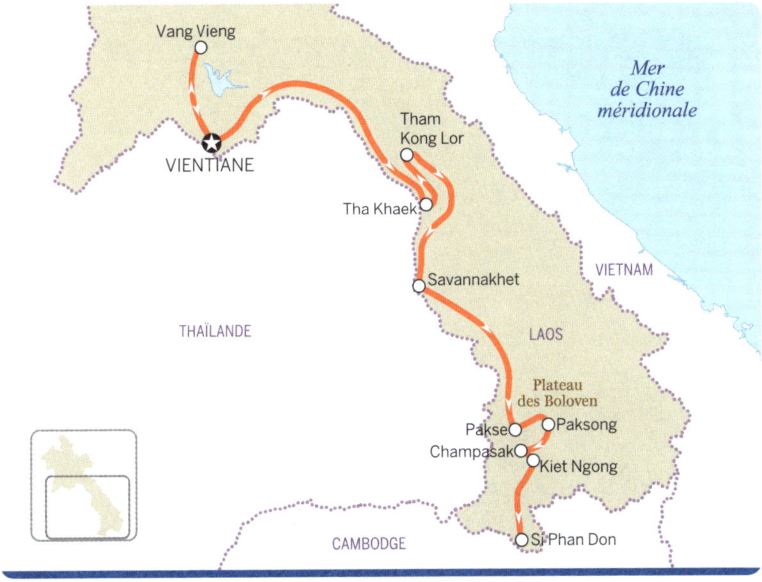

2 SEMAINES Le Centre et le Sud

Cet itinéraire classique vous transporte au cœur de la culture laotienne des basses terres, avec ses plaines fluviales plantées de rizières et ses maisons en bois sur pilotis. Sachez que le tissage est l'un des savoir-faire traditionnels de ces régions.

Débutez par **Vientiane**, la capitale, et profitez de ses sites historiques, de sa cuisine, de ses boutiques et de sa vie nocturne, car vous ne trouverez rien d'aussi animé après. Faites un détour par **Vang Vieng**, cernée de pics calcaires escarpés truffés de grottes.

Dirigez-vous vers le sud et **Tha Khaek**, charmante cité alanguie au bord du Mékong, puis partez à l'est via la Route 12 pour explorer les grottes de la région de Khammuan, également connue pour ses sites d'escalade parmi les meilleures du pays. Autre choix : effectuer la Boucle à moto, un *road trip* mémorable, avec une halte obligée à **Tham Kong Lo**, fantastique grotte traversée par une rivière souterraine.

Plus au sud, la jolie **Savannakhet** vous donnera un aperçu de la Vientiane de jadis, avant sa rénovation par l'État laotien. Flânez dans les rues paisibles riches en vestiges et découvrez tout le spectre de la scène culinaire locale au gré des stands de cuisine de rue.

Descendez ensuite jusqu'à **Pakse**, porte d'accès au **plateau des Boloven**, réputé pour ses chutes d'eau spectaculaires, dont celles de Tat Fan ; là vous pourrez faire une trépidante traversée en tyrolienne à quelque 300 m au-dessus de la canopée. Passez par **Paksong** , capitale nationale du café, avant de gagner la jolie bourgade de Tat Lo, un bon endroit pour se détendre, se baigner dans les cascades ou partir en randonnée vers les villages.

Alternative décontractée à Pakse, la petite ville de **Champasak** est le camp de base pour l'exploration du principal site archéologique du Laos, le Vat Phu Champasak, un temple de style angkorien dont les vestiges s'étagent sur les pentes d'un mont sacré.

En poursuivant vers le sud, arrêtez-vous au village de **Kiet Ngong** pour tenter d'observer des oiseaux dans la forêt. Il s'agit d'une halte logique sur la route qui mène vers le sud et **Si Phan Don** (Quatre Mille Îles). Cet archipel idyllique, encore rythmé par la pêche et les travaux des champs, constituera une pause bienfaisante. Ensuite, allez admirer les rapides de Tat Somphamit et les plus jolies chutes d'eau du Mékong, Khon Phapheng. De là, poursuivez vers le Cambodge ou la Thaïlande via Pakse et Chong Mek.

Balade à vélo près de Vang Vieng (p. 180)

Préparer son voyage

Activités de plein air

Jungle dense, montagnes karstiques, cours d'eau innombrables et routes en épingle à cheveux dans des régions enclavées : le Laos est un territoire propice aux loisirs sportifs en pleine nature. Que vous souhaitiez survoler la canopée en tyrolienne ou plonger dans les entrailles de la Terre, vous pourrez donner ici libre cours à votre soif de découverte et... d'émotions.

OLESYA KUZNETSOVA/SHUTTERSTOCK ©

Quand partir

De novembre à février

Cette période fraîche et sèche est considérée comme la meilleure pour partir à l'aventure et programmer une expédition à pied, à vélo ou à moto. Si vous planifiez des treks en altitude, dans la région autour de Phongsali, par exemple, où il fait parfois très froid l'hiver à 1 500 m, le printemps et l'automne sont des saisons à privilégier. Les mois de novembre à février restent parfaits pour des randonnées dans le centre et le sud du pays.

De mars à mai

Les températures atteignent fréquemment les 40°C à la saison chaude. Aussi est-il judicieux de goûter la fraîcheur des grottes proches de Vang Vieng ou de Tha Khaek, de faire du kayak sur la Nam Ou ou encore du tubing sur la Nam Song.

De juin à octobre

La saison des pluies se prête aux activités au fil des fleuves et des rivières – et le Laos en compte un grand nombre –, comme le rafting ou le kayak. Même les affluents du Mékong les plus modestes ont alors un niveau d'eau suffisant. Les cascades sont à leur apogée, mais certaines peuvent devenir plus difficiles d'accès.

Bateau, kayak et tubing

Le Mékong traversant le pays sur pratiquement toute sa longueur, les activités fluviales sont très appréciées au Laos. Quant aux affluents du fleuve-mère, plus petits et souvent bordés de végétation touffue, ils vous donneront l'occasion de découvrir des villages isolés où vivent des membres de minorités ethniques.

Le kayak a gagné en popularité ces dernières années, surtout autour de Luang Prabang, Nong Khiaw, Vang Vieng et Si Phan Don. Les tarifs pour un circuit commencent à 25 $US par personne et incluent souvent des parcours à vélo.

La descente de rivière sur une grosse chambre à air, ou tubing, a longtemps été une activité prisée à Vang Vieng (p. 181), mais les autorités y ont récemment mis un frein et prenant des mesures contre les "sauts de Tarzan", les tyroliennes et les bars installés au bord de l'eau dans cette localité.

Où aller

De Huay Xai à Luang Prabang (p. 133). Descente sur le puissant Mékong, du Triangle d'or à l'ancienne capitale royale du Laos via Pakbeng.

De Nong Khiaw à Muang Ngoi Neua (p. 102). Cet itinéraire bref traverse un paysage karstique saisissant.

Si Phan Don (p. 252). Seul le bateau ou un tour en kayak permettent de découvrir l'archipel fluvial des Quatre Mille Îles, à l'endroit où le Mékong atteint près de 13 km de large à la saison des pluies.

Tham Kong Lo (p. 196). Un univers minéral de toute beauté et impressionnant ! Une balade en bateau au fil de la rivière souterraine de cette cavité, qui s'étend sur 7 km, donne parfois l'impression d'être au bord du Styx.

Vang Vieng (p. 181). C'est encore la capitale laotienne du tubing sur la Nam Song.

Escalade et spéléologie

En matière d'escalade organisée, Vang Vieng et Tha Khaek font partie des meilleures destinations d'Asie du Sud-Est, avec d'excellents moniteurs et des équipements sûrs. Prévoyez 25 $US par personne, au minimum, pour un groupe de quatre. Les ascensions pour les plus chevronnés et les cours spécialisés coûtent davantage.

Il n'existe pas vraiment de circuits de spéléologie, à moins de monter une expédition professionnelle. En revanche, de nombreux réseaux de grottes sont ouverts au public.

Où aller

Vang Vieng (p. 183). Plus de 200 voies, souvent plantées de pitons, permettent d'escalader les falaises calcaires, et d'explorer des grottes époustouflantes.

Escalade près de Tha Khaek (p. 198)

Grottes de Vieng Xai (p. 99). L'ancien quartier général du Pathet Lao, caché au cœur de falaises karstiques.

Tham Kong Lo (p. 196). Une intense expérience de spéléologie.

Tham Lot Se Bang Fai (p. 206). Accessible de janvier à mars, le réseau de grottes le plus impressionnant de la province de Khammuan s'étire sur 6,5 km dans les profondeurs d'une montagne calcaire.

Green Climbers Home (p. 201). Installé au cœur des hautes formations karstiques aux portes de Tha Khaek, ce prestataire propose des escalades pour tous les niveaux.

Moto

À ceux qui ont soif d'aventure, parcourir à moto les régions reculées du Laos laissera un souvenir impérissable. Ce moyen de locomotion se distingue en outre par sa souplesse. Mieux que la voiture ou le bus, il permet de rouler sur des pistes que même les 4x4 ne peuvent emprunter et d'appréhender au mieux la réalité rurale – mais attention, que la splendeur des paysages ne vous empêche toutefois pas de surveiller la route ! Autre point fort : comme beaucoup de Laotiens circulent à moto, on trouve des ateliers de réparation un peu partout. Enfin, si vous ne vous sentez pas rassuré derrière un guidon, louer un véhicule avec chauffeur reste très abordable.

Par ailleurs, les transports publics sont assez peu développés dans certaines régions, ne vous laissant pour seuls choix que la moto, la voiture de location et le *túk-túk*.

Où aller

La Boucle (p. 202). Un itinéraire sur les petites routes de campagne méconnues du centre du Laos, au départ de Tha Khaek.

Plateau des Boloven (p. 239). La découverte de lieux hors des sentiers battus dans le sud du Laos ; l'occasion d'admirer de spectaculaires cascades et des plantations de café.

Ouest de Vang Vieng (p. 185). Un parcours à couper le souffle au cœur des formations karstiques qui émaillent la rive occidentale de la Nam Song.

Observation de la faune

Si la vie sauvage ne rivalise pas, au Laos, avec les grands parcs animaliers d'autres régions du monde, il est néanmoins possible d'apercevoir quelques animaux.

Où aller

Elephant Conservation Center (p. 142). Un formidable centre près de Sainyabuli, pour découvrir la vie des éléphants dans ce pays autrefois appelé le "royaume du Million d'éléphants".

Si Phan Don (p. 262). Le dauphin de l'Irrawaddy, dont moins d'une centaine d'individus subsistent dans le Mékong, est visible au large de Don Khon, au sud du Laos.

Nam Nern pour un safari nocturne (p. 101). La ZNP de Nam Et/Phou Louey est le dernier refuge officiel des tigres au Laos : lors de cette passionnante excursion nocturne en bateau, vous découvrirez à la lampe torche les animaux de la forêt qui viennent s'abreuver à la rivière.

Tat Kuang Si Bear Rescue Centre (p. 79). Le parc forestier de Tat Kuang Si mérite le détour pour ses chutes cristallines sur plusieurs niveaux et son centre de sauvegarde des ours noirs d'Asie.

Parc national de Nakai-Nam Theun (p. 207). Ce parc se prête particulièrement bien à l'observation de la faune, tandis que diverses activités comme les safaris nocturnes et les pièges photographiques, permettant de faire des photos sans intervention humaine, sont actuellement mises en place.

Randonnée et trekking

Ces activités s'adressent à ceux qui souhaitent explorer les zones nationales protégées (ZNP) et découvrir les villages des minorités ethniques. Diverses formules en circuits organisés sont possibles, de la marche d'une demi-journée ou d'un week-end aux expéditions d'une semaine comprenant également des parcours à vélo et en kayak. La plupart ont une double composante, à la fois culturelle et environnementale. Les participants dorment chez l'habitant dans des villages (*homestay*) et l'argent revient à des communautés défavorisées. Vous avez désormais le choix entre plus d'une douzaine de sites au Laos. Parmi les randonnées les moins exigeantes figurent celles à travers les forêts de mousson pour admirer des cascades préservées et celles à destination de villages reculés du pays. Les paysages, souvent à couper le souffle, alternent vallées profondes, rizières en terrasses et montagnes calcaires abruptes.

Les circuits sont souvent organisés par de petits tour-opérateurs locaux, qui emploient des guides parlant anglais ou d'autres langues. Comptez à partir de 25 $US par jour pour un groupe de bonne taille, incluant guide, transport, hébergement, nourriture et entrées dans les parcs. Les prix peuvent cependant s'élever à plusieurs centaines de dollars quand il s'agit de longs treks dans des territoires isolés. En général, il faut

CONSIGNES DE SÉCURITÉ POUR LES RANDONNEURS

- Ne vous éloignez pas des sentiers établis, car de nombreuses zones du pays cachent encore des engins explosifs non désamorcés (voir aussi p. 52 et p. 311).
- Engager un guide qui connaît la langue et la culture laotiennes vaut vraiment la peine (et ce, sans surcoût excessif). En outre, cela permet d'aider la communauté locale.
- Les chiens se montrent parfois agressifs. Un solide bâton (ou canne de marche) peut s'avérer utile.
- Investissez dans des chaussures de randonnée à tige haute.
- Munissez-vous d'une moustiquaire dans les régions touchées par le paludisme.
- Les sangsues peuvent être problématiques quand débute la saison des pluies. Prévoyez de bonnes chaussettes et du répulsif pour vous en protéger.
- Prévoyez des pastilles purificatrices d'eau si vous avez une constitution fragile.
- Barres de céréales et en-cas énergétiques vous éviteront les coups de fatigue lors de longues randonnées.

compter au moins deux participants et le coût par personne diminue quand on fait partie de plus grands groupes.

Où aller

Zone nationale protégée (ZNP) de Nam Ha (p. 124). Un projet d'écotourisme reconnu permet aux randonneurs de partager un temps la vie quotidienne des villages de minorités ethniques.

Province de Phongsali (p. 115). Une destination de choix pour qui souhaite rencontrer des ethnies montagnardes au mode de vie encore traditionnel, sans craindre le froid l'hiver. Les treks de plusieurs jours incluent l'hébergement dans des familles akha.

ZNP de Phu Hin Bun (p. 193 et p. 196). Dans ce parc national, les imposants pics karstiques et les rivières sinueuses créent des paysages sublimes : une nature à grand spectacle !

ZNP de Se Pian (p. 238). Les treks organisés par des villageois permettent d'accéder facilement à de denses forêts.

ZNP de Hin Namno (p. 205). Cette zone protégée, l'une des plus accidentées du Laos, a ouvert ses portes aux visiteurs.

ZNP de Dong Phu Vieng (p. 216). Coupez directement à travers l'une des zones naturelles les plus variées du Laos et séjournez dans des villages katang isolés.

Ours du Tat Kuang Si Bear Rescue Centre (p. 79)

Tyrolienne

Les tyroliennes connaissent un véritable engouement au Laos. La Gibbon Experience (p. 136), dans la ZNP de Nam Kan, a été la première à faire glisser les visiteurs le long de câbles dans des forêts fréquentées par des gibbons. Aujourd'hui, les câbles aériens se multiplient à vitesse grand V dans les canopées du pays.

Au sud, dans la zone nationale protégée de Dong Hua Sao, Green Discovery (p. 240), le pionnier de l'écotourisme, propose désormais le circuit "Tree Top Explorer", un réseau de tyroliennes vertigineuses au-dessus d'une forêt semi-persistante. Au moment de nos recherches, Green Discovery était en train de construire une nouvelle tyrolienne au-dessus du massif karstique de Phou Phaman, dans la province de Khammuan.

Vang Vieng, Nong Khiaw et Udomxai sont également des sites qui ont émergé dans ce domaine, avec plusieurs agences offrant des périples aériens à travers un spectaculaire relief montagneux.

Refusant de se laisser distancer, le sud du Laos a ajouté deux nouvelles tyroliennes à son répertoire, au Tad Fane Resort (p. 241) et à Tat Somphamit (p. 256).

Où aller

Gibbon Experience (p. 136). Volez au milieu des arbres tel un gibbon, grâce au pionnier de la tyrolienne au Laos, près de Huay Xai.

Green Jungle Park (p. 79). Filez à travers une forêt verdoyante à la lisière de Luang Prabang.

Nong Khiaw Jungle Fly (p. 102). Glissez dans les forêts de bambous, ou optez pour les promenades dans la canopée ou les "lianes à la Tarzan" près de Nong Khiaw.

Nam Kat Yorla Pa (p. 119). Associez tyrolienne et escalade dans ce complexe forestier près d'Udomxai.

Vang Vieng Challenge (p. 184). Révélez l'enfant qui sommeille en vous à l'occasion d'un décoiffant parcours d'obstacles à proximité de Vang Vieng.

Mekong Fly (p. 260). Dominez les rapides bouillonnants de Tat Somphamit.

Tad Fane Zipline (p. 241). Testez votre résistance nerveuse sur la tyrolienne la plus élevée du Laos. poussée d'adrénaline assurée !

Vélo

Lentement mais sûrement, le Laos devient une destination de choix pour les cyclistes. Les plus sportifs s'attaquent aux montagnes du Nord, les autres peuvent suivre des itinéraires moins exigeants qui serpentent le long du Mékong de village en village, en particulier dans le sud du pays, dans l'archipel de Si Phan Don.

La plupart des sites suffisamment touristiques disposent de services de location de vélos sans vitesses moyennant quelque 10 000 LAK/jour. Les meilleurs VTT coûtent 40 000-80 000 LAK/jour (5-10 $US). Mieux vaut toutefois apporter votre propre engin si vous envisagez un véritable périple, car le choix du matériel s'avère plus limité au Laos qu'en Thaïlande ou au Cambodge.

Des tour-opérateurs et des guesthouses proposent des circuits à VTT, dont la durée est très variable – de quelques heures à plusieurs semaines.

Où aller

Luang Namtha (p. 125). Pour découvrir une région peuplée de minorités ethniques.

Luang Prabang (p. 60). Pour circuler à loisir dans la vieille ville et la campagne environnante.

Si Phan Don (p. 252). Un archipel fluvial idyllique, où les paysages comptent aussi des rizières et des chutes d'eau puissantes.

Udomxai (p. 119). Un circuit difficile de 3 jours jusqu'aux grottes de Cham Ong.

Pakse (p. 220). Une paisible excursion à la journée au bord du Mékong, jusqu'à l'île de Don Kho.

Vientiane (p. 158). La capitale n'est pas à la traîne en matière de vélo – compacte, elle offre un relief plat et une circulation relativement fluide.

Láb

Préparer son voyage

La cuisine laotienne

La cuisine laotienne n'est peut-être pas aussi diversifiée et raffinée que celles, plus connues, de ses voisins, la Chine, le Vietnam et la Thaïlande. Toutefois, elle a influencé la cuisine de ces pays et certains plats que l'on pourrait croire thaïlandais, comme le *sôm* đam, sont en réalité d'origine laotienne.

CARLINA TETERIS/GETTY IMAGES ©

Une année sous le signe de la gastronomie

Traditionnellement, la scène culinaire laotienne tourne autour de la saison des pluies, qui voit les agriculteurs profiter des abondantes précipitations de la mousson pour planter du riz. Dans les restaurants, toutefois, il y a peu de variations saisonnières. Le poisson se trouve en abondance toute l'année.

Saison des pluies (juillet-octobre)

La période de plantation du riz. Les premières pluies font surgir les *maang môw* (larves de termites volants), qui sortent du sol par grappes et sont ramassés pour être cuits en omelette. Diverses espèces de grenouilles, dont les grenouilles-taureaux, font leur apparition sur les marchés.

Saison froide (novembre-février)

Le riz est récolté. Avec un peu de chance, vous trouverez du *kòw môw* (riz vert) qui, une fois rôti avec du lait de coco, devient un délicieux dessert. C'est aussi la saison des pastèques et des papayes.

Saison chaude (mars-juin)

La période où de nombreux fruits murissent, offrant quantité de *móoang* (mangues) et de *mahk mêe* (jaques). On trouve aussi des *mahk tooa-lêean* (durians).

Expériences culinaires

Repas inoubliables

Doi Ka Noi (p. 170). Une adresse à Vientiane, à la carte régulièrement renouvelée de plats allant des classiques laotiens aux spécialités régionales.

Coco Home Bar & Restaurant (p. 106). Une verdoyante oasis au bord de la rivière Nam Ou, à Nong Khiaw, servant des spécialités locales et un canard à l'orange.

Tamarind (p. 59). Une cuisine "laotienne moderne", avec des plats à la carte, à Luang Prabang.

Dyen Sabai (p. 70). L'un des restaurants phares de Luang Prabang pour sa fabuleuse cuisine laotienne.

Khambang Lao Food Restaurant (p. 169). Une institution, à Vientiane – une remarquable introduction à la cuisine laotienne.

Ping Kai Napong (p. 204). Spécialiste du poulet grillé, avec aussi une farandole de mets laotiens typiques, à Tha Khaek.

Daolin Restaurant (p. 224). Un restaurant animé, réputé pour sa délicieuse cuisine et son service de premier ordre, dans le centre-ville de Pakse.

Pour les gastronomes téméraires

On trouve fréquemment des grenouilles, des œufs de fourmis rouges et des grillons, entre autres insectes, sur les marchés. Parmi les mets à base d'insectes, étonnamment savoureux, figure la pâte de piment à la punaise d'eau géante (*jaaou mâang dah*). Le mâle de cette espèce a un goût parfumé qui ajoute une touche sucrée à la pâte. Vous finirez peut-être par y goûter sans le savoir car l'insecte est souvent intégré dans les pâtes de piment.

Spécialités locales

Le *láhp*, le plat le plus typiquement laotien, est une délicieuse salade épicée composée d'un hachis de bœuf, de porc, de canard, de poisson ou de poulet. Une autre fameuse spécialité laotienne est le *tạm màhk hung* (appelé *sôm đam* en Thaïlande) : une salade de papaye verte râpée mélangée à de l'ail, du jus de citron vert, du bouillon de poisson, du crabe de terre ou des crevettes séchées, sans oublier bien sûr toute une palette de piments.

Nouilles

On trouve très facilement des nouilles dans les villages et les zones urbaines. Le petit-déjeuner laotien de base est le *fĕr* (nouilles de riz), généralement servi dans un bouillon de légumes et une viande de son choix. Parmi les autres variétés très prisées figurent le *kòw Þûn* (fines nouilles de riz), qu'on mange généralement avec un bouillon épicé évoquant un curry ou un bouillon de porc clair, et le *kòw Þeeak sèn*, parfois simplement appelé *kòw Þeeak* (épaisses nouilles de riz et de farine de tapioca), servi dans un bouillon légèrement visqueux et accompagné de croustillante poitrine de porc ou de poulet. Le *Mee* (nouilles chinoises traditionnelles aux œufs) est un autre classique, tout comme le *băn kŭan* (nouilles de riz cuites à la vapeur) vietnamien, garni de porc haché, de champignons et de carottes.

Riz gluant

Le Laos est un grand consommateur de riz gluant – les Laotiens sont même fiers de se présenter comme les *lòok kòw nĕeo* (enfants du riz gluant). Dans les zones rurales en particulier, il constitue la base de presque tous les repas.

Sandwichs à la baguette

Dans les principales agglomérations, la baguette à la française (*kòw jee*) est servie au petit-déjeuner. On la consomme parfois avec du lait condensé, ou avec des œufs (*kai*), dans un sandwich garni aussi de pâté à la laotienne et de légumes.

Boissons

La Beerlao reste la bière préférée de 90% des Laotiens. Elle a récemment fait son apparition sur la scène internationale et est très appréciée des voyageurs. Le *lòw-lów* (alcool laotien ou whisky de riz),

> **REPAS LAOTIEN TYPIQUE**
>
> Un repas laotien typique se compose de riz gluant, d'un mets grillé (poisson, poulet), de légumes cuits à la vapeur et de pâte de piment. Il inclut parfois de la soupe (*òrm*), qui se déguste tout au long du repas. Prenez un peu de riz et, d'une main, faites-en une boulette que vous tremperez ensuite dans votre nourriture. De nombreux restaurants proposent des menus, qui ne comportent habituellement pas de dessert. Ceux-ci s'achètent généralement au marché et se consomment comme des en-cas.

Baguettes laotiennes

interdit officiellement, est un breuvage prisé des Lao des plaines (Lao Loum).

L'eau potable purifiée est appelée *nâm deum*, qu'elle soit bouillie ou filtrée. Dans les restaurants et les hôtels, on ne sert que de l'eau purifiée que vous pouvez boire sans crainte. L'eau purifiée est en vente partout. Vérifiez bien que les glaçons servis avec votre boisson sont bien à base d'eau purifiée.

Le thé vert à la chinoise est l'ingrédient habituel du *nâm sáh* ou *sáh lôw*, le thé peu fort, et rafraîchissant, servi gratuitement dans les restaurants. Pour un thé de style Lipton, demandez un *sáh hôrn* (thé chaud).

Végétariens

Presque tous les plats laotiens contiennent des protéines animales, qu'il s'agisse de bouillon de poisson, de pâte de crevette ou de saindoux. Il existe très peu d'établissements spécifiquement végétariens au Laos, mais les restaurants

Kòw Pûn (p. 37)

et les cafés touristiques proposent généralement quelques plats du genre. Vous devrez mémoriser quelques mots de lao pour indiquer vos préférences, notamment la phrase : “Je ne mange que des légumes” (*khàwy kịn tae phák*).

Où se restaurer

Le Laos compte de nombreuses tables en ville, mais le choix est assez restreint dans les zones reculées.

Restaurants Ils vont de la gargotte minuscule au bistrot international raffiné, en passant par le marché de rue. La plupart des cuisines sont proposées à Vientiane et à Luang Prabang.

Cafés Le Laos possède une culture du café affirmée, héritée des Français. Les meilleurs cafés se situent à Luang Prabang et à Vientiane, mais d'autres villes d'importance disposent également de bonnes adresses.

Beer gardens Nombre de grands restaurants de province se double d'un *beer garden* le soir. Attention : cela peut impliquer une soirée karaoké.

Cours et circuits

Cours de cuisine de Bamboo Tree (p. 59). Basée à Luang Prabang, Linda vous enseigne à préparer une demi-douzaine de spécialités laotiennes.

Forest Retreat Laos (p. 125). Les cours de cuisine figurent parmi les activités proposées par cette agence écotouristique de Luang Namtha.

Gecko Tours & Cooking Class (p. 108). Cette agence de Muang Ngoi Neua propose des cours de cuisine avec la visite du jardin bio du restaurant.

Lao Experiences (p. 158). Des cours de cuisine organisés dans la maison du propriétaire, à Vientiane.

Mr Vieng Coffee & Homestay (p. 244). Un accueillant hébergement chez l'habitant, installé sur une plantation de café près de Tat Lo.

Mystic Mountain Coffee (p. 241). Des hébergements tout simples près de Paksong, où l'accent est mis sur la visite de la plantation de café.

Tamarind (p. 59). Joignez-vous à ce cours de cuisine d'une journée à Luang Prabang.

Tang Kin (p. 159). Nok et sa mère proposent des cours de cuisine dans leur maison, à Vientiane.

Préparer son voyage

En famille

Voyager avec des enfants au Laos peut être une expérience formidable, à condition de bien se préparer. Les Laotiens adorent les enfants. Vous les verrez souvent fondre devant vos petits, qui n'auront aucun mal à trouver des camarades de jeu et des "nounous".

Économiser

Hébergement

Il est habituel en Asie du Sud-Est de voyager en groupe ; les hôtels et même les guesthouses ont souvent une ou deux chambres familiales équipées de plusieurs lits. Les grands hôtels fournissent parfois un lit pliant pour enfant (assez peu courant au Laos), ce qui évite de payer une chambre supplémentaire.

Activités

Au Laos, les activités aquatiques sont bon marché, voire gratuites. Profitez pleinement des innombrables cours d'eau, cascades et piscines du pays. Certaines tyroliennes proposent des tarifs réduits pour les enfants. Les trajets en bateau permettent d'allier transport et loisir.

Se restaurer

Les enfants ont parfois du mal à apprécier certaines spécialités laotiennes, mais le riz gluant et les fruits, omniprésents, plaisent plus facilements, et ils sont nourrissants et peu chers. Les cartes comportent souvent des plats bon marché et non épicés – soupes, poêlées – parfaites pour les enfants ; on vous les suggérera spontanément.

Pour des informations d'ordre général, consultez le guide *Voyager avec ses enfants* publié par Lonely Planet.

Les enfants vont adorer...

l'aventure

Tham Kong Lo, Ban Kong Lo (p. 196). Excursion en bateau à travers une galerie de 7 km de long, dans les entrailles de la terre.

Vang Vieng (p. 181, p. 182). Descente amusante et facile de la Nam Song, en kayak ou sur une chambre à air, dans un sublime paysage karstique.

Nong Khiaw Jungle Fly, Nong Khiaw (p. 102). "Lianes de Tarzan" et tyroliennes au-dessus des forêts de bambous des environs de Nong Khiaw.

Gibbon Experience, Huay Xai (p. 136). Parcours de tyroliennes épiques avec nuit dans une cabane dans un arbre, au sein d'une zone protégée.

les interactions avec les animaux

Tat Kuang Si Bear Rescue Centre, Luang Prabang (p. 79). On peut découvrir des ours malais et ours noirs d'Asie dans ce centre de protection situé près des belles chutes de Kuang Si.

Laos Buffalo Dairy, Luang Prabang (p. 79). Les enfants aident à nourrir et laver les buffles, apprennent à les traire... dans une vraie ferme.

Elephant Conservation Center, Sainyabuli (p. 142). Passez la nuit dans ce passionnant centre de protection des éléphants où les enfants apprendront tout sur les majestueux pachydermes.

les chutes d'eau

Tat Kuang Si, Luang Prabang (p. 79). La plus célèbre cascade du Laos, aux eaux turquoise, possède de nombreux petits bassins naturels où les enfants peuvent barboter ou nager.

Nahm Dong Park, Luang Prabang (p. 78). Spectaculaire ensemble de cascades dans la jungle où sont proposées des activités pour les enfants – fabrication de papier mûrier ou d'attrape-rêves.

Khon Phapheng, Si Phan Don (p. 256). Les plus grandes chutes d'eau d'Asie du Sud-Est devraient impressionner les enfants.

Tat Somphamit, Si Phan Don (p. 256). Les enfants plus âgés pourront survoler en tyrolienne cette chute d'eau sur le Mékong.

Tat Lo, Plateau des Boloven (p. 243). Une cascade très appréciée des familles où l'on peut se baigner dans des bassins naturels.

la cuisine

Băn Kŭan Nouilles de riz cuites à la vapeur et farcies de porc émincé, de champignons et de carottes – l'un des plats de nouilles préférés des enfants.

Khào Jįi Baguettes de pain à la française à manger avec du lait concentré ou garnies d'œufs. Idéal pour les enfants difficiles !

Riz gluant Tout le monde aime cet incontournable de la cuisine laotienne.

Fruits Bananes, papayes, mangues, ananas... Les enfants se régalent de l'extraordinaire variété de fruits du Laos.

Par région

Luang Prabang

Les bungalows à l'ambiance rurale comme Thongbay Guesthouse (p. 65) plaisent beaucoup aux enfants. En dehors de la vieille ville, on trouve des complexes écologiques adaptés aux familles.

Les enfants de tous âges adoreront Tat Kuang Si (p. 79) et Tat Sae (p. 78) qui disposent de tyroliennes pour survoler les chutes et de bassins naturels où l'on peut se baigner ; près de la première cascade, on peut voir des ours noirs d'Asie dans une réserve naturelle qui leur est dédiée (p. 79) et admirer les papillons du Kuang Si Butterfly Park (p. 78). Le Green Jungle Park (p. 79) est parfait pour les aventuriers qui, tels de petits singes, parcourront la canopée à coups de tyroliennes et de cordes. Les apprentis explorateurs sillonneront le Mékong en bateau, lors d'une excursion aux grottes de Pak Ou (p. 77) par exemple.

En ville, les enfants plus âgés apprécieront le vélo et le kayak ; les plus jeunes, l'aire de jeux et la tyrolienne de l'ABC School (p. 56).

Nord du Laos

Nong Khiaw doit son succès à ses superbes paysages et à la proximité de Luang Prabang. Les enfants se dépenseront au Nong Khiaw Jungle Fly (p. 102) ; le trajet en bateau de Huay Xai à Luang Prabang est une activité plus reposante.

Vientiane et ses environs, Vang Vieng

Vientiane, petite en comparaison des métropoles asiatiques, est aussi plus accessible en famille. De nombreux hôtels milieu de gamme ont désormais une piscine, et on y trouve un parc aquatique, l'Ocean Park (p. 166). Common Grounds (p. 169), qui possède une salle de jeux intérieure et propose un menu enfant, est un café-restaurant idéal pour les familles.

Vientiane compte peu de sites incontournables pour les enfants, qui devraient toutefois apprécier les étranges sculptures de Xieng Khuan (Buddha Park) (p. 153) et les grands monuments qu'ils pourront grimper. Certains tour-opérateurs, comme Tuk Tuk Safari (p. 159), organisent des cours de cuisine et des excursions adaptés aux plus jeunes.

Vang Vieng propose d'attrayants hébergements avec piscine, comme le Kong Resort (p. 187). Mais les enfants seront surtout séduits par le magnifique paysage et les diverses activités dans les environs.

Centre du Laos

Tham Kong Lo (p. 193) est idéal pour les enfants plus âgés ; toutefois, en raison de la longueur des trajets et de la rareté des sites aménagés pour les petits, vous pouvez vous dispenser de la visite du centre du pays.

Sud du Laos

Une région de prédilection pour les familles aventurières, qui exploreront les cascades du plateau des Boloven, dont Tat Lo (p. 243), et celles de Si Phan Don, avec Khon Phapheng (p. 256) et Tat Somphamit (p. 256). La Nakorn Cafe Guest House (p. 231), à Pakse, constitue un excellent hébergement familial.

Bon à savoir

Le symbole 👪 signale les établissements et activités adaptés aux familles.

Couches Apportez des réserves de couches si votre enfant porte la taille 3 ou plus. Lorsque vous voyagez en zone rurale, prévoyez les produits spécialisés, notamment la crème contre l'érythème fessier (favorisé par l'humidité).

Équipements Sièges auto, chaises hautes dans les restaurants et tables à langer dans les toilettes publiques sont quasi inexistants, sauf dans quelques établissements de Vientiane ou Luang Prabang.

Hébergement À part dans les hôtels chic de centre-ville, les lits d'enfant sont rares. Préparez-vous à partager un lit double ou des lits jumeaux, ou réservez des chambres adjacentes ou communicantes. La vieille ville de Luang Prabang est une bonne destination pour les voyageurs seuls ou en couple, mais compte peu d'hôtels avec piscine ; mieux vaut opter pour un hébergement plus éloigné du centre afin de pouvoir se rafraîchir après une longue journée de visites.

Santé Dans l'ensemble, les parents n'ont pas trop de souci à se faire sur les questions de santé. Encore faut-il respecter quelques règles d'hygiène élémentaires, comme se laver les mains régulièrement ou utiliser un gel hydroalcoolique. Faites très attention à ne pas laisser vos enfants jouer avec les animaux rencontrés en route, car la rage est fréquente au Laos.

Trottoirs Les trottoirs des villes sont souvent occupés par des vendeurs, ce qui rend difficile la circulation avec une poussette large. Prévoyez une poussette compacte.

UXO Veillez à ce que vos enfants ne s'éloignent pas des sentiers dans les coins reculés du pays. Les engins explosifs non désamorcés ("UneXploded Ordnance", ou UXO) constituent une menace quotidienne dans certaines régions, en particulier pour les enfants, car les plus petites munitions peuvent ressembler à des jouets.

Sites Web utiles

laos-en-famille (www.avec-mes-enfants.fr/laos-en-famille). Le blog d'une jeune maman de 3 enfants.

Lonely Planet Kids (www.lonelyplanetkids.com). De nombreuses activités et un blog sur les voyages en famille. En anglais.

Travelfish (travelfish.org). De précieux conseils pour se rendre en famille au Laos.

World Travel Family (worldtravelfamily.com). Des conseils spécifiques à l'Asie du Sud-Est.

Côté enfants

Tu peux répéter ?

Bonjour	ສະບາຍດີ sábại-dĕe
Au revoir	ສະບາຍດີ sábại-dĕe
Merci	ສະບາຍດີ sábại-dĕe
Je m'appelle...	ຂ້ອຍຊື່ ... kòy seu...
Comment vous appelez-vous ?	ເຈົ້າຊື່ຫຍັງ jâo seu nyăng

Tu le savais ?

- Le Laos n'a pas d'accès à la mer.
- La plus large cascade du monde est au Laos.

Tu as essayé ?

Durian - Le roi des fruits.

Les régions en un clin d'œil

Pour beaucoup de voyageurs, Luang Prabang constitue l'expérience laotienne par excellence. Un incontournable, avec ses temples scintillants, son architecture traditionnelle et sa scène gastronomique en plein essor. La charmante capitale du pays, Vientiane, ne manque pas de petits cafés agréables, de bonnes tables et de bars animés.

Avec ses hautes montagnes et ses forêts denses, le nord du pays est tapissé de vastes parcs nationaux d'une grande richesse faunique. La région est en outre peuplée de minorités ethniques, dont beaucoup ont conservé un mode de vie traditionnel.

Peu fréquenté, le centre du Laos possède pourtant de réels atouts : un cadre naturel splendide (avec d'impressionnantes grottes) et des villes de l'époque coloniale au charme suranné. Dans le Sud, la vie s'écoule à un rythme encore plus alangui. Les visiteurs aiment s'attarder sur les îles paradisiaques de Si Phan Don, sur le Mékong, ou sur le plateau des Boloven, dont les attraits vont bien au-delà de ses plantations de café.

Luang Prabang

Cuisine
Activités
Shopping

À table !

La scène culinaire est ici de premier ordre, avec nombre de restaurants aménagés dans des édifices de la période coloniale, remarquablement restaurés. Le soir, choisissez entre un petit bar bohème et une adresse plus huppée.

Place au sport

Bien des activités vous attendent à la sortie de la ville : chutes d'eau accessibles à pied, balades à VTT, parcours en tyrolienne en forêt…

Art et antiquités

Le marché de nuit, éclairé par des guirlandes électriques, se tient dans l'artère principale et vend des textiles et des babioles. Magasins d'antiquités et galeries d'art ne manqueront pas de retenir l'attention des voyageurs.

p. 46

Nord du Laos

Aventure
Croisières
Histoire

Jungle à foison

La jungle du nord du Laos, préservée grâce à la création de zones nationales protégées (ZNP), offre les meilleurs itinéraires de trek du pays, ainsi que la possibilité de faire du vélo, du kayak et de la tyrolienne.

Tout le monde à bord !

Le tronçon du Mékong entre le Triangle d'or et la ravissante Luang Prabang se prête à l'une des plus belles croisières fluviales de la région. Des cours d'eau plus modestes, comme la Nam Ou autour de Nong Khiaw, ne manquent pas non plus d'attraits.

Patrimoine

L'histoire du Laos moderne imprègne les grottes de Vieng Xai, dont le Pathet Lao fit son quartier général, et la plaine des Jarres, région très disputée dans les années 1960.

p. 80

Vientiane et ses environs, Vang Vieng

Cuisine
Activités
Shopping

Saveurs

La capitale propose un large éventail de cuisines étrangères (japonaise, italienne…), mais son principal atout réside dans ses restaurants français, souvent établis dans un cadre superbe.

On se bouge !

Vientiane est une ville qui se parcourt très agréablement à vélo. On peut aussi s'y adonner au yoga, à la course à pied, à la natation et, chaque matin, à la gymnastique lors d'une séance collective au bord du Mékong.

Souvenirs

Les tailleurs et les boutiques de soie vendent des chemises sur mesure, des robes et des pashminas. On peut aussi acheter des articles en laque et des montres de l'époque soviétique.

p. 148

Centre du Laos

Grottes
Architecture
Aventure

Sous terre

Le Centre recèle tout un monde souterrain, des grottes émaillées de bouddhas et de lagons émeraude où on peut se baigner jusqu'à des réseaux de galeries parcourus par une rivière, comme à Tham Kong Lor.

Villes coloniales

Les traces de la colonisation française sont visibles dans l'architecture de villes telles que Tha Khaek et Savannakhet, certaines restaurées avec soin, d'autres plus décrépites et fantomatiques.

En deux-roues

Prenez la route à moto ou à vélo, pour découvrir de sublimes paysages et des destinations hors des sentiers battus.

p. 192

Sud du Laos

Rivières
Activités
Aventure

Îles du Mékong

Si le farniente fait partie intégrante d'une escapade à Si Phan Don, il serait dommage de ne pas quitter son hamac pour rencontrer les îliens ou glisser en kayak sur la magnifique partie du Mékong entourant l'archipel.

Parcs nationaux

Les randonnées dans les zones protégées mènent à des villages de minorités, des temples en ruine et des chutes d'eau. Ces treks captivants se doublent d'une expérience humaine riche avec un séjour chez l'habitant.

Itinéraires

Adeptes de la moto ou du VTT, le Sud vous tend les bras. De nouvelles chaussées prolongent désormais les routes principales, ce qui facilite notamment la découverte de la piste Hô Chi Minh.

p. 218

Sur la route

Nord du Laos (p. 80)
Luang Prabang et ses environs (p. 46)
Vientiane et ses environs, Vang Vieng (p. 148)
Centre du Laos (p. 192)
Sud du Laos (p. 218)

Luang Prabang et ses environs

Dans ce chapitre ➡

Le top des restaurants

- Tamarind (p. 59)
- Bouang Asian Eatery (p. 69)
- Dyen Sabai (p. 70)
- Khaiphaen (p. 71)
- Paste (p. 71)

Le top des hébergements

- Apsara (p. 66)
- Fan Dee (p. 65)
- La Résidence Phou Vao (p. 68)
- Satri House (p. 67)
- Cold River Guesthouse (p. 65)

Pourquoi y aller

Difficile d'imaginer combinaison de délices plus sublime que celle qu'offre Luang Prabang, constellée d'une myriade de lanternes, et la délicieuse campagne verdoyante alentour. Dans cette région, le charme désuet de l'architecture coloniale côtoie les mystères de la jungle.

En 25 ans, une politique de restauration a métamorphosé d'anciennes villas en de ravissants hôtels tout à fait abordables, et des chefs parmi les meilleurs d'Asie du Sud-Est ont ouvert des restaurants ici. La croissance démographique n'a en rien altéré le rythme indolent de la vieille ville, et son atmosphère reste comme suspendue dans le temps.

Non loin de la ville vous attendent des descentes de rivières en bateau ou en kayak, des circuits à VTT et des treks en forêt, le tout ponctué de cascades et de grottes nichées au creux de vertes montagnes voilées de brume.

Quand partir

Luang Prabang

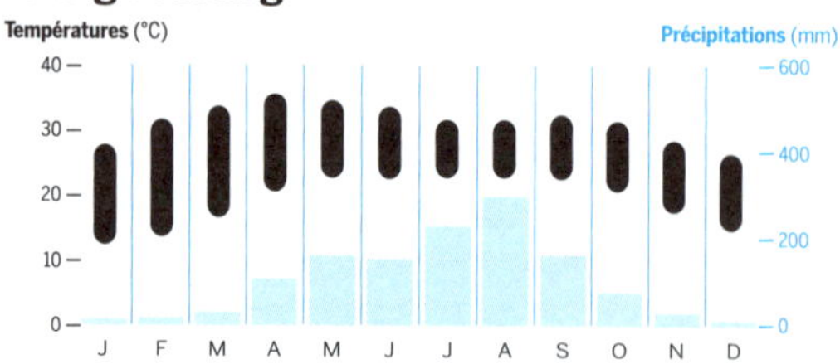

Novembre-février
Saison idéale côté météo, mais forte affluence touristique.

Mars-mai
Saison chaude et du Nouvel An. La culture sur brûlis charge le ciel de fumée.

Juin-octobre
Saison des pluies, faible fréquentation et prix en baisse.

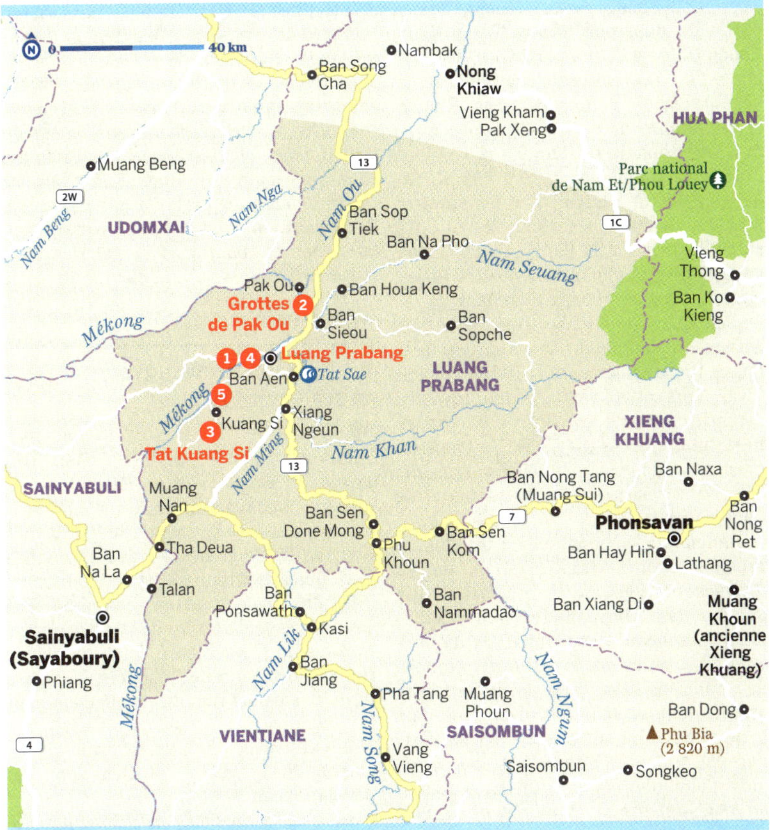

À ne pas manquer

1 À l'aube, l'appel aux offrandes quotidiennes faites aux moines à **Luang Prabang**.

2 Une croisière sur le Mékong jusqu'aux **grottes de Pak Ou** (p. 77), et leurs effigies du Bouddha.

3 L'immersion dans les eaux turquoise des impressionnantes **Tat Kuang Si** (p. 79).

4 Le **Vat Xieng Thong** (p. 51) : temple vénérable, et l'un des plus beaux de la ville, avec son toit plongeant.

5 Essayez-vous à la traite de bufflesse au **Laos Buffalo Dairy** (p. 79), ou contentez-vous d'y goûter les délicieux fromages et glaces.

LUANG PRABANG

☎071 / 67 000 HABITANTS

Au confluent sacré du Mékong et de la Nam Khan, Luang Prabang (ຫລວງພະບາງ) est un authentique bijou, inscrit sur la Liste du patrimoine mondial de l'Unesco. Elle vous charmera avec ses 33 *vat* (monastères bouddhiques) dorés et ses moines en robe safran qui parcourent les rues, ses villas de l'époque indochinoise et sa cuisine où l'on perçoit les influences du monde entier.

Histoire

Selon la légende, les fondateurs de Luang Prabang furent Phou Nheu et Nha Nheu, dont les effigies, cachées dans le Vat Aham, n'apparaissent que lors de Bun Pi Mai (le Nouvel An laotien) ; les boutiques de souvenirs en vendent des reproductions.

Appelée Muang Sawa (Muang Sua) à partir de 698, puis Xiang Dong Xiang Thong (Cité de l'Or) à partir du XIe siècle, la cité-État passa successivement aux mains des Nanzhao (Yunnanais), des Khmers et des empires mongols. Elle prospéra en tant que capitale du Lan Xang ("million d'éléphants") fondé en 1353 par Fa Ngum, un conquérant soutenu par les Khmers. En 1512, lorsque le souverain khmer offrit au roi Visoun le Pha Bang, statue vénérée du Bouddha, la ville prit le nom de Luang (grand ou royal) Prabang (Pha Bang).

Bien que Viang Chan (Vientiane) soit devenue la capitale du Lan Xang en 1560, Luang Prabang demeura le fief du pouvoir royal. Lors de l'éclatement du royaume après la mort du roi Suriya Vongsa en 1694, un des petits-fils de Suriya fonda un royaume indépendant à Luang Prabang, qui rivalisa avec ceux de Vientiane et de Champasak.

Toutefois, la monarchie de Luang Prabang était si fragile qu'elle dut, à diverses époques, payer un tribut aux Siamois, aux Birmans et aux Vietnamiens. L'échec de la révolte des Taiping en Chine provoqua la fuite de groupes de miliciens Ho, qui formèrent des armées de mercenaires ou des groupes de bandits qui sévirent en Asie du Sud-Est. Les plus célèbres d'entre eux, les Pavillons noirs, dévastèrent Luang Prabang en 1887, détruisant et pillant quasiment tous les monastères. Après cette attaque, le royaume de Luang Prabang accepta la protection de la France, qui installa un vice-consul dans la capitale royale.

La présence française permit le maintien de la monarchie de Luang Prabang, et la ville devint bientôt l'une des destinations favorites des colons français.

La ville survécut à l'invasion japonaise durant la Seconde Guerre mondiale et demeura un bastion royaliste au cours des guerres d'Indochine et du Vietnam, évitant ainsi les bombardements américains qui détruisirent presque toutes les autres cités du nord du Laos.

Dans les années 1980, la collectivisation de l'économie provoqua un exode massif des entrepreneurs, de l'aristocratie et de l'intelligentsia. En raison du manque de ressources et de l'absence d'intérêt pour préserver l'ancienne cité royale, Luang Prabang devint l'ombre d'elle-même. Après 1989, le rétablissement de l'entreprise privée se traduisit par la réouverture de commerces longtemps fermés et la transformation de villas délabrées en hébergements pour touristes. Le classement de la ville au patrimoine de l'Unesco, en 1995, a accéléré la mise en valeur du patrimoine ; chaque nouvel réhabilitation dans la vieille ville doit ainsi respecter le style architectural d'origine. Avec la fréquentation touristique, restaurants, guesthouses, boutiques et galeries d'art ont fleuri un peu partout en ville.

À voir

Thanon Sisavangvong et ses environs

Phu Si POINT DE VUE

(ພູສີ ; carte p. 54 ; 20 000 LAK ; 6h-19h). Très prisée des amateurs de couchers de soleil, le mont Phu Si culmine à 100 m au-dessus du cœur de la vieille ville : préparez-vous pour les 329 marches à gravir ! Le stupa doré qui le couronne à 24 m de haut, le **That Chomsi** (ທາດຈອມສີ ; carte p. 54 ; billet combiné avec le Phu Si). Vu de loin, surtout de nuit quand il est éclairé, le stupa semble flotter dans la brume. Toutefois, la montée jusqu'au sommet vaut essentiellement pour le panorama.

Les vestiges d'une batterie antiaérienne datant de la guerre jouxtent un mât porte-drapeau.

Lors de l'ascension par le flanc nord, le **Vat Pa Huak** (ວັດປາຮວກ ; carte p. 54 ; don apprécié ; aube-crépuscule) mérite une halte pour ses fresques du XIXe siècle illustrant différentes scènes historiques sur les rives du Mékong, notamment l'arrivée par bateau et caravanes à cheval de diplomates et guerriers chinois. Souvent fermées, les portes de devant, dorées et sculptées, pourront être ouvertes par un gardien moyennant un pourboire.

On atteint également le That Chomsi par les versants sud et est. Deux sentiers grimpent à travers le grand **Vat Siphoutthabat Thippharam** (ວັດສີພຸດທະບາດ ; carte p. 54 ; aube-crépuscule) GRATUIT jusqu'à un curieux sanctuaire miniature qui protège une immense **empreinte de pied du Bouddha** (ຮອຍພະບາດພະພຸດທະເຈົ້າ ; carte p. 54) GRATUIT dans la roche. Au sud-ouest de cette dernière, une série de bouddhas dorés, plus récents, se cache dans des fissures rocheuses et des niches autour du **Vat Thammothayalan** (ວັດທຳໂມໄທຍາລາມ ;

carte p. 54 ; ⏲ aube-crépuscule), accessible gratuitement si l'on ne poursuit pas son chemin jusqu'au That Chomsi.

Palais royal MUSÉE HISTORIQUE
(ພະຣາຊະວັງຊຽງແກ້ວ ; Ho Kham ; carte p. 54 ; ☎ 071-212068 ; Th Sisavangvong ; 30 000 LAK ; ⏲ 8h-11h30 et 13h30-16h, dernière entrée 15h30). Synthèse des styles laotien traditionnel et Beaux-Arts français, l'ancien Palais royal, édifié en 1904, fut la résidence du roi Sisavang Vong (règne 1904-1959), dont la statue se dresse à l'extérieur. Sobres, les appartements royaux ont conservé quelques salles dans leur état d'origine après la destitution et la déportation du fils du roi (et successeur), Sisavang Vatthana, par le Pathet Lao en 1975. Un bâtiment séparé recèle les cinq pièces de la **collection automobile du Palais royal** (carte p. 54 ; billet combiné avec le Palais royal).

Aucun trésor au Laos n'a plus de résonance historique que le Pha Bang, un Bouddha en alliage d'or de 83 cm de haut. Pour le voir, gagnez le **Vat Ho Pha Bang** (ວັດຫໍພະບາງ ; carte p. 54 ; billet combiné avec le Palais royal), situé à l'angle sud-est des jardins du Palais.

Il est obligatoire de se déchausser pour pénétrer dans le musée, les photographies sont interdites et vous devrez déposer les sacs dans une consigne à gauche de l'entrée principale. Une visite audioguidée est également disponible.

Vat Mai Suvannaphumaham TEMPLE BOUDDHIQUE
(ວັດໄໝ ສຸວັນນະພູມອາຣາມ ; carte p. 54 ; Th Sisavangvong ; 10 000 LAK ; ⏲ 8h-17h). Le Vat Mai est l'un des plus somptueux monastères de la cité. Le *sĭm* (grande salle d'ordination), en bois, possède un toit à 5 niveaux, parfait exemple du style de Luang Prabang, tandis que l'inhabituelle véranda, en façade, comporte des reliefs dorés qui représentent des scènes de vie villageoise, le *Ramayana* et l'avant-dernière naissance du Bouddha. Il fut épargné par les mercenaires des Pavillons noirs, en 1887, qui l'auraient trouvé trop beau pour le détruire. Le Sangharat, le patriarche du bouddhisme laotien, y réside depuis 1894.

LUANG PRABANG EN...

Deux jours

Une fois café et croissants avalés chez **Le Banneton** (p. 70), découvrez au fil de vos pas temples et édifices historiques de la **vieille ville**. Passez par le magnifique **Vat Xieng Thong** (p. 51), le **Palais royal** – son musée et son trésor patrimonial, le légendaire Pha Bang, statue du Bouddha – et certaines des venelles reliant les rives du Mékong à celles de la Nam Khan, dont vous apprécierez les berges tranquilles en déjeunant au **Tamarind** (p. 59). Une fois le soleil couché, dînez le long du Mékong, "mère de tous les fleuves". En sautant du lit de bonne heure le second jour, vous observerez l'aumône quotidienne offerte aux moines, le **tak bat** (encadré p. 53). Poussez ensuite votre chemin jusqu'au très vivant **marché du matin** (p. 69) avant de remonter le fleuve jusqu'aux **grottes de Pak Ou** (p. 77). En conclusion, offrez-vous un dîner laotien pour la bonne cause au Khaiphaen (p. 71), suivi d'une virée nocturne au cœur de l'animé Utopia (p. 72).

Quatre jours

Après la découverte des principaux sites du vieux Luang Prabang, on peut associer poussées d'adrénaline et immersions dans la vie culturelle locale. Les plus intrépides opteront pour la randonnée, le vélo ou le kayak dans la campagne environnante, **Tiger Trail** et **Green Discovery** (p. 60) proposant des prestations fiables. Si vous préférez la culture à l'aventure, pourquoi ne pas vous initier à la cuisine laotienne au **Tamarind** (p. 59) ou au **Bamboo Tree** (p. 59), au tissage auprès d'**Ock Pop Tok** (p. 59), à moins de visiter le remarquable **Centre des arts traditionnels et d'ethnologie** (**TAEC** ; p. 53) ? Côté gastronomie, s'offrir un repas à l'une des tables élégantes de Luang Prabang, tels **Tangor** (p. 70) ou **Paste** (p. 71), ne se refuse pas. Pour barboter, filez à **La Pistoche** (p. 57) en périphérie de la ville. Et si vous rêvez d'une excursion incluant des expériences variées, envisagez les chutes de Kuang Si (p. 79), avec une halte à la très familiale Laos Buffalo Dairy (p. 79) et la découverte de la canopée au Nahm Dong Park (p. 78).

Luang Prabang

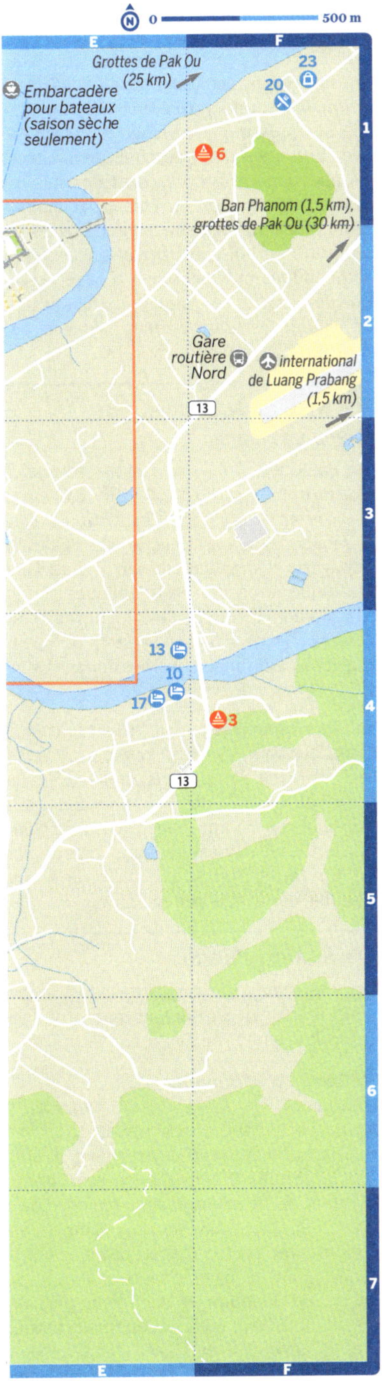

Luang Prabang

Les incontournables

1 Centre d'information UXO Laos C5

À voir

2 Ock Pop Tok Living Crafts Centre A5
3 Santi Chedi F4
4 Vat Longkhun D1
5 Vat Manorom C4
6 Vat Xiengleck F1

Activités

7 Crazy Golf D4
8 Circuit en E-Bus C7
9 La Pistoche C6
Ock Pop Tok .... (voir 2)

Où se loger

10 Fan Dee E4
11 La Résidence Phou Vao C5
12 Le Sen Boutique Hotel B5
13 Luang Prabang Paradise Resort E4
14 Luang Say Residence C5
15 Satri House B4
16 Sofitel Luang Prabang C5
17 Thongbay Guesthouse E4
18 Villa Suan Maak B4

Où se restaurer

19 Secret Pizza D6
20 The TeaHouse F1

Où prendre un verre et faire la fête

21 Bar 525 .... C4

Où sortir

22 Moonlight Cinema A5

Achats

23 Artisans du Mékong F1

Rive du Mékong et ses environs

Une série de ruelles et d'étroits passages descendent vers l'enchanteresse rive du Mékong, dotée de façades d'anciennes maisons coloniales, de cafés avec terrasse donnant sur le fleuve et de boutiques.

Vat Xieng Thong TEMPLE BOUDDHIQUE
(ວັດຊຽງທອງ ; carte p. 54 ; près de Th Sakkarin ; 20 000 LAK ; 6h-18h). Le monastère le plus connu de Luang Prabang s'ordonne autour d'un *sĭm* de 1560. Ses toits descendent jusqu'au sol et, sur sa façade ouest, on peut voir une mosaïque en forme d'"arbre

Vat Xieng Thong

de vie". À proximité se dressent plusieurs stupas et trois étroites chapelles appelées *hŏr* (elles abritaient jadis les livres sacrés). Le **Hŏr Đại**, en forme de tombe haute, loge aujourd'hui un bouddha debout. Le **Hŏr Đại Pha Sai-nyàat**, surnommé "La Chapelle rouge" par les Français, contient un rare bouddha couché.

Doté de somptueuses dorures en façade, le **Hóhng Kép Mĭen** abrite un carrosse de cérémonie, orné d'un naga (serpent mythique vivant dans les rivières) à langue rouge, conçu pour transporter les urnes funéraires dorées des membres de la famille royale du Laos.

Maison historique Heuan Chan

ARCHITECTURE

(ເຮືອນຈັນ ເຮືອນມໍລະດົກ ; carte p. 54 ; Th Xotikhoumman ; accès au complexe gratuit, musée 15 000 LAK ; 9h-21h). De l'artère commerçante principale, des sentiers conduisent à une petite oasis à l'ombre des palmiers. Elle s'articule autour de Heuan Chan, une authentique *longhouse* traditionnelle posée sur des pilotis en tronc d'arbre, qui sert notamment de petit musée consacré au mode de vie à Luang Prabang, de café et de centre d'artisanat. L'endroit propose aussi des cours de cuisine consacrés aux desserts laotiens. Sont également présentés des objets d'artisanat en bambou. Vous pourrez vêtir des costumes traditionnels locaux pour une séance photo.

Photographies et descriptions des nombreux monuments de la ville protégés par l'Unesco sont mis à la disposition du public sur des ordinateurs.

Vat Xieng Mouane

TEMPLE BOUDDHIQUE

(ວັດຊຽງມ ວນ ; carte p. 54 ; Th Xotikhoumman ; 8h-17h). GRATUIT Dans ce *vat* de la vieille ville, un naga en or est peint au plafond, et la *háang thíen*, une rangée de bougies ouvragée, en présente un à chaque extrémité. Avec le soutien de l'Unesco et de la Grèce, les quartiers des bonzes sont devenus un centre de formation où novices et moines sont initiés aux techniques ancestrales de sculpture sur bois, peinture ou encore fonte de bouddhas indispensables à la préservation des temples de Luang Prabang – autant de techniques pratiquement toutes disparues après la révolution de 1975.

Rive de la Nam Khan et ses environs

Vat Pakkhan

TEMPLE BOUDDHIQUE

(ວັດປາກຄານ ; carte p. 54 ; Th Sakkarin ; aube-crépuscule). GRATUIT Construit en 1737 et rebâti il y a un siècle, le Vat Pakkhan séduit par la simplicité de son architecture archaïque, avec des étais obliques soutenant un double toit. En face, les **bureaux de l'Unesco** (carte p. 54 ; Th Sakkarin) occupent l'ancienne administration des douanes, une villa coloniale de couleur ocre.

Vat Souvannakhili

TEMPLE BOUDDHIQUE

(ວັດສຸວັນນະຄີລີ ; Vat Khili ; carte p. 54 ; près de Th Sakkarin ; aube-crépuscule). GRATUIT Le principal édifice du Vat Souvannakhili ressemble plus à une demeure de l'ère coloniale qu'à un monastère, mais le petit *sĭm* est un exemple classique du style Xieng Khuang, désormais peu répandu.

Sud du Phu Si

Deux temples d'une importance historique majeure sont situés dans un parc d'où l'on aperçoit le mont Phu Si.

Centre d'information UXO Laos

MINES NON EXPLOSÉES

(ສູນຂໍ້ມູນຂ່າວສານປະເທດລາວກ່ຽວກັບການເກັບກູ້ ລະເບີດທີ່ບໍ່ທັນແຕກ ; carte p. 50 ; 020-22575123, 071-252073 ; www.uxolao.org ; en retrait de Th Naviengkham ; don apprécié ; 8-12h et 13h-16h lun-ven). La visite de ce remarquable centre d'information montre à quel point le pays a souffert durant la guerre du Vietnam et comment, plus de 40 ans plus tard, mines et engins explosifs non désamorcés (ou UXO, "UneXploded Ordnance") continuent de faire chaque jour

100% LOCAL

TAK BAT, LE RITUEL DES MOINES POUR DEMANDER L'AUMÔNE

Chaque jour à l'aube, des bonzes vêtus d'une robe safran et pieds nus parcourent les rues, où des fidèles remplissent leurs bols à aumône de boulettes de riz gluant. Par cette cérémonie, les moines réaffirment leurs vœux de pauvreté et d'humilité, tandis que les bouddhistes augmentent leur mérite spirituel par ce don respectueux.

Si ces processions (appelées *tak bat*) ont lieu dans tout le pays, l'atmosphère paisible et l'exceptionnelle concentration de temples dans la vieille ville de Luang Prabang confèrent une magie particulière à ces déambulations matinales dans Thanon Sakkarin. Malheureusement, les touristes commencent à dépasser en nombre les participants... Malgré les campagnes constantes demandant aux visiteurs de ne pas braquer leur appareil photo sur les moines, les paparazzis amateurs semblent incapables de se tenir à distance convenable. Soyez respectueux et observez avec bon sens ces consignes :

- Restez de l'autre côté de la rue ou, mieux encore, observez discrètement la procession de la fenêtre de votre hôtel.
- Abstenez-vous de photographier ; à défaut, utilisez un zoom et placez-vous loin de la scène pour ne pas perturber les moines ; évitez absolument le flash.
- Gardez le silence (mieux vaut arriver à vélo ou à pied et ne pas bavarder).

À condition que cette cérémonie ait véritablement un sens pour vous (et que vous n'immortalisiez pas votre présence par un selfie !), vous pouvez y participer en acquérant quelques connaissances afin d'éviter les impairs. Plutôt que de souscrire à la commercialisation de la procession en cédant aux sollicitations des marchands qui vendent cher du riz de piètre qualité, indigne des moines, commandez plutôt du *kao kai noi* (riz gluant de qualité supérieure) à votre guesthouse ou achetez-le fraîchement cuit au marché du matin. Transportez-le ensuite dans un panier à riz (et pas dans un sac en plastique). Couvrez vos bras et vos jambes, lavez-vous les mains et évitez tout parfum ou lotion qui puisse imprégner de ses effluves le riz que vous offrez.

Sur place, ôtez vos chaussures, drapez une écharpe ou une étole sur votre épaule gauche. Les femmes s'agenouillent sans s'asseoir, les hommes peuvent rester debout. Enfin, évitez de croiser le regard des moines.

des victimes dans plusieurs provinces. Il existe un centre similaire à Phonsavan.

TAEC MUSÉE ETHNOGRAPHIQUE
(ສູນສິນລະປະພື້ນເມືອງແລະຊົນເຜົ່າ ; Centre des arts traditionnels et d'ethnologie ; carte p. 54 ; ☎ 071-253364 ; www.taeclaos.org ; en retrait de Th Kitsarat ; 25 000 LAK ; ⏲ 9h-18h mar-dim). Le concept muséographique de ces trois salles offre une parfaite introduction pour qui souhaite se familiariser avec les ethnies montagnardes du nord du Laos. Incontournable si vous envisagez de randonner dans cette région, le TAEC expose costumes ethniques et techniques artisanales (notamment à travers son exposition inaugurée en 2016, "Les graines de la culture : des plantes aux objets artisanaux"). Il occupe la demeure d'un magistrat français, l'une des plus belles des années 1920. On y trouve un **café**, et une **boutique** où acheter de l'artisanat et des photographies.

Vous trouverez une boutique jumelle (p. 73) en ville. Inscrivez-vous dans l'une ou l'autre pour participer à des ateliers (à partir de 12 $US) de tressage de bambou khmu, de broderie hmong ou bien de tissage katu sur un métier à sangle dorsale.

Environs de la ville

Une brève promenade à vélo au sud de la ville vous conduit dans de paisibles rues émaillées de *vat*, dont le plus ancien est le Vat Manorom.

Ock Pop Tok Living Crafts Centre CENTRE D'ARTISANAT
(ສູນຫັດຖະກຳຜ້າໄຫມອອກພົບຕົກ ; OPT ; carte p. 50 ; ☎ 071-212597 ; www.ockpoptok.com ; 125/10 Ban Saylom ; ⏲ 8h-18h). GRATUIT Fileurs, tisserands et fabricants de batik produisent des tissus de grande qualité dans ce bel atelier au style traditionnel installé à deux pas des berges du Mékong. On peut le visiter gratuitement avec un guide (2 départs par heure). Le **Silk Road Cafe** qui s'y trouve découvre une vue superbe sur le fleuve et

Centre de Luang Prabang

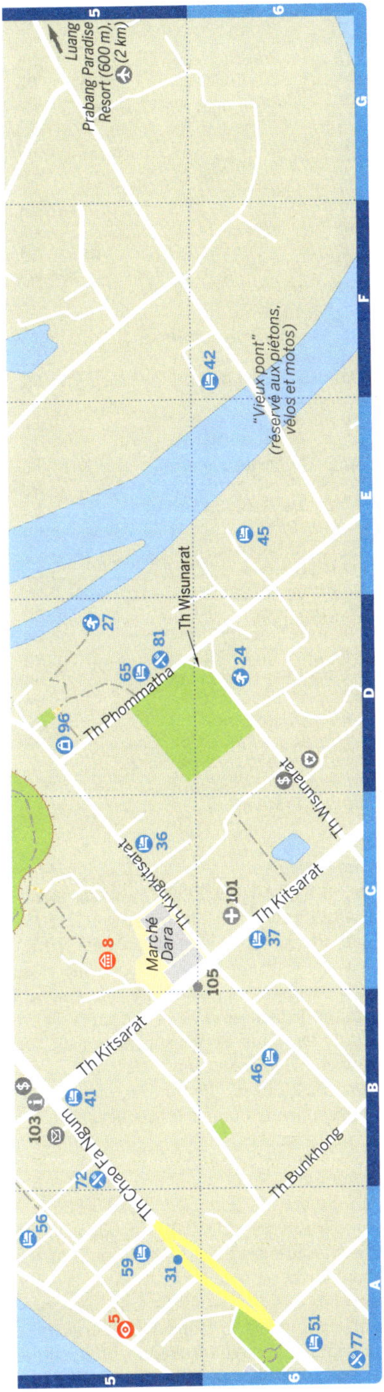

l'on y sert, outre des boissons, une excellente cuisine laotienne. On peut aussi s'initier sur place au tissage de bambou (voir p. 59).

Vat Manorom TEMPLE BOUDDHIQUE

(ວັດມະໂນລົມ ; Vat Mano, Vat Manolom ; carte p. 50 ; Th Pha Mahapatsaman ; ⏲ aube-crépuscule). GRATUIT Des allées sinueuses mènent vers l'ouest au Vat Manorom, niché parmi les frangipaniers à l'extérieur des anciens remparts (aujourd'hui invisibles). C'est peut-être le plus ancien des sites religieux de Luang Prabang. Son *sĭm* protège un impressionnant bouddha assis en bronze haut de 6 m, fondu en 1372. Démantelée en 1887 lors des invasions des Ho chinois, la statue fut reconstituée en 1919 avec les éléments subsistants, les membres manquants étant remodelés en ciment puis dorés à la feuille en 1971.

Activités

Vous pourrez pratiquer des activités très prisées dans la campagne entourant Luang Prabang, notamment des sorties trekking, vélo, motocross, kayak et rafting. Dans la ville proprement dite, la visite des temples constitue la principale activité, suivie des cours de cuisine et des balades à vélo.

Luang Prabang Yoga YOGA

(carte ci-contre ; www.luangprabangyoga.org ; cours 1 heure/1 heure 30 40 000/60 000 LAK ; ⏲ cours 7h30 et 17h). Profitez du calme de la ville pour pratiquer le yoga en séances du matin ou du soir (au soleil couchant), dans les jardins luxuriants d'Utopia (p. 72) sur les berges du Mékong ou sur les toits-terrasses. Le site Internet de la coopérative yogique de Luang Prabang est régulièrement mis à jour, pointant lieux et heures de cours d'un réseau d'enseignants qualifiés assurant des séances de tous niveaux.

Luang Prabang Yoga organise des retraites de 3 jours (www.laosyogaretreats.com) dans le charmant Mandala Ou Resort (p. 104) de Nong Khiaw, dans le nord du Laos.

Big Brother Mouse BÉNÉVOLAT

(BBM ; carte ci-contre ; ☎ 071-254937 ; www.bigbrothermouse.com ; Th Phayaluangmeungchan ; ⏲ cours 9h-11h et 17h-19h). Une initiative locale visant à améliorer le niveau d'alphabétisation des enfants laotiens, dans les villes ou les villages isolés. Attardez-vous au bureau du BBM et faites la lecture (livres bilingues lao/anglais) aux

Centre de Luang Prabang

Les incontournables
1 Phu Si ...C4
2 Vat Xieng Thong ...F1

À voir
3 Empreinte du pied du Bouddha ...D3
4 Maison historique Heuan Chan ...C3
5 Pha Tad Ke Botanical Garden ...A5
6 Palais royal ...C3
7 Collection automobile du Palais royal ..C3
8 TAEC ...C5
That Chomsi ...(voir 1)
9 Bureaux de l'Unesco ...F1
10 Vat Ho Pha Bang ...C4
11 Vat Mai Suwannaphumaham ...C4
12 Vat Pa Huak ...C4
13 Vat Pakkhan ...G1
14 Vat Punluang ...E4
15 Vat Siphoutthabat Thippharam ...D3
16 Vat Souvannakhili ...F2
17 Vat Thammothayalan ...D4
18 Vat Xieng Mouane ...D3
19 Vat Pakha Xaingaram ...F3

Activités
Bamboo Tree (cours de cuisine et restaurant ...(voir 66)
Banana Boat Laos ...(voir 96)
20 Big Brother Mouse ...E2
21 Children's Cultural Centre ...D2
22 E-bike Adventures ...C4
Green Discovery ...(voir 95)
23 Khopfa Cruise ...E2
24 Croix-Rouge du Laos ...D6
25 L'Hibiscus Massage ...F2
26 Luang Prabang Library (bibliothèque) .C4
27 Luang Prabang Yoga ...D5
28 Luang Say Cruise ...D3
29 Mandalao ...D3
30 Mekong River Cruises ...F1
31 Motolao ...A5
32 Sa Sa Sunset Cruise ...D2
33 Shompoo Cruise ...D2
Tamarind ...(voir 85)
34 Tiger Trail ...C4
35 Weaving Sisters ...E4
White Elephant Adventures ...(voir 57)

Où se loger
36 Aham Backpackers Hostel ...C5
37 Amantaka ...C6
38 Apple Guesthouse ...D2
39 Apsara ...E2
40 Auberge les 3 Nagas ...E2
41 Avani+ Luang Prabang Hotel ...B5
42 Bel Air Boutique Resort ...F6
43 Bou Pha Guesthouse ...D3
44 Burasari Heritage Hotel ...E2
45 Cold River Guesthouse ...E6
46 Davita Boutique Hotel ...B6
47 Indigo House ...B4
48 Khoum Xiengthong Guesthouse ...F1
49 Lao Wooden House ...D2
50 Luang Prabang River Lodge ...B4
51 Maison Dalabua ...A6
52 Manichan Guesthouse ...B4
53 Nora Singh Guesthouse ...C4
54 Oui's Guesthouse ...F2
55 Pack Luck Villa ...D2
56 Phonemaly Guesthouse ...A5
57 Phounsab Guesthouse ...C3
58 Sala Prabang ...C3

enfants, ou bien lisez avec eux. Si vous allez au Laos, pensez à apporter des livres, en français ou en anglais, que vous pourrez distribuer dans les villages reculés. Ce lieu est une source d'inspiration.

Croix-Rouge du Laos MASSAGES, SPA
(carte p. 54 ; 071-253448 ; Th Wisunarat ; sauna 15 000 LAK, massage traditionnel/aromathérapie 50 000/80 000 LAK l'heure ; 13h-20h). Dans cette maison bleue sans prétention, de style laotien traditionnel, on venait pour une simple séance de sauna et un massage avant l'arrivée d'autres spas plus raffinés. Le personnel, bien formé, réalise de très bons massages, et l'on y trouve un formidable sauna où infusent des plantes médicinales qui dégagent les voies respiratoires.

On contribue aussi directement à améliorer la vie dans les villages les plus pauvres du Laos.

Khopfa Cruise CROISIÈRE
(carte p. 54 ; 020-92100012 ; www.khopfa-mekong-cruise.com ; Th Khem Khong ; 15 $US ; départ quotidien hiver 16h30, été 17h15). Nouveau venu sur la scène des croisières au soleil couchant, ce prestataire vous convie à profiter de la brise et de la vue sur le fleuve depuis les deux ponts supérieurs de son confortable bateau. On y sert des en-cas savoureux (olives, charcuterie, plateaux de fromage), sans oublier les incontournables boissons fraîches.

Crazy Golf AIRE DE JEUX
(ABC School ; carte p. 50 ; 020-56920137 ; adulte/enfant avec golf 30 000/15 000 LAK, aire de jeux uniquement 10 000 LAK ; 10h-20h). Un bon endroit où amener les enfants les plus jeunes lassés des *vat* dorés. Outre le "crazy golf" éponyme à 13 trous, vous y trouverez un trampoline, une tyrolienne, un portique de jeux, des toboggans, un manège, un bac

59 Sayo Naga Guesthouse A5
60 Victoria Xiengthong Palace F1
61 Villa Champa D2
62 Villa Chitdara D2
63 Villa Pumalin A4
64 Villa Santi E2
65 Villa Sayada D5
66 Villa Senesouk E2

Où se restaurer

67 Big Tree Cafe D2
68 Blue Lagoon C3
Bouang Asian Eatery .... (voir 97)
69 Café Toui D3
70 Coconut Garden D3
71 Dyen Sabai E3
72 Joma Bakery Café B5
73 Khaiphaen D2
74 Le Banneton F2
75 Le Café Ban Vat Sene E3
76 L'Éléphant Restaurant D2
77 Manda de Laos A6
78 Marché du matin B4
79 Stands de restauration nocturnes B4
80 Novelty Cafe D3
Paste .... (voir 39)
81 Pha Khao Lao D5
82 Popolo E2
83 Rosella Fusion E2
84 Saffron Coffee D2
85 Tamarind E2
86 Tamnak Lao E2
87 Tangor D3
88 Xieng Thong Noodle-Shop F1
Yuni Yupoun .... (voir 97)

Où prendre un verre et faire la fête

89 Chez Matt D3
90 Icon Klub D3
Luang Prabang Motorcycle Club .... (voir 66)
91 Maolin Tavern D3
Utopia .... (voir 27)

Où sortir

92 Garavek Storytelling E2
93 Théâtre Phralak-Phralam C4

Achats

Big Tree Gallery .... (voir 67)
94 Marché nocturne d'artisanat B4
95 Luang Prabang Artisans D3
96 Ma Té Sai D5
97 Naga Creations D3
98 Ock Pop Tok Boutique E2
Passa Paa .... (voir 75)
99 Queen Design Lao F1
100 Boutique du TAEC E2

Renseignements

Absolute Lao Travel .... (voir 57)
BCEL .... (voir 43)
101 Hôpital chinois C6
Kiosque Minipost .... (voir 94)
102 Pharmacie E3
103 Département provincial du tourisme ... B5

Transports

104 Jewel Travel Laos C4
105 KPTD C6

à sable et une balançoire à bascule. On peut également y manger.

La Pistoche PISCINE

(carte p. 50 ; www.lapistochepool.wordpress.com ; Ban Phong Pheng ; 30 000 LAK ; 10h-23h ;). Remède parfait pour ce pays enclavé, La Pistoche compte plusieurs piscines et un petit parc aquatique, logés au cœur d'un vaste jardin de la banlieue sud. L'entrée comprend l'accès aux terrains de pétanque et de volley aquatique. Happy hour de midi à 19h.

Si vous voyagez avec des enfants, l'endroit est suffisamment calme en journée pour qu'ils viennent s'y amuser.

L'Hibiscus Massage MASSAGES

(carte p. 54 ; 030-9235079 ; Th Sakkarin ; massage des pieds à partir de 60 000 LAK ; 10h-22h). Logé dans une ancienne galerie au sein d'un vieil immeuble français, l'Hibiscus a plus de cachet que ses concurrents de la rue principale. Une musique relaxante filtre à travers ses murs drapés de soie, tandis que l'on vous masse à la perfection.

Children's Cultural Centre BÉNÉVOLAT

(carte p. 54 ; 071-253732 ; www.cccluangprabang.weebly.com ; Th Khounswa ; 9h-11h30 et 14h-17h mar-ven, 8h-11h30 et 14h-17h sam sept-mai, fermé sam juin-août). Proposant des activités à la sortie de l'école et le week-end, ce centre permet aux enfants laotiens de découvrir la culture et le patrimoine de leur pays. Musique traditionnelle, théâtre, contes et chant sont proposés, entre autres activités artistiques ou artisanales. Faites un saut au centre pour vous renseigner sur la possibilité de participer à un cours ou de faire un don de fournitures.

Des **spectacles** sont proposés tous les jeudis et samedis, de décembre à début mars, les recettes contribuant à financer les

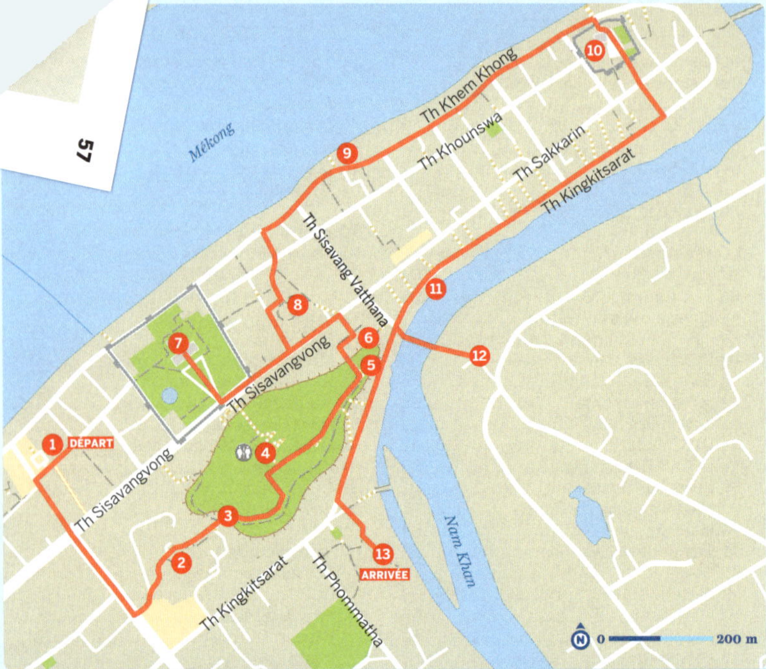

Promenade à pied
Vieille ville

DÉPART MARCHÉ DU MATIN
ARRIVÉE UTOPIA
DISTANCE/DURÉE 4,5 KM/4 À 5 HEURES

Pour sillonner le cœur de la ville historique, comptez une demi-journée à un rythme tranquille, avec de nombreuses haltes. Démarrer tôt permet d'éviter la chaleur de l'après-midi au Phu Si. Ne choisissez pas un mardi pour suivre cette balade si vous voulez visiter les musées au passage. Sinon, peu importe le jour pour goûter l'ambiance particulière de Luang Prabang et de ses cafés.

En partant tôt au 1 **marché du matin** (p. 69), vous prendrez un petit-déjeuner dans un café avant de vous familiariser avec les ethnies montagnardes du nord du Laos au 2 **TAEC** (p. 53). Traversez ensuite, loin du flot touristique, le dédale d'un quartier résidentiel pour atteindre le versant sud du 3 **Phu Si** (p. 48) et grimper jusqu'au 4 **That Chomsi** (p. 48) avant la grosse chaleur. Si la brume est trop dense pour vous permettre de profiter de la vue sur la ville, longez plutôt la colline en passant par l'immense 5 **empreinte du pied du Bouddha** (p. 48), puis descendez jusqu'à la principale artère commerçante en traversant le 6 **Vat Siphoutthabat Thippharam** (p. 48). En arrivant vers 11h, vous pourrez visiter le 7 **musée du Palais royal** (p. 49), résidence des souverains du Laos jusqu'en 1975. Puis marchez à l'ombre des palmiers du 8 **quartier du Xieng Mouane** (p. 52) pour rejoindre les 9 **berges du Mékong**, bordées de cafés en terrasse ainsi que de maisons laotiennes et de demeures de l'époque coloniale.

Si vous ne l'avez pas déjà fait à l'aube après la procession des moines, visitez de charmants *vat* à l'extrémité de la péninsule, tel le 10 **Vat Xieng Thong** (p. 51). Gagnez le centre par la 11 **rive de la Nam Khan** (p. 52) et, à la saison sèche, traversez la passerelle en bambou pour un déjeuner au 12 **Dyen Sabai** (p. 70). En l'absence de passerelle (juin-novembre), ou si vous suivez cette balade dans l'après-midi, repérez le chemin sinueux menant à l' 13 **Utopia** (p. 72), pour un verre avec vue sur la rivière.

activités du centre. Consultez le site Internet pour accéder au calendrier.

Cours

À Luang Prabang, vous pourrez apprendre à cultiver le riz à Living Land (p. 59), à teindre et à tisser à Ock Pop Tok (p. 53), ou encore à cuisiner des plats laotiens au Bamboo Tree (ci-contre) ou au Tamarind. Certains tisserands de Ban Xang Khong donnent des cours informels à la demande.

Tamarind CUISINE

(carte p. 54 ; 020-77770484 ; www.tamarindlaos.com ; Ban Vat Nong ; journée/soirée 285 000/215 000 LAK). Une journée dans ce pavillon au bord de l'eau vous fera découvrir la cuisine du Laos. Rendez-vous est fixé le matin au restaurant pour aller au marché acheter les ingrédients nécessaires à la préparation de spécialités laotiennes, tel le *mók phaa* (poisson cuit à la vapeur dans des feuilles de bananier). Même chose le soir, mais sans la visite du marché.

Ock Pop Tok ARTISANAT

(carte p. 50 ; 071-212597 ; www.ockpoptok.com ; 125/10 Ban Saylom ; demi-journée/journée de tressage de bambou 26/42 $US, de batik hmong 52/69 $US, 3 jours de teinture naturelle et tissage 158 $US ; 8h45-16h). Apprenez à tisser et à teindre vos propres foulards et tissus, ou suivez une demi-journée de cours de tressage de bambou à Ock Pop Tok. Les enseignants sont des maîtres-artisans, le déjeuner est compris et vous emportez votre production. Situé à 2 km du marché de Phousy ; un *túk-túk* vient vous chercher et vous ramène gracieusement.

Weaving Sisters TISSAGE

(carte p. 54 ; 020-58178875 ; weaving.sisters@gmail.com ; 300 000-370 000 LAK/pers ; 9h-20h). À la différence de nombre d'autres tisserandes de Luang Prabang, ces deux sœurs appartiennent à la minorité katu du sud du Laos. Elles sont spécialisées dans le tissage sur métier à sangle dorsale, ce dernier pouvant être adapté à une multitude d'usages, de la ceinture à la courroie d'appareil photo ou au bandeau. Les cours, incluant thé et fruits, sont très appréciés des visiteurs.

Backstreet Academy ARTISANAT

(www.backstreetacademy.com ; 22-33 $US). La Backstreet Academy, qui se développe dans toute l'Asie du Sud-Est, offre une gamme d'expérience
sion avec des artisans loc
Prabang, elle propose la fab
et de couteaux pour les a
la jungle, ainsi que la sculp
et le tissage.

Bamboo Tree CUISINE

(carte p. 54 ; 020-22425499 ; bambootreelpb@live.com ; Th Sakkarin ; cours 200 000-250 000 LAK ; 9h-22h). Ici, la chef Linda vous apprend à préparer 5 ou 6 plats laotiens, tel le *làap* (salade composée d'un hachis de porc, d'échalotes et de coriandre), dans le vaste restaurant bien aéré du Bamboo Tree. Les cours du matin se tiennent de 9h à 14h, ceux du soir (sans visite du marché et donc moins chers) de 17h à 20h. Des plats végétariens sont au menu.

À défaut d'y prendre des cours, vous pouvez **déjeuner** ou **dîner** (plats 40 000 LAK). Mêlant lanternes en papier chatoyantes et effluves délicieux, l'endroit est enchanteur le soir.

Circuits organisés

Luang Prabang compte quantité d'agences de voyages qui se disputeront vos faveurs pour des circuits d'une demi-journée à plusieurs jours. La forte demande pour les chutes et les grottes de Pak Ou encourage les opérateurs à être compétitifs, mais vous gagnerez à comparer les offres (habituellement autour de 130 000 LAK par jour). Pour les visiteurs de passage, des circuits d'une journée combinent habituellement les grottes de Pak Ou et Tat Kuang Si. Quand les sites sont dans des directions opposées, le véhicule qui vous conduit aux chutes de Kuang Si attend votre retour à l'agence après l'excursion en bateau. Les droits d'entrée aux différents sites ne sont pas inclus dans les forfaits.

Living Land CULTURE DU RIZ

(020-55199208 ; www.livinglandlao.com ; Ban Phong Van ; visite 344 000 LAK/pers ; 8h30-12h ;). Sur la route de Tat Kuang Si, à 5 km de Luang Prabang, ne manquez pas cette formidable coopérative rizicole. L'espace d'une demi-journée, on peut s'initier à la plantation de l'incontournable riz gluant, avec un sympathique buffle domestique du nom de Rudolph : boue jusqu'aux genoux garantie ! Les enfants adorent.

Living Land apporte son soutien à l'éducation des enfants de familles défavorisées locales.

INTERACTIONS AVEC LES ÉLÉPHANTS

S'il existe quantité de campements d'éléphants autour de Luang Prabang, nombre d'entre eux encouragent les balades à dos de pachyderme, potentiellement nuisibles pour les animaux. Pour vivre la meilleure expérience du genre au Laos, allez plutôt passer une nuit à l'Elephant Conservation Center (p. 142), à Sainyabuli. Si vous êtes pressé par le temps, nous vous conseillons Mandalao (ci-dessous), qui propose une interaction responsable avec les éléphants un peu plus près de Luang Prabang.

E-bike Adventures VTT

(carte p. 54 ; ✆ 071-211152 ; www.ebike-laos.com ; demi-journée 59 $US, journée entière avec paddle/kayak et déj 103 $US). Profitez d'une balade sur un vélo électrique dernier cri dans la splendide campagne autour du Chateau Orientale, un écolodge haut de gamme situé sur la Nam Khan (possibilité d'une nuit sur place). L'excursion inclut la traversée de rizières et de rivières, en passant par des villages de minorités ethniques. En cas de pluie, vous serez couvert de boue (même si l'agence propose des protections).

Les promenades à VTT peuvent être associées à des sorties en kayak ou en paddle (SUP). Les excursions et les activités combinées peuvent inclure une nuit de camping ou un séjour au lodge. Certaines des excellentes chambres familiales peuvent offrir un séjour digne d'une villa au bord du fleuve.

Mandalao FAUNE

(carte p. 54 ; ✆ 030-5664014 ; www.mandalaotours.com ; Th Sisavangvong ; 80-130 $US ; 8h30-17h30 ;). Mandalao propose des rencontres avec des éléphants (sans monter sur leur dos) sur les rives de la Nam Khan, à 15 km environ de Luang Prabang. Le refuge compte 7 pachydermes résidents. Les visiteurs peuvent choisir un stimulant trek "Into the Wild" le matin, ou la plus tranquille séance "Communiquer avec les éléphants". Également, des circuits d'une journée. L'ensemble des prestations incluent un délicieux déjeuner laotien bio.

Shompoo Cruise MÉKONG

(carte p. 54 ; ✆ 071-213189 ; www.shompoocruise.com ; Th Khem Khong ; croisière avec petit-déj et 2 déj 130 $US). Moins cher que les autres agences proposant le même voyage, Shompoo propose 2 jours sur le fleuve entre Huay Xai et Luang Prabang en confortable *longboat*. Les départs se font de l'embarcadère des bateaux de Galao (p. 75). Si vous partez de Huay Xai, un guide vous retrouvera à la frontière avec la Thaïlande.

Luang Say Cruise MÉKONG

(Mekong Cruises ; carte p. 54 ; ✆ 071-252553 ; www.luangsay.com ; 50/4 Th Sakkarin ; croisières 303-506 $US ; 8h30-19h). Embarquez pour 2 jours (depuis/vers Huay Xai, à la frontière thaïlandaise) sur de splendides embarcations en bois. Ce sont les croisières sur le Mékong les plus luxueuses, et le service y est irréprochable. Les réservations de dernière minute au bureau peuvent vous permettre d'économiser plus de 50% sur le tarif indiqué. Les départs se font de l'embarcadère des bateaux de Galao (p. 75).

White Elephant Adventures RANDONNÉE

(carte p. 54 ; ✆ 030-5789120 ; www.whiteelephant-adventures-laos.com ; 44/3 Th Sisavangvong ; 8h30-21h). White Elephant organise d'excellents treks de 2 à 3 jours vers de lointains villages hmong et khamu, offrant ainsi un bon aperçu de leur mode de vie. Pour repérer le bureau dans l'artère principale, guettez la moto BMW et le drapeau communiste.

Mékong River Cruises MÉKONG

(carte p. 54 ; ✆ 071-254768 ; www.cruisemekong.com ; 22/2 Th Sakkarin, Ban Xieng Thong ; croisière 6 jours tout compris à partir de 1 080 $US ; 8h30-18h lun-ven). Des croisières tout confort de 11 jours entre Vientiane et le Triangle d'or, des excursions de 6 jours entre Vientiane et Luang Prabang, et des boucles de 6 jours depuis/vers Luang Prabang au fil des sites incontournables de la région. À part se prélasser sur le pont du *Mekong Pearl*, tout neuf, on peut s'offrir des massages traditionnels à bord et participer à des excursions.

Green Discovery ACTIVITÉS DE PLEIN AIR

(carte p. 54 ; ✆ 071-212093 ; www.greendiscoverylaos.com ; 44/3 Th Sisavangvong ; 8h-21h). Fondateur de l'écotourisme au Laos, Green Discovery vous propose des sorties kayak, trekking et VTT, ainsi que des

HORS DES SENTIERS BATTUS

FRANCHIR LA RIVIÈRE

L'autre rive de la Nam Khan

Durant la saison sèche, quand le niveau de la Nam Khan est suffisamment bas, deux passerelles en bambou (2 000 LAK) sont aménagées pour faciliter l'accès à la rive est et à ses faubourgs semi-ruraux. En période de crue (juin-novembre), les passerelles n'existent plus.

Une fois traversée la passerelle sud, grimpez les marches après le Dyen Sabai (p. 70), un café en plein air très apprécié, pour parvenir tout près du **Vat Punluang** (ວັດພົນຫຼວງ ; carte p. 54 ; Ban Phan Luang ; ⏲aube-crépuscule). GRATUIT À gauche, une piste mène au **Vat Pakha Xaingaram** (ວັດປາຂາໄຊຍະຣາມ ; carte p. 54 ; ⏲aube-crépuscule), GRATUIT un temple en ruine au bord de l'eau, puis à un autre temple envahi par la végétation, le **Vat Xiengleck** (ວັດຊຽງເຫຼັກ ; carte p. 50 ; ⏲aube-crépuscule), GRATUIT de style angkorien. Quelque 500 m plus loin, Ban Xang Khong se résume à un alignement de vieilles maisons et de boutiques d'artisanat sur 400 m, où vous pourrez voir des tisserands et des fabricants de papier à l'œuvre. Caché derrière un immense portail en défenses d'éléphant, **Artisans du Mékong** (p. 74), l'atelier-galerie le plus notable, dispose d'un charmant café.

L'autre rive du Mékong

Une fois traversé le Mékong, l'atmosphère est tout autre. En gagnant Muang Chomphet, vous baignerez dans une ambiance très villageoise. Pour vous y rendre, prenez un bac (p. 77 ; 10 000 LAK) derrière le Palais royal. Les bateaux partent dès qu'il y a plusieurs passagers. Sinon, des bateliers, à divers endroits de la rive, font la traversée pour environ 20 000 LAK par bateau. Si le niveau des eaux le permet, une bonne idée d'excursion consiste à louer un bateau jusqu'à la jetée du **Vat Longkhun** (ວັດລອງຄຸນ ; carte p. 50 ; Ban Xieng Maen ; 10 000 LAK ; ⏲8h-17h), puis de revenir à pied via Ban Xieng Maen pour prendre un autre **bateau** (carte p. 54 ; aller 15 000 LAK) en amont. Sachez que les bancs de sable, qui changent selon la saison, empêchent parfois de rejoindre le Vat Longkhun en bateau.

Passé le débarcadère sur la rive opposée, on peut louer des VTT (50 000 LAK/jour) auprès d'une antenne de **Jewel Travel Laos** (carte p. 54 ; ☎020-55687663 ; www.jeweltravellao.com ; Route de Sisavangvong, Ban Xieng Muane ; ⏲8h-16h ; 📶). Toutefois, nul besoin de carte ni de vélo pour visiter les ravissants monastères qui jalonnent la rive à l'est de Ban Xieng Maen, un village épargné par la circulation automobile.

excursions de plusieurs jours dans le Nord. Le personnel parle anglais, la sécurité du matériel est optimale et l'agence appartient à un spécialiste de l'écotourisme laotien qui reverse une partie de ses recettes à des plans de protection de la nature.

Sa Sa Sunset Cruise MÉKONG
(carte p. 54 ; ☎020-95198933 ; www.facebook.com/sasacruiselaos ; Th Khem Kong ; croisière 2 heures avec 1 boisson 85 000 LAK ; ⏲départs quotidiens hiver 16h30, été 17h15). De loin la croisière la plus abordable de la ville, avec des balades de 2 heures au crépuscule sur le Mékong, programmées chaque soir à bord d'un confortable *longboat*. Boissons bon marché et brochettes de poulet à 10 000 LAK.

Tiger Trail RANDONNÉE
(carte p. 54 ; ☎071-252655 ; www.laos-adventures.com ; Th Sisavangvong ; circuits à partir de 50 $US ; ⏲8h-21h). Tiger Trail propose des randonnées au fil de villages hmong et khamu, des excursions culturelles à vélo et du VTT hors piste. Tous les circuits peuvent être personnalisés pour comporter kayak, rafting ou VTT.

Fêtes et festivals

Les deux principaux événements à Luang Prabang sont Pi Mai, en avril, qui voit une foule armée de pistolets à eau envahir la ville (réservez votre hébergement bien à l'avance), et les courses de bateaux de Bun Awk Phansa, en octobre.

Pi Mai TRADITION
(Nouvel An laotien ; ⏲avr). En avril, les visiteurs affluent à Luang Prabang pour les lancers d'eau de Pi Mai. Vous serez aspergé à coup sûr – attention à votre appareil photo !

Vie fluviale

Le Mékong est véritablement l'âme du Laos. On pourrait le comparer à une artère irriguant le cœur du pays, tandis que rivières et autres voies d'eau constituent autant de veines, impulsant la vie au plus profond d'une nature verdoyante et permettant les déplacements entre les différentes communautés, parfois très isolées. Pour beaucoup de Laotiens, ce fleuve, c'est la vie.

WORLDWIDE/SHUTTERSTOCK ©

JUSTIN FOULKES/LONELY PLANET ©

1. Luang Prabang (p. 46)
Enfant amarrant le bateau-maison familial sur le Mékong

2. Près de Vang Vieng (p. 180)
La Nam Song s'écoulant sur une toile de fond montagneuse

3. Si Phan Don (p. 252)
Pêcheur laotien sur le Mékong

4. Pont français (p. 260)
Liaison entre Don Det et Don Khon

5. Si Phan Don (p. 252)
Une balade sur le Mékong

JUSTIN FOULKES/LONELY PLANET ©

Bun Awk Phansa TRADITION
(fin de la "retraite des pluies" ; sept-oct). Chaque année en septembre ou en octobre, les bouddhistes lancent, la nuit, sur la Nam Khan de petits bateaux en feuilles de bananier éclairés par des bougies. Ces courses nocturnes visent à éloigner le mauvais œil de l'année passée, et à rendre grâce à la "Mère de tous les fleuves" et aux nagas, les mythiques sentinelles des rivières. Un spectacle de toute beauté.

Festival du film de Luang Prabang CINÉMA
(Luang Prabang Film Festival, LPFF ; www.lpfilmfest.org ; déc). Début décembre, ce festival annuel installe partout dans la ville des écrans extérieurs. Une sélection de films d'Asie du Sud-Est, récents et triés sur le volet, y est projetée gratuitement.

Où se loger

Luang Prabang compte des hôtels de classe internationale et de ravissants boutiques-hôtels, ainsi que de superbes écolodges et *resorts* dans la luxuriante campagne environnante. Les guesthouses (pensions) sans prétention et propres constituent un bon choix dans la catégorie moyenne, tandis que les nombreuses auberges de jeunesse et autres adresses modestes combleront les voyageurs à petit budget. En haute saison, les prix flambent et les chambres disponibles sont rares. Les hébergements dans la vieille ville, généralement plus coûteux, offrent plus de tranquillité.

Thanon Sisavangvong et ses environs

Bou Pha Guesthouse GUESTHOUSE $
(carte p. 54 ; 071-020450 ; Th Sisavangvong ; ch 60 000-100 000 LAK ;). Retour aux années 1990 avec cette maison ancienne au cœur de la ville qui propose des tarifs avantageux. Les chambres les moins chères se partagent une salle de bains, tandis que celles climatisées à l'étage, bénéficient d'une vue sur la rue.

Indigo House BOUTIQUE-HÔTEL $$
(carte p. 54 ; 071-212264 ; www.indigohouse.la ; Th Sisavangvong ; ch 60-70 $US avec petit-déj ;). Installée au bout de la péninsule (vieille ville), cette belle propriété dispose d'escaliers ouverts qui mènent à des chambres joliment meublées, le tout dans une palette indigo. Le petit-déjeuner est servi au rez-de-chaussée dans l'excellent Indigo Cafe, ouvert aux non-résidents, tandis qu'un bar vous attend sur le toit.

Nora Singh Guesthouse GUESTHOUSE $$
(carte p. 54 ; 071-212035 ; près de Th Sisavangvong ; ch 150 000-250 000 LAK ;). Logée aux confins verdoyants du Phu Si, cette pension parfumée compte 7 chambres propres avec lits bas, murs ornés de tapisseries et salles de bains privatives avec eau chaude. Une adresse centrale mais paisible.

Phounsab Guesthouse GUESTHOUSE $$
(carte p. 54 ; 071-212975 ; Th Sisavangvong ; ch 150 000-350 000 LAK ;). En plein cœur marchand de la vieille ville, un excellent rapport qualité/prix pour ces grandes chambres aérées en façade, avec parquet ciré et ornements en bois. À l'arrière d'une petite cour ont été créées de nouvelles chambres. Salles de bains et balcons privatifs, et direction serviable. Le marché de nuit commence quasiment à votre porte.

Burasari Heritage Hotel BOUTIQUE-HÔTEL $$$
(carte p. 54 ; 071-255031 ; www.burasari.com/the-chang/ ; Th Sakkarin ; ch à partir de 150 $US ;). Pendules marquant le temps sur des murs tapissés de vieilles photos du Laos, meubles en bois incrustés de nacre, parquet en palissandre, linge de lit parfumé et lustres... Pour éviter de rompre le charme, la climatisation des chambres a été savamment dissimulée. Verdoyant jardin pavé de briques à l'arrière.

Villa Santi HÔTEL HISTORIQUE $$$
(carte p. 54 ; 071-252157 ; www.villasantihotel.com ; Th Sakkarin ; ch 129-289 $US ;). Cet hôtel d'exception présente trois facettes. La villa du XIXe siècle, ancienne résidence de l'épouse du roi Sisavang Vong, compte 6 grandes suites "royales", et une salle de petit-déjeuner à l'étage, dont la terrasse donne sur la rue. L'annexe centrale, à l'arrière, accueille des chambres standards, mais c'est dans un complexe hôtelier (*resort*) très bien équipé, à 5 km au sud de la ville, que se trouvent la plupart des chambres.

Auberge Les 3 Nagas BOUTIQUE-HÔTEL $$$
(carte p. 54 ; 071-253888 ; www.3-nagas.com ; Th Sakkarin ; ch 175-300 $US ; @). Le style de Luang Prabang est né dans ce bâtiment centenaire flanqué de manguiers, où trône une Mercedes des années 1950 garée devant l'entrée. Lits à baldaquin, salles de bains en bois sombre, décor asiatique et style colonial caractérisent les suites de prestige

TOURISME RESPONSABLE

Les voyageurs peuvent soutenir la population de Luang Prabang de différentes façons.

Big Brother Mouse (p. 55). On y achète des livres à distribuer aux enfants. L'idée est de promouvoir l'alphabétisation et d'encourager les visiteurs à offrir des livres plutôt que des bonbons.

Luang Prabang Library (carte p. 50 ; ☎ 071-254813 ; www.communitylearninginternational.org ; Th Sisavangvong ; 8h-17h). La bibliothèque collecte des dons afin d'acheter des livres pour un bateau-bibliothèque qui dessert des villages reculés.

Children's Cultural Centre (p. 57). On y dépose les objets recyclables ou à revendre d'occasion pour financer des activités périscolaires.

Croix-Rouge du Laos (p. 56). Comme ailleurs, vous pouvez y laisser des vêtements usagés mais propres, ou encore faire un don de sang.

de l'auberge. Le restaurant sert des plats laotiens sur une terrasse ombragée.

Avani+ Luang Prabang Hotel BOUTIQUE-HÔTEL $$$
(carte p. 54 ; ☎ 071-262333 ; www.avanihotels.com/en/luang-prabang ; ch 195-495 $US ;). Trouvaille d'Adrian Zecha, fondateur d'Aman Resorts, cette élégante propriété est logée en plein centre, autour d'un jardin sur cour offrant l'une des seules piscines de la vieille ville. Les chambres sont très apaisantes, avec leur style minimaliste.

Rive de la Nam Khan et ses environs

Fan Dee GUESTHOUSE $
(Sa Sa Lao ; carte p. 50 ; ☎ 020-55357317 ; fan-dee.luangprabanghotels.net/en/ ; Ban Vieng Mai ; dort 5-9 $US, ch 25-35 $US ;). Cette délicieuse oasis aux airs de jungle recèle des bungalows coiffés de chaume. Une foule d'activités est programmée sur place – des cours de cuisine aux bains de boue sur une terrasse avec vue sur la Nam Khan. Les lits de dortoir en bois sont parmi les plus confortables de la ville, tandis que nombre des chambres privatives disposent de cloisons en bambou qui s'ouvrent pour révéler une vue imprenable sur la rivière.

Parmi les petits plus figurent la laverie en self-service, les hamacs dans les jardins paysagers, les feux de joie hebdomadaires et les navettes gratuites circulant depuis/vers le centre-ville (2 km à faire à pied, sinon).

Cold River Guesthouse GUESTHOUSE $$
(carte p. 54 ; ☎ 071-252810 ; www.coldriverluangprabang.com ; Ban Meuana ; 31-66 $US avec petit-déj ;). Nichée à l'écart et bordant la Nam Khan, cette accueillante pension est tenue en famille. Les chambres arborent de superbes motifs ethniques provenant de Passa Paa et disposent de salles de bains contemporaines, tandis que les propriétaires s'efforcent de n'utiliser aucun article en plastique. Remises substantielles en cas de réservation directe.

Oui's Guesthouse GUESTHOUSE $$
(carte p. 54 ; ☎ 020-54349589, 071-252374 ; Th Kingkitsarat ; ch 25-45 $US ;). Dans une rue calme longeant la Nam Khan, à la quasi-extrémité de la péninsule. Vous trouverez des chambres au rez-de-chaussée avec lambris au plafond, sol carrelé, jolies salles de bains et tissus ethniques. À l'étage, les chambres avec véranda et vue sur la rivière valent 10 $ de plus.

Luang Prabang Paradise Resort HÔTEL $$
(carte p. 50 ; ☎ 071-213103 ; Route 13 ; ch 50-80 $US ;). Près de la Nam Khan, mais assez loin de la ville (on doit traverser le nouveau pont), voici l'endroit parfait pour se reposer. Avec un parquet ciré en teck et des couvre-lits colorés, les bungalows, lumineux, ont de belles finitions et les salles de bains sont immenses. À l'extérieur figure une piscine entourée de palmiers.

Thongbay Guesthouse GUESTHOUSE $$
(carte p. 50 ; ☎ 071-253234 ; www.thongbay-luangprabang.com ; ch 45-65 $US ;). Une végétation bien entretenue entoure les charmants bungalows de bois et de chaume, dont la plupart donnent sur la Nam Khan. Parmi les équipements, piscine, vérandas, minibars et jolies salles de bains carrelées avec douche à l'italienne. Seul inconvénient, l'emplacement isolé dans une ruelle près du nouveau pont. Il vous faudra

marcher 20 minutes depuis le centre ou payer 20 000 LAK pour un *túk-túk*.

Villa Senesouk HÔTEL $$
(carte p. 54 ; ☎071-212074 ; www.luangphabang.com/senesouk ; Th Sakkarin ; ch 30-60 $US ; ❄📶). Chaque matin, la procession des moines passe devant les chambres les plus économiques (au rez-de-chaussée). Celles de l'étage, plus lumineuses, partagent un balcon avec vue sur le *vat*. Lambris et mobilier local se conjuguent au confort moderne. Les chambres à l'arrière sont plus chères.

♥ **Apsara** BOUTIQUE-HÔTEL $$$
(carte p. 54 ; ☎071-254670 ; www.theapsara.com ; Th Kingkitsarat ; ch avec petit-déj 105-185 $US ; ❄📶). Avec sa vue magnifique sur la paisible Nam Khan, l'Apsara respire l'élégance. Son hall, de style indochinois, est orné de lanternes en soie, le bar semble sorti d'un classique du cinéma et, dans les chambres sans cloison, la décoration est très soignée. Les prix chutent hors saison.

Bel Air Boutique Resort RESORT $$$
(carte p. 54 ; ☎071-254699 ; www.lebelairresort.com ; ch 80-180 $US ; ❄📶🏊). Depuis qu'il a subi une rénovation complète, le Bel Air a des airs d'hôtel de l'époque coloniale à l'image d'autres établissements de la vieille ville. Grâce à son emplacement sur l'autre rive de la Nam Khan, l'endroit a beaucoup de cachet : vaste jardin doté d'une piscine, vue sur la rivière et pelouses impeccables. Excellent rapport qualité/prix.

Rive du Mékong et ses environs

Pack Luck Villa BOUTIQUE-HÔTEL $$
(carte p. 54 ; ☎071-253373 ; Th Thugnaithao ; ch 40-70 $US ; ❄📶). Boiseries sombres, lampions en papier, ventilateurs et tapis persans forment un mélange éclectique. La nuit, l'éclairage feutré dévoile des mouchetures de feuilles d'or sur ses murs lie-de-vin. Certes, vous serez un peu à l'étroit dans les chambres, mais, depuis celles avec balcon au dernier étage, vous verrez les moines déambuler le matin. Au rez-de-chaussée, le Pack Luck Liquor est un plaisant bar à vins.

Apple Guesthouse GUESTHOUSE $$
(carte p. 54 ; ☎071-252436 ; www.appleguesthouselaos.com ; près de Th Khem Khong ; ch 20-60 $US ; ❄📶). Cette petite pension sort du lot grâce à ses aimables propriétaires (anglophones), sa réception ouverte 24h/24 et son balcon ombragé à l'étage permettant de croiser d'autres voyageurs. Thé et café à disposition toute la journée. Si la plupart des chambres possèdent de beaux murs en teck, nous vous conseillons celles de l'étage supérieur, plus lumineuses.

Villa Chitdara GUESTHOUSE $$
(carte p. 54 ; ☎071-254949 ; www.villachitdara.com ; Th Khounswa ; ch 45-65 $US ; ❄📶). La procession des moines, à l'aube, passe au pied de la Villa Chitdara, logée au cœur d'un jardin verdoyant de la vieille ville. C'est un point de chute idéal, et soigneusement entretenu, pour explorer la péninsule. Les chambres sont dotées de la TV, d'eau chaude et d'un coffre-fort. Les sympathiques propriétaires parlent français.

Villa Champa GUESTHOUSE $$
(carte p. 54 ; ☎020-99208886 ; villachampa@yahoo.com ; Th Sisavang Vatthana ; ch 15-50 $US ; ❄📶). Fraîche et spacieuse, une maison traditionnelle rénovée avec goût et bénéficiant d'un emplacement privilégié entre le Mékong et le quartier historique des temples. Climatisées, voici 9 chambres (avec TV et minibar) pourvues de belles étoffes traditionnelles. Une bonne adresse sur la péninsule.

Manichan Guesthouse GUESTHOUSE $$
(carte p. 54 ; ☎020-22444722 ; www.manichanguesthouse.com ; en retrait de Th Khem Khong ; ch 120 000-350 000 LAK ; ❄📶). Très cordiaux, Andy et Venus veillent sur cette pension originale aux chambres climatisées. Le petit-déjeuner est extra (crêpes, confitures maison et pain complet, salades de fruits et yaourts). Les chambres de l'étage, aux murs bicolores, partagent une superbe salle de bains et une grande terrasse avec vue sur le Phu Si. Celles du rez-de-chaussée ont une salle de bains privative avec douche vitrée.

Luang Prabang River Lodge HÔTEL $$
(carte p. 54 ; ☎071-253314 ; Th Khem Khong ; ch 25-50 $US ; ❄📶). Cette grande maison coloniale à persiennes possède un beau patio fleuri flanqué d'un porche à auvent et de vieux habillages d'obus. L'intérieur est tout en sobriété avec son parquet et ses murs blancs (TV câblée). Quelques chambres ont vue sur le Mékong. À l'angle d'une rue ; un des rares établissements de Luang Prabang ouvert aux animaux de compagnie.

Lao Wooden House GUESTHOUSE $$
(carte p. 54 ; ☎ 071-260283 ; Th Khounswa ; ch avec petit-déj 25-60 $US ; ❄ 📶). Cette accueillante pension-hôtel fait partie des bâtiments imitant le style traditionnel qui ont émergé dans cette partie du vieux centre récemment. Les chambres richement boisées jouissent de la TV, d'un bureau, d'un réfrigérateur, de couettes rembourrées... et du silence ! Il y a 6 chambres et un jardin à l'avant pour se détendre.

Khoum Xiengthong Guesthouse GUESTHOUSE $$
(carte p. 54 ; ☎ 071-212906 ; Th Sisalernsak ; ch 20-50 $US ; ❄ 📶). Cet établissement exhale un subtil parfum de chic indochinois. Les chambres dotées d'un sol en pierre et de murs blancs trahissent certes leur âge, mais affichent des tapisseries dorées et des ventilateurs chromés. Immenses, les chambres n°2 (au rez-de-chaussée) et n°5 (à l'étage) disposent de lits à baldaquin et d'élégantes salles de bains modernes.

♥ **Satri House** HÔTEL HISTORIQUE $$$
(carte p. 50 ; ☎ 071-253491 ; www.satrihouse.com ; près de Th Phothisarat ; ch 170-450 $US ; ❄ 📶 🏊). Ce magnifique et unique ensemble de villas (dont l'une était la demeure du Prince rouge ; voir p. 275) affiche des chambres splendides aux lits immenses, au mobilier et à la décoration choisis avec goût. Les petits plus : luxuriants jardins aux allées bordées de statues de divinités indiennes, bassins à nénuphars, jolie piscine vert de jade, lacis de couloirs, sans oublier le merveilleux spa.

Victoria Xiengthong Palace HÔTEL HISTORIQUE $$$
(carte p. 54 ; ☎ 071-213200 ; www.victoriahotels.asia ; Th Khem Khong ; ch 105-300 $US ; ❄ @ 📶 🏊). Cette ancienne résidence royale se targue d'un emplacement exceptionnel, surplombant le Mékong et à côté du Vat Xieng Thong. Les 26 chambres sont luxueuses ; les suites de plain-pied jouissent d'une vue (imprenable) sur le fleuve et les suites en duplex ont une petite piscine et un salon.

Sala Prabang HÔTEL $$$
(carte p. 54 ; ☎ 071-254087 ; www.salalaoboutique.com ; 102/6 Th Khem Khong ; ch avec petit-déj 80-155 $US ; ❄ 📶). Réparties entre une ancienne villa française et sept autres bâtiments proches les uns des autres, les chambres possèdent des murs chaulés, un parquet en bois dur et des panneaux à la japonaise ouvrant sur une salle de bains. La taille des chambres étant très variable, nous conseillons d'en visiter quelques-unes avant de faire votre choix. Une adresse ravissante.

Ban Hoxieng et ses environs

Ce quartier de taille modeste, offrant globalement un bon rapport qualité/prix, est constitué d'un délicieux réseau d'anciennes ruelles résidentielles situé derrière le bureau de poste principal, au sud-ouest de l'intersection de Th Chao Fa Ngum et Th Kitsarat. Ban Hoxieng recèle des adresses relativement centrales. Ainsi, on dénombre plus de 20 guesthouses dans la ruelle qui va du Joma Bakery Cafe (p. 71) jusqu'à la rivière.

Phonemaly Guesthouse GUESTHOUSE $
(carte p. 54 ; ☎ 071-253504 ; Th Hoxieng ; ch à partir de 100 000 LAK ; ❄ 📶). Composé de 2 maisons en bois de style traditionnel, cet établissement proche du marché de nuit conjugue l'ambiance d'une maison et toutes les commodités d'une bonne pension. Les meilleures chambres, lambrissées, sont à l'étage. La charmante famille qui tient l'établissement fournit gracieusement eau, café et bananes. Climatisation et Wi-Fi corrects.

Sayo Naga Guesthouse GUESTHOUSE $$
(carte p. 54 ; ☎ 071-212484 ; www.sayoguesthouse.com ; Th Wat That ; ch 20-50 $US ; 📶). Gardée par des nagas, cette paisible maison blanche à volets verts loue des chambres de caractère avec parquet ciré, salle de bains, moustiquaire, joli mobilier et balcon. Au fond du jardin, un bâtiment abrite de petites chambres, mais on préfère celles de la maison.

Villa Pumalin BOUTIQUE-HÔTEL $$
(carte p. 54 ; ☎ 071-212777 ; www.villapumalin.com ; Th Hoxieng ; ch avec petit-déj 29-65 $US ; ❄ 📶). Un escalier en bois de rose passe par un minuscule bassin peuplé de carpes et grimpe jusqu'à l'hôtel. Les chambres, très soignées, arborent un décor en bois semi-traditionnel et disposent d'élégantes salles de bains et de linge de lit de qualité. La plus belle (n°201) se prolonge d'un balcon d'où l'on aperçoit le Mékong. En étage, la vue est plus belle et le nid plus douillet.

Maison Dalabua BOUTIQUE-HÔTEL $$$
(carte p. 54 ; ☎ 071-255588 ; www.maisondalabua.com ; Th Phothisarath, Ban That Luang ; ch 65-145 $US ; ❄ 📶 🏊). Logé dans un immense jardin entourant un vaste étang parsemé de

nénuphars et une superbe piscine, ce lieu est un havre de paix. L'élégant bâtiment compte 15 chambres avec TV, grand lit et salle de bains avec baignoire pour les plus onéreuses.

Sud du Phu Si

Les adresses des catégories moyenne et petits budgets au sud du mont Phu Si ont globalement moins de charme, mais on y trouve plusieurs bons bars à proximité. Les hôtels les plus imposants, dont certains visent une clientèle en voyages organisés et les groupes de voyageurs thaïlandais/chinois, se trouvent pour la plupart plus au sud, notamment dans Th Phu Vao. Peu sont assez intéressants pour justifier l'emplacement hors du centre.

Aham Backpackers Hostel AUBERGE DE JEUNESSE **$**

(carte p. 54 ; 030-2136027 ; Th Kingkitsarat ; dort avec petit-déj 25 000-40 000 LAK). Bon point de chute pour voyageurs à petit budget, cette auberge offre des lits de type dortoir dans des chambres compactes, avec ventilateur, pour un prix modique. Personnel sympathique et serviable. En outre, l'Aham est proche de certains des restaurants et bars au sud du Phu Si.

Villa Sayada HÔTEL **$**

(carte p. 54 ; 071-254872 ; Th Phommatha ; ch 150 000-220 000 LAK ;). Ce mini-hôtel de 9 unités compte des chambres de belles dimensions aux murs crème et blanc, dotées de tentures, de lampes faites main et de douches correctes avec eau chaude. Les petits balcons privatifs jouissent d'une vue agréable. Situé en face du Vat Wisunarat.

Davita Boutique Hotel BOUTIQUE-HÔTEL **$$**

(carte p. 54 ; 071-212088 ; www.davitaboutiquehotel.com ; Th Kingkitsarath, Ban Thongjalem ; 50-65 $US ;). Logé dans une ruelle, ce charmant hôtel offre 28 unités installées autour d'une petite cour arborée recelant des plantes tropicales et un petit étang. Chambres avec petite terrasse ou balcon, climatisation et salles de bains avec eau chaude.

Amantaka HÔTEL DE LUXE **$$$**

(carte p. 54 ; 071-860333 ; www.aman.com/resorts/amantaka ; Th Kitsarat ; ste à partir de 1 000 $US ;). On imagine volontiers Graham Greene en train d'écrire sous un ventilateur dans la salle du restaurant de cet édifice de style colonial admirablement rénové. Les spacieuses suites réunissent un salon, un lit à baldaquin et, le plus souvent, une piscine dans leur petit jardin privatif à l'arrière. Pelouses soignées, piscine couleur jade et spa et salle de gym de rêve.

Des réductions substantielles sont proposées en basse saison.

Environs de la ville

Hillside Resort RESORT **$$**

(030-5717342 ; www.hillsidelaos.com ; ch 55-90 $US ;). Situé à 12 km au sud de Luang Prabang, le Hillside Resort compte 8 bungalows et un logement familial autour d'une grande piscine, et propose une foule d'activités : jeux de société, terrains de volley et de *petang*, etc. Un cadre enchanteur et un rapport qualité/prix exceptionnel.

Lao Spirit Resort RESORT **$$**

(030-5140111 ; www.lao-spirit.com ; ch 100-160 $US). Situé au bord de la rivière, à 13 km à l'est de Luang Prabang, le Lao Spirit recèle des cottages à toit de chaume montés sur de robustes pilotis en brique. L'intérieur est convivial et agrémenté de meubles anciens et de parquets en palissandre, tandis que la vue est stupéfiante. Possibilité de trekking et kayak à disposition.

Villa Suan Maak GUESTHOUSE **$$**

(carte p. 50 ; 071-252775 ; www.villasuanmaak.com ; Th Noradet ; ch avec petit-déj 25-50 $US ;). Tenue en famille dans une douillette villa de l'époque coloniale, cette pension compte des chambres à l'étage (conçues avec des matériaux locaux) avec vue sur le paisible jardin. Celles du bas, plus récentes et bien équipées, sont disposées autour de la vieille demeure. Le généreux petit-déjeuner est servi au restaurant, "The Kitchen", qui concocte l'une des meilleures cuisines germaniques de la ville.

La Résidence Phou Vao HÔTEL DE LUXE **$$$**

(carte p. 50 ; 071-212530 ; www.belmond.com/la-residence-phou-vao-luang-prabang ; ch avec petit-déj 160-460 $US ;). Certes, la vue sur Luang Prabang et les montagnes est splendide, mais il ne faut pas oublier le charmant jardin sur la colline, le service irréprochable et les chambres tout confort. C'est le premier hôtel de luxe de Luang Prabang à avoir redonné ses lettres de noblesse au style colonial. Le mont Phu Si se reflète dans la piscine à débordement, flanquée d'un excellent restaurant franco-laotien. Le Mekong Spa a remporté de nombreux prix. Vélos à disposition et limousine gratuite pour la ville, à 5 minutes.

Sofitel Luang Prabang HÔTEL-SPA $$$
(carte p. 50 ; 071-260777 ; www.accorhotels.com ; Ban Mano ; ch à partir de 250 $US ;). Entre les hauts murs de l'ancienne résidence du gouverneur se cache une végétation luxuriante et des fleurs exotiques, tout autour d'une piscine au bassin couleur carmin. À l'abri d'un pavillon, le Governor's Grill vous sert de succulents mets à l'occidentale. Les chambres sont élégantes, très spacieuses et ornées d'œuvres d'art. Douches à l'italienne. Le spa est de classe internationale.

Luang Say Residence HÔTEL DE LUXE $$$
(carte p. 50 ; 071-260891 ; www.luangsayresidence.com ; Ban Phonepheng ; ste avec petit-déj 175-395 $US ;). Un court trajet en *túk-túk* vous conduira au sud-ouest de la ville jusqu'à cet hôtel raffiné composé de 6 bâtiments coloniaux d'esprit français construits dans un jardin verdoyant. Magnifique mobilier et jolie piscine. Son restaurant, La Belle Époque, est considéré comme l'une des meilleures tables en ville.

Si vous êtes là vers Noël (quand il fait "vraiment" froid), filez au 1861 Bar, aménagé comme un pavillon de chasse, avec feu de cheminée et une belle variété de single malts.

Le Sen Boutique Hotel BOUTIQUE-HÔTEL $$$
(carte p. 50 ; 071-261661 ; le-sen-boutique.luangprabanghotels.net/fr/ ; 113 Th Manomai ; ch 105-239 $US ;). Si on le compare à certains hôtels historiques du centre, cet établissement de charme au sud-ouest de la ville présente un excellent rapport qualité/prix, une organisation parfaite et l'avantage d'un personnel très accueillant. Bien aménagées (TV et salle de bains chic), les chambres donnent toutes sur la jolie piscine et le Jacuzzi. Salle de sport et prêt de vélos.

Où se restaurer

Après la frugalité, l'opulence. Au retour des régions éloignées, l'offre culinaire abondante et variée de Luang Prabang émoustille les papilles. Si les spécialités laotiennes sont savoureuses, la cuisine française imprègne toujours fortement la scène culinaire de la ville. Luang Prabang est aussi la ville des cafés, excellents, et il existe des boulangeries à chaque coin de rue.

Nous conseillons aux voyageurs de faire un tour au **marché du matin** (carte p. 54 ; Ban Pakam ; 5h30-16h sam-lun).

Thanon Sisavangvong et ses environs

Stands de restauration nocturnes LAOTIEN $
(carte p. 54 ; 18h-22h ;). Des stands de restauration s'installent au crépuscule dans une rue étroite derrière l'office du tourisme, avec des tables communes éclairées. Il n'y a pas mieux pour goûter des spécialités locales bien préparées, à petits prix. Nombre de stands végétariens vendent des plats pour seulement 15 000 LAK, et un poisson entier grillé, farci à la citronnelle, coûte à peine 25 000 LAK.

Bouang Asian Eatery FUSION $$
(carte p. 54 ; 020-55632600 ; Th Sisavangvong ; plats 35 000-65 000 LAK ; 11h30-21h30 lun-sam ;). Ce restaurant de l'artère principale est égayé par des chaises colorées, des lampes originales et une fresque murale. La carte "revisitée à la mode laotienne", abordable, comprend de succulents plats fusion comme le curry vert de gnocchis et le ragoût de porc à la cannelle.

Novelty Cafe CAFÉ $$
(carte p. 54 ; 020-55195023 ; 126 Th Sisavangvong ; plats 25 000-75 000 LAK ; 8h-22h30 ;). Figurant parmi les cafés les plus populaires de l'artère principale, le Novelty sert de bons cafés, des thés originaux et de savoureux milk-skakes aux fruits. Le brunch avec pâtisseries fraîches est très couru, et il y a une carte de style bistrot le soir. À noter l'impressionnant choix de plats végans. Vivement recommandé.

Coconut Garden LAOTIEN, INTERNATIONAL $$
(carte p. 54 ; 071-260436 ; www.elephant-restau.com/coconutgarden ; Th Sisavangvong ; plats 29 000-95 000 LAK, menus 80 000-150 000 LAK ; 7h30-22h ;). Les excellents menus (dont un végétarien) comportent 5 plats laotiens de haut vol, permettant de s'offrir en solo une gamme subtile de saveurs. Avec ses terrasses en façade et à l'arrière, l'endroit est plaisant à midi comme le soir. Plats internationaux également.

Le Café Ban Vat Sene FRANÇAIS $$
(carte p. 54 ; www.elephant-restau.com/cafebanvatsene ; Th Sakkarin ; plats 50 000-75 000 LAK ; 7h30-22h ;). Au-dessus du comptoir bruissent les ventilateurs pendant que l'on pâlit d'envie face à la vitrine des desserts (éclairs, tartes au citron, mousses à la framboise...). La carte affiche de substantiels steaks de bœuf, salades, pizzas, poulet

et perche grillés à savourer dehors ou au frais à l'intérieur. Le rendez-vous chic de Luang Prabang à l'heure du thé.

Yuni Yupoun INTERNATIONAL **$$**
(carte p. 54 ; ☎ 020-57773636 ; Th Sisavangvong ; plats 30 000-70 000 LAK ; ⏲ 9h-23h ; 📶). Le Yuni Yupoun, dont le nom signifie "ici ou là", rend hommage aux saveurs du monde entier, dont celles du Pérou, de la Grèce, du Sénégal et du Liban. Le plateau de mezze constitue une parfaite introduction à la cuisine méditerranéenne, complété par des plats plus inattendus comme le poulet Makkhani indien et la poutine québécoise. Happy hour de 12h à 19h.

Tamnak Lao LAOTIEN **$$**
(carte p. 54 ; ☎ 071-252525 ; Th Sakkarin ; plats 40 000-75 000 LAK ; ⏲ 9h-16h et 18h-22h ; 🖉). Quantité de spécialités du Laos ou de Luang Prabang, servies dans une maison à pan de bois, dotée de robustes balcons avec arcades donnant sur la rue. Le personnel est à l'écoute, mais l'endroit affiche souvent complet en raison de l'afflux de groupes de touristes. Goûtez le poisson d'eau douce.

Café Toui FUSION **$$**
(carte p. 54 ; Th Sisavang Vatthana ; plats 50 000-80 000 LAK ; ⏲ 7h-22h ; 📶 🖉). Élégant, le Café Toui est un bijou de cuisine laotienne. Le service est excellent et la carte fusion asiatique riche en plats particulièrement savoureux, comme le *mok phaa* et le *làap*. Menu dégustation également.

Tangor FUSION **$$**
(carte p. 54 ; ☎ 071-260761 ; www.letangor.com ; Th Sisavangvong ; plats 35 000-135 000 LAK ; ⏲ 11h-23h ; 📶). Tout en bois sombre sur fond de murs couleur mandarine semés d'affiches de voyage rétro, le Tangor ne manque pas de caractère. Sa fierté ? Une carte fusion apportant une touche française aux produits laotiens de saison, avec filet de bœuf, filet mignon de porc, tapas... et une bonne sélection de vins. Parachevez le tout avec un cigare cubain.

Rive de la Nam Khan et ses environs

Pha Khao Lao LAOTIEN **$**
(carte p. 54 ; ☎ 030-9061120 ; www.phakhaolao.com ; Th Phommatha ; plats 20 000-70 000 LAK ; ⏲ 7h-22h ; 📶 🖉). Ce restaurant local a conquis une clientèle fidèle avec sa délicieuse cuisine maison (repas partagé à la laotienne), qui inclut une belle sélection de plats végétariens. Les nouilles sont servies sous diverses formes, tandis que le piment est dosé selon votre palais. Avec ses plats à 20 000 LAK, le déjeuner est une aubaine.

Xieng Thong Noodle-Shop LAOTIEN **$**
(carte p. 54 ; Th Sakkarin ; soupe de nouilles 15 000 LAK ; ⏲ 7h-14h). Située vers l'extrémité de la péninsule, cette échoppe quelconque sert le meilleur *khào pịak sèn* (bouillon de nouilles de riz rondes avec des morceaux de poulet ou de la poitrine de porc frite et croustillante) de la ville. Prisé des touristes chinois et coréens, l'endroit ferme habituellement à 14h.

Le Banneton BOULANGERIE **$**
(carte p. 54 ; ☎ 030-5788340 ; Th Sakkarin ; repas 20 000-60 000 LAK ; ⏲ 6h30-20h30). Pains au chocolat, pizzas, terrines, sandwichs-baguette, salades, crêpes... cette boulangerie prépare sans doute les viennoiseries les plus savoureuses de Luang Prabang. Cadre fort sympathique.

Située à l'extrémité paisible de la péninsule ; vous devrez y aller tôt pour avoir la chance de déguster leurs croissants !

♥ **Tamarind** LAOTIEN **$$**
(carte p. 54 ; ☎ 071-213128 ; www.tamarindlaos.com ; Th Kingkitsarat ; plats 35 000-55 000 LAK, menu dîner 120 000-160 000 LAK ; ⏲ 10h-22h ; 📶). Sur les rives de la Nam Khan, cet élégant restaurant vert menthe sert une exquise cuisine laotienne, moderne et créative. Assiettes de dégustation : purée de bambou, citronnelle et *meuang* (chaussons aux nouilles, herbes, poisson et piments et légumes, à composer soi-même). On y sert aussi du *làap* de buffle et des saucisses de Luang Prabang. Son succès est mérité.

♥ **Dyen Sabai** LAOTIEN **$$**
(carte p. 54 ; ☎ 020-5510 4817 ; www.dyensabairestaurant.wordpress.com ; Ban Phan Luang ; plats 35 000-65 000 LAK ; ⏲ 8h-23h ; 📶). L'une des meilleures adresses de Luang Prabang de cuisine laotienne. La purée d'aubergines et les algues du Mékong frites sont délicieuses. Les convives s'assoient sur des coussins, dans des pavillons rustiques ouverts. Pendant la saison sèche, il suffit de traverser le pont en bambou qui enjambe la Nam Khan ; le reste de l'année un bateau assure gracieusement la traversée. Deux cocktails pour le prix d'un entre midi et 19h.

Rosella Fusion FUSION $$
(carte p. 54 ; www.facebook.com/rosellafusion ; Th Kingkitsarat ; plats 30 000 -60 000 LAK ; 9h-22h30). Fondé par un ancien barman de l'hôtel Amantaka (p. 68), ce restaurant sur les berges ne déçoit pas en matière de plats fusion innovants, à prix abordables. Goûtez le steak sauce au poivre. Le propriétaire est fier de ses cocktails : offrez-vous donc un apéritif !

Paste FUSION $$$
(carte p. 54 ; 071-254670 ; Apsara Hotel, Th Kingkitsarat ; plats 120 000-280 000 LAK ; 11h-22h ;). Grâce à une carte fusion laotienne inspirée par les recettes de Phia Sing, ancien chef de la cour royale du Laos, et revisitée par Bongkoch "Bee" Satongun, chef thaïlandais étoilé au Michelin, le Paste est un incontournable de Luang Prabang. Goûtez aux boulettes de riz croquantes avec de la saucisse aigre et au curry clair aux côtes de bœuf, ou à l'emblématique Bangkok Paste : un curry jaune de crabe nageur bleu. Les gastronomes avertis se laisseront tenter par l'un des nombreux menus dégustation.

Rive du Mékong et ses environs

Saffron Coffee CAFÉ $
(carte p. 54 ; www.saffroncoffee.com ; Th Khem Khong ; plats 20 000-40 000 LAK ; 7h-20h lun-ven, 7h30-17h sam-dim ;). Les grains de café de cet établissement branché au bord de fleuve sont produits de façon durable sur les micro-parcelles des ethnies montagnardes voisines, tandis que les profits sont réinvestis dans la communauté. Le résultat ? Un café exceptionnellement riche. L'endroit offre une carte complète de boissons (café infusé à froid, Aeropress, etc.), ainsi que de bons petit-déjeuners et des paninis. Renseignez-vous sur les visites hebdomadaires et les dégustations de café.

Khaiphaen LAOTIEN $$
(carte p. 54 ; 030-5155221 ; www.tree-alliance.org/our-restaurants/khaiphaen.php ; Th Sisavang Vatthana ; plats 30 000-55 000 LAK ; 11h-22h30 lun-sam, fermeture cuisine 21h30 ;). Le Khaiphaen est un restaurant pédagogique géré par Friends International, une ONG qui gère plusieurs adresses dans la région. Il propose des plats laotiens rehaussés d'une touche créative, comme le carpaccio de buffle, la poitrine de porc aux cinq épices, et le curry d'aubergines aux petits pois et aux pommes. Les milk-shakes sont tout aussi imaginatifs. Gardez une petite place pour les desserts. Happy hour de 15h à 18h.

Popolo INTERNATIONAL $$
(carte p. 54 ; 020-98996858 ; Th Khounswa ; plats 35 000-85 000 LAK ; 11h-23h ;). Le Popolo, qui se présente comme une "cantina conviviale", a été créé par l'équipe du Tangor (page ci-contre). Installé dans un vieux bâtiment en brique apparente dans la calme Th Khounswa, l'endroit réussit à attirer les foules grâce à ses cocktails et sa délicieuse carte d'inspiration méditerranéenne – qui comprend des pizzas cuites au feu de bois, un carpaccio de bœuf et la Groovy Veggie, une salade végane.

Blue Lagoon INTERNATIONAL $$
(carte p. 54 ; www.blue-lagoon-restaurant.com ; Th Ounheun ; plats 75 000-140 000 LAK ; 10h-22h ;). Chouchou des expatriés qui apprécient son patio verdoyant, ses lanternes aux murs et son atmosphère jazzy. Au menu : saucisses de Luang Prabang, pâtes, bœuf bourguignon, salades et *láap* très goûteux.

Big Tree Cafe CORÉEN, INTERNATIONAL $$
(carte p. 54 ; www.bigtreecafe.net ; Th Khem Khong ; plats 35 000-65 000 LAK ; 9h30-21h lun-sam ;). Les meilleurs mets coréens de Luang Prabang. D'ailleurs, les Coréens y viennent en nombre, de même que celles et ceux qui veulent découvrir le travail du photographe Adri Berger dans la **galerie** (carte p. 54 ; 020-77776748 ; www.adriberger.com/general/luang-prabang ; 9h30-21h lun-sam ;), à l'étage. Également, un choix de plats occidentaux et japonais, à déguster à l'intérieur ou en terrasse, dans un jardin verdoyant paisible.

L'Éléphant Restaurant FRANÇAIS $$$
(carte p. 54 ; www.elephant-restau.com ; Ban Wat Nong ; plats 80 000-250 000 LAK ; 11h30-22h ;). On se régale ici, dans une villa coloniale rénovée qui ne manque pas cachet. La cuisine est parmi les plus raffinées de la ville. Le "menu du chasseur" (265 000 LAK) propose terrines, soupes, magrets de canard, tartares et autres classiques français.

Ban Hoxieng et ses environs

Joma Bakery Café BOULANGERIE $
(carte p. 54 ; www.joma.biz ; Th Chao Fa Ngum ; plats 30 000-45 000 LAK ; 7h-21h ;). Cette boulangerie tendance, avec fauteuils confortables et ambiance contemporaine,

est très appréciée. Délicieux bagels, soupes et salades, cafés et jus de fruits. Sans oublier les gâteaux moka, à la noix de coco, aux carottes et au chocolat, mais aussi les donuts ! Une seconde enseigne sur Th Kingkitsarat donne sur la Nam Khan.

Manda de Laos LAOTIEN **$$$**
(carte p. 54 ; 071-253923 ; www.mandadelaos.com ; 10 Th Norrassan ; plats 80 000-180 000 LAK ; 12h-22h30 ;). Logé dans un splendide jardin orné de lanternes au bord d'un étang de lys, ce restaurant est charmant en journée et très romantique le soir. Les classiques de la cuisine laotienne comprennent un *làap* original à composer soi-même, avec un mélange d'herbes et d'épices, ainsi que de délicieux plats comme le canard mijoté, le poisson d'eau douce grillé et le curry de poulet.

Environs de la ville

The TeaHouse MAISON DE THÉ **$**
(carte p. 50 ; 020-77773224 ; www.facebook.com/teahouse.luangprabang ; Ban Xang Khong ; plats 15 000-45 000 LAK ; 8h-17h). Située dans le village de tisserands de Ban Xang Khong, la TeaHouse est spécialisée dans les tisanes bio provenant de tout le Laos, dont un thé vieux de 400 ans de la province de Phongsaly et toutes sortes de variétés comme le thé de roselle ou l'infusion de curcuma. Des dégustations de thé sont proposées en haute saison, ainsi que des repas laotiens d'un excellent rapport qualité/prix et quelques plats internationaux.

Secret Pizza ITALIEN **$$**
(carte p. 50 ; 020-56528881 ; www.facebook.com/pizzasecret ; Ban Nasaphanh ; plats 50 000-60 000 LAK ; à partir de 18h30 mar et ven). Repaire jadis fréquenté uniquement par les habitants, le secret méritait d'être dévoilé. Dans le jardin de sa jolie maison, Andrea prépare des pizzas cuites au feu de bois, des lasagnes et des gnocchis, à arroser d'un vin italien. Signalé depuis la route principale, l'endroit se trouve à l'extrémité de Soi 3, près de la Route 13.

Où prendre un verre et faire la fête

La principale portion de Th Sisavangvong, au nord-est du Palais, compte quantité de lieux où prendre un verre, dont quelques bars à vins agréables. Pour en avoir un bon aperçu, allez juste au sud du Phu Si, dans Th Kingkitsarat. L'heure de fermeture légale, 23h30, est strictement appliquée, à l'exception d'une poignée de discothèques situées hors de la ville et de bowlings très populaires.

Utopia BAR
(carte p. 54 ; www.facebook.com/Utopialaos/ ; 8h-23h ;). Un bar en plein air animé offrant une vue paisible sur la Nam Khan, avec sièges inclinables, tables basses et espaces arborés. Régalez-vous autour d'un milk-shake aux fruits, d'un burger ou d'un petit-déjeuner (plats 30 000-60 000 LAK), jouez à un jeu de société ou faites une partie de volley, ou bien détendez-vous au milieu d'une multitude de bougies au crépuscule. Répliques de ruines khmères et plantes grimpantes forment un décor fantastique.

Le Luang Prabang Yoga (p. 55) donne régulièrement des cours ici, le matin ; consultez le site Internet pour le programme.

Icon Klub BAR
(carte p. 54 ; www.iconklub.com ; Th Sisavang Vatthana ; 17h30-23h30 ;). Plus repaire beatnik que club, l'Icon rend hommage à une époque révolue. On y concocte certains des meilleurs cocktails de la ville, dont un diabolique martini à l'absinthe. Un ange sculpté s'élève du mur. Au programme : slam, jam-sessions et formidable bande-son, de Patti Smith à Tom Waits.

Luang Prabang Motorcycle Club BAR
(carte p. 54 ; 020-98870254 ; Th Sakkarin ; 15h-23h). Ce petit bijou mérite que l'on s'aventure vers le nord de la péninsule à la nuit tombée. Loin du bar à motards hardcore, ce délicieux et minuscule endroit sert de bons cocktails, de la Beerlao fraîche et un choix très correct de plats du monde entier. Renseignez-vous sur les circuits à moto, car l'endroit est tenu par Nila, l'une des rares guides motardes au Laos.

Maolin Tavern TAVERNE
(carte p. 54 ; 020-91558252 ; www.facebook.com/maolintavern ; Th Sisavangvong ; 10h-23h30 ;). Cette adresse populaire au cœur de la vieille ville attire une clientèle locale grâce à une riche sélection de bières internationales, dont des belges au goût prononcé, plus une série de cocktails. Plateaux de charcuterie et de fromage.

Bar 525 BAR
(carte p. 50 ; 071-212424 ; www.525cocktailsandtapas.com ; Th Noradet ; 16h55-23h30 ;

). C'est au fond d'une rue calme qu'est niché ce bar chic. Prenez place en terrasse pour contempler les étoiles ou au long comptoir intérieur, à moins de préférer vous détendre dans le lounge. Cocktails à gogo et magnifiques clichés aux murs. Des en-cas, tels que miniburgers de buffle et quesadillas, sont également proposés. Les prix sont à la hauteur du cadre.

Chez Matt BAR
(carte p. 54 ; Th Sisavang Vatthana ; 19h-tard ;). Murs sang-de-bœuf, éclairage tamisé et superbe comptoir où scintille le cristal poli à la lueur des chandelles dessinent un cadre très tendance. Les cocktails concoctés chez Matt, la cave de vins français et italiens, et la musique douce en font un lieu idéal pour partager un verre avant le dîner.

Où sortir

Garavek Storytelling THÉÂTRE
(carte p. 54 ; 020-96777300 ; www.garavek.com ; Th Khounswa ; billets 50 000 LAK ; 18h30). Dans un théâtre intimiste de 30 places, un homme en costume ethnique joue de son *khene* (orgue à bouche laotien) envoûtant, accompagné d'un conteur relatant avec entrain (en anglais) les contes et légendes du Laos. Spectacle féerique, *garavek* ("oiseau magique") fait voyager l'imagination une heure durant. Sur réservation de préférence en haute saison.

Moonlight Cinema CINÉMA
(carte p. 50 ; www.ockpoptok.com/visit-us/whats-on ; Ock Pop Tok Living Crafts Centre, 125/10 Ban Saylom ; ticket avec retour en túk-túk et dîner adulte/enfant 70 000/50 000 LAK ; 18h15 certains ven ;). Les dernières productions sont projetées au centre d'artisanat Ock Pop Tok certains vendredis à 19h, après le dîner de 18h30. Le *túk-túk* de retour est compris ; rendez-vous à 18h15 devant le Joma Bakery Cafe (p. 71) dans Th Chao Fa Ngum. Réservez par courriel.

Théâtre Phralak-Phralam DANSE
(carte p. 54 ; www.phralakphralam.com ; jardin du Palais royal, Th Sisavangvong ; billets 100 000-150 000 LAK ; spectacles lun, mer, ven et sam, 18h oct-mars, 18h30 avr-sept). Avec son nom trompeur, le "Ballet royal du Laos" propose des danses traditionnelles aux mouvements lents, accompagnées par un orchestre laotien de 10 musiciens. Les spectacles durent 1 heure 15 environ et comprennent une scène inspirée du Ramayana. Lisez les notes dactylographiées fournies à l'entrée pour avoir une idée de l'action. Si tous les fauteuils sont occupés (ce qui est rare), les personnes ayant acheté les places les moins chères pourraient se retrouver debout.

Achats

Le long de Thanon Sisavangvong et du Mékong, de charmantes boutiques vendent de l'art local, des bouddhas dorés, des objets en papier artisanal et des souvenirs. Plusieurs maisons de Ban Ho Xieng, quartier historique des artisans orfèvres, abritent des boutiques d'argenterie. Pour vos emplettes, n'oubliez pas de sillonner le marché de nuit : il abonde en objets faits main.

Marché nocturne d'artisanat MARCHÉ
(carte p. 54 ; Th Sisavangvong ; 17h30-22h). Quoique voué essentiellement au tourisme, ce marché installé chaque soir le long de Thanon Sisavangvong a d'autant plus de charme qu'il est faiblement éclairé et calme. D'innombrables marchands vendent écharpes de soie, tentures, couvertures hmong aux motifs appliqués, T-shirts, vêtements, chaussures, papier, argent, sacs, céramiques, des lampes en bambou... sans vous harceler pour autant.

Les prix sont raisonnables, mais les créations "locales" proviennent parfois de Chine, de Thaïlande ou du Vietnam. Étoles ou linge de lit ourlés de façon parfaitement nette ont toutes les chances d'être des articles fabriqués en série !

Naga Creations BIJOUX
(carte p. 54 ; 071-254400 ; Th Sisavangvong ; 10h-22h). Parmi les premières bijouteries de Luang Prabang, Naga Creations s'inspire de motifs ethniques du Laos en utilisant des pierres semi-précieuses du monde entier. Il en résulte des pièces uniques qui ne manqueront pas d'attirer l'attention.

Passa Paa ART ET ARTISANAT
(carte p. 54 ; 030-5252471 ; www.passa-paa.com ; Th Sisavangvong ; 8h-21h). Cet atelier textile d'inspiration hmong, dont le nom signifie "langue du tissu", produit des articles expressifs qui associent des motifs ethniques géométriques avec des objets ordinaires comme les coussins ou les sacs.

Boutique du TAEC ART ET ARTISANAT
(carte p. 54 ; www.taeclaos.org ; Th Sakkarin ; 9h-21h). L'endroit idéal, au musée

À NE PAS MANQUER

SHOPPING POUR LA BONNE CAUSE : ARTICLE 22 BOMB JEWELLERY

Nommées d'après un article de la Déclaration universelle des droits de l'homme, ces pièces de collection sont conçues par un joaillier new-yorkais de renom. Des résidus de munitions sont recyclés en colliers et bracelets, les recettes servant directement à la formation et à l'emploi des survivants des UXO ("UneXploded Ordnance" – engins explosifs non désamorcés). Les bijoux sont façonnés dans les zones rurales du Laos, puis expédiés à New York pour la touche finale. Magnifiques boucles d'oreille, bagues et colliers de 50 à 500 $US. Articles vendus exclusivement par Queen Design Lao.

ethnographique TAEC (p. 53), pour se procurer de très beaux objets artisanaux fabriqués au Laos (vêtements, sacs, jetés de lit). Votre achat profitera directement aux artisans de la région. Des cadeaux parfaits à rapporter à la maison.

Artisans du Mékong ART ET ARTISANAT
(carte p. 50 ; Ban Xang Khong ; 9h-16h). Cet endroit abrite une collection d'objets magnifiquement façonnés et provenant de villages voisins. On y trouve aussi un café décontracté pour prendre un thé, un café ou un en-cas.

Queen Design Lao VÊTEMENTS
(carte p. 54 ; queendesignlao@gmail.com ; Th Sakkarin, 1/17 Ban Khili ; 10h-18h lun-sam ; wifi). Robes, chemises de nuit et jupes en lin, en soie ou en coton, sarongs cache-maillots... la plupart des vêtements proposés dans cette boutique chic sont des pièces uniques. L'offre est complétée de quelques objets design et produits de soin bio. Il s'agit du principal distributeur d'Article 22 Bomb Jewellery.

Ma Té Sai ART ET ARTISANAT
(carte p. 54 ; www.matesai.com ; Th Kingkitsarat et Th Phommatha ; 8h30-20h30). En laotien, le nom signifie "D'où vient cela", et ici, tous les articles en soie, papier ou autres matières proviennent de villages proches de Luang Prabang. Excellent choix de pashminas en soie, de jolis T-shirts et de chemises.

Luang Prabang Artisans ART ET ARTISANAT
(carte p. 54 ; 020-55571125 ; www.facebook.com/luangprabangartisanscafe ; près de Th Sisavangvong ; 9h-18h lun-sam, 9h-21h oct-avr ; wifi). Logée au sein d'une demeure en bois vieille de 100 ans, dans une ruelle partant de la rue principale, cette excellente petite boutique vend de l'artisanat : coussins teints naturellement, peluches, sacs et foulards en soie, etc. Un café sur place invite à faire une pause après vos emplettes ; doté d'une terrasse ombragée où l'on peut se restaurer et se détendre, il propose d'excellents jus de fruits et mets laotiens.

Ock Pop Tok Boutique ARTISANAT, VÊTEMENTS
(carte p. 54 ; 071-254406 ; www.ockpoptok.com ; Th Sakkarin ; 8h-21h). Ock Pop Tok travaille en collaboration avec de nombreuses communautés ethniques afin de préserver leurs traditions. Écharpes, chemises, robes, tentures et housses de coussin, en soie et en coton, font des cadeaux parfaits. Traversez Th Sakkarin pour explorer le nouveau **Heritage Shop** et découvrir des articles plus classiques. Il est possible de suivre des cours de tissage (p. 59).

Renseignements

ARGENT

Les DAB sont nombreux en ville. Sur Thanon Sisavangvong, des tour-opérateurs délivrent une avance sur présentation d'une carte Visa ou MasterCard contre environ 3% de commission. Le change se fait en revanche à des taux souvent peu avantageux.

BCEL (carte p. 54 ; Th Sisavangvong ; 8h30-15h30 lun-ven). Change des principales devises en espèces. DAB 24h/24. Espèces délivrées sur présentation d'une carte Visa ou MasterCard.

Lao Development Bank (carte p. 54 ; Th Wisunarat ; 8h30-15h30 lun-ven). DAB 24h/24.

Kiosque Minipost (carte p. 54 ; Th Sisavangvong ; 8h30-21h). Ouvert tous les jours. Change la plupart des devises à des taux corrects.

DÉSAGRÉMENTS ET DANGERS

Luang Prabang est une ville généralement très sûre, mais n'oubliez pas votre bons sens !

- Des chauffeurs de *túk-túk* vous proposeront peut-être de la drogue ; sachez que ce peut être des policiers en civil et que l'amende s'élève à quelque 500 $US.
- Si votre chambre est pourvue d'un coffre-fort, utilisez-le.
- Ne laissez pas d'objets de valeur dans les auberges de jeunesse.

OFFICE DU TOURISME

Département provincial du tourisme (carte p. 54 ; ☎ 071-212487 ; www.tourismluangprabang.org ; Th Sisavangvong ; ⏲ 9h-11h30 et 13h30-15h30 lun-ven ;). Informations sur les fêtes, festivals et groupes ethniques. Propose également des cartes et des dépliants, ainsi que des renseignements sur les bus et les bateaux sur un ordinateur à écran tactile. Un excellent office tenu par un personnel serviable.

SERVICES MÉDICAUX

Hôpital chinois (carte p. 54 ; ☎ 071-254026 ; Ban Phu Mok ; ⏲ 24h/24). Matériel moderne, mais un personnel qualifié parfois insuffisant.

Hôpital provincial (☎ 071-254027 ; Ban Phou Mock ; consultation médecin 200 000 LAK, nuit 400 000 LAK). Cet hôpital conviendra pour les troubles mineurs, mais en cas de problème sérieux, envisagez de prendre l'avion pour Bangkok ou de regagner Vientiane et les hôpitaux à la frontière thaïlandaise. À l'hôpital de Luang Prabang, une consultation coûte le double le week-end ou après 16h. Les médecins conseillent de venir avec un employé de votre guesthouse ou votre hôtel, susceptible d'aider à la traduction.

Pharmacie (carte p. 54 ; Th Sakkarin ; ⏲ 8h30-20h). Médicaments de base. Horaires variables le week-end.

VISAS

Bureau de l'immigration (carte p. 50 ; ☎ 071-212435 ; Th Pha Mahapatsaman ; ⏲ 8h-11h20 et 14h-16h lun-ven). Un visa pour le Laos peut généralement être prorogé jusqu'à 30 jours maximum (20 000 LAK/jour) à condition de déposer une demande avant la date d'expiration. Prévoyez une photo de type passeport. Le retrait se fait le lendemain à 15h.

ℹ Depuis/vers Luang Prabang

AVION

Le nombre de vols internationaux desservant la ville a connu un boom depuis que l'**aéroport international de Luang Prabang** (LPQ ; ☎ 071-212173 ; www.luangprabangairport.com ;) s'est doté, en 2013, d'un nouveau bâtiment et d'une plus large piste d'atterrissage. Bangkok Airways (www.bangkokair.com) et Air Asia (www.airasia.com) assurent des liaisons quotidiennes pour Bangkok ; la seconde dessert également Kuala Lumpur. **Lao Airlines** (carte p. 50 ; ☎ 071-212172 ; www.laoairlines.com ; Th Pha Mahapatsaman ; ⏲ 8h-12h et 13h-17h lun-ven) propose plusieurs vols par jour vers Vientiane, ainsi qu'une liaison quotidienne vers Pakse, Chiang Mai et Hanoï. L'aéroport assure aussi des vols fréquents vers Jinghong et Chengdu, en Chine. Vietnam Airlines (www.vietnamairlines.com) dessert quotidiennement Siem Reap (partage de code avec Lao Airlines) et Hanoï. La compagnie low cost Scoot (www.flyscoot.com) relie Luang Prabang à Singapour. Il est aisé d'acheter des billets via **Absolute Lao Travel** (carte p. 54 ; ☎ 020-55571572, 071-253522 ; www.absoluteasiatravel.com ; Th Sisavangvong ; ⏲ 8h-21h).

BATEAU

Sans être forcément très rapides, les trajets fluviaux permettent de ralentir le rythme et d'observer la ville et la campagne alentour sous un angle différent.

Pakbeng et Huay Xai

Pour monter à bord d'un bateau lent vers Pakbeng (130 000 LAK, 9 heures, 8h30), il est probablement plus économique et plus commode d'acheter des billets dans une agence en ville, plutôt que de prendre un *túk-túk* jusqu'à la capitainerie (⏲ 8h-11h et 14h-16h) à l'embarcadère des bateaux lents, situé à 10 km au nord de la ville, à Ban Donemai. Vous pourrez vous procurer des billets pour Huay Xai (250 000 LAK, 2 jours) – ce qui nécessite de passer la nuit à Pakbeng.

Plus luxueux, les bateaux de Luang Say Cruise (p. 60) rallient en 2 jours Huay Xai. Ils partent de l'**embarcadère de Galao** (carte p. 54 ; Th Khem Khong), à côté du Vat Xieng Thong. La nuit au Luang Say Lodge à Pakbeng est comprise dans le trajet. Moins onéreuses (mais l'hébergement à Pakbeng n'est pas inclus), les croisières de 2 jours de Shompoo Cruise (p. 60) se font à bord d'un bateau confortable.

Rapides, mais inconfortables et peu sûrs, des hors-bord de 6 passagers remontent le Mékong jusqu'à Pakbeng (190 000 LAK, 3 heures) et Huay Xai (310 000 LAK, 7 heures). Comme les bateaux partent une fois pleins (6 à 7 passagers), le mieux est certainement d'arriver à l'**embarcadère des bateaux rapides** (à côté de celui des bateaux lents à Ban Donemai) vers 8h et de constituer un groupe.

Triangle d'or thaïlandais

De juin à février, Mekong River Cruises (p. 60) assure le lent trajet fluvial entre Luang Prabang et le Triangle d'or thaïlandais. Comptez 8 jours à bord d'un bateau germano-laotien moderne, comportant un petit solarium et 15 cabines.

BUS ET MINIBUS

La **gare routière Nord** (carte p. 50 ; ☎ 071-252729 ; Route 13) et la **gare routière Sud** (gare routière de Bannaluang ; carte p. 50 ; ☎ 071-252066 ; Route 13, Km 383) sont situées aux extrémités opposées de la ville. Plusieurs lignes de bus fréquentées sont aussi desservies par des minibus et minivans au départ de la **gare des minibus de Naluang** (carte p. 50 ;

BUS AU DÉPART DE LUANG PRABANG

DESTINATION	GARE ROUTIÈRE	PRIX	DISTANCE	DURÉE	DÉPARTS
Huay Xai	Nord	120 000 LAK	475 km	15 heures	17h30
Huay Xai (VIP)	Nord	145 000 LAK	475 km	15 heures	19h
Luang Namtha	Nord	100 000 LAK	310 km	9 heures	9h, 16h
Luang Namtha (minibus)	Naluang	110 000 LAK	310 km	8 heures	8h30
Nong Khiaw	Nord	40 000 LAK	142 km	4 heures	9h, 11h, 14h
Nong Khiaw (minibus)	Naluang	55 000 LAK	142 km	3 heures	9h30
Phonsavan (minibus)	Naluang	110 000 LAK	262 km	8 heures	9h
Phonsavan (ordinaire/express)	Sud	95 000/ 105 000 LAK	262 km	10/9 heures	8h30
Sainyabuli	Sud	60 000 LAK	118 km	3 heures	9h, 14h
Sam Neua	Nord	150 000 LAK	390 km	17 heures	8h30, 17h30
Udomxai	Nord	60 000 LAK	193 km	6 heures	9h, 12h, 16h
Vang Vieng	Sud	95 000 LAK	185 km	7 heures	9h30
Vang Vieng (minibus)	Naluang	110 000 LAK	185 km	6 heures	8h30, 9h30, 10h, 14h, 15h
Vieng Thong	Nord	120 000 LAK	275 km	10 heures	8h30, 17h30
Vientiane	Sud	110 000 LAK	384 km	9 heures	10/jour entre 6h30 et 19h30
Vientiane (couchettes)	Sud	150 000 LAK	384 km	9 heures	20h, 20h30
Vientiane (minibus)	Naluang	155 000 LAK	384 km	9 heures	7h, 11h

☎ 071-212979 ; Route 13), aménagée à la diagonale de la gare routière Sud.

Louer à plusieurs un confortable minibus de 6 places revient à moins du double des billets de bus. Les arrêts photo sont inclus dans le prix, et vous arriverez plus rapidement à destination. En réservant directement à la gare des minibus, comptez quelque 1 000 000 LAK pour Phonsavan ou Vang Vieng et 800 000 LAK pour Nong Khiaw ; le chauffeur viendra vous chercher à votre lieu d'hébergement.

Sainyabuli et Hongsa

Les bus pour Sainyabuli partent de la gare routière Sud. Avec l'ouverture du pont Tha Deua au-dessus du Mékong, la durée du trajet jusqu'à Sainyabuli est d'environ 2 heures en véhicule privé. Il y a aussi une liaison directe en minibus vers l'Elephant Conservation Center (p. 142) à Sainyabuli ; on viendra vous chercher gracieusement devant la poste. Grâce au nouveau pont, il est aussi plus rapide ensuite de gagner Hongsa après un changement.

Nong Khiaw et Sam Neua

Vous trouverez une liaison alternative pour Nong Khiaw et Sam Neua au départ de la gare routière Nord. Prenez le *sŏrngtăaou* (camion doté de bancs à l'arrière ; 40 000 LAK) à 9h, 11h ou 14h ; sinon, le bus de 8h30 continue vers Sam Neua (140 000 LAK, 17 heures) après une halte à Vieng Thong (120 000 LAK, 10 heures). Il y a aussi un bus en provenance de Vientiane qui passe vers 17h30 et dessert Sam Neua.

Chine

Le bus-couchettes pour la ville chinoise de Kunming (500 000 LAK, 24 heures) quitte la gare routière Sud (p. 75) à 7h, parfois plus tôt. Mieux vaut réserver et vérifier le lieu de départ.

Vietnam

Rejoignez la gare des minibus de Naluang (p. 75) pour prendre un bus vers Diên Biên Phu (200 000 LAK, 10 heures, départ 6h30) ou Hanoï (350 000 LAK, 24 heures, départ 18h), au Vietnam.

Comment circuler

Compacte, Luang Prabang se parcourt aisément à pied. Les vélos seront pratiques pour rallier des sites plus éloignés, tandis que les *túk-túk* sont nécessaires pour rejoindre l'aéroport, les embarcadères et les gares routières.

BATEAU

Il existe de nombreux bateaux pour les grottes de Pak Ou (carte p. 54), avec départ dans la matinée entre 8h30 et midi. Achetez votre billet au **bureau des longboats** (carte p. 54 ; Th Khem Khong ; 8h-15h), petit et difficile à repérer. **Banana Boat Laos** (carte p. 54 ; 071-260654 ; www.bananaboatlaos.com ; Ma Te Sai, Th Phommatha), mieux organisé, propose des excursions en bateau jusqu'aux grottes pour un tarif plus élevé (départ derrière le Wat Xieng Thong. Pratiques, des **bateaux fluviaux** (carte p. 54 ; aller 10 000 LAK) relient la vieille ville à la rive ouest rurale du Mékong.

BUS

L'E-bus est un *túk-túk* électrique (vert et jaune) à zéro émission qui jouait autrefois le rôle de transport public dans la vieille ville, mais qui sert aujourd'hui de *túk-túk*. Les prix sont généralement bien moins élevés que ceux des *túk-túk* à l'ancienne, avec des tarifs de 10 000 LAK environ pour une course brève et de 20 000 LAK pour gagner les gares routières. Il suffit de les héler quand ils passent à proximité.

La compagnie propose également un **circuit en E-Bus** (carte p. 50 ; 071-253899 ; www.laogreengroup.com ; 40 $US, -10 ans gratuit ; circuits 8h30-12h30 et 13h-16h30), qui récupère les passagers à différents endroits de la ville pour une visite guidée des curiosités locales.

MOTO

La location d'un deux-roues revient à quelque 120 000 LAK par jour. **KPTD** (carte p. 54 ; 071-212077 ; Th Kitsarat ; semi-automatique 100 000 LAK, automatique 120 000 LAK, moto tout-terrain 250 cm³ 70 $US/jour ; 8h-17h) en propose un large éventail, au nombre desquels des scooters semi-automatiques (Honda Wave) ou automatiques (Honda Scoopy) et une très moyenne Honda CRF (70 $US), plutôt destinée aux adeptes de motocross. **Motolao** (carte p. 54 ; 020-54548449 ; www.motolao.com ; Th Chao Fa Ngum ; 8h30-17h) loue des motos Honda 250 cm³.

VÉLO

Il est agréable de circuler à vélo. Quantité de boutiques et de guesthouses en louent pour 15 000 à 30 000 LAK la journée.

Veillez à fixer un antivol sur votre vélo/moto et ne laissez pas votre deux-roues la nuit dans la rue. Notez que, sur la rocade extérieure de la péninsule, les véhicules circulent en sens unique dans le sens contraire des aiguilles d'une montre. Les panneaux se manquent facilement, mais n'imitez pas les habitants qui n'en tiennent pas compte (et roulent sans casque), car la police verbalise parfois les étrangers pour ces infractions.

SŎRNGTĂAOU

Situé sur la rive du Mékong qui fait face à Luang Prabang, environ 400 m en amont du fleuve, l'arrêt des *sŏrngtăaou* de Chomphet (carte p. 50) dessert uniquement les villages de la région.

TAXI-VAN

Les taxi-vans de l'aéroport facturent le tarif standard de 50 000 LAK pour rejoindre le centre-ville (à 4 km) pour 1 à 2 personnes. Ils vous coûteront un peu plus si 3 ou 4 personnes partagent le véhicule. De la ville vers l'aéroport, la course sera peut-être un peu moins chère.

TÚK-TÚK

Il n'y a pas de motos-taxis à Luang Prabang, uniquement des *túk-túk* qui facturent la somme fixe de 50 000 LAK pour aller de l'aéroport à la ville. Le prix augmente au-delà de 3 passagers et coûte un peu moins cher en sens inverse.

En ville, un court trajet en *túk-túk* revient à 5 000 LAK pour les habitants et à 20 000 LAK pour les étrangers. Pour rejoindre l'embarcadère des bateaux lents ou la jetée des hors-bord, comptez au moins 50 000 LAK pour le véhicule.

ENVIRONS DE LUANG PRABANG

Dans la campagne entourant la zone protégée de Luang Prabang vous attendent des grottes, des cascades bleu vert, d'excellentes randonnées, des itinéraires de VTT, des parcours de kayak et des croisières au fil de la rivière.

Nord de Luang Prabang

Grottes de Pak Ou ຖ້ຳປາກອູ

À Ban Pak Ou, confluent de la Nam Ou et du Mékong, deux célèbres **grottes** (Tham Ting ; grottes 20 000 LAK, aller-retour sur le fleuve par pers/bateau 65 000/300 000 LAK ; départ des bateaux 8h30-11h) nichées dans la falaise calcaire protègent des milliers d'effigies du Bouddha. Dans la grotte inférieure, le groupe de bouddhas se détachant sur une toile de fond fluviale mérite une photo. Accessible par des marches assez raides (5 minutes de grimpée), la grotte supérieure s'enfonce sur 50 m : n'oubliez pas une lampe-torche. Adressez-vous au bureau des *longboats* de Luang Prabang pour acheter votre billet.

Les visiteurs, pour la plupart, font halte au village "lao lao" de **Ban Xang Hay**. En marchant sur les étroits chemins derrière le joli *vat* (en grande partie neuf), vous découvrirez des métiers de tisserands, des échoppes de tissus et quelques distilleries (fabriquant notamment du *lòw-lów* ; whisky local).

La Route 13, puis une piste correcte (10 km) quittant la Route 13 près du Km 405, mènent aussi à Ban Pak Ou (30 km). Pour ce faire, prenez un *túk-túk* (environ 150 000 LAK l'aller-retour) pour faire le trajet avant de traverser le fleuve en canot à moteur (20 000 LAK aller-retour).

Est de Luang Prabang

Ban Phanom et au-delà ບ້ານພະນົມ/ສຸສານຫມູຫົດ

Si vous montez au sommet du Phu Si, vous repérerez certainement un grand stupa octogonal doré près du "nouveau pont". Il s'agit du **Santi Chedi** (ສັນຕິເຈດີ, pagode de la Paix ; carte p. 50 ; don apprécié ; ⏲8h-10h et 13h30-16h30 lun-ven), bâti en 1988. Ses 5 niveaux intérieurs présentent l'histoire et les préceptes moraux bouddhiques.

La pagode se dresse sur une éminence à 1 km de la Route 13, non loin de la route de **Ban Phanom**, prospère village de tisserands et d'artisans à moins de 1 km à l'est. Une route partiellement goudronnée suit la Nam Khan vers l'est et le sud sur 14 km, puis tourne vers **Ban Kok Gniew** ("village des ananas") au Km 372 de la Route 13, soit 500 m avant l'embranchement pour les chutes de Tat Sae. La route, poussiéreuse, vallonnée et tranquille, traverse de beaux paysages karstiques et divers points d'intérêt.

À environ 6,5 km de Ban Phanom, et à moins de 2 km par la route de la **tombe d'Henri Mouhot** (ສຸສານ ທ້າວ ເຮັນຣີມູຮົອດ), l'explorateur et naturaliste français, figure le vénérable *vat* orné de fresques murales et le stupa doré de **Ban Noun Savath** (ບ້ານນູນສະຫວາດ). L'endroit est particulièrement photogénique l'après-midi, alors que la grande formation karstique offre un cadre spectaculaire.

Tat Sae ນ້ຳຕົກຕາດແສ

À 15 km au sud-est de Luang Prabang, ces **chutes** (ຕາດແຊ ; 20 000 LAK, - 8 ans gratuit ; ⏲8h-17h30) ne dévalent pas d'aussi haut que Tat Kuang Si, mais leurs larges bassins sur plusieurs niveaux laissent un souvenir impérissable d'août à novembre (ils s'assèchent presque entièrement en février). Toute l'année, diverses activités attirent les visiteurs, tel le circuit de 14 **tyroliennes** (☎020-5429 0848 ; 300 000 LAK/pers) qui permet de "voler" autour et à travers les chutes.

L'un des points forts de l'excursion est le trajet de 7 minutes en bateau (aller-retour 20 000 LAK/pers, 40 000 LAK au minimum par bateau) depuis Ban Aen, un paisible village lao situé 1 km à l'est de la Route 13 – tournez vers l'est au Km 371,5. En *túk-túk*, comptez 30 minutes depuis Luang Prabang pour 150 000 LAK l'aller-retour au maximum (2 heures d'attente comprises).

Ouest de Luang Prabang

Nahm Dong Park

Ce splendide **parc** (ສວນນ້ຳດົງ ; ☎030-5609821 ; www.nahmdong.com ; réservoir de Nahm Dong ; entrée 20 000 LAK, 2/3 activités 23/33 $US, tyrolienne 23 $US ; 👪) 🍃 privé se situe à environ 10 km au sud-ouest de Luang Prabang, au cœur de collines vallonnées et tapissées de jungle. Explorez la forêt, plongez dans des cascades ou choisissez l'une des nombreuses activités proposées, comme la fabrication de papier mûrier, d'un attrape-rêves thaï leu ou d'une broderie hmong. Pour faire monter l'adrénaline, testez la balade dans la canopée et les tyroliennes. Un excellent restaurant et salon de thé laotien offrent une vue splendide sur la vallée.

Kuang Si Butterfly Park

Trois cents mètres avant les chutes, le **Kuang Si Butterfly Park** (ສວນແມງກະເບື້ອກວາງຊີ ; www.facebook.com/laos.kuang.si.butterflypark ; adulte/enfant 40 000/20 000 LAK ; ⏲10h30-16h30) 🍃 est une ferme aux papillons créée en 2014 pour protéger les innombrables espèces de lépidoptères que compte le Laos. Une visite guidée invite les voyageurs à se promener dans les magnifiques jardins, et un centre de soins pour les pieds permet de se faire mordiller les orteils par des poissons miniatures. Les enfants adoreront cet endroit. À noter aussi le café sur place, sachant que des billets spéciaux combinent l'entrée au parc et une part de gâteau.

Tat Kuang Si ຕາດກວາງຊີ

À 30 km au sud-ouest de Luang Prabang, les chutes d'eau de **Tat Kuang Si** (ຕາດກວາງຊີ ; 20 000 LAK ; 8h-17h30) dévalent des formations calcaires sur plusieurs niveaux où se succèdent des bassins turquoise propices à la baignade et à la plongée (à l'aide d'une corde). Cabines et tables de pique-nique agrémentent les lieux. Ne manquez pas le **Tat Kuang Si Bear Rescue Centre** (ສູນກູ້ໄພໝີຕາດກວາງຊີ ; www.freethebears.org ; Tat Kuang Si ; billet combiné avec le Tat Kuang Si ; 8h30-16h30), GRATUIT où des ours noirs d'Asie, saisis à des braconniers, se voient offrir une nouvelle vie.

De nombreuses gargotes bon marché jalonnent le parking de l'entrée tout en haut du village khamu de Ban Thapene, proposant aussi bien des en-cas que du poulet ou du poisson grillé. Sinon, **Carpe Diem** (020-98676741 ; www.carpediem.la ; Tat Kuang Si ; plats 45 000-175 000 LAK ; 9h-17h ;) est un délicieux restaurant français logé dans des pavillons en chaume, proches des chutes d'eau les plus basses de Kuang Si.

Depuis que la route est correctement asphaltée, louer une moto est une façon agréable de venir à Kuang Si et on peut faire halte dans les villages. À vélo, préparez-vous à gravir deux longues montées. Un *túk-túk* depuis Luang Prabang coûte 150 000 LAK quand on est seul, mais 50 000 LAK par personne quand on est trois, d'où l'intérêt de constituer un groupe. Pour un minivan privé, comptez 350 000 LAK.

Laos Buffalo Dairy

Créé par des pionniers australiens sans aucune expérience de l'agriculture, la **Buffalo Dairy** (ຟາມນົມຄວາຍຢູ່ລາວ ; 030-9690487 ; www.laosbuffalodairy.com ; visite de l'exploitation 50 000-100 000 LAK ; 9h30-17h30) fabrique de délicieux fromages et autres produits laitiers. Les visiteurs pourront découvrir la ferme en compagnie de guides parlant anglais, apprendre à traire une bufflesse, aider à la toilette du très choyé "Ferdinand" et faire la connaissance des lapins résidents. Des glaces et des gâteaux sont également en vente ici, ainsi que des plateaux de fromages.

La ferme est située à 23 km de Luang Prabang, sur la route de Kuang Si.

Green Jungle Park

Situé à 32 km à l'ouest de la ville, le **Green Jungle Park** (ສວນປ່າດົງຂຽວ ; 071-253899 ; www.laogreengroup.com ; Ban Pakleuang ; entrée 3 $US, tyrolienne et parcours de cordes 30-65 $US, trekking 35 $US, transfert en bateau aller-retour de Luang Prabang 10 000 LAK ; 9h-16h30) est un petit paradis issu d'une décharge recyclée. La forêt et la splendide cascade servent de toile de fond à un spectaculaire réseau de tyroliennes (900 m), de "pont de singes" et de parcours de cordes. Sur place vous trouverez également un café, des jardins floraux et des bassins naturels, un marché de produits bio et une aire d'observation des éléphants – des pachydermes qui étaient jadis condamnés au transport des troncs d'arbre.

Pour atteindre le parc, il faut prendre le bateau derrière le Palais royal à Luang Prabang : après 30 minutes de descente du fleuve, le reste du trajet s'effectue en taxi.

Pha Tad Ke Botanical Garden

Aussi relaxant qu'une visite au spa, ce **jardin botanique** (ສວນພຶກສາຊາດຜາຕັດແກ ; carte p. 54 ; 071-261000 ; www.pha-tad-ke.com ; adulte/enfant 25/10 $US ; 8h-18h jeu-mar) a ouvert ses portes en 2017. Premier du genre au Laos, c'est un lieu paisible pour lire, faire une promenade ou perfectionner ses postures de yoga. Le billet d'entrée, quoique cher, inclut un exposé sur les orchidées (11h ou 15h), un atelier d'artisanat d'une heure autour du bambou (10h ou 14h) et des dégustations gratuites de tisane dans un café donnant sur un étang de lotus.

Des bateaux partent d'une jetée à Ban Wat That (juste en face du bureau d'accueil du Pha Tad Ke, dans le centre-ville) entre 9h et 16h ; comptez 15 minutes de trajet sur le Mékong pour rallier le parc.

Nord du Laos

Dans ce chapitre ➡

Le top des restaurants

- Lao Falang Restaurant (p. 88)
- Coco Home Bar & Restaurant (p. 106)
- Bamboo Lounge (p. 128)
- Riverside Restaurant (p. 109)
- Souphailin Restaurant (p. 120)

Le top des hébergements

- Mandala Ou Resort (p. 104)
- Luang Say Lodge (p. 141)
- Luang Namtha Inn (p. 126)
- Nong Kiau Riverside (p. 104)
- Nam Kat Yorla Pa (p. 119)

Pourquoi y aller

L'exploration de cette région montagneuse sillonnée de rivières et tapissée de forêts tropicales laisse un souvenir marquant aux voyageurs qui s'y aventurent. Ici, la jungle sert de terrain de jeu aux félins, aux gibbons et à quantité d'autres espèces animales, et il existe d'excellentes agences d'écotourisme (treks, vélo, tyrolienne, kayak...).

C'est aussi dans le Nord que vivent de nombreuses minorités ethniques, et les passionnants programmes de séjour chez l'habitant (*homestay*) vous permettront de découvrir la vie de leurs villages.

Sur les routes qui traversent des massifs montagneux et des vallées sinueuses, le voyage est parfois éprouvant. Les petites villes, reconstruites après les bombardements du XXe siècle, sont pour la plupart fonctionnelles. Cela dit, c'est dans la vie rurale que réside l'intérêt touristique du nord du Laos. Et faire une croisière sur le Mékong ou la Nam Tha permet de découvrir le charme bucolique de la région au rythme paisible des cours d'eau.

Quand partir

Luang Prabang

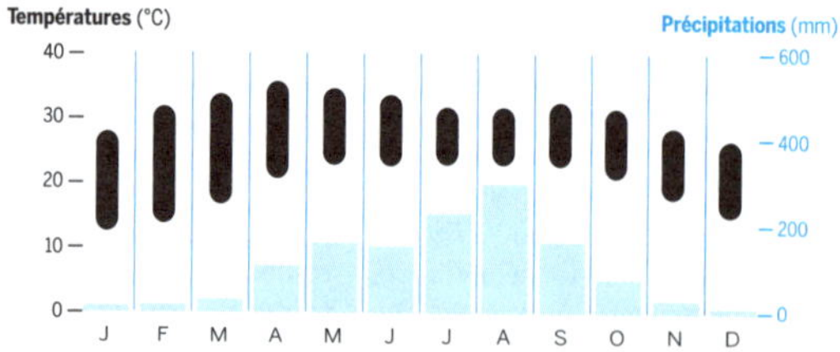

Novembre-février
La saison idéale : ciel dégagé, peu de précipitations – en revanche, il fait froid en altitude.

Mars-mai
Fortes chaleurs à basse altitude ; nombreuses brumes causées par la culture sur brûlis.

Juin-octobre
Saison des pluies ; tarifs avantageux pour se loger, mais les chemins peuvent devenir très boueux.

Depuis/vers le nord du Laos

L'état des routes entre le nord et le reste du pays s'améliore grandement. La Route 13 entre Luang Prabang et Vang Vieng est de loin la plus empruntée et la plus spectaculaire. L'autre route, via Sainyabuli et Pak Lai, est goudronnée également, mais moins jolie. Troisième possibilité, la Route 10 de Muang Khoun à Paksan est désormais en bon état ; toutefois, les conditions de sécurité sur certains tronçons isolés peuvent poser problème. Enfin, la route d'Udomxai à Phongsali, auparavant accidentée et dangereusement glissante à la saison des pluies, est aujourd'hui entièrement asphaltée, mais toujours aussi sinueuse.

Comment circuler

Les trajets routiers s'avèrent lents et épuisants. Seules les routes principales, généralement très étroites et tortueuses, sont asphaltées. À la saison des pluies, des glissements de terrain surviennent parfois et les routes secondaires deviennent aussi glissantes qu'une patinoire.

Bus/sŏrngtăaou (camions de passagers avec bancs à l'arrière). Ces véhicules relient la plupart des grandes villes, mais progressent lentement sur les routes longues et sinueuses.

Voiture/minibus Une bonne solution pour ceux qui disposent d'assez d'argent (comptez 100 $ par jour), mais de peu de temps.

Moto Idéal pour les voyageurs épris d'aventure et expérimentés, car le paysage est magnifique.

Bateau fluvial Une bonne alternative, quoique plus lente, à la route. Réfléchissez avant d'opter pour un "*speedboat*" (sorte de hors-bord équipé d'un moteur de voiture fixé avec une sangle).

PROVINCES DU XIENG KHUANG ET DES HUA PHAN

De longues routes sinueuses traversent ces provinces verdoyantes et faiblement peuplées en direction de la mystérieuse plaine des Jarres et des grottes de Vieng Xai. Ces deux sites méritent la visite si vous voyagez vers le Vietnam. Ceux qui disposent d'un peu de temps peuvent ajouter une étape à Nong Khiaw et une autre à Vieng Thong, porte d'accès au parc national de Nam Et/Phou Louey, où l'on peut effectuer un "trek à la rencontre des tigres". Sinon, le reste des deux provinces est complètement à l'écart des itinéraires touristiques, ce qui promet de belles découvertes.

L'altitude, en moyenne au-dessus de 1 000 m, garantit un climat agréable, ni trop chaud en été, ni trop froid à la saison fraîche. En décembre-janvier, prévoyez un pull-over et une veste pour les soirées et les petits matins, quand les nuages emplissent les vallées habitées – des scènes d'un autre monde pour ceux qui les apercoivent depuis les cols et les sommets.

Histoire

Les énormes jarres en pierre du Xieng Khuang, célèbres dans le monde entier, et les mystérieux mégalithes de Hintang (dans les Hua Phan) témoignent d'une civilisation de l'âge du fer étonnamment méconnue. Ceux qui réalisèrent ces monuments énigmatiques avaient depuis longtemps disparu quand le Xieng Huang devint la principauté bouddhique de Tai Phuan au XIIIe siècle, avec Xieng Khuang (actuelle Muang Khoun), la ville éponyme, pour capitale. Au cours des siècles suivants, les deux provinces furent tour à tour des royaumes indépendants ou des États vassaux annamites-vietnamiens, appelés Ai Lao et Tran Ninh. En 1832, les Vietnamiens capturèrent le roi Phuan du Xieng Khuang, l'exécutèrent en public à Hué et firent du royaume une préfecture de l'Annam, contraignant ses sujets à adopter les coutumes et les vêtements vietnamiens. Des bandes de Ho, des Yunnanais expulsés de Chine après la révolte des Taiping, ravagèrent la région à la fin du XIXe siècle, incitant les deux provinces à accepter la protection des Siamois et des Français.

De sérieux affrontements opposèrent le Lao libre au Viêt-minh en 1945 et 1946 et, dès que les Français quittèrent l'Indochine, les Nord-Vietnamiens commencèrent à installer des troupes afin de protéger le flanc arrière de Hanoi. À la fin des années 1960, la région était devenue un important champ de bataille. Les bombardements massifs de l'aviation américaine lors de la "guerre secrète" rayèrent virtuellement toute localité de la carte, poussant la population à se réfugier dans des grottes jusqu'en 1973. À Vieng Xai, la plus grande grotte abritait la direction communiste, et antiroyaliste, du Pathet Lao.

Les troupes nord-vietnamiennes participèrent aux ravages, détruisant Muang Sui, une cité jadis splendide, et la plupart des bastions royalistes dans l'ouest de la province du Xieng Khuang. Au terme du conflit, les sinistres camps de rééducation appelés *samana* ("séminaires") firent

À ne pas manquer

1. La **Gibbon Experience** (p. 136), pour jouer les Tarzan entre tyroliennes et cabanes dans les arbres au cœur de la jungle près de Huay Xai.

2. Une croisière ou une balade en kayak sur la **Nam Ou** (p. 94), au milieu des formations karstiques entre Muang Ngoi Neua et Nong Khiaw.

3. Un trek à la rencontre des minorités locales, avec nuit chez l'habitant (*homestay*) dans la région reculée de **Phongsali** (p. 92, p. 110), où on trouve certaines des plus anciennes plantations de thé au monde.

4. Les **grottes de Vieng Xai** (p. 98), incroyable monde karstique où le Pathet Lao a vécu à l'abri des bombardements américains.

5. La **plaine des Jarres** (p. 90), mystérieux site archéologique où d'antiques jarres funéraires sont disséminées au fil des collines battues par le vent, dans le Xieng Khuang.

Phong Tho
Lao Cai
Viet Quang
Sapa
Hong (fleuve Rouge)
Lang Pho Rang
Tan Yen
Muong Lay (Lai Chau)
VIETNAM
ZNP de Phu Den Din
Ban La
Tuyen Quang
3 Phongsali
PHONGSALI
Doan Hung
Ba Khe
Nam Ou
Ban Khana
Dien Bien Phu
Viet Tri
Pak Ban
1A
Pak Nam Noi
Pang Hok
Tay Trang
Than Son
Muang Khua
Sop Kai
Song Ma
Yen Chau
Da (fleuve Noir)
Ban Kang
Muong Leo
Ban Loup
Muang La
Muang Et
Xieng Khaw
Hoa Binh
Muang Ngoi Neua (Ban Ngoi Kao)
Nambak
2 Nam Ou
Sam Neua (Xam Nua)
Grottes de Vieng Xai
Muang Hom
Pak Mong
Vieng Kham
Sop Hao
Muong Khen
Ban Song Cha
Nong Khiaw
1C
13
Parc national de Nam Et/ Phou Louey
4
Ban Poung
VIETNAM
Pak Xeng
Ou
Muong Yong
Vieng Xai
Na Meo
Nam Soi
Thiet Tra
Ban Na Pho
Muang Peun
6
LUANG PRABANG
Vieng Thong
Ban Ko Hing (Phoulao)
Huamuang
Muong Vene
ZNP de Nam Sam
Pak Ou
Suan Hin
Ban Sopche
Ban Sonkhua
Ban Ko Kieng
HUA PHAN
Sam Tai (Xamtay)
Luang Prabang
Muang Na
Ban Xen Con
Nam Khan
XIENG KHUANG
Poungthak
Xiang Ngeun
Muang Kham
Ban Rakho
Ban Nong Tang (Muang Sui)
Ban Naxa
Nong Haet
Bomb Village
Ban Niang
7
Nam Can
Ban Sen Done Mong
Plaine des Jarres
5
Phonsavan
Muong Sen
Hoa Binh
Thai Hoa
Ban Xiang Di
Muang Khoun (ancienne Xieng Khuang)
Na Ca
Kasi
Ban San Tong
Ca
Ban Jiang
Long Cheng
10
Ban Dong
VIENTIANE
Phu Bia (2 820 m)
Muang Moc
ZNP de Nam Chuan
Do Luong
Tha Thom
Anh Son
Vang Vieng
Muang Fuong
Songkeo
Ban Vang An
Ban Tha Heua
Nam Ngum
Saisombun
13
SAISOMBUN
Ban Paknegeun
Xieng Mi
Nam San
Hin Hoep
Ban Hatkham
Ban Sopsang
Tay Son (Trung Tam)
Ang Nam Ngum
Bolikham
Vieng Thong
BOLIKHAMSAI
Phon Hong
ZNP de Phu Pha Nang
ZNP de Phu Khao Khuay
Ban Tha Bok
13
Paksan
Ban Phon Kham
ZNP de Nam Kading
Nam Phao
Ban Naxay
Pak Khat
Ban Nape
10
Tha Bak
8
Lak Sao
Ban Pak Ton
PRÉFECTURE DE VIENTIANE
Ban Nong Chan
Vieng Kham (Thang Beng)
Ban Natane
Ban Kut Khaen
Dong Bang
VIENTIANE
Sieo
Ban Boeng
Ban Tha Lang
Nam Theun
Tha Bo
Nong Khai
Mékong
Nam Som
Ban Nong Waeng
Hin Bun
Chaiburi
KHAMMUAN
Sawang Daen Din
Akat
Tha Uthen
Ban Nakok
Na Dan

100% LOCAL

LES SÉQUELLES DE LA GUERRE AU LAOS

Durant la guerre du Vietnam, le Laos est devenu le pays le plus bombardé de l'histoire mondiale. La province de Xieng Khuang a été particulièrement touchée et, aujourd'hui encore, d'innombrables vestiges de guerre demeurent. Il s'agit majoritairement d'engins explosifs non désamorcés ("UneXploded Ordnance" ; UXO) potentiellement mortels, dont des obus de mortier, des capsules de phosphore blanc (utilisées comme cibles pour les bombes) et diverses bombes. Les engins les plus dangereux sont les bombes à fragmentation, des torpilles de 1,50 m dont l'enveloppe métallique est conçue pour s'ouvrir dans le sens de la longueur lors du largage et disséminer 670 petites bombes (*bombies*) de la taille d'une balle de tennis sur plus de 5 000 m². Au moindre contact, une bombe explose en projetant une trentaine de billes d'acier susceptibles de tuer dans un rayon de 20 m. Plus de 45 ans après la fin des bombardements, les UXO blessent ou tuent en moyenne une personne par jour dans le Xieng Khuang, dont 40% sont des enfants. Le sol recèle toujours dix millions de *bombies*, un danger permanent pour les ouvriers du bâtiment, les paysans et surtout les enfants. Pour les villageois pauvres, la tentation de ramasser des UXO pour les revendre à la ferraille a provoqué de nombreux accidents fatals. Malgré les efforts continus de nettoyer le pays de ces funestes engins, on estime qu'il faudra, au rythme actuel, 150 ans pour y parvenir.

Les carcasses des bombes à fragmentation, qui ne présentent aucun danger, ont trouvé depuis toutes sortes d'usages plus positifs. Dans certains endroits, elles servent d'éléments architecturaux, de mangeoires, de jardinières ou simplement d'ornements autour des maisons et des hôtels.

Si vous trouvez un débris de guerre, ne le touchez pas. Même les pièces réunies dans le cadre d'une collection peuvent être dangereuses. Dans certains hôtels sont ainsi exposés des engins qui n'ont jamais été correctement désamorcés et qui peuvent conserver leur potentiel explosif. Le Laos interdit le commerce de tout débris de guerre. L'achat, la vente ou le vol d'armement ancien est passible d'une peine de prison allant de six mois à cinq ans.

leur apparition, notamment dans l'est des Hua Phan (Houaphan), afin de châtier et de réhabiliter les anciens royalistes par le travail forcé et l'endoctrinement politique. Beaucoup perdurèrent jusque dans les années 1980 et la survivance possible d'un *samana* près de Sop Hao n'a jamais été officiellement confirmée ou infirmée. De plus, des décennies après la fin de la guerre, des engins explosifs non désamorcés (UXO) continuent de truffer la région, notamment le centre et l'est du Xieng Khuang, menaçant les habitants pour des générations.

Phonsavan ໂພນສະຫວັນ

061 / 49 000 HABITANTS

Située à plus de 1 000 m d'altitude au milieu de massifs montagneux, Phonsavan est une base logique pour aller explorer la mystérieuse plaine des Jarres. Ville nouvelle construite au milieu des années 1970, après la destruction presque totale de Xieng Khuang (désormais Muang Khoun), elle est depuis lors la nouvelle capitale de la province. La ville, très étendue, donne une impression d'inachevé. Ses deux principaux boulevards parallèles s'étirent d'est en ouest sur 3 km. Hôtels, restaurants et tour-opérateurs jalonnent l'artère principale, à l'architecture banale. Certaines des collines alentour sont couvertes de pins et d'autres surmontées de modestes complexes hôteliers. Et, au gré des routes de montagne, vous verrez des petites maisons hmong en bois bleu pastel, avec leur pile de bois de chauffage bien rangées à l'extérieur.

Bastion historique de la culture et de la langue phuan (une branche de la famille thaï-kadaï), la région compte aussi une forte présence vietnamienne.

À voir

Au sud de la ville, chacun au sommet d'une colline, à environ 1 km de distance, deux **monuments aux morts** (ouverts du lever au coucher du soleil) rendent hommage aux soldats du Pathet Lao et du Vietnam tombés pendant la guerre.

Phonsavan

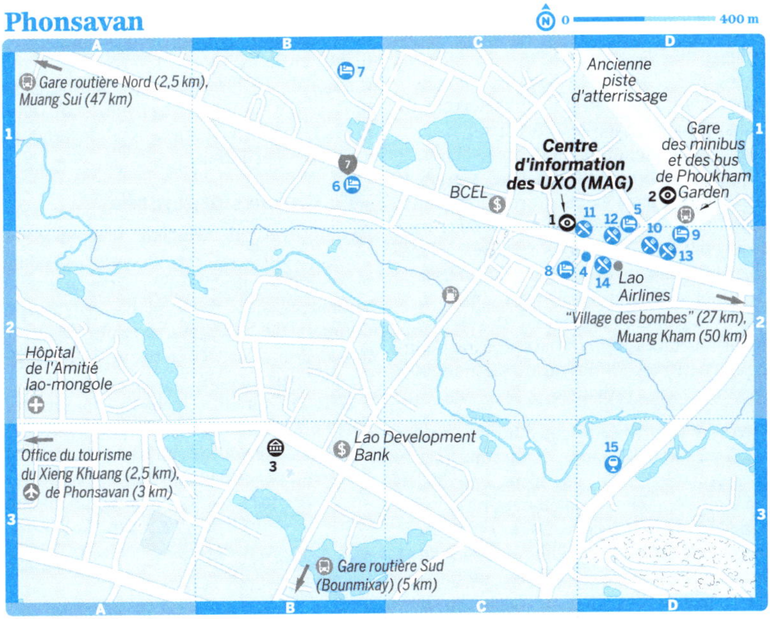

Phonsavan

Les incontournables
1 Centre d'information des UXO (MAG).. C1

À voir
2 Marché de produits frais D1
3 Musée provincial du Xieng Khouang B3
Centre d'information des survivants des UXO du Xieng Khouang. ....(voir 1)

Activités
Lao Falang Travel Service ....(voir 5)
4 Sousath Travel..D2

Où se loger
5 Anoulack Khen Lao Hotel D1
6 Favanh Mai Hotel B1
7 Hillside Residence.................................B1
8 Jennida Guesthouse II...........................C2
9 Kong Keo Guesthouse...........................D2

Où se restaurer
10 Bamboozle Restaurant & Bar D2
11 Cranky-T Café & Bar..............................D2
12 Lao Falang Restaurant D2
13 Nisha Restaurant D2
14 Simmaly Restaurant...............................D2

Où prendre un verre et faire la fête
15 Barview D3

Centre d'information des UXO (MAG) CENTRE D'INFORMATION
(☎ 061-211010 ; www.maginternational.org/lao ; don apprécié ; ⌚ 8h-20h). GRATUIT Des années après la guerre "secrète" américaine au Laos, des bombes et des mines non explosées (UXO) font toujours des ravages dans la région. Visitez ce centre d'information sur les UXO dirigé par le MAG (Mines Advisory Group), une organisation britannique qui participe au déminage du Laos depuis 1994. Les présentations soulignent l'ampleur désastreuse des bombardements, ainsi que le nombre incalculable de bombes et de mines restant dans le pays. Les dons sont vivement encouragés – 15 $US permettent de nettoyer 10 m² et valent au donateur un T-shirt commémoratif.

L'après-midi sont projetés des documentaires percutants : *Bomb Harvest* (16h30 ; www.redlampfilms.com/films-2/bomb-harvest-2), *Surviving the Peace* (17h50) ainsi que *Bombies* (18h30 ; www.bullfrogfilms.com/catalog/bombie.html) – du nom donné aux UXO pas les Laotiens.

Musée provincial du Xieng Khuang MUSÉE

(ຫໍພິພິດຕະພັນແຂວງຊຽງຂວາງ ; 15 000 K ; 9h-11h30 et 13h30-16h mar-dim). Ce musée provincial, l'un des plus intéressants du Laos, fut créé avec le soutien du gouvernement allemand. Au rez-de-chaussée figurent des présentations détaillées sur la plaine des Jarres et l'histoire ancienne du royaume du Xieng Khuang. À l'étage, vous trouverez des expositions relatives à l'histoire plus récente du Laos et à la campagne de bombardements de l'armée américaine qui ravagea tant la région. Il y a également quelques remarquables expositions concernant les différentes communautés ethniques de la province.

Centre d'information des survivants des UXO du Xieng Khuang CENTRE D'INFORMATION

(www.laos.worlded.org ; don apprécié ; 8h-16h lun-ven). GRATUIT Complémentaire à celui des UXO, ce centre est dédié aux personnes ayant réchappé aux engins explosifs de la "guerre secrète", à la sensibilisation aux conséquences des UXO, au travail des ONG et à l'importance du déminage. Outre les morceaux de bombes et les récits poignants de victimes récentes, l'endroit est une mine d'informations sur ce conflit et sur les différents types de UXO présentant encore un danger au Laos aujourd'hui. Demandez à voir la vidéo *Surviving Cluster Bombs*. La boutique vend des housses d'ordinateur portable en soie, des portefeuilles et autres objets artisanaux fabriqués par les survivants. Notez que 90% des dons servent à soigner ces survivants.

Mulberries ÉLEVAGE DES VERS À SOIE

(ປ໋ສາ ; 021-263371 ; www.mulberries.org ; Ban Li ; 8h-16h lun-sam). GRATUIT Une magnanerie (bâtiment destiné à l'élevage des vers à soie) à la démarche équitable, qui aide à former les villageaois de la région à la sériculture. Sa visite, instructive et gratuite, comprend une introduction complète sur le tissage de la soie, depuis la production de cocon jusqu'à la réalisation d'écharpes colorées. Inscrivez-vous à un cours de teinture ou de tissage d'une demi-journée (20 $US). Près de la Route 7, juste à l'ouest de la gare routière principale.

Marché de produits frais CUISINE DE RUE

(6h-17h). Un marché où acheter des fruits exotiques souvent introuvables ailleurs au Laos, telles les nashis (poire asiatique, aussi appelée poire chinoise ou japonaise), et des spécialités locales, notamment les *nok qen dąwng* (hirondelles entières mises à fermenter dans un bocal) ou les *hét wâi* (champignons *matsutake* sauvages), qui poussent dans la région du Xieng Khuang et se vendent à prix d'or au Japon.

Circuits organisés

Des agences de l'artère principale et presque toutes les guesthouses (pensions) proposent un circuit à la journée aux trois principaux sites de la plaine des Jarres. Comptez 150 000 LAK avec un déjeuner frugal, droits d'entrée compris (groupe d'au moins 7 participants).

D'autres circuits incluent notamment Muang Khoun, Tham Piu ou des sources chaudes des environs, mais ils réunissent rarement assez de participants pour parvenir à des prix compétitifs. La meilleure solution est de former votre propre groupe.

Sousath Travel CIRCUITS

(020-22967213 ; rasapet_lao@yahoo.com ; Route 7 ; 8h-20h). Sousath est celui qui a contribué à rendre la plaine des Jarres accessible aux touristes. Les circuits mis sur pied par son fils, M. Nouds, sont les plus instructifs de la ville. Possédant de solides connaissances sur la région, ce dernier peut également organiser des excursions sur la piste Hô Chi Minh, des séjours chez l'habitant (*homestay*) dans des villages hmong et des randonnées de plusieurs jours (dont le trek de Phakeo).

Pour les passionnés, il peut organiser des excursions à Long Chen, la piste d'atterrissage clandestine créée par la CIA dans la jungle de Saisombun pendant la "guerre secrète". L'agence loue aussi des vélos (20 000 LAK) et des scooters (manuel 80 000 LAK/automatique 100 000 LAK).

Lao Falang Travel Service CIRCUITS À MOTO

(020-23305614 ; Rte 7 ; excursion 1 journée tout compris 150 $US). Agence de confiance tenue par un Italien, qui propose des excursions à moto d'un à plusieurs jours, avec 70 à 85% du parcours en tout-terrain (à choisir selon vos aptitudes). L'excursion à la journée comprend habituellement le site 1 de la plaine des Jarres, le char russe et Muang Khoun. Repas dans l'excellent restaurant italien Lao Falang (p. 88) inclus. Les guides, expérimentés, ne vous feront pas prendre de risques.

HORS DES SENTIERS BATTUS

TREK DE PHAKEO

L'excellent **trek de Phakeo**, organisé par des agences de Phonsavan ou l'office du tourisme de Xieng Khuang, conjugue sur 2 jours la découverte du Xieng Khuang. Le premier jour, l'itinéraire traverse des crêtes montagneuses couvertes de forêt secondaire jusqu'à un site en trois parties comptant environ 400 jarres et fragments, souvent tapissés de mousse et cachés sous des feuillages. Il descend ensuite dans le village hmong de Ban Phakeo, dépourvu de route, dont les maisons au sol en terre battue et toit de bardeaux sont disposées autour d'une éminence rocheuse. Une cabane de style hmong, construite pour les randonneurs, peut accueillir 8 personnes sur une plateforme sommaire. Il n'y a pas d'électricité. Le lendemain, on descend dans de jolies vallées partiellement cultivées, avant de grimper le long d'une chute à plusieurs niveaux pour atteindre le "village des bombes", aujourd'hui débarrassé de tous ses engins explosifs.

Lone Buffalo BÉNÉVOLAT

(☎ 020-77159566 ; www.facebook.com/lone-buffalo ; Route 1D). Nommée en l'honneur de Manophet "Lone Buffalo", un visionnaire impliqué dans sa communauté, cet organisme à but non lucratif propose des cours d'anglais aux jeunes des régions rurales, ainsi que des ateliers de cinéma et des entraînements de football. Il est possible de soutenir l'association de plusieurs façons, en entraînant l'équipe de football le week-end, en achetant le guide étudiant de Phonsavan ou un T-shirt Lone Buffalo dans les restaurants de la ville.

Les personnes qui possèdent des compétences professionnelles et souhaitent proposer un atelier aux écoliers, notamment dans les domaines de la photographie et du coaching sportif, sont également invitées à se manifester, tout comme les professeurs d'anglais en quête d'un engagement à long terme.

Où se loger

Les hébergements de Phonsavan vont de la guesthouse (pensions) sommaire à l'hôtel de catégorie moyenne. La réservation n'est pas nécessaire en général – pas plus que la climatisation. Plusieurs hôtels plus élégants, dans le style lodge, sont disséminés dans la ville, dont certains au sommet de collines tapissées de pins.

En ville

♥ **Kong Keo Guesthouse** GUESTHOUSE $

(☎ 020-285858 ; dort 50 000 LAK, d dans un bâtiment extérieur 80 000 LAK, bungalows 120 000 LAK ; Wi-Fi). Une pension tenue par un homme charmant et connaissant bien son affaire. Le dortoir (7 couchages) est plutôt exigu. En revanche, le bâtiment extérieur dispose de grandes chambres propres, aux murs vert menthe avec salle de bains. Les 6 jolis bungalows en brique rouge, aménagés dans le jardin, sont plus spacieux. Le restaurant-bar, où sont exposés des UXO, propose parfois des barbecues. Enfin, Kong organise des visites très intéressantes de la plaine des Jarres.

Jennida Guesthouse II GUESTHOUSE $

(☎ 020-28590001 ; d/lits jum 80 000 LAK ; Wi-Fi). Ne vous arrêtez pas à la vision surréaliste des statues de Blanche-Neige et des Sept Nains sur le parking de la cour ; en effet, les 42 chambres, spacieuses, sont d'un excellent rapport qualité/prix – décoration sans prétention et soignée, ventilateur au plafond et salle de bains privative. Une supérette fournit les denrées à l'avant.

Anoulack Khen Lao Hotel HÔTEL $$

(☎ 061-213599 ; www.anoulackkhenlao.com ; Route 7 ; d/lits jum avec petit-déj 250 000-500 000 LAK ; clim, Wi-Fi). Parmi les meilleures chambres de la ville (parquet, matelas épais, TV par câble, réfrigérateur, bouilloire et salle de bains chic – eau chaude), dans un bâtiment en béton et verre. Bon restaurant (Wi-Fi gratuit) au 5e niveau, avec une vue panoramique sur Phonsavan. L'hôtel mérite la dépense, et il y a un ascenseur.

Ailleurs en ville

Pukyo Guesthouse GUESTHOUSE $

(☎ 020-59556276 ; pukyoguesthouse@gmail.com ; d/lits jum 100 000 LAK ; Wi-Fi). Évoquant plus la chambre chez l'habitant que la guesthouse, cette maison est tenue par un sympathique couple belgo-laotien. Pas idéalement située par rapport au centre, elle est en revanche très pratique pour gagner l'aéroport. De plus, les propriétaires conduisent leurs hôtes en ville, si ceux-ci désirent se rendre dans un restaurant ou un bar. Chambres spacieuses et propres, et petit café-bar dans le bâtiment principal.

Auberge de la Plaine des Jarres LODGE **$$**
(☎ 020-23533333 ; auberge_plainjars@yahoo.fr ; d/lits jum avec petit-déj 40-50 $US ; wifi). Perché sur une colline tapissée de pins à la lisière de la ville, ce joli lodge, entre chalet rustique et style laotien, a connu une rénovation bien nécessaire. Chambres dans des bungalows de bois et de pierre, ornés de tissus laotiens et pourvus d'une cheminée. Le bar-restaurant est un refuge bienvenu lors des fraîches soirées hivernales.

Favanh Mai Hotel HÔTEL **$$**
(☎ 061-211555 ; favanhmaihotel@yahoo.com ; d/lits jum 200 000-300 000 K ; clim wifi). L'un des hôtels les plus raffinés de Phonsavan, dans un petit immeuble de 5 étages. Vous y trouverez 69 chambres (parquet lustré, TV, minibar) aux salles de bains bien équipées (eau chaude). Chambres VIP à 300 000 LAK. Ascenseur en prime.

Hillside Residence HÔTEL **$$**
(☎ 061-213300 ; thehillsideresidence@gmail.com ; Ban Tai ; d/lits jum 25-30 $US avec petit-déj ; wifi). Cette villa en brique et colombages, de style ancien, est entourée d'un jardin luxuriant. Les charmantes petites chambres sont très confortables – couvertures pour la saison fraîche – et certaines disposent d'un balcon. Terrasse commune à l'étage. Wi-Fi gratuit et propriétaire accueillant.

Vansana Plain of Jars Hotel HÔTEL **$$**
(☎ 061-213170 ; www.vansanahotel-group.com ; d/lits jum 400 000-500 000 LAK). Dominant la ville du haut de sa colline, le Vansana fait figure d'hôtel de luxe dans le contexte de Phonsavan. Les chambres (TV, minibar et baignoire) sont décorées avec goût et chacune a un petit balcon – vue magnifique. L'endroit aurait toutefois besoin d'un rafraîchissement.

Où se restaurer et prendre un verre

Phonsavan compte une poignée de restaurants occidentaux de qualité. Pour une touche plus locale, sachez que parmi les spécialités régionales on compte les *hét wâi* (champignons sauvages *matsutake*) et les *nok qen dạwng* (hirondelles fermentées) ; sinon, vous en trouverez au marché de produits frais. Pour éviter toute mauvaise surprise, sachez que plusieurs restaurants vietnamiens servent du *thit chó* (chien).

Le soir, Phonsavan est très calme, même si quelques restaurants font également bar.

Nisha Restaurant INDIEN **$**
(Indian Food ; ☎ 020-98266023 ; Route 7 ; repas 20 000-40 000 LAK ; ⏲ 19h-22h ; wifi menu). Intérieur crème, sans chichis, pour le Nisha, gargote qui révèle ses couleurs dans sa cuisine. La carte affiche de nombreux plats végétariens et d'autres délicieuses spécialités, dont le *tikka masala* et le *rogan josh*. Le dosage parfait des épices et la fraîcheur des produits incitent à revenir.

Simmaly Restaurant LAOTIEN **$**
(Route 7 ; repas 20 000-40 000 LAK ; ⏲ 6h-21h). Sert de savoureux plats de riz et de nouilles – dont de fumants *fŏe* (soupes de nouilles de riz ; équivalent laotien du *pho* vietnamien) – et de viandes épicées. Le porc au gingembre est mémorable.

Lao Falang Restaurant ITALIEN **$$**
(☎ 020-23305614 ; plats 50 000-120 000 LAK ; ⏲ 7h-16h et 17h-22h30 ; wifi menu). Spacieux, élégant et impeccable, ce restaurant est géré par un sympathique Génois, réputé pour ses circuits à moto. On vient ici pour les délicieuses variations autour du faux-filet, de l'agneau et des crevettes géantes ; et il y a des plats de pâtes (carbonara et bolognaise), des pizzas et des glaces maison. Excellent choix de vins de la Botte.

À noter aussi les sandwichs jambon, poulet, thon ou végétarien (de 7h à 10h) à emporter, pour les longs trajets en bus.

Cranky-T Café & Bar FUSION **$$**
(☎ 030-5388003 ; www.facebook.com/CrankyT-Laos ; Route 7 ; plats 35 000-130 000 LAK ; ⏲ 7h-22h30 lun-sam, 7h-17h dim, happy hour 16h-19h ; wifi). Dans un intérieur chic, Miss Cranky-T prépare salades, crêpes au saumon fumé et sashimis appétissants. Ses plats comme le faux-filet (de Nouvelle-Zélande) purée vous rassasieront après une randonnée dans la plaine des Jarres. Également, muffins à la cannelle, cheese-cakes et bon choix de cocktails (35 000 LAK). Un régal !

Bamboozle Restaurant & Bar INTERNATIONAL **$$**
(☎ 030-9523913 ; www.facebook.com/Bamboozle RestaurantBar ; Route 7 ; plats 20 000-60 000 LAK ; ⏲ 7h-10h30 et 15h30-22h30, fermeture de la cuisine à 21h30 ; wifi). Murs de bambou et jolis lampions suspendus servent

de décor à ce restaurant qui a tout bon : délicieux plats laotiens, ou pizzas, salades, plats de pâtes, généreux cheese-burgers... à arroser de bières fraîches, sur fond de musique rock. Une partie des bénéfices est reversée à Lone Buffalo (p. 87), qui soutient les jeunes de la ville.

Barview BAR
(⏲8h-23h). Un bar sans prétention et bien agréable pour savourer une bière. Les habitants s'y retrouvent pour jouer de la guitare et dîner d'une viande grillée au barbecue.

Renseignements

ARGENT

On peut changer de l'argent à l'agence de la **Lao Development Bank** (☎061-312188 ; ⏲8h30-15h30 lun-ven) et de la **BCEL** (☎061-213297 ; Route 7 ; ⏲8h30-15h30 lun-ven), et dans certaines agences de voyages. Il y a 3 DAB sur la Route 7.

DÉSAGRÉMENTS ET DANGERS

Ne sous-estimez pas les dangers liés aux mines et aux bombes non désamorcées dans cette province qui a subi des bombardements massifs durant la guerre (voir l'encadré p. 84).

OFFICE DU TOURISME

Office du tourisme du Xieng Khuang (☎061-312217 ; www.xiengkhouangtourism.com ; ⏲8h-11h30 et 13h30-16h). Situé dans un no man's land près de l'aéroport, un bureau utile, au personnel anglophone, où voir une petite exposition et trouver des souvenirs recyclés à partir de vestiges de la guerre. Procurez-vous des plans gratuits de Phonsavan et du Xieng Khuang, ainsi que la brochure *Hidden Stories of Xieng Khuang* (Histoires secrètes du Xieng Khuang) pour découvrir des activités en dehors de la plaine des Jarres.

De nombreux circuits à destination de la route des Jarres font une pause ici pour voir des vestiges de la guerre stockés derrière le bureau.

SERVICES MÉDICAUX

Hôpital de l'Amitié lao-mongole (☎061-312166). Pour les problèmes de santé sans gravité.

Depuis/vers Phonsavan

Sachez que Phonsavan est appelée Xieng Khuang (du nom de la province, et de son ancienne capitale, rebaptisée Muang Khoun) sur les horaires d'avion et de bus.

AVION

Lao Airlines (☎020-22228658 ; www.laoairlines.com) et Lao Skyway proposent des vols quotidiens entre l'aéroport de Phonsavan (Xieng Khuang) et Vientiane, à partir de 75 $US et 399 000 LAK, respectivement. Lao Airlines assure une liaison hebdomadaire depuis/vers Luang Prabang en haute saison. L'aéroport est à environ 3 km à l'ouest du centre-ville.

BUS

Les agences de voyages vendent habituellement les billets des bus longue distance avec un supplément de 20 000-40 000 LAK, qui inclut le transfert à la **gare routière Nord** (☎030-5170148) – qui, malgré son nom, se trouve à 4 km à l'ouest du centre (elle est parfois appelée gare routière provinciale). Des bus à destination du Vietnam partent pour Vinh (150 000 LAK, 11 heures) à 6h30 les mardis, jeudis, vendredis et dimanches ; en saison, ils partent aussi les lundis et continuent jusqu'à Hanoi (320 000 LAK). Pour Vientiane, des bus climatisés (110 000 LAK, 11 heures) démarrent à 7h, 8h, 10h30, 16h30 et 18h30 et un bus VIP (130 000 LAK) à 20h30. Tous passent par Vang Vieng, que dessert également un autre bus à 7h30 (95 000 LAK). Le bus-couchettes (150 000 LAK) part à 20h. Un minibus (95 000 LAK) et un bus VIP (120 000 LAK) assurent la liaison avec Luang Prabang (10 heures) à 8h30 et 18h. Un bus desservant Sam Neua (80 000 LAK, 8-10 heures) part à 8h, et un bus-couchettes à 18h (100 000 LAK), et il y a aussi 2 bus qui font le trajet Vientiane-Sam Neua. Un bus est prévu à 7h30 pour Paksan (100 000 LAK) sur la nouvelle route.

De la **gare routière Sud (Bounmixay)**, située sur la Route 1D, à 4 km au sud de la ville, un bus part tous les 2 jours à 6h45 pour Savannakhet (150 000 LAK) et continue jusqu'à Pakse (170 000 LAK). Les bus vers Paksan (80 000 LAK, 8 heures) partent tous les jours à 5h30. Des bus et des *sŏrngtăaou* locaux vont aussi à Muang Khoun toutes les heures (20 000 LAK).

De la **gare des minibus et des bus de Phoukham Garden**, située dans la partie centre-est de la ville (près de l'artère touristique), des minibus partent à 8h30 pour Luang Prabang (110 000 LAK), Vang Vieng (100 000 LAK) et Nong Khiaw (150 000 LAK), ainsi qu'à 5h, 8h et 17h pour Vientiane (130 000 LAK). Un bus VIP part également pour Vientiane (130 000 LAK) à 19h. Des bus et des *sŏrngtăaou* locaux partent vers Muang Kham (25 000 LAK, 2 heures, toutes les heures) et Nong Haet (35 000 LAK, 4 heures, 4/jour).

Ce sont les trois principales gares routières de Phonsavan. Cela dit, comme les gares routières poussent comme des champignons, vous trouverez peut-être d'autres façons de rallier les destinations ci-dessus.

Comment circuler

Un *túk-túk* coûte entre 15 000 LAK (pour un trajet rapide) et 30 000 LAK environ pour rallier l'aéroport ; le meilleur endroit pour en trouver un est la **gare des minibus et des bus de Phoukham Garden** (020-99947072 ; Th Xaysana ; 7h-20h). Lao Falang Travel Service (p. 86) loue des motos 100 cm³ et 150 m³ (100 000-150 000 LAK), idéales pour rejoindre les sites de la plaine des Jarres. Vous pourrez faire le plein à la **station-service** en ville.

On peut louer des vans à 6 places ou des 4×4 à la gare des minibus (ou par le biais de la plupart des guesthouses) ; comptez 200 $US pour rallier Sam Neua ou Luang Prabang.

Plaine des Jarres ທົ່ງໄຫຫີນ

D'énormes jarres en pierre (de 1 à 3 m de haut et de quelque 600 kg à 6 ou 7 tonnes), très anciennes et d'origine inconnue, disséminées sur des centaines de km² sur un plateau autour de Phonsavan, donnent à la région, ponctuée de collines, son nom trompeur de "plaine des Jarres". Curieusement, on sait peu de choses de la civilisation austro-asiatique qui les a façonnées, même si les archéologues estiment qu'elles datent de l'âge du fer (entre 500 av. J-C. et l'an 200 dans le Sud-Est asiatique) et servaient dans le cadre de rituels funéraires élaborés.

Les jarres les plus petites ont depuis longtemps été dérobées par des collectionneurs, mais il reste environ 2 500 grandes jarres, des fragments de jarres et des "couvercles" – un miracle compte tenu des bombardements massifs qui pilonnèrent la région. Seuls neuf des 90 sites répertoriés ont été déminés, et dans des limites relativement restreintes. Ces sites et leurs chemins d'accès sont balisés par des bornes rouge et blanche, faciles à manquer ; restez très vigilant.

Les sites 1, 2 et 3 constituent la base de la plupart des circuits en boucle.

Histoire

Le folklore laotien évoque une race de géants gouvernée par un puissant roi nommé Khun Jeuam. Celui-ci leur ordonna de fabriquer des jarres et d'y stocker du vin de riz pour célébrer leurs victoires sur le champ de bataille. Les archéologues d'aujourd'hui estiment que les fragments d'os, les perles et le charbon retrouvés à l'intérieur et à proximité des énormes jarres suggèrent, au contraire, qu'elles étaient utilisées dans le cadre de rites funéraires élaborés. L'archéologue française Madeleine Colani (1866-1943), de l'École française d'Extrême-Orient (EFEO) fut la première à avancer cette théorie au début des années 1930, même si celle-ci ne bénéficia pas d'un grand crédit jusqu'à la relance des fouilles archéologiques dans les années 1990, une fois le calme revenu dans la région. Tour à tour pillé et bombardé massivement, le site ne recèle hélas plus grand-chose des offrandes funéraires qui étaient peut-être jadis cachées dans ces collines vallonnées.

On estime à près de 90 le nombre de sites du genre recensés dans la province de Xieng Khuang, qui compte jusqu'à 300 vestiges de pierre d'une hauteur allant de 1 à 2,5 m. Les chercheurs pensent que ces sites pourraient avoir été choisis pour leurs propriétés magnétiques, puisque les jarres semblent attirer la foudre (tandis que l'aéroport voisin de Phonsavan afficherait un nombre record d'accidents d'avion !). Environ 80% des jarres ont été sculptées dans du grès de carrière, le reste étant fabriqué avec du granit, du calcaire et du conglomérat. Les archéologues ont découvert des jarres plus modestes dans la région de l'Assam, en Inde, ainsi que dans le sud de la Chine et au Vietnam, ce qui laisse à penser que le peuple austro-asiatique qui a réalisé ces ouvrages en pierre aurait migré au fil d'une route commerciale à travers l'Asie, atteignant l'apogée de sa civilisation au Laos.

Les premiers sites ouvrirent au public en 1992, après que les habitants de la région ont réussi à retirer les explosifs encore actifs. Six ans plus tard, l'Unesco lança un projet de longue haleine visant à sauvegarder les ruines archéologiques, à promouvoir un tourisme sûr (et durable), mais aussi à inscrire le site sur la Liste du patrimoine mondial, un objectif atteint en juillet 2019.

À voir

Si les jarres sont moins grandes et moins nombreuses que sur le site 1, les sites 2 et 3 ont également leur charme. Ils sont situés dans des cadres différents – boisé et calme pour le site 2, bucolique (rizières et cultures) pour le site 3 – et le trajet pour les rejoindre passe par des villages typiques.

Site 1 ARCHÉOLOGIE

(Thong Hai Hin ; 15 000 LAK). Site le plus vaste et le plus facile d'accès de la plaine des Jarres, jalonné de près de 300 mégalithes, assez resserrés, situés sur deux versants criblés de cratères de bombes. Le plus grand, **Hai Jeuam**, mesure plus de 2,50 m, pèse environ 25 tonnes et serait la coupe de la mythique victoire de Khun Jeuam. Dans ce paysage désolé et vallonné, la vue sur l'aéroport de Phonsavan semble plutôt incongrue. Vous trouverez sur place un café, une boutique de souvenirs, et des toilettes près de l'entrée.

Achetez votre billet au petit **centre des visiteurs de la plaine des Jarres**, qui se double d'une exposition instructive sur l'histoire de ces urnes en pierre et des théories relatives à leur utilisation.

Site 2 ARCHÉOLOGIE

(Hai Hin Phu Salato ; 10 000 LAK). Le site 2 de la plaine des Jarres s'étend sur deux crêtes séparées par une ravine peu profonde qui sert de voie d'accès. Grimpant sur 700 m depuis la billetterie, cette dernière se transforme en bourbier glissant après la pluie. Sur la gauche, dans un bois clairsemé, remarquez l'arbre qui a poussé dans une urne en pierre fissurée. À droite, un autre groupe de mégalithes se dresse sur une butte herbeuse dominant des collines en terrasses, des rizières et des prés.

Des boissons fraîches sont disponibles à la billetterie.

Site 3 ARCHÉOLOGIE

(Hai Hin Lat Khai ; 10 000 LAK). Le site 3 est un ensemble de quelque 150 jarres installées sur un versant boisé près de Ban Lat Khai. La route qui mène au village file vers l'est à côté d'un petit atelier de réparation de motos, juste avant Ban Xiang Di (Ban Siang Dii). La billetterie jouxte une gargotte locale où l'on peut manger un *fõe* (soupe de nouilles de riz) pour 30 000 LAK. Les jarres sont accessibles par une passerelle en bois et après une charmante marche de 10 minutes à travers des rizières (selon la saison, il arrive parfois que l'on patauge).

Où se loger et se restaurer

Phonsavan est le camp de base le plus proche pour les excursions à la journée.

Il est préférable de retourner à Phonsavan pour se restaurer.

Plaine des Jarres

0 — 4 km

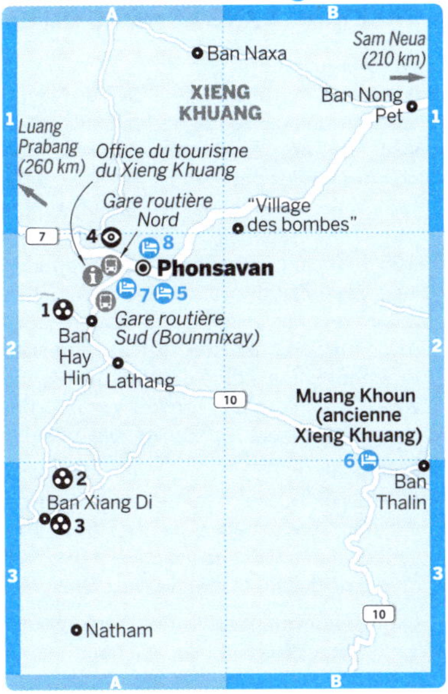

Plaine des Jarres

À voir

1 Site 1 .... A2
2 Site 2 .... A3
3 Site 3 .... A3
4 Mulberries A2

Activités

Lone Buffalo .... (voir 7)

Où se loger

5 Auberge de la Plaine des Jarres A2
6 Khoun Guesthouse & Restaurant B3
7 Pukyo Guesthouse A2
8 Vansana Plain of Jars Hotel A2

Depuis/vers la plaine des Jarres

En louant une moto à Phonsavan, la visite des trois sites principaux peut se faire en 5 heures. Le site 1, accessible à vélo, se trouve à 8 km au sud-ouest du centre de Phonsavan, à 2,3 km à l'ouest de la route de Muang Khoun (1D) : tournez à l'embranchement à Ban Hay Hin (panneau). Pour les sites 2 et 3, piquez vers l'ouest juste après le Km 8 sur la route de Muang Khoun. Les bifurcations pour les sites 2 et 3 se situent à 10 et 14 km sur cette route goudronnée. Suivez ensuite la piste (0,5 et 1,8 km respectivement).

À NE PAS MANQUER

TREKKING DANS LE NORD DU LAOS

Le nord du Laos a été primé pour son système de trekking écoresponsable, lancé à Luang Namtha et dans la ZNP de Nam Ha. Les agences agréées s'engagent à reverser un pourcentage significatif (et déclaré) de leurs bénéfices aux villages visités et à respecter des règles écologiques. Se rendre sans guide dans des localités non desservies par la route est plus ou moins illégal. Les guides et les permis nécessaires s'obtiennent aisément auprès des tour-opérateurs locaux, souvent du jour au lendemain. Les prix, sans le transport, s'élèvent habituellement de 50 à 75 $US par personne et par jour pour un seul participant, et à moins de 25 $US en groupe. En général, les agences ne sont pas directement concurrentes et mieux vaut comparer les prestations que les tarifs. Engager un guide privé peut revenir moins cher, mais cette pratique est déconseillée, car elle contribue rarement à financer le développement des villages. Consultez l'excellent site www.ecotourismlaos.com (en anglais) pour obtenir d'autres informations. La liste suivante donne un aperçu général des différentes régions de trekking.

Phongsali (p. 113). Il n'existe pas de meilleur endroit pour découvrir des villages ancestraux, où les costumes traditionnels et les croyances animistes demeurent répandus, en particulier dans les communautés akha reculées. Beaucoup de maisons conservent leur toit de chaume, du moins pour le moment. On peut aussi faire des randonnées dans la forêt vierge près de Boun Neua.

Luang Namtha (p. 123). Très bien organisés, les treks se déclinent en de multiples options, certains combinant la marche avec d'autres activités comme le vélo et le kayak. Les randonnées dans la forêt jusqu'aux camps de jungle de la ZNP de Nam Ha sont particulièrement prisées. Afin de réduire l'impact sur un village-hôte, la plupart des tour-opérateurs possèdent des itinéraires uniques. Ce qui complique le choix des voyageurs, d'autant que tous ne présentent pas les mêmes intérêts. Renseignez-vous en sachant que plus le trek s'enfonce dans la forêt, plus l'expérience sera riche et complète.

Vieng Phukha (p. 129). Un point de départ bien moins emprunté pour des randonnées dans les forêts de Nam Ha.

Muang Sing (p. 130). Des visites guidées ou en indépendant dans des villages akha assez accessibles. Les itinéraires de trekking sont loin d'être aussi nombreux qu'avant, mais il existe encore une très bonne agence.

Udomxai (p. 117). Un prestataire de qualité fait d'Udomxai un centre populaire pour les circuits à VTT, combinés à des treks sur certains circuits.

Muang Khua (p. 111). Parmi les formules (limitées) figure une randonnée à la journée vers un village akha pala, où quelques femmes portent un costume semi-traditionnel de couleurs vives. Nombreuses belles vues en chemin, mais peu de forêt.

Phonsavan (p. 84). Ce trek exceptionnel permet de se rendre à un site archéologique moussu, d'être hébergé dans un village hmong où il n'y a pas de route et d'escalader une chute d'eau à plusieurs niveaux. Si la marche est splendide, ne vous attendez pas à croiser des minorités ethniques en costume traditionnel dans ce secteur.

Muang Ngoi Neua (p. 107). Des randonnées à la journée, à effectuer en indépendant jusqu'à de charmants villages ou des balades en groupe, très bon marché, avec des guides privés et, parfois, de beaux trajets en bateau.

Nong Khiaw (p. 98). Essayez le circuit des "100 cascades" : une marche dans un ruisseau, que vous suivrez à travers une série de cascades pour rejoindre un sommet.

Vous pouvez aussi vous inscrire la veille à l'un des circuits guidés en minibus. Le supplément en vaut vraiment la peine, car il permet d'entendre des récits de guerre et de remettre en contexte les jarres ainsi que leurs créateurs. Ces circuits comprennent habituellement un déjeuner frugal (de type soupe de nouilles) au site 2 ou 3 et une brève halte à Ban Nakho pour voir en bord de route la carcasse rouillée d'un véhicule blindé, surnommé le "char russe".

Muang Khoun ເມືອງຄູນ

061 / 4 000 HABITANTS

Xieng Kuang, l'ancienne capitale de la région appelée autrefois Xieng Khuang, fut ravagée au XIXe siècle par les envahisseurs chinois et vietnamiens, puis si intensément bombardée durant la guerre du Vietnam qu'elle était quasi abandonnée en 1975. Une nouvelle localité appelée Muang Khoun s'est peu à peu développée autour d'une poignée d'édifices en ruine, mais elle a des allures de village si on la compare à Phonsavan, la nouvelle capitale. L'endroit n'est certes pas une étape indispensable, mais peut justifier un passage si l'on reste plusieurs jours dans la région.

Quelques vestiges subsistent, dont les ruines de l'hôpital francais et le grand bouddha d'un ancien temple, ainsi qu'une bonne route asphaltée depuis Phonsavan (30 km en direction du nord) qui traverse de jolis villages entourés de rizières en terrasses – plusieurs comportant des maisons de style Phuan en bois massif. Acheter le billet touristique (10 000 LAK dans l'un des sites cités ci-après) aide à l'entretien de Muang Khoun.

À voir

Trois stupas couverts d'herbe, à courte distance de la Khoun Guesthouse, constituent les principales curiosités. L'un se dresse derrière la guesthouse, dans l'enceinte du **Vat Si Phoum**, un monastère en activité reconstruit. Les deux autres sont situés sur une crête, accessible par la ruelle de brique et de terre qui grimpe en face de la guesthouse et débouche sur un étroit sentier. Le **That Foun** (ou That Chomsi), d'environ 25 m de haut, fut construit en 1576 dans le style Lan Xang/Lanna. Sa flèche penche et l'on peut y grimper par un trou creusé au XIXe siècle par des maraudeurs Hoa afin de dérober les précieuses reliques du Bouddha. Une marche de 5 minutes le long du chemin de crête conduit aux vestiges plus trapus du **That Chom Phet**, érigé par les Cham au XVIe siècle.

La route principale court vers l'est puis dévie vers le sud juste avant le Km 30, après le **Vat Phia Wat**. De ce *vat* datant de 1582, seules la plateforme et quelques colonnes en brique ont survécu à un bombardement dévastateur en 1966. Les colonnes encadrent un grand bouddha assis en pierre patinée par les ans.

La route de terre qui continue vers l'est passe par le petit **site de jarres 16**, très dégradé, à 5 km. Cette route devient de plus en plus mauvaise et se termine en cul-de-sac après 12 km à **Ban Thalin**, un village intéressant, sans commerces, qui sert de point de départ au trek de Phakeo.

Où se loger et se restaurer

Si vous arrivez de Phonsavan par vos propres moyens, nous vous conseillons d'apporter votre panier-repas. Sinon, il y a quelques stands de *fõe* (soupe de nouilles de riz) au marché de Muang Khoun.

Khoun Guesthouse & Restaurant GUESTHOUSE $
(061-212464 ; Route 10, Km 29 ; d/lits jum 50 000- 90 000 LAK ;). C'est le seul hébergement de la localité. Les chambres les moins chères sont très sommaires, celles à 90 000 LAK sont plus grandes et disposent de la TV et de l'eau chaude. Des groupes s'arrêtent parfois pour déjeuner au restaurant (cuisine laotienne).

Depuis/vers Muang Khoun

Des bus partent tout au long de la journée pour Phonsavan (20 000 LAK, 45 min). À moto, on peut visiter Muang Khoun et les trois principaux sites de la plaine des Jarres en une journée bien remplie.

Sam Neua ຊຳເໜືອ

064 / 18 000 HABITANTS

Située dans la partie la plus la plus septentrionale du Laos, Sam Neua (Xam Neua) a des airs de l'époque soviétique avec son petit centre moderne aux larges espaces et ses monuments communistes austères – la ville fut bombardée lors de la guerre du Vietnam. Cela dit, nichée dans une vallée de la Nam Sam à quelque 1 200 m d'altitude, elle se distingue par la beauté de sa campagne alentour, entre montagnes, collines boisées et rizières, et ses fabuleux marchés alimentaires colorés, où les diverses ethnies de la région viennent s'approvisionner.

Point de transit logique pour visiter les grottes de Vieng Xai ou prendre le bus quotidien à destination du Vietnam, la petite ville reste l'une des capitales de province (celle de Houaphan) les moins visitées du pays. Vous aurez besoin de vêtements chauds durant la saison sèche d'hiver, au moins le soir et jusqu'à la dissipation des brouillards matinaux. D'avril à octobre, chaleur et humidité règnent sur le paysage luxuriant.

À voir

Hormis les deux vénérables et modestes stupas qui ont réchappé par miracle aux bombardements de la guerre, l'artère principale semble tape-à-l'œil et moderne. Toutefois, à seulement quelques mètres de là, le **pont suspendu** offre une vue superbe sur la rivière.

Marché alimentaire VIE LOCALE
(6h-18h). De l'autre côté de la rivière, un intéressant marché, principalement dédié

CROISIÈRES SUR LE MÉKONG

Jusque dans les années 1990, le bateau était un mode de transport très utilisé entre les villes et les villages au Laos. Aujourd'hui encore, les villageois des hameaux dépourvus de routes se déplacent par voie fluviale, et plusieurs itinéraires au long cours sont maintenus, en grande partie grâce à leur intérêt touristique. Opter pour une croisière sur le Mékong vous laissera un souvenir impérissable.

Bateaux lents sur le Mékong

Huay Xai-Pakbeng ou Pakbeng-Luang Prabang (une journée). Les deux itinéraires sont très plaisants. Les bateaux d'une capacité de 70 passagers sont parfois bondés. Les sièges sont en général durs et inconfortables, mais vous pouvez vous lever et marcher. Il y a des toilettes à bord, et souvent un stand vendant des en-cas et de la bière à un prix exorbitant.

Huay Xai-Luang Prabang (deux journées). Les croisières des compagnies Luang Say Cruise et Shompoo Cruise offrent un luxe relatif : les bateaux sont de la même taille que les bateaux lents, mais ils embarquent 40 passagers au maximum. Les croisières de Luang Say Cruise sont assez onéreuses, mais les tarifs comprennent les repas, des visites en cours de chemin et un bon hébergement pour la nuit au Luang Say Lodge.

Speedboats sur le Mékong

Huay Xai-Luang Prabang (une journée). D'une rapidité redoutable, ces *speedboats* sont dangereux et très inconfortables si vous n'êtes pas petit et souple ! Il vaut mieux éviter ce voyage lorsque le niveau du fleuve baisse après la saison des pluies, ce qui rend la navigation plus difficile entre les rochers immergés.

Bateaux sur la Nam Tha

Longboat Luang Namtha-Huay Xai ou Ban Na Lae-Huay Xai (une journée). La navigation au-delà de Ban Phaeng, où un barrage a été construit récemment, est désormais impossible. Aussi viendra-t-on vous chercher à cet endroit pour vous conduire jusqu'à Huay Xai. Le voyage, qui durait 2 jours quand le trajet complet s'effectuait en bateau, se fait maintenant en une journée, mais vous profiterez quand même de 8 heures de navigation en aval. Depuis Luang Namtha, point de départ du voyage, on vous conduira en voiture jusqu'à Ban Na Lae, où vous embarquerez.

Le trajet **Hat Sa-Muang Khua** n'est plus possible depuis la construction du barrage sur la Nam Ou (rivière Ou). En revanche, chaque matin, des bateaux partent de Muang Khua et naviguent sur la portion **Muang Khua-Nong Khiaw** (6 heures) via Muang Ngoi Neua (5 heures), traversant un paysage karstique parmi les plus spectaculaires du Laos. Toutefois, il est nécessaire de changer de bateau pour franchir un grand barrage situé à environ 1 heure au nord de Muang Ngoi Neua.

Nong Khiaw-Luang Prabang (une journée). En raison du barrage sur la Nam Ou, il était impossible de se rendre à Luang Prabang en bateau, lors de notre passage. Cependant, comme pour les autres liaisons fluviales affectées par les barrages, ce trajet pourra à l'avenir de nouveau s'effectuer en bateau sur certaines portions : il faudra alors emprunter alternativement véhicules terrestres et bateaux pour tenir compte des obstacles. Sinon, il est possible de s'inscrire à Luang Prabang et Nong Khiaw pour des excursions en kayak, qui incluent de brèves mais splendides portions de rivière.

aux légumes et à la viande, surprend parfois les visiteurs. De petits rongeurs, ouverts en deux pour montrer la fraîcheur de leurs entrailles, côtoient des animaux à fourrure que l'on préférerait croiser vivants dans les forêts, et des feuilles de bananier farcies d'insectes.

Monument Suan Keo Lak Meung HOMMAGE

(ສວນແກ ວັຫຼເມືອງ). Au carrefour central, le curieux monument Suan Keo Lak Meung, constitué de quatre tenailles en béton coloré soutenant une sphère scintillante, symbolise le "joyau indestructible", image de Sam Neua dans une chanson populaire laotienne. Vous verrez en arrière-plan une frise de soldats communistes triomphants.

Marché principal VIE LOCALE

(lever-coucher du soleil). Ici des articles chinois et vietnamiens voisinent avec des produits locaux, et il y a des stands de textiles régionaux et des bijoutiers qui proposent des monnaies anciennes et des ornements en argent utilisés pour les coiffes traditionnelles.

Où se loger

Il y a quantité de guesthouses quelconques en ville, avec de nombreuses adresses petits budgets de l'autre côté de la rivière, face au marché.

Xayphasouk Hotel HÔTEL $

(064-312033 ; xayphasoukhotel@gmail.com ; d/lits jum 150 000-200 000 LAK ;). C'est toujours l'hôtel le plus chic de Sam Neua, avec son immense salon-restaurant, hélas sous-utilisé. Les chambres (douche chaude, TV, linge raffiné et Wi-Fi gratuit), à la décoration de bon goût, sont d'un confort inédit dans cette zone reculée du Laos. Le président du pays descend ici quand il est en ville !

Phonchalern Hotel HÔTEL $

(064-312192 ; d/lits jum 80 000-110 000 LAK ;). Un hôtel de la taille d'un palace, doté d'un immense lobby. Les chambres, d'un confort inégal et parfois sombres ou peu attrayantes, possèdent toutes réfrigérateur, TV et salle de bains. Préférez celles donnant sur la rivière, très lumineuses, avec balcon commun. Une valeur sûre pour une nuit.

Le tout premier établissement de Sam Neua à disposer d'un ascenseur.

Sam Neua

À voir
1 Marché alimentaire ... B2
2 Marché principal ... B2
3 Monument Suan Keo Lak Meung ... A3
4 Pont suspendu ... A1

Où se loger
5 Bounhome Guest House ... A3
6 Phonchalern Hotel ... B3
7 Sam Neua Hotel ... B3
8 Xayphasouk Hotel ... A3

Où se restaurer
Chittavanh Restaurant ... (voir 6)
9 Dan Nao Muang Xam Restaurant ... A3
10 Yuni Coffee ... A3

Renseignements
11 BCEL ... A2
Change ... (voir 2)
12 Lao Development Bank ... A2

Sam Neua Hotel HÔTEL $

(064-314777 ; snhotel_08@yahoo.com ; d/lits jum 100 000-200 000 K ;). Situé de l'autre côté du pont, du même côté que le marché principal, cet hôtel bien tenu compte 17 chambres assez confortables – draps frais, mobilier en pin, TV par satellite et salle de bains avec eau chaude.

Bounhome Guest House GUESTHOUSE $
(☎ 064-312223, 020-2348125 ; s/d avec ventil 60 000/80 000 LAK, d avec clim 100 000 LAK ; ❄ 📶). Près du pont, agréable guesthouse aux petites chambres carrelées, dotées de ventilateurs et de lits bas, avec couverture et draps frais. Douches chaudes à fort débit appréciables.

Où se restaurer et prendre un verre

Les restaurants à Sam Neua n'ont rien de très raffiné, mais on y sert une bonne cuisine locale. À la nuit tombée, des stands de barbecue s'installent de façon improvisée au coin des rues. En journée, allez faire un tour au marché principal (p. 95).

Il y a peu de raisons de se réjouir quand, le soir, Sam Neua se transforme en une sorte de ville fantôme. Au mieux, on peut boire une Beerlao fraîche et avoir une bonne discussion avec un voyageur rencontré dans l'un des restaurants.

♥ **Yuni Coffee** CAFÉ $
(☎ 020-52221515 ; yunicoffeeco.com ; plats 30 000 LAK ; ⏲ 7h30-17h30 mar-sam, 8h-14h dim). Si votre *latte* vous manque, soyez rassuré : ce café, installé dans un joli espace au look industriel moderne, est une bénédiction. Choix épatant pour le petit-déjeuner et le déjeuner (œufs au bacon, gauffres, brownies), et le café est de production locale. L'adresse incontournable pour démarrer sa journée.

Dan Nao Muang Xam Restaurant LAOTIEN $
(plats 15 000-45 000 LAK ; ⏲ 7h-21h30). Une gargotte locale sans charme, mais la cuisine maison et la carte (en anglais) ont tout pour séduire les visiteurs. Cornflakes et *fõe* (soupes de nouilles de riz) notamment sont servis au petit-déjeuner. Le soir, il y a un choix de plats comprenant riz et soupe, suivis d'un steak accompagné de légumes croquants. Également : des *làap*, des omelettes et diverses variantes de riz frit.

Chittavanh Restaurant LAOTIEN $
(plats 25 000-50 000 LAK ; ⏲ 7h-21h ; 📄). Oubliez la grande salle affreusement sonore et les toiles cirées sur les tables, et régalez-vous d'un délicieux tofu sauté à la chinoise. La clientèle locale vient en nombre, ce qui est toujours un bon signe.

Renseignements

ARGENT

BCEL (⏲ 8h-15h30 lun-ven). Possède un DAB et change la plupart des devises majeures.

Change (⏲ 7h-18h). Cela va souvent plus vite de changer des dôngs vietnamiens sur les étals de tissu du marché principal (ouverts également le week-end.) que dans les banques.

Lao Development Bank (☎ 064-312171 ; ⏲ 8h-16h lun-ven). Le long de la route principale, à 400 m au nord de la gare routière, sur la gauche ; DAB ouvert 24h/24 et change.

OFFICE DU TOURISME

Office du tourisme provincial (☎ 064-312567 ; hp_pto@yahoo.com ; ⏲ 8h-11h30

PASSER AU VIETNAM : DE NAM SOI À NA MEO

Jusqu'à la frontière Pour passer au Vietnam par le poste-frontière de Nam Soi (Laos ; aussi écrit Nam Soy, Nam Xoi) et de Na Meo (Vietnam) (Km 175 ; ⏲ 7h30-11h30 et 13h30-16h30), le plus "simple" consiste à prendre le bus (ou minibus) direct reliant tous les jours Sam Neua (Laos) à Thanh Hoa (Vietnam ; 180 000 LAK, 10 heures), qui passe près de Vieng Xai (Laos) sans entrer dans la ville. Il part deux fois par jour à 8h et 10h. Achetez votre billet à l'avance à la gare routière principale. Attention, si vous achetez un "billet direct" (*through ticket*) pour Hanoi, il vous faudra changer de bus à Thanh Hoa.

À la frontière Nam Soi, le poste-frontière côté laotien, n'est pas une ville en soi. On y trouve quelques baraques de restauration basiques, mais pas d'hébergement ou de moyen de transport, hormis le bus qui va de Thanh Hoa à Sam Neua et passe vers 14h.

On peut obtenir un visa laotien (p. 312) à la frontière, mais pas de visa vietnamien : prenez vos dispositions au préalable – renseignez-vous auprès du consulat (p. 308) ou sur le site fr.vietnam-visa.com.

Au Vietnam Une fois à Thanh Hoa, il y a un train de nuit à destination de Hanoi (départ 1h20, arrivée vers 5h). Sinon, un train matinal part à 8h25 (arrivée 12h30). Les billets coûtent normalement 14 $US, mais les étrangers se voient souvent demander beaucoup plus.

et 13h30-16h lun-ven). Office du tourisme pratique, avec personnel parlant anglais.

SERVICES MÉDICAUX

Hôpital (☎ 064-312858 ; ⏲ 24h/24)

Comment s'y rendre et circuler

AVION

Le petit **aérodrome de Nathong** est à 3 km à l'est du centre, en direction de Vieng Xai. **Lao Skyway** (☎ 020-99755556, 064-314268 ; www.laoskyway.com ; aérodrome de Nathong ; ⏲ 8h-16h) assure des départs le matin en appareil léger vers Vientiane (à partir de 899 000 LAK) du mardi au samedi. Hélas, il arrive souvent que les vols soient annulés juste avant le départ. Un nouvel aéroport plus grand est en construction. Malgré les nombreux retards et les coûts d'un tel projet, il pourrait ouvrir d'ici 2021.

BUS

Il y a deux gares routières à Sam Neua. Les horaires changent fréquemment ; vérifiez-les et ne vous fiez pas à ceux publiés sur les plans touristiques et les panneaux d'information.

Gare routière principale

La **gare routière principale** (☎ 064-314270) est située sur une colline, à 1,2 km au sud du monument central, près de la route de Vieng Thong. Des bus partent pour Vientiane (190 000 LAK, 20 heures), via Phonsavan (100 000 LAK, 10 heures), à 10h, 13h, 15h et 17h. Un autre bus pour Vientiane (190 000 LAK) part à 7h30 et dessert Vieng Thong (60 000 LAK, 5 heures), Nong Khiaw (140 000 LAK, 12 heures) et Luang Prabang (150 000 K, 17 heures). Des minibus pour Luang Prabang (130 000-150 000 LAK, 15 heures) partent aussi tous les jours à 7h30 et 16h. Enfin, un bus rejoint Vieng Thong (50 000 LAK, départs à 7h30 et 16h).

Gare routière de Nathong

Cette gare routière se trouve à 1 km après l'aéroport sur la route de Vieng Xai, à la lisière est de la ville (comptez 20 000 LAK en *túk-túk*). Il n'y a plus qu'un seul bus quotidien vers Vieng Xai (20 000 LAK, 1 heure), qui part à 9h30 et continue vers Sam Tai (Xamtay ; 40 000 LAK, 5 heures).

Comment circuler

Il est difficile de trouver des *túk-túk* en dehors de la gare routière principale. Cela dit, ils circulent souvent près du monument Suan Keo Lak Meung, en quête de passagers.

Le meilleur moyen de circuler et de profiter du magnifique paysage sur la route de Vieng Xai est de louer un scooter. Hélas, l'unique magasin de la ville a fermé et aucun des restaurants ou guesthouses ne dispose de licence adaptée pour louer des scooters. Si vous êtes prêt à courir le risque, sachez que les restaurants proposent des motos de qualité médiocre à louer moyennant 100 000 LAK.

Les personnes désirant un peu plus de confort pour circuler sur place ou aller à Vieng Xai peuvent louer un taxi, il y en a beaucoup en ville.

Sinon, allez au bureau du tourisme provincial et demandez au personnel d'appeler un **chauffeur de Sam Neua** (☎ 020-5627510, 020-55982644 ; location de taxi vers les grottes de Vieng Xai aller/aller-retour 150 000/250 000 LAK) pour vous conduire à Vieng Xai. Ces conducteurs proposent des circuits aller-retour, mais peuvent aussi vous déposer à la billetterie des grottes si vous désirez passer la nuit sur place.

Environs de Sam Neua

La campagne aux alentours de Sam Neua est à ne pas manquer, et l'on peut rejoindre facilement des villages traditionnels hors du temps. Avec une moto, partez de l'hôpital et roulez vers le sud sur quelques kilomètres ou remontez la petite piste à droite du Vat Phoxaysanalam vers le nord ; cette dernière serpente jusqu'à **Ban Tham**, à 11 km, juste après une **grotte du Bouddha** (sur la gauche à 100 m avant l'école et un magasin) sans grand intérêt. Sinon, à environ 4 km de Sam Neua, nichés au milieu de superbes rizières en terrasses, il y a deux villages, sur l'autre berge de la rivière, chacun doté d'un vieux stupa élancé. Avec une moto correcte, vous pouvez effectuer une excursion à la journée jusqu'à Vieng Xai, ou Hintang en passant par Tat Saloei.

De Sam Neua au Vietnam

Le bel itinéraire qui mène à Vieng Xai est ouvert à toutes les nationalités, si le visa vietnamien l'autorise. La route, étroite mais asphaltée, traverse des paysages magnifiques et variés – telles ces vallées tapissées de rizières en terrasses sur fond de hauts pics karstiques densément boisées. Elle passe par plusieurs villages spécialisés dans la vannerie et l'artisanat en bambou, notamment **Ban Piang Ban** (Km 144,5). De l'autre côté de la rivière, au Km 169, se trouve une grotte “métallurgique” où couteaux et outils agricoles étaient fabriqués à une échelle quasi industrielle durant la guerre du Vietnam.

Au Km 164, une route secondaire asphaltée file vers le sud jusqu'à **Sam Tai** (Xamtay), une petite bourgade réputée pour ses textiles splendides. Quelques guesthouses accueillent ceux qui s'aventurent ici hors des sentiers battus. Au-delà, la lointaine ZNP de Nam Sam demeure actuellement fermée aux visiteurs.

De Sam Neua à Nong Khiaw

À partir de Sam Neua, la Route 6 serpente le long de crêtes montagneuses, passe par le **parc archéologique de Hintang** et croise la Route 1C en direction de Phonsavan dans le hameau de Phoulao (Ban Kho Hing), à 92 km à l'ouest de Sam Neua, où le marquage kilométrique reprend. À l'ouest de Phoulao, les montagnes verdoyantes deviennent nettement moins boisées jusqu'à la limite du **parc national de Nam Et/Phou Louey**. Celui-ci se visite plus facilement depuis Vieng Thong, qui constitue une bonne étape sur ce long trajet. La longue descente vers **Nong Khiawn** permet d'admirer des paysages splendides.

À voir

Parc archéologique de Hintang MÉGALITHES
(ສວນຫີນ ; Suan Hin). Presque aussi mystérieux que les fameuses jarres du Xieng Khuang, ce "jardin de pierre" est un ensemble unique de mégalithes qui dateraient d'au moins 1 500 ans. Assez filiformes et grossièrement taillées, ces **pierres dressées** mesurent jusqu'à 3 m de hauteur et alternent avec des **disques** (dont certains faisant plus de 1 m de diamètre) qui couvraient jadis des sépultures. Ce site, aujourd'hui inscrit au patrimoine de l'Unesco, est fascinant. La location d'un *túk-túk* à partir de Sam Neua coûte environ 500 000 LAK aller-retour.

La mauvaise piste ravinée qui y donne accès part de la Route 6 (direction sud), à Ban Phao (Km 35,3), à 57 km de Sam Neua ; elle se transforme en bourbier impraticable après la pluie. Le site majeur jouxte la piste au bout de 6 km, environ 800 m après le sommet portant une antenne radio bien visible. À 2 km en revenant vers la route principale, un panneau orange indique la piste de Keohintang, qui permet aux plus intrépides de découvrir des groupes de mégalithes moins connus le long d'un chemin partiellement balisé (comptez 2 heures de marche). Suivez l'étroit chemin qui monte et non pas le plus large qui descend vers Ban Nakham. À condition de ne pas vous égarer, vous rejoindrez la Route 6 à Ban Tao Hin (Km 31,5), une petite localité sans aucune infrastructure.

Si vous conduisez entre Sam Neua et Phonsavan ou Nong Khiaw, prévoyez 2 heures supplémentaires pour vous rendre au site principal. Avec les transports publics, vous devrez marcher à partir de la Route 6 à l'aller et au retour. Il est plus pratique de visiter le parc entre Sam Neua et Phonsavan : en prenant le minibus à destination de Vieng Thong, vous disposerez de 6 heures pour la promenade avant le passage du dernier bus à destination de Phonsavan/Vientiane.

Tat Saloei CASCADES
(chutes de Phonesai ; 10 000 LAK). Cette impressionnante série de cascades dévale sur près de 100 m. Vous l'apercevrez brièvement de la Route 6 en direction de l'est, environ 1 km après le Km 55 (soit à 36 km de Sam Neua), mais on peut la manquer facilement en sens inverse. Il y a de petits cafés et restaurants sur le bord de la route à cet endroit, ainsi qu'une sorte de guérite qui ressemble à un guichet – mais personne ne vendait de billets lors de la rédaction de ce guide.

Vieng Xai ວຽງໄຊ

☎064 / 4 000 HABITANTS

Bien cachées parmi de spectaculaires falaises karstiques, les grottes de Vieng Xai évoquent les heures sombres de l'histoire du Laos. Le site peut faire penser aux grottes de Vang Vien (le côté ludique en moins) et aux tunnels de Cu Chi, creusés dans la pierre à proximité de Hô Chi Minh-Ville. L'existence de ces grottes n'a été révélée au public qu'à leur ouverture en 2007.

Histoire

Pendant des siècles, le hameau de Long Ko vécut paisiblement, perdu au milieu de forêts primaires et de vertigineux escarpements de karst. Mais, en 1963, la répression politique et une vague d'assassinats à Vientiane poussèrent les dirigeants du Pathet Lao à se retirer dans l'arrière-pays du Hua Phan, puis à se réfugier dans les grottes de la région. Alors que s'amplifiait la "guerre secrète" des États-Unis, les villages environnants étaient bombardés sans merci.

Horrifiés, les habitants ne comprenaient pas au début qui les attaquait et pourquoi. Afin d'échapper au bombardement massif, ils se cachèrent à leur tour dans ce vaste réseau de grottes, où plus de 450 cavernes abritèrent plus de 23 000 personnes. Le conflit s'éternisant, la vie s'organisa et les grottes finirent par abriter des imprimeries, des hôpitaux, des marchés et même une usine métallurgique. Au bout d'une dizaine d'années, en 1973, le cessez-le-feu permit aux réfugiés de sortir et de construire une bourgade, qui demeura jusqu'en décembre 1975 la capitale de facto des territoires libérés par le Pathet Lao. Elle fut appelée Vieng Xai, du nom de code secret du futur président, Kaysone Phomvihane, qui se cacha ici. Aujourd'hui, nombre de grottes conservent des traces de leur fonction durant la guerre ; cet ensemble constitue l'une des bases révolutionnaires de la guerre froide parmi les plus complètes.

À voir

Depuis la Route 6, deux axes jumeaux permettent de rejoindre la zone animée du marché, située 1 km plus au sud. Au-delà, la localité a conservé les larges avenues paisibles et les maisons bien espacées de la "capitale" de 1973, entrecoupées de lacs artificiels, d'arbres, de fleurs et de diverses formations karstiques.

Grottes de Vieng Xai GROTTES

(ຖ້ຳວຽງໄຊ ; 064-315022 ; entrée avec audioguide 60 000 LAK ; location de vélos circuit/journée 15 000/30 000 LAK ; 9h-12h et 13h-16h). Pour découvrir les 7 principaux groupes d'abris, il faut effectuer un passionnant circuit guidé en 18 étapes. Les grottes sont entourées de beaux jardins naturels, avec un splendide paysage karstique en toile de fond. Un guide local ouvre chaque site et un audioguide (en anglais) explique le contexte historique. La **grotte de Kaysone Phomvihane**, peut-être la plus impressionnante, possède toujours une pompe d'aération en état de marche. Les circuits partent du bureau des grottes à 9h et 13h. Si vous souhaitez la visiter en dehors de ces créneaux horaires, vous devrez payer un supplément de 50 000 LAK par groupe.

Tham Nok Ann GROTTE

(ຖ້ຳນົກແອນ ; 10 000 LAK ; 8h-17h). La grotte de Nok Ann, haute de plafond et bien éclairée, est traversée par une rivière qui coule sous d'époustouflantes formations rocheuses. L'endroit, qui comporte une série d'escaliers menant à des cavités qui abritaient jadis un hôpital militaire vietnamien, est humide et un peu sinistre. Auparavant, on pouvait effectuer un circuit en bateau plus avant dans la grotte – sorte de mini-Tham Kong Lo (dans le centre du Laos) – recélant des formations rocheuses en forme de méduses. Mais, depuis quelques années, le site n'est plus accessible qu'à pied en raison du nombre limité de visiteurs.

Arrivé à la hauteur du panneau indicateur sur la route principale,) 5 km environ avant Vieng Xai, suivez la petite piste sur la droite jusqu'au bout (frêle pont suspendu et guichet).

Où se loger et se restaurer

Le choix de restaurants à Vieng Xai est assez restreint, et la plupart des établissements n'ont plus rien à servir à 20h. À 21h, la ville s'endort. Au marché, plusieurs échoppes de *fõe* proposent des plats de riz et de nouilles jusqu'à 17h environ.

Sailomyen Guesthouse GUESTHOUSE $

(020-56596688 ; d 70 000 LAK ;). Dominant un paisible petit lac artificiel, une guesthouse dans une maison sur pilotis dotée d'un balcon commun invitant à rêvasser. Les chambres sont certes petites, avec un sol de guingois recouvert de tapis, mais elles sont équipées de douches chaudes, de ventilateurs et de moustiquaires. Et que dire de la vue ? Imaginez des collines tapissées de jungle, avec des reflets évoquant une aquarelle.

Thongnaxay Guesthouse GUESTHOUSE $

(030-99907206 ; d 60 000 LAK ;). Près des grottes, une petite guesthouse disposant de 6 chambres très fraîches aux murs roses, avec salle de bains privative, ventilateur, lit double et draps propres. Sans oublier une jolie vue sur les karsts.

Naxay II Guesthouse GUESTHOUSE $

(064-314330 ; d/lits jum 80 000 LAK ;). En face du bureau des grottes, la guesthouse la plus confortable de Vieng Xai se compose de bungalows en bambou, avec véranda et salle de bains, répartis autour d'un jardin bien entretenu au pied d'un imposant rocher fendu. Les lits sont confortables, il y a de l'eau chaude, les sols en lino sont propres et les ventilateurs vous tiennent au frais, mais les bungalows font néanmoins leur âge.

HORS DES SENTIERS BATTUS

PARC NATIONAL DE NAM ET/PHOU LOUEY

Dans la vaste zone protégée du **parc national de Nam Et/Phou Louey** (ນ້ຳແອດ/ສວນສາທາລະນະແຫ່ງຊາດພູເລີຍ), de rares civettes, des chats de Temminck, des loutres, des gibbons à joues blanches et des salamandres endémiques (*Paramesotriton laoensis*) partagent, avec quelques rares tigres (leur population est en constante diminution), 4 200 km² de forêt relativement préservée. Environ la moitié du parc national est inaccessible ; le reste abrite 98 hameaux de minorités ethniques. Des excursions de 2 jours pour observer la faune rejoignent la lointaine station de recherche de Nam Nern, sur le site d'un ancien village dépourvu de route, où une aire de camping et les sentiers environnants ont été déminés par des professionnels.

Les excursions de 2 jours, limitées à deux par semaine, sont organisées par le bureau du parc national de Nam Et/Phou Louey à Vieng Thong : pour y participer, mieux vaut le contacter très tôt. Les safaris de nuit coûtent 1 200 000 LAK par personne pour un groupe de quatre. Le prix inclut guides, cuisiniers, nourriture et matériel de camping. Une part importante des bénéfices revient aux fonds de développement des villages. Le trajet de 1 heure 30 en bateau depuis Ban Sonkhua, à 50 km à l'est de Vieng Thong sur la Route 1, est également compris.

Chitchareune Hotel HÔTEL $$
(☎030-5150458 ; d/lits jum 120 000 LAK, ste 250 000 LAK ; ❄ 📶). Situé juste au sud du marché de Vieng Xai, dans un grand bâtiment blanc sur 2 niveaux, aux toits rouges. Les chambres climatisées sont nettes et dotées d'un mobilier au-dessus de la moyenne et de salles de bains correctes. Le parking sert aussi de gare routière vers Vieng Xai, ce qu'apprécient grandement les voyageurs à l'arrivée ou au départ.

♥ **Sabaidee Odisha** INDIEN $
(☎020-55577202 ; plats 15 000-45 000 LAK ; ⏲7h-21h ; 📶). Ne vous fiez pas à l'extérieur banal, au sol en ciment et aux murs dépouillés de cette gargotte : la cuisine est délicieuse. Les plats sont frais, soigneusement préparés (la carte indique le degré de piquant), et ils sont servis avec le sourire. Outre les mets indiens, on y sert des plats de riz et des *làap*.

Le propriétaire, l'une des rares personnes de la ville à parler anglais, aide volontiers les touristes égarés à localiser les grottes ou à louer une moto. À l'angle le plus au nord du marché de Vieng Xai, face à la route principale.

ℹ Renseignements

Office du tourisme des grottes de Vieng Xai (☎064-315022 ; ⏲8h-11h30 et 13h-16h). Organise toutes les visites des grottes, loue des vélos et dispose de cartes ou encore d'un panneau d'information utile. Il y a même une vitrine remplie de vieux bustes de Lénine et autres objets de l'iconographie communiste. Situé à environ 1 km au sud du marché,

ℹ Depuis/vers Vieng Xai

Il y a un seul bus quotidien vers Sam Neua (20 000 LAK, 1 heure), qui part de la gare routière vers 15h. Sur la Route 6, il est possible de héler les bus qui circulent entre Sam Neua et Thanh Hoa (un départ quotidien vers chaque destination), au Vietnam. Le bus pour Thanh Hoa (180 000 LAK) devrait passer vers 8h45, celui pour Sam Neua (20 000 LAK) vers 16h.

La location d'un taxi au départ de Sam Neua (p. 97) pour visiter Vieng Xai revient à environ 250 000 LAK (retour compris).

Vieng Thong ວຽງທອງ

☎064 / 4 000 HABITANTS

À l'origine, Vieng Thong s'appelait Muang Hiam ("Attention" en thaï deng), un nom qui apparaît encore sur la plupart des panneaux routiers. La prudence était en effet de mise du temps où les tigres arpentaient les forêts environnantes, mais, de nos jours, il n'en subsiste plus que quelques-uns dans l'immense parc national de Nam Et/Phou Louey, plus grande zone protégée du pays à laquelle on accède par Vieng Thong. Si cette petite bourgade ne vous laissera pas un souvenir impérissable, le parc mérite quant à lui une visite ; celles-ci sont organisées par l'équipe du bureau du parc national, au centre d'accueil des visiteurs de Vieng Thong.

Si vous voyagez entre Nong Khiaw et Sam Neua, passer une nuit à Vieng Thong rend les 10 heures de trajet un peu plus agréables. Vous y trouverez une poignée de guesthouses et de stands d'alimentation.

Des rizières d'un vert éblouissant entourent la bourgade et de courtes balades à pied ou à vélo conduisent à de jolis villages tai daeng, hmong et khamu.

Activités

Safari nocturne de Nam Nern EXCURSION

(www.namet.org/namnern ; safaris nocturnes 1 500 000 LAK/pers pour un groupe de 2 ou plus). Le safari de nuit de Nam Nern consiste en une excursion de 24 heures en bateau traditionnel (*longtail boat*) dans le parc national de Nam Et/Phou Louey. Il culmine avec une virée nocturne pour observer les tigres, les gaurs et les gibbons à joues blanches, à la lumière des lampes torches. Les chances de voir un tigre sont minces, mais vous apercevrez probablement des sambars et des muntjacs (deux espèces de cervidés). Vous dormirez dans un écolodge donnant sur la Nam Nern et le tarif inclut un dîner autour du feu. Réservations auprès du bureau du parc national de Nam Et/Phou Louey.

The Nests OBSERVATION DE LA FAUNE

(www.namet.org/wp/en ; randonnée 2 jours 1 500 000 LAK/pers pour un groupe de 2 ou plus, trek 3 jours 2 100 000 LAK/pers pour un groupe de 2 ou plus). Le bureau du parc national de Nam Et/Phou Louey organise également ces treks de 2 et 3 jours avec nuit dans des “nids” – de douillets paniers sphériques suspendus dans les arbres. Depuis une tour d'observation, vous pourrez guetter la faune de la vasière de Poung Nied, qui attire des espèces rares comme le sambar.

Où se loger et se restaurer

Il n'y a que quelques guesthouses sommaires à Vieng Thong.

Dork Khoun Thong Guesthouse GUESTHOUSE $

(064-810017 ; d/lits jum 50 000-80 000 LAK ;). La meilleure adresse parmi la poignée d'établissements de la bourgade se trouve en plein centre. Taille correcte pour les chambres, très propres et bien équipées – lits confortables , moustiquaires aux fenêtres et douche chaude. Agréable salon à l'étage et jolie vue sur les champs et la rivière depuis la terrasse de l'arrière.

Dokchampa Guesthouse GUESTHOUSE $

(064-810005 ; d sans/avec sdb 40 000 /60 000 LAK ;). Une guesthouse aux chambres basiques, avec moustiquaires, douches chaudes et WC à la turque. La location de vélos (30 000 LAK/jour) et le Wi-Fi gratuit sont des petits plus.

Tontavanh Restaurant LAOTIEN $

(plats 20 000-40 000 LAK ; 7h-20h). Cette cantine locale sert une cuisine appétissante, et il y a même une modeste carte en anglais.

Renseignements

Bureau du parc national de Nam Et/Phou Louey (064-810008 ; www.namet.org ; 8h-12h et 13h-16h30 lun-ven). Basé dans le centre d'accueil des visiteurs de Vieng Thong, à la lisière nord-est de la bourgade. L'équipe du parc national organise les safaris nocturnes sur la Nam Nern à la rencontre de la faune ; on vous conduira en bateau au cœur de la zone protégée, où des yeux brillants vous scruteront depuis les profondeurs de la jungle. Elle propose également différens treks, de 2 à 5 jours, dans d'autres parties du parc, avec chambre chez l'habitant (*homestay*) dans un village de l'ethnie khmu notamment.

Depuis/vers Vieng Thong

Les bus en direction de l'ouest arrivent de Sam Neua vers midi et continuent après le déjeuner vers Nong Khiaw (60 000 LAK, 5 heures), Pak Mong et Luang Prabang (130 000 LAK, 9 heures). En direction de l'est, le minibus qui part à 7h constitue la meilleure option pour Sam Neua (40 000 LAK, 6 heures), car les deux autres services pour Sam Neua – en provenance de Luang Prabang/Vientiane – circulent essentiellement de nuit.

La gare routière et la station-service se situent à 300 m du marché sur la Route 6, à la lisière est de la bourgade.

DISTRICT DE MUANG NGOI

Si le nord du Laos se caractérise par ses montagnes verdoyantes, les reliefs deviennent plus spectaculaires vers Nong Khiaw et Muang Ngoi Neua. À ces endroits, de hauts pics karstiques et des falaises vertigineuses bordent la Nam Ou, formant un paysage spectaculaire. On accède facilement à ces deux bourgades depuis Luang Prabang et on peut s'y rendre par bateau à partir de Muang Khua. Nong Khiaw fait une excellente étape rurale entre Luang Prabang et Vieng Thong ou Sam Neua.

Nong Khiaw ໜອງຂຽວ

☎071 / 4 000 HABITANTS

Niché dans un méandre de la rive ouest de la Nam Ou (au débit très faible depuis la construction du barrage en amont), que l'on traverse par un haut pont, et cerné d'à-pics calcaires tapissés de forêts, Nong Khiaw est un petit paradis où se poser, se régaler d'une bonne cuisine laotienne et profiter des nombreuses activités organisées par des agences d'écotourisme. Les hébergements sont convenables ; la plupart des guesthouses et des restaurants sont installés sur la jolie rive est de la rivière (officiellement appelée Ban Sop Houn).

Sachez que Nong Khiaw est parfois appelé Muang Ngoi, du nom du district alentour, ce qui crée une confusion avec Muang Ngoi Neua, à 1 heure 15 de bateau au nord.

À voir

En soirée, les étoiles transforment le ciel en une toile pointilliste qui souligne délicatement les massifs au bord de l'eau. Que ce soit d'en haut, depuis l'un des deux points de vue de Nong Khiaw (le sommet de Pha Daeng ou celui "de la Femme endormie") ou d'en bas, le regard simplement levé vers les karsts, le spectacle est magique.

Point de vue du pic de Pha Daeng — RANDONNÉE

(ຈຸດຊົມວິວຜາແດງ ; pic de Pha Daeng, Ban Sop Houn ; 20 000 LAK ; ⏲5h-18h). Après une ascension ardue de 1 heure 30, mais sur un bon sentier, vous parviendrez au sommet du mont Pha Daeng qui surplombe le village, et d'où le panorama est splendide. Venez profiter d'un coucher du soleil (apportez une lampe torche puissante pour redescendre) ou admirer, vers 6h du matin, la vallée enveloppée dans son voile de brume et les montagnes qui se parent d'or.

Payez les frais d'entrée à la personne présente dans le kiosque tout en bas, situé près d'un panneau et d'un vieil obus, sur le côté gauche de la route.

Point de vue du pic de Nang None — RANDONNÉE

(ຈຸດຊົມວິວນາງນອນ, point de vue de la montagne Pha Nang None ; ☎020-55377400 ; Route 1C, direction nord-ouest depuis Nong Khiaw, à environ 1 km du village ; 15 000 LAK ; ⏲7h-18h). Offrant un spectacle panoramique sur les éminences karstiques, les montagnes et les bateaux naviguant sur la rivière, ce point de vue "de la Femme endormie" fait de la concurrence au pic de Pha Daeng. L'ascension sur un sentier balisé dure une heure. Il vaut mieux redescendre par le même chemin, car l'autre itinéraire est mal signalisé.

Si vous venez ici pour le coucher du soleil, faites une halte au Hive Bar (p. 106), face à l'entrée, pour profiter au retour d'une boisson fraîche en terrasse.

Tham Pha Thok — GROTTE

(ຖ້ຳຜາທອກ ; 10 000 LAK ; ⏲7h30-18h30). À environ 2 km à l'est sur la Route 1C, une falaise calcaire dissimule un ensemble de grottes où villageois et membres du Pathet Lao échappaient aux bombardements pendant la guerre du Vietnam. La première grotte, à 30 m du sol, est accessible par un escalier en bois. Un peu plus loin, le long de la falaise, un passage sombre de 300 m mène à la deuxième grotte, très petite.

Nous vous conseillons d'apporter votre propre lampe torche, plutôt que d'en louer une trop faible.

Activités et circuits organisés

Il existe plusieurs agences écotouristiques à Nong Khiaw, proposant plusieurs activités dans les environs : randonnée, vélo, paddle (SUP) et kayak.

♥ Nong Khiaw Jungle Fly — AVENTURES DANS LA JUNGLE

(☎020-22256151 ; nongkhiawjunglefly.com ; Lao Outdoor Travel, Route 1C ; demi-journée/journée 37/49 $US ; ⏲8h30-17h). À 10 km du village, un nouveau parc d'aventures organise des circuits d'une demi-journée et d'une journée incluant des balades dans la canopée, des "parcours façon Tarzan" et pas moins de 10 itinéraires de tyrolienne (faisant jusqu'à 400 m de long) dans la jungle. À noter aussi les circuits en rappel et les treks dans la forêt de bambous. L'équipement est de qualité et les guides professionnels anglophones mettent l'accent sur la sécurité.

Les circuits à la journée sont proposés de 9h à 17h, et ceux d'une demi-journée de 8h30 à 13h et de 12h30 à 17h. Le départ et le retour se font aux bureaux de Laos Outdoor Travel, près du pont, à Nong Khiaw.

Sabai Sabai — MASSAGES

(☎020-58686068 ; Ban Sop Houn ; massage 60 000 LAK, bain de vapeur 25 000 LAK ; ⏲9h-20h). Dans un paisible jardin zen, cette maison en bois est l'endroit idéal pour

Nong Khiaw

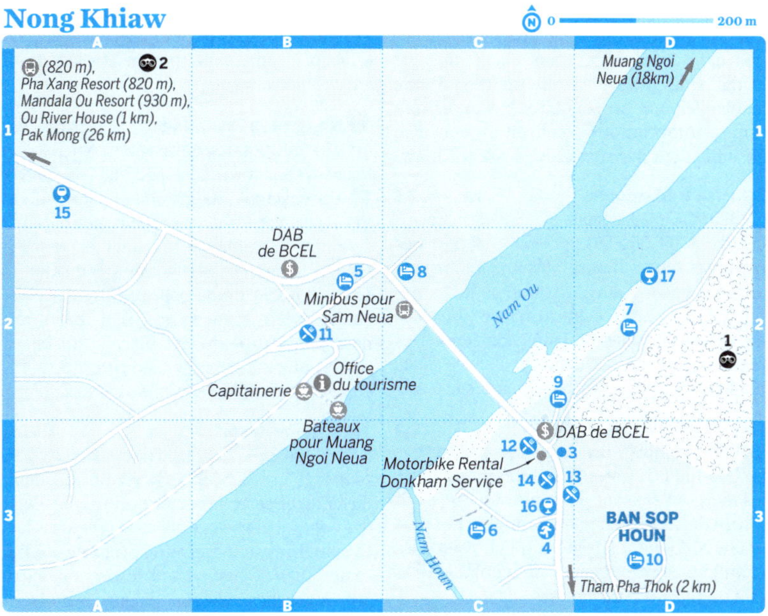

Nong Khiaw

À voir

1 Point du vue du pic de Pha Daeng......... D2
2 Point de vue "de la femme endormie".. A1

Activités

3 Nong Khiaw Jungle Fly......... C3
4 Sabai Sabai......... C3

Où se loger

5 Delilah's Place......... B2
6 Namhoun Guesthouse......... C3
7 Nong Kiau Riverside......... D2
8 Sengdao Chittavong Guesthouse......... C2
9 Sunrise Guesthouse......... C2
10 View Point Resort......... D3

Où se restaurer

11 Coco Home Bar & Restaurant......... B2
12 CT Restaurant & Bakery......... C3
13 Deen......... C3
Delilah's Place......... (voir 5)
14 Vongmany Restaurant......... C3

Où prendre un verre et faire la fête

15 Hive Bar......... A1
16 Q Bar......... C3
17 Watering Hole......... D2

revigorer son esprit et ses membres courbaturés avec un massage laotien traditionnel et un bain de vapeur aux plantes.

Où se loger

En basse saison, le prix des hébergements est négociable. Vous trouverez à Nong Khiawo principalement des adresses petits budgets, plus quelques logements de charme.

Ou River House GUESTHOUSE $
(020-59945500 ; d 150 000-180 000 LAK ;). Guesthouse dans une péniche amarrée sur la Nam Ou, et seul établissement du genre à Nong Khiaw. Six chambres toutes simples, avec ventilateurs et salles de bains privative et un pont-terrasse à l'avant, pour jouir de la jolie vue sur la rivière et alentour. Magique. Le petit café-restaurant sur place est prisé des clients laotiens.

Depuis la terrasse, il est possible de se baigner dans la rivière.

Delilah's Place AUBERGE DE JEUNESSE $
(020-54395686 ; www.delilahscafenong-khiaw.wordpress.com ; rue principale ; dort/d 40 000/60 000 LAK ;). Chambres propres avec salle de bains commune et dortoirs douillets (moustiquaires, matelas épais

et casiers de sécurité) pour cette auberge qui est aussi le siège de Tiger Trail. Très bon café de voyageurs sur place, où faire le plein de glucides avant un trek. Harp, le bienveillant propriétaire, est aussi une mine d'informations. L'endroit est le centre de ralliement des voyageurs à Nong Khiaw.

Sunrise Guesthouse GUESTHOUSE $
(020-22478799 ; Route 1C, Ban Sop Houn ; bungalows 60 000-150 000 LAK ;). Ces modestes bungalows en bois un peu vieillots ont tous vue sur la rivière et le pont. Quatre bungalows plus récents (un avec la clim) disposent de salles de bains correctes. Des petits-déjeuners occidentaux et des plats laotiens sont proposés dans le café, sur place.

Namhoun Guesthouse GUESTHOUSE $
(030-5533439 ; Ban Sop Houn ; bungalows 60 000-100 000 LAK ;). Les bungalows les moins chers sont posés autour d'un petit jardin derrière la maison familiale. Les plus onéreux donnent sur la Nam Ou. Toutes les chambres sont pourvues de moustiquaires et d'un balcon avec hamacs.

Sengdao Chittavong Guesthouse GUESTHOUSE $
(030-9237089 ; Rte 1C ; bungalows 60 000-80 000 LAK, d/lits jum 150 000 -200 000 LAK ;). Agréablement isolée sur la rive ouest, une guesthouse tenue en famille et prisés des familles. Les bungalows en bois – murs en rotin, moustiquaires, draps frais et balcons – sont aménagés dans un jardin donnant sur la rivière. Un nouveau bâtiment, avec des chambres plus haut de gamme (climatisées), est encore plus proche de l'eau. Vue sur la rivière et le jardin depuis le petit restaurant.

Mandala Ou Resort BOUTIQUE-HÔTEL $$
(030-5377332 ; www.mandala-ou.com ; d/lits jum 43-68 $US ;). Une adresse pleine de charme, composée d'une dizaine de bungalows (dont 6 face à la rivière), où l'accent est mis sur les détails (comme les carreaux de verre dans les murs qui laissent entrer la lumière). Grands lits et salles de bains modernes. Les sympathiques propriétaires ont pensé à tout : la piscine (la seul de Nong Khiaw) à débordement donne sur la rivière et la jungle, tout comme le restaurant semi-ouvert (fabuleuse carte de plats laotiens, thaïlandais et occidentaux), et il y a une terrasse pour le yoga, utilisée par Luang Prabang Yoga (p. 55), qui organise des retraites mensuelles ici.

À noter également : le sauna aux herbes aromatiques, parfait pour les fraîches nuits d'hiver. L'endroit est proche à pied de la gare routière.

Nong Kiau Riverside ÉCOLODGE $$
(020-5570 5000 ; www.nongkiau.com ; Ban Sop Houn ; d/lits jum avec petit-déj 35-55 $US ;). Un ensemble de grands et jolis bungalows agrémentés de nombreux petits plus : éclairage d'ambiance, parquet et moustiquaires. Tous possèdent une belle salle de bains et une véranda pour profiter de la vue sur la rivière et les karsts. Bon restaurant de cuisine laotienne sur place et alléchant buffet au petit-déjeuner. Location de VTT. Chambres à tarifs réduits en basse saison.

View Point Resort HÔTEL $$
(030-4463686 ; viewpointresortlaos@gmail.com ; d/lits jum 35-60 $US ;). En surplomb du village, cette propriété profite de l'une des plus belles vues de la région. Les 10 chambres sont dotées de draps de qualité et de salles de bains haut de gamme, entre autres touches raffinées. Mieux vaut disposer de son propre véhicule – les piétons auront droit à une jolie montée.

Pha Xang Resort HÔTEL $$
(071-810014; d/lits jum à partir de 250 000 LAK ;). Dans un endroit paisible, à 1 km du village, une rangée de bungalows confortables en rotin à charpente en A disséminés dans un jardin bien entretenu – avec parquet, murs immaculés et salles de bains. L'endroit est calme et luxuriant, avec les karsts en toile de fond. Commodément situé en face de la gare routière.

Où se restaurer

La petite scène culinaire est en plein essor à Nong Khiaw , des deux côtés de la Nam Ou, même s'il ne faut pas s'attendre au raffinement de Luang Prabang.

Vongmany Restaurant LAOTIEN $
(Ban Sop Houn ; plats 20 000-50 000 LAK ; 8h30-22h). Ce grand restaurant ouvert, en bois et rotin, est réputé pour ses plats laotiens à base de produits locaux. Entre autres délices, citons un *làap* plein de saveurs, du steak de buffle, ainsi que de savoureux poissons vapeur et crevettes de rivière.

Delilah's Place INTERNATIONAL $
(rue principale ; plats 15 000-50 000 LAK ; 7h-22h ;). Parquet, fresque murale où est dépeint un troupeau d'éléphants et musique

de Bach donnent le ton du Délilah's. Les tartes maison à la lime, les crumbles aux pommes, les glaces, tout comme les copieux petits-déjeuners (œufs, bacon et pancakes) sauront satisfaire vos envies de nourriture réconfortante. Projection d'un film tous les soirs à 20h30.

Deen INDIEN $
(Ban Sop Houn ; plats 15 000-50 000 LAK ; 7h-22h ;). *Naan* cuits au feu de bois, *tandoori* bien réalisés et curries épicés sont au menu de ce petit restaurant indien à l'ambiance chaleureuse. L'endroit est bondé chaque soir.

TOURISME RESPONSABLE ET MINORITÉS ETHNIQUES

Pour visiter les villages de manière respectueuse, mieux vaut connaître les coutumes des communautés locales. Les indications ci-après concernent plus particulièrement les Akha. Leurs villages sont des destinations de trek privilégiées, sans doute en raison des beaux costumes traditionnels indigo rehaussés de pièces d'argent que portent les femmes akha et les croyances animistes des villageois.

Chaussures et pieds Si la politesse veut qu'on retire ses chaussures avant d'entrer dans une maison laotienne, on reste chaussé dans une habitation hmong, akha ou tout autre pourvue d'un sol de terre battue. En revanche, ne pointez pas vos pieds en direction de quelqu'un.

Toilettes Quand un village possède des toilettes, utilisez-les. En forêt, veillez à vous éloigner des cours d'eau. Dans les villages reculés, dépourvus de sanitaires, renseignez-vous auprès de votre guide sur les façons de faire locales. Bien que les règles du trekking préconisent d'enterrer les déjections, vous risqueriez ainsi dans certains endroits de priver les cochons d'une gourmandise ! Quoi qu'il en soit, ramassez papier hygiénique, tampons, etc., avant de partir.

Photos Si les garçons sont souvent ravis d'être photographiés, la plupart des femmes s'enfuient à la vue d'un appareil photo. Demander à un inconnu la permission de le photographier se solde le plus souvent par un refus, qu'il faut respecter. Séjourner chez l'habitant permet de devenir "ami" avec une famille. Tentez de prendre d'abord des photos des bébés et des hommes, puis montrez-les aux femmes, qui souhaiteront peut-être alors figurer sur vos clichés. À défaut, n'insistez pas, car certains croient encore fermement que les photographes sont des voleurs d'âmes.

Cadeaux Si vous souhaitez faire un cadeau, choisissez par exemple des semences de fruits ou de légumes ou des boutures d'arbres qui continueront de produire après votre départ. Demandez toujours à votre guide si un présent est approprié et offrez-le directement à des amis ou au chef du village.

Lits Dans les villages traversés lors du trek, vous logerez probablement dans la maison du chef. Dans les maisons akha traditionnelles, les hommes dorment sur une plateforme surélevée munie de rideaux, les femmes sur une autre (un endroit qu'il est absolument tabou de visiter). Pour faire de la place aux visiteurs, la plupart des hommes vont coucher ailleurs et laissent le guide, les randonneurs et parfois un ou deux anciens se serrer en rang d'oignons dans la section masculine. Un sac de couchage offre un semblant d'intimité. Sachez que les femmes étrangères ont le statut d'"homme honoraire".

Esprits Le culte des esprits demeure aussi vivant chez les ethnies montagnardes que dans les autres cultures laotiennes. En conséquence, il est extrêmement malvenu de toucher le totem d'un village (thaï lü), une porte des esprits (akha) ou tout autre objet tabou. Demandez des explications à votre guide et renoncez à l'idée d'essayer une balançoire akha (*hacheu*).

Femmes et enfants Les femmes akha qui se promènent seins nus le font en vertu d'une croyance qui veut que les jeunes mères qui se couvrent la poitrine attirent le mal sur leur nouveau-né. Parmi d'autres coutumes, citons aussi l'absorption de pierres durant la grossesse et la croyance que les jumeaux sont un signe de malchance.

CT Restaurant & Bakery LAOTIEN $

(Route 1C, Ban Sop Houn ; plats 20 000-40 000 LAK ; 7h-22h ;). Au bout du pont, cet établissement bénéficie peut-être de la plus belle vue de Nong Khiaw. Outre les classiques laotiens, la carte fait aussi la part belle aux pancakes, bagels et autres sandwichs (à emporter pour ceux qui partent en randonnée). Petits-déjeuners également.

Coco Home Bar & Restaurant INTERNATIONAL $$

(020-23677818 ; rue principale ; plats 25 000-70 000 LAK ; 8h-23h ;). Une oasis verdoyante, en bord de rivière, appréciée de longue date par les voyageurs. Plats appétissants à la carte, comme la salade de papaye, le riz gluant à la mangue, le *mok phaa* (poisson cuit à la vapeur dans des feuilles de bananier) et le canard à l'orange. Il y a aussi des burgers et des pizzas. Sans doute l'une des meilleures adresses du coin. Installez-vous dans le jardin luxuriant ou sur la terrasse à l'étage.

Où prendre un verre et faire la fête

Q Bar BAR

(020-99918831 ; Route 1C, Ban Sop Houn ; 7h-23h30 ;). Dans la rue principale, un bar à l'ambiance détendue : intérieur rotin et rouge sang de bœuf, petit toit-terrasse, bonne musique et propriétaire sympathique. Les cocktails coûtent entre 35 000 et 40 000 LAK, avec happy hour de 17h à 19h. En cas de petite faim, vous pouvez transformer votre table en barbecue et vous concocter un repas laotien traditionnel.

Watering Hole BAR

(030-9546046 ; chemin du bord de rivière ; 8h-22h). Installé sur des pontons, ce bar-restaurant laotien à demi-ouvert tire avantage de l'apaisante vue sur la rivière. Commandez une Beerlao fraîche pour un ultime verre au crépuscule. L'espace terrasse-ponton permet de se baigner ou de faire du kayak (location 100 000 LAK) sur les eaux calmes de la Nam Ou.

Hive Bar BAR

(030-5377990 ; Route 1C ; 7h-23h ;). À 1 km du village, en direction de Pak Mong, un bar géré par un sympathique Laotien, doublé d'une boîte de nuit, d'un karaoké au sous-sol, en plus d'une terrasse décontractée pour siroter une bière en contemplant le coucher du soleil derrière les karsts. Très bonnes musiques indé ; happy hour de 18h à 19h30.

Renseignements

Il y a 2 DAB de la **BCEL** : l'un à l'extrémité du pont côté Ban Sop Houn, et l'autre 100 m après le pont, sur la route vers Pak Mong.

Situé au-dessus de l'embarcadère, l'**office du tourisme** (8h-11h et 14h-16h lun-ven) est rarement ouvert. Harp, au Delilah's Place, (p. 103) est bien plus fiable. Son établissement propose des billets de bus et de bateau, et des hébergements à petit prix.

Depuis/vers Nong Khiaw

BATEAU

Les trajets fluviaux sont l'un des grands attraits de Nong Khiaw. Toutefois, depuis la construction du barrage sur la Nam Ou, la liaison jusqu'à Luang Prabang n'est plus assurée. Des **bateaux pour Muang Ngoi Neua** (25 000 LAK, 1 heure 15) partent à 11h et 14h (départs supplémentaires occasionnels en haute saison) en traversant de beaux paysages karstiques. Le bateau de 11h va jusqu'à Muang Khua (150 000 LAK, 7 heures), d'où l'on peut se rendre à Phongsali ou Diên Biên Phu (Vietnam).

Pour toutes les destinations mentionnées, les bateaux ne partent qu'avec un minimum de 8 passagers : à défaut, il faudra vous cotiser pour compenser la différence. Cela ne pose généralement problème que sur le trajet vers Muang Khua.

BUS ET SŎRNGTĂAOU

Le trajet jusqu'à Luang Prabang peut se faire en 3 heures, mais il dure habituellement au moins 4 heures. Des minivans et des *sŏrngtăaou* (40 000 LAK) partent à 9h, 11h et 12h30 ; des minibus climatisés partent à 13h30 (50 000 LAK). Les billets sont en vente à la **gare routière**, mais la liaison de 11h attendra les passagers arrivant en bateau de Muang Ngoi. Quand un bateau arrive de Muang Khua, des minivans supplémentaires vers Luang Prabang partent à 15h de la gare routière ou de la **capitainerie** (8h30-11h30 et 13h-15h).

Un minibus direct dessert Udomxai (50 000 LAK, 3 heures) à 11h. Vous pouvez aussi prendre un autre moyen de transport vers l'ouest et changer à Pak Mong (25 000 LAK, 50 min). Pour rallier Luang Namtha, prenez n'importe quel bus vers Udomxai et changez à cet endroit.

Venant de Luang Prabang, le **minibus à destination de Sam Neua** (150 000 LAK, 11 heures) via Vieng Thong (100 000 LAK, 5 heures) fait halte à Nong Khiaw entre 11h30 et 12h ou 13h. Un autre bus pour Sam Neua (au départ de Vientiane) y passe vers 19h.

Tous les deux arrivent à un arrêt de bus non indiqué côté Nong Khiaw, juste avant l'entrée du pont. Préférez le bus qui passe le midi : il est généralement plus grand que les minibus du soir et vous permet de profiter en plein jour de la vue le long de ce superbe trajet dans les montagnes.

Comment circuler

Louer un vélo est un bon moyen d'explorer les villages du coin et de rejoindre les grottes de Tham Pha Thok. Les vélos de ville reviennent à 20 000 LAK par jour et les VTT à 30 000 LAK. Vous pouvez aussi louer un scooter (manuel/automatique 80 000/100 000 LAK) au **Motorbike Rental Donkham Service** (☎ 030-9005476 ; Ban Sop Houn ; ⏲ 8h-19h). Comptez 5 000 LAK pour un *túk-túk* jusqu'à la gare routière.

Muang Ngoi Neua ເມືອງງອຍເຫນືອ

☎ 071 / 1 000 HABITANTS

Tout comme Nong Khiaw, Muang Ngoi Neua est un petit village situé au bord de la Nam Ou qui coule à l'ombre des karsts dentelés. C'est un autre petit paradis et une invitation à la détente du corps et de l'esprit. Le village, traversé par une piste d'une longueur de 500 m, voit déambuler vaches et volailles en liberté tandis que des pêcheurs raccommodent leurs filets sur le bord de la rivière. Les petits restaurants et les guesthouses bon marché ne manquent pas. Si faire la sieste dans un hamac en contemplant le paysage depuis votre véranda ou votre balcon vous lasse rapidement, partez en balade à pied ou à VTT vers des bourgades voisines, allez explorer les grottes des environs ou vous rafraîchir lors d'une séance de tubing, de kayak ou de pêche sur la Nam Ou.

Histoire

Jadis petit centre régional, le village de Muang Ngoi fut détruit par les bombardements durant la guerre du Vietnam. Les ravages étaient tels qu'à l'issue du conflit, un nouveau Muang Ngoi (soit Nong Khiaw) devint le chef-lieu du district. Le village reconstruit fut “découvert” à la fin des années 1990 par des voyageurs, qui vantèrent sa beauté et son ambiance alanguie. Dès 2002, chaque guesthouse accueillait des *falang* (Occidentaux) pour un dollar la nuit, et certains visiteurs restaient des mois, perdus dans un brouillard opiacé ; les mesures drastiques pour combattre la drogue changèrent radicalement l'atmosphère. La plupart des établissements les plus modestes ont fermé ou amélioré leurs installations. Les trajets en bateau depuis Nong Khiaw sont toujours appréciés des voyageurs, de même que la randonnée et le kayak. Pour une chambre à un prix modique, rendez-vous à Huay Bo.

À voir

Ne manquez pas le spectacle du coucher du soleil depuis la rive, peut-être l'un des plus beaux du Laos, quand l'astre rose orangé descend derrière les falaises escarpées. Un peu après l'aube, des villageois apportent des aumônes aux bonzes du **Vat Okadsayaram**, un monastère reconstruit.

Grotte de Phanoy et point de vue GROTTE
(ຖ້ຳພະນອຍ ; 10 000 LAK ; ⏲ 7h-17h). La grotte de Phanoy, bien signalée à l'extrémité nord de l'artère principale, offre un répit bienvenu par temps chaud. Elle se situe environ à mi-chemin d'une piste abrupte qui conduit à un point de vue somptueux sur la Nam Ou et sur Muang Ngoi Neua. Prenez une lampe torche car il faut marcher 10 minutes environ au fil d'un passage très sombre pour admirer des reliques du Bouddha.

Mieux vaut compter 1 à 2 heures pour profiter de la grotte, et du panorama. Prévoyez de l'eau avant de partir car vous n'en trouverez pas sur place.

Circuits organisés

Les sorties en kayak sont l'occasion d'apprécier les magnifiques paysages des rives de la Nam Ou de part et d'autre du village. Lao Youth Travel, le tour-opérateur le plus réputé du village, possède ses propres kayaks. Il est idéalement installé au carrefour du chemin de l'embarcadère et de la Rainbow Guest House, une guesthouse comportant un étage. Depuis la construction du barrage, la Nam Ou a un débit assez faible, la rendant plus sûre pour les enfants.

De nombreux guides indépendants proposent diverses randonnées jusqu'à des villages lao, hmong et khamu, ainsi qu'à des cascades. Méfiez-vous de ceux qui affirment être recommandés par Lonely Planet (ce n'est pas le cas !). Les prix sont raisonnables et certaines excursions, comme celle aux chutes de That Mok, incluent des trajets en bateau. D'autres marches faciles peuvent parfaitement s'effectuer sans guide. Avec votre téléphone, prenez en photo la carte située à l'extérieur de Lao Youth Travel pour vous aider à vous repérer dans le secteur.

Lao Youth Travel KAYAK
(020-5140046 ; 7h30-10h30 et 13h30-18h). Agence locale établie de longue date, gérée par le sympathique M. Ping. Il organise diverses randonnées, sorties de pêche et de kayak dans les environs. Une excursion d'une demi-journée combinant les trois activités coûte 145 000 LAK pour un groupe de 4 personnes ou plus.

Gecko Tours & Cooking Class TREKKING
(020-58886295 ; muangngoihandmade@gmail.com ; 7h-21h). La sympathique équipe du Gecko Bar (page ci-contre) s'est diversifiée pour proposer différents circuits, des massages (à partir de 60 000 LAK), et même un cours de cuisine (150 000 LAK/pers, tarif inférieur par pers pour les groupes). Cette dernière activité comprend une excursion d'une demi-journée jusqu'au jardin bio du restaurant (situé à 15 km), où vous pourrez cueillir vos produits et voir la cascade voisine avant de retourner au village pour cuisiner vos mets.

L'équipe du Gecko met également sur pied un circuit guidé à Pha Boom, un sommet tout proche, et peut organiser des sorties randonnée ou VTT jusqu'aux villages voisins.

Où se loger

Curieusement pour un endroit si petit, les adresses petits budgets sont nombreuses et l'anglais est parlé largement. Seul inconvénient, les hébergements font leur âge en comparaison de ceux de Nong Khiaw, en plein essor, juste en aval.

Lattanavongsa Guesthouse GUESTHOUSE $
(020-23863640 ; touymoy.laos@gmail.com ; d/lits jum à partir de 100 000 LAK ;). Une guesthouse aux bungalows répartis sur deux sites : l'un au-dessus de l'embarcadère, l'autre dans un joli jardin sur la route principale. Les chambres lambrissés, parfois réhaussées de bleu pastel, sont sommaires et confortables (moustiquaires, draps frais et douches chaudes), avec petite véranda à l'avant. Son café, idéalement situé, près de l'embarcadère, permet de prendre son petit-déjeuner ou de dîner avec vue sur les falaises. Réservez tôt.

PDV Riverview Guesthouse GUESTHOUSE $
(020-22148777 ; pdvbungalows@gmail.com ; dort/d/tr 30 000/100 000/100 000 LAK, bungalows 50 000-120 000 LAK ;). Joli cadre en bordure de rivière pour cette guesthouse à mi-chemin de l'artère principale. Il y a 5 chambres fraîches et un dortoir de 6 lits dans un bâtiment orange plus récent, avec vue imprenable sur la Nam Ou. Les bungalows n'ont rien d'extraordinaire, mais disposent d'un petit balcon avec hamacs. Les tarifs chutent en basse saison.

Nicksa's Place GUESTHOUSE $
(020-3665957 ; d/lits jum 60 000-100 000 LAK). Surplombant la rivière depuis un joli jardin rempli de papillons, ces 7 bungalows en bois et pierre, bien tenus, sont dotés de moustiquaires et de salles de bains. Chacun dispose d'un balcon (hamac), d'où apprécier le panorama. La gestion chaleureuse de Nicksa fait oublier l'eau froide des douches.

Chantanohm Guesthouse GUESTHOUSE $
(030-9737835 ; Ban Na ; d 20 000 LAK). Un hébergement simple, mais plaisant, dans le village de Ban Na, réputé pour ses tissages, avec son propre restaurant et des chambres toutes simples donnant sur les rizières. À votre arrivée, Mama Kham vous accueille avec le sourire. À environ 3 km de marche à l'est de l'extrémité sud de Muang Ngoi Neua.

Veranda GUESTHOUSE $
(020-23862021 ; bungalows 50 000-80 000 LAK ;). Disposés en arc de cercle, ces 5 bungalows en bambou tressé ont tous une vue panoramique sur la rivière. Récemment rénovées, leurs chambres propres (hamacs, bons lits et douches chauffées à l'énergie solaire) sont d'un bon rapport qualité/prix. Restaurant attenant. Gérant adorable.

Bungalows Ecolodge GUESTHOUSE $
(d/tr 120 000/150 000 LAK ;). Bien que trahissant un peu leur âge à l'extérieur, ces bungalows en rotin en forme de A, avec vue sur la rivière, disposent de chambres agréables avec salle de bains. Les murs du fond, en accordéon, dévoilent une vue panoramique sur les karsts depuis votre lit. Moustiquaire, hamacs, romantisme – rien ne manque. À noter aussi le café où l'on peut louer des kayaks.

Khamphan Guesthouse GUESTHOUSE $
(☎030-4725792 ; Huay Sen ; d 10 000 LAK). Charme rustique pour cette guesthouse dans une jolie maison sur pilotis et ses chambres modestes. Elle est tenue par un sympathique Laotien parlant un peu l'anglais, qui propose de la nourriture et des marches guidées jusqu'aux villages hmong voisins. Depuis l'embarcadère, suivez la route qui quitte Muang Ngoi Neua et les panneaux qui indiquent Huay Sen.

OB Bungalows GUESTHOUSE $
(☎020-33863225 ; Ban Na ; d 20 000 LAK). Vous profiterez ici d'une vue superbe sur les karsts et le cadre apaisant des rizières environnantes, dans une ambiance résolument décontractée. Les chambres sont très basiques et le propriétaire parle un peu l'anglais. À l'extrémité du village de Ban Na.

Rainbow Guest House GUESTHOUSE $
(☎020-22957880 ; d/lits jum 80 000 LAK ; wifi). Près de l'embarcadère, une grande maison sur 2 niveaux, aux chambres carrelées, rudimentaires mais propres, avec linge de lit frais et salle de bains. Devant, le Bamboo Bar est un agréable restaurant où l'on sert de savoureux plats laotiens, des crêpes, des curries et des omelettes.

Ning Ning Guest House GUESTHOUSE $$
(☎030-5140863, 020-23880122 ; ningning_guesthouse@hotmail.com ; bungalows 100 000 LAK, d/lits jum 300 000 LAK ; wifi). Blottis dans un jardin tranquille, ces 10 bungalows en bois disposent de moustiquaires, de vérandas et de salles de bains. Les draps sont d'un blanc éclatant et les murs décorés de tissus ethniques. Le nouveau bâtiment au bord de l'eau compte un restaurant avec terrasse, et des chambres au style plus raffiné (mais sans clim) et à la vue somptueuse.

Où se restaurer et prendre un verre

La vie nocturne est limitée dans le village. Cela dit, se détendre en sirotant une Beerlao au soleil couchant tout en admirant les karsts depuis le Riverside Restaurant est un moment de féerie pure. Pour un peu plus d'animation, gagnez le Bee Tree.

♥ **Gecko Bar & Shop** LAOTIEN $
(☎020-58886295 ; muangngoihandmade@gmail.com ; plats 15 000-40 000 LAK ; ⏲7h-21h ; wifi). La cuisine (nouilles, soupes, curries, pancakes) de cet épatant petit café, aux accueillants propriétaires, recueille bien des éloges dans le village. On y vend par ailleurs des souvenirs tissés main et du thé. Sa jolie terrasse est parfaite pour lire. Sur la gauche, aux deux tiers de la rue principale, en allant vers le sud.

GUESTHOUSE AVEC VUE

La plupart des guesthouses, assez sommaires, profitent d'une belle vue sur la Nam Ou et sur les massifs karstiques. Admirer ce genre de panorama depuis son bungalow fait partie des charmes de Muang Ngoi : réfléchissez-y donc à deux fois avant de choisir une guesthouse à l'intérieur des terres... pour économiser 10 000 LAK.

♥ **Riverside Restaurant** LAOTIEN $
(☎030-5329920 ; repas 25 000-60 000 LAK ; ⏲7h-23h ; wifi). Endommagé par une tempête, le Riverside a rouvert, en mieux. Sous un énorme manguier orné de lanternes, on peut déguster des nouilles, des plats sautés, le fameux *làap* (salade composée d'un hachis de viande ou de poisson, agrémentée de citron vert, d'échalotes et de coriandre) et des mets indiens, avec une superbe vue sur les falaises.

Meem Restaurant LAOTIEN $
(rue principale ; plats 20 000-50 000 LAK ; ⏲7h-21h30 ; wifi). Parquet et coussins à foison composent le décor de cet établissement, au milieu de la rue principale, où vous régaler de savoureux plats laotiens et indiens – poulet masala, curry à la tomate, rouleaux de printemps, poulet et canard grillés. Un lieu éclairé le soir de photophores en terre cuite et de lampions en papier.

Delilah's LAOTIEN $
(plats 20 000-40 000 LAK ; ⏲8h-21h ; wifi). Proposant des gaufres, un café honorable, du pain perdu, des desserts délicieux et des milk-shakes aux fruits, ce café est le nouvel avant-poste de l'“empire” Delilah, qui a vu le jour à Nong Khiaw. Situé non loin de la rue principale, sur la droite.

Bee Tree LAOTIEN $
(plats 15 000-35 000 LAK ; ⏲11h30-23h30 ; wifi). Situé à l'extrémité de l'artère principale, ce restaurant et *beer garden* affiche une ambiance détendue. Optez pour des plats laotiens ou des mets roboratifs ; sinon,

venez profiter des cocktails à l'happy hour, de 18h à 19h.

Phetdavanh Restaurant & Street Buffet LAOTIEN, INTERNATIONAL $

(☎ 020-22148777 ; buffet végétarien 30 000 LAK, plats 30 000-45 000 LAK ; ⏲ buffet 19h-21h, restaurant 7h-23h ; 📶 ✍). Le petit restaurant, d'allure quelconque, de la guesthouse du même nom. On y propose tous les soirs un buffet végétarien "à volonté" (haute saison uniquement), mais il y a aussi des pizzas, des pancakes, des soupes, des sandwichs et de la chakchouka (ratatouille aux œufs). Testez le Lao Suzy (ragoût de pommes de terre, carottes, aubergines et oignons). Le tout est préparé par un cuisinier suédois ! Le restaurant est à un angle de la rue principale, en haut des escaliers qui partent de l'embarcadère. Wi-Fi rapide.

À noter les VTT de trek (50 000 LAK) et les motos de cross Honda (130 000 LAK) à louer.

Vita Restaurant LAOTIEN $

(☎ 020-52949488 ; rue principale ; plats 20 000-40 000 LAK ; ⏲ 8h-21h ; 📶). Orné de guirlandes électriques, le Vita est situé sur la gauche, au trois quarts de la rue principale en descendant vers le sud. On y sert de bons *làap*, sandwichs et curries. Quantité de coussins invitent à la détente et à la lecture sous le ventilateur.

Achats

Khao's Shop ART ET ARTISANAT

(☎ 020-97029526 ; ⏲ 6h-20h). Boutique sans nom, où dénicher les meilleurs souvenirs du village. Elle est gérée par un couple sympathique : Khao fait de splendides pochoirs en s'inspirant de temples, son épouse No fabrique des pièces de tissu colorées. On y trouve aussi des livres d'occasion, des cartes de vœux, du café et du thé.

Renseignements

Des vols peuvent se produire dans les guesthouses les moins chères si vous ne fermez pas bien les portes et les volets, ou si vous laissez des objets de valeur à portée de longues pinces ; la plupart des fenêtres n'ont pas de carreaux.

Il n'y a ni banque ni DAB. Pensez à prendre suffisamment d'espèces à Muang Khua (en amont) ou à Nong Khiaw (en aval). En cas d'urgence, vous pouvez éventuellement changer des dollars américains dans certaines guesthouses, mais à des taux désavantageux.

Depuis/vers Muang Ngoi Neua

Des bateaux pour Nong Khiaw (25 000 LAK, 1 heure) partent vers 9h30 ; les billets sont en vente à partir de 8h à la billetterie de la **capitainerie** (⏲ 8h-12h). À Nong Khiaw, des *túk-túk* attendent au-dessus de l'embarcadère pour vous conduire à la gare routière.

Un bateau en provenance de Muang Khua circule en cas de demande ; il fait escale à Muang Ngoi Neua et repart vers 13h30 pour Nong Khiaw. Dans l'autre sens pour Muang Khua, un bateau (120 000 LAK, 5 heures) part à 9h30 quand suffisamment de passagers se sont inscrits la veille à la capitainerie. Sinon, le bateau de 10h30 en provenance de Nong Khiaw part pour Muang Khua vers midi quand il y a suffisamment de passagers ; dans le cas contraire, les voyageurs peuvent se cotiser pour compenser la différence. La première heure du trajet traverse de superbes paysages karstiques, mais il faut débarquer au niveau d'un nouveau barrage, le contourner en *túk-túk* (5 000 LAK) et poursuivre à bord d'un autre bateau.

Une nouvelle route relie désormais Muang Ngoi Neua à Nong Khiaw en longent la Nam Ou, mais elle n'est qu'en partie goudronnée et traverse des cours d'eau qui n'ont pas encore de pont. Elle s'avère peu utile pour les voyageurs, à moins de tomber sur un bateau qui vous fasse traverser.

PROVINCE DE PHONGSALI

Plus tout à fait le Laos, mais pas encore la Chine ou le Vietnam, entre lesquels elle est enclavée, la lointaine province de Phongsali a préservé son cadre naturel grâce à un relief accidenté et difficile d'accès. Les paysages sont splendides et certaines des ethnies montagnardes les plus traditionnelles du pays vivent au cœur de ce territoire reculé. Les voyageurs passent habituellement par la bourgade de Muang Khua, un lieu de transit pratique relié par voie fluviale à Nong Khiaw et par une route à Diên Biên Phu au Vietnam. les terres situées plus au nord, accessibles seulement par des routes très sinueuses, demeurent à l'écart des circuits touristiques classiques. Les seuls tronçons asphaltés relient Muang Khua à Udomxai et Phongsali à Mengla, en Chine. Les étrangers ne peuvent pas franchir la frontière chinoise à partir de cette province. La route de Diên Biên Phu est désormais en bon état côté laotien, ce qui n'est pas le cas côté vietnamien.

Muang Khua ເມືອງຂວາ

☎088 / 4 000 HABITANTS

Cette jolie bourgade est une étape obligée entre le Laos et Diên Biên Phu au Vietnam, ou en effectuant un voyage par bateau sur la Nam Ou jusqu'à Nong Khiaw. Moins spectaculaire et moins touristique que cette dernière, Muang Khua, avec ses maisons pastel nichées parmi les palmiers, au confluent de la Nam Ou et de la Nam Phak (rivière Phak), ne manque pas de charme. Le marché est le cœur du village.

Si vous arrivez de Diên Biên Phu, détendez-vous et adoptez le rythme laotien ; contrairement au Vietnam, le marchandage acharné n'est pas de mise ici !

À voir

Une courte marche, via un **pont suspendu** (cyclistes et piétons uniquement) grinçant sur la Nam Phak, conduit au quartier rustique de Khamu. Une balade encore plus facile passe devant le petit **vat** GRATUIT coloré et mène à un autre secteur villageois ombragé de palmiers, à l'endroit où la route s'arrête. Le magasin d'artisanat ethnique de la Chaleunsuk Guesthouse propose un choix restreint de jolies créations locales. Des panneaux illustrés de photos expliquent leur fabrication et présentent les villages que vous soutenez en faisant vos achats.

Activités

Parmi les divers treks organisés par l'office du tourisme, une enrichissante randonnée à la journée rejoint le village akha pala de Ban Bakha (450 000 LAK/pers sur la base de 2 pers).

L'agence Tiger Trail, basée à Luang Prabang (p. 61), organise des séjours de bénévolat de 6 jours dans un village akha (399 $US).

M. Khamman (☎020-99320743), un guide indépendant, met sur pied des treks de 1 à 3 jours (comptez 500 000 LAK/pers sur la base de 2 pers pour une journée).

Où se loger et se restaurer

Muang Khua compte un choix raisonnable de guesthouses et d'hôtels corrects.

N'espérez pas mille et une surprises culinaires ; vous trouverez quelques stands de barbecue et deux ou trois restaurants où l'on sert une cuisine laotienne honorable.

Sensabai Guesthouse GUESTHOUSE $
(☎020-9998445 ; d 60 000 LAK ; wifi). Donnant sur la Nam Phak, une guesthouse gérée en famille aux chambres couleur menthe – linge de lit parfumé, TV à écran plat, ventilateur et toilettes à la turque. Plaisant hall d'entrée donnant sur la rivière. Sur la route principale, au sud de la bourgade vers la gare routière.

Chaleunsuk Guesthouse GUESTHOUSE $
(☎088-210847 ; d ancien bâtiment 70 000 LAK, d/lits jum nouveau bâtiment 100 000-120 000 LAK ; clim, @, wifi). Guesthouse prisée des voyageurs pour ses chambres spacieuses et bien tenues, avec grands lits confortables et douches chaudes. Thé à volonté sur la vaste terrasse commune. Des chambres (TV à écran plat) plus lumineuses occupent le nouveau bâtiment voisin, un peu kitsch.

Il y a aussi une petite boutique vendant des articles artisanaux tissés main et du thé produit localement.

Phongpadith Guesthouse GUESTHOUSE $$
(☎088-213003 ; phongpadith.guesthouse@gmail.com ; d/lits jum 180 000-280 000 LAK ; clim, wifi). Dans un petit immeuble de 3 étages, cette guesthouse possède les chambres les plus chics de la région (draps pimpants, douches bien chaudes et TV à écran plat). Les "Sweet Rooms" sont immenses (50 m²).

Sabaidee Restaurant LAOTIEN $
(plats 25 000-50 000 LAK ; ⌚7h30-21h30 ; wifi). Un petit restaurant, et le seul bar de la bourgade, avec un choix de boissons qui dépasse l'omniprésente Beerlao. Les propriétaires franco-laotiens proposent des cocktails aux voyageurs fatigués de leur trajet en bateau, ainsi que du vin au verre ou à la carafe. Cuisine principalement laotienne, plus quelques touches maison réconfortantes comme les crêpes et le café.

Sayfon LAOTIEN $
(plats 25 000-40 000 LAK ; ⌚7h-21h ; wifi). Perchée au-dessus de la rivière, cette gargotte est rafraîchie par des ventilateurs. À la longue carte, en anglais : des basiques, de type omelettes et pancakes, côtoient de savoureux *làap*, des plats de nouilles et de la Beerlao fraîche.

Muang Khua

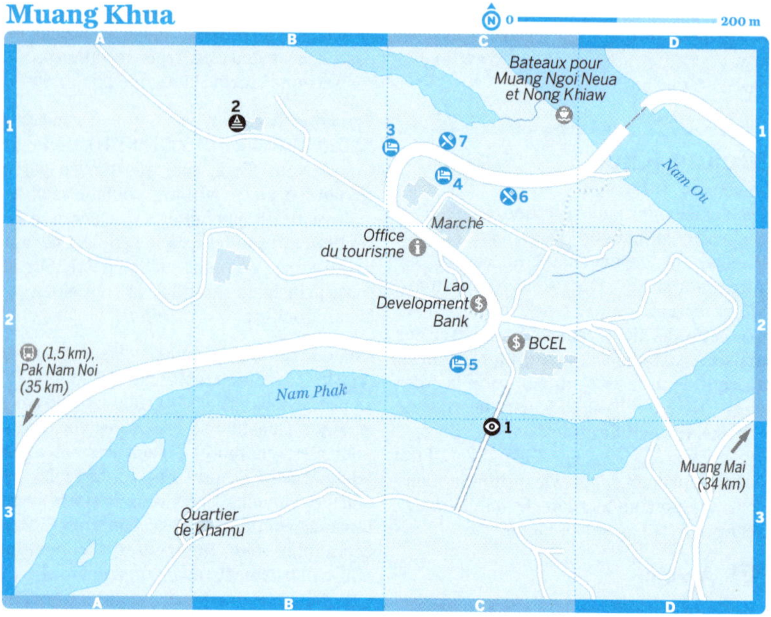

Muang Khua

À voir

1 Pont suspendu C3
2 Vat B1

Où se loger

3 Chaleunsuk Guesthouse C1
4 Phongpadith Guesthouse C1
5 Sensabai Guesthouse C2

Où se restaurer

6 Sabaidee Restaurant C1
7 Sayfon C1

Renseignements

Il y a deux DAB à Muang Khua. Les agences de la **BCEL** (8h30-15h30 lun-ven) et de la **Lao Development Bank** (8h30-15h30 lun-ven) changent dollars US (billets récents et propres), euros, dongs vietnamiens et bahts thaïlandais. Les DAB sont parfois vides le week-end, prévoyez des espèces si vous voulez prendre un bateau.

Serviable, le personnel de l'**office du tourisme** (020-2284 8020 ; 8h30-11h30 et 13h30-16h30 lun-ven), en face du Sernalli Hotel, peut organiser des treks. En dehors des heures d'ouverture, appelez **M. Keo** (020-22848020) pour fixer un rendez-vous ou contactez le guide indépendant **M. Khamman** (020-99320743). Vous trouverez aussi sur le site www.muangkhua.com des renseignements sur des treks et les guesthouses de la ville.

Depuis/vers Muang Khua

Les bus pour Diên Biên Phu (60 000 LAK), au Vietnam, partent devant l'agence BCEL vers 6h et 11h et le trajet prend 4 heures environ, passage de frontière compris. Le départ quotidien n'est pas garanti s'il y a un nombre insuffisant de passagers.

La **gare routière** (Route 2E, 900 m après le Km 97) est mal située, à près de 2 km à l'ouest de la rivière en direction d'Udomxai. De rares *túk-túk* (10 000 LAK/pers) la desservent au départ de l'agence BCEL, lorsqu'ils ont fait le plein de passagers. Des bus rallient Udomxai (50 000 LAK, 3 heures, départ à 8h30, 11h et 15h). Pour Phongsali, prenez le *sǒrngtǎaou* de 8h jusqu'à Pak Nam Noi (20 000 LAK, 1 heure), puis attendez le passage du bus Udomxai-Phongsali (100 000 LAK) vers 10h.

Depuis la construction du barrage sur la Nam Ou, on ne peut plus rejoindre Hat Sa par voie fluviale. En revanche, des **bateaux** circulent en aval à destination de Muang Ngoi Neua (100 000 LAK, 5 heures, 8h30 ou dès qu'il y a 10 passagers) et poursuivent vers Nong Khiaw (120 000 LAK, 6 heures) traversant le magnifique paysage karstique.

PASSER AU VIETNAM : DE PANG HOK À TAY TRANG

Jusqu'à la frontière Des bus (60 000 LAK, départ à 6h dans chaque sens) relient chaque jour Muang Khua à Diên Biên Phu via le poste-frontière de Pang Hok (Laos)/Tay Trang (Vietnam), à 26 km à l'est de Muang Mai. La route a été totalement refaite côté laotien, mais elle reste en très mauvais état par endroits côté vietnamien. Le trajet est charmant, en particulier dans la vallée de Diên Biên Phu qui se déploie la plupart du temps comme un immense tapis de rizières vert émeraude. Évitez à tout prix d'effectuer le trajet par tronçons : cela revient bien plus cher qu'un voyage en bus et vous risquez de vous retrouver coincé en chemin.

À la frontière Peu de voyageurs empruntent ce poste-frontière reculé. Les visas laotiens (p. 312) sont disponibles à l'arrivée pour le tarif habituel ; cela dit, on vous demandera probablement de régler jusqu'à 50 000 LAK de "frais de dossier", de "frais touristiques" et de contrôles sanitaires au fil des guichets. Notez que les visas vietnamiens ne sont pas disponibles à l'arrivée : organisez-vous afin de ne pas vous retrouver bloqué sur place.

Au Vietnam Il n'y a ni installation ni transport à ces deux postes-frontières, séparés par un no man's land de 4 km environ. Diên Biên Phu est à quelque 31 km de Tay Trang.

Phongsali ຜົ້ງສາລີ

✆ 088 / 8 500 HABITANTS / ALTITUDE 1 400 M

Une route de montagne sinueuse mène à Phongsali, qui apparaît soudainement sur la crête d'un plateau dominé par le majestueux sommet du Phu Fa ("montagne du Ciel" ; 1625 m). Ses pittoresques *shophouses*, des maisons de négoce chinoises, ici de style yunnannais, tout en bois, et ses maisons de couleur taupe clair ou bleu pastel sont souvent enveloppées de brume. La petite ville bénéficie de vues panoramiques et d'un climat frais, qui peut passer d'agréablement tiède à froid en quelques heures (il gèle à la saison froide) : prévoyez une veste et un vêtement de pluie au cas où, même en avril.

La population est ici un mélange de Phu Noi (Phou Noï) et de Ho (Haw)/Yunnanais, résidents de longue date ou immigrants plus récents. Cela dit, la plupart des visiteurs ne viennent pas à Phongsali pour visiter la ville, peu attrayante, mais pour faire du trekking dans les montagnes des environs.

Histoire

Selon la tradition, les Phu Noi étaient à l'origine un peuple guerrier qui émigra de Birmanie à Luang Prabang. Conscient du danger et des avantages qu'il pouvait en tirer, le roi du Lan Xang leur accorda un territoire, l'actuelle Phongsali, aux confins nord de son royaume, dont ils protégèrent les frontières contre les incursions du royaume thaï lü de Sipsong Panna.

À voir

Modeste mais bien distincte, la vieille ville comprend un damier de trois pâtés de maisons traversé de ruelles grossièrement pavées et une rue sinueuse essentiellement bordée de **maisons de négoce de style yunnanais (shophouses)** GRATUIT dont les devantures en bois rapellent l'architecture du vieux Kunming (la capitale du Yunnan). Un petit **temple chinois**, nouveau et fonctionnel, surplombe un bassin derrière lequel se trouve le **Vat Keo** (ວັດແກ້ວ) et ses moines jouant à la *petang*.

Ban Komean VILLAGE

(ບ້ານກໍມຽນ). Réputé pour son thé, le village de Ban Komean, situé à 14 km de Phongsali, offre une splendide vue panoramique sur la vallée, depuis le promontoire derrière l'école. Les théiers, qui s'étagent sur des pentes abruptes, auraient ici plus de 400 ans et seraient parmi les plus vieux au monde. Bon nombre des maisons phu noi sont installées sur des plateformes de pierres empilées. Louez un *túk-túk* à Phongsali (250 000 LAK aller-retour) ou un vélo à l'office du tourisme moyennant 50 000 LAK par jour.

Ban Komaen peut constituer une plaisante excursion à moto d'une demi-journée. Prenez la route de Boun Neua, tournez à gauche en face du Km4 Nightclub (pas sur la route asphaltée, mais juste avant), puis suivez la piste en terre en restant sur la gauche à la plupart des croisements et en évitant de descendre vers la vallée.

Phongsali

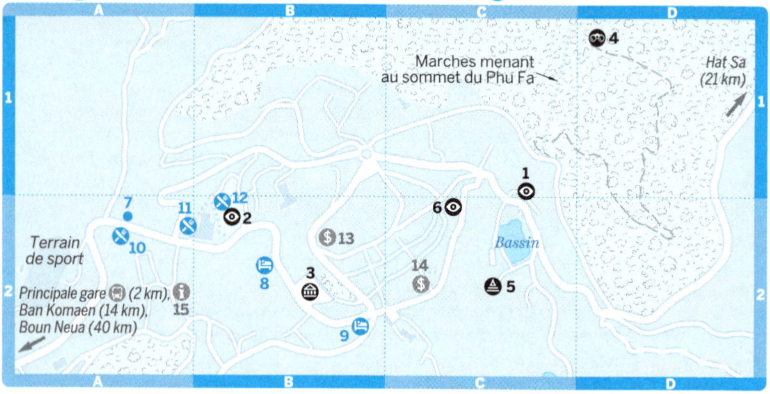

Phongsali

À voir

1 Temple chinois C1
2 Marché B2
3 Musée des Ethnies de Phongsali B2
4 Phu Fa D1
5 Vat Keo C2
6 Maisons de négoce yunnanais C2

Activités

7 Amazing Phongsali Travel A2

Où se loger

8 Sengsaly Guesthouse B2
Villa Amazing Maison Guesthouse .... (voir 7)
9 Vivaphone Hotel B2

Où se restaurer

10 Laojhean Restaurant A2
11 Laoper Restaurant A2
12 Stands de nouilles B2

Renseignements

13 BCEL B2
14 Lao Development Bank C2
15 Office du tourisme A2

Phu Fa PANORAMA, BALADE À PIED
(ພູຟ້າ, montagne du Ciel ; 5 000 LAK). Pour profiter d'une belle vue d'ensemble, montez au sommet du Phu Fa (1 625 m), coiffé d'un stupa, par un escalier en pierre de 400 marches ombragé d'arbres. Il faut acheter un billet sur la dernière portion de l'ascension. Une descente rejoint la route de Hat Sa, près d'une fabrique de thé, à 2 km à l'est de la ville.

Les voitures et les motos peuvent emprunter la petite route jusqu'au sommet moyennant un supplément.

Musée des Ethnies de Phongsali ETHNOGRAPHIE
(Museum of Phongsaly Ethnic Groups ; 10 000 LAK ; 8h-11h30 et 13h30-16h30 lun-ven). Remarquable musée, fondé en 1996 et rénové en 2013, qui vous fera découvrir la richesse culturelle et les traditions des différentes ethnies de la province de Phongsali. Y sont présentées de nombreuses informations qui vous donneront des clés sur l'histoire, les pratiques animistes et les coutumes des 23 ethnies de la région, avec des photos, des cartes et une collection de costumes traditionnels superbes. Le tout est très bien documenté (en anglais). Si le musée est fermé, demandez la clé à la poste, de l'autre côté de la rue.

Marché MARCHÉ
(6h-17h). Venez à l'aube découvrir ce marché alimentaire. Frayez-vous un chemin dans le dédale des étals colorés et branlants couverts de fruits et légumes dans sa partie ouverte. Son chaos ambiant où se mêlent vendeurs chinois à la criée, clientèle locale, épices exotiques, soupes brassées dans de grands chaudrons et chiens errants, est une expérience inoubliable.

Où se loger

Un maigre choix d'hébergements vous attend à Phongsali. Les établissements de la ville disposent généralement de l'eau chaude – une bénédiction en hiver – mais l'électricité est parfois limitée à quelques heures par jour.

Villa Amazing Maison Guesthouse GUESTHOUSE $
(☎ 020-55774354 ; d/lits jum 100 000-150 000 LAK ; ❄ 📶). Cette guesthouse gérée par l'excellente équipe d'Amazing Phonsali Travel, affiche le meilleur rapport qualité/prix de la ville. Inaugurée fin 2018, elle se distingue par ses chambres propres, lumineuses et spacieuses, égayées par de jolies touches de décoration.

Sengsaly Guesthouse GUESTHOUSE $
(☎ 088-210165 ; d/lits jum 80 000-100 000 LAK ; 📶). La meilleure des trois adresses bon marché de la rue principale. Les chambres rudimentaires, aux murs nus et sol carrelé, à 80 000 LAK, ont une salle de bains privative et des draps propres. Les meilleures, situées dans un bâtiment plus récent, ont de l'eau chaude et se doublent d'une véranda.

Vivaphone Hotel HÔTEL $$
(☎ 088-210999 ; vivaphonehotelphongsaly@gmail.com ; d/lits jum non rénovées 100 000-200 000 LAK, d/lits jum rénovées 250 000-400 000 LAK ; ❄ 📶). Cet hôtel était à l'agonie il n'y a pas si longtemps encore. Mais depuis que la nouvelle direction a repris la main, l'endroit s'est métamorphosé et comporte les chambres les plus "chics" de la ville. S'offrir une chambre rénovée (draps importés, TV, et salle de bains élégante) en vaut vraiment la peine.

La sympathique équipe d'accueil peut vous aider à organiser la suite de votre voyage.

Où se restaurer et prendre un verre

Le savoureux *kòw sóy* (soupe de nouilles au porc haché et à la tomate) est servi sur les **stands de nouilles** (nouilles 15 000 LAK ; ⏲ 6h-17h) nichés dans l'angle nord-ouest du marché (page ci-contre). La cuisine proposée dans les restaurants de la ville est principalement chinoise. La *Đôm Ƀạh* (soupe de poisson de style fondue) est une spécialité locale, servie notamment dans les gargottes sommaires au bord de la route de Hat Sa (aux Km 2 et 4).

La région de Phongsali, en particulier Ban Komaen, est connue pour son thé vert à la chinoise. L'office du tourisme vend

HORS DES SENTIERS BATTUS

TREKS À LA RENCONTRE DES ETHNIES MONTAGNARDES

Les randonnées vers les villages des ethnies montagnardes de la province de Phongsali figurent parmi les itinéraires les plus authentiques du pays. L'accent est mis sur l'écologie et les cultures locales, et une bonne partie de leur coût contribue à financer le développement des villages où séjournent les participants. Des treks conçus avec soin sont proposés par l'office du tourisme de Phongsali (p. 116), et la plupart peuvent être mis sur pied du jour au lendemain, surtout si vous téléphonez au préalable. Le très apprécié **Jungle Trek** (2 jours à partir de Boun Neua) passe par un village akha phixo et traverse l'une des rares parcelles de forêt primaire qui subsistent. Différents treks de plusieurs jours comprennent des trajets en bateau en amont de la Nam Ou, à partir de Hat Sa, et la visite d'extraordinaires villages akha nuqui, reliés par des chemins de crête. Les treks dans un seul sens, comme le **trek de Nam Lan** jusqu'à Boun Tai, peuvent inclure l'acheminement des bagages à destination afin de ne pas rebrousser chemin. Ce trek de 3 jours, passe par des villages yang, laobit, akha djepia et akha nuqui. Avec plus d'une trentaine de cours d'eau et de rivières à traverser, il ne peut être entrepris que vers la fin de la saison sèche. Pour trouver un guide, téléphonez avant votre venue à l'office du tourisme de Phongsali, ou bien prenez contact avec l'agence Amazing Phongsali Travel (p. 116).

Le prix par personne et par jour tourne autour de 350 000 LAK (en groupe) et 500 000 LAK (si vous êtes seul), et comprend le guide, la nourriture et un hébergement très rudimentaire chez un habitant du village. À cela s'ajoutent les frais de transport, très variables selon le mode choisi (transports publics ou location de véhicule). Avec les "circuits expérience", vous passerez plus de temps avec les villageois et, éventuellement, participerez à une excursion guidée pour collecter les ingrédients du dîner familial.

des échantillons (ainsi qu'un excellent *lòw-lów* ; whisky local). La couleur vert pâle du thé vient du fait qu'il a été passé sur des feuilles de framboisier après la fermentation.

Laoper Restaurant CHINOIS **$**
(plats 20 000-40 000 LAK ; ⏲17h-22h). Composez votre plat en désignant du doigt les produits placés dans la vitrine réfrigérée : porc, steak de buffle et tofu, mais aussi légumes frais du jour. Chaque portion est énorme, et suffit pour 2 personnes.

Laojhean Restaurant LAOTIEN **$**
(plats 25 000-50 000 LAK ; ⏲7h-22h30). Restaurant de nouilles familial où l'on vous servira des plats bien préparés, en portions correctes, et avec le sourire. La carte en anglais contient des mets énigmatiques comme le "High-handed Pig's liver" (Foie de porc autoritaire) et le "Palace Protects the Meat Cubelets" (Le palais protège les dés de viande)...

Renseignements

ARGENT

BCEL (⏲8h30-15h30 lun-ven). Dispose également d'un DAB à proximité.

Lao Development Bank (⏲8h30-15h30 lun-ven). DAB, représente Western Union et change de multiples devises vers le kip laotien.

OFFICE DU TOURISME

Office du tourisme (☎088-210 098 ; www.phongsaly.net ; ⏲8h-11h30 et 13h30-16h lun-ven). Des cartes et des brochures pratiques sont disponibles en ligne (et gratuites dans la plupart des guesthouses). Pour réserver un circuit en dehors des heures ouvrables, appelez le ☎020-22572373 ou l'un des numéros de portable affichés sur la porte d'entrée.

Depuis/vers Phongsali

L'aéroport de Phongsali se trouve en fait à Boun Neua. Les seuls vols disponibles sont proposés par Lao Skyway et ne figurent pas sur le site Internet de la compagnie. Il est nécessaire de réserver en personne dans les bureaux et les liaisons sont souvent annulées en raison du mauvais temps ou du brouillard. La compagnie possède un guichet à l'aéroport de Phongsali, mais il n'ouvre hélas que 2 heures avant le décollage.

La gare routière principale de Phongsali se situe au Km 3 à l'ouest de la ville. Un *sŏrngtăaou* la dessert depuis le marché (10 000 LAK) à 6h30, puis de manière très sporadique le reste de la journée (prévoyez beaucoup de marge). La Route 1A a enfin été goudronnée, rendant la circulation plus sûre, plus rapide et plus facile depuis/vers Phongsali. Pour Vientiane, le bus quotidien (230 000 LAK, plus de 20 heures) part à 8h30 et le bus VIP (250 000 LAK) part à 14h via Luang Prabang (140 000 LAK). Des bus pour Udomxai (80 000 LAK, 7 heures) partent à 8h et 14h. Il y a un bus à 7h30 pour Luang Namtha (60 000 LAK), et un bus à 7h pour Diên Biên Phu (130 000 LAK, 5 heures) au Vietnam. Les étrangers ne peuvent pas passer la frontière chinoise à Ban Pakha, aussi les bus à destination de Mengla en Chine (7h et 13h30) ne présentent un intérêt que pour rejoindre Boun Neua (50 000 LAK).

Un bus part à 7h30 pour Muang Khua (80 000 LAK, 7 heures), d'où vous pourrez prendre le bateau pour Muang Ngoi Neua et Nong Khiaw (en raison du nouveau barrage, on ne peut les rejoindre bateau depuis Hat Sa, en amont). Attention : vous ne pourrez pas rejoindre Muang Ngoi Neua ou Nong Khiaw en un jour, et vous devrez passer la nuit à Muang Khua.

Comment circuler

Amazing Phongsali Travel (☎088-210594, 020-55774354 ; www.explorephongsalylaos.com ; Villa Amazing Maison Guesthouse ; ⏲8h-17h ou plus tard) loue de petites motos à partir de 100 000 LAK/jour.

Boun Neua ບຸນເໜືອ

☎088 / 7 000 HABITANTS

Carrefour routier du transport local, à 41 km à l'ouest de Phongsali et à peu près autant de la Chine un peu plus à l'ouest, Boun Neua, composée de quelques groupes de maisons en béton épars, a été proposée comme improbable capitale provisoire de la province. La grosse bourgade peut toutefois être une étape pratique pour rallier Ou Tai, plus au nord, ou pour faire le "Jungle Trek" à Phongsali.

La gare routière, ainsi que quelques boutiques et gargotes basiques, se trouvent à l'embranchement principal, où la Route 1A pour Ou Tai bifurque vers le nord, non loin de la route pour Phongsali. Après Boun Neua (Km 41), la route qui grimpe vers Phongsali longe la crête dominant des étendues montagneuses de forêts protégées. À 500 m environ après le Km 31, un point de vue est signalé et on peut profiter du panorama depuis la crête sur les 15 km restants. Baka Luang (200 m après le Km 17) est le premier village typiquement phu noi sur le trajet : les femmes âgées portent les jambières caractéristiques de leur ethnie.

Il existe une poignée de guesthouses à Boun Neua.

Sivienkham Guesthouse GUESTHOUSE $
(d 50 000 LAK). Une guesthouse pratique, près de la gare routière et du marché. Lese grandes chambres bien tenues (lits confortables, douches chaudes et toilettes à l'occidentale) sont réparties sur 2 étages.

Depuis/vers Boun Neua

Pour rejoindre Phongsali (20 000 LAK, 1 heure 30), prenez l'un des bus venant de Mengla (Chine), de Boun Tai, d'Udomxai ou de Vientiane. Ils partent généralement vers 13h, puis entre 16h et 18h.

NORD-OUEST DU LAOS

Les provinces septentrionales d'Udomxai et de Luang Namtha forment un canevas montagneux de rivières, de forêts et de villages traditionnels où vivent plus de quarante minorités ethniques. Luang Namtha est la plus développée des villes pourvues d'infrastructures touristiques autour de la ZNP de Nam Ha (2 224 km^2), et l'on peut y organiser des randonnées à pied ou à vélo et des expéditions en kayak ou en bateau. Udomxai est le carrefour des transports régionaux et Boten, le seul poste-frontière Laos-Chine ouvert aux étrangers.

Depuis/vers le nord-ouest du Laos

À l'extrême nord de cette province, vous êtes à la frontière avec la Chine du Sud. À l'ouest se trouve le Triangle d'or, point de rencontre du Laos, de la Thaïlande et du Myanmar (Birmanie). En raison de la construction de barrages, les traversées fluviales sont limitées, mais il est encore possible d'effectuer en bateau une partie du voyage entre Luang Namtha et Huay Xai. Si vous voyagez à moto, les grandes routes sont généralement bien entretenues.

Udomxai ອຸດົມໄຊ

081 / 37 000 HABITANTS

Ville-carrefour en plein essor, Udomxai (Oudomxay, Muang Xay) est un centre d'échanges commerciaux Laos-Chine. Vous remarquerez la signalisation des rues en mandarin et croiserez de nombreux routiers en transit. Son artère principale poussiéreuse et chaotique, et son manque de caractère (la ville a été détruite lors des bombardements américains) rebutent les voyageurs de passage, souvent pressés de prendre leur correspondance. Cependant, vous n'aurez pas à aller loin pour découvrir le charme d'un Laos authentique. L'office du tourisme – l'un des meilleurs du pays – organise des cours de cuisine, des treks vers des villages ethniques, ou encore des parcours en tyrolienne et des circuits à vélo. Sinon, enfourchez une moto correcte et partez dans n'importe quelle direction : vous tomberez rapidement sur des paysages superbes.

Environ 15% de la population locale est chinoise (avec de nombreux travailleurs de passage) et le dialecte du Yunnan est aussi courant que le lao dans certains commerces et hôtels.

À voir

Phu That STUPA
(ພະທາດພູທາດ ; aube-crépuscule). De la route principale, un escalier permet d'accéder à ce joli stupa historique, entièrement reconstruit après avoir été détruit durant la guerre. Des cérémonies religieuses s'y déroulent à la pleine lune.

Vhu That TEMPLE BOUDDHIQUE
(ວັດພູທາດ ; aube-crépuscule). Au sommet d'une colline, ce joli temple, doté d'un impressionnant bouddha doré de 15 m de haut, est le meilleur endroit pour trouver de l'air plus frais et profiter d'un beau coucher de soleil sur la vallée.

PMC CENTRE D'ARTISANAT
(Productivity & Marketing Center of Oudomxay ; 081-212803 ; www.facebook.com/pmc.oudomxay ; 8h-12h et 14h-17h). GRATUIT Ce centre, composé d'une petite salle d'exposition et d'une boutique, présente les fibres locales et vend des articles en papier artisanal, des sacs et des essences naturelles. Ironiquement surnommé "opium shop", il est en partie financé par l'Office des Nations unies contre la drogue et le crime,

Udomxai

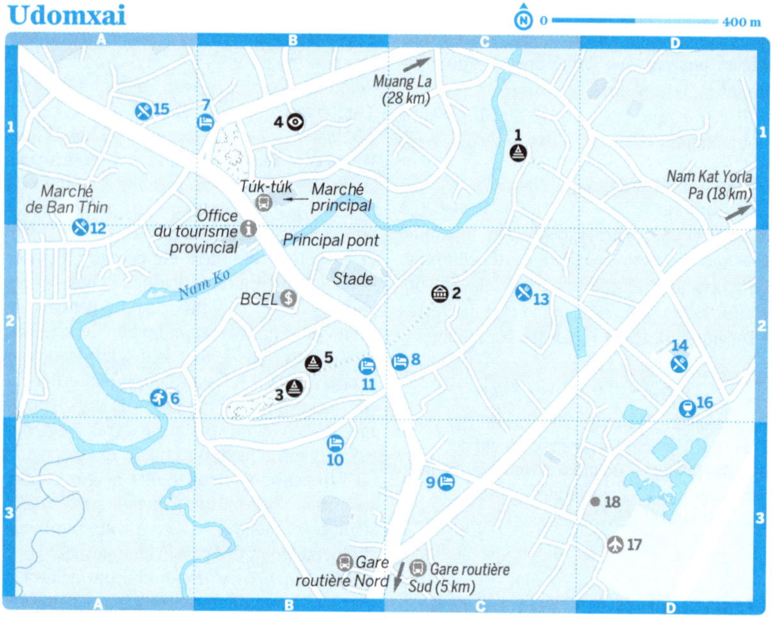

Udomxai

À voir

1 Temple Banjeng C1
2 Musée d'Udomxai C2
3 Stupa du Phu That B2
4 PMC B1
5 Vat Phu That B2

Activités

6 Croix-Rouge du Laos A2

Où se loger

7 Charming Lao Hotel B1
8 Lithavixay Guesthouse C2
9 Saylomen Guesthouse C3
10 Singha Hotel B3
11 Villa Keoseumsack B2

Où se restaurer

12 Marché de Ban Thin A2
Charming Lao Coffee ..... (voir 7)
13 Meuang Neua Restaurant C2
14 Marché de Nonmengda D2
15 Souphailin Restaurant A1

Où prendre un verre et faire la fête

16 Ming Khouan D2

Transports

17 Aéroport D3
18 Lao Airlines D3
Lao Skyway ..... (voir 17)

qui tente ainsi de remplacer la culture du pavot par des pratiques artisanales.

Temple Banjeng TEMPLE BOUDDHIQUE
(ວັດບ້ານແຈ້ງ, Vat Santiphab ; aube-crépuscule). Principal monastère de la ville, ce modeste temple vaut surtout pour son charmant emplacement sur un tertre au bord de l'eau. Tintant au vent, les feuilles métalliques d'un "arbre de vie" en béton cachent une ménagerie de statues naïves d'animaux qui illustre un mythe bouddhique local.

Musée d'Udomxai CULTURE LOCALE
(5 000 LAK ; 8h-11h et 14h-16h lun-sam). GRATUIT Depuis l'artère principale, des escaliers montent vers le musée de la ville, aux volets de style colonial et aux pignons orientaux. Ses 2 étages, en grande partie consacrés à une propagande communiste, sont sans grand intérêt, mis à part quelques costumes ethniques et outils agricoles.

Activités

L'équipe de l'office du tourisme (p. 121) propose des visites d'Udomxai à la journée, une promenade dans la ville, des circuits de 1 ou 2 jours aux grottes de Chom Ong, et 2 itinéraires de trekking avec logement chez l'habitant (*homestay*) dans des villages khamu ou hmong. Pour faire la connaissance d'autres randonneurs, venez la veille du départ, à 16h, pour une rencontre informelle. Et il y a des motos tout-terrain bien entretenues, idéales pour effectuer de belles escapades dans les environs.

L'équipe peut aussi organiser des cours de cuisine à la demi-journée (100 000 LAK/pers, groupe de 4 pers minimum), incluant un tour au marché pour l'achat des produits, avec un guide parlant français.

Nam Kat Yorla Pa SPORTS D'AVENTURE
(020-55564359, 081-219666 ; www.namkatyorlapa.com ; village de Faen, district de Xay). Vélo, trekking, tyrolienne, escalade, rappel, baignade, massages et tir font partie des activités proposées par cet épatant complexe hôtelier forestier/parc d'aventure (le plus populaire de la province), situé à 17 km au nord d'Udomxai, au bord de la Nam Kat (rivière Kat). Les touristes laotiens adorent revêtir les habits traditionnels et visiter un village khamu, ce qui facilite l'interaction avec eux le week-end.

Le Nam Kat Yorla Pa est aussi l'un des plus beaux hôtels du nord du Laos.

Croix-Rouge du Laos MASSAGES
(081-312391 ; sauna 15 000 K, massage 40 000 LAK/30 min ; 15h-19h30). La Croix-Rouge laotienne propose ici, dans un modeste bâtiment de bambou tressé dominant une jolie courbe de la rivière, des massages laotiens traditionnels et des saunas aux plantes. Les bénéfices servent à financer des formations aux premiers secours dans les villages de la région.

Où se loger

Le choix en matière d'hébergement est restreint à Udomxai. Vous trouverez différents hôtels et guesthouses, dont plusieurs hôtels chinois sans âme pour un budget de 100 000 LAK. Rien n'égale toutefois le superbe "éco-resort" Nam Kat Yorla Pa, à environ 17 km de la ville. Pour une alternative rurale intéressante, séjournez 28 km plus au nord, dans la jolie localité de Muang La, où se trouvent un complexe hôtelier de charme et quelques guesthouses.

Villa Keoseumsack GUESTHOUSE $
(081-312170 ; Route 1 ; d/lits jum 100 000-180 000 LAK ;). L'une des meilleures guesthouses d'Udomxai, située en retrait de la route, dans une belle villa laotienne. Les grandes chambres sont confortables, avec parquet vitrifié et bons équipements (lits moelleux, draps frais, tapis hmong, TV et Wi-Fi). Il y a même des brosses à dents et du dentifrice fournis. S'y ajoute un balcon commun très agréable.

Saylomen Guesthouse GUESTHOUSE $
(081-211377 ; d avec ventil/clim 60 000/80 000 LAK ;). Située en retrait de l'artère principale, une vieille guesthouse aux chambres sommaires, dont l'absence de charme est un peu compensée par un sol couleur menthse, des draps bien frais et des salles de bain privatives. Chambre climatisée idéales pendant la saison chaude.

Lithavixay Guesthouse GUESTHOUSE $
(081-212175; Route 1 ; d/lits jum 75 000-100 000 LAK ;). Guesthouse très centrale, près de l'ancienne gare routière, prisée de longue date par les voyageurs. Vaste espace réception et chambres accueillantes, un peu fatiguées pour certaines, équipées de TV et canapé. Le débit est faible dans les douches vétustes et le service laisse légèrement à désirer parfois.

Singha Hotel HÔTEL $$
(081-212995 ; singhahotel2018@gmail.com ; d/lits jum 150 000-370 000 LAK ;). L'un des hôtels les plus récents de la ville, aux 25 chambres d'une propreté étincelante, avec salles de bains modernes et touches raffinées (serviettes pliées façon cygne). Les grandes chambres, classées "VIP", sont de véritables suites.

Charming Lao Hotel BOUTIQUE-HÔTEL $$
(081-212881, 020-23966333 ; www.charminglaohotel.com ; d/lits jum avec petit-déj 50-150 $US ;). Cet hôtel en plein centre-ville est une bonne surprise à Udomxai : chambres meublées avec goût, TV câblée, machine à café, coffre-fort et salle de bains contemporaine. Il y a aussi un spa et un petit café climatisé. Le personnel est accueillant, mais parle peu l'anglais.

Nam Kat Yorla Pa RESORT $$$
(020-55564359 ; www.namkatyorlapa.com ; village de Faen, district de Xay ; tentes 45 $US, d/lits jum 80-150 $US, ste avec piscine 360 $US ;). Ce superbe éco-resort

est installé sur les rives de la Nam Kat, dans les montagnes luxuriantes par-delà Udomxai. Les chambres spacieuses, dans de jolis bungalows de style traditionnel, au bord d'un ruisseau, ont des équipements modernes et figurent parmi les plus luxueuses du Laos rural. Piscine engageante et quelques villas disposant d'une piscine privée pour un plaisir ultime.

Les chambres les moins chères (moins de 100 $US) sont dans une sorte de grande tente-safari avec cloisons en bois – vérifiez au moment de la réservation. Le petit-déjeuner est généralement inclus dans le tarif et le restaurant est ouvert aux non-résidents au déjeuner et au dîner.

Où se restaurer et prendre un verre

Les marchés de **Ban Thin** (6h-17h) et de **Nonmengda** (6h-17h) sont un festival de légumes frais, de fruits et de viande, dont quelques espèces animales exotiques (surtout le week-end).

Souphailin Restaurant LAOTIEN $
(081-211147 ; plats 20 000-50 000 LAK ; 7h-22h). Situé dans une ruelle, ce restaurant semi-ouvert d'allure modeste, tout en bambou et pierre, est un petit bijou. On y sert probablement les plats laotiens les plus savoureux de la ville. Les recettes, créatives, sont à base de produits frais : *mok phaa* (poisson cuit vapeur dans une feuille de bananier), rouleaux de printemps, steaks de bœuf, nouilles sautées ou encore poulet et champignons dans des feuilles de bananier.

Meuang Neua Restaurant LAOTIEN $
(plats 30 000-40 000 LAK ; 7h-21h). À 10 minutes à pied de l'artère principale, ce petit restaurant, orné de lampions et de graffitis de Che Guevara, mérite une halte pour ses rouleaux de printemps frais, son *pad thai*, ses soupes de nouilles, ses pancakes et ses jus.

Charming Lao Coffee LAOTIEN $$
(Charming Lao Hotel ; plats 45 000-60 000 LAK ; 7h-21h ;). Le Charming Lao apporte la touche de sophistication qui manquait à Udomxai. Porc au barbecue, poisson vapeur, salade de papaye, déclinaisons de pâtes et petits-déjeuners figurent sur la carte fusion. Les "carbonara" aux carottes et à la saucisse étaient une première pour nous ! Musique live le week-end dans le jardin.

Ming Khouan BAR
(11h-23h ;). C'est ici que les choses se passent à Udomxai. Ce bar en bois et bambou, proche de l'aéroport, fait joyeusement le plein de jeunes amateurs de Beerlao. Il y a un choix correct de mets laotiens, dont des brochettes grillées ; le propriétaire permet même aux buveurs de rester après la fermeture tant que la musique est éteinte.

HORS DES SENTIERS BATTUS

GROTTES DE CHOM ONG

Principal site touristique de la province d'Udomxai, le vaste réseau de **grottes de Chom Ong** (ຖ້ຳຈອມອອງ) s'étend sur plus de 15 km dans un massif karstique couvert de forêt, près du village khamu de Ban Chom Ong, à 48 km d'Udomxai. Atteignant souvent une hauteur de 40 m, il s'agit d'une véritable cathédrale géologique dont les premiers 450 m sont éclairés à l'énergie solaire. Au fil de millions d'années, les stalactites ont été revêtues de curieux dépôts minéraux et parfois incrustées de graviers transportés par des crues. Pour y accéder, vous devez emprunter la clé du portail et engager un guide (40 000 LAK) à Ban Chom Ong, à une heure de marche de l'entrée des grottes.

La guesthouse du village, sans enseigne (20 000 LAK), occupe une *longhouse* de style local, avec couchage sur le sol, et comporte des toilettes extérieures dotées d'un robinet. Nous vous conseillons d'organiser votre excursion par le biais de l'office du tourisme d'Udomxai, qui comprend un hébergement chez l'habitant (*homestay*), avec des repas sans prétention préparés par la famille.

Des circuits de 2 ou 3 jours, comprenant les repas, un guide (anglophone) et suffisamment de temps pour explorer le village, peuvent être organisés par l'office du tourisme d'Udomxai, mais le transport en Jeep-*sŏrngtăaou* n'est pas du tout confortable. Comptez au moins 100 $US par personne pour une excursion de 2 jours/une nuit comptant 4 personnes minimum.

BUS AU DÉPART DE LA GARE ROUTIÈRE NORD

DESTINATION	PRIX	DURÉE	DÉPARTS
Bokeo	85 000 LAK	8 heures	9h, 13h
Boten	50 000 LAK	4 heures	8h, 11h30
Diên Biên Phu (Vietnam)	95 000 LAK	5 heures	8h30
Luang Namtha	40 000 LAK	2 heures	8h30, 11h30, 15h30
Muang Khua	40 000 LAK	3 heures	8h30, 11h30, 15h30
Muang La	70 000 LAK	4 heures	8h
Phongsali	80 000 LAK	9 heures	9h

BUS (LONGUE DISTANCE) AU DÉPART DE LA GARE ROUTIÈRE SUD

DESTINATION	PRIX	DURÉE	DÉPARTS
Luang Prabang	60 000 LAK	7 heures	9h, 12h, 15h30
Muang Hongsa	110 000 LAK	7 heures	12h
Muang Houn	30 000 LAK	3 heures	12h, 15h, 17h
Nong Khiaw	45 000 LAK	4 heures	10h
Pak Beng	40 000 LAK	4 heures	8h30, 10h
Pak Mong	30 000 LAK	3 heures	13h
Vientiane	170 000 LAK	14 heures	11h, 14h, 18h
Vientiane (couchettes)	190 000 LAK	14 heures	16h

Renseignements

BCEL (☎211260 ; Route 1 ; ⊙8h30-15h30 lun-ven). Possède un DAB et change la plupart des devises majeures.

Office du tourisme provincial d'Udomxai (☎081-212483 ; www.oudomxay.info ; ⊙8h-12h et 14h-16h30). Fournit quantité d'informations sur les transports, les hébergements et les sites locaux. Plans de la ville gratuits et cartes du Laos *GT-Rider* en vente. L'équipe organise 12 circuits différents, dont un de 2 jours/une nuit vers une impressionnante grotte de la région, et des treks de 3 jours dans des villages de minorités ethniques des environs, avec nuits chez l'habitant (*homestay*). Il est préférable de réserver par courriel et de repasser au bureau à votre arrivée pour confirmer.

Depuis/vers Udomxai

Lao Airlines (☎081-312047 ; www.laoairlines.com ; ⊙8h-11h et 12h-17h) et **Lao Skyway** (☎020-23122219 ; www.laoskyway.com ; aéroport d'Udomxai ; ⊙8h-11h et 12h-17h) assurent des vols quotidiens depuis/vers Vientiane à partir de 95 $US et de 47 $US, respectivement. On peut acheter son billet à la Lithavixay Guesthouse.

Udomxai compte deux gares routières : l'ancienne **gare routière Nord** dans le centre-ville, et la nouvelle **gare routière Sud** (☎081-312200) des bus longue distance, à 5 km au sud-ouest du centre.

Un minibus pour Mengla (Chine) quitte la gare routière Nord à 8h. Un bus-couchettes circulant entre Luang Prabang et Kunming (Chine) s'arrête ici vers 11h30. Il prend des passagers s'il reste des places disponibles.

Comment circuler

L'**office du tourisme** propose des vélos (50 000 LAK/jour) et des motos (100 000 LAK/jour) à la location. On peut aussi vous trouver un minibus avec chauffeur à partir de 100 $US par jour (négociable).

Les *túk-túk* sont nombreux et coûtent 15 000 LAK par personne pour une course en ville.

Muang La ເມືອງຫລາ

☎021 / 3 500 HABITANTS

Située à 28 km d'Udomxai en direction de Phongsali, Muang La constitue une charmante alternative rurale à la “grande ville”. Cette jolie petite bourgade thaï lü se niche à la confluence de la Nam La et de la Nam Phak dans un bel environnement boisé ponctué de palmiers. Le village est connu pour son temple bouddhique de style classique renfermant le Bouddha Pra Singkham, l'une des statues du Bouddha les plus vénérées de la région.

100% LOCAL

LA LÉGENDE DU BOUDDHA PRA SINGKHAM

Faite d'or et de bronze, et incrustée de pierres précieuses, cette statue de 200 kg (voir aussi ci-dessous) possède une histoire intéressante. On raconte qu'après avoir été fabriquée au Sri Lanka, elle serait restée un temps en Inde avant d'arriver au Laos en l'an 868. En 1355, elle faisait partie des cinq chefs-d'œuvre bouddhiques envoyés par Fa Ngum, le fondateur du Lan Xang, dans les confins de son nouveau royaume pour inspirer les fidèles.

Le bateau transportant la statue fut coulé lors d'une bataille. Découvert plus tard par un pêcheur, le Pra Singkham fut sorti de l'eau, au terme de maintes péripéties, et devint l'objet d'une dispute entre les habitants de Muang La et de Muang Khua. La population de Muang Khua, en aval, suggéra sournoisement de laisser le choix au Bouddha en plaçant la statue sur un radeau. Contre toute attente, le radeau remonta miraculeusement le courant jusqu'à Muang La.

Conservée à l'origine dans la grotte de Singkham, la statue fut transférée en 1457 dans un temple construit spécialement pour l'héberger, au cœur de la ville actuelle. Comme le reste du pays, celui-ci fut bombardé durant la guerre du Vietnam et le bouddha réintégra sa cachette initiale, la grotte Singkham. Quand il en sortit, à la consécration du nouveau temple en 1987, il arborait une teinte d'un vert noirâtre, provoqué par la "tristesse face aux destructions". Il a, depuis, retrouvé son éclat doré.

À voir

Bouddha Pra Singkham STATUE BOUDDHIQUE
(ພະເຈົ້າສິງຄໍາ ; 8h30-17h). GRATUIT Que l'on souhaite devenir riche ou avoir un enfant, le Bouddha Pra Singkham écoute toutes les requêtes. Pour plus d'informations, voir l'encadré ci-dessus.

Grotte du Bouddha Singkham SANCTUAIRE
(ຖ້ຳພະເຈົ້າສິງຄໍາ). GRATUIT Cette grotte sacrée, qui abritait autrefois la fameuse statue du Bouddha, se trouve à 3,7 km à l'ouest de Ban Samakisai. À Samakisai, demandez "*Khor kajeh tham noy*" (Puis-je avoir la clé de la grotte, s'il vous plaît ?) à la seconde hutte au sud du pont. Ensuite, traversez-le et prenez la deuxième piste vers l'ouest, tout juste praticable en *túk-túk* ou à moto. Elle aboutit à un ensemble de huttes, à 3 minutes de marche de la grotte par un escalier étroit. La grotte contient une réplique moderne de la statue.

Sources chaudes SOURCES CHAUDES
(ບໍ່ນ້ຳອຸ່ນ ; 7h-17h). GRATUIT Allez découvrir les modestes sources chaudes de Muang La. Elles bouillonnent jusque dans la rivière quand le niveau de l'eau est élevé. Quand il est bas, un pont suspendu en bambou permet d'accéder à une zone où l'on produit du sel grâce à un procédé de lessivage de la boue.

Où se loger et se restaurer

Vous aurez le choix entre quelques guesthouses et hôtels haut de gamme.

On peut manger un en-cas rapide sur le marché près de la gare routière, ou s'arrêter au Muang La Resort pour s'offrir quelque chose de plus équilibré.

Lhakham Hotel HÔTEL $
(020-55555930 ; lhakhamhotel@gmail.com ; d/lits jum 100 000 LAK). Niché sur les berges de la rivière, cet hôtel bénéficie d'un imbattable rapport qualité/prix dans cette partie du pays. Aménagées avec goût, elles comportent une salle de bains avec douche à effet pluie et jouissent d'une belle vue sur la rivière. Il y a un restaurant au bord de l'eau. À environ 1 km de l'arrêt des bus.

Muang La Resort BOUTIQUE-HÔTEL $$$
(020-2284 1264 ; www.muangla.com ; formule 2 nuits à partir de 595 $US). Boutique-hôtel d'exception au charme rustique, sur une propriété bien cachée derrière de hauts murs chaulés. Vous devez réserver un forfait de 2 nuits ou plus pour profiter des chambres à colombages magnifiquement aménagées. Sauna et bain chaud en plein air sur de jolies plateformes surélevées, le tout au cœur d'un jardin ponctué de palmiers et de pelouses soignées.

Depuis/vers Muang La

Les bus qui desservent Phongsali et Muang Khua passent par Muang La environ 1 heure après leur départ d'Udomxai. En sens inverse, le dernier bus à destination d'Udomxai traverse le village vers 17h. Il n'y a pas de gare routière ; faites simplement signe au bus. Des *sŏrngtăaou* partent pour Udomxai (20 000 LAK) vers 7h et 11h si la demande est suffisante.

Luang Namtha ຫລວງນ້ຳທາ

☎086 / 29 000 HABITANTS

Située au cœur d'une nature splendide, Luang Namtha (Namtha) est une destination phare du nord du Laos en matière de treks et d'activités de plein air, avec un grand choix d'agences tournées vers l'économie verte. À vous de superbes marches vers des villages de minorités, et l'exploration de la magnifique ZNP de Nam Ha, lors d'expéditions à pied ou à vélo et de sorties en kayak ou en raft.

Dans la ville même et alentour, les occasions de sortie ne manquent pas. Vous pourrez découvrir le marché de nuit, pédaler sur un vélo de location vers des cascades et des temples en traversant les paysages des vallées rizicoles. Entourée de crêtes montagneuses dont les silhouettes lointaines se découpent dans la lumière dorée du soleil couchant, Luang Namtha, sans grande richesse architecturale (la ville a été lourdement bombardée), vous séduira par son ambiance chaleureuse.

Luang Namtha

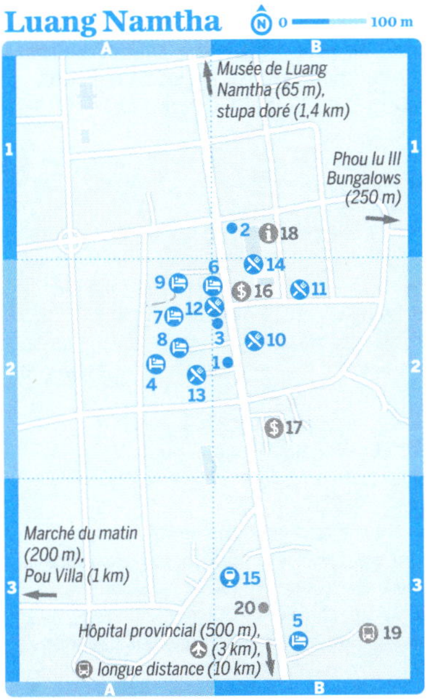

À voir

Outre la ZNP de Nam Ha, vous pourrez découvrir des chutes d'eau, des temples et un marché de nuit.

ZNP de Nam Ha PARC NATIONAL

(ປ່າສະຫງວນແຫ່ງຊາດນ້ຳຫ້າ ; www.namha-npa.org). Cette zone nationale protégée de 2 224 km² est l'une des réserves naturelles les plus accessibles du Laos. Les profondeurs de sa jungle sont l'habitat privilégié d'une faune riche, notamment des panthères nébuleuses, et, probablement, de quelques tigres. Autour et à l'intérieur de ce territoire montagneux, les forêts ont depuis longtemps subi la pression des villages de différentes minorités ethniques, dont les Lao Huay, les Akha et les Khamu. Face à cela, depuis 1999, un projet écotouristique primé veille à ce que les tour-opérateurs et les villageois travaillent ensemble pour offrir aux randonneurs une expérience

Luang Namtha

Activités

1	Discovering Laos	B2
	Forest Retreat Laos	(voir 13)
2	Green Discovery	B1
3	Hiker	B2

Où se loger

4	Adounsiri Guest House	A2
5	Amandra Villa	B3
6	Luang Namtha Inn	B2
7	Manychan Guest House & Restaurant	A2
8	Thoulasith Guesthouse	A2
9	Zuela Guesthouse	A2

Où se restaurer

10	Bamboo Lounge	B2
11	Lai's Place	B2
12	Manychan Guesthouse & Restaurant	B2
13	Minority Restaurant	A2
14	Marché de nuit	B2

Où prendre un verre et faire la fête

15	Classic	B3

Renseignements

16	BCEL	B2
17	Lao Development Bank	B2
18	Office du tourisme provincial	B1

Transports

	Boutique de cycles	(voir 6)
19	Gare routière du district	B3
20	Lao Airlines	B3

authentique tout en minimisant l'impact sur les communautés locales et l'environnement.

Les circuits se limitent à de petits groupes, chaque agence possède ses propres itinéraires et, en principe, les villages ne reçoivent pas de visiteurs plus de trois fois par semaine. Les autorités n'imposent pas trop d'interdits, mais, en informant les villageois sur l'exploitation forestière et les techniques de pêche durables, elles espèrent que la protection de la forêt deviendra pour eux une priorité.

Stupa doré TEMPLE BOUDDHIQUE

(ພະທາດຄຳ ; 5 000 LAK ; ⏲8h-17h). Monument le plus frappant de Namtha, ce grand stupa doré resplendit sur une crête escarpée au nord-ouest de la ville. S'il se révèle un peu kitsch de près, il offre une vue superbe sur la ville.

That Phum Phuk TEMPLE BOUDDHIQUE

(ທາດພູມພັກ ; 5 000 LAK ; ⏲8h-17h). Le That Phum Phuk, un stupa rouge et or, est la réplique d'un édifice bien plus ancien, détruit par des bombardements américains durant la guerre du Vietnam ; le béton armé qui pointe des décombres juste à côté indique qu'il ne s'agissait pas de l'original de 1628. Le That Phum Phuk se trouve sur une butte à 3 km au nord-ouest de la Phouvan Guesthouse, sur une route en latérite pierreuse qui longe au début l'aérodrome.

De l'intersection juste devant, un inévitable escalier aux rampes en forme de naga (serpent mythique vivant dans les rivières) monte vers le stupa.

Ban Nam Di VILLAGE

(ບ້ານນ້ຳດີ, Nam Dy). À 3 km à peine de Luang Namtha, ce hameau est peuplé de Lao Huay (Lenten), dont les femmes portent toujours la tunique indigo traditionnelle avec une ceinture pourpre nouée et un cercle d'argent en collier. Les habitants fabriquent un papier rustique avec de la pulpe de bambou, en utilisant des cadres tendus de toile de coton que vous verrez le long des berges. Du petit parking à la lisière est du village, une marche de 3 minutes conduit à une **cascade** (2 000 LAK) de 6 m de haut. Il s'agit plus d'un lieu de pique-nique que d'une merveille naturelle, mais votre visite contribue à remplir le coffre du village. À moins que le niveau de l'eau ne soit vraiment élevé, ignorez le panneau qui indique les marches raides à flanc de colline et marchez le long du cours d'eau.

Le stationnement revient à 1 000/2 000/3 000 LAK pour un vélo/une moto/une voiture.

Musée de Luang Namtha ETHNOLOGIE

(ພິພິດທະພັນຫຼວງນ້ຳທາ ; ☎020-55086368 ; 10 000 LAK ; ⏲8h30-11h30 et 13h30-15h30 lun-ven). Expose une collection anthropologique locale (vêtements traditionnels des minorités, tambours de bronze khamu et céramiques, notamment) ainsi qu'une collection de statues du Bouddha, à côté de l'habituelle

EXCURSIONS DANS LA ZNP DE NAM HA

Luang Namtha est un important point de départ pour le trekking, le rafting, les randonnées à VTT et les excursions en kayak dans la ZNP de Nam Ha. De nombreux circuits incluent au moins une nuit dans un village traditionnel, offrant un aperçu fascinant de la vie locale et permettant d'admirer les vêtements colorés des Lao Huay et des Akha, notamment.

Les treks observent tous des règles de tourisme responsable, mais ils varient en durée et en difficulté. Le kayak est une alternative prisée durant la saison des pluies, lorsque les sentiers sont boueux, et les sangsues constituent une nuisance mineure.

Les tour-opérateurs de Namtha affichent leurs circuits sur des tableaux avec le nombre de participants déjà inscrits, ce qui permet de se joindre à un groupe (8 pers au maximum) pour pouvoir payer moins cher. Si vous préférez partir seul, certains agents l'acceptent moyennant un "supplément" d'environ 50 $US.

Ayez plusieurs choses en tête au moment de choisir votre agence – la ville en compte une dizaine. Passerez-vous l'essentiel de votre temps dans les villages ou dans la jungle ? Dans le dernier cas, s'agira-t-il d'une forêt primaire ou secondaire (et quelle section du trajet se déroule dans la ZNP) ? Combien d'heures d'activité physique faut-il compter ? En cas de nuit sur place, quelles seront les conditions de logement ? Poser ces questions vous aidera à sélectionner le circuit qui répondra le mieux à vos attentes.

VAUT LE DÉTOUR

GROTTES DE KAO RAO

Bien indiqué près de la Route 3, à 1,5 km à l'est du village de Nam Eng, ce vaste **réseau de grottes** (ຖ້ຳຈອມອອງ ; 10 000 LAK) est ouvert au public sur 700 m. Les principales formations calcaires ici sont des stalactites incrustées de cristaux. Des guides de la région accompagnent les visiteurs à l'intérieur, mais ils ne parlent ni français ni anglais et ne sont pas équipés de torches puissantes. Si un système d'éclairage a été installé, vous avez cependant tout intérêt à vous munir d'une bonne lampe-torche pour parer aux fréquentes coupures d'électricité. La visite dure 45 minutes environ. Les curieuses cannelures ressemblant à des racines sur le sol sont les rebords d'anciens bassins en carbonate de calcium, semblables à ceux du site de Pamukkale en Turquie.

section dédiée à la révolution communiste laotienne.

Circuits

Sur 35 km au sud de Luang Namtha, les eaux vertes de la Nam Tha forment une série de rapides entre de hautes berges couvertes de forêts de bambous. Les tour-opérateurs de Luang Namtha y organisent des sorties en kayak à la journée, que l'on peut combiner avec un trek dans la jungle de Nam Ha. À vélo ou à moto, la piste bien nivelée le long de la rive est un itinéraire tranquille, parfois un peu poussiéreux, qui offre de jolies vues et traverse d'intéressants villages de minorités.

Partir à vélo au fil de la vallée de la Nam Tha est une bonne façon d'explorer la région à son rythme. Bien balisé, ce circuit inclut plusieurs villages de minorités et sites culturels. Prenez une carte de l'itinéraire à l'office du tourisme provincial (p. 128) ou téléchargez-le sur le site luangnamthatourism.org.

Hiker TREKKING

(☎ 086-212343, 020-59294245 ; www.thehikerlaos.com ; rue principale ; 8h-21h). Cette agence reçoit des critiques élogieuses. Outre des circuits à vélo et des sorties en kayak, Hiker est spécialisée dans la randonnée, avec des formules de 1 à 7 jours : le circuit le plus long, traversant des zones vierges au cœur de la jungle de Nam Ha, est le plus exigeant (7 heures de marche par jour) ; ceux à la journée sont bien plus faciles.

Forest Retreat Laos CIRCUITS ÉCOTOURISTIQUES

(☎ 020-55680031, 020-55560007 ; www.forestretreatlaos.com ; rue principale ; 8h-21h). Basée dans le Minority Restaurant, cette agence écotouristique propose kayak, trekking et VTT dans le cadre d'expéditions multi-activités de 1 à 7 jours, avec hébergement chez l'habitant (*homestay*). Elle organise aussi un exigeant circuit à vélo à la journée de 60 km jusqu'à Muang Sing. L'équipe et les guides sont, si possible, recrutés parmi les membres des minorités ethniques. Cours de cuisine également.

Discovering Laos KAYAK

(☎ 020-22990344, 086-212047 ; www.discoveringlaos.com ; 8h-21h). Spécialiste des sorties en kayak et en raft via des villages khamu et lenten, et des excursions cyclistes autour de Muang Sing. L'agence organise aussi des treks de 1 à 3 jours avec hébergement chez l'habitant ou dans son propre campement dans la jungle.

Green Discovery CIRCUITS ÉCOTOURISTIQUES

(☎ 086-211484 ; www.greendiscoverylaos.com ; rue principale ; 8h-21h). Le doyen de l'écotourisme au Laos propose diverses formules : excursions en bateau, VTT, kayak, hébergement dans les villages, et des treks de 1 à 3 jours dans la ZNP de Nam Ha. La sécurité est de mise, et le personnel est serviable. Le circuit le plus populaire est une randonnée de 2 jours dans la vallée de Nam Ha, associant culture et nature.

Où se loger

Les adresses les plus prisées affichent vite complet durant la haute saison, de novembre à février. Mieux vaut réserver.

La majorité des hébergements se trouvent dans la partie nord de la ville – quelconque au plan architectural –, à proximité des restaurants pour touristes.

Nombre de voyageurs optent pour un séjour chez l'habitant dans le nord du Laos, Luang Namtha étant l'une des destinations les plus populaires pour les organiser. Ces *homestays* qui permettent de vivre au rythme d'une famille de la région peuvent être réservés via l'office du tourisme provincial (p. 128) ou l'un des tour-opérateurs locaux. On peut notamment séjourner dans le village lanten de Ban Nam Dee, le village khamu de Ban Nam Ha et le village thaï daeng de Ban Pieng Ngam.

En ville

Luang Namtha Inn GUESTHOUSE $
(020-5536 3699 ; d/lits jum 100 000-120 000 LAK ;). Mêmes propriétaires que la vénérable Guest House Adounsiri pour cet hôtel pour voyageurs à petit budget situé dans l'artère principale, qui a ouvert ses portes en 2019. Le rapport qualité/prix est excellent si l'on considère les salles de bains avec douches chaudes.

Amandra Villa GUESTHOUSE $
(020-98088878, 086-212407 ; www.amandrahotels.com ; Route 3A, Ban Nong Bua Vieng ; d/lits jum 12-29 $US ;). Dans une splendide villa en bois près de la gare routière, une guesthouse aux chambres correctes, avec jolies lanternes de chevet, TV par satellite et eau chaude. Les chambres à l'étage sont les plus grandes, les plus belles et les plus chères. Le propriétaire vous donnera sa carte pour que vous puissiez le joindre en cas de pépin. Vélos fournis gracieusement.

Adounsiri Guest House GUESTHOUSE $
(055-445532, 020-22991898 ; adounsiri@yahoo.com ; d/lits jum 80 000-130 000 LAK ;). Maison d'une sympathique famille laotienne, dans une ruelle paisible. Chambres plaisantes au sol carrelé et aux murs blancs ornés d'artisanat, avec quelques éléments de mobilier et salle de bains privative. La pièce à l'avant, fraîche et accueillante, est idéale pour se détendre. TV et Wi-Fi dans chaque chambre, ainsi que du thé et du café gratuits.

Manychan Guest House & Restaurant GUESTHOUSE $
(Guesthouse & Dormitory ; 086-312209 ; dort 30 000 LAK, d avec ventil/clim 70 000/100 000 LAK ;). L'accueil chaleureux de Manychan, le propriétaire, compense la simplicité des chambres, sans fioritures (avec armoire, salle de bains et douche chaude). Délicieux cappuccinos (faits à la machine italienne), pain frais et pâtisseries sont servis au petit-déjeuner dans le restaurant, où l'on peut aussi dîner (plats 30 000 LAK) sur la terrasse.

Thoulasith Guesthouse GUESTHOUSE $
(086-212166 ; infothoulasith@gmail.com ; Route 3A ; d et lits jum avec ventil/clim à partir de 80 000/100 000 LAK ;). Adresse appréciée des voyageurs pour ses chambres propres, avec lampes de chevet, œuvres d'art aux murs, thé gratuit et joli balcon. Les chambres, avec baignoire, sont plus élégantes dans le nouveau bâtiment. Situé en retrait de l'artère principale, l'endroit est parfait pour relaxer en toute tranquillité avant ou après une randonnée.

Zuela Guesthouse GUESTHOUSE $$
(020-22391966 ; www.zuela.asia ; d ancien bâtiment avec ventil 20 $US, d/lits jum nouveau bâtiment avec clim 25-60 $US ;). Située dans une cour verdoyante, cette guesthouse comprend 2 belles maisons laotiennes. Chambres un peu sombres, aux murs en brique apparente et ventilateur dans la plus ancienne. Les chambres (certaines avec balcon) du nouveau bâtiment sont plus confortables – plafond en rotin, murs jaune citron, bureau et œuvres d'art locales. Toutes ont des salles de bains privatives. Bon restaurant sur place, locations de VTT et de motos, et possibilité de circuits organisés.

Environs de la ville

Phou Iu III Bungalows ÉCOLODGE $$
(020-22390195 ; www.phouiubungalows.com ; bungalow avec petit-déj 250 000-450 000 LAK ;). Charmant complexe de bungalows de style traditionnel au cœur de jardins luxuriants. Tous sont spacieux et bien équipés (lits en bois, sol en brique, cheminée, véranda) et la décoration est sans prétention (murs en rotin et textiles). Suivez les panneaux depuis le centre. La piscine avec toboggans et les aires de jeux rendent l'endroit un peu moins paisible pour les couples Notez qu'il y fait un peu froid en décembre. Géré par une agence d'écotourisme qui propose de formidables circuits.

Boat Landing Guest House ÉCOLODGE $$
(086-312398 ; www.theboatlanding.com ; Ban Kone ; d/lits jum 47-60 $US avec petit-déj). Celui qui fut l'un des premiers écolodges du Laos se compose de jolis bungalows de bois (douches chauffée à

l'énergie solaire) disséminés au milieu des acacias en bordure de rivière. Les chambres, un peu vieillottes, sont charmantes et confortables. De délicieux plats laotiens sont servis au restaurant. À 6 km au sud de la nouvelle ville et à 150 m de la route principale.

Pou Villa BOUTIQUE-HÔTEL $$$
(086-212469 ; pouvillalnt@gmail.com ; Khop Meaung Rd ; bungalows à partir de 130 $US ;). Emplacement spectaculaire à flanc de colline, à la lisière ouest de la ville, pour ce bel hôtel qui est le plus raffiné de Luang Namtha. Les petits bungalows jouissent tous de superbes vues et sont classés 4 étoiles – avec TV à écran plat, minibar et petites attentions (peignoirs, pantoufles). Une piscine devait voir le jour bientôt.

Où se restaurer et prendre un verre

Luang Namtha bourdonne de vie en fin de journée avec son **marché de nuit** (Route 3A ; 19h-23h30) animé, parfait pour grignoter un en-cas. Sur le **marché du matin** (nouilles 10 000 LAK ; 7h-17h), vous trouverez pléthore de stands de nouilles.

Le Classic et le Bamboo Lounge, notamment, sont de bonnes adresses si vous cherchez de l'ambiance.

Lai's Place LAOTIEN $
(086-23939111 ; plats 15 000-50 000 LAK ; 6h30-21h30 ;). Peut-être le meilleur restaurant du Nord pour une initiation à la cuisine ethnique de la région. Le Lai's, établissement tout simple, est doté de robustes tables en bois et d'une petite terrasse. Au menu : une multitude de sauces *jąaou* pour y tremper les boulettes de riz gluant, ainsi que des plats traditionnels des ethnies akha et tai dam, comme l'*aw lahm* (ragoût mêlant fleur de bananier, pousses de rotang, aubergine et citrouille). Choisissez votre degré de piquant.

Minority Restaurant LAOTIEN $
(plats 25 000-50 000 LAK ; 7h-22h30 ;). Caché dans une ruelle à l'écart, un joli restaurant avec poutres apparentes où goûter certains plats traditionnels des ethnies khamu, thaï dam et akha. Il y a aussi des mets plus classiques, comme le *làap*, le poulet au curry et le poisson grillé.

Manychan Guesthouse & Restaurant LAOTIEN $
(plats 20 000-40 000 LAK ; 6h30-22h30 ;). La jolie salle en bois, doublée d'une terrasse sur la rue éclairée par des guirlandes électriques, le Wi-Fi gratuit, la carte fournie (plats laotiens et occidentaux), la bière fraîche et le fameux café corsé en font l'une des adresses les plus appréciées des *falang* (étrangers).

PASSER EN CHINE : DE BOTEN À MÓHĀN

Jusqu'à la frontière Le bureau de l'immigration laotien du poste-frontière Boten (Laos)/Móhān (Chine) (7h30-16h30 heure laotienne, 8h30-17h30 heure chinoise) se trouve à quelques minutes à pied, au nord du marché de Boten. Pour franchir le no man's land qui le sépare du poste chinois de Móhān (Bohan), prenez un *túk-túk* ou marchez 10 minutes.

À défaut, vous pouvez emprunter l'une des liaisons directes de plus en plus nombreuses entre le Laos et la Chine, comme celle de Udomxai-Mengla, Luang Namtha-Jinghong ou Luang Prabang-Kunming.

À la frontière Vous devez posséder un visa chinois, mais pourrez obtenir des visas de 30 jours à votre arrivée au Laos (p. 312).

En Chine Du bureau de l'immigration chinois, une marche de 1 km le long de l'artère principale de Móhān mène à l'arrêt où des petits bus partent pour la gare routière n°2 de Mengla (16 RMB, 1 heure), toutes les 20 minutes environ jusqu'en milieu d'après-midi. Une fois à Mengla, traversez la ville jusqu'à la gare routière Nord pour prendre un bus pour Jinghong (42 RMB, 2 heures 30, départs fréquents jusqu'à 18h) ou Kunming (le matin seulement).

Du côté laotien, des minibus assurent régulièrement la liaison de Boten à Luang Namtha en matinée (1 heure, 25 000 LAK).

BUS AU DÉPART DE LUANG NAMTHA

DESTINATION	PRIX	DURÉE	GARE ROUTIÈRE	DÉPARTS
Boten	25 000 LAK	2 heures	du district	6/jour 8h-14h
Diên Biên Phu (Vietnam)	130 000 LAK	10 heures	longue distance	7h30
Huay Xai ("Borkeo")	60 000 LAK	4 heures	longue distance	9h, 12h30 et 16h
Jinghong (Chine)	100 000 LAK	6 heures	longue distance	8h
Luang Prabang	100 000 LAK	8 heures	longue distance	9h, 19h
Mengla (Chine)	50 000 LAK	3 heures 30	longue distance	8h
Muang La	50 000 LAK	4 heures	du district	8h30, 13h30
Muang Sing	30 000 LAK	2 heures	du district	6/jour 8h-15h30
Na Lae	40 000 LAK	3 heures	du district	9h30, 12h
Nong Khiaw	100 000 LAK	6 heures	longue distance	9h
Udomxai	40 000 LAK	3 heures	longue distance	9h30, 12h, 14h30
Vieng Phukha	30 000 LAK	1 heure 30	du district	9h30, 12h30
Vientiane	180 000-200 000 LAK	21-24 heures	longue distance	8h30, 14h30

Bamboo Lounge INTERNATIONAL **$$**
(☎ 020-29643190 ; www.bambooloungelaos.com ; plats/pizzas 40 000/75 000 LAK ; ⏲ 7h-23h30, happy hour 17h-19h ; wifi). Couleurs pimpantes et façade vert mousse pour le Bamboo, adresse favorite des voyageurs en ville. Il fournit du travail aux jeunes des villages reculés et a fait don de plus de 3 000 livres à des écoles du coin. Le lieu a fière allure le soir avec ses guirlandes clignotantes, son excellente musique et sa terrasse extérieure, avec son four à bois. À la carte : une myriade de pizzas, des spécialités laotiennes, plus des plats du jour comme des burritos mexicains.

Fait inhabituel pour le Laos, le lieu est entièrement non-fumeurs.

Boat Landing Restaurant LAOTIEN **$$**
(☎ 086-312398 ; repas 35 000-160 000 LAK ; ⏲ 7h-20h30). Le cadre agréable, au bord de la rivière, ajoute au plaisir de l'une des meilleures et des plus authentiques cuisines du nord du Laos. Du menu 5 plats pour 2 ou 3 convives aux plats uniques, les combinaisons de saveurs sont exceptionnelles. Si vous hésitez, optez pour un assortiment de *jąaou* (sauces) dans lesquelles vous tremperez des boulettes de riz gluant.

Classic BAR
(☎ 020-59294245 ; www.facebook.com/theclassicview ; ⏲ 15h-minuit ; wifi). Donnant sur un étang de lys et les montagnes au loin, ce formidable petit bar propose de la bière de riz violet, des mojitos aux fruits de la passion, des en-cas exotiques et une bonne musique. Le soir, les tables basses en bois luisent sous les lumières couleur d'ambre. Tenu par le sympathique propriétaire du Hiker (p. 125), c'est un endroit parfait pour échanger avec les habitants.

Renseignements

ARGENT

BCEL (⏲ 8h30-15h30 lun-ven). Change les principales devises (sans commission). DAB.

Lao Development Bank (⏲ 8h30-12h et 14h-15h30 lun-ven). Services Western Union et change des principales devises.

OFFICE DU TOURISME

Office du tourisme provincial (☎ 086-211534 ; www.luangnamthatourism.org ; ⏲ 8h-11h30 et 13h30-16h lun-ven). Utile pour tout ce qui concerne la région et notamment les conseils pour le trekking. Possède aussi un excellent site Web régulièrement mis à jour.

Bamboo Lounge (ci-contre) fournit un excellent guide du secteur, que l'on peut télécharger sur www.luangnamthaguide.com.

SERVICES MÉDICAUX

Hôpital provincial (Route 3A ; ⏲ 24h/24). Cet hôpital fournit les prestations de base comme les radios et les antibiotiques. Demandez le Dr Veokham, qui parle l'anglais.

Depuis/vers Luang Namtha

Des vols quotidiens vers Vientiane sont assurés par **Lao Airlines** (☎ 086-212072 ; www.laoairlines.com ; ⏲ 8h-12h et 13h-17h), à partir de 85 $US, et **Lao Skyway** (☎ 020-99990011 ; aéroport de Luang Namtha ; ⏲ 8h-12h et 13h-17h).

Namtha compte deux gares routières : celle du district, à une brève distance de l'artère touristique, et la gare longue distance, à 10 km au sud de la ville. Acheter son billet à l'avance ne garantit pas une place assise ; vous devez arriver tôt.

Comment circuler

Les *túk-túk* facturent 20 000 LAK par personne (plus si on voyage en solo) entre la gare routière ou l'aéroport et le centre-ville – et proposent parfois un tarif de départ bien supérieur. La plupart des agences et des guesthouses vendent des billets pour les bus longue distance, qui comprennent le transfert depuis votre hébergement et coûtent 20 000 LAK de plus.

Le vélo est le moyen le plus commode pour explorer les *vat*, les cascades, les *ban* (villages) et la campagne autour de Luang Namtha. Vous trouverez deux **boutiques de cycles** (vélo 10 000-25 000 LAK/jour, moto 30 000-60 000 LAK/jour ; ⏲ 9h-18h30) en face de la Zuela Guesthouse. Moto ou vélo : à vous de voir selon votre forme !

Vieng Phukha ວຽງພູຄາ

☎ 086 / 4 000 HABITANTS

Bourgade somnolente, Vieng Phukha (Vieng Phoukha) est un autre point de chute pour des treks dans les confins ouest de la ZNP de Nam Ha, notamment pour la randonnée de 3 jours de l'Akha Trail. Ces itinéraires, moins empruntés que ceux au départ de Luang Namtha, traversent de beaux paysages de forêts, même si nombre de collines aux abords de Vieng Phukha ont été entièrement déboisées.

À voir

À seulement 15 minutes à pied au sud de la Route 3 près du Km 85, le **Vat Mahapot** (1530) se cache dans une petite zone boisée. Les maigres vestiges ayant traversé les siècles ont été pillés et réutilisés comme matériaux de construction vers 1977, quand les habitants sont revenus après la guerre. Aujourd'hui, ne subsistent plus que de curieuses briques éparpillées dépassant d'une éminence boueuse plantée d'arbres. On y accède en longeant à pied une ravine escarpée en forme de V, qui protégeait jadis les **Khúu Wíeng** (remparts) d'une "ville" éphémère du XVIe siècle. Là encore, vous ne verrez que des talus boueux, mais un bon guide (essentiel) vous fournira des éléments historiques et vous expliquera les usages médicaux des plantes rencontrées pendant la promenade de 40 minutes. Il n'y a plus de guides locaux, mais M. Tong Mua de Tigerman Treks (p. 131) à Muang Sing peut vous y emmener.

Activités

Nam Ha Hilltribe Ecotrek RANDONNÉE
(☎ 020-55086887 ; www.somhak1966.wixsite.com/ecotrek ; ⏲ 8h-12h et 13h-18h). Gérée par Somhack (un ancien chasseur khmu et un bon pisteur devenu guide), cette excellente agence propose des treks de différents niveaux, d'assez faciles à difficiles, et de plusieurs jours au départ de Vieng Phukha pour explorer la ZNP de Nam Ha et découvrir les villages des ethnies des montagnes.

Nam Ha Ecoguide Service Vieng Phoukha RANDONNÉE
(☎ 020-55985289 ; www.namha-npa.org ; ⏲ 8h-12h et 13h30-17h). Randonnées de 1 à 5 jours dans la ZNP de Nam Ha, avec hébergement chez l'habitant dans des villages reculés.

Où se loger et se restaurer

La quasi-totalité des hébergements de Vieng Phukha sont des bungalows tout simples avec douches froides. Le minuscule centre du village consiste en trois rues parallèles, où vous trouverez une poignée de guesthouses (et d'hébergements écotouristiques).

Le choix est mince en matière culinaire. La Phuet Mung Khun Guesthouse dispose d'un petit restaurant.

Thongmyxai Guesthouse GUESTHOUSE $
(☎ 020-2239 0351 ; d 50 000 LAK). De solides bungalows dans un joli jardin : voici sans doute la meilleure adresse de la localité.

Phuet Mung Khun Guesthouse GUESTHOUSE $
(☎ 020-5588 6089 ; d 60 000-80 000 LAK ; 📶). Sympathique guesthouse au bord de la rivière, avec de petits bungalows bien propres et un modeste restaurant. Le propriétaire parle un peu anglais.

Depuis/vers Vieng Phukha

Des *sŏrngtăaou* partent pour Luang Namtha (30 000 LAK, 1 heure 30) vers 9h et 12h30 du centre du village. Vous pouvez aussi faire signe au passage du service Huay Xai-Namtha (3/jour).

Muang Sing ເມືອງສິງ

081 / 9 000 HABITANTS

Située dans une vallée fluviale aux confins nord-ouest de la province de Luang Namtha, à la limite du Myanmar et toute proche des vertes collines de la Chine, Muang Sing se trouve au cœur du Triangle d'or, sur l'ancienne route de l'opium. C'est aujourd'hui une paisible bourgade rurale un peu hors du temps, où le trekking a supplanté les activités de contrebande. Cela dit, la localité, jalonnée de maisons en bois de style thaï lü, est un centre commerçant pour les Thaï Lü, les Hmong, les Akha, les Thaï Dam, les Lolo, les Phu Noi et les Yao des villages des collines et des montagnes alentour. Si vous venez à l'aube sur le marché du matin, vous verrez tous ces villageois en costume traditionnel venir vendre leurs produits et vous vous sentirez au bout du monde, au cœur d'une nature splendide.

Muang Sing

Dans les années 1990 Muang Sing était une étape incontournable pour les voyageurs, mais la suppression des services de bateaux rapides et les opérations de lutte contre le trafic de l'opium ont modifié la donne. Récemment, un nombre croissant de Chinois s'y sont établis, et des plantations de bananiers et de caoutchouc, dont le produit est destiné à repasser la frontière, ont remplacé les rizières. Malheureusement, des voyageurs occidentaux nous ont dit avoir été refoulés des restaurants et des guesthouses tenus par des Chinois.

Histoire

À la fin du XVIIIe siècle, une douairière de la principauté de Chiang Khaen fonda la citadelle de Wiang Fa Ya (l'actuelle Muang Sing), selon un plan carré en damier, ainsi que le stupa That Xieng Tung. En 1803, la région devint vassale de Nan (aujourd'hui en Thaïlande) et fut largement désertée après les déportations de 1805 et 1813. Puis les princes de Chiang Khaen revinrent et transférèrent ici leur capitale en 1884, délaissant Xiang Khaeng sur le Mékong. Il s'ensuivit un conflit de vingt ans entre la France, la Grande-Bretagne et le Siam, qui provoqua la division de la principauté, la partie ouest et Muang Sing étant absorbées dans l'Indochine française. Muang Sing s'imposa rapidement comme le principal marché d'opium du Triangle d'or, avec l'assentiment des Français. En 1946, la ville fut en partie ravagée par les troupes du Kuomintang, qui continuèrent à opérer dans les années 1950, après avoir perdu la guerre civile chinoise. En 1958, l'Américain Tom Dooley, fameux "médecin de la jungle", fonda un hôpital à Muang Sing,

Muang Sing

À voir
1 Marché du matin A1
2 Vieux marché A2
3 Musée d'Ethnologie B2
4 Vat Namkeo Luang A3

Activités
Phou lu Travel .... (voir 6)
5 Tigerman Treks B2

Où se loger
6 Phou lu II Bungalows A2

Où se restaurer
7 Couleur Cafe A2

LE MYSTÉRIEUX DOOLEY

Saint homme ou champion sans vergogne de l'autocélébration, humanitaire ou simple pion de la CIA ? Près de soixante ans après sa mort, à 34 ans, les opinions restent partagées au sujet de Tom Dooley, ce "médecin de la jungle" qui fonda un hôpital à Muang Sing en 1958. Catholique fervent, mais renvoyé de l'US Navy pour son orientation sexuelle, ce personnage complexe inspira au président Kennedy le Peace Corps (créé en 1961, l'année où Dooley mourut d'un cancer). Ses livres anticommunistes contribuèrent à pousser les politiciens américains à s'engager dans la guerre en Indochine. Selon de nombreuses rumeurs, les avions qui apportaient du matériel médical dans son hôpital de Muang Sing repartaient chargés d'opium. Son livre, *Le Journal du docteur Tom Dooley* a été traduit en français et publié en 1965.

qui devint le théâtre d'une série d'intrigues internationales.

À voir

Quelques demeures de style franco-laotien jalonnent l'artère principale. Datant pour la plupart des années 1920, elles comportent un rez-de-chaussée en brique et stuc, surmonté d'un étage en bois avec une véranda couverte. L'office du tourisme et le musée d'Ethnologie occupent de belles villas.

Le **vieux marché** (rue principale), construit en 1954, est presque abandonné. Près de la gare routière, le **nouveau marché** (7h-22h) coloré est animé tôt le matin.

That Xieng Tung TEMPLE BOUDDHIQUE
(ທາດຊຽງຕຶງ). À 6 km au sud-est de Muang Sing, le sanctuaire se dresse sur un plateau parsemé d'arbres "sacrés", au bout d'une mauvaise piste de 1 km qui part vers le sud de la route de Luang Namtha, à 200 m après le Km 52. L'endroit s'anime lors de la fête, à la pleine lune du 12e mois lunaire (fin octobre/mi-novembre), quand des foules de fidèles bouddhistes déposent des offrandes de bougies et de fleurs autour du stupa et que des danses traditionnelles ajoutent à l'ambiance de fête qui s'empare de la ville.

Vat Namkeo Luang TEMPLE BOUDDHIQUE
(ວັດນ້ຳແກ້ວຫລວງ). Avec son porche orné de nagas dorés à langue rouge et son stupa doré très ornementé d'une hauteur inhabituelle, ce *vat* est l'un des édifices monastiques de Muang Sing les plus évocateurs. En face, des villageois puisent toujours de l'eau dans le puits à balancier du *bâan* (hameau), qui se modernise lentement. À proximité, on peut voir un modeste *lak bâan*, un totem qui représente l'esprit gardien du village ; le toucher, sachez-le, équivaut à une grave offense.

Musée d'Ethnologie CULTURE LOCALE
(5 000 LAK ; 8h -11h30 et 13h15-16h30 lun-ven). La plus remarquable des demeures franco-laotiennes abrite désormais les deux salles du musée : costumes traditionnels au rez-de-chaussée et six vitrines d'objets à dimension culturelle à l'étage. La projection d'une vidéo (40 min) sur le peuple akha coûte 5 000 LAK.

Circuits organisés

Tigerman Treks TREKKING
(030-5264881, 020-55467833 ; tigermantrek@gmail.com ; rue principale ; 7h-19h). Sympathique moniteur anglophone, M. Tong Mua est une légende de Muang Sing : l'office du tourisme (situé en face) étant peu utile, on peut compter sur lui pour des informations générales, de bons treks et des séjours chez l'habitant dans la ZNP de Nam Ha, ainsi que pour les circuits en *túk-túk* et les formules vélo/trek. Location de vélos et de motos (50 000/100 000 LAK).

Phou Iu Travel CIRCUITS AVENTURE
(081-400012 ; www.muangsingtravel.com ; 7h-19h). Basée aux Phou Iu II Bungalows, cette agence propose des treks bien organisés dans les environs de la ville, mais aussi dans la région reculée de Xieng Khaeng, près du Myanmar (Birmanie). Plus d'informations sur www.adventure-trek-laos.com. Parmi les autres options : circuits à vélo de 1 à 2 jours et séjours chez l'habitant dans les villages des minorités.

Où se loger et se restaurer

Muang Sing n'offre pas un vaste choix de restaurants. Avouons-le, les visiteurs ne viennent pas ici pour la scène culinaire.

HORS DES SENTIERS BATTUS

TREKKING À MUANG SING

Les visiteurs viennent essentiellement à Muang Sing pour découvrir les villages des minorités disséminés dans les vallées alentour, parmi les rizières et les champs de canne à sucre. Si vous souhaitez les explorer seul à vélo ou à moto, achetez le *Muang Sing Cultural Guide Book*, de Wolfgang Korn, à l'office du tourisme. Il indique (en anglais) les principales routes et distingue les ethnies des divers villages de la vallée. Afin d'éviter d'avoir l'air d'un "voyeur" lors de l'excursion, vous pouvez engager un guide (100 000 LAK) auprès d'une des agences d'écotourisme de Muang Sing ; celles-ci proposent également une gamme de treks plus longs et des séjours chez l'habitant (*homestay*) – lisez aussi les conseils donnés dans l'encadré p. 105.

Si vous êtes motorisé, la route de Xieng Kok, poussiéreuse et non goudronnée, mais suffisamment lisse, traverse une zone où prédominent les Akha : vous y verrez de nombreuses femmes portant une tunique indigo ainsi qu'une coiffe caractéristique réhaussée de pièces d'argent.

Phou lu II Bungalows GUESTHOUSE $$
(☎ 086-400012 ; www.muangsingtravel.com ; bungalowpetit/moyen/grand150000/250000/350 000 LAK). Disséminés dans un vaste jardin, les grands bungalows sont équipés d'une douche extérieure en pierre. Toutes les chambres sont dotées de lits confortables, moustiquaires, ventilateur et petite véranda (mais il y fait froid la nuit pendant la saison fraîche). Sauna aux herbes aromatiques (10 000 LAK) et massages (50 000 LAK/heure) proposés, et il y a un petit restaurant servant des plats laotiens du cru.

Couleur Cafe LAOTIEN $
(plats 25 000-60 000 LAK ; ⊙7h-21h). Ce petit avant-poste de l'ancien Couleur Cafe de Luang Prabang figure parmi les restaurants rescapés de la ville. La carte comprend une série de classiques laotiens, plus quelques surprises internationales comme la poitrine de poulet sauce moutarde et les spaghettis bolognaise. Sélection de jus de fruits et de milk-shakes.

Renseignements

Lao Development Bank (⊙8h-12h et 14h-15h30 lun-ven). Change les devises clés comme le dollar américain, le baht thaïlandais et le yuan chinois, mais avec des taux médiocres.

Office du tourisme (⊙8h-16h lun-ven). L'endroit est parfois fermé en raison d'un manque de personnel, mais on y trouve des fiches d'informations utiles placardées aux murs.

Depuis/vers Muang Sing

De la **gare routière** située au nord-ouest de la ville, des minibus partent vers Luang Namtha (30 000 LAK, 2 heures) à 8h, 9h30, 11h, 12h30, 14h et 15h30. Le bus pour Muang La (40 000 LAK) part à 7h30 et 13h. Des *sŏrngtăaou* partent vers Muang Long (30 000 LAK, 1 heure 30) à 9h, 11h, 13h et 15h30.

Comment circuler

Kalao Motorcycle (100 000 LAK /jour ; ⊙8h-17h), installé sur la route qui mène au marché du matin, loue des motos. On y parle très peu l'anglais.

Les tour-opérateurs et les guesthouses louent des vélos (30 000 LAK/jour).

MOYEN MÉKONG

De nombreux touristes ne font que traverser la région du Moyen Mékong entre la Thaïlande et Luang Prabang, habituellement lors du trajet de 2 jours en bateau lent de Huay Xai via Pakbeng. Cela dit, elle a beaucoup à offrir aux voyageurs plus aventureux souhaitant sortir des sentiers battus.

Bokeo, qui signifie "mine de pierres précieuses", doit son nom aux gisements de saphir du district de Huay Xai. Cette province abrite 34 ethnies malgré une très faible population. La province de Sainyabuli est connue pour ses éléphants domestiqués, et un remarquable centre de protection des éléphants est situé tout près de la capitale provinciale. En dehors de Huay Xai et de Pakbeng, pour vous faire comprendre, vous aurez besoin d'un guide de conversation.

L'ouest de Sainyabuli demeure quasi ignoré des touristes et des endroits comme le district de Khop, territoire à forte proportion de forêts primaires intactes où vivent diverses minorités ethniques, sont de vrais bouts du monde.

Huay Xai ຫ້ວຍຊາຍ

☎084 / 30 000 HABITANTS

Séparée de la Thaïlande par le Mékong, Huay Xai (Hoksay) est pour beaucoup de voyageurs la porte d'entrée au Laos. La ville s'est améliorée au cours des dernières années. Des stands de restauration investissent les rues en soirée, tandis que quelques guesthouses accueillent les voyageurs et des cafés servent une bonne cuisine.

Huay Xai aurait hébergé une usine américaine de traitement d'héroïne durant la "guerre secrète" ; aujourd'hui, c'est une simple étape pour les voyageurs en chemin vers Luang Prabang ou pour ceux qui viennent profiter de la Gibbon Experience (p. 136), une des attractions touristiques les plus courues du pays. Cela dit, avec des excursions à la journée dans les villages ethniques voisins et les quelques occasions de "volontourisme", il y a des raisons de s'attarder ici un jour ou deux.

À voir

Parmi les modestes attractions de Huay Xai figurent les points de vue sur le Mékong depuis les *vat* colorés.

Marché principal VIE LOCALE
(7h-12h). Le marché principal, très animé, se niche dans la vallée derrière le fort Carnot.

Vat Jom Khao Manilat TEMPLE BOUDDHIQUE
(6h-18h). L'un des principaux temples bouddhiques de la ville ; depuis le centre, un escalier mène jusqu'à l'édifice, perché sur la colline.

Vat Thadsuvanna Phakham TEMPLE BOUDDHIQUE
(ວັດທາດສວັນນະຜ້າຄຳ ; aube-crépuscule). Sur la crête au-dessus de l'embarcadère des *speedboats*, à 3 km au sud du centre-ville, le Vat Thadsuvanna Phakham est un nouveau temple coloré. Il comporte une rangée de 8 bouddhas dorés en posture de méditation disséminés parmi des plantes.

Vat Khonekeo Xaiyaram TEMPLE BOUDDHIQUE
(ວັດໂຄນແກ້ວ ; aube-crépuscule). Le Vat Khonekeo Xaiyaram, dans Ban Khonekeo, possède une somptueuse façade avec des piliers et des portes rouge, or et vert.

Vat Keophone Savanthanaram TEMPLE BOUDDHIQUE
(ວັດແກ້ວພອນສະຫວັນທະນາຣາມ ; aube-crépuscule). Sur le mur nord du *sĭm* (salle des ordinations) du Vat Keophone Savanthanaram, des peintures représentent des scènes de torture tandis que, plus haut sur le versant, un grand bouddha couché est protégé par un grillage.

Circuits organisés

Quiconque prend le bateau lent vers Luang Prabang passera probablement à côté d'une grande partie du nord du pays. Une excursion dans les collines à proximité de Huay Xai est l'occasion rêvée de percevoir toute la diversité ethnique de la région. L'agence New Challenge Discovery organise des treks vers des villages khamu alentour. De nombreuses guesthouses proposent des circuits similaires, tandis que les

100% LOCAL

LE TRIANGLE D'OR RÉINVENTÉ

À environ 5 km au nord de Tonpheung, la Route 3 se métamorphose brusquement en une avenue bitumée bicolore, flanquée de palmiers et soigneusement entretenue par une armée de balayeurs. Les dômes dorés et les auriges pseudo-antiques ne sont pas des hallucinations, mais une sorte de Las Vegas du Laos – un projet de casino et de complexe de loisirs toujours en construction, qui devrait couvrir près de 100 km². Au bout de 2,5 km, cette avenue surréaliste tourne sur la gauche et se termine en cul-de-sac, après 600 m, au bord du Mékong, près d'un autre dôme à la Disney et un mini-Big Ben. Ouvert à tous, le gigantesque casino est avant tout destiné à une clientèle chinoise et thaïlandaise – la roulette électronique sera sans doute le plus accessible d'une série de jeux qui vous sembleront peu familiers.

Cette zone au bord du fleuve fait partie du fameux Triangle d'or, là où le Laos et la Thaïlande se font face, tandis que le Myanmar s'insère en un long banc de sable entre les deux. Des bateaux de croisière cabotent du côté thaïlandais et des *speedboats* attendent sur la rive laotienne. À noter : les étrangers ne peuvent pas traverser sans autorisation.

Huay Xai

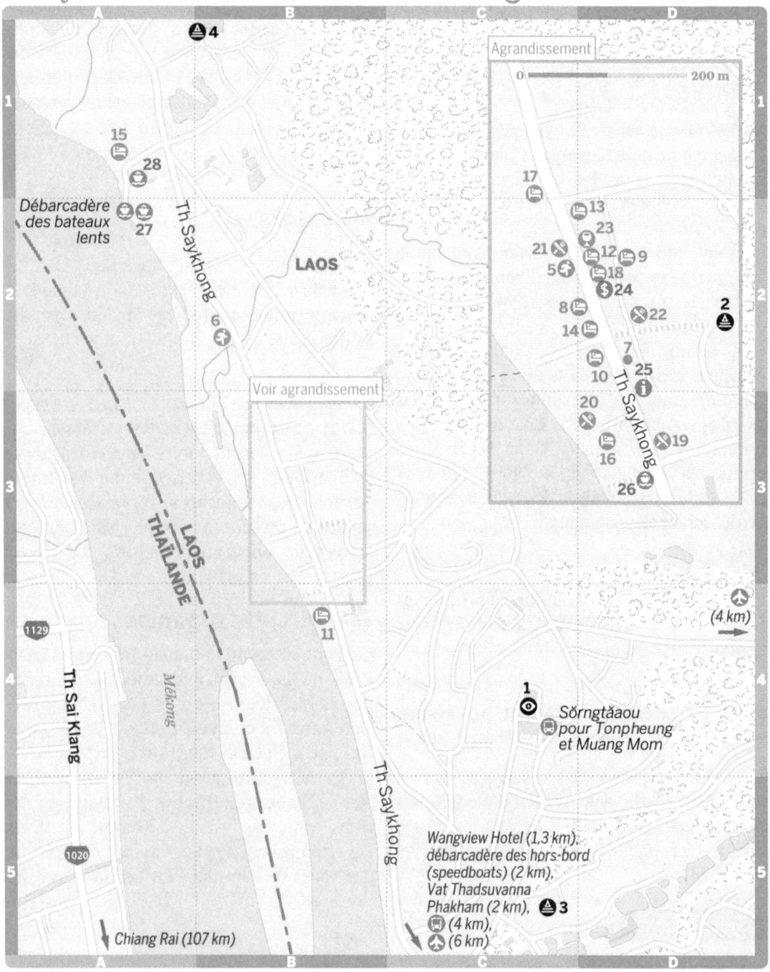

propriétaires de Daauw Home peuvent organiser des séjours chez l'habitant dans un village hmong.

Croix-Rouge laotienne MASSAGES

(☎ 084-211935 ; massage à partir de 50 000 LAK/heure, sauna aux plantes 20 000 LAK ; ⏱13h30-21h lun-ven, 10h30-21h sam-dim). Installée dans une vieille demeure imposante au bord du Mékong, la Croix-Rouge laotienne propose des massages occidentaux et laotiens, ainsi qu'un sauna traditionnel (à partir de 16h).

New Challenge Discovery TREKKING

(☎ 020-97720313, 030-5209858 ; www.newchallengediscovery.com ; Th Saykhong ; trek 2 jours 120 $US par pers, kayak 1 jour 70 $US par pers, réductions importantes pour les groupes de 3 pers et plus ; ⏱8h-17h30). Très cotée, cette agence gérée par d'anciens guides de la Gibbon Experience met sur pied d'authentiques circuits de trekking de 1 à 3 jours vers des villages khamu à la lisière de la ZNP de Nam Kan, ainsi que des sorties kayak sur le Mékong. Les recettes servent à soutenir des projets éducatifs en milieu rural, mais aussi

Huay Xai

À voir

1 Marché principal C4
2 Vat Jom Khao Manilat D2
3 Vat Keophone Savanthanaram C5
4 Vat Khonekeo Xaiyaram B1

Activités

5 Gibbon Experience C2
6 Croix-Rouge du Laos B2
7 New Challenge Discovery D2

Où se loger

8 BAP Guesthouse D2
9 Daauw Home D2
10 Gateway Villa Hotel D2
11 Khaupjai Guesthouse B4
12 Little Hostel D2
13 Oudomphone Guesthouse 2 .... D2
14 Phonetip Guesthouse D2
15 Phonevichith Guesthouse & Restaurant A1
16 Riverside Houayxay Hotel D3
17 Sabaydee Guest House C1
18 Thaveesinh Hotel D2

Où se restaurer

Daauw .... (voir 9)
19 Dream Bakery D3
20 Houy Xai Kaew Restaurant D3
21 Riverview Cafe C2
22 Terrasse Restaurant D2

Où prendre un verre et faire la fête

23 Bar How D2

Renseignements

24 BCEL D2
Bureau de la Gibbon Experience (voir 5)
25 Bureau d'information touristique D2

Transports

26 Luang Say Cruise D3
27 Shompoo Cruise A2
28 Guichet des bateaux lents A1

à permettre aux habitants de restaurer et de protéger le fragile écosystème.

Où se loger

Quantité de guesthouses sont concentrées dans l'artère centrale et disséminées à la lisière de la ville. Les prix peuvent être plus élevés que dans le reste du pays, malgré une qualité plus faible.

BAP Guesthouse GUESTHOUSE $

(☎084-211083 ; Th Saykhong ; d/lits jum avec ventil 60 000 LAK, d/lits jum avec clim 120 000 LAK ; ❄). Tenue par madame Changpeng, qui parle anglais, cette guesthouse fiable dispose de 16 chambres – certaines avec ventilateur ou climatisation et salle de bains privative. Optez pour l'une des 4 chambres plus récentes (dessus-de-lit colorés, meubles en bois et TV), d'où vous profiterez d'une belle vue sur le Mékong. Son restaurant (plats 15 000-35 000 LAK) concocte d'excellents plats de riz cantonais, des plats de pâtes et des petits-déjeuners copieux.

Little Hostel AUBERGE DE JEUNESSE $

(☎030-5206329 ; littlehostel.wordpress.com ; Th Saykhong ; dort 40 000-70 000 LAK ; 📶). Les meubles colorés tranchent sur le sol en béton de cette auberge dépouillée comportant 2 dortoirs de 4 couchages. Les chambres et les douches sont propres. Cette adresse conviviale permet de rencontrer d'autres voyageurs, grâce à sa grande salle commune et à son emplacement central dans l'artère principale. Les tarifs varient beaucoup de la basse à la haute saison.

Kaupjai Guesthouse GUESTHOUSE $

(☎020-55683164 ; khopjailaos@gmail.com ; d/lits jum avec ventil/clim 100 000/120 000 LAK ; ❄📶). Cette guesthouse bien entretenue, dont l'accueillant propriétaire parle anglais, offre des chambres propres et simples avec salle de bains privative. Ventilateur dans celles du rez-de-chaussée, climatisation dans celles à l'étage. À côté de la réception figure un petit bureau, où il est possible d'organiser transports et visites.

Oudomphone Guesthouse 2 GUESTHOUSE $

(☎084-211308, 020-55683134 ; d/lits jum avec ventil/clim 80 000/120 000 LAK ; ❄📶). Propre et centrale, cette guesthouse dispose d'un café agréable où prendre son petit-déjeuner et des chambres quelconques, mais spacieuses avec salle de bains. Sans rien d'extraordinaire, cette adresse reste l'un des meilleurs choix en ville.

Daauw Home BUNGALOWS $

(☎030-9041296 ; daauwvillagelaos.com ; d 80 000 LAK, bungalows 100 000-120 000 LAK). 🌿 Située près du cœur de la ville, une adresse douillette tenue par une adorable famille hmong. Le séjour permet de contribuer à l'émancipation des femmes et aux droits des minorités, puisque ce lieu est le fruit d'une initiative gérée par Project Kajsiab. Les chambres et les bungalows sans prétention sont équipés d'un hamac, d'un balcon et d'une salle de bains privative.

À NE PAS MANQUER

LA GIBBON EXPERIENCE

Adrénaline et préservation de l'environnement font bon ménage lors de cette aventure sportive et écologique au cœur des 106 000 ha de jungle de la ZNP de Nam Kan, où vivent notamment de rares tigres, des panthères nébuleuses, des ours noirs et des gibbons noirs. La **Gibbon Experience** (084-212021, 030-5745866 ; www.gibbonexperience.org ; formule "express" 2 jours 180 $US, "classique" ou "cascade" 3 jours 305 $US ; 7h-17h) consiste en un fantastique réseau de tyroliennes installé dans l'une des forêts les mieux préservées du Laos.

Tout a commencé en 1996, alors que le braconnage mettait en péril la population de gibbons noirs, menacée d'extinction. Animo, une société d'écotourisme, a alors travaillé d'arrache-pied pour convaincre les braconniers de devenir des gardiens de la forêt. Ceux-ci travaillent aujourd'hui en tant que guides et bénéficient d'un revenu plus conséquent pour leurs familles que lorsqu'ils opéraient en tant que prédateurs de l'espèce.

Devenue une référence en matière de projet écologique et commercial, l'"expérience" de 2 à 3 jours est bel et bien l'une des aventures les plus mémorables d'un séjour au Laos. On passe 2 nuits dans des cabanes perchées dans les arbres au cœur d'une forêt très dense et, tel Tarzan, on survole des vallées le long d'immenses tyroliennes – certaines font plus de 500 m de long. Une aventure à couper le souffle – à condition de bien vérifier son harnais et son mousqueton, et en s'assurant que ce dernier est bien fermé.

En 2017, un accident tragique a causé la mort d'un visiteur ayant malencontreusement croisé le chemin d'un technicien d'entretien, la friction ayant conduit à la rupture de son harnais. Plusieurs nouvelles règles de sécurité ont été mises en place après le drame, notamment des panneaux de signalisation supplémentaires, des trousses de premiers soins pour les guides et une limitation de la vitesse des tyroliennes les plus rapides. Des équipes d'entretien ont également supprimé la végétation gênante afin d'augmenter le dégagement. La sécurité semble donc absolument prioritaire ici, ce qui ne dispense pas de prendre soi-même quelques précautions de base. En cas de pluie, sachez qu'il vous faudra davantage de temps pour vous arrêter avec votre frein rudimentaire. Le port du casque est facultatif, mais nous vous recommandons d'en demander un (étant donné la vitesse, il vaut mieux que votre tête ne touche pas le câble).

Trois possibilités s'offrent à vous. Les formules "classique" et "cascade" de 3 jours donnent de bonnes chances d'entendre à l'aube le cri stupéfiant des gibbons, mais il est

On trouve un petit **magasin d'artisanat** sur place et il est également possible de faire du **bénévolat**. L'endroit est situé juste à côté de l'escalier qui monte vers le *vat* Jom Khao Manilat, à mi-chemin sur la droite.

Phonetip Guesthouse GUESTHOUSE $
(084-211084 ; Th Saykhong ; d/lits jum 40 000-100 000 LAK ;). Les propriétaires font en sorte que cet endroit bon marché et plutôt gai sente le frais. Les draps et les sols sont propres, le Wi-Fi fonctionne et les employés sont sympathiques. Les chambres les plus économiques consistent en des sortes de cubes avec lits et salle de bains commune. À noter toutefois l'agréable partie commune donnant sur la route à l'étage, si jamais vous parvenez à trouver une place assise.

Gateway Villa Hotel GUESTHOUSE $
(084-212180 ; gatewaytour.laos@gmail.com ; Th Saykhong ; dort 84 000 K, d/lits jum 110 000-368 000 LAK, avec petit-déj ;). Une guesthouse avec plancher, chaises en osier, TV et lits confortables. Certaines chambres sont plus raffinées que d'autres et ont vue sur le Mékong. Vous aurez droit à une bonne nuit de sommeil, à un petit-déjeuner correct et à une connexion Internet rapide. Personnel serviable et parlant anglais.

Sabaydee Guest House GUESTHOUSE $
(084-212252 ; Th Saykhong ; d/lits jum 90 000-130 000 LAK, avec petit-déj ;). Des chambres colorées joliment meublées, avec salle de bains, équipées de lits confortables, d'une TV et d'un ventilateur. Certaines donnent sur le Mékong. Accès Internet dans l'agréable salon. Les salles de bains sont sommaires.

Thaveesinh Hotel HÔTEL $
(084-211502 ; thaveesinh.info@gmail.com ; Th Saykhong ; s/d avec ventil 80 000/100 000 LAK, s/d avec clim 110 000/140 000 LAK ;). Un hôtel très central, aux chambres relativement grandes et propres, quoiqu'un peu

peu probable d'en voir un. Cela dit, ces acrobates arboricoles prospèrent, et les cabanes des deux formules sont construites près de leur territoire. La formule "express" ne dure que 2 jours, pendant lesquels vous n'entendrez sans doute pas les gibbons. Toutes les formules comprennent une part importante de trekking, notamment la "classique". Et, par temps de forte pluie, vous devrez peut-être descendre du véhicule d'Animo pour rejoindre le parc à pied sur des pistes de terre glissantes. Aussi mieux vaut-il être en bonne forme pour se lancer dans l'aventure.

On passe la nuit dans des cabanes en chaume dans les arbres, suffisamment éloignées les unes des autres pour que l'on ait l'impression d'être complètement seul dans la jungle. Souvent perchées à 40 m au-dessus du sol, dans des amphithéâtres naturels avec une vue spectaculaire, ces maisons uniques en leur genre accueillent généralement jusqu'à 16 personnes (2 seulement pour certaines). On dort sous de grandes moustiquaires, mais en compagnie de grosses araignées qui évoluent sur les murs et de rats qui courent dans les combles du plafond – on est dans la jungle ! Les repas bien préparés, composés de riz et de quatre garnitures, arrivent en tyrolienne de l'une des cinq cuisines rustiques. Café, thé, chocolat chaud et en-cas sont à disposition dans la cabane. Il faut placer tous les produits comestibles dans le coffre fourni à cet effet afin de ne pas attirer les rats.

Enregistrez-vous la veille de votre départ au **bureau de la Gibbon Experience** (☎ 084-212021 ; www.gibbonexperience.org ; Th Saykhong ; ⏲ 8h-17h) à Huay Xai. Des gants (essentiels pour les tyroliennes) sont fournis, tandis que les chaussures montantes et à crampons (3 $US) sont en vente partout en ville – nécessaires uniquement après de fortes pluies. Il est aussi conseillé de se munir de chaussures de randonnée, de papier toilette, de longues chaussettes, d'un répulsif à moustiques efficace, d'une lampe torche, d'une bouteille d'eau et de bouchons d'oreille. Mais, à part cela, laissez vos autres bagages dans la consigne du bureau. Vous devrez porter dans un sac à dos toutes vos affaires sur les chemins et sur les tyroliennes. Étant donné l'absence d'électricité – hormis les lumières fonctionnant à l'énergie solaire – chargez bien vos batteries et appareils au préalable. En haute saison, la Gibbon Experience affiche complet, aussi réservez suffisamment tôt.

kitsch (papier peint fleuri et draps couleur lilas). Des meubles et des objets décoratifs en bois ornent les zones communes, et il y a une salle de petit-déjeuner à l'étage. Le Wi-Fi est inégal : vérifiez la connexion avant de choisir une chambre.

Wangview Hotel HÔTEL D'AFFAIRES **$$**
(☎ 020-29121999 ; wangviewhotels@gmail.com ; Th Saykham ; d/lits jum 250 000-375 000 LAK ; ❄ @ 📶). Situé à 2 km au sud de l'artère principale, cet hôtel est le plus chic de la ville, avec des chambres spacieuses et des tarifs concurrentiels. Les chambres les plus chères ont vue sur le Mékong. Salle de sport.

Riverside Houayxay Hotel HÔTEL **$$**
(☎ 084-211064 ; riverside_houayxay_laos@hotmail.com ; d/lits jum 200 000-250 000 LAK ; ❄ 📶). Situé juste en retrait de la rue principale et donnant sur le Mékong, cet hôtel est le plus chic du centre, même si cela ne signifie pas grand-chose. Grandes chambres, eau chaude au robinet, plus TV sat et minibar.

Phonevichith Guesthouse & Restaurant GUESTHOUSE **$$**
(☎ 084-211765 ; www.houayxairiverside.com ; Ban Khonekeo ; d/lits jum avec petit-déj 45 $US ; ❄ 📶). Tissus colorés, ventilateurs et lampes kitsch donnent du caractère aux chambres bien tenues, avec douche bien chaude et climatisation. Celles de la nouvelle aile sont les plus élégantes de la ville. La vue sur le Mékong et la proximité de l'embarcadère des bateaux lents demeurent ses principaux atouts. Impossible de rater le Phonevichith, avec sa façade orange vif.

Où se restaurer et prendre un verre

Huay Xai est plus animée que la plupart des villes du pays, grâce au flux constant de voyageurs circulant entre le Laos et la Thaïlande. Le meilleur endroit pour se détendre est l'un des bars au bord de l'eau, qui invite à contempler le Mékong tourner à l'orange foncé sous le soleil couchant.

Daauw LAOTIEN $
(daauwvillagelaos.com ; plats 20 000-50 000 LAK ; 18h-22h ;). Certainement l'ambiance la plus chaleureuse en ville : profitez d'un coucher du soleil sur les coussins de la terrasse, dotée d'un brasero. Et choisissez entre les spécialités hmong bio, fraîchement préparées, une myriade de spécialités végétariennes, le poulet ou le poisson du Mékong grillés au barbecue. En cas d'affluence, un *laojito* (mojito à base de *lào-láo*) vous aidera à patienter.

Daauw gère également un nouveau café ouvert en journée, près de l'escalier qui monte vers le *vat* Jom Khao Manilat. Tous les revenus générés par ces deux établissements sont reversés à Project Kajsiab, une initiative visant à l'émancipation des femmes hmong.

Dream Bakery BOULANGERIE $
(Th Saykhong ; en-cas à partir de 11 000 LAK, pizzas 40 000-70 000 LAK ; 7h-19h30 lun-ven, 7h-18h sam ;). Ce café-boulangerie de la rue principale est parfait pour des douceurs maison (tartes aux pommes, aux noix de pécan ou aux myrtilles), un bon café (machine Gaggia) et divers petits-déjeuners, en-cas et sandwichs. Une partie des recettes est reversée pour aider à la scolarité des enfants de la province de Bokeo.

Terrasse Restaurant LAOTIEN $
(plats 20 000-60 000 LAK, menu 40 000 LAK ; 8h30-22h30 ;). Cette adresse apaisante à côté de l'escalier menant au *vat* Jom Khao Manilat offre une cuisine laotienne sans prétention, préparée à la perfection à partir d'ingrédients du marché, plus quelques standards internationaux. Avec ses coussins confortables et le soleil couchant sur le Mékong, elle est idéale pour un long dîner. Le menu comprend une soupe, un plat principal et des fruits.

Riverview Cafe LAOTIEN $$
(Th Saykhong ; repas 40 000 LAK ; 6h30-23h ;). Avec son plafond en rotin qui a connu des jours meilleurs et ses murs qui s'écaillent, le Riverview Cafe (ou Muang Ner) n'a rien d'impressionnant. Pourtant, il affiche souvent complet. Vous ne résisterez pas aux arômes venant de la cuisine et foncerez sur les pizzas cuites au feu de bois, burgers, plats sautés, soupes de nouilles et *làap* bien épicés.

Situé à côté du bureau de la Gibbon Experience, il est parfait pour prendre un sandwich à emporter dans la jungle.

Houy Xai Kaew Restaurant LAOTIEN $$
(Th Saykhong ; plats 25 000-75 000 LAK ; 7h-23h ;). La terrasse sur le Mékong offre un point de vue imprenable sur le va-et-vient des bateaux entre la Thaïlande et le Laos. La carte propose un large éventail de plats thaïlandais et laotiens, dont des soupes, des plats sautés, des curries et des petits-déjeuners occidentaux.

Bar How BAR
(020-55167220 ; Th Saykhong ; 6h30-23h ;). Orné de mousquets et de chapeaux chinois, ce bar a l'air d'une échoppe d'apothicaire d'un autre âge, avec sa rangée de bouteilles de *lòw-lów*, vin de riz maison, où macèrent divers ingrédients (des myrtilles aux litchis). On peut aussi y manger des pizzas, des steaks et des rouleaux de printemps (plats 30 000-60 000 LAK).

Renseignements

BCEL (Th Saykhong ; 8h30-16h30 lun-ven). DAB 24h/24, change et bureau Western Union.

Bureau d'information touristique (084-211162 ; Th Saykhong ; 8h-12h et 14h-16h30 lun-ven). Distribue des cartes touristiques de la ville et conseille des excursions dans la province.

Depuis/vers Huay Xai

Pendant des années, des voyageurs désireux de rejoindre Luang Prabang venaient à Huay Xai et grimpaient dans un bateau pour la mémorable descente du Mékong. Aujourd'hui, l'amélioration des routes incite à prendre le bus de nuit. Un peu moins cher que le bateau lent, le bus est moins convivial et moins plaisant, et les passagers arrivent souvent exténués après les 15 heures de trajet.

AVION

L'aéroport de Huay Xai est bizarrement perché à flanc de colline près de la route périphérique, à 1,5 km au nord-ouest de la gare routière. Lors de la rédaction de ce guide, ni Lao Airlines ni Lao Skyway ne proposaient de vols au départ de cet aéroport.

BATEAU

Bateaux lents pour Pakbeng et Luang Prabang

Les bateaux lents partent actuellement de Huay Xai tous les jours à 11h30. Achetez vos billets pour Pakbeng (110 000 LAK, 1 jour) ou Luang Prabang (200 000 LAK sans hébergement, 2 jours) le jour-même à partir de 8h au **guichet des bateaux lents** (✆ 084-211659). Les agences de voyages les vendent plus cher en incluant le transfert en *túk-túk* à un prix exagéré.

La plupart des bateaux disposent désormais de sièges confortables dans le style mini-van. Si le capitaine tente d'embarquer plus de 70 passagers, refusez de monter à bord jusqu'à ce qu'un second bateau soit fourni.

Bateaux lents "de luxe"

La **Luang Say Cruise** (✆ 071-252553, 020-5509 0718 ; www.luangsay.com ; croisière 379-542 $US, supp 1 pers à partir de 64 $US ; ⏲ 8h-11h30 et 13h30-17h lun-ven, 8h-11h30 sam-dim), croisière à bord d'un élégant bateau de 40 places, permet d'effectuer le voyage de 2 jours jusqu'à Luang Prabang dans des conditions plus confortables. La formule comprend les repas, les guides, les visites et la nuit à Pakbeng dans un charmant lodge, le Luang Say Lodge (p. 141). Il y a 3 ou 4 départs par semaine en haute saison (octobre à mars). Les prix varient en fonction de la période. Le service est interrompu en juin et à tout autre moment où le niveau de l'eau est trop bas.

Option plus abordable, la toute nouvelle **Shompoo Cruise** (✆ 020-5930 5555, 071-213189 ; www.shompoocruise.com ; avec/sans hébergement 97/118 $US par pers) s'effectue à bord d'un bateau joliment réaménagé qui descend le fleuve les lundis, mardis, jeudis et samedis et le remonte les lundis, mercredis, vendredis et dimanches. Le prix comprend deux déjeuners ainsi qu'un dîner à Pakbeng, mais pas l'hébergement (possible), ce qui laisse le choix à chacun.

En s'armant de patience, un petit groupe peut louer un bateau lent pour 750 $US environ (à négocier impérativement).

Speedboats et longboats

L'**embarcadère des speedboats** (✆ 084-211457 ; Route 3, 200 m après le Km 202) est situé en contrebas du Vat Thadsuvanna Phakham, à 3 km au sud de la ville. Vers 10h30, des *speedboats* (*héua wái*) de 6 passagers, inconfortables, bruyants et dangereux, filent à toute allure vers Pakbeng (180 000 LAK, 3 heures) et Luang Prabang (350 000 LAK, 7 heures avec pause déjeuner).

Une portion de la Nam Tha étant retenue par un barrage, on ne peut plus faire le trajet complet en bateau jusqu'à Luang Namtha.

BUS ET SŎRNGTĂAOU

Les bus à destination de Huay Xai sont habituellement signalés "Bokeo". La gare routière est à 5 km au sud-est de la ville. Les bus pour Luang Prabang (120 000 LAK, de 14 heures à 17 heures) partent à 10h et 16h ; ceux pour Luang Namtha (60 000 LAK, 4 heures) partent à 9h et 12h30 ; un bus dessert Udomxai (90 000 LAK, 8 heures) à 9h30. Pour Vientiane (230 000 LAK, 25 heures), prenez le bus de 11h30.

Les minibus des agences de voyages à destination de Luang Namtha quittent le

PASSER EN THAÏLANDE : DE HUAY XAI (HOKSAY) À CHIANG KHONG

Jusqu'à la frontière Depuis l'achèvement du quatrième pont de l'Amitié lao-thaïlandaise au poste-frontière de Huay Xai (Laos)/Chiang Khong (Thaïlande), fin 2013, seuls les habitants de la région peuvent effectuer l'ancienne traversée en ferry.

Le *túk-túk* jusqu'au bureau de l'immigration coûte environ 30 000 LAK par personne. Sinon, de nombreuses agences de Huay Xai vendent des billets pour Chiang Mai ou Chiang Rai, incluant un *túk-túk* jusqu'à la frontière, un bus pour franchir le pont, puis un autre moyen de transport, le tout pour un prix équivalent à un trajet en solo.

À la frontière Les visas laotiens (p. 312) sont disponibles à l'arrivée, à partir de 30-42 $US. Un bus (25 B) franchit le pont vers la Thaïlande, où une dispense de visa de 30 jours est fournie systématiquement à la plupart des nationalités. Vous trouverez des DAB et des points de change au très fréquenté poste-frontière de Chiang Khong.

Après la frontière La majorité des bus réservés à Huay Xai pour Chiang Mai et Chiang Rai vous prendront à la frontière. Sinon, des bus pour Chiang Rai (à partir de 65 B, 2 heures 30) partent généralement de la gare routière de Chiang Khong toutes les heures, de 6h à 17h. **Greenbus** (✆ en Thaïlande 0066 53 241933 ; www.greenbusthailand.com) propose une liaison vers Chiang Mai à 9h45. Plusieurs bus de nuit à destination de Bangkok (650-800 B, 14 heures) partent à 15h et 15h30.

centre de Huay Xai vers 9h (100 000 LAK, 4 heures), mais déposent les passagers à la gare routière de Namtha, peu pratique car en dehors de la ville.

Stationnés à côté du marché principal, les **sŏrngtăaou** pour Tonpheung (30 000 LAK, 2 heures) partent dès qu'ils sont pleins, et parfois continuent jusqu'à Muang Mom.

Comment circuler

Des vélos (30 000 LAK/jour) sont disponibles au Little Hostel (p. 135), tandis que le bureau du Gibbon Experience (p. 136) loue des motos électriques pour 50 000 LAK par jour.

En *túk-túk*, comptez environ 20 000 LAK par personne pour rallier l'aéroport, la gare routière et l'embarcadère des *speedboats* ou des bateaux lents.

Pakbeng ປາກແບງ

084 / 3 500 HABITANTS

Étape fluviale à mi-chemin sur le trajet entre Luang Prabang et Huay Xai (le temps d'un déjeuner pour les passagers de bateaux traditionnels rapides, ou d'une nuit pour ceux des bateaux lents), cette bourgade constituée de quelques rues sans grand charme architectural réserve de bonnes adresses où se loger et se restaurer, dont des boulangeries et des cafés à l'occidentale.

La fin d'après-midi est le meilleur moment pour apprécier Pakbeng qui s'accroche sur la berge abrupte du fleuve. Depuis le balcon d'un restaurant, sur les hauteurs de la ville, s'étend une vue sur le Mékong indolent qui coule en flots brun-jaune, entre d'énormes rochers et ses rives escarpées couvertes de jungle.

À voir et à faire

Le personnel de l'office du tourisme propose des treks jusqu'aux villages hmong (400 000 LAK/pers par groupe de 4), des cours de cuisine (100 000 LAK/pers pour un groupe de 4) et conseille diverses grottes et cascades dans le district, que vous pourrez découvrir en louant une moto ; adressez-vous à votre guesthouse (aux abords du marché, des loueurs demandent 40 000 LAK l'heure, un prix très exagéré).

Une excursion plaisante consiste à traverser le Mékong en **canot à moteur** (5 000 LAK) et marcher 10 minutes à la diagonale de la rive jusqu'à un authentique hameau hmong.

Le Grand Pakbeng Resort (p. 142) propose aussi un programme complet de visites pour ceux qui prévoient de s'arrêter plus d'une nuit dans cette ville assoupie au bord de la rivière.

Vat Sin Jong Jaeng TEMPLE BOUDDHIQUE

(ວັດສິນຈົງແຈ້ງ). Ce petit temple qui surplombe le Mékong date de la période coloniale. Ses avant-toits ont été entièrement repeints, mais le *sĭm* (salle des ordinations) conserve une vieille peinture murale décolorée sur le mur extérieur est. En regardant attentivement, vous discernerez un personnage moustachu à long nez avec chapeau et parapluie, représentant sans doute un visiteur européen.

Pakbeng

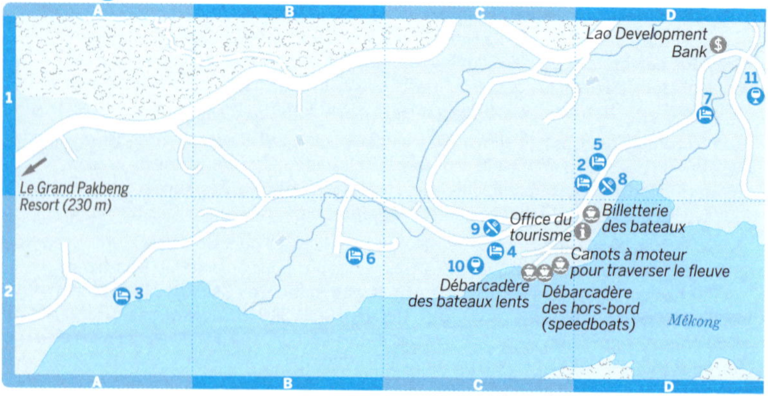

Parc des éléphants du Mékong OBSERVATION DE LA FAUNE

(www.mekongelephantpark.com ; adulte/-12 ans 20/10 $US, instants privilégiés 35-60 $US ; ⏲11h-16h30, instants privilégiés à partir de 7h). Situé en face de Pak Beng, de l'autre côté du Mékong, et géré en partenariat avec le Sanctuary Pakbeng Lodge (p. 143), ce petit centre autorise uniquement une interaction légère avec les quatre pachydermes résidents, mais pas les balades à dos d'éléphant. L'entrée générale du public se fait à 11h, mais les "instants privilégiés", programmés le matin, permettent de côtoyer plus longuement les éléphants.

Le billet standard offre la possibilité de voir les pachydermes prendre leur bain, parfois se baigner l'après-midi dans le Mékong, et profiter de leur habitat naturel tout en se nourrissant des broussailles environnantes. Le parc des éléphants du Mékong est une bonne raison de s'attarder un jour de plus à Pak Beng. Mais si vous avez le temps et les moyens de visiter l'Elephant Conservation Center (p. 142), à Sainyabuli, vous vivrez la rencontre rapprochée avec des éléphants la plus formidable du Laos.

Où se loger

Comme il y a près de 20 adresses assez similaires à moins de 5 minutes de marche de la jetée, cela vaut la peine de faire un tour avant de se décider. Il semblerait que les prix des guesthouses baissent à mesure qu'on gravit la colline. On trouve désormais plusieurs endroits chics, disséminés pour la plupart au fil des crêtes à l'ouest de la ville.

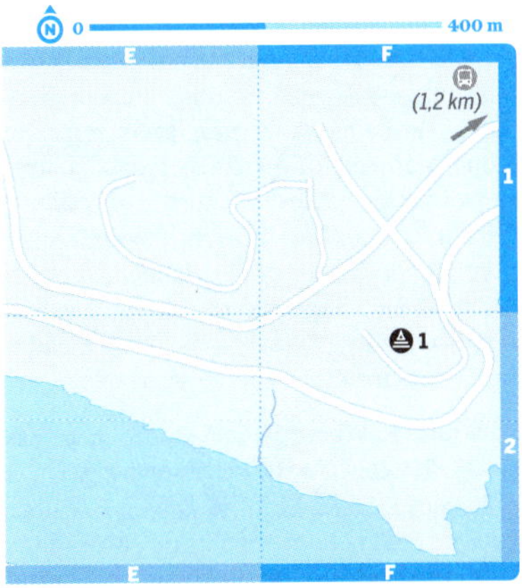

Thip Phavanh Guesthouse GUESTHOUSE $

(☎ 081-214003 ; d/lits jum avec ventil 80 000 LAK, d/lits jum avec clim 100 000-120 000 LAK ; ❄ 📶). Parmi les nombreuses guesthouses qui s'échelonnent de la jetée au sommet de la colline, celle-ci se distingue par son sympathique propriétaire parlant anglais, ses chambres légèrement plus grandes que la moyenne et le soin apporté aux touches décoratives. Quand il fait chaud, on respire mieux dans les chambres à l'étage.

Monsavan Guesthouse GUESTHOUSE $

(☎ 084-212619, 020-55771935 ; d/lits jum à partir de 130 000 LAK ; ❄ 📶). Le vieux propriétaire de cette petite guesthouse de la rue principale est des plus accueillants. Les chambres aux murs de bambou sont impeccables – TV, salle de bains et équipements de bon goût. Le plus : la boulangerie (ouverte de 6h30 à 22h), en face et donnant sur la rivière, où trouver muffins, croissants, sandwichs, bons milk-shakes et café.

♥ **Luang Say Lodge** LODGE $$

(☎ 084-212296 ; www.luangsay.com ; d/lits jum à partir de 73 $US). Essentiellement destiné aux passagers de la Luang Say Cruise (p. 139), un superbe lodge de style traditionnel, avec des bungalows spacieux et élégants disposés dans un jardin luxuriant qui surplombe un magnifique tronçon du Mékong. Tous sont pourvus de ventilateurs et d'une douche chaude. Le restaurant en terrasse (pour le petit-déjeuner et le dîner) donne lui aussi sur le fleuve. Attention : la jetée pour aller à l'hôtel est raide et parfois glissante.

Pakbeng

À voir

1 Vat Sin Jong Jaeng F2

Où se loger

2 DP Guesthouse D1
3 Luang Say Lodge A2
4 Mekong Riverside Lodge C2
5 Monsavan Guesthouse D1
6 Sanctuary Pakbeng Lodge B2
7 Thip Phavanh Guesthouse D1

Où se restaurer

DP café & Bakery .... (voir 2)
8 Hashan D1
9 Khopchaideu C2

Où prendre un verre et faire la fête

10 Happy Bar C2
11 Hive Bar D1

L'ELEPHANT CONSERVATION CENTER

Situé sur les rives du superbe lac Nam Tien, l'**Elephant Conservation Center** (ECC ; ☎ 020-96590665 ; www.elephantconservationcenter.com ; formule "découverte" 2 jours 210 $US, "exploration" 3 jours 280 $US, éco-bénévolat 470 $US) a permis de mettre définitivement Sainyabuli sur le circuit des touristes. S'y rendre est désormais aisé, car des minibus directs au départ de Luang Prabang mettent environ 2 heures pour arriver ici, en empruntant un grand pont sur le Mékong à Tha Deua. Toutefois, il est important de réserver le plus tôt possible car le nombre de visiteurs est strictement limité à 20 personnes par soir. Le centre est parfois réservé par des groupes d'éducateurs bénévoles. Si vous souhaitez le visiter, cela vaut donc la peine de s'informer au préalable et de planifier cette partie de votre voyage en conséquence.

S'étendant sur quelque 530 ha, ce centre a été créé pour protéger, soigner, rééduquer et, à terme, relâcher les éléphants, afin de préserver l'espèce. Un programme fondé autour du bien-être animal, de la reproduction, des soins vétérinaires et de la formation des cornacs. Sa visite permet d'avoir un aperçu unique de la vie de ces créatures majestueuses dans un cadre naturel. Au Laos, il ne reste aujourd'hui que quelque 400 animaux à l'état sauvage, qui doivent fuir les chasseurs d'ivoire, et environ 450 éléphants domestiques, utilisés sur des exploitations forestières ou pour le tourisme. Arracher des arbres en montagne sur des terrains dangereux et escarpés ou transporter des visiteurs à longueur de journée sont des tâches tout aussi éprouvantes pour l'animal. Pour 10 éléphants qui meurent au Laos, seuls deux éléphanteaux naissent et parviennent à l'âge adulte.

Au vu de ces chiffres alarmants, le travail de l'EEC s'avère vital. Aussi, l'organisation verse-t-elle aux cornacs un généreux salaire pour qu'ils viennent vivre au centre, où les éléphants ont accès à des soins vétérinaires, et donnent ainsi une chance aux femelles de se reproduire et d'élever leurs petits à l'abri d'éventuels risques sanitaires, ce qui n'est pas envisageable autrement : les propriétaires imposant à leurs animaux un rythme de travail soutenu afin de rentabiliser l'entreprise (l'entretien d'un éléphant est estimé à 250 $US par semaine). Les vétérinaires du centre veillent aussi à l'état de santé des animaux dans tout le pays. Le complexe, remarquablement conçu, comprend une école de formation de *mahout* (cornacs), un hôpital où travaillent des vétérinaires étrangers qualifiés, un centre d'information, un restaurant ainsi que des bungalows traditionnels et des dortoirs pour les visiteurs qui restent plusieurs jours.

Il y a désormais une trentaine d'éléphants résidents à l'ECC. Deux éléphanteaux sont nés au centre et une femelle était enceinte au moment de la rédaction de ce guide. Cela constitue un signe très positif pour l'avenir, dans la mesure où la population des éléphants sont encouragés à se reproduire à nouveau dans un environnement naturel. L'objectif à long terme est de relâcher les pachydermes dans la nature, au sein de la ZNP de Nam Phoun. Les recherches et les essais ont déjà bien avancés dans ce sens.

DP Guesthouse GUESTHOUSE **$$**
(☎ 081-212624 ; www.duangpasert.com ; rue principale ; s/d à partir de 150 000/200 000 LAK ; ❄ 📶). Gérée par un sympathique Laotien, une guesthouse originale, aux murs vert menthe et orange. Elle sort aussi du lot pour ses chambres aux détails soignés (jolis chemins de lit, climatisation, sol carrelé frais et salle de bains) au-dessus de la moyenne. Pour un petit-déjeuner peu coûteux et savoureux, direction la DP Bakery – pâtisseries, bon café et milk-shakes aux fruits.

Mekong Riverside Lodge BUNGALOWS **$$**
(☎ 020-55171068 ; www.mekongriversidelodge.com ; s/d 30/40 $US ; 📶). On profite d'une superbe vue sur le fleuve depuis les balcons des bungalows aux finitions impeccables. Salles de bains modernes, murs en rotin laqué, parquet, draps frais, moustiquaires et serviettes pliées en forme de cygne. Certaines chambres peuvent communiquer pour les familles. Le petit-déjeuner (compris) est servi au Khopchaideu, en face. Un bon rapport qualité/prix si l'on considère le cadre raffiné, et une direction très serviable.

Le Grand Pakbeng Resort RESORT **$$$**
(☎ 081-214035 ; www.legrandpakbeng.com ; d/lits jum 130-300 $US ; ❄ @ 📶 🏊). Valeur étalon des hébergements de luxe dans la petite localité de Pakbeng, ce grand

L'arrivée au centre est en soi une expérience inoubliable. À bord d'un petit bateau qui glisse au milieu du tapis végétal recouvrant le lac Nam Tien, vous apercevrez avec un peu de chance des éléphants occupés à leur bain du matin. La formule de 2 jours comprend une visite guidée du centre et de sa "pouponnière" afin de découvrir le travail de préservation effectué ici, avec un hôpital sur site, lui aussi unique en son genre, qui s'attache à préserver la santé des éléphants résidents et de certains des 360 pachydermes captifs recensés officiellement dans la province de Sainyabuli.

Pour ceux qui disposent d'un peu de temps, la formule de 3 jours permet de s'immerger dans le travail du centre. Elle offre la possibilité d'observer les éléphants du matin jusqu'au soir : pendant qu'ils se baignent, se nourrissent et évoluent librement dans la zone de socialisation (vous pourrez les voir sans être vu, depuis une cabane dans les arbres ou des plateformes d'observation plus proches du sol). Vous pourrez aussi assister au bilan de santé d'un pachyderme par un vétérinaire dans l'espace dédié de l'hôpital : une structure en bois permet au soignant d'examiner l'animal sans se faire piétiner et sans le brutaliser.

L'hébergement au centre se fait dans des bungalows de chaume sommaires, avec de l'électricité le soir pour alimenter les lampes à LED permettant de lire. Les bungalows sont équipés de moustiquaires et d'une petite véranda pour se détendre quand il fait chaud en journée. Les sanitaires communs sont d'une propreté irréprochable. Les personnes ayant choisi la formule "bénévolat" logent dans un dortoir.

Un lodge plus récent et plus confortable (supplément 100 $US/pers) abrite 4 chambres spacieuses avec salles de bains privatives. Un choix intéressant pour les petits groupes, les familles ou les résidents cherchant un peu plus de confort. Il n'y a ni Wi-Fi ni Internet, à moins d'avoir son propre accès 3G/4G via un appareil mobile.

Toutes les formules incluent la nourriture et les transferts depuis/vers Luang Prabang (ou Sainyabuli). Des minibus partent chaque jour de la poste de Luang Prabang à 8h et reviennent de l'ECC vers 14h. Les repas se prennent dans un restaurant accueillant, d'où profiter d'une vue panoramique sur le lac et le centre. On y sert une cuisine laotienne savoureuse, et un choix d'en-cas et de boissons est disponible à la demande. Toutefois, n'oubliez pas que l'endroit est éloigné de Vientiane ou de Luang Prabang. Si vous avez envie de quelque chose de spécial ou si vous avez des exigences alimentaires particulières, organisez-vous à l'avance.

L'Elephant Conservation Center est très différent des camps d'éléphants traditionnels, à vocation touristique. Il est géré par des passionnés et les recettes perçues sont affectées au fonctionnement et à d'autres projets de protection des éléphants au Laos. Seul espoir pour la population d'éléphants en baisse du Laos, il constitue un symbole prometteur dans un paysage régional de plus en plus sombre en matière de conservation de la faune.

complexe hôtelier jouit d'un emplacement stratégique, au sommet d'une colline à l'ouest de la ville. Les chambres sont grandes et superbement décorées – doubles lavabos, douches à l'italienne et à effet pluie, ou encore balcon avec vue panoramique.

Autres plus : belle piscine à débordement pour profiter de la superbe vue, restaurant international et cave à vin à la sélection de crus remarquable. Une adresse vraiment épatante.

Sanctuary Pakbeng Lodge BOUTIQUE-HÔTEL **$$$**
(☎ 084-212304 ; www.sanctuaryhotelsandresorts.com/francais/main/pakbeng ; d/lits jum 105-195 $US ; ❄ 📶). Des chambres luxueuses et joliment conçues, avec salle de bains à l'occidentale. Toutes ont un minibar et jouissent d'une vue panoramique. Il y a aussi un élégant bar-restaurant et des massages traditionnels. Une partie des bénéfices est reversée à une organisation caritative, Les Médecins de Chinguetti Pakbeng.

L'endroit soutient également le parc des éléphants du Mékong (p. 141), de l'autre côté du fleuve.

Où se restaurer

L'enfilade des petits restaurants est presque aussi longue que celle des guesthouses. La plupart proposent une cuisine classique laotienne, thaïlandaise et occidentale et les tarifs (plats 15 000-35 000 LAK) sont à peu près identiques En journée, choisissez-en un avec vue sur le Mékong. La plupart des cuisines éteignent leurs fourneaux vers 21h et, dès 22h, on a parfois du mal à trouver une simple bière.

DP café & Bakery BOULANGERIE $
(plats 30 000 LAK ; 6h30-20h30 ;). La bonne odeur de pain vous attirera ici, pour un petit-déjeuner occidental ou à base de fruits. Outre d'appétissantes pâtisseries (mieux vaut venir tôt avant qu'elles disparaissent), on y sert un bon café, des milk-shakes aux fruits et des glaces. Le café-boulangerie est attenant à la DP Guesthouse.

Khopchaideu INDIEN $
(020-55171068 ; plats 20 000-50 000 LAK ; 7h-22h ;). Installé en face du Mekong Riverside Lodge et jouissant d'une vue superbe, ce restaurant sert des plats indiens parmi les meilleurs du nord du Laos. Au menu : des curries classiques et des recettes comme le buffle masala, parfaitement cuisinées et suffisamment relevées. Sert aussi des plats laotiens et occidentaux. Charmant, le personnel parle anglais.

Hashan INDIEN $
(plats 15 000-60 000 LAK ; 7h-22h ;). En soirée, les délicieuses odeurs qui débordent jusque dans la rue vous guideront jusqu'à ce restaurant prisé de longue date, décoré de lampions en papier suspendus au plafond telles des chrysalides lumineuses. Les plats indiens y sont succulents – goûtez les *roti* (pains indiens) bien moelleux. Choisissez une table donnant sur le fleuve. Il y a également un menu laotien et occidental.

Où prendre un verre et faire la fête

L'impressionnant bar-restaurant du Luang Say Lodge est idéal pour profiter de la vue sur le Mékong au crépuscule, en sirotant un Gin tonic ou un verre de vin. Il existe une poignée de petits bars en ville pour les routards cherchant à faire la fête à Pakbeng, ou du moins à prendre un verre.

Hive Bar BAR
(rue principale ; 17h-23h30 ;). Ce petit bar animé requiert une bonne montée par-delà la flopée de guesthouses à flanc de colline, mais il en vaut la peine. Apportez le prospectus que vous aurez reçu à la descente du *speedboat* afin d'obtenir un cocktail laotien gratuit, choisissez votre musique et fumez le narguilé. Éventuellement, faites une partie de billard ou de *beer pong*.

Happy Bar BAR
(16h-23h30). Vue splendide sur le Mékong depuis ce bar prisé pour ses apéritifs au crépuscule et ses verres en fin de soirée. L'happy hour dure de 18h30 à 20h30 ; il y a quantité de jeux au choix comme le billard, le *beer pong* et les fléchettes.

Renseignements

Les guesthouses changent des devises, mais à des taux désavantageux. Le baht thaïlandais est largement utilisé.

Lao Development Bank (24h/24). Située près du marché, cette banque possède un DAB, réputé pour être vite à court de billets aux heures de pointe.

Office du tourisme (www.oudomxay.info ; 7h-12h et 14h-21h). Plans de la ville gratuits et possibilité d'organiser une visite guidée.

Depuis/vers Pakbeng

La petite gare routière est située à l'extrémité nord-ouest de la ville. Udomxai (40 000 LAK, 4 heures) est desservie 2 fois par jour (9h et 12h30). Un bus part également le matin vers Muang Ngeun (35 000 LAK, 1 heure 30) et la frontière thaïlandaise, une fois qu'il est complet.

Le bateau lent qui descend le fleuve jusqu'à Luang Prabang part entre 9h et 10h (110 000 LAK, 8 heures environ) et fait escale sur demande à Pak Tha et à Tha Suang (pour Hongsa). Celui pour Huay Xai (110 000 LAK, 9 heures environ) lève l'ancre à 8h30.

Les *speedboats* rallient Luang Prabang ou Huay Xai en 3 heures environ et coûtent 200 000 LAK par personne pour 6 passagers – cette capacité maximale est à la fois risquée et très inconfortable, mais revient moins cher que de louer un bateau à 1 200 000 LAK. À l'arrivée, de jeunes garçons proposent souvent de porter vos bagages pour quelque 5 000 LAK (après marchandage), une aide précieuse en période de basses eaux, car il faut emprunter deux planches et grimper un banc de sable escarpé pour rejoindre la route. Les billets s'achètent à la **billetterie des bateaux**.

Sainyabuli ໄຊຍະບູລີ

☎074 / 32 000 HABITANTS

L'une des "capitales de l'éléphant" du Laos, Sainyabuli (Sayaboury, Sayabouli, Xaignabouri ou Xayaboury) est une petite ville prospère et agréable, adossée à l'est à une belle chaîne de hautes crêtes boisées. Résolument urbain, le centre-ville aux très larges avenues est jalonné de bâtiments administratifs clinquants et surdimensionnés. En partant de l'office du tourisme et en vous dirigeant vers le sud, vous découvrirez un nombre croissant de jolies constructions en bois, parfois dans un cadre bucolique parmi des palmiers. Totalement ignorée des touristes, la ville devrait le demeurer pour l'essentiel malgré les nouvelles routes, car la plupart des visiteurs se rendent directement à l'Elephant Conservation Center.

À voir

De nombreux sites au bord de l'eau ont un cadre idyllique en raison des spectaculaires crêtes du **Pak Kimin** se réfléchissant dans les eaux de la Nam Heung.

Nam Tien LAC

(ນ້ຳທ່ຽນ). Pour goûter pleinement le charme du cadre naturel de Sainyabuli, rejoignez le lac-réservoir de Nam Tien, à 9 km au sud-ouest de la ville. C'est le point d'accès à l'Elephant Conservation Center. Un restaurant, perché au-dessus du barrage, offre vers l'ouest la vue sur des rizières et des versants boisés avec, au loin, les crêtes du Pak Kimin et du Pak Xang.

La route asphaltée qui mène à Nam Tien sur 3 km bifurque à l'ouest de la route de Pak Lai, 500 m avant la gare routière sud, juste avant un pont (à 6,5 km du centre de Sainyabuli).

Vat Sibounheuang TEMPLE BOUDDHIQUE

(ວັດສີບູນເຮືອງ). Le Vat Sibounheuang est le monastère le plus attrayant de la ville. Il comprend un stupa doré penché et un bouddha couché dans un charmant jardin, où les ruines du petit *sĭm* en brique d'origine dateraient du début du XIVe siècle. Le nouveau *sĭm* est orné de peintures murales, dont certaines fustigent l'adultère. Il recouvre un trou mystérieux, traditionnellement associé aux esprits *sinkhone*, apaisés lors de la fête de Phaveth (13e-15e jour du 3e mois lao) qui précède la pleine lune de février.

Vat Sisavangvong TEMPLE BOUDDHIQUE

(ວັດສີສະຫວ່າງວົງ). Le plus central des *vat* de Sainyabuli aurait été construit par le roi Sisavang Vong sur le site d'un ancien temple.

Fêtes et festivals

Festival de l'Éléphant CULTURE

(www.elephantconservationcenter.com ; ⌚mi-fév). Organisée sur la rive est de la Nam Heung, cette grande fête attire des milliers de Laotiens venus célébrer et honorer l'animal emblématique du "pays

Sainyabuli

Sainyabuli

À voir
1 Vat Sibounheuang B3
2 Vat Sisavangvong A1

Où se loger
3 Alooncheer Hotel A2
4 Santiphap Guesthouse A1

Où se restaurer
5 Marché de nuit A2
6 Sainamhoung Restaurant B2

Où prendre un verre et faire la fête
7 Beer Gardens B1

du Million d'éléphants". Sur 2 jours minimum elle comprend musique, théâtre et tentes à bière, plus des défilés d'éléphants et des démonstrations. Cette manifestation est populaire, même si des groupes de défense des animaux ont exprimé leur préoccupation par rapport à certaines activités, notamment les promenades à dos d'éléphant et leur impact sur la santé des pachydermes. Cela dit, cette fête vise avant tout à sensibiliser le public (les locaux et les voyageurs) à la condition de l'éléphant d'Asie, en voie de disparition.

Où se loger

Pour se loger en ville, on trouve quantité d'adresses bon marché, mais loin d'être mémorables. La plupart des visiteurs ne font que passer ici sur la route de l'Elephant Conservation Center (p. 142).

Santiphap Guesthouse GUESTHOUSE $

(074-211184 ; 13 Northern Rd ; d et lits jum avec ventil/clim 60 000/100 000 LAK ;). Actuellement la meilleure adresse de la ville, au gérant sympathique qui parle anglais et est à l'écoute des visiteurs étrangers. Chambres propres avec salle de bains, armoire et bureau, mais pas grand-chose d'autre.

Alooncheer Hotel GUESTHOUSE $

(074-213136 ; d/lits jum avec ventil 60 000-80 000 LAK, d et lits jum avec clim 100 000-120 000 LAK ;). Une grande guesthouse centrale et calme, gérée par des Hmong. Le salon lambrissé est décoré d'instruments traditionnels. La plupart des chambres sont hautes de plafond. Sachez que les moins chères sont vraiment un cran en dessous question confort.

Où se restaurer et prendre un verre

Rejoignez l'un des bars au bord de la rivière pour un verre tranquille au soleil couchant.

Nam Tiene Restaurant LAOTIEN $

(plats 25 000-60 000 LAK, poisson au poids ; 6h30-23h). Adresse appréciée pour sa cuisine bien préparée et bien présentée. Avec une vue splendide sur le lac-réservoir en toile de fond, ce lieu mérite le déplacement jusqu'au barrage de Nam Tien. Le week-end, les gens du coin louent de drôles de pédalos à l'allure d'oiseau.

Marché de nuit CUISINE DE RUE $

(18h-22). Dans ce marché près du rond-point central, vous trouverez des échoppes de nouilles, de grillades, de fruits frais et de *khànŏm* (sucreries traditionnelles).

LE PAYS DU MILLION D'ÉLÉPHANTS

On ne dispose d'aucun chiffre fiable sur le nombre de pachydermes aujourd'hui présents au Laos, qui s'appelait à l'origine Lan Xang, le "pays du Million d'éléphants". Dans la province de Sainyabuli en particulier, les éléphants domestiques ont longtemps été un pilier de l'exploitation forestière car ils permettaient le transport des troncs sans le déboisement que nécessite le passage d'un tracteur. Chaque éléphant est dressé et conduit par un *mahout* (cornac), qui entretient avec l'animal une relation privilégiée pouvant durer la vie entière. Les éléphants appartiennent généralement à une association de villageois qui partagent les coûts, les bénéfices et les risques. Pour que l'entreprise soit rentable, les propriétaires imposent aux bêtes un rythme de travail qui les prive de toute énergie pour se reproduire et mener à bien une gestation qui dure presque deux ans.

Au Laos, en raison d'un ratio naissances-décès de deux pour 10, l'éléphant domestique pourrait disparaître d'ici à 50 ans, à en croire l'équipe du remarquable Elephant Conservation Center (p. 142). Il faut savoir aussi que nombreux éléphants "à la retraite" ou "au chômage" ont repris du service dans le tourisme, notamment autour de Luang Prabang et de Pakbeng. Cette alternative n'est toutefois pas entièrement satisfaisante. Nombre d'entre eux sont surexploités : ils doivent effectuer jusqu'à 20 treks par jour en transportant des visiteurs sur leur dos (ce qui est très pénible pour leur colonne vertébrale), sous une chaleur torride, sans contact avec leurs congénères, et ils sont mal nourris. Les organismes soucieux du bien-être animal recommandent aux touristes de trouver des alternatives qui profitent mieux aux éléphants, comme les promenades avec les pachydermes, plutôt que les balades à dos d'éléphant, potentiellement plus nuisibles.

PASSER EN THAÏLANDE : DE MUANG NGEUN À HUAY KON

Jusqu'à la frontière Le poste-frontière Muang Ngeun (Laos)/Huay Kon (Thaïlande) (⏲8h-17h) se trouve à 2,5 km environ à l'ouest du carrefour de Muang Ngeun. Plusieurs *sŏrngtăaou* effectuent la liaison entre Hongsa (45 000 LAK, 1 heure 30) et Muang Ngeun.

Pour les passages Thaïlande-Laos : il n'y a pas de restaurant ni de transport côté laotien, mais, si vous parvenez à convaincre le fonctionnaire de l'immigration de téléphoner pour vous, vous devriez obtenir que le *sŏrngtăaou* de l'après-midi pour Hongsa vienne vous chercher, moyennant une somme abordable.

À la frontière Des visas laotiens (p. 312) sont disponibles à l'arrivée et payables en dollars américains ou en baht thaïlandais, quoique à des taux très désavantageux. On nous a signalé plusieurs cas de voyageurs à moto ou à vélo qui se sont vus refuser l'entrée au Laos à cet endroit, d'où l'intérêt éventuel d'envisager un poste-frontière plus fréquenté si vous circulez en deux-roues. Pour passer en Thaïlande, la plupart des étrangers n'ont pas besoin d'un visa.

En Thaïlande Du côté thaïlandais, une moto avec un side-car vous fera traverser le no man's land de 1 km pour 100 THB. Huay Kon, le poste-frontière thaïlandais, comprend des échoppes de nouilles. L'unique moyen de transport public est un luxueux minibus (☎083-0243675) à destination de Phrae (170 B, 5 heures) via Nan (100 B, 3 heures), qui part de Huay Kon à 9h15, 10h, 11h, 12h et 15h. Cinq bus vers le nord quittent Phrae entre 5h et 12h, desservant Nan sur la route de la frontière.

Sainamhoung Restaurant LAOTIEN **$$**
(☎074-211171 ; plats 25 000-70 000 LAK ; ⏲7h-22h ; 📶). Contemplez les berges plantées de bambous et l'imposant massif du Pak Kimin en savourant des spécialités du cru parmi lesquelles un fameux poisson cuit à la vapeur, de bonnes viandes grillées et divers mets plus exotiques – friture de criquets ou de guêpes, vers de bambous...

Beer Gardens BARS EN PLEIN AIR
(⏲18h-23h). Il n'y a pas que des night-clubs sombres et douteux à Sainyabuli : à l'extérieur, sur les berges de la Nam Heung, deux bars sympathiques attirent une clientèle jeune.

ℹ Renseignements

BCEL (⏲8h30-15h30 lun-ven). Possède un DAB et peut changer de l'argent.

Office du tourisme (☎030-518 0095 ; Sayaboury_ptd@tourismlaos.org ; ⏲8h30-11h et 14h-16h lun-ven). Un personnel parlant l'anglais distribue des plans de la ville gratuits, et s'occupe de la location de vélos et de motos.

ℹ Depuis/vers Sainyabuli

L'aéroport est situé à côté de la route principale de Pak Lai, à environ 3 km du centre. Cela dit, il n'y avait pas de vols réguliers pour Vientiane (ou pour toute autre destination) lors de la rédaction de ce guide. L'aéroport international de Luang Prabang est à seulement 2 heures 30 de route.

De la **gare routière principale**, à 2,5 km au nord du centre, un *sŏrngtăaou* part à 11h pour Hongsa (70 000 LAK, 3 heures) – il continue certains jours jusqu'à Muang Ngeun (90 000 LAK).

Vientiane est desservie via Luang Prabang et Pak Lai (130 000 LAK dans les deux cas). Les bus qui passent par Luang Prabang partent à 13h et 16h. Celui qui passe par Pak Lai (80 000 LAK, 4 heures) est à 9h30 et ne circule qu'à la saison sèche. Compte tenu de l'état de la route, très poussiéreuse, mieux vaut vraiment privilégier ce bus si l'on se rend à Pak Lai plutôt qu'un *sŏrngtăaou* (vers 9h et 12h) partant de la petite **gare routière Sud**, à 4 km au sud-ouest de l'aéroport. **Sakura Tour** (☎074-212112) propose des liaisons en minibus climatisé vers Vientiane (130 000 K), partant tous les jours à 8h, 9h et 10h.

Enjambant le Mékong, le pont de Tha Deua a fait tomber les temps de trajet vers Luang Prabang à seulement 2-3 heures en minibus ou en véhicule privé. Des bus plus lents (60 000 LAK, 3 heures) partent à 9h et 14h. L'Elephant Conservation Center (p. 142) gère une navette quotidienne entre Sainyabuli et Luang Prabang, avec un départ à 8h30 dans les deux sens, et un prix compris dans la visite du centre.

Les **túk-túk vers les gares routières** (principale/Sud 15 000/20 000 LAK/pers) partent du marché principal.

Vientiane et ses environs, Vang Vieng

Dans ce chapitre ➡

Le top des restaurants

- ➡ Doi Ka Noi (p. 170)
- ➡ Khambang Lao Food Restaurant (p. 169)
- ➡ Chokdee Cafe (p. 169)
- ➡ Nemnueng Sihom (p. 168)
- ➡ Suzette (p. 167)
- ➡ PVO (p. 167)

Le top des hébergements

- ➡ Hotel Beau Rivage Mekong (p. 165)
- ➡ Sailomyen Hostel (p. 162)
- ➡ Vieng Tara Villa (p. 187)
- ➡ Vayakorn Inn (p. 163)
- ➡ Hôtel Khamvongsa (p. 161)
- ➡ My Box (p. 160)

Pourquoi y aller ?

Installée sur les rives du puissant Mékong, Vientiane est l'une des plus petites capitales d'Asie du Sud-Est. Pourtant, elle ne manque pas de caractère et reste le lieu idéal où recharger les batteries entre deux étapes d'un voyage au Laos. On y perçoit encore l'influence française, souvenir d'une présence coloniale établie à la fin du XIXe siècle.

D'une sophistication toute citadine, la capitale laotienne contraste avec la beauté du relief karstique de Vang Vieng et l'épaisse jungle de la zone nationale protégée (ZNP) de Phu Khao Khuay. Plébiscité par les amateurs d'activités en plein air, Vang Vieng se classe parmi les premières destinations sud-asiatiques en la matière. C'est aussi l'un des plus beaux sites du Laos, sur la rive de la Nam Song, avec ses collines remontant à l'ère jurassique et ses nombreuses grottes. Les séjours chez l'habitant et les treks à travers la forêt sont à ne manquer sous aucun prétexte.

Quand partir

Vientiane

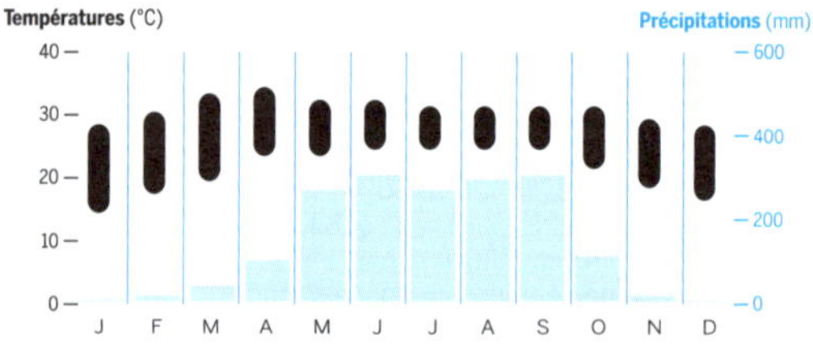

Novembre-février
Une période idéale, avec la fête de la pleine lune, en novembre.

Mars-mai
La chaleur et l'humidité augmentent, mais les tarifs des hôtels diminuent.

Juin-novembre
La mousson apporte un peu d'air frais et des fêtes mettent à l'honneur le fleuve.

VIENTIANE

021 / 821 000 HABITANTS

Une certaine langueur règne à Vientiane (ວຽງຈັນ). L'ancienne capitale du protectorat français du Laos, que parcourent à une allure paisible les conducteurs de *túk-túk*, s'étend sur la rive droite de l'indolent Mékong. Il n'y a pas grand-chose à faire dans la plus grande ville de la République démocratique populaire lao – mais, à vrai dire, c'est plutôt un point fort qu'un défaut.

Si vous êtes prêt à vous contenter d'une poignée de sites touristiques discrets, à profiter de la vue sur le fleuve en dégustant une Beerlao ou à vous balader de café en café, vous adorerez Vientiane. D'autant plus que ces modestes plaisirs sont accessibles à tous les budgets – que vous soyez plutôt hébergement pas cher et marchés de rue, ou boutique-hôtel chic et restaurant de cuisine internationale.

Bien que les jours s'y succèdent avec une certaine monotonie, vous serez surpris en quittant Vientiane de constater qu'elle vous manque plus que vous ne vous y attendiez !

Histoire

Construite sur un méandre du Mékong et habitée vers le IXe siècle, Vientiane fit partie d'un des premiers *méuang* (cités-États) laotiens établis dans la vallée au Xe siècle sous le contrôle de l'Empire khmer. Les habitants choisirent cette région en raison de l'exceptionnelle fertilité des plaines alluviales. Ainsi, le *méuang* de Vientiane prospéra à ses débuts, puis jouit d'une fragile souveraineté après le déclin d'Angkor.

Les siècles suivants, Vientiane connut des fortunes diverses. Grand centre régional à plusieurs reprises, la cité fut également, à d'autres époques, dominée par les Vietnamiens, les Birmans et les Siamois.

L'âge d'or de la ville remonte au milieu du XVIe siècle, lorsqu'elle devint la capitale du Lan Xang (le roi Setthathirat y transféra la capitale auparavant fixée à Luang Prabang). Plusieurs des *vat* furent alors édifiés et Vientiane se transforma en un important centre d'enseignement bouddhique.

Cette période ne dura pas. Les invasions à répétition des Birmans, des Siamois et des Chinois, puis l'éclatement du royaume de Lan Xang entraînèrent le déclin de la cité.

Vientiane ne retrouva dès lors sa superbe qu'à l'arrivée de Chao Anou, un prince laotien élevé à Bangkok que les Siamois placèrent sur le trône en
monuments, on doit à C
Saket, édifié entre 1819 e

Malheureusement, le
souverain d'affranchir le
de la domination siamoise
l'épisode le plus destructeu
la ville. En 1828, les armées
quirent les troupes de Chao Anou, rasèrent la capitale et expulsèrent la plupart des habitants. Seul fut épargné le Vat Si Saket et la ville tomba à l'abandon.

Arrivés en 1867, les Français n'en entamèrent la reconstruction qu'à la fin du XIXe siècle, lorsque Vientiane devint la capitale du protectorat français du Laos. Elle fut bâtie selon un simple plan en damier, composée de demeures et d'édifices administratifs de style colonial. Un modeste programme de construction, puisque Vientiane ne figurait pas parmi les priorités de la France en Indochine.

En 1928, la ville ne comptait encore qu'environ 9 000 habitants – dont une part d'administrateurs vietnamiens nommés par la France. C'est seulement à la fin de la Seconde Guerre mondiale que la population de Vientiane commença à croître grâce à l'arrivée, sous divers prétextes liés à la guerre froide, d'experts français puis nord-américains. Et avec eux, les dollars.

Après une succession de coups d'État dans les années 1960, Vientiane était devenue, au début des années 1970, une ville interlope. Ses quelques bars étaient fréquentés par une clientèle composée d'agents clandestins et de correspondants étrangers.

La situation changea radicalement avec l'arrivée du Pathet Lao (PL) en 1975. Les repaires d'espions (les boîtes de nuit en premier lieu) furent fermés, et Vientiane sombra dans une torpeur ponctuée de quelques concessions au communisme, dont une collectivisation modérée et, dans un premier temps, une répression du bouddhisme. Aujourd'hui, quelques édifices de style soviétique sans grâce constituent les principaux témoignages de cette période.

La situation s'est améliorée dans les années 1990. Au cours des dernières décennies, Vientiane a connu une explosion, toute relative, de la construction, ainsi qu'un développement de son réseau routier. La Chine, de toute évidence appelée à peser sur l'avenir de Vientiane, finance une majorité de ces réalisations.

À ne pas manquer

1 Tubing, escalade, kayak, randonnées à pied, à vélo ou à moto au cœur de féeriques paysages karstiques de **Vang Vieng** (p. 180).

2 **Voyage culinaire** (p. 170) à travers les spécialités laotiennes les plus diverses, en commençant par l'un des meilleurs restaurants de Vientiane, le Doi Ka Noi.

3 Plongée dans la spiritualité laotienne en visitant le **Pha That Luang** (p. 156), l'un des principaux sanctuaires bouddhiques de Vientiane.

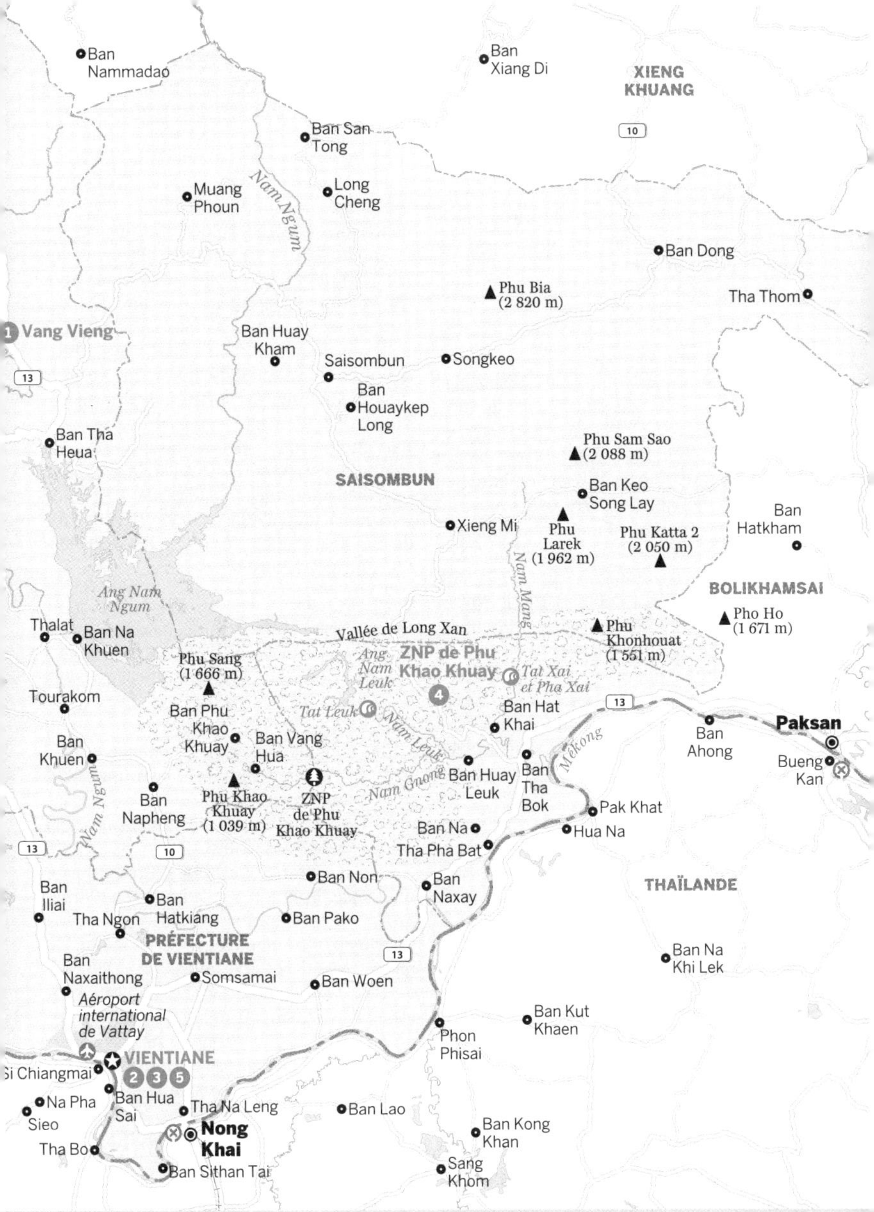

4 Paysages variés, cascades d'eau pure et hébergements chez l'habitant dans la **ZNP de Phu Khao Khuay** (p. 178), pour oublier un peu la société mondialisée.

5 Les nombreux et excellents **cafés** (p. 170) du centre de Vientiane, malgré l'air assoupi de la capitale.

À voir

La plupart des sites sont regroupés dans une petite portion du centre-ville. À l'exception du Xieng Khuan (parc du Bouddha), ils sont aisément accessibles à vélo, et même souvent à pied. La plupart des *vat* accueillent les visiteurs après la collecte matinale des offrandes par les moines et jusqu'à 18h.

Centre-ville

Centre des visiteurs de la COPE HANDICAP, UXO

(ສູນຟື້ນຟູຄົນພິການແຫ່ງຊາດ ; carte p. 154 ; ☎ 021-241972 ; www.copelaos.org ; rue Khu Vieng ; don apprécié ; 9h-18h). GRATUIT Le Laos détient le triste record du pays le plus bombardé au monde, et bien que la guerre du Vietnam ait pris fin il y a plus de 40 ans, des engins non explosés ("UneXploded ordnance", ou UXO) continuent à blesser et à tuer. La COPE (Cooperative Orthotic & Prosthetic Enterprise) est le principal fabricant au Laos de prothèses de membres, d'aides à la marche et de fauteuils roulants. Aménagé dans le Centre national de réadaptation de l'organisation, ce centre d'information, très bien conçu, propose une multitude de contenus multimédias sur les engins non explosés et sur les prothèses.

Plusieurs documentaires évocateurs sont diffusés en boucle dans un cinéma. L'intégralité des bénéfices du café et de la boutique va au financement des projets de la COPE au Laos.

Vat Si Saket TEMPLE BOUDDHIQUE

(ວັດສີສະເກດ ; carte p. 162 ; angle rue Lan Xang et rue Setthathirath ; 10 000 LAK ; 8h-17h, fermé les jours fériés). On doit à Chao Anou la construction du plus ancien temple conservé à ce jour. Ce splendide sanctuaire élevé il y a deux siècles dans le style ancien de Bangkok a cruellement besoin d'une restauration.

Le *vat* est ceinturé d'un cloître aux murs épais couverts à l'intérieur de petites niches garnies de plus de 2 000 bouddhas en argent ou en porcelaine. Au-dessous, de longues étagères supportent plus de 300 bouddhas assis ou couchés (bois, pierre, argent et bronze) du plus pur style laotien. Travail local pour la plupart (XVIe-XIXe siècle), ces effigies sont pour quelques-unes plus anciennes (XVe et XVIe siècles) et proviennent de Luang Prabang.

Sur le côté ouest du cloître s'entassent des bouddhas endommagés durant la guerre lao-siamoise de 1828. Dans le *sĭm* (salle d'ordination, dans le bâtiment principal), juste devant le grand bouddha assis, un bouddha naga de style khmer (XIIIe siècle) représente le Bouddha assis sur un dieu cobra (ou naga) enroulé sur lui-même, qui le protège de ses multiples têtes. Le *sĭm* est surmonté d'un toit à 5 étages. Sous les centaines de niches qui abritent des bouddhas, les murs intérieurs sont ornés de fresques de jataka représentant des scènes des vies antérieures du Bouddha. Au fond du *sĭm*, un autel supporte plusieurs statues du Bouddha. Ainsi le *vat* ne compte-t-il pas moins de 6 400 représentations du Bouddha. Sur la véranda à l'arrière du *sĭm*, on remarque une gouttière de bois orné d'un naga, laquelle sert lors de la cérémonie de purification des effigies du Bouddha lors du Nouvel An laotien.

Vat Si Muang TEMPLE BOUDDHIQUE

(ວັດສີເມືອງ ; carte p. 154 ; angle rue Setthathirath, rue Samsenethai et rue Tha Deua ; aube-crépuscule). GRATUIT L'endroit le plus fréquenté de Vientiane est le Vat Si Muang, site du *lák méuang* (pilier de la ville), considéré comme le siège de l'esprit protecteur de la ville. Détruit en 1828 puis reconstruit en 1915, le vaste *sĭm* a été édifié autour du *lák méuang* et se compose de deux salles.

La plus grande salle, à l'entrée, abrite une copie du Pha Kaeo, le bouddha d'Émeraude, et un bouddha assis de dimensions beaucoup plus modestes. Cette statue de pierre assez grossière aurait survécu aux destructions de 1828, et les habitants lui attribuent le pouvoir d'exaucer les vœux et de répondre aux questions préoccupantes. Les fidèles la consultent en soulevant trois fois le coussin tout en formulant mentalement leur requête. Si la prière est exaucée, il convient de revenir avec une offrande de bananes, de noix de coco vertes, de fleurs, d'encens et de bougies (généralement deux de chaque).

La pièce du fond héberge le *lák méuang* présumé d'époque khmère, ce qui attesterait le caractère religieux du site depuis un millénaire. Aujourd'hui recouvert d'une étoffe sacrée, il est précédé d'une stèle en bois représentant un bouddha assis.

Derrière le *sĭm* se dresse un très endommagé *jęhdii* (stupa) de latérite, sans doute d'origine khmère. Devant le *sĭm* s'étend un

100% LOCAL

VAT SI MUANG : NUL SACRIFICE N'EST TROP GRAND

Selon la légende, le roi Setthathirat aurait réuni en 1563 un groupe de sages pour choisir le site du Vat Si Muang, après le transfert de la capitale à Vientiane. Un grand trou fut creusé pour recevoir l'énorme pilier de pierre (provenant sans doute d'un ancien site khmer voisin), qui devait devenir le *làk méuang* (pilier de la ville). On le suspendit par des cordes au-dessus du trou, puis tambours et gongs résonnèrent pour avertir la population et l'on attendit qu'un volontaire se jette dans le trou en sacrifice aux esprits.

La conclusion de la légende varie selon les interlocuteurs, mais tous racontent qu'une femme enceinte du nom de Sao Si effectua le saut fatal avant que les cordes soient dénouées, devenant ainsi la gardienne de la ville. Les avis diffèrent sur le saut : Sao Si le fit-elle à dos de cheval et/ou avec un moine de petite taille ?

Certains érudits laotiens estiment que, si ce récit a un fond de vérité, les faits se sont probablement déroulés bien avant le règne de Setthathirat – les sacrifices humains étant pratiqués aux époques prébouddhiques môn ou khmères. De plus, le saut de Sao Si ne fut peut-être pas volontaire...

petit parc public agrémenté d'une statue du roi Sisavang Vong (1904-1959).

Vat Chanthabuli TEMPLE BOUDDHIQUE
(ວັດຈັນທະບູລີ ; carte p. 162 ; rue Fa Ngoum ; aube-crépuscule). GRATUIT Construit au bord de l'eau au XVIe siècle, ce superbe *vat* fut détruit lors de l'invasion siamoise de 1828 avant d'être entièrement restauré. Un site remarquable pour son bouddha assis en bronze.

Patuxai MÉMORIAL
(ປະຕູໄຊ, Victory Gate ; carte p. 154 ; rue Lan Xang ; 3 000 LAK ; 8h-17h). Édifié dans les années 1960 avec des matériaux offerts par les États-Unis pour la construction d'un nouvel aéroport, le “monument de la Victoire” (son nom officiel) évoque l'Arc de Triomphe à Paris, et offre pareillement au sommet une vue panoramique. En plein quartier commerçant de Thanon Lan Xang, il rend hommage aux Laotiens morts pendant les guerres prérévolutionnaires.

Haw Pha Kaeo MUSÉE D'ART SACRÉ
(ຫໍພະແກ້ວ ; carte p. 162 ; rue Setthathirath ; 10 000 LAK ; 8h-17h). Cet ancien temple royal spécialement construit pour abriter le célèbre bouddha d'Émeraude abrite aujourd'hui un musée national morne et poussiéreux, consacré à l'art religieux. Il se situe en face de l'entrée du Vat Si Saket, de l'autre côté de la rue. La salle principale renferme un modeste assemblage de stèles khmères, de bouddhas laotiens et de vestiges de divers temples de la ville.

Vat Ong Teu Mahawihan TEMPLE BOUDDHIQUE
(ວັດອົງຕື້ມະຫາວິຫານ ; carte p. 162 ; rue Setthathirath ; aube-crépuscule). GRATUIT Édifié au milieu du XVIe siècle sur un lieu de culte remontant au IIIe siècle, ce *vat* voulu par le roi Setthathirat est considéré comme l'un des principaux temples du pays. Il a été, comme presque tous ceux de Vientiane, détruit pendant les guerres contre les Siamois puis reconstruit au XXe siècle.

Le Hawng Sangkhalat (vice-patriarche) de l'ordre monastique laotien y a sa résidence officielle et préside l'Institut bouddhique, où des moines venus de tout le pays étudient le dharma (les enseignements du Bouddha).

That Dam MONUMENT
(ທາດດຳ, “stupa noir” ; carte p. 162 ; rue Bartholoni ; 24h/24). GRATUIT Proche d'un rond-point à proximité du centre-ville, ce stupa jadis recouvert d'or fut dépouillé par les Siamois lors du pillage de 1828. Ce triste épisode lui a conféré le surnom de “stupa noir”.

Selon une autre légende, le stupa serait l'antre d'un dragon à sept têtes assoupi qui se serait réveillé pendant la guerre lao-siamoise de 1828 pour protéger les habitants – mais sans sauvegarder, manifestement, l'or du monument...

Environs de Vientiane

Xieng Khuan PARC DE SCULPTURES
(ຊຽງຂວັນ ; Suan Phut, parc du Bouddha ; 5 000 LAK, appareil photo 3 000 LAK, parking moto 5 000 LAK ; 8h-17h). À 25 km au sud-est du centre-ville, on doit le très original

Vientiane

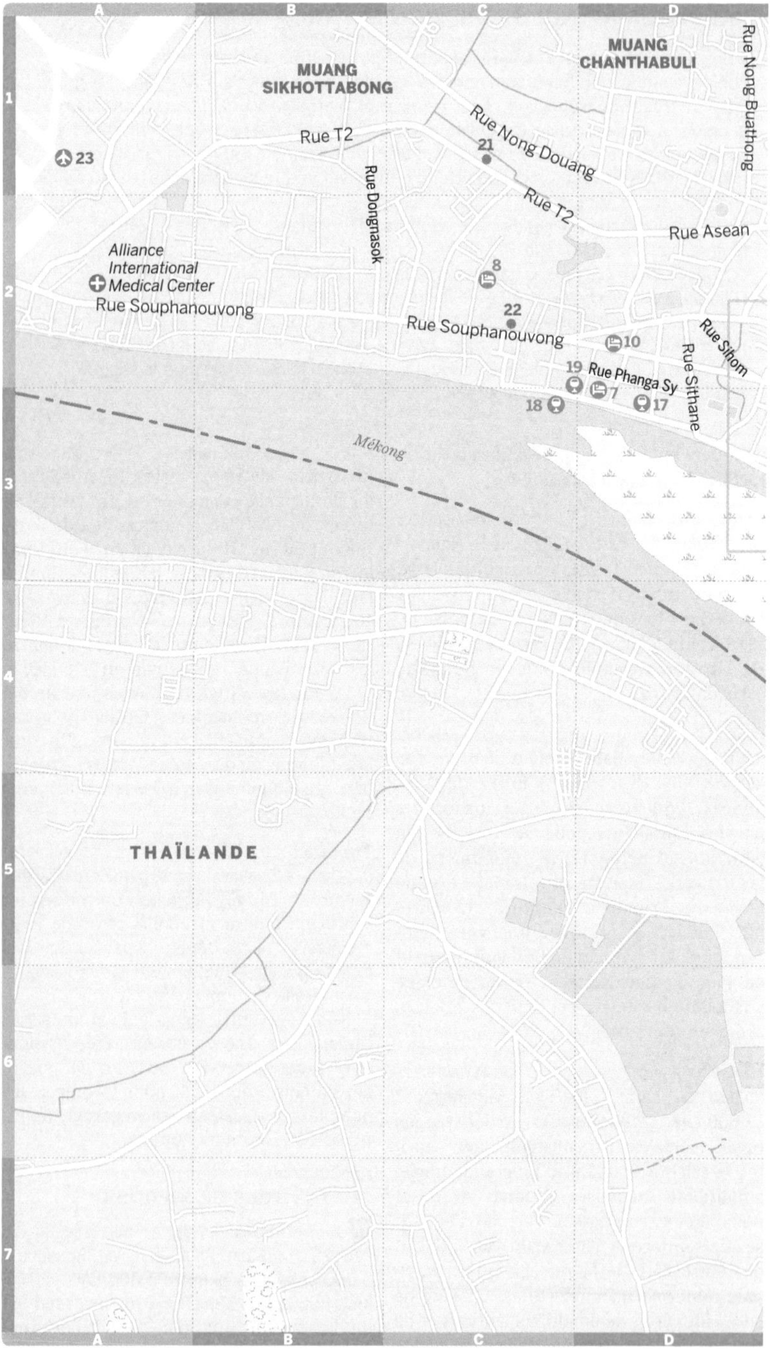

A
B
C
D
1
2
3
4
5
6
7
MUANG SIKHOTTABONG
MUANG CHANTHABULI
Rue Nong Buathong
Rue T2
Rue Nong Douang
21
23
Rue Dongnasok
Rue T2
Rue Asean
Alliance International Medical Center
8
Rue Souphanouvong
22
Rue Souphanouvong
10
Rue Sihom
Rue Sithane
19
Rue Phanga Sy
7
18
17
Mékong
THAÏLANDE

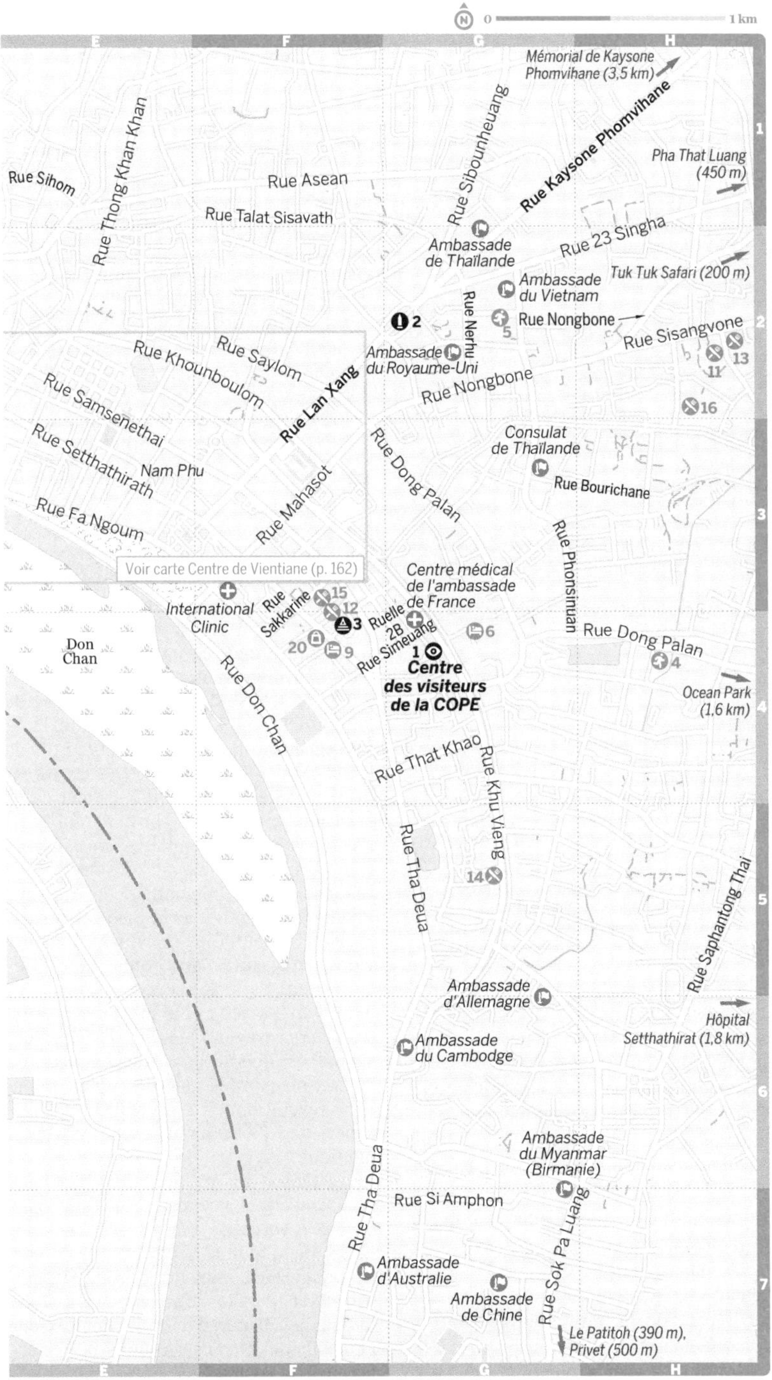
0
1 km
Mémorial de Kaysone Phomvihane (3,5 km)
Rue Kaysone Phomvihane
Rue Sibounheuang
Pha That Luang (450 m)
Rue Sihom
Rue Thong Khan Khan
Rue Asean
Rue Talat Sisavath
Ambassade de Thaïlande
Rue 23 Singha
Tuk Tuk Safari (200 m)
Ambassade du Vietnam
Rue Nerhu
2
5
Rue Nongbone
Rue Sisangvone
11
13
Ambassade du Royaume-Uni
Rue Nongbone
16
Rue Khounboulom
Rue Saylom
Rue Lan Xang
Rue Samsenethai
Rue Setthathirath
Nam Phu
Rue Fa Ngoum
Rue Mahasot
Rue Dong Palan
Consulat de Thaïlande
Rue Bourichane
Rue Phonsinuan
Voir carte Centre de Vientiane (p. 162)
International Clinic
Rue Sakkarine
15
12
3
Ruelle 2B
Rue Simeuang
Centre médical de l'ambassade de France
6
Rue Dong Palan
4
20
9
1
Centre des visiteurs de la COPE
Ocean Park (1,6 km)
Don Chan
Rue Don Chan
Rue That Khao
Rue Khu Vieng
Rue Tha Deua
14
Rue Saphantong Thai
Ambassade d'Allemagne
Hôpital Setthathirat (1,8 km)
Ambassade du Cambodge
Ambassade du Myanmar (Birmanie)
Rue Tha Deua
Rue Si Amphon
Rue Sok Pa Luang
Ambassade d'Australie
Ambassade de Chine
Le Patitoh (390 m), Privet (500 m)

Vientiane

Les incontournables
1 Centre des visiteurs de la COPE G4

À voir
2 Patuxai G2
3 Vat Si Muang F4

Activités
4 Sengdara Fitness H4
5 Vientiane Yoga Studio G2

Où se loger
6 Green Park Hotel G4
7 Hotel Beau Rivage Mekong D3
8 Khunta Residence C2
9 Mandala Boutique Hotel F4
10 Somerset Vientiane D2

Où se restaurer
11 Amphone H2
12 Bakery By Boris F4
13 Doi Ka Noi H2
14 Kuvieng Fried Chicken G5
15 PVO F3
16 Senglao Cafe H2

Où prendre un verre et faire la fête
17 Laodi D3
18 Naga Boat C3
19 Spirit House C2

Achats
20 Monument Books F4

Transports
China Eastern Airlines .... (voir 22)
21 Fuark Motorbike Service C1
Lao Airlines .... (voir 23)
Lao Skyway .... (voir 23)
Sixt .... (voir 23)
22 Thai Airways International C2
23 Aéroport international de Vattay A1

Xieng Khuan, ou Buddha Park, dessiné en 1958, par Luang Pu, un chaman-prêtre-yogi qui fusionna les philosophies, les mythologies et l'iconographie hindouiste et bouddhique en un tout énigmatique. Ce musée de sculptures en plein air réunit ainsi effigies bouddhiques et hindoues. Un lieu étrange et délicieusement décrépit où la nature reprend ses droits sur les ruines, qui invite à se balader et à prendre quelques clichés.

Le bus n°14 (8 000 LAK, 1 heure) relie Xieng Khuan toutes les 20 minutes au départ de la gare routière du Talat Sao ; à défaut, il faut louer un *túk-túk* (250 000 LAK aller-retour).

Pha That Luang — STUPA

(ພະທາດຫລວງ ; "grand reliquaire sacré" ou "stupa suprême" ; rue 23 Singha ; 10 000 K, 5 000 LAK, location de jupe longue pour approcher du sanctuaire ; 8h-17h). Monument national représenté sur des billets de banque, le Pha That Luang symbolise à la fois la religion bouddhique et la souveraineté laotienne. Selon la légende, ce *thâat* (stupa) aurait été édifié au IIIe siècle av. J.-C par des missionnaires d'Ashoka venus d'Inde. Il se situe à environ 4 km au nord-est du centre-ville.

Un cloître carré de 85 m de côté doté de petites ouvertures entoure le stupa de 45 m de haut. Il renferme divers bouddhas dont une statue sereine de Jayavarman VII, grand roi d'Angkor qui fit du bouddhisme la religion d'État de l'Empire khmer.

Mémorial de Kaysone Phomvihane — MAISON, MUSÉE

(ຫໍພິພິດທະພັນແລະອະນຸສາວລີໄກສອນພົມວິຫານ ; Km 6, Sivilay Village ; 5 000 LAK ; 8h-12h et 13h-16h mar-dim). L'ancienne résidence de Kaysone Phomvihane, premier dirigeant de la République démocratique populaire lao, a été transformée en musée – surprenant, mais très intéressant.

Elle se trouve dans l'ancienne base de l'USaid/CIA, à 6 km du centre-ville, là où fut orchestrée la "guerre secrète". Lors de la prise de Vientiane en 1975, les forces du Pathet Lao chassèrent les Américains et occupèrent la base. Un guide du Parti révolutionnaire populaire lao (PRPL) vous montrera la maison où sont conservés des objets personnels de Kaysone Phomvihane (qui y vécut jusqu'à sa mort en 1992) : bouteilles de whisky à moitié vides, chaussures de tennis, bloc-notes et climatiseurs Kelvinator. Même les manteaux portés par le président lors de ses divers voyages à Moscou sont toujours accrochés dans la penderie. La visite de la maison par un guide du Parti populaire révolutionnaire lao (PPRL) est une expérience passionnante, pour un prix modique.

La maison est un peu difficile à trouver. Mieux vaut y venir après avoir visité le musée voisin de Kaysone Phomvihane. Faites demi-tour et repartez vers le sud. Au premier feu, obliquez à droite et poursuivez sur 1 km, jusqu'au panneau à droite indiquant "Mémorial du Président Kaysone Phomvihane". Depuis le centre-ville, comptez environ 40 000 LAK en *túk-túk*.

LE PHA THAT LUANG, DES SYMBOLES À FOISON

Chaque niveau de ce stupa emblématique de la capitale laotienne est orné de motifs architecturaux différents, illustrant la doctrine bouddhique. Le visiteur doit en méditer le sens à mesure qu'il progresse dans l'édifice. La base, dont les dimensions sont presque celles d'un carré (68 m sur 69 m), comporte 323 *siimáa* (pierres d'ordination) et représente le monde matériel. De chaque côté, un petit escalier mène à un *hăw wái*, une salle de prières voûtée, avant de rejoindre le deuxième niveau.

Celui-ci, un carré de 48 m de côté, est entouré de quelque 120 pétales de lotus. Il comprend 288 *siimáa*, ainsi que 30 petits stupas symbolisant les 30 perfections bouddhiques (*páalamíi săamsíp thâat*), qui commencent par la charité et s'achèvent par la sérénité.

Des arches mènent au niveau suivant, un carré de 30 m de côté. Le haut stupa central, au centre en brique recouvert de stuc, repose sur un socle en forme de bol qui rappelle le premier stupa d'Inde, à Sanchi. Au sommet de celui-ci s'élance la structure principale, entourée de pétales de lotus.

La flèche curviligne à quatre côtés ressemble à un bourgeon de lotus allongé. Elle symboliserait la croissance d'une graine de lotus germant au fond d'un lac vaseux pour venir fleurir à la surface, métaphore du passage de l'ignorance à l'illumination par le bouddhisme. Intégralement redoré en 1995 à l'occasion du vingtième anniversaire de la République démocratique populaire lao (RDPL), le *thâat* (ou stupa) est couronné d'une fleur de bananier stylisée, surmontée d'une ombrelle. De la base au pinacle, le Pha That Luang mesure 45 m de haut.

♥ Musée Kaysone Phomvihane

MUSÉE

(ຫໍພິພິດທະພັນແລະອະນຸສາວລີໄກສອນ ພົມວິຫານ ; Route 13 ; 5 000 LAK ; 8h-12h et 13h-16h mar-dim). Inauguré en 1995 à l'occasion du 75e anniversaire de l'ancien président défunt, le musée Kaysone Phomvihane rend hommage au plus pragmatique des dirigeants communistes de l'Indochine. Édifié dans un style vietnamien, le musée est un lieu de culte dédié à Kaysone – culte que lui-même n'a jamais encouragé.

Impossible de manquer le musée gardé par une immense statue en bronze du dirigeant communiste, flanquée de représentations tout aussi imposantes à la gloire du socialisme – avec notamment des membres de différents groupes ethniques. Le bâtiment non plus ne passe pas inaperçu ; il renferme une remarquable collection d'objets liés à Kaysone et au parti, dont une maquette de sa maison d'enfance à Savannakhet, son bureau d'une école française de Ban Tai et une maquette partielle de la grotte de Kaysone (province de Hua Phan) avec revolver, jumelles, radio et autres effets personnels.

On s'y rend à vélo ou en descendant la Route 13 vers le sud par divers moyens de transport ; comptez 40 000 LAK pour le trajet en *túk-túk* depuis le centre-ville.

Musée du Textile laotien

ETHNOGRAPHIE

(ພິພິດທະພັນຜ້າໄໝບູຮານລາວ ; 021-213467 ; www.laotextilemuseum2003.weebly.com ; Ban Nongthatai ; 30 000 LAK ; 9h-16h lun-sam). Créé à l'initiative de la famille qui tient la Kanchana Boutique (p. 172), ce musée privé est peu à peu devenu une sorte de centre culturel laotien. Les bâtiments traditionnels en bois sont entourés de végétation. L'un d'eux renferme une collection de métiers à tisser et de textiles anciens de plusieurs groupes ethniques ; dans d'autres, on peut assister à des démonstrations de tissage et de teinture.

Le musée est à quelque 4 km au nord-est du centre-ville, à Ban Nongthatai. Visite à réserver auprès de la Kanchana Boutique, qui vous donnera un plan pour rejoindre le musée ; sinon, vous risquez de trouver porte close.

Activités

Herbal Sauna

MASSAGES

(carte p. 162 ; 020-55044655 ; en retrait de la rue Chao Anou ; 13h30-21h). Proche du fleuve, cet établissement sans prétention propose des saunas aux plantes typiquement laotiens (20 000 LAK, pièces séparées pour les hommes et les femmes) et des massages laotiens (100 000 LAK/heure).

Le prix comprend un vêtement et une serviette pour les hommes ; les femmes

VAUT LE DÉTOUR

VIENTIANE À VÉLO

Ville au relief relativement plat où circulent peu de voitures, Vientiane se prête parfaitement aux balades à vélo – à condition de profiter des heures fraîches du matin. Il existe plusieurs agences de location en ville, dont Lao Bike (p. 178) et Mixay Bike 2 (p. 178).

Après avoir pris un café et un croissant au Trio (p. 169), empruntez la rue Setthathirath en direction du sud-est. Après le feu de signalisation, vous verrez sur votre droite le **palais présidentiel** (ຫໍານຽບປະທານປະເທດ ; carte p. 162), GRATUIT de style Beaux-Arts, qui fut la résidence du gouverneur français à l'époque coloniale. En face du palais, l'incontournable Vat Si Saket (p. 152) abrite des milliers de bouddhas.

Continuez dans la même direction dans la rue Setthathirath jusqu'à l'envoûtant Vat Si Muang (p. 152). Dirigez-vous vers le nord-ouest dans la rue Simeuang, puis tournez à droite dans la rue Khu Vieng ; il ne vous faudra qu'une minute environ pour parvenir au centre des visiteurs de la COPE (p. 152), où vous en apprendrez davantage sur le fléau des engins non explosés au Laos.

Reprenez la rue Khu Vieng vers le nord-ouest et, si la chaleur commence à se faire sentir, arrêtez-vous pour boire un smoothie au PVO (p. 167). Sinon, continuez jusqu'à l'intersection avec la rue Lan Xang, surnommée les "Champs-Elysées de l'Orient". En la prenant à droite en direction du nord-est, vous atteindrez l'emblématique Patuxai (p. 153), "Arc de Triomphe" de Vientiane.

En continuant quelque 2 km en direction du nord-est, vous pourrez déjeuner à l'excellent restaurant laotien Doi Ka Noi (p. 170). Sinon, faites le tour du Patuxai et reprenez la rue Lan Xang en sens inverse, vers le sud-ouest, tournez à droite dans la rue Samsenethai, à gauche dans la rue Pangkham, et, après avoir dépassé la **Nam Phu**, fontaine de peu d'intérêt, vous voilà revenu à votre point de départ.

doivent payer un supplément de 2 000 LAK pour louer un sarong.

Sengdara Fitness BIEN-ÊTRE ET FITNESS
(carte p. 154 ; ☎021-452159 ; www.facebook.com/sengdarafitness/ ; 5/77 rue Dong Palan ; ⏲6h-22h). Cet établissement bien équipé et doté de nombreux tapis de course propose massages (50 000 LAK/heure), sauna, piscine et cours de yoga et d'aérobic. Le pass à la journée (70 000 LAK) donne accès à tous les équipements et à la piscine.

Lao Bowling Centre BOWLING
(carte p. 162 ; ☎021-218661 ; rue Khun Bulom ; à partir de 11 000 LAK la piste, location des chaussures incluse ; ⏲9h-2h). Les lumières sont vives, les boissons bien fraîches et les joueurs pleins d'entrain ! Les équipements ont beau être en piètre état, on passe ici une sympathique soirée au milieu des Laotiens, et jusque tard dans la nuit. Apportez vos chaussettes.

Vientiane Yoga Studio YOGA
(carte p. 154 ; ☎020-56984563 ; www.vientianeyogastudio.com ; en retrait de la rue Nerhu ; cours 1 heure 20 90 000 LAK ; ⏲10h-19h). Au cœur d'un jardin paisible, dans une rue à l'écart (cherchez le panneau en face du restaurant japonais Fuji 2), Jessica, Nanci et Toshi, professeurs depuis plus de 10 ans, dispensent des cours de hatha-yoga, vinyasa et yin, ainsi que de warrior yoga (pour les hommes) et de yoga prénatal (pour les femmes). Consultez les horaires sur le site Web.

Dalany Massage & Salon MASSAGES
(carte p. 162 ; rue Francois Ngin ; ⏲9h-20h). Frais, propre et professionnel, cet excellent établissement du centre-ville est idéal pour profiter d'un massage des pieds (60 000 LAK), d'un massage corporel laotien (60 000 LAK) ou d'un gommage à la menthe poivrée (250 000 LAK), entre autres. Comprend également un salon de coiffure, manucure et soin des pieds.

Cours

Lao Experiences CUISINE
(☎020-55699429 ; www.lao-experiences.com ; visite du marché et cours de cuisine 55 $US ; ⏲8h-13h). Après des emplettes au marché, apprenez à cuisiner des spécialités laotiennes, dans la demeure du propriétaire. Un établissement apprécié. Transport inclus.

Tang Kin CUISINE

(☎ 020-56788787 ; www.facebook.com/pg/tangkincookingclass ; 29 $US). Nok et sa mère vous apprendront à cuisiner des plats laotiens dans leur école semi-extérieure, à leur domicile, à deux pas du centre de Vientiane.

Houey Hong Vocational Training Centre for Women TISSAGE, TEINTURE

(☎ 021-560006 ; www.houeyhongvientiane.com ; ruelle 22, rue Chao Anou ; ⏲ 8h30-16h30 lun-sam). Une ONG créée dans le nord de Vientiane par une Nippo-Laotienne pour former des femmes issues de milieux ruraux défavorisés aux techniques traditionnelles de tissage et teinture. Ce centre de formation est accessible aux visiteurs.

Ils peuvent participer à une visite guidée (25 000 LAK) ou s'initier à la teinture (120 000 LAK, 2 heures, une écharpe) ou au tissage (280 000 LAK, journée complète) et conserver les fruits de leur labeur. Trajet aller-retour entre l'établissement et le centre-ville : 50 000 LAK.

Circuits organisés

Lao Disabled Women's Development Centre HANDICAP

(LDWDC ; ☎ 021-812282 ; laodisabledwomen.com ; 100 rue Tha Deua ; circuits 50 000-100 000 LAK ; ⏲ 9h-16h30 lun-ven, sur rdv le week-end ; 🚌 14). GRATUIT Dirigé par un collectif de femmes handicapées, ce centre lutte contre les préjudices dont sont victimes les handicapés dans le pays. Souhaitant enrichir leurs compétences, le centre assure la formation et l'instruction de ces femmes. Ouvert à tous gratuitement, il propose également une visite guidée (à partir de 50 000 LAK) sur l'artisanat du papier recyclé et sur le tissage.

Parmi les autres expériences interactives proposées : un déjeuner (100 000 LAK) à base des produits bio du jardin du centre, un cours d'artisanat (100 000 LAK) et la participation à la cérémonie traditionnelle du *bąasĭi* (durant laquelle les esprits protecteurs sont attachés à l'invité d'honneur ; 100 000 LAK). La boutique vend des objets artisanaux. Le bus n°14 qui rejoint Xieng Khuan (parc du Buddha ; 8 000 LAK) dessert le centre : demandez "*suun pii kan*" au chauffeur.

Backstreet Academy CULTURE LOCALE

(☎ 020-58199216 ; www.backstreetacademy.com). Si vous êtes à la recherche de rencontres authentiques, ce site *peer-to-peer* de voyages met en relation les voyageurs avec les habitants à travers diverses activités culturelles : cours de *móoay láo* (kick-boxing), de danse traditionnelle, de cuisine laotienne chez des particuliers, de dessin, de méditation zen, parmi bien d'autres possibilités.

Une agence qui permet de rencontrer des habitants et de découvrir leur culture.

Tuk Tuk Safari CULTURE LOCALE

(☎ 020-54333089 ; www.tuktuksafari.com ; adulte/enfant 75/45 $US). Ce circuit impliqué dans la vie locale vous fait découvrir en *túk-túk* un Vientiane authentique. Ere, le guide, propose différents itinéraires et peut vous faire visiter un marché laotien, une ferme rizicole, les meilleurs ateliers de tissage de la ville, ou encore concevoir des excursions culinaires.

À condition d'être prévenu suffisamment tôt, le couple peut organiser des circuits sur mesure pour les personnes handicapées.

Fêtes et festivals

Quelle que soit la fête, les réjouissances seront aussi intenses à Vientiane que dans le reste du pays. Que ce soit en tant que conducteur ou passager, n'empruntez pas de véhicule en période de fête : la conduite en état d'ivresse est malheureusement répandue et les accidents ne sont pas rares.

Pi Mai CULTURE

(⏲ avr). Célébré mi-avril, le Nouvel An laotien fait l'objet de gigantesques batailles d'eau qui ciblent volontiers les touristes. Sachez que la conduite en état d'ivresse et les vols sont monnaie courante à cette période de l'année.

Bun Nam COURSES DE BATEAUX

(Bun Suang Héua ; ⏲ oct). Autre événement majeur, le Bun Nam se déroule à la fin du *phansăa* (retraite bouddhique de la pluie), en octobre. Des courses nautiques sur le Mékong opposent des équipes de rameurs venues de tout le pays, ainsi que de Thaïlande, de Chine et du Myanmar (Birmanie). Durant 3 jours et 3 nuits, les berges se couvrent de stands de restauration, de buvettes, de manèges et de discothèques éphémères.

Vientiane est bondée pendant le Bun Nam, et vu la difficulté de trouver un bon point de vue sur les courses de bateaux, mieux vaut y assister dans une ville plus petite comme Vang Vieng ou Muang

VIENTIANE EN...

Deux jours

Prenez un café et un croissant au café Le Trio (p. 169) avant de louer un vélo pour découvrir le patrimoine de la ville : les bouddhas antiques du Vat Si Saket (p. 152), le marché Talat Sao (p. 173) et ses textiles laotiens, et l'emblématique Patuxai (p. 153). Initiez-vous à la cuisine laotienne en déjeunant au Doi Ka Noi (p. 170). Pour terminer cette belle fin de journée, sirotez un cocktail sur les rives du fleuve au Spirit House (p. 170), puis composez vous-même votre dîner vietnamien au Nemnueng Sihom (p. 168).

Le lendemain, sortez de Vientiane pour admirer les bouddhas et les divinités hindoues du Xieng Khuan (p. 153), ou plongez dans l'histoire communiste du Laos au mémorial puis au musée consacré à Kaysone Phomvihane (p. 156). Au retour, faites une halte au Pha That Luang (p. 156), le plus illustre monument bouddhique du pays, qui mérite bien quelques photos. Savourez un dîner belge au Chokdee Cafe (p. 169).

Quatre jours

Le troisième jour, goûtez les délicieux sandwichs vietnamiens du PVO (p. 167) au déjeuner. Le centre d'information de la COPE (p. 152) est tout proche à pied ; on peut facilement consacrer quelques heures à l'excellente exposition permanente et aux émouvants documentaires explorant les séquelles de la guerre au Laos. Après un dîner au Khambang Lao Food Restaurant (p. 169), profitez d'un bain de vapeur à la mode laotienne à l'Herbal Sauna (p. 157), à proximité. Avant de vous coucher, dégustez un rhum local au Laodi (p. 170).

Le quatrième jour peut être consacré à un cours de cuisine à Tang Kin ou à une séance shopping pour rapporter des souvenirs – comme les huiles et savons artisanaux de la T'Shop Lai Gallery (p. 171).

Khong. Attention, à Muang Khong, cette fête a généralement lieu début décembre, au moment de la fête nationale.

Bun Pha That Luang FÊTE CULTURELLE
(fête du That Luang ; ⏲ nov). Début novembre a lieu la plus importante fête religieuse du pays, Bun Pha That Luang. Les festivités commencent par un *wíen thíen* (circumambulation) autour du Vat Si Muang, suivi d'une procession jusqu'au Pha That Luang, illuminé toutes les nuits durant une semaine. La fête culmine au matin de la pleine lune avec la cérémonie du *tak bat*, quand plusieurs milliers de moines de tout le pays reçoivent des offrandes de nourriture. Des feux d'artifice ponctuent la soirée, qui se prolonge dans une ambiance bon enfant jusqu'à l'aube. Observez les fidèles qui portent des *pąasàat* (temples miniatures en tiges de bananier, ornés de fleurs et d'autres offrandes).

Où se loger

Vientiane dispose d'un large choix d'hébergements – des repaires pour routards aux boutiques-hôtels en passant par les incontournables hôtels de chaîne. Les moins chers sont parfois médiocres, bien qu'on puisse faire de bonnes affaires. Il y a en revanche d'excellents établissements de catégorie moyenne. Quelques hébergements de charme et haut de gamme valent le coup.

Rue Setthathirath et Nam Phu

♥ My Box AUBERGE DE JEUNESSE $
(carte p. 162 ; ☎ 030-5671199 ; myboxhaysok@gmail.com ; rue Chao Anou ; dort avec petit-déj 80 000 LAK ; ⊖ ❄ 📶). Les dortoirs à 12 lits de cette nouvelle auberge sont modernes, propres et agréables. Les grandes salles de bains communes et le hall/café laissent la même impression. La vie nocturne commence à se développer dans la rue.

PVO Hostel AUBERGE DE JEUNESSE $
(carte p. 162 ; ☎ 030-5222256 ; www.facebook.com/PVO.Hostel ; rue Pangkham ; dort avec petit-déj pour 2/4 pers 16/28 $US ; ❄ 📶). Cette auberge centrale possède 11 dortoirs climatisés pour 2 ou 4 personnes. Étonnamment, le prix est fixé par chambre.

Celles-ci sont propres et en bon état, mais certaines n'ont pas de fenêtre. Possibilité de louer des vélos (10 000 LAK) et des motos (70 000-80 000 LAK).

Hive Hostel AUBERGE DE JEUNESSE $
(carte p. 162 ; 020-98132074 ; www.facebook.com/hivelao ; rue Setthathirath ; dort avec petit-déj 60 000 LAK ;). Située en plein centre-ville, cette auberge moderne comprend 3 dortoirs climatisés (très frais) équipés de couchettes avec rideaux, de casiers et de toilettes impeccables. Un petit-déjeuner sans prétention est servi dans le sympathique petit café du rez-de-chaussée.

Mixay Paradise Guesthouse GUESTHOUSE $
(carte p. 162 ; 021-254223 ; laomixayparadise@yahoo.com ; rue Francois Ngin ; s/d avec ventil et sdb partagée 16/19 $US, ch avec clim et sdb 23/25 $US ;). Les 50 chambres aux couleurs pastel du Mixay Paradise sont pour certaines agrémentées d'un balcon, d'une salle de bains et de la climatisation. Sols impeccables, agréable café aux murs citron acidulé à l'entrée, ascenseur. Une bonne affaire si vous ne recherchez pas une adresse de charme.

Vayakorn House HÔTEL $
(carte p. 162 ; 021-241911 ; www.vayakorn.biz ; 91 rue Nokeokoummane ; ch 16-22 $US ;). Le Vayakorn possède 21 chambres propres et sans prétention (doubles, à lits jumeaux ou individuelles exiguës) avec TV, climatisation et vue sur la ville. Hall accueillant et personnel très serviable.

Niny Backpacker AUBERGE DE JEUNESSE $
(carte p. 162 ; 020-96043884 ; nguyennhotinh3103@gmail.com ; rue Nokeokoummane ; dort avec petit-déj 40 000 LAK ;). Dans cette auberge de jeunesse qui possède des murs orange (ambiance gaie, mais peu de lumière naturelle), les dortoirs accueillent entre 4 et 10 personnes. Coffre-fort, petit-déjeuner gratuit (œufs et pain grillé) et parties communes propres.

Souphaphone Guesthouse GUESTHOUSE $$
(carte p. 162 ; 021-261468 ; www.souphaphone.net ; en retrait de la rue Francois Ngin ; ch avec petit-déj 27-38 $US ;). Une guesthouse très propre et accueillante pourvue de 25 chambres spacieuses, certaines très lumineuses, toutes dotées d'une literie impeccable, d'un sol carrelé et de murs clairs. Le prix baisse de quelques dollars si on ne prend pas le petit-déjeuner sur place.

Hôtel Khamvongsa HÔTEL $$
(carte p. 162 ; 021-218415 ; www.hotelkhamvongsa.com ; 2338 rue Khounboulom ; ch 50-55 $US et ste 70-90 $US avec petit-déj ;). Un édifice de l'époque coloniale abrite cette adresse de charme, empreinte de l'esprit Belle Époque : appliques en verre, céramiques au sol, chambres sobres à l'éclairage tamisé, lits à colonnes, parquet et déco chic à l'indochinoise. La vue est imprenable depuis les 2e et 3e étages. La cour est paisible, et le restaurant et le petit-déjeuner sont exquis.

Avilla Phasouk Hotel HÔTEL $$
(carte p. 162 ; 021-243415 ; www.avillaphasoukhotel.com ; 57/4 ruelle 01 ; ch/ste avec petit-déj 35/45 $US ;). Très apprécié pour les séjours de plus longue durée, cet hôtel offre un hébergement milieu de gamme à un bon rapport qualité/prix. Les chambres vastes et habillées de bois sont bien équipées et décorées d'œuvres d'art. Également, des suites spacieuses.

Champa Boutique Hotel BOUTIQUE-HÔTEL $$
(carte p. 162 ; 021-255866 ; www.champaboutiquehotel.com ; 2-2 rue Francois Ngin ; ch avec petit-déj 40-60 $US ;). À l'écart de l'animation de la rue Francois Ngin, cette adresse de charme combine emplacement central et tranquillité, comme on en rencontre à Luang Prabang. L'hôtel se déploie autour d'une cour agrémentée d'une piscine, mais les chambres mériteraient d'être un peu plus soignées et plus lumineuses.

Lani's House by the Ponds GUESTHOUSE $$
(carte p. 162 ; 021-215639 ; www.lanishouse-bytheponds.com ; ruelle 03 ; avec petit-déj ch 45-65 $US, ste 75-80 $US ;). Située dans une ruelle qui mène à un temple, cette maison blanche aux influences Art déco évoque l'Indochine. Malheureusement, les chambres, bien que vastes, sont un peu sombres et démodées.

Dhavara Boutique Hotel BOUTIQUE-HÔTEL $$$
(carte p. 162 ; 021-222238 ; www.dhavarahotel.com ; 25 rue Manthatourath ; ch avec petit-déj 100-600 $US ;). Hôtel opulent de style néoclassique, le Dhavara propose des chambres parmi les plus séduisantes de

Centre de Vientiane

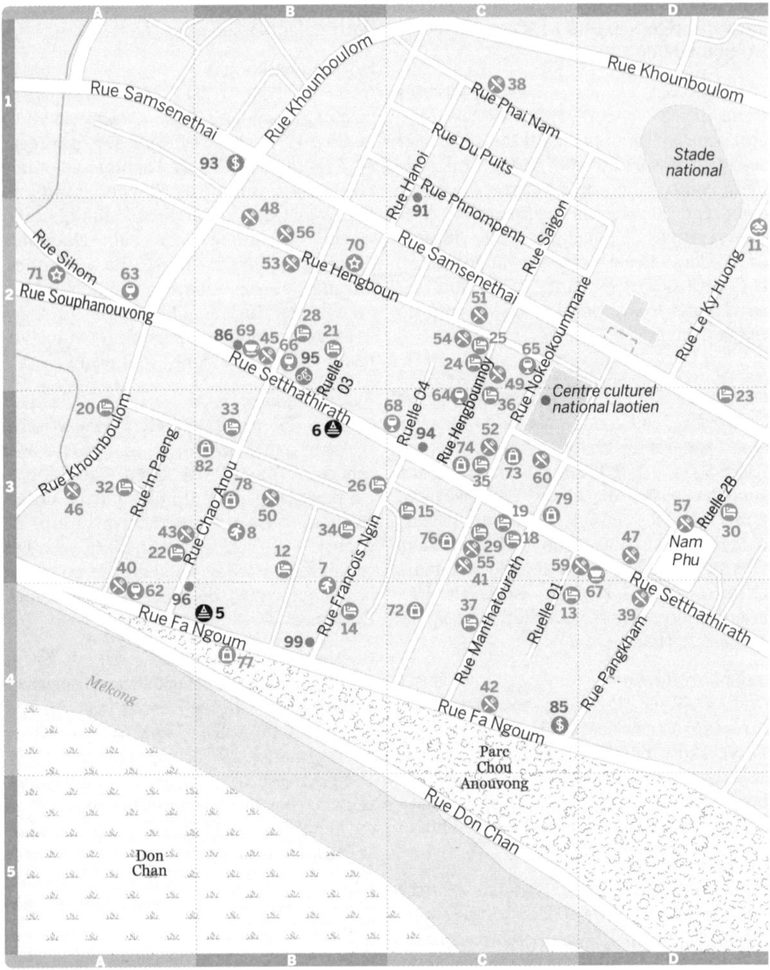

la ville (avec sdb en marbre et parquet), mais loin d'être les plus abordables. Wi-Fi gratuit, minibar bien fourni et transport depuis l'aéroport.

Salana Boutique Hotel BOUTIQUE-HÔTEL **$$$**
(carte ci-dessus ; ☎021-254254 ; www.salanaboutique.com ; 112 rue Chao Anou ; avec petit-déj ch 135-140 $US, ste 170-200 $US ; 🚭❄📶). Cette ravissante adresse mêle avec goût les styles laotien et contemporain. Les chambres témoignent du même raffinement : parquet, couvre-lit d'inspiration ethnique, lumières tamisées, TV à écran plat, coffre et douche à effet pluie, avec, en prime, de délicates attentions comme les fleurs de frangipanier déposées çà et là. Certaines jouissent d'une vue fantastique sur le temple.

Rue Samsenethai et ses environs

♥ **Sailomyen Hostel** AUBERGE DE JEUNESSE **$**
(carte ci-dessus ; ☎020-78374941 ; www.facebook.com/sailomyenhostel ; en retrait de la rue Saylom ; dort avec petit-déj 72 000 LAK, ch 170 000 LAK ; 🚭❄📶). Étonnamment, la différence est ténue entre les dortoirs et le

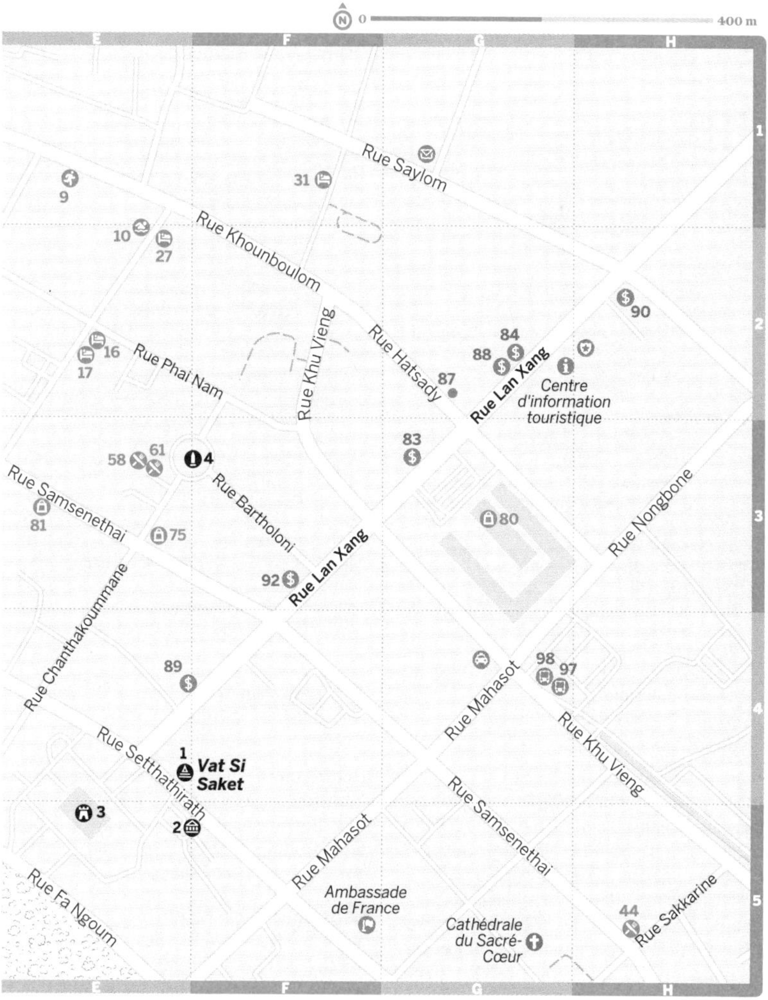

nouveau bâtiment abritant les chambres. L'ensemble de l'établissement est propre et tendance, d'une élégance minimaliste. Couettes confortables, douches à effet pluie et café agréable. Une bonne adresse.

Vayakorn Inn HÔTEL **$$**
(carte ci-dessus ; 021-215348 ; www.vayakorn.biz ; 19 rue Hengbounnoy ; ch 35 $US ; P). Excellente adresse que ce bel hôtel paisible situé dans une rue calme, toute proche de la frénétique rue Setthathirath. Les grandes chambres, impeccables, disposent de TV à écran plat, bureau et salle de bains moderne. Jolie vue sur la ville depuis les étages supérieurs.

Lao Poet Hotel HÔTEL **$$**
(carte ci-dessus ; 021-253537 ; www.laopoethotel.com ; rue Hengbounnoy ; avec petit-déj 60-70 $US, ste 185-250 $US ; P). Du béton lisse et beaucoup de verre, des plantes en pot, des grands tapis, du papier peint à motif, un mélange d'influences laotiennes et vintage – difficile de définir le style de ce nouvel hôtel, et, pourtant, le charme opère. On recommande les chambre deluxe, un peu plus chères, mais plus spacieuses et équipées d'une baignoire.

Centre de Vientiane

Les incontournables
1 Vat Si Saket E4

À voir
2 Haw Pha Kaeo F5
3 Palais présidentiel E5
4 That Dam F3
5 Vat Chanthabuli B4
6 Vat Ong Teu Mahawihan B3

Activités
7 Dalany Massage & Salon B4
8 Herbal Sauna B3
9 Lao Bowling Centre E1
10 Settha Palace Hotel E2
11 Piscine de Vientiane D2

Où se loger
12 Ansara Hôtel B3
13 Avilla Phasouk Hotel C4
14 Best Western Vientiane B4
15 Champa Boutique Hotel C3
16 City Inn E2
17 Day Inn Hotel E2
18 Dhavara Boutique Hotel C3
19 Hive Hostel C3
20 Hôtel Khamvongsa A3
21 Lani's House by the Ponds B2
22 Lao Orchid Hotel A3
23 Lao Plaza Hotel D3
24 Lao Poet Hotel C2
25 Manorom Boutique Hotel C2
26 Mixay Paradise Guesthouse B3
27 Moonlight Champa E2
28 My Box B2
29 Niny Backpacker C3
30 PVO Hostel D3
31 Sailomyen Hostel F1
32 Sala Inpeng Bungalow A3
33 Salana Boutique Hotel B3
Settha Palace Hotel .... (voir 10)
34 Souphaphone Guesthouse B3
35 Vayakorn House C3
36 Vayakorn Inn C3
37 VKS Vongkhamsene Hotel C4

Où se restaurer
38 Marché de nuit de Ban Anou C1
39 Benoni Café D4
40 Cabana A4
41 Café Vanille C3
42 Chokdee Cafe C4
43 Common Grounds A3
Han 3 Euey Nong .... (voir 22)
44 Kaogee Café H5
45 Ka-Tib-Khao B2
46 Khambang Lao Food Restaurant A3
47 Khop Chai Deu D3
48 Korean Restaurant B2
49 La Cage du Coq C2
La Signature .... (voir 12)
50 L'Adresse – Cuisine by Tinay B3
51 Lao Kitchen C2
52 Naked Espresso C3

Manorom Boutique Hotel HÔTEL $$
(carte p. 162 ; ☎021-250748 ; manoromboutiquehotel@hotmail.com ; rue Hengbounnoy; ch avec petit-déj 30 $US ; ⊖ ❄ ᯤ). Surplombant une petite allée du centre-ville, cet établissement d'un excellent rapport qualité/prix donne le ton dès l'entrée. L'hospitalité et l'élégance laotienne sont à l'honneur : parquet ciré, soieries, beaux objets d'artisanat.

Day Inn Hotel HÔTEL $$
(carte p. 162 ; ☎021-222985 ; dayinn@laopdr.com ; 59/3 rue Pangkham ; ch avec petit-déj 36-50 $US ; ⊖ ❄ @ ᯤ). Façade vanille engageante, sols en terrazzo vintage : cet hôtel établi de longue date ne manque pas d'atouts. Ses 32 chambres impeccables et lumineuses possèdent de grands lits et des meubles en rotin. Laverie et transfert gratuit depuis l'aéroport.

Moonlight Champa GUESTHOUSE $$
(carte p. 162 ; ☎021-264114 ; rue Pangkham ; ch avec petit-déj 29-33 $US ; ⊖ ❄ @ ᯤ). Cette guesthouse conviviale possède 9 chambres accueillantes, dont la décoration semble dater des années 1990. Chambres doubles et à lits jumeaux, certaines avec balcon donnant sur le très chic Settha Palace Hotel, de l'autre côté de la rue.

♥ **Settha Palace Hotel** HÔTEL $$$
(carte p. 162 ; ☎021-217581 ; www.setthapalace.com ; 6 rue Pangkham ; ch 200-280 $US et ste 480 $US avec petit-déj ; ⊖ ❄ @ ᯤ ≋). Il émane de cette superbe propriété, entourée de jardins fleuris, majesté et sérénité. Les ventilateurs tournoient au-dessus des sols en marbre étincelants et le service est irréprochable. Les chambres, particulièrement les spacieuses deluxe (lit à baldaquin, parquet et bureau), sont exceptionnelles. Ne manquez pas la piscine en forme de haricot.

City Inn HÔTEL $$$
(carte p. 162 ; ☎021-281333 ; www.cityinnvientiane.com ; rue Pangkham ; ch avec petit-déj 65-100 $US ; ⊖ ❄ @ ᯤ). En plus d'offrir des appartements long séjour, cet établissement compte parmi les hôtels d'affaires milieu de gamme les plus élégants de la

ville. Son hall contemporain donne le ton. Les 43 chambres bénéficient d'ornements arty et de nombreux équipements – fer et table à repasser, bureau...

Lao Plaza Hotel HÔTEL $$$
(carte p. 162 ; 021-218800 ; www.laoplazahotel.com ; 63 rue Samsenethai ; ch 1 500 000-2 000 000 LAK et ste 3 000 000-6 000 000 LAK avec petit-déj ;). Chouchou des voyageurs d'affaires, cet édifice en marbre assez morne se distingue par son vaste hall de style international et ses chambres spacieuses au confort moderne. La piscine (120 000 LAK pour les non-résidents) est parfaite pour prendre un bain de soleil et échapper à la chaleur.

Au bord du Mékong et alentour

Hotel Beau Rivage Mekong BOUTIQUE-HÔTEL $$
(carte p. 154 ; 021-243350 ; www.hbrm-laos.com ; rue Fa Ngoum ; ch avec petit-déj 52-69 $US ;). Ce boutique-hôtel où le rose domine a conservé beaucoup de caractère. Ses 16 chambres uniques, spacieuses et ensoleillées arborent couleurs pastel, sols en terrazzo, hauts plafonds et dessus-de-lit en nid-d'abeilles. Agréable jardin à l'arrière. Les grandes fenêtres et les balcons permettent de profiter de la vue sur la rivière.

VKS Vongkhamsene Hotel HÔTEL $$
(carte p. 162 ; 021-219922 ; www.facebook.com/VongkhamseneHotel ; 17/01 rue Manthatourath ; ch 27-56 $US ;). Le bel extérieur est plus engageant que les chambres, d'allure récente mais très dépouillées. Les moins chères sont exiguës. Le rapport qualité/prix reste correct.

Mandala Boutique Hotel BOUTIQUE-HÔTEL $$
(carte p. 154 ; 021-214493 ; www.mandalahotel.asia ; en retrait de la rue Setthathirath ; ch avec petit-déj 60-78 $US, ste 80 $US ;). Dans cette ancienne villa française des années 1960, les touches de couleurs vives et l'aménagement soigné (sols en granit

FAIRE TREMPETTE À VIENTIANE

Il y a plusieurs endroits à Vientiane où l'on peut se baigner ou simplement se rafraîchir. Le forfait journée au Sengdara Fitness (p. 158) coûte 70 000 LAK, accès à la piscine inclus. Plusieurs hôtels ouvrent leurs équipements aux non-résidents, dont le ravissant **Settha Palace Hotel** (carte p. 162 ; ☎ 021-217581 ; 6 rue Pangkham ; 160 000 LAK ; ⏲ 7h-19h), doté d'une piscine luxueuse que jouxte un bar. Autres possibilités : la **piscine de Vientiane** (carte p. 162 ; ☎ 020-55521002 ; rue Le Ky Huong ; adulte/enfant 15 000/10 000 LAK ; ⏲ 7h-19h), publique, ou encore **Le Patitoh** (☎ 030-5082428 ; www.facebook.com/lepatitoh ; 20 rue Sithoong ; baignade 30 000 LAK ; ⏲ 7h-21h mar-dim), piscine privée associée à une microbrasserie, qui attire à la fois des Laotiens et de nombreux expats. **Ocean Park** (☎ 030-2819014 ; www.oceanparklaos.com/en ; Lao-ITECC, rue Kamphengmeuang, Ban Phonthanneua ; adulte/enfant à partir de 20 000 K ; ⏲ 10h-19h mar-dim ; 👪), avec ses toboggans, ses bouées et ses balades sur l'eau, plaît beaucoup aux familles par forte chaleur.

laqué, meubles en bois sombre) se marient aux lignes Art déco. Malheureusement, les chambres sont un peu quelconques comparées aux parties communes. Petit-déjeuner servi uniquement aux résidents (2 nuits minimum).

Sala Inpeng Bungalow BUNGALOWS **$$**
(carte p. 162 ; ☎ 021-242021 ; rue In Paeng ; ch 45-55 $US, avec petit-déj ; 🚭 ❄ 📶). Unique en son genre à Vientiane, ce havre luxuriant réunit des bungalows en bois (en duplex) nichés entre tamariniers et frangipaniers. Les chambres les plus spacieuses (salle de bains et climatisation) séduisent par leur déco chic, où le bois domine. Les bungalows les moins chers, de taille assez modeste, ne manquent pas de cachet.

Best Western Vientiane HÔTEL **$$**
(carte p. 162 ; ☎ 021-216909 ; www.bestwesternvientiane.com ; 2-12 rue Francois Ngin ; ch avec petit-déj 60-75 $US ; 🚭 ❄ @ 📶 🏊). Cet hôtel de chaîne a tout pour plaire (mais ne mise pas sur l'originalité) : hall frais et somptueux, jardin paisible avec piscine, salle de sport et prestations haut de gamme. Les 44 chambres sont à l'avenant : parquet, draps immaculés, TV câblée, réfrigérateur et commodités étincelantes de propreté.

♥ **Ansara Hôtel** BOUTIQUE-HÔTEL **$$$**
(carte p. 162 ; ☎ 021-213514 ; www.ansarahotel.com ; près de la rue Fa Ngoum ; ch avec petit-déj 140-160 $US, ste 190-360 $US ; 🚭 ❄ @ 📶 🏊). Ce magnifique hôtel occupe de très belles demeures coloniales rappelant l'ancienne Indochine. En tout, 28 chambres, dont 4 suites, toutes charmantes, avec parquet, balcon, TV et salle de bains. On apprécie aussi la finesse de la cuisine française, servie sur la terrasse.

♥ **Lao Orchid Hotel** HÔTEL **$$$**
(carte p. 162 ; ☎ 021-264134 ; rue Chao Anou ; ch/ste avec petit-déj 75/145 $US ; ❄ 📶). Hall somptueux et café-véranda bénéficiant d'une vue imprenable confèrent tout son intérêt à cet hôtel moderne. Meubles de style colonial dans les 33 chambres, accueillantes et dotées d'un balcon – demandez-en une en façade pour profiter de la vue sur le Mékong. Bon rapport qualité/prix.

Environs de Vientiane

Khunta Residence APPARTEMENTS **$$**
(carte p. 154 ; ☎ 021-251199 ; www.khuntaresidence.com ; en retrait de la rue Luang Prabang ; studio/app 1 lit à partir de 1 000/1 300 $US par mois ; 🚭 ❄ 📶 🏊). Si vous prévoyez de vous attarder à Vientiane, renseignez-vous sur ce bel ensemble d'appartements très confortables géré par un Français. Piscine et court de tennis.

Green Park Hotel BOUTIQUE-HÔTEL **$$$**
(carte p. 154 ; ☎ 021-264097 ; 248 rue Khu Vieng ; ch 120-290 $US avec petit-déj ; 🚭 ❄ @ 📶 🏊). Vous ressentirez une quiétude absolue dès l'arrivée dans le hall en bois sombre de cette "oasis urbaine". Autres atouts : le jardin fleuri à l'ombre des palmiers à sucre et des frangipaniers, la piscine et les chambres stylées – parquet, moustiquaire à l'entrée, coffre-fort, canapé et vastes salle de bains.

Somerset Vientiane APPARTEMENTS **$$$**
(carte p. 154 ; ☎ 021-250888 ; www.somerset.com ; rue Souphanouvong ; ch 770 000-850 000 LAK et ste 920 000-1 460 000 LAK avec petit-déj ;

). Ce appartements de luxe se situent sur la route de l'aéroport. Les chambres spacieuses comprennent une kitchenette, un grand réfrigérateur et un balcon ; accès inclus à la piscine, aux courts de tennis et à la salle de sport. Pour s'installer comme chez soi ! Réductions sur les séjours au mois.

Où se restaurer

Pour une si petite capitale, Vientiane possède une scène culinaire très variée. C'est une ville où il est possible de faire des repas gastronomiques sans se ruiner.

Rue Setthathirath et Nam Phu

PVO VIETNAMIEN $
(carte p. 154 ; 021-454663 ; ruelle 2B ; plats 10 000-35 000 LAK ; 6h30-16h30 lun-sam, 6h30-14h dim ;). Une table vietnamienne sans chichis, et l'un des meilleurs endroits de la ville pour déjeuner. Les plats sont d'une grande variété, et les *khào jįi* (sandwichs-baguette vietnamiens) se classent parmi les plus réussis de la capitale. Buffet de desserts gratuit.

Bakery By Boris BOULANGERIE $
(carte p. 154 ; 020-77792228 ; www.facebook.com/bakerybyboris ; ruelle 2B ; pâtisseries 11 000-30 000 LAK, plats 35 000-45 000 LAK ; 7h-19h ;). Avec ses hauts plafonds en verre et son design minimaliste, cct élégant café se situe à deux pas du Vat Si Muang. Formé à Paris, le chef Boris Luangkhot prépare de succulents macarons, croissants et crèmes glacées maison aux différents parfums (durian, fruit de la passion). Également des quiches, cafés et sandwichs-baguette. Idéal pour une pause en milieu de journée.

Taj Mahal Restaurant INDIEN $
(carte p. 162 ; 020-55611003 ; près de la rue Setthathirath ; repas 15 000-65 000 LAK ; 10h-22h30 lun-sam, 16h-22h30 dim ;). Dissimulé dans une petite rue, à l'arrière du Centre culturel national laotien, cette table sans prétention sert des curries goûteux à accompagner d'un *naan*. Les portions sont généreuses et on peut s'installer quasiment dehors. Bonne sélection végétarienne.

Ka-Tib-Khao LAOTIEN $$
(carte p. 162 ; www.facebook.com/pg/katibkhao ; rue Setthathirath ; plats 40 000-100 000 LAK ; 10h-14h30 et 17h-23h ;). Ka-Tib-Khao ("panier à riz") propose une carte courte, ce qui est de bon augure. Les plats, pour la plupart typiques du nord du pays, sont délicieux : algues du Mékong frites et sauce épicée, porc fourré à la citronnelle ou encore saucisses aux herbes à la mode de Luang Prabang. Le cadre est à la fois élégant et traditionnel.

Suzette FRANÇAIS $$
(carte p. 162 ; 020-58655511 ; www.facebook.com/suzette.vientiane ; rue Setthathirath ; plats 35 000-58 000 LAK ; 8h-21h mar-dim ;). Dans un cadre lumineux et contemporain, Suzette sert des galettes au sarrasin, à accompagner d'une salade et d'une bouteille de cidre. Un repas breton, à un prix modique !

Café Vanille BOULANGERIE $$
(carte p. 162 ; 021-217321 ; rue Nokeokoummane ; petit-déj à partir de 40 000 LAK ; 7h-18h30 lun-sam, 7h-13h dim ;). Venez tôt, avant que tous les croissants soient vendus ! Que ce soit à l'intérieur ou en terrasse, le cadre est idéal pour lire le journal devant une part de tarte, une salade, un panini ou une quiche.

Benoni Café ASIATIQUE, FUSION $$
(carte p. 162 ; 021-213334 ; rue Setthathirath ; plats 40 000-60 000 LAK ; 7h-21h ;). Cet élégant restaurant de la rue Setthathirath orchestre la rencontre entre l'Asie et l'Italie. En-cas ultrafrais, salades et pâtes.

Khop Chai Deu FUSION, ASIATIQUE $$
(carte p. 162 ; 021-251564 ; 54 rue Setthathirath ; plats 25 000-90 000 LAK ; 8h-minuit ;). Une table appréciée des voyageurs depuis belle lurette pour ses plats laotiens, thaïlandais, japonais, indiens et européens, tous préparés avec talent. C'est également un bar populaire.

Pimentón ESPAGNOL $$$
(carte p. 162 ; 021-215506 ; www.pimentonrestaurant-vte.com ; rue Nokeokoummane ; plats 60 000-200 000 LAK ; 11h-14h30 et 17h-22h lun-sam ;). La viande est à l'honneur dans ce restaurant doté d'un grill ouvert, mais, pour être honnête, nous nous sommes arrêtés à la carte des tapas, très fournie et appétissante. Le menu fixe du déjeuner (95 000 LAK) permet de goûter un peu de tout.

L'Adresse – Cuisine by Tinay FRANÇAIS $$$
(carte p. 162 ; 020-56913434 ; www.facebook.com/tinay.youtisack.inthavong ; près de la rue Chao Anou ; plats 75 000-390 000 LAK ; 11h30-22h ;). Voici, dessiné par le maître-queue Tinay, l'un des meilleurs chefs de la capitale, un tableau gastronomique plutôt original : œufs brouillés aux escargots, filet de brème, carré d'agneau au romarin et une crème brûlée à la vanille de Madagascar à se damner. Consultez sur la page Facebook les menus fixes sans cesse renouvelés, pour le déjeuner (à partir de 75 000 LAK) et le dîner (à partir de 190 000 LAK).

Rue Samsenethai et ses environs

Nemnueng Sihom VIETNAMIEN $
(carte p. 162 ; 021-213990 ; rue Hengboun ; plats 10 000-40 000 LAK ; 11h-22h). Restaurant animé établi de longue date, le Nemnueng Sihom propose une expérience culinaire réjouissante. Il est spécialisé dans les *năem néuang* (boulettes de porc vietnamiennes au barbecue) vendues avec un "kit" (*sut*) : *kòw Ƅûn* (nouilles de farine blanche et sauce sucrée pimentée), feuilles de laitue, menthe, basilic, sauces variées, tranches de carambole et banane plantain – un rouleau de printemps à confectionner soi-même, en quelque sorte.

Rice Noodle – Lao Porridge NOUILLES $
(carte p. 162 ; 020-55414455 ; rue Hengboun ; plats 10 000-15 000 LAK ; 16h-1h). Une bonne adresse pour goûter le *khào pıak sèn* : d'épaisses nouilles de riz et de tapioca servies dans un bouillon légèrement visqueux avec du porc ou du poulet frit croustillant.

Kaogee Café LAOTIEN $
(carte p. 162 ; rue Samsenethai ; plats 21 000-26 000 LAK ; 6h15-18h ;). Ce café-restaurant au look rétro sert des *khào jıi* sophistiqués – qu'on ne trouve pas dans la rue. Vaste choix de cafés. La climatisation fonctionne très bien.

Thatdam Noodle LAOTIEN $
(carte p. 162 ; 021-214441 ; plats 15 000-35 000 LAK ; 8h30-14h). Au fond d'une petite rue proche du That Dam, cette table spécialisée dans le canard sert aussi de belles variations autour du poulet, du porc ou du poisson. Mais ce qui fait la fierté de son affable chef lao, ce sont les soupes aux nouilles maison.

Noy's Fruit Heaven INTERNATIONAL $
(carte p. 162 ; rue Hengboun ; plats 20 000-30 000 LAK ; 7h-21h ;). Un bar à jus de fruits convivial et coloré, orné de lanternes chinoises en papier suspendues au plafond. Faites le plein de vitamines avec un jus de pitaya, noix de coco, mangue ou tomate (15 000 LAK). Également : hamburgers et salades de fruits ultra fraîches.

Marché de nuit de Ban Anou LAOTIEN $
(carte p. 162 ; rue Phai Nam ; repas 10 000-20 000 LAK ; 17h-22h). Pittoresque marché en plein air qui s'installe tous les soirs dans une petite rue. Des viandes grillées aux purées à base de piment que l'on accompagne de légumes et de riz gluant, on y trouve une grande variété de mets typiquement laotiens. À emporter uniquement.

Soukviman Cuisine Lao LAOTIEN $$
(carte p. 162 ; en retrait de la rue Chanthakoummane ; plats 18 000-75 000 LAK ; 10h-20h ;). Cet établissement plutôt chic propose un menu bien fourni de spécialités du pays : salades, soupes, grillades et plats de jour (ces derniers indiqués uniquement en lao). Une bonne adresse pour expérimenter la cuisine locale.

L'enseigne en alphabet latin indique simplement "Cuisine Lao".

Korean Restaurant CORÉEN $$
(carte p. 162 ; 020-22087080 ; 220 rue Hengboun ; plats 45 000-200 000 LAK ; 9h-23h ;). Une excellente adresse pour goûter la cuisine coréenne, très en vogue en Asie du Sud-Est. La plupart des habitants choisissent le barbecue coréen (à partir de 120 000 LAK), mais nous avons aussi aimé le *kimchi* (plat de légumes, souvent du chou, fermentés et relevés, 45 000 LAK), servi à la coréenne, avec une kyrielle d'accompagnements.

La Cage du Coq FRANÇAIS $$
(carte p. 162 ; 020-54676065 ; rue Hengbounnoy ; plats 50 000-130 000 LAK ; 11h-23h ;). Dans une salle et un jardin où sont suspendues d'anciennes cages de coqs de combat, cet établissement un peu excentrique associe spécialités françaises (cuisses de grenouilles, coq au vin) et techniques et ingrédients laotiens (anguilles, *làap* – une salade de porc émincé, échalote

et coriandre). Le résultat n'est pas toujours convaincant, mais c'est intéressant.

Lao Kitchen LAOTIEN $$
(carte p. 162 ; 021-254332 ; rue Hengboun ; plats 20 000-79 000 LAK ; 11h-22h ;). Murs colorés, musique indie et service efficace ne gâchent rien. La carte : festival de ragoûts, saucisses de Luang Prabang, divers *làap* (salade laotienne avec des morceaux de viande, de volaille ou de poisson), liserons d'eau frits et sorbets délicieux.

Au bord du Mékong et alentour

Han 3 Euey Nong LAOTIEN $
(carte p. 162 ; rue Chao Anou ; plats 8 000-25 000 LAK ; 8h-20h). Animé, bon marché et impeccable, ce restaurant tenu en famille régale ses hôtes de plats classiques : *năem kòw* (sorte de salade à base de croustillantes boulettes de riz et de saucisse de porc aigre émincée frites), délicieux *kòw ɓûn nâm jąaou*, fines nouilles de riz servies dans un bouillon de porc avec du porc en lamelles, des pousses de bambou et des herbes.

Chokdee Cafe BELGE $$
(carte p. 162 ; 021-263847 ; rue Fa Ngoum ; plats 28 000-89 000 LAK ; 10h-minuit ;). Ce bar-restaurant belge situé au bord du fleuve sert des moules-frites, entre autres spécialités consistantes et savoureuses. Impressionnante sélection de bières belges importées. L'une des meilleures adresses de cuisine non-laotienne à Vientiane.

Khambang Lao Food Restaurant LAOTIEN $$
(carte p. 162 ; 021-217198 ; 97/2 rue Khounboulom ; plats 20 000-90 000 LAK ; 10h30-15h et 17h-21h ;). La salle semi-ouverte, un peu morne, contraste avec les saveurs épicées et audacieuses des plats servis dans ce restaurant établi de longue date. C'est l'introduction idéale à la cuisine laotienne : *làap,* poisson du Mékong grillé, grenouilles farcies, *áw lám* (décrit sur la carte comme un "ragoût de bœuf épicé") et savoureuses saucisses de Luang Prabang.

La Signature FRANÇAIS $$$
(carte p. 162 ; 021-213523 ; www.ansarahotel.com ; Ansara Hotel, près de la rue Fa Ngoum ; plats 60 000-480 000 LAK, menu 140 000-340 000 LAK ; 11h30-14h30 et 18h30-22h30 ;). Dans ce restaurant aux tons ocre avec une salle à l'étage, on entend du jazz jusqu'à la terrasse, dotée de ventilateurs et de tables en osier recouvertes de plateaux de verre. Voilà l'occasion de revêtir vos plus beaux habits pour un dîner romantique. La carte comprend des spécialités françaises, internationales et laotiennes.

À NE PAS MANQUER

LES CAFÉS DE VIENTIANE

À défaut d'infrastructures, les Français ont laissé au Laos une addiction à la caféine ! Chaque pâté de maisons du centre-ville a son (ou ses) café(s).

Tout petit, rétro et tenu par des Français, **Le Trio** (carte p. 162 ; 020-22553552 ; rue Setthathirath ; 7h-17h ;) est notre préféré. Le café est torréfié sur place sur une bande-son jazz ; remportez-en un paquet comme souvenir. Si vous recherchez une ambiance plus moderne, essayez le **TitKafe** (carte p. 162 ; www.facebook.com/titkafe ; rue Setthathirath ; 7h-19h lun-ven, 8h-19h sam-dim ;), où l'on peut boire de la bière à l'azote ; côté musique, les tubes pop du Top 50 dominent. Le **Naked Espresso** (carte p. 162 ; 020-56222269 ; www.naked-espresso.com ; rue Nokeokoummane ; plats 28 000-48 000 LAK ; 7h-21h lun-ven, 8h-21h sam-dim ;) n'est sans doute pas très différent de l'établissement que vous fréquentez à la maison (sauf que le café y est peut-être meilleur) ; d'ailleurs, si le brunch à l'occidental vous manque, rendez-vous au **Cabana** (carte p. 162 ; 15-16 rue Fa Ngoum ; plats 30 000-50 000 LAK ; 7h-17h ;). Idéal pour les familles, le **Common Grounds** (carte p. 162 ; 020-78727183 ; rue Chao Anou ; plats 35 000-43 000 LAK ; 7h-20h lun-sam ;) sert un excellent café et possède une aire de jeux pour enfants. Quant à la **Scandinavian Bakery** (carte p. 162 ; www.scandinavianbakerylaos.com ; Nam Phu ; plats 10 000-37 000 LAK ; 6h30-21h ;), qui a connu de meilleurs jours, elle reste incontournable pour les Suédois en manque de *fika* (pause café et collation).

Environs de Vientiane

Kuvieng Fried Chicken LAOTIEN $

(KFC ; carte p. 154 ; rue Khu Vieng ; plats à partir de 5 000 LAK ; 10h-20h). Cette gargote un peu délabrée séduit les habitants grâce à l'association poulet frit (le propriétaire aurait "emprunté" la recette originale du KFC), salade de papaye et frites. Achetez une Beerlao dans la boutique voisine, et vous avez là l'un des meilleurs repas sans prétention de la ville !

Doi Ka Noi LAOTIEN $$

(carte p. 154 ; 020-55898959 ; www.facebook.com/DoiKaNoi ; en retrait de la rue Sisangvone ; plats 40 000-60 000 LAK ; 10h-14h30 mar-jeu, 10h-21h ven-dim ;). C'est assurément l'un de nos restaurants préférés de tout le pays. La carte, revue quotidiennement (et mise en ligne sur la page Facebook vers 8h30), comprend des classiques de la cuisine laotiennes et des spécialités régionales méconnues, qui plairont aux néophytes comme aux amateurs éclairés.

La salle a un style désuet charmant ; de belles photos ornent les murs.

Privet RUSSE $$

(020-78097784 ; russian-restaurant-privet.business.site ; rue Sithoong ; plats 22 000-250 000 LAK ; 11h-21h mar-dim ;). Raviolis, *zakouski* (en-cas à déguster avec de la vodka), harengs marinés, blinis et caviar – le meilleur de la cuisine russe ! Outre la cuisine, ce restaurant animé mérite la visite pour son côté kitsch – les clients sont encouragés à porter un couvre-chef en fourrure et à prendre des selfies devant une fresque représentant la place Rouge...

Senglao Cafe INTERNATIONAL $$

(carte p. 154 ; 030-5880588 ; ruelle 04, rue Sisangvone ; plats 35 000-220 000 LAK ; 11h-22h lun-sam, 9h-16h dim ;). Du même nom qu'un cinéma aujourd'hui disparu du centre-ville, ce restaurant de style rétro fait honneur au 7e art et a restauré les vieux fauteuils en cuir de la salle de cinéma. D'inspiration fusion, le menu ambitieux comprend notamment des plats de pâtes. Le week-end, place aux projections de films dans le jardin.

Amphone LAOTIEN $$

(carte p. 154 ; 030-5776677 ; en retrait de la rue Sisangvone ; plats 25 000-75 000 LAK ; 11h-15h et 18h-22h ;). Amphone sert des spécialités laotiennes, soupe de nouilles ou riz gluant, dans un cadre élégant : une maison de banlieue réaménagée.

Où prendre un verre et faire la fête

Vientiane n'a plus rien de la ville des plaisirs illicites qu'elle fut autrefois. Les maisons closes sont désormais interdites et la Beerlao a remplacé l'opium.

La plupart des bars ferment vers minuit. Le karaoké a du succès, tout comme les concerts.

Laodi BAR

(carte p. 154 ; www.facebook.com/rhumlaodi ; rue Fa Ngoum ; 17h-2h). Installé dans des containers devant un bâtiment abandonné, caressé par la brise du Mékong, ce bar qui sert un rhum local distillé par un résident japonais est surprenant, mais ô combien agréable. Fabriqué à partir de canne à sucre cultivée près de Vientiane, le rhum est délicieux. La formule dégustation est variée – blanc, fruit de la passion ou "brown" vieilli en fût ou café (nos deux préférés).

Earth BAR

(carte p. 162 ; www.facebook.com/earthvientiane ; rue Chao Anou ; 17h-minuit ;). D'apparence un peu "hippie" à première vue, l'Earth offre de quoi plaire à tous à travers des concerts et manifestations culturelles variés, mais aussi une musique d'ambiance éclectique, de bonnes bières artisanales, des habitués enthousiastes et un personnel sympathique. Événements répertoriés sur la page Facebook.

Spirit House BAR À COCKTAILS

(carte p. 154 ; 021-262530 ; rue Fa Ngoum ; cocktails 40 000-60 000 LAK ; 7h-23h ;). Cette maison traditionnelle donnant sur le Mékong dispose d'un bar bien fourni, d'une carte claire et d'un choix de cocktails intéressant. Musique d'ambiance, bois sombre et canapés moelleux : l'intérieur est très chic. On peut aussi s'installer dehors pour contempler le fleuve. Happy hour (de 16h à 18h en semaine) particulièrement animée.

Dresden BAR

(carte p. 162 ; 139 rue Nokeokoummane ; 17h-minuit lun-sam). Bar allemand typique vu par les yeux d'un Japonais et situé au Laos. Bonne sélection de boissons (surtout des sakés), verres à bière isothermes, glaçons coupés à la main et savoureux en-cas qui parviennent à combler le gouffre culinaire séparant l'Allemagne du Japon. Étonnamment, ça marche.

Naga Boat BAR

(carte p. 154 ; www.facebook.com/pg/thenagaboat ; rue Fa Ngoum ; 17h30-23h30). Les marins d'eau douce ont trouvé leur croisière idéale : ce vaisseau définitivement échoué offre une vue magnifique sur le Mékong, d'excellents cocktails et des bières laotiennes et étrangères à la pression.

Cocoon BAR À COCKTAILS

(carte p. 162 ; en retrait de la rue Hengbounnoy ; 18h30-2h mar-dim). La mode du cocktail débarque à Vientiane sous la forme de ce bar sombre et élégant caché dans une ruelle discrète. Les spécialités de la maison sont très fruitées ; on recommande plutôt les classiques.

Bor Pen Yang BAR

(carte p. 162 ; 020-7873965 ; rue Fa Ngoum ; 10h-minuit ;). Habitants, expatriés, voyageurs et entraîneuses se retrouvent dans ce bar au toit de tôle et aux poutres apparentes, perché au-dessus du Mékong. Merveilleux pour contempler le coucher du soleil sur la Thaïlande toute proche. Musique occidentale, billards, grande TV pour les retransmissions sportives.

Samlo Pub BAR

(carte p. 162 ; 021-222308 ; rue Setthathirath ; 19h-tard). Vous verrez sans doute la population nocturne interlope de Vientiane dans ce bar enfumé... Il ferme souvent après la plupart des autres établissements ; soyez prudent si vous rentrez à pied tard dans la nuit.

CCC Bar GAY

(carte p. 162 ; 020-55448686 ; rue Sihom ; 19h30-tard). L'ambiance conviviale du seul bar gay de Vientiane devient plus vibrante encore le week-end. À partir de 1h du matin, il attire une clientèle mixte ; c'est l'un des seuls endroits encore ouverts pour les couche-tard.

Où sortir

La situation politique et économique permet aux lieux de divertissement de se développer à Vientiane, comme le reste, mais l'offre reste limitée. La loi impose aux établissements de fermer leurs portes à 23h30, mais la plupart poussent jusqu'à minuit.

Boxe laotienne BOXE

(020-99999992 ; www.facebook.com/houayhongstadium ; Houayhong Boxing Stadium, en retrait de la rue Chao Anou ; 19h sam). GRATUIT Des combats de boxe laotienne ont lieu chaque samedi à 19h au Houayhong Boxing Stadium, au nord-ouest du centre-ville. C'est gratuit, et contrairement aux matchs se tenant à Bangkok, ici on est au cœur de l'action.

Wind West CONCERTS

(carte p. 162 ; 021-265777 ; rue Sihom ; 18h-1h). Ce bar-restaurant, de style routier américain, organise des concerts de rock, laotien ou occidental, presque tous les soirs. Selon l'assistance, l'ambiance peut être déchaînée ou plus calme, mais l'intérieur, décoré de chapeaux de cow-boy, de cornes et de statues en bois amérindiennes, contribue à réchauffer l'atmosphère.

Anou Cabaret CONCERTS

(carte p. 162 ; 021-213630 ; Anou Paradise Hotel, angle rue Hengboun et rue Chao Anou ; 21h-1h). Une boîte amusante, avec son côté années 1960 et ses crooners vieillissants. Au rez-de-chaussée de l'Anou Paradise Hotel.

Achats

On peut se procurer à Vientiane presque tous les types d'objets artisanaux fabriqués dans le pays – bijoux, textiles traditionnels, sculptures et créations des ethnies montagnardes. La rue Setthathirath et les rues alentour constituent le principal quartier commerçant.

T'Shop Lai Gallery BEAUTÉ, ARTICLES POUR LA MAISON

(carte p. 162 ; www.laococo.com ; près de la rue In Paeng ; 8h-20h lun-sam, 10h-18h dim). Vous serez d'abord frappé par le mélange des odeurs : noix de coco, aloe vera, miel, frangipanier et magnolia, des effluves qui proviennent des huiles pour le corps, savons, sprays, parfums et baumes à lèvres. Tous ces magnifiques articles sont fabriqués avec des produits locaux et durables, par des femmes défavorisées, réunies au sein de la coopérative Les Artisans Lao.

L'étage accueille des expositions temporaires d'artistes laotiens ou internationaux.

The First CADEAUX ET SOUVENIRS

(carte p. 162 ; 168b rue Samsenethai ; 8h-20h). Ce magasin avenant rassemble une large sélection soigneusement constituée d'articles des meilleures marques laotiennes :

LE PLEIN D'ÉTOFFES

Le centre-ville de Vientiane compte de nombreuses boutiques de tissus et de vêtements, particulièrement autour de la rue Nokeokoummane. Le marché Talat Sao est aussi un endroit bien pourvu. Outre des étoffes vendues au mètre, on peut acheter des pièces déjà manufacturées, des sacs à porter sur l'épaule (en patchwork de tissus anciens par exemple) ou des coussins.

Plusieurs boutiques de la rue Samsenethai, rue Pangkham et rue Setthathirath vendent des étoffes et objets artisanaux des ethnies lao, thaï et montagnardes. De plus en plus de produits thaïlandais et vietnamiens viennent s'ajouter aux articles laotiens, notamment des objets laqués et des bouddhas. Les boutiques de vêtements et de tissus vendent souvent aussi des pièces d'artisanat ou anciennes.

textiles d'Ock Pop Tok et Passa Paa, bijoux laotiens de Serene's, savons et produits cosmétiques des Artisans Lao, rhum de Laodi et chocolat de Marou.

Saoban ARTISANAT

(carte p. 162 ; 021-241835 ; www.saobancrafts.com ; rue Chao Anou ; 9h-20h). Cette petite boutique travaille en collaboration avec plus de 300 artisans de 14 communautés réparties dans 10 provinces laotiennes. On y trouve aussi bien des soieries artisanales que des paniers en bambou et des bijoux en argent. Chaque produit est accompagné d'une description indiquant son origine et l'identité des personnes que vous soutenez en l'achetant (principalement des femmes issues de minorités ethniques et vivant à la campagne). Les prix sont assez bas par rapport à la moyenne.

Carol Cassidy Lao Textiles ARTISANAT

(carte p. 162 ; 021-212123 ; www.laotextiles.com ; 108 rue Nokeokoummane ; 8h-12h et 14h-17h lun-ven, 8h-12h sam, ou sur rdv). Ces tissus contemporains haut de gamme, aux motifs d'inspiration traditionnelle, honorent aussi les modes de tissage lao, pratiqués depuis des siècles. Ils sont réalisés sur place, dans cette belle maison coloniale, par des tisserandes lao, selon des motifs imaginés par Carol Cassidy, la styliste d'origine américaine. Prix un peu élevés, comme il se doit pour des articles réputés dans le monde entier.

Camacrafts ARTISANAT

(Mulberries ; carte p. 162 ; www.camacrafts.org ; rue Nokeokoummane ; 10h-18h lun-sam). Vend des tissus et vêtements en soie de la province de Xieng Khuang, ainsi que des couvre-lits et des housses de coussin ornés de remarquables motifs de style hmong. Tous les articles, issus du commerce équitable, proviennent de communautés artisanales rurales du Laos.

State Books Shop LIVRES

(carte p. 162 ; rue Setthathirath ; 8h-16h lun-ven). Cette librairie d'État où s'alignent des titres défraîchis en russe et en vietnamien apparaît comme un vestige des racines communistes du Laos, dans une capitale de plus en plus lisse. Également, quelques livres en anglais et une bonne sélection de livres colorés pour enfants en laotien.

Her Works VÊTEMENTS

(carte p. 162 ; www.herworks.la ; rue Nokeokoummane ; 10h-18h lun-ven, 12h-18h sam-dim). Ce magasin à vocation sociale propose les réalisations d'artisans issus de minorités ethniques dans les régions les plus reculées du pays. Des vêtements, sacs, chapeaux et chaussures aux couleurs vives, pour un achat responsable.

Kanchana Boutique ARTISANAT

(carte p. 162 ; 021-213467 ; 140 rue Samsenethai ; 8h-20h). Vous trouverez ici le plus beau choix de soieries laotiennes (les plus chères, qui peuvent coûter plusieurs milliers de dollars, se trouvent dans une pièce à l'écart). Les propriétaires, très accueillants, gèrent aussi le musée du Textile laotien (p. 157).

Monument Books LIVRES

(carte p. 154 ; rue Setthathirath ; 9h-20h lun-sam, 9h-18h dim). Magazines, bon choix de romans classiques et actuels, guides de voyages, romans à suspense, superbes livres de photograhies du Laos.

Marché de nuit ARTISANAT

(carte p. 162 ; rue Fa Ngoum ; 18h-22h30). Le marché de nuit de Vientiane éclaire les rives du fleuve avec ses étals d'artisanat et de T-shirts. Ce n'est pas tout à fait l'ambiance de celui de Luang Prabang, mais l'endroit reste plaisant à parcourir pour tester ses compétences à marchander.

Dee Traditional Antique Textiles ARTISANAT
(carte p. 162 ; 020-55519908 ; khamtanh44@hotmail.com ; rue Setthathirath ; 8h-21h). Ne vous fiez pas à l'apparence extérieure banale de cette boutique remplie du sol au plafond de textiles traditionnels confectionnés par les tribus montagnardes. Il y a de bonnes trouvailles à faire.

Talat Sao MARCHÉ
(marché du matin ; carte p. 162 ; rue Lan Xang ; 9h-17h). Le Talat Sao, jadis lieu de shopping mémorable à Vientiane, a été rénové. Les deux tiers de ses stands de pipes à opium, bijoux et objets ont été démolis et remplacés par une galerie marchande moderne. Pour les marchands de tissus traditionnels du bâtiment d'origine, l'avenir ne tient qu'à un fil.

Mixay Boutique ARTISANAT
(carte p. 162 ; 021-216592 ; rue Nokeokoummane ; 9h-20h lun-sam). Cette boutique chic est un passage obligé dans cette grande artère animée. On y trouve toutes sortes d'articles artisanaux (y compris textiles) de tout le Laos.

Renseignements

ARGENT

Dans la capitale, on trouve facilement des banques, des distributeurs automatiques de billets (DAB) internationaux et des bureaux de change détenteurs d'une licence.

ANZ (carte p. 162 ; 021-222700 ; 33 rue Lan Xang ; 8h30-15h30 lun-ven). L'agence principale possède des DAB. Deux autres DAB dans rue Setthathirath et rue Fa Ngoum.

Bank of Ayudhya (Krungsri ; carte p. 162 ; 021-255522 ; 79/6 rue Lan Xang ; 8h30-15h30 lun-ven). Banque thaïlandaise dotée d'un DAB.

Banque pour le Commerce Extérieur Lao (BCEL ; carte p. 162 ; angle rue Pangkham et rue Fa Ngoum ; 8h30-19h lun-ven, 8h30-15h30 sam-dim). Les horaires les plus étendues de la ville. Guichet de change dans la rue Fa Ngoum et DAB attenant au bâtiment principal.

Joint Development Bank (carte p. 162 ; 75/1-5 rue Lan Xang ; 8h30-16h lun-ven, 9h-16h sam-dim). DAB et guichet de change.

Krung Thai Bank (carte p. 162 ; 021-213480 ; rue Lan Xang ; 8h30-15h30 lun-ven). DAB 24h/24.

Lao-Viet Bank (carte p. 162 ; 021-251418 ; rue Lan Xang ; 8h30-16h lun-ven). DAB et guichet de change.

Siam Commercial Bank (carte p. 162 ; 117 rue Lan Xang ; 8h30-15h30 lun-ven). DAB et guichet de change.

Thai Military Bank (carte p. 162 ; 021-216486 ; angle rue Samsenethai et rue Khounboulom ; 8h30-15h30 lun-ven). DAB et guichet de change.

DÉSAGRÉMENTS ET DANGERS

Selon les standards internationaux, Vientiane reste une ville très sûre. Cependant, des courriers de lecteurs et des informations locales témoignent d'un risque accru d'agression.

➡ Soyez particulièrement vigilant aux abords de la banque BCEL, près du fleuve, où des voleurs à la tire (souvent une équipe de deux hommes à moto) semblent sévir. Faire preuve de bon sens constitue la meilleure prévention.

➡ Ne marchez pas au milieu des rues pendant les fêtes, en particulier en avril lors de Pi Mai (p. 159), car le nombre d'accidents de la circulation dus à l'alcool monte en flèche.

➡ La **police touristique** (carte p. 162 ; 021-251128 ; rue Lan Xang ; 24h/24) pourra éventuellement vous aider.

OFFICE DU TOURISME

Le **centre d'information touristique** (MICT ; carte p. 162 ; 021-212248 ; www.tourismlaos.org ; rue Lan Xang ; 8h30-12h et 13h30-16h) propose des descriptions utiles de chaque province, des brochures et des cartes régionales.

SERVICES MÉDICAUX

Les services médicaux de Vientiane laissent à désirer. Pour tout problème sérieux, mieux vaut franchir la frontière et se rendre dans les hôpitaux thaïlandais, bien mieux équipés. Parmi ces derniers, l'**Aek Udon International Hospital** (www.aekudon.com) en Thaïlande peut envoyer une ambulance pour vous conduire à Udon Thani. Pour un mal bénin, essayez les établissements suivants, à Vientiane :

Alliance International Medical Center (carte p. 154 ; 021-513095 ; www.aimclao.com ; rue Souphanouvong). Cet hôpital traite les affections et les problèmes courants (fractures, etc.), et délivre des antibiotiques.

Centre médical de l'ambassade de France (carte p. 154 ; 021-214150 ; angle rue Khu Vieng et rue Simeuang ; 8h30-12h et 13h30-19h lun-mar et jeu-ven, 8h30-12h et 13h30-17h mer, sam-dim). Sur rdv en dehors de ces horaires.

Hôpital Setthathirat (021-351156; rue Khamphengmuang) cet hôpital, au nord-est

BUS AU DÉPART DE VIENTIANE

DESTINATION	POINT DE DÉPART	PRIX	DISTANCE	DURÉE	DÉPARTS
Attapeu	Gare routière Sud	140 000-220 000 LAK	812 km	14-24 heures	7h15 (VIP), 9h30 (ventilateur), 17h (ventilateur), 20h30 (VIP)
Ban Kong Lor	Gare routière Sud	90 000 LAK	312 km	8-10 heures	10h
Bangkok (Thaïlande)	Gare routière du Talat Sao	248 000 LAK	650 km	12-16 heures	18h
Danang (Vietnam)	Gare routière Sud	200 000 LAK	900 km	22 heures	18h
Don Khong	Gare routière Sud	150 000 LAK	788 km	16-19 heures	10h30 (ventilateur)
Hanoi (Vietnam)	Gare routière Sud	200 000 LAK	750 km	24 heures	17h30, 18h (lun, mer, ven, dim)
Hongsa	Gare routière Nord	250 000 LAK	450 km	12-16 heures	6h30
Huay Xai	Gare routière Nord	200 000-220 000 LAK	869 km	24 heures	8h30, 17h
Khon Kaen (Thaïlande)	Gare routière du Talat Sao	50 000 LAK	197 km	4 heures	8h15, 14h45
Kunming (Chine)	Gare routière Nord	7 300 000 LAK	1 200 km		14h, 23h (couchettes)
Lak Sao	Gare routière Sud	85 000 LAK	334 km	6-8 heures	5h, 6h, 7h, 11h30, 18h30
Luang Namtha	Gare routière Nord	220 000 LAK	676 km	24 heures	8h30, 17h
Luang Prabang	Gare routière Nord	110 000-150 000 LAK	384 km	9-11 heures	6h30, 7h (van), 7h30, 8h (VIP), 8h30, 9h (van, VIP), 11h, 13h30, 16h, 18h, 19h (van), 19h30 (VIP), 20h (VIP)
Nong Khai (Thaïlande)	Gare routière du Talat Sao	15 000 LAK	25 km	1 heure 30	7h30, 9h30, 12h40, 14h30, 15h30, 18h
Pak Lai	Gare routière Nord	90 000 LAK	213 km	6-8 heures	7h30, 9h, 11h, 13h (tous des vans)

du centre-ville, est une autre possibilité pour les affections sans gravité.

International Clinic (carte p. 154 ; ✆ 021-214024 ; rue Fa Ngoum ; ⏲ 24h/24). Dans l'hôpital Mahasot, sans doute le meilleur endroit pour des soins urgents peu complexes.

VISAS

La prolongation du visa touristique s'obtient sans difficulté. Rendez-vous au **bureau de l'immigration** (carte p. 162 ; ✆ 021-212250 ; rue Hatsady ; ⏲ 8h-11h30 et 13h30-16h30 lun-ven) situé dans le bâtiment du ministère de la Sécurité intérieure, face au Talat Sao. Remplissez le formulaire (5 000 LAK), fournissez votre passeport, une photo d'identité et acquittez-vous de 25 000 LAK de frais administratifs et de 20 000 LAK par jour supplémentaire sur place. Venez retirer votre passeport le lendemain après-midi.

ℹ Depuis/vers Vientiane

AVION

Les départs depuis l'**aéroport international de Vattay** (VTE ; carte p. 154 ; ✆ 021-512165 ; www.vientianeairport.com ; Route 13), situé à environ 4 km au nord-ouest du centre, sont répartis entre le terminal des vols intérieurs et le terminal international.

Lors de nos recherches, il existait des vols directs entre Vientiane et Luang Namtha

DESTINATION	POINT DE DÉPART	PRIX	DISTANCE	DURÉE	DÉPARTS
Paksan	Gare routière Sud	40 000-50 000 LAK	143 km	3-4 heures	fréquents de 7h à 15h (*túk-túk*), ou tout bus pour le Sud
Pakse	Gare routière Sud	110 000-170 000 LAK	677 km	8-18 heures	fréquents de 10h à 16h (tous avec ventilateur) ; 5h15, 18h, 18h30, 19h, 20h, 20h30, 21h (tous VIP)
Phongsali	Gare routière Nord	230 000-250 000 LAK	811 km	25-28 heures	7h15 (ventilateur), 18h (couchettes)
Phonsavan	Gare routière Nord	110 000-150 000 LAK	374 km	10-11 heures	6h30, 7h30, 9h30, 20h (couchettes)
Sainyabuli	Gare routière Nord	110 000-130 000 LAK	485 km	14-16 heures	9h, 16h, 18h30
Salavan	Gare routière Sud	130 000-190 000 LAK	774 km	13-20 heures	16h30 (ventilateur), 19h30, 20h30 (VIP)
Sam Neua (Xam Neua)	Gare routière Nord	190 000-210 000 LAK	612 km	22-24 heures	9h30, 12h, 17h (tous VIP)
Savannakhet	Gare routière Sud	75 000-120 000 LAK	457 km	8-11 heures	fréquents de 5h30 à 9h ou tout bus pour Pakse, 20h30 (VIP)
Tha Khaek	Gare routière Sud	60 000-80 000 LAK	332 km	5-6 heures	4h, 5h, 6h, 12h, ou tout bus pour Savannakhet ou Pakse ; 13h (VIP)
Udomxai	Gare routière Nord	190 000 LAK	578 km	15-17 heures	6h45, 13h45, 16h, 17h (tous VIP)
Udon Thani (Thaïlande)	Gare routière du Talat Sao	22 000 LAK	82 km	2 heures 30	8h, 9h, 10h30, 11h30, 14h, 15h, 16h, 18h
Vang Vieng	Gare routière Nord	40 000-50 000 LAK	157 km	4 heures	fréquents de 6h à 17h (van) ; 8h30, 10h
Vinh (Vietnam)	Gare routière Sud	150 000 LAK	460 km	16 heures	8h, 18h

(Namtha), Luang Prabang, Muang Khoun (ancienne Xieng Khuang), Pakse, Phongsali, Savannakhet, Sam Neua (Xam Neua), Udomxai (Muang Xai), etc. ; et des vols internationaux directs entre Vientiane et plusieurs villes de Chine, de Corée du Sud, Singapour, de Thaïlande et du Vietnam.

Deux compagnies assurent les liaisons domestiques :

Lao Airlines (carte p. 154 ; ☎021-513032 ; terminal international, aéroport international de Vattay ; ⏲5h-18h)

Lao Skyway (carte p. 154 ; ☎1441 ; www.laoskyway.com ; terminal domestique, aéroport international de Vattay ; ⏲7h-16h)

Compagnies internationales desservant le Laos :

Bangkok Airways (carte p. 162 ; www.bangkokair.com ; Lao Plaza Hotel, 63 rue Samsenethai ; ⏲9h30-12h et 13h-18h30 lun-sam)

China Eastern Airlines (carte p. 154 ; ☎021-252888 ; ceair.com ; rue Souphanouvong ; ⏲8h30-11h30 et 13h30-16h30 lun-ven, 8h30-11h30 sam)

Thai Airways International (carte p. 154 ; ☎021-222527 ; www.thaiairways.com ; rue Souphanouvong ; ⏲8h-17h lun-ven)

Vietnam Airlines (carte p. 162 ; ☎021-252618 ; www.vietnamairlines.com ; Lao Plaza Hotel, 63 rue Samsenethai ; ⏲8h-12h et 13h30-16h30 lun-ven, 8h-12h sam)

PASSER EN THAÏLANDE : DE THA NA LENG À NONG KHAI

Jusqu'à la frontière et au-delà Au poste-frontière de Tha Na Leng (Laos)/Nong Khai (Thaïlande) (⏲6h-22h), le pont de l'Amitié lao-thaïlandaise (Saphan Mittaphap Thai-Lao) enjambe le Mékong. Pour parcourir les quelque 20 km séparant la frontière laotienne de Vientiane, le plus économique, et le plus aisé, consiste à prendre le Thai-Lao International Bus (ci-dessous), qui assure plusieurs départs quotidiens à destination des villes thaïlandaises de Bangkok, Khon Kaen, Nong Khai et Udon Thani. À défaut, faites appel à un taxi (400 THB), prenez un *túk-túk* (collectif/individuel 50 000 LAK/300 THB), un *jumbo* (200 THB) ou encore le bus n°14 (Tha Deua, 8 000 LAK, 5h30-18h) au départ de la gare routière du Talat Sao.

En venant de Thaïlande, on peut rallier le poste-frontière thaïlandais et le même côté du pont de l'Amitié en prenant un *túk-túk* à la gare ferroviaire (30 THB) ou routière (60 THB) de Nong Khai. Autre solution : le Thai-Lao International Bus au départ de la gare routière de Nong Khai (55 THB, 1 heure 30) ou de celle d'Udon Thani (80 THB, 2 heures) qui vous mènera jusqu'à la gare routière du Talat Sao, à Vientiane. Si vous arrivez par avion à Udon Thani, comptez environ 120 THB de *túk-túk* entre l'aéroport et la gare routière.

Il est également possible de traverser le pont en train, puisque la voie ferrée venant de la gare de Nong Khai a été prolongée en territoire laotien jusqu'à la gare de Dongphosy, à 3,5 km de la frontière et à quelque 13 km du centre de Vientiane. Depuis Nong Khai, il y a deux départs quotidiens (10h et 17h30, 30 THB, 15 min). Les formalités douanières s'effectuent dans les gares respectives. Toutefois, il sera bien plus aisé de voyager par la route, en empruntant un bus international.

À la frontière La Thaïlande accorde à la plupart des ressortissants un séjour de 30 jours sans obligation de visa. Au Laos, le visa de 30 jours est facturé 20 à 42 $US selon la nationalité du demandeur (voir p. 312). Si vous n'avez pas de photo d'identité, vous paierez un supplément de 1 $US. Si vous présentez votre demande hors horaires officiels – c'est-à-dire entre 6h et 8h ou 16h et 22h en semaine, ou encore le week-end ou un jour férié –, il vous sera facturé un supplément de 1 $US. Ne confiez jamais votre démarche à un conducteur de *túk-túk*, même s'il insiste, car vous risquez de perdre temps et argent. Exigez d'être conduit directement au pont.

En Thaïlande Les trains assurant la liaison Nong Khai-Bangkok partent à 7h, 18h30 et 19h10. Billets à partir de 898 THB pour une couchette en 2e classe (trajet de 11 heures).

BUS

Étant donné l'état des routes et des véhicules, les temps de trajet sont parfois rallongés. Il y a à Vientiane trois gares routières, toutes dotées de personnel anglophone, de buvettes et de stands de restauration, et fournissant des renseignements relativement clairs sur les horaires et tarifs.

À 2 km au nord-ouest de l'aéroport, la **gare routière Nord** (rue Sithong) dessert les destinations au nord de la ville. La **Tong Li Bus Company** (☎ 021-242657) assure une liaison avec Kunming, en Chine. Des minivans pour Vang Vieng partent d'ici, mais la plupart des voyageurs réservent des bus touristiques, plus onéreux, auprès d'agences en ville.

La **gare routière Sud** (Dong Dok ; Route 13), aussi connue sous le nom de *khíw lot lák káo* (gare routière du Km 9), se trouve à 9 km de la ville et dessert tout le Sud. **SDT** (☎ 020-2205352) assure depuis cette gare plusieurs liaisons avec des villes vietnamiennes, dont Danang, Hanoi et Vinh.

De la **gare routière du Talat Sao** (gare routière centrale ; carte p. 162 ; ☎ 021-216507 ; rue Khu Vieng), des bus locaux d'une lenteur désespérante rallient les localités de la province de Vientiane, et d'autres destinations plus éloignées (qu'il vaut mieux rallier à partir des gares routières Nord ou Sud). Le **Thai-Lao International Bus** (carte p. 162), qui dessert Bangkok, Khon Kaen, Nong Khai et Udon Thani, part également de cette gare.

TRAIN

En 2009, la ligne de chemin de fer reliant Bangkok à Nong Khai (Thaïlande) a été prolongée pour franchir le pont de l'Amitié lao-thaïlandaise jusqu'à Dongphosy (Laos). Il est prévu de prolonger la ligne sur 417 km jusqu'à Boten, à la frontière chinoise, d'ici 2021. Ce projet, qui fait partie d'un plan de 7 milliards de dollars financé par le gouvernement chinois, devrait participer au développement du réseau ferré national dans les années à venir. Pour l'instant, le chemin de fer laotien compte tout au plus 3,5 km de rails. Les liaisons ferroviaires avec Nong Khai, en Thaïlande, paraissent bien fastidieuses comparées au Thai-Lao International Bus.

Comment circuler

Le centre de Vientiane s'explore facilement à pied. Pour découvrir les quartiers environnants, vous aurez en revanche besoin d'un véhicule.

DEPUIS/VERS L'AÉROPORT

Les taxis facturent 7 $US la course de l'aéroport international de Vattay au centre-ville (90 $US pour Vang Vieng). Seuls les taxis officiels peuvent prendre des passagers à l'aéroport. Une navette relie l'aéroport à la gare routière du Talat Sao, dans le centre-ville ; elle part toutes les 40 minutes de 9h15 à 21h15 (15 000 LAK).

BUS

Le réseau urbain dessert plutôt les faubourgs éloignés. La plupart des bus partent de la gare routière du Talat Sao. Le bus n°14 (Tha Deua) mène au pont de l'Amitié lao-thaïlandaise et au Xieng Khuan (Buddha Park) ; il circule toutes les 20 minutes de 5h30 à 18h et le billet coûte 8 000 LAK. Le bus n°44 part pour l'aéroport (15 000 LAK) toutes les 40 minutes de 9h15 à 21h40. Le bus n°8 dessert la gare routière Nord (page ci-contre) (5 000 LAK), et les bus n°s23 et 29 la gare routière Sud (page ci-contre) (4 000-7 000 LAK).

JUMBO ET TÚK-TÚK

Jumbo et *túk-túk* effectuent aussi bien une course de 500 m que de 20 km. Pour ne pas payer un prix exorbitant, apprenez à reconnaître les différents types de *túk-túk* (ce qui vous évitera aussi de potentielles querelles). Les *túk-túk* touristiques sont les plus chers ; les *jumbo* collectifs, qui suivent des itinéraires fixes en ville (par exemple, de la rue Luang Prabang à la rue Setthathirat ou de la rue Lan Xang au That Luang), sont plus abordables – habituellement, moins de 10 000 LAK par personne.

TAXI

Des taxis, de tous modèles et de toutes conditions, stationnent devant les grands hôtels, à l'aéroport ou à la **station de taxis** (carte p. 162 ; ☎ 021-454168 ; rue Khu Vieng) située en face du Talat Sao. N'hésitez pas à marchander.

DÉCOUVERTES À MOTO DEPUIS VIENTIANE

Depuis quelques années, les trajets à moto séduisent Laotiens et visiteurs. Il est désormais possible de circuler avec des véhicules tout-terrain, solides et bien entretenus, en bénéficiant de l'efficace réseau de téléphonie mobile laotien pour rester en contact et en s'appuyant sur un guidage GPS. On vous proposera de vous déposer à l'endroit que vous désirez et d'assurer le transfert de vos bagages jusqu'à la destination de votre choix. Dans ces conditions, il est tout à fait envisageable d'effectuer une partie de son voyage à deux-roues – une bonne alternative aux bus moites et bondés. Louez une moto à la semaine et partez explorer le Nord à travers les montagnes de Vang Vieng (voir p. 185) puis au-delà, avant de rendre votre deux-roues à Luang Prabang. Autre itinéraire envisageable : la fameuse "Boucle", au départ de Tha Khaek (p. 202), en déposant ensuite votre engin à Pakse.

Voici des prestataires fiables louant des motos tout-terrain ou de route et pouvant les récupérer en fin de trajet :

Drivenbyadventure (☎ 020-58656994 ; www.hochiminhtrail.org ; location 38-95 $US/jour, circuits à partir de 190 $US/jour). Les tout-terrain les mieux entretenues du Laos, notamment la Honda CRF250s (38 $US/jour), la Honda XR400s (50 $US) et la KTM XCW450s (95 $US).

Fuark Motorcycle Hire (carte p. 154 ; ☎ 021-261970 ; fuarkmotorcross@yahoo.com ; rue T2 ; ⏲ 9h-18h). Ce prestataire réputé localement propose un choix de motos tout-terrain bien entretenues (à partir de 30 $US/jour), avec possibilité de rendre l'engin dans les principales villes du pays.

Gérant de Drivenbyadventure, Don Duvall est aussi le cartographe de Midnight Mapper (www.laosgpsmap.com) ; il a passé une décennie à dresser patiemment la carte du Laos. On peut se procurer sa carte satellite sur son site Internet et la télécharger sur un GPS. Pour 50 $US, il vous enverra la carte SIM ou vous louera un GPS Garmin (7 $US/jour) avec vos coordonnées pour ne jamais perdre votre route.

VÉLO

Vientiane est une ville relativement plate, idéale à parcourir à vélo. De nombreuses guesthouses et plusieurs boutiques, facilement repérables, en louent pour 10 000 à 20 000 LAK par jour. On peut aussi louer un VTT (30 000-40 000 LAK), par exemple auprès de **Lao Bike** (carte p. 162 ; ☎ 020-54674345 ; rue Setthathirath ; ⌚ 8h30-18h) ou **Mixay Bike 2** (carte p. 162 ; ☎ 020-77882510 ; rue Chau Anou ; scooter 60 000-80 000 LAK/jour ; ⌚ 8h30-19h30).

VOITURE ET MOTO

Plusieurs agences internationales de location de véhicules ont une antenne à Vientiane, notamment **Avis-Budget** (carte p. 162 ; ☎ 020-22861415 ; www.avis.la ; rue Setthathirath ; ⌚ 8h30-18h lun-ven, 8h30-13h sam-dim) et **Sixt** (carte p. 154 ; ☎ 020-96590475 ; www.sixt.com ; terminal international, aéroport international de Vattay ; ⌚ 8h-22h30). N'oubliez pas que si une voiture ordinaire fera l'affaire en ville, vous aurez besoin d'un 4x4 robuste pour vous aventurer plus loin.

Nombreux à Vientiane, les scooters se louent partout dans le centre. Parmi les compagnies sérieuses :

Mixay Bike 2 (ci-dessus)

TL Motor Bike (carte p. 162 ; ☎ 020-55528299 ; rue François Ngin ; 70 000 LAK/jour ; ⌚ 8h-20h)

ENVIRONS DE VIENTIANE

Maintenant que vous connaissez la ville, vous êtes prêt pour la nature : les grands favoris aux alentours de Vientiane demeurent la jungle, les guesthouses de la ZNP de Phu Khao Khuay et Vang Vieng, favori des routards.

ZNP de Phu Khao Khuay

ປາສະຫງວນແຫງຊາດພູເຂົາຄວາຍ

Couvrant plus de 2 000 km² de montagnes et de rivières, la zone nationale protégée de Phu Khao Khuay reste méconnue, bien que ce soit la plus aisément accessible du pays. Des parcours de randonnée, de quelques heures à 3 jours, ont été mis en place en partenariat avec les villages de Ban Na (ບ ານນາ) et Ban Hat Khai (ບານຫາດໄຂ), situés en lisière de la zone protégée.

Phu Khao Khuay (ພູເຂົາຄວາຍ ; prononcez "pou kao kouaï") signifie "montagne de la Corne de buffle", un nom qui provient d'une légende locale. Trois grandes rivières prenant leur source dans un massif de grès traversent la réserve, habitat d'un nombre époustouflant d'espèces menacées : éléphants sauvages, gibbons, ours noirs d'Asie, panthères longibandes, houppifères du Siam ou paons verts. Selon l'altitude, on peut découvrir des diptérocarpacées à feuilles persistantes (arbres d'Asie portant des fruits caractéristiques), des forêts mixtes à feuilles caduques, des forêts de conifères ou des herbages d'altitude. Plusieurs chutes d'eau impressionnantes peuvent faire l'objet d'excursions à la journée depuis Vientiane.

À voir et à faire

Des renseignements détaillés sur les randonnées, l'hébergement et le transport jusqu'à la ZNP sont disponibles au centre d'information touristique (p. 173) de Vientiane. Randonner à Phu Khao Khuay coûte 100 000 LAK par personne et par jour, en plus du permis d'entrée dans la ZNP (40 000 LAK) et d'une contribution au fond du village (50 000 LAK). Si vous partez de Ban Hat Khai, vous devrez aussi payer le transport par bateau (100 000 LAK/bateau, jusqu'à 2 passagers).

Ban Na

Les villageois guident des randonnées de 1, 2 ou 3 jours jusqu'à **Keng Khani** (3 à 4 heures de marche dans chaque sens) et à travers la forêt dense jusqu'aux chutes de **Tat Fa** (4 à 5 heures). À défaut, un trajet d'une heure mène jusqu'à la tour d'observation des éléphants en traversant des plantations et en limite de l'épaisse forêt. La tour domine un salant où les éléphants avaient l'habitude de venir régulièrement. Les randonneurs dorment dans la tour (100 000 LAK/pers), sur un matelas sous une moustiquaire, et les guides préparent un délicieux dîner. Même sans les pachydermes, l'expérience est agréable.

Vat Pha Baht Phonsan TEMPLE BOUDDHIQUE

(ວັດພະບາດໂພນສັນ ; Tha Pha Bat ; ⌚ aube-crépuscule). GRATUIT En vous rendant à Ban Na, n'hésitez pas à faire un arrêt rapide au Vat Pha Baht Phonsan, qui se dresse sur un promontoire rocheux à Tha Pha Bat, non loin de la Route 13, à environ 1,5 km au sud

100% LOCAL

LA HARDE DES ÉLÉPHANTS DE BAN NA

Le village agricole de Ban Na, à 82 km au nord-est de Vientiane, compte quelque 600 habitants. Dans cette localité typiquement laotienne, les femmes confectionnent des paniers en bambou et les hommes travaillent dans les champs. Jusque récemment, les visiteurs y venaient essentiellement pour apercevoir la harde d'éléphants.

Les paysans de Ban Na cultivent traditionnellement des légumes et du riz. Il y a quelques années, ils ont commencé à planter de la canne à sucre. C'était compter sans la gourmandise des éléphants des montagnes voisines. Les pachydermes repérèrent vite les plantes qui poussaient dans la plaine et vinrent dévorer les cannes à sucre, les ananas et les bananes cultivés autour de Ban Na. Bien évidemment, les agriculteurs n'apprécièrent pas cette cueillette imprévue. Pour se débarrasser des éléphants, ils décidèrent de bannir la canne à sucre et de reprendre la culture classique (etmoins lucrative) des légumes. Ils espéraient ainsi que la trentaine de pachydermes retournerait dans les montagnes. Bien au contraire, la harde s'est installée dans les forêts de la plaine, les plantations de bambous et les champs autour de Ban Na, causant des ravages environnementaux et affectant largement les ressources financières des villageois. Seul l'écotourisme privilégiant les interactions avec les éléphants a permis aux villageois de survivre et de consentir à cette cohabitation forcée.

En réalité, les éléphants ont aujourd'hui disparu. En 2007, on estimait que la harde de la ZNP de Phu Khao Khuay comptait 25 pachydermes. En 2009, cinq d'entre eux ont été tués ; leurs défenses et leurs pattes arrière ayant été découpées, ce crime était plus probablement imputable à des braconniers qu'à des villageois vindicatifs. En 2010, deux autres éléphants ont péri ; selon l'armée laotienne, ils auraient été électrocutés par la foudre. Les villageois assurent ne plus avoir vu d'éléphants depuis des années, ce qui laisse penser qu'ils ont été tués ou déplacés vers des zones plus reculées de la ZNP.

de Ban Na. Le temple est connu pour son grand sanctuaire de l'empreinte de pied du Bouddha (*pa bàht*), son monastère et son imposant bouddha couché. Vous le reconnaîtrez à son grand stupa très ornementé datant de 1933.

Ban Hat Khai

Depuis Ban Hat Khai, on peut accéder à Tat Leuk et à des **treks parmi les orchidées** dans la forêt. Pour ceux qui en ont le temps, un trek plus long permet d'aller admirer l'immense falaise et le superbe paysage de **Pha Luang** (3 à 4 heures l'aller), ainsi que les forêts autour de **Huay Khi Ling** (2 à 3 heures l'aller). Le trek combinant les deux destinations requiert 2 ou 3 jours selon la saison, et implique de passer la nuit en forêt.

Tat Leuk CHUTES D'EAU

(ຕາດເລິກ). GRATUIT Modestes certes, mais admirablement situées, les chutes de Tat Leuk invitent à planter sa tente. On peut nager au-dessus des chutes si le courant n'est pas trop rapide. Le centre d'information, qui dispose de renseignements sur la région, propose aussi un guide détaillé du sentier nature de Huay Bon (1,5 km).

Le responsable du centre d'information organise des randonnées aux alentours (60 000 à 160 000 LAK) et loue de bonnes tentes de 4 places (40 000 LAK), des hamacs, des matelas, des moustiquaires et des sacs de couchage (10 000 LAK/pièce). Il y a un restaurant très sommaire (n'hésitez pas à apporter à manger pour compléter), des ouvrages sur la faune et la flore, et une paire de jumelles.

À la fourche où la route de droite mène à Ban Hat Khai, prenez à gauche et continuez sur 6 km jusqu'au moment où vous trouverez sur votre gauche la route rejoignant Tat Leuk (4 km).

Tat Xai et Pha Xai CHUTES D'EAU

(ຕາດໄຊ ຜາໄຊ). GRATUIT Les chutes de Tat Xai dévalent sur 7 niveaux, puis, 800 m en aval, Pha Xai plonge d'une hauteur de 40 m. Un bassin est accessible à la baignade, mais il peut être hasardeux pendant la saison humide. On peut atteindre les deux cascades par la Route 13, avant Ban Tha Bok. Au carrefour pour Ban Hat Khai, on est à 9 km de Tat Xai et Pha Xai.

Où se loger et se restaurer

On trouve des hébergements chez l'habitant à Ban Na et Ban Hat Khai pour 40 000 LAK par personne et par nuit. Les prix, non négociables, ne comprennent pas le transfert depuis Vientiane. Tous les bénéfices vont au village et à la ZNP.

À Ban Na, il est possible de loger chez l'habitant, 10 modestes maisons en bois (literie et moustiquaires fournies, électricité 24h/24) offrant le gîte, et le couvert (végétarien) si vous le souhaitez. Réservez auprès de M. Bounathom/M. Khampak (☎ 020-22208262) ou bien demandez à un Laotien d'appeler pour vous.

Ban Hat Khai, joli village au bord de l'eau, propose 11 logements chez l'habitant dans des maisons traditionnelles, ainsi qu'une guesthouse bâtie spécialement pour les visiteurs ; tous bénéficient de l'électricité 24h/24 et sont pourvus de moustiquaires. Des repas végétariens sont disponibles sur demande. Réservez auprès de M. Khammoun (☎ 020-2224 0303) ou demandez à un Laotien d'appeler pour vous.

À Ban Na comme à Ban Hat Khai, les logements chez l'habitant servent des repas sains (30 000 LAK). Les végétariens trouveront leur compte, mais cela peut être plus difficile pour d'autres régimes particuliers.

Même sans entreprendre de trek, un séjour à Ban Na ou Ban Hat Khai est l'occasion de découvrir la vie d'un village laotien.

Depuis/vers la ZNP de Phu Khao Khuay

Pour rejoindre Ban Na ou Ban Hat Khai, prenez à la gare routière Sud de Vientiane un camion pour passagers à destination de Paksan (fréquent de 7h à 15h, 3 à 4 heures) ou n'importe quel bus à destination du sud du pays. Pour visiter le Vat Pha Baht Phonsan ou vous rendre à Ban Na, descendez à Tha Pha Bat (25 000 LAK), près de la borne du Km 81 : le sanctuaire, bien indiqué, borde la Route 13, tandis que Ban Na se situe à 1,5 km au nord.

Pour rejoindre Ban Hat Khai, restez dans le bus jusqu'à un embranchement sur la gauche (nord) au Km 92, juste avant Ban Tha Bok (30 000 LAK). Si vous disposez de votre propre moyen de transport, parcourez encore 8 km sur la route en latérite et traversez le nouveau pont. À la fourche, prenez à droite : Ban Hat Khai se trouve à 1 km de là par une route non goudronnée. Des villageois de Ban Hat Khai peuvent vous prendre en moto (40 000 LAK) ou en van (80 000 LAK) à Tha Bok si vous appelez à l'avance.

Vang Vieng ວັງວຽງ

☎ 023 / 21 000 HABITANTS

Semblable aux scènes rurales des anciennes peintures sur soie, Vang Vieng est lovée au bord de la Nam Song, au beau milieu d'un patchwork de rizières vert vif et de falaises en toile de fond. En 2012, le gouvernement laotien a fini par exiger la fermeture des bars qui organisaient des raves au bord de la rivière.

Du coup, Vang Vieng cultive à nouveau son image de paradis laotien des activités en plein air. Si la ville en elle-même est un peu décevante, avec une course à la hauteur entre les hôtels de béton pour offrir la meilleure vue, il existe un lieu idyllique de l'autre côté de la Nam Song. Passez-y quelques jours pour profiter des multiples activités – vélo, tyrolienne, escalade, tubing ou trekking – ; c'est l'un des lieux les plus pittoresques du Laos.

À voir

Vang Vieng est mieux connue pour ses activités de plein air que pour son architecture ou ses monuments – principalement des monastères de style contemporain. Citons le **Vat Si Vieng Song** (ວັດສີວຽງຊອງ ; ⏲ aube-crépuscule), GRATUIT le **Vat Kang** (ວັດກາງ ; ⏲ aube-crépuscule) GRATUIT et le **Vat Si Suman** (ວັດສີສຸມັງ ; ⏲ aube-crépuscule). GRATUIT De l'autre côté de la rivière on peut apercevoir quelques villages (accessibles à vélo ou à moto) où des Hmong ont été relocalisés.

Les *thàm* (grottes) les plus accessibles sont la plupart du temps signalées en anglais et en laotien. Le droit d'entrée est systématique pour chacune d'entre elles. Souvent spectaculaires, mais sombres, assez glissantes et labyrinthiques, un guide (un enfant du village) vous accompagnera moyennant une faible rétribution. Prévoyez de l'eau, une lampe électrique (et des piles de rechange).

La plupart des guesthouses proposent des circuits guidés comprenant plusieurs grottes. Un circuit incluant tubing sur la rivière et visite des grottes revient à 15/25 $US la demi-journée/journée.

Tham Nam GROTTE

(ຖ້ຳນ້ຳ ; grotte de l'Eau ; 10 000 LAK ; ⏲ 8h-17h). La plus spectaculaire des grottes au nord de Vang Vieng s'étire sur quelque 500 m. Un affluent de la rivière Nam Song filtre de l'entrée inférieure de la cavité. Comme

VAUT LE DÉTOUR

TRIANGLE DE THAM SANG

Une belle excursion pédestre, aisée à faire en indépendant et toujours très appréciée, permet en une demi-journée de découvrir une série de grottes et de lieux de baignade, à peu de distance les uns des autres. À moto ou en *jumbo*, empruntez la Route 13 vers le nord sur 13 km, et tournez à gauche à quelques centaines de mètres après la borne du Km 169, à peine lisible.

Une piste mène à la rivière, que l'on traverse par un pont à péage (10 000 LAK). On atteint alors la première grotte, Tham Sang. Plus à l'ouest se trouve la grotte de Tham Nam. De là, un chemin continue sur 1 km jusqu'aux cavités de Tham Hoi et Tham Loup.

Situé juste au nord de ces grottes, le **Lagon bleu 4** (5 000 LAK ; ⌚8h-17h) est un site de baignade alimenté par une source. Il suffit de marcher 1 km pour retrouver le pont. Cette boucle est généralement incluse dans le circuit combinant kayak, marche et tubing, que proposent la plupart des tour-opérateurs de Vang Vieng.

près d'autres grottes des environs, on y trouve une tyrolienne et un restaurant rudimentaire.

On peut patauger dans la grotte pendant la saison sèche, mais lorsque l'eau est haute, une personne sympathique distribue des chambres à air (incluses dans le billet d'entrée, ainsi qu'une lampe frontale) à l'entrée. Franchir le tunnel en s'accrochant à la corde fixe est amusant.

Tham Hoi GROTTE
(ຖ້ຳຫອຍ ; ⌚8h-17h). GRATUIT Un grand bouddha garde l'entrée de cette cavité qui s'enfoncerait d'environ 3 km dans la formation calcaire jusqu'à un lac souterrain. À quelques kilomètres au nord de Vang Vieng

Tham Jang GROTTE
(ຖ້ຳຈັງ ; 15 000 LAK pont piéton inclus ; ⌚8h-17h). La plus célèbre des grottes autour de Vang Vieng, Tham Jang (*jạng* signifie "tenace") a servi de refuge aux habitants au début du XIXe siècle pour se protéger de *jịin háw* (Chinois du Yunnan) maraudeurs. Un escalier mène à l'entrée principale.

Tham Loup GROTTE
(ຖ້ຳຫຼູບ ; ⌚8h-17h). GRATUIT Située à quelques kilomètres au nord de Vang Vieng, cette large grotte bien préservée renferme d'imposantes stalactites.

Tham Sang GROTTE
(ຖ້ຳຊ້າງ ; grotte de l'Éléphant ; 5 000 LAK ; ⌚8h-17h). Elle aussi à quelques kilomètres au nord de Vang Vieng, cette modeste cavité abrite quelques bouddhas, une "empreinte de pied" du Bouddha et une stalactite évoquant vaguement un pachyderme (d'où son nom). Venez plutôt le matin, quand la lumière pénètre à l'intérieur.

Tham Phu Kham et Lagon bleu GROTTE
(ຖ້ຳພູຄຳແລະຫນອງນ້ຳສີຟ້າ ; Ban Na Thong ; 10 000 LAK ; ⌚7h30-17h30). Cette vaste grotte située à l'ouest de Vang Vieng est sacrée pour les Laotiens. La grotte principale contient un bouddha couché thaïlandais en bronze. De là, des galeries plus profondes s'enfoncent dans la montagne. Elle renferme un lagon qui la rend extrêmement populaire, mais la présence de groupes de touristes et de buggies bruyants gâchent la baignade.

Activités

Vang Vieng est devenue la première destination du pays pour les amateurs de sensations fortes avec nombre de sites pour pratiquer kayak, rafting, tubing (descente de rivière sur une grosse chambre à air), VTT et escalade de niveau international. Plusieurs grottes creusent aussi le relief karstique et l'usage de la tyrolienne se généralise un peu partout. Malheureusement, les buggies sont de plus en plus présents dans le paysage.

Tubing

Descendre la Nam Song sur une chambre à air de tracteur faisait autrefois partie des expériences incontournables pour tout visiteur de Vang Vieng, même s'il s'agissait moins de se détendre que de s'amuser entre deux verres dans les bars bruyants du bord de rivière. Maintenant que les bars sont fermés, les kayaks et les bateaux traditionnels ont largement remplacé les bouées.

Vang Vieng

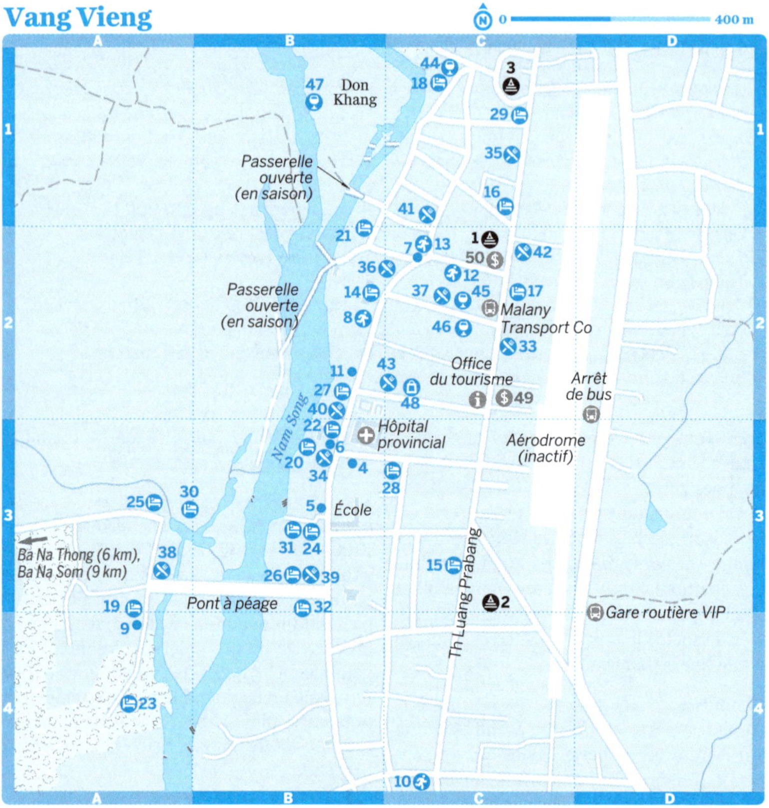

Néanmoins, si vous préférez descendre la rivière à l'ancienne, le point de départ de l'itinéraire de tubing jaune (l'original) est à 3,5 km au nord de la ville. Selon la force du courant et le niveau de l'eau, il faut s'attendre à une paisible balade au pied de falaises de calcaire envahies par la végétation ou à une descente rapide jusqu'à Vang Vieng. Un nouvel itinéraire (rouge) passant par des terrains privés commence à 4 km au nord de la ville.

Les **loueurs de chambres à air "jaunes"** (⏲9h-20h) et les **loueurs de chambres à air "rouges"** (☎020-99223339 ; ⏲9h-19h) appliquent les mêmes tarifs et réglementations, mais seuls les premiers demandent une caution de 20 000 LAK (non remboursée si vous perdez la chambre à air). Le gilet de sauvetage est fourni et il est possible de louer un sac étanche. Des *túk-túk* peuvent vous emmener aux points de départ.

Que vous descendiez la Nam Song sur une chambre à air ou en kayak, la rivière peut être dangereuse. En période de crue, les rapides de la Nam Song sont redoutables. Portez un gilet de sauvetage et renseignez-vous sur la longueur du trajet (variable selon la période de l'année), afin de prévoir le temps nécessaire pour un retour à Vang Vieng avant la nuit (il fait nuit noire à 18h en hiver). Enfin, n'oubliez pas que le tubing sur la Nam Song devient plus périlleux si l'on n'a pas les idées claires.

Par ailleurs, n'oubliez pas d'emporter un vêtement ou un sarong pour retourner en ville après la descente. Les habitants n'apprécient guère que l'on arpente les rues en maillot de bain.

Kayak

Le kayak a détrôné le tubing pour devenir le sport aquatique le plus populaire à Vang

Vang Vieng

À voir

1 Vat Kang ... C2
2 Vat Si Suman ... C3
3 Vat Si Vieng Song ... C1

Activités

4 Adam's Rock Climbing School ... B3
5 AK Home Tours ... B3
6 Green Discovery ... B3
7 Namthip Tour ... C2
13 Tubing rouge (loueurs) ... C2
TCK ... (voir 8)
Vang Vieng Challenge ... (voir 6)
9 Circuits en Jeep (Vang Vieng) ... A4
10 Sauna de Vang Vieng ... C4
11 VLT ... B2
12 Wonderful Tours ... C2
13 Tubing jaune (loueurs) ... C2
Yoga in Vang Vieng ... (voir 27)

Où se loger

14 Amari Vang Vieng ... B2
15 Army Barracks Guesthouse ... C3
16 Backpacker Chillao ... C1
17 Central Backpackers Hostel ... C2
18 Champa Lao ... C1
19 Chez Mango ... A3
20 Elephant Crossing ... B3
21 Grand View Guesthouse ... B2
22 Inthira ... B3
23 Kong Resort ... A4
24 Le Jardin Organique ... B3
25 Maylyn Guest House ... A3
26 Riverside Boutique Resort ... B3
27 Silver Naga ... B2
28 Vang Vieng Plaza ... C3
29 Vang Vieng Rock Backpackers Hostel ... C1
30 Vieng Tara Villa ... A3
31 Villa Nam Song ... B3
32 Villa Vang Vieng Riverside ... B3

Où se restaurer

33 Stands de petits-déjeuners ... C2
34 Cafe Eh Eh ... B3
35 Chantheo ... C1
36 Chinese Expedition Force Restaurant ... C2
37 Korean Restaurant ... C2
38 Pizza Luka ... A3
39 Restaurant du Crabe d'Or ... B3
40 Sia Po ... B2
41 Tham Mada ... C1
42 Veggie Tables ... C2
43 Viman Vang Vieng ... C2

Où prendre un verre et faire la fête

44 Earth ... C1
45 Gary's Irish Bar ... C2
46 Sakura Bar ... C2
47 Smile Beach Bar ... B1

Achats

48 Walking Street Market ... C2

Renseignements

49 Agricultural Promotion Bank ... C2
50 BCEL ... C2

Vieng. Les séjours comprennent habituellement la visite de villages et de grottes, avec escalade et vélo en option, ainsi que le passage de quelques rapides dont le risque dépend de la vitesse du courant. Il existe de nombreux prestataires demandant généralement 15 $US par personne et par jour. L'excellent Green Discovery propose de formidables excursions sur la Nam Song – à condition d'accepter de beaucoup ramer. **VLT** (020-55208283 ; www.vangviengtour.com ; 8h-22h30) est un autre prestataire fiable pour le kayak.

Escalade

Les parois calcaires autour de Vang Vieng sont entrées au palmarès des meilleurs sites d'escalade d'Asie du Sud-Est. Plus de 200 voies ont ainsi été identifiées, explorées et, pour la plupart, équipées de pitons. Classées de niveau 4a à 8b, la majorité d'entre elles se situent à l'intérieur ou près d'une grotte. Les sites les plus prisés sont **Tham Non** (Grotte endormie), qui compte plus d'une vingtaine d'itinéraires, et le **Sleeping Wall** (Mur endormi), non loin et plus ardu, avec des surplombs périlleux sur certaines voies.

La saison de la varappe dure généralement d'octobre à mai, les parois étant trop humides le reste de l'année. Toutefois, certaines saillies abritées par des rochers, sur le mont Phadeng, ont été équipées (23 voies) et restent praticables pendant la saison humide.

On peut s'initier à la varappe auprès de l'**Adam's Rock Climbing School** (020-5501 0832 ; demi-journée/journée d'escalade 180 000/260 000 LAK, stage 2 jours 100 $US, escalade demi-journée en solo avec guide à partir de 320 000 LAK ; 8h-21h) qui dispense des cours pour tous niveaux (de débutant à confirmé) et fournit tout le matériel nécessaire. Adam est l'un des grimpeurs les plus expérimentés de la région et ses guides polyglottes ont bonne réputation également.

Green Discovery (☎023-511230 ; www.greendiscoverylaos.com ; circuit à vélo d'une journée 28-56 $US/pers, escalade demi-journée/journée 39/80 $US ; ⏲8h-21h) assure également des cours d'escalade (demi-journée/journée à partir de 30/39 $US) et édite un guide de la varappe dans le secteur.

Tyrolienne

La forêt tropicale qui entoure Vang Vieng est parcourue de tyroliennes (*zyplines*) très appréciées des amateurs de sensations fortes. Les prestataires ci-dessous allient tyrolienne, randonnée à pied, kayak, descente en rappel ou bouée tractée :

AK Home Tours (☎020-55033665 ; demi-journée/journée 170 000/200 000 LAK ; ⏲8h30-21h30)

Namthip Tour (☎020-55623536 ; ⏲7h-21h)

TCK (☎023-511691 ; ⏲7h-21h)

Vang Vieng Challenge (☎023-511230 ; www.greendiscoverylaos.com)

Wonderful Tours (☎023-511566 ; www.wonderfultourslaos.la ; Th Khann Muang ; ⏲7h30-21h30)

Montgolfière et ULM

Quel meilleur moyen de découvrir les falaises, les rizières et les méandres de la rivière qu'un vol en ballon ou en ULM ? Décollage (90 $US) à 5h40 et 16h50, si le temps le permet, pour 40 minutes de vol. Il est possible de réserver depuis plusieurs endroits en ville.

Autres activités

Les circuits en buggies, très populaires auprès des touristes sud-coréens, sont bien moins amusants qu'il n'y paraît ; ils soulèvent des nuages de poussière et le vacarme des moteurs ruine la sérénité du paysage.

Lagon bleu 3 BAIGNADE
(10 000 LAK ; ⏲8h-18h). Évitez le cirque du Lagon bleu d'origine (Tham Phu Kham) et continuez 14 km plus à l'ouest jusqu'au Lagon bleu 3. L'eau bleu azur vient d'une source naturelle qui émerge d'une formation karstique. Le site reste pour l'instant relativement paisible.

Chambres à air à louer, petite tyrolienne avec arrivée dans l'eau et restaurant modeste. L'endroit est souvent calme le matin et plus bruyant l'après-midi, quand les enfants viennent se rafraîchir après l'école.

Sauna de Vang Vieng SAUNA
(25 000 LAK ; ⏲14h-19h). Sauna aux plantes traditionnel tenu par une famille. Vous n'avez rien à apporter : le thé, le savon, la tenue et la serviette sont fournis.

Yoga in Vang Vieng YOGA
(Silver Naga ; 1/2 cours 10/15 $US ; ⏲7h30-9h et 17h-18h30). Cours quotidiens à l'hôtel Silver Naga par un professionnel expérimenté. Les prix sont un peu élevés, mais les professeurs comptent parmi les meilleurs du pays. Entrée gratuite à la piscine du Silver Naga après le cours !

Où se loger

Vang Vieng offre un vaste choix d'hébergements, mais beaucoup manquent de charme. Les guesthouses (pensions) bon marché ont été remplacées par des hôtels milieu de gamme à plusieurs étages destinés aux groupes de touristes. Les boutiques-hôtels du bord de rivière ont aussi monté en gamme.

Si vous ne trouvez pas votre bonheur à Vang Vieng, cherchez dans les environs de la ville, plus paisibles.

Vang Vieng

Vang Vieng Rock Backpackers Hostel AUBERGE DE JEUNESSE $
(☎020-52256686 ; www.facebook.com/Vangviengrockbackpackershostel ; Th Luang Prabang ; dort avec petit-déj 40 000-60 000 LAK, ch 200 000 LAK ; ❄ 📶). Le volume de la musique et les lumières clignotantes donnent le ton dès que l'on entre dans cette auberge de jeunesse dédiée à la fête, qui possède un bar avec billard et baby-foot. Les dortoirs propres et adaptés aux voyageurs (dont un réservé aux femmes) comprennent entre 4 et 14 lits, chacun avec prise et lampe individuelles. Si vous comptez dormir, évitez les dortoirs du rez-de-chaussée.

Grand View Guesthouse GUESTHOUSE $
(☎020-55335599 ; ch 130 000-300 000 LAK ; ⊖ ❄ 📶). Cette guesthouse de 22 chambres se situe sur la rive en face de Don Khang, mais des constructions récentes ont

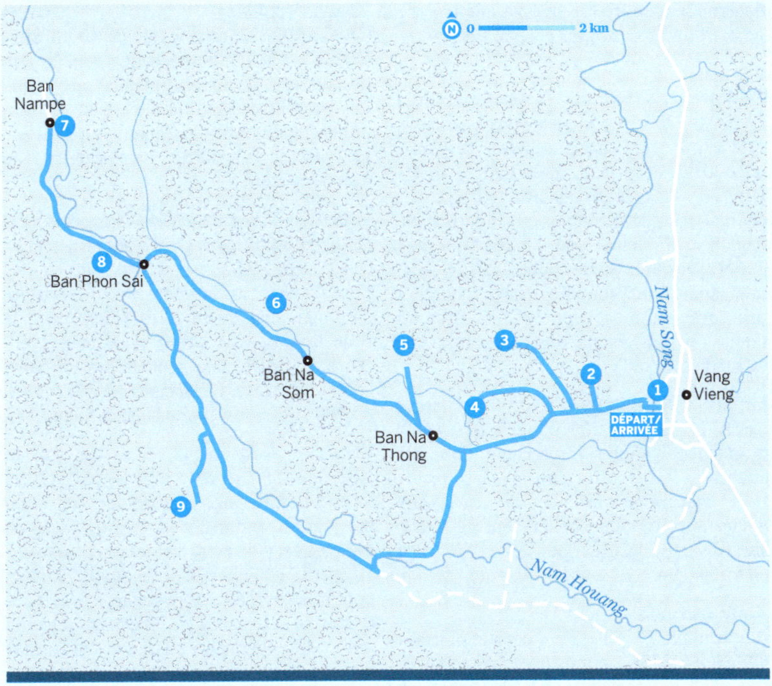

Circuit à moto
Boucle à l'ouest de Vang Vieng

DÉPART MAYLYN GUEST HOUSE
ARRIVÉE MAYLYN GUEST HOUSE
DISTANCE/DURÉE 26 KM/6 HEURES

Une boucle à effectuer à VTT ou à moto mène au cœur des formations karstiques des alentours de Vang Vieng.

Lorsque l'on quitte la 1 **Maylyn Guest House** en direction de l'ouest, une série de panneaux écrits à la main flèche l'entrée de plusieurs grottes. 2 **Tham Pha Daeng** mérite le détour : elle abrite un lac et offre, le soir, le spectacle d'une nuée de chauves-souris qui se précipitent à l'extérieur. Le sentier (2 km à pied) menant à 3 **Tham Khan**, au départ d'une route secondaire (1,5 km) après le poteau 24, est plus intéressant que la grotte, profonde et déconseillée aux claustrophobes.

Au village de Ban Phone Ngeun, tournez à droite, en face de deux boutiques. Vous parvenez à un kiosque où des habitants demandent 10 000 LAK pour vous conduire au sommet du 4 **Pha Ngeun**, promontoire pourvu de postes d'observation sommaires (comptez 45 minutes d'une rude montée).

De retour sur la route principale, prenez à droite à l'embranchement suivant et traversez le village lao loum de Ban Na Thong. Au bout de 2 km, vous atteignez une nouvelle fourche où un panneau indique à droite 5 **Tham Phu Kham** (p. 181 ; Lagon bleu). Ce bassin pâtit aujourd'hui de l'affluence touristique.

Poursuivez vers l'ouest jusqu'à Ban Na Som, un village où des Hmong ont été relogés. Après Na Som, des panneaux indiquent la 6 **grotte de la Fleur dorée**, vaste cavité dorée renfermant d'impressionnantes stalactites.

Le tronçon suivant longe des formations karstiques avant d'atteindre Ban Phon Sai. De là, vous pouvez continuer, à travers un somptueux paysage, jusqu'à 7 **Ban Nampe**, un joli village à 5 km à l'ouest, ou repartir vers l'est par l'itinéraire sud. Ne ratez pas le 8 **Lagon bleu 3**, l'un des plus beaux sites de baignade des environs de Vang Vieng, et un endroit idéal pour déjeuner.

À 6 km au sud-est de Ban Phon Sai, des panneaux indiquent, de l'autre côté d'un petit pont, une piste menant à la 9 **grotte du Python**, longue caverne (à 800 m). Vous pouvez ensuite mettre le cap sur Vang Vieng.

quelque peu altéré la “vue” vantée par son nom. Chambres propres et spacieuses.

Central Backpacker's Hostel AUBERGE DE JEUNESSE $
(☎020-56770677 ; www.vangviengbackpackers.com ; Th Luang Prabang ; ch avec ventil/clim 100 000/150 000 LAK, tr 200 000 LAK ;). Derrière la façade un brin kitsch, des chambres avec ventilateur ou climatisation, balcon et TV, ainsi que des dortoirs avec casiers sécurisés (mais apportez votre cadenas), tous d'un honnête rapport qualité/prix faute d'atmosphère. Belle vue sur les falaises depuis les balcons communs. Café et TV dans le hall.

Le Jardin Organique HÔTEL $
(☎023-511420 ; ch 100 000-150 000 LAK ;). Un hôtel impeccable dont les chambres (avec TV, clim et sdb privative) manquent un peu de caractère. Seules 5 d'entre elles bénéficient de la vue splendide ; assurez-vous que la vôtre en fait partie.

Army Barracks Guesthouse AUBERGE DE JEUNESSE $
(☎020-76818888 ; armybarrackshostel@gmail.com ; Th Luang Prabang ; dort 40 000 LAK, ch 130 000-180 000 LAK ;). Les dortoirs décorés, comme le nom l'indique, sur un thème militaire – ameublement spartiate, draps à motif camouflage et casiers verts – sont plus intéressants que les chambres privatives, exiguës et négligées.

Backpacker Chillao AUBERGE DE JEUNESSE $
(☎030-4877186 ; Th Luang Prabang ; dort 35 000 LAK, ch 100 000-150 000 LAK ;). Une adresse en plein renouveau, comme en témoignent sa piscine toute neuve et ses projets d'expansion. Espérons que les dortoirs et les chambres, un brin défraîchis, seront rénovés. L'endroit attire toujours de nombreux voyageurs.

♥ Silver Naga HÔTEL $$
(☎023-511822 ; www.silvernaga.com ; ch avec petit-déj 65-180 $US ;). Les jolies chambres affichant une décoration contemporaine ont beaucoup d'atouts : balcon privatif, TV à écran plat, douche à effet pluie, etc. La piscine en terrasse au 2e niveau (ouverte à tous, 50 000 LAK si vous n'êtes pas client) offre une vue époustouflante sur les formations karstiques. Un café vient d'ouvrir. Personnel serviable et sympathique.

Vang Vieng Plaza HÔTEL $$
(☎030-9260192 ; ch avec petit-déj 40-100 $US ;). Cet hôtel moderne possède l'un des halls les plus imposants de Vang Vieng. Les chambres, tout aussi spacieuses, sont impeccables, mais manquent de charme. La piscine s'accorde parfaitement au carrelage azur.

Villa Vang Vieng Riverside BOUTIQUE-HÔTEL $$
(☎023-511460 ; www.villavangvieng.com ; bungalow 60-80 $US ;). Proche du pont à péage, un hôtel de charme entouré d'un agréable jardin. Les bungalows de style laotien sont petits, mais bien agencés et meublés avec goût. Salles de bains contemporaines. La piscine (ouverte à tous, 30 000 LAK/jour) borde la Nam Song.

Villa Nam Song GUESTHOUSE $$
(☎023-511015 ; ch avec petit-déj 40-55 $US ;). Face aux falaises, ce bel hôtel paisible est entouré d'un jardin planté de manguiers, palmiers, orchidées et bougainvillées. Les 16 chambres en adobe fleurent bon et possèdent un parquet, des murs crème et un mobilier élégant, dont de grands lits. On profite aussi d'un restaurant en partie extérieur (spécialités asiatiques) et d'une agréable brise.

Elephant Crossing HÔTEL $$
(☎023-511232 ; ch avec petit-déj 40-50 $US ;). L'Elephant Crossing propose 36 chambres, petites mais aménagées avec soin et dotées d'un balcon donnant sur la rivière et le relief karstique. Couvre-lits hmong, parquet, clim, TV et réfrigérateur complètent l'équipement, mais les chambres mériteraient d'être rafraîchies. D'importants travaux d'agrandissement étaient en cours lors de notre passage.

♥ Riverside Boutique Resort BOUTIQUE-HÔTEL $$$
(☎023-511 726 ; www.riversidevangvieng.com ; ch 110-169 $US, ste 305 $US avec petit-déj ;). Très raffinée, cette superbe adresse au blanc éclatant réunit autour de sa piscine de spacieuses chambres se prolongeant par un balcon avec vue sur de verdoyants jardins et les formations karstiques (en arrière-plan). Décoration sans faille et linge immaculé. Situé près du pont à péage.

♥ Inthira BOUTIQUE-HÔTEL $$$
(☎023-511070 ; www.inthirahotels.com ; ch avec petit-déj 98-128 $US, ste 220 $US ;).

L'hôtel le plus chic de Vang Vieng vient de s'installer au bord de l'eau. Les 38 chambres sont modernes et élégantes – acier noir, bois teinté, sol en terrazzo, immense TV, douche à effet pluie et Jacuzzi dans les suites. Mais ce qui vous laissera sans doute des souvenirs mémorables, ce sont les fabuleux points de vue, la terrasse en bois au bord de la rivière et la piscine à débordement.

Amari Vang Vieng HÔTEL **$$$**
(☎ 023-511800 ; www.amari.com/vang-vieng ; ch avec petit-déj 100-120 $US, ste avec petit-déj 200 $US ;). Avec ses 60 chambres réparties sur 5 niveaux, le nouvel hôtel de la chaîne Amari surplombe Vang Vieng. Comme on peut s'y attendre, le service est très professionnel. Les chambres, quoique spacieuses et dotées d'une magnifique vue, manquent un peu de fantaisie, mais la vaste piscine près de la rivière rattrape le tout.

Environs de Vang Vieng

Chez Mango GUESTHOUSE **$**
(☎ 020-54435747 ; chezmango.com ; bungalows 80 000-100 000 LAK ;). Sur la rive opposée au centre, cette chaleureuse guesthouse d'une propreté impeccable accueille dans son jardin fleuri 7 bungalows sans prétention (certains avec sdb) et colorés. Sous les arbres, le *sala* (abri ouvert sur les côtés) invite au repos ou à la lecture. Son propriétaire, Noé, un Français, organise d'excellents **circuits en Jeep** (noedouine@gmail.com ; 4 pers au minimum, 180 000 LAK/pers ; 9h-16h). Une adresse recommandée.

Maylyn Guest House GUESTHOUSE **$**
(☎ 020-55604095 ; www.facebook.com/maylyn-guesthouse ; bungalows 60 000-120 000 LAK, ch 100 000-170 000 LAK ;). Passé le pont, le sympathique Jo accueille ses hôtes dans des chambres et bungalows charmants, bien qu'un peu défraîchis. Certains sont équipés de la clim et/ou d'une salle de bains privative. Le vaste domaine est labyrinthique, le jardin luxuriant idéal pour les enfants, et l'ambiance générale paisible et détendue.

Champa Lao HÔTEL **$$**
(☎ 020-55428518 ; ch 80 000 LAK, bungalows 200 000-600 000 LAK ;). Cet établissement propose toute une gamme d'hébergements douillets et chaleureux : des chambres toutes simples (ventil, moustiquaire et sdb partagée) dans le bâtiment principal, des bungalows et même le niveau supérieur d'une maison. Le jardin est rempli de plantes. Difficile de résister au plaisir de paresser dans un hamac sur le balcon en admirant le coucher du soleil sur les falaises karstiques...

Bearlin Bungalow BUNGALOWS **$$**
(☎ 020-58419000 ; bearlinbungalow@gmail.com ; bungalows avec petit-déj 50-60 $US ;). Ce petit ensemble de bungalows disséminés dans un beau jardin se situe sur la route menant au Lagon bleu. Les propriétaires sont à moitié allemands, d'où le nom. Les chambres (sans TV ni réfrigérateur) sont très soignées, et le menu comprend des spécialités allemandes comme la *curry-wurst* et le jarret de porc.

Vieng Tara Villa BOUTIQUE-HÔTEL **$$$**
(☎ 030-5023102 ; www.viengtara.com ; bungalows avec petit-déj 80-100 $US ;). Cet ensemble hôtelier bénéficie d'un emplacement idéal sur la rive occidentale de la rivière, offrant sûrement l'un des points de vue les plus fantastiques de tous les hôtels d'Asie du Sud-Est ! Des passerelles de bois affleurant au-dessus des plants de riz relient entre eux les différents bâtiments sur pilotis. Les non-résidents peuvent faire une halte dans le café surélevé.

Kong Resort HÔTEL **$$$**
(☎ 020-91111235 ; www.facebook.com/kongresortpages ; ch avec petit-déj 500 000-1 200 000 LAK ;). Cet endroit un peu farfelu associe des containers désaffectés – mais bien aménagés – et un thème militaire discret. Les chambres sont petites, mais confortables et élégantes ; certaines ont une douche en plein air. Malheureusement, elles ne permettent pas de profiter du beau cadre naturel de Vang Vieng. Accessible par une route non goudronnée, sur la rive occidentale de la Nam Song.

Où se restaurer

Il faut avouer que l'offre culinaire à Vang Vieng n'est pas très exubérante. Quelques établissements locaux offrent de bons petits-déjeuners, mais la plupart des restaurants laotiens sont sans prétention et s'adressent principalement aux routards. Étonnamment, les meilleures adresses sont chinoises ou coréennes.

Tham Mada LAOTIEN **$**
(plats 25 000-30 000 LAK ; 7h30-15h et 17h-21h). Ce restaurant dont le nom signifie

100% LOCAL

PARADIS PERDU ET RETROUVÉ

Jusqu'en 1999, Vang Vieng était une petite ville charmante et peu connue, où les voyageurs prenaient plaisir à descendre la rivière sur une chambre à air, à pédaler à travers les paysages karstiques et, pour certains, à fumer autre chose que du tabac (ce que Lonely Planet déconseille fortement à ses lecteurs...) entre deux explorations de grottes. Puis, à la vitesse de l'éclair, Vang Vieng devint le nouvel eldorado de la fête en Asie du Sud-Est, une étape festive au même titre que Ko Pha-Ngan (Thaïlande), où les raves se multipliaient le long de l'idyllique rivière.

Tout ceci dissimulait une réalité dramatique : en 2011, on dénombrait au moins 25 jeunes touristes (surtout des Australiens et des Britanniques) morts d'une crise cardiaque, d'une noyade ou d'un traumatisme crânien (après une "descente de la mort" sur une tyrolienne construite à la va-vite, au-dessus d'un tronçon de la rivière où le niveau de l'eau est souvent très bas). En 2012, en raison des nombreux décès et sous la pression du gouvernement australien, le gouvernement laotien ordonna la fermeture des bars installés au bord de la rivière.

Enfin débarrassée de ses problèmes de drogue (du moins en apparence), Vang Vieng a retrouvé son image de petit paradis. Pour la première fois depuis des années, la plupart des visiteurs qui font escale à Vang Vieng, souvent avant de rejoindre Luang Prabang, viennent pour pratiquer le kayak sur la Nam Song, la spéléologie ou l'escalade sur les reliefs karstiques. Toutefois, l'arrivée massive de groupes en voyage organisé semble menacer la ville d'une autre forme de surexploitation touristique.

"normal" sort pourtant de l'ordinaire. Le propriétaire coréen sert une excellente cuisine lao-thaïlandaise. La courte carte comprend une soupe de nouilles, un jarret de porc braisé servi sur du riz, du riz frit ainsi que des plats plus légers, tous délicieux et préparés avec soin.

♥ Stands de petits-déjeuners LAOTIEN $

(Th Luang Prabang ; plats 10 000-15 000 LAK ; ⌚6h-9h). Des vendeurs de rue alignent leurs stands chaque matin pour proposer des plats simples mais bons – des nouilles au porridge de riz. L'un des rares endroits de la ville où trouver de la cuisine laotienne authentique.

Sia Po LAOTIEN $

(plats 15 000-40 000 LAK ; ⌚9h-22h). Ce restaurant en plein air fréquenté par les habitants affiche un menu en anglais : salades, soupes ou grillades, mais vous pouvez aussi simplement montrer du doigt ce qui vous plaît sur le gril. Riz gluant en accompagnement. Situé sur l'artère principale, en face de l'hôpital (pas d'enseigne en alphabet latin).

Cafe Eh Eh CAFÉ $

(☎030-5074369 ; petit-déj 30 000-40 000 LAK ; ⌚6h-19h ; ❄📶✍). Retraite rêvée pour échapper à la touffeur, cet établissement climatisé sert gâteaux maison et délicieux café, plus un petit-déjeuner et quelques sandwichs. Un panneau à l'extérieur fournit des informations intéressantes sur les événements qui se déroulent en ville.

Chantheo LAOTIEN $

(Th Luang Prabang ; plats 20 000-30 000 LAK ; ⌚13h-21h). Le soir, rejoignez Thanon Luang Prabang pour déguster du porc, du poulet ou du canard grillé, servi avec des légumes et des herbes fraîches. L'une des rares adresses de Vang Vieng fréquentée par les habitants.

Veggie Tables VÉGÉTARIEN $

(Th Luang Prabang ; plats 25 000-35 000 LAK ; ⌚8h-22h ; 📶✍). Un paradis des végétariens aux nappes à carreaux colorées et aux fresques murales dépeignant la vie au Laos. On y prépare toutes sortes de salades, soupes, rouleaux de printemps, sandwichs et plats à base de tofu.

♥ Korean Restaurant CORÉEN $$

(plats 50 000-150 000 LAK ; ⌚12h-22h ; ❄📶✍). C'est dans ce restaurant coréen que nous avons goûté l'une des meilleures cuisines étrangères de la ville. Laissez le sympathique propriétaire vous conseiller un plat, inévitablement servi avec un *banchan* (accompagnements aigres, épicés, salés et croustillants).

Chinese Expedition Force Restaurant CHINOIS $$
(plats 30 000-80 000 LAK ; 10h-23h). Nous n'avons toujours pas compris ce qui se cache derrière le nom énigmatique de ce restaurant, mais ce qui est sûr, c'est que la cuisine y est délicieuse. La carte rassemble des classiques chinois – légumes frits, raviolis, amuse-gueule froids... – servis en portions très copieuses. Le crépitement du fourneau venant de la cuisine et la clientèle chinoise sont des gages d'authenticité.

Restaurant du Crabe d'Or INTERNATIONAL $$
(023-511726 ; www.riversidevangvieng.com ; plats 35 000-150 000 LAK ; 12h-14h et 18h30-21h30 ;). Au cœur des délicieux jardins du Riverside Boutique Resort (p. 186), le restaurant le plus raffiné de Vang Vieng (cela reste relatif toutefois) sert avec panache des spécialités occidentales et laotiennes.

Viman Vang Vieng THAÏLANDAIS, ALLEMAND $$
(020-58926695 ; plats 35 000-120 000 LAK ; 9h-21h). La très longue carte associe de façon surprenante les cuisines thaïlandaise et allemande ; le *schnitzel* et la *bratwurst* y côtoient le curry et le *pad thai*. Le propriétaire et chef, thaïlandais, a vécu en Allemagne avant de s'installer au Laos ; ses peintures abstraites ornent les murs. Il est aussi musicien de formation classique et pourrait décider de jouer à votre table.

Pizza Luka PIZZA $$
(020-98190831 ; plats 50 000-70 000 LAK ; 18h-23h mer-lun ;). De bonnes pizzas cuites au feu de bois et garnies d'ingrédients variés (saucisse, fromage de chèvre, bacon...). Les sauces sont cuisinées à base de légumes de la région. Situé juste de l'autre côté du pont à péage, sur la rive occidentale de la Nam Song.

Où prendre un verre et faire la fête

Les fêtes effrénées qui duraient toute la nuit appartiennent désormais au passé. Il y a tout de même encore de l'animation à de Vang Vieng, notamment au Sakura Bar et lors des grandes soirées hebdomadaires du "Jungle".

Smile Beach Bar BAR
(9h-22h). Ce bar hyper-décontracté installé au bord de la rivière rappelle le Vang Vieng d'antan, avant l'arrivée des buggies. Commandez une Beerlao (on déconseille la cuisine), à déguster dans un hamac ou les pieds dans l'eau. Idéal pour se baigner et boire un verre l'après-midi ou au crépuscule. Le bar est installé sur Don Khang ; empruntez la passerelle piétonne.

Le Smile marque la fin de l'itinéraire de tubing jaune sur la Nam Song.

Earth BAR
(www.facebook.com/earthvangvieng ; 14h-minuit ;). Construit en bois flotté et argile, ce bar-restaurant branché situé en haut de la colline propose de la musique live tous les soirs à partir de 19h. Depuis le jardin éclairé par des bougies, on profite d'une magnifique vue sur les falaises entre deux bouchées de pommes de terre, de burger et de salade (plats 30 000 à 90 000 LAK). À la sortie nord de la ville ; guettez l'enseigne lumineuse verte.

Jungle Project CLUB
(www.facebook.com/jungleprojectvangvienglao ; transfert en túk -túk depuis la ville inclus 40 000 LAK ; 23h-tard ven). Pour ceux qui souhaitent retrouver l'esprit hédoniste du "Va Va Vang Vieng" d'avant la répression, voici la meilleure adresse ! La fête bat son plein le vendredi soir dans le vieux Vang Vieng Mai Resort, à environ 2 km au nord de la ville.

Sakura Bar BAR
(020-78008555 ; 19h-minuit). Lors de nos recherches, Sakura était à la fois le bar de Vang Vieng qui attirait le plus de monde et celui qui diffusait la musique la plus forte. Foule tapageuse, promos sur les consommations (de 20h à 21h et après minuit) et danse sont au rendez-vous.

Gary's Irish Bar PUB IRLANDAIS
(020-56115644 ; www.facebook.com/GarysIrishBar ; 9h-23h30 ;). L'un des meilleurs bars de la ville grâce à son atmosphère sans prétention, sa musique live (lundi, mercredi et vendredi à partir de 21h), son billard gratuit et sa cuisine de pub bon marché : tourtes maison, burgers et plats laotiens (plats 39 000-49 000 LAK). Le personnel connaît très bien la région.

Heartbeat Pub CLUB

(☎020-55113366 ; ⏲18h-tard ; 📶). C'est ici, à environ 2 km au nord de la ville, que les habitants de Vientiane viennent faire la fête le week-end et écouter les groupes venus de la capitale. Pub en plein air et club festif dans une ambiance on ne peut plus laotienne.

Achats

Walking Street Market MARCHÉ

(⏲18h-22h). Tous les soirs, la rue située en face de l'hôtel Silver Naga se remplit de stands très pratiques pour les voyageurs.

Renseignements

ARGENT

Agricultural Promotion Bank (Th Luang Prabang ; ⏲8h30-15h30). Change des espèces et DAB.

BCEL (Th Khann Muang ; ⏲8h30-15h30). Change espèces et délivre des avances sur présentation d'une carte Visa, MasterCard ou JCB. Plusieurs DAB en ville.

DÉSAGRÉMENTS ET DANGERS

Vang Vieng, endroit paisible, est néanmoins l'endroit le plus dangereux du Laos pour les touristes. Des personnes meurent chaque année à la suite d'accidents sur la rivière ou dans des grottes. Les vols, souvent le fait d'autres voyageurs, constituent aussi un problème. Prenez les précautions habituelles et ne laissez pas vos affaires personnelles à l'extérieur des grottes.

La drogue était un véritable problème à Vang Vieng, mais elle est devenue bien moins présente depuis la répression gouvernementale menée en 2012. La police locale est très vigilante, surtout en fin de soirée. Lorsqu'un individu est pris en possession de marijuana (ou d'une autre substance illégale), il se voit généralement confisquer son passeport et infliger une amende de 5 millions de LAK, soit plus de 600 $US. Ne vous attendez pas à recevoir un reçu ; et inutile de contacter votre ambassade.

OFFICE DU TOURISME

Office du tourisme (☎023-511707 ; Th Luang Prabang ; ⏲8h30-11h30 et 14h-16h lun-ven). Une étape utile pour récupérer diverses brochures sur les activités proposées dans la région.

SERVICES MEDICAUX

Le modeste **hôpital provincial** (☎023-511019) possède des appareils de radiographie et on peut y soigner les fractures, les plaies ou le paludisme. Si votre cas est plus grave, mieux vaut aller à Vientiane ou bien en Thaïlande.

Depuis/vers Vang Vieng

Les deux gares routières de Vang Vieng permettent de rejoindre diverses villes du Laos, du Cambodge, de Thaïlande ou du Vietnam.

GARE ROUTIÈRE NORD

Bus, minibus et *sŏrngtăaou* (camions de passagers) à destination de Luang Prabang et Vientiane partent de la **gare routière Nord**

BUS AU DÉPART DE LA GARE ROUTIÈRE VIP DE VANG VIENG

DESTINATION	PRIX	DURÉE	DÉPARTS
Bangkok (Thaïlande ; bus)	270 000 LAK	17 heures	9h et 1h30
Chiang Mai (Thaïlande ; bus)	350 000 LAK	17 heures	9h et 10h
Danang (Vietnam ; bus)	240 000 LAK	32 heures	10h
Hanoi (Vietnam ; bus)	220 000 LAK	28 heures	10h
Hué (Vietnam ; bus)	220 000 LAK	22 heures	10h
Nong Khai (Thaïlande ; bus)	90 000 LAK	5 heures	9h
Pakse (bus)	180 000 LAK	16 heures	1h30
Phnom Penh (Cambodge ; bus)	440 000 LAK	32 heures	1h30
Si Phan Don (Quatre Mille Îles ; bus)	240 000 LAK	20 heures	1h30
Siem Reap (Cambodge ; bus)	440 000 LAK	36 heures	1h30
Tha Khaek (bus)	180 000 LAK	10 heures	1h30
Udon Thani (Thaïlande ; bus)	90 000 LAK	7 heures	9h
Vientiane (minibus)	40 000 LAK	4 heures	10h et 13h30
Vientiane (bus)	40 000 LAK	4 heures	9h et 13h30
Vinh (Vietnam ; bus)	220 000 LAK	20 heures	10h

BUS AU DÉPART DE LA GARE ROUTIÈRE NORD DE VANG VIENG

DESTINATION	PRIX	DURÉE	DÉPARTS
Luang Prabang (minibus)	100 000 LAK	6 heures	9h et 14h
Luang Prabang (bus)	90 000 LAK	7 heures	10h
Vientiane (ventilateur)	40 000 LAK	5 heures	5h30, 6h, 6h30, 7h, 12h30, 14h
Vientiane (minibus)	60,000 LAK	3-4 heures	9h
Vientiane (bus)	50,000 LAK	3-4 heures	10h30 et 13h30
Vientiane *(sŏrngtăaou)*	40,000 LAK	5 heures	fréquent de 7h20 à 16h30

(Route 13) à environ 2 km au nord de la ville. Si vous venez de Vientiane, on vous déposera sans doute à l'**arrêt de bus** (Route 13) situé à proximité de l'ancien aérodrome, à quelques minutes à pied du centre-ville.

GARE ROUTIÈRE VIP

Les bus à destinations plus lointaines, au Laos (dont Vientiane) ou à l'étranger, partent de la **gare routière VIP** (Route 13) située à l'est du centre-ville. Les billets peuvent s'acheter en ville auprès de **Malany Transport Co** (☎ 023-511633 ; Th Luang Prabang ; ⏲ 8h-20h).

Il y a une correspondance à Vientiane pour les villes laotiennes lointaines, et à Nong Khai pour Bangkok et Chiang Mai.

Comment circuler

Le centre-ville de Vang Vieng s'explore facilement à pied. De nombreux établissements louent des vélos (15 000 LAK/jour) ou des VTT (30 000 LAK/jour). La plupart louent également de petites motos (50 000 LAK/jour ; automatiques 80 000 LAK/jour). Pour visiter les grottes des alentours, vous pouvez louer un *sŏrngtăaou* avec chauffeur près du vieux marché, à côté de la passerelle menant à Don Khang – comptez 10 $US environ pour un trajet jusqu'à 20 km au nord ou au sud de la ville.

Centre du Laos

Dans ce chapitre ➡

Le top des restaurants

- Ping Kai Napong (p. 204)
- No Name Grill Place (p. 212)
- Café Chez Boune (p. 214)
- Phosy Tha Lang Restaurant (p. 207)
- Khao Sen Piak Pa Se (p. 202)

Le top des hébergements

- Spring River Resort (p. 198)
- Vivanouk Homestay (p. 212)
- Hostel Savan Cafe (p. 211)
- Sanhak Guesthouse (p. 203)
- Dongsay Hotel (p. 201)

Pourquoi y aller

Le centre du Laos va vous donner l'occasion de satisfaire votre goût pour l'aventure et le voyage hors des sentiers battus. On vous emmènera dormir avec les esprits dans un village katang, sans renoncer pour autant à des haltes dans les jolies enclaves de Savannakhet et de Tha Khaek. Depuis que cette dernière, ancien comptoir colonial français, a remis en lumière son patrimoine et que le spectaculaire monde souterrain de Tham Kong Lo s'est imposé comme une étape incontournable des itinéraires touristiques, la région attire de plus en plus les visiteurs.

Grâce à un réseau de grottes et à sa jungle, plus vaste couvert forestier du pays, où se cache une concentration d'animaux sauvages inégalée – dont certaines espèces disparues dans le reste de l'Asie du Sud-Est –, le centre du Laos est un époustouflant terrain de jeu en plein air qui se prête à de nombreuses activités, de l'escalade aux portes de Tha Khaek à la randonnée dans les splendides forêts karstiques de la ZNP de Hin Namno.

Quand partir

Savannakhet

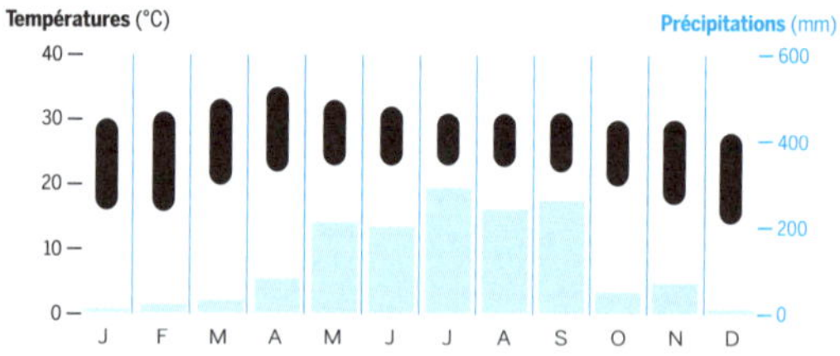

Novembre-février Meilleure saison. Les températures sont douces, les rizières vertes et les routes praticables.

Mars-mai Les champs sont secs, mais l'humidité croît à l'approche de la mousson. Évitez le Sud.

Juin-novembre Les pluies diluviennes limitent les déplacements aux routes goudronnées.

PROVINCES DE BOLIKHAMSAI ET DE KHAMMUAN

La partie la plus étroite du Laos est constituée des provinces de Bolikhamsai et de Khammuan (Khammouane). Le relief s'élève régulièrement de la vallée du Mékong en direction du nord et de l'est jusqu'à la cordillère Annamitique, à la frontière vietnamienne, à travers une région de moyenne montagne, souvent spectaculaire. La paisible cité de Tha Khaek (Thakhek) constitue une base idéale.

Les Lao des plaines (Lao Loum) sont ici le principal groupe ethnique, avec des groupes thaï moins importants, et ce sont les habitants que vous rencontrerez le plus souvent. Dans des zones plus reculées, les Makong (ou Bru), de langue môn-khmère, représentent plus de 10% de la population de Khammuan.

Dans cette région relativement peu peuplée, cinq vastes étendues de forêt ont été déclarées zones nationales protégées (ZNP) et une, parc national. Ces zones sont devenues un terrain d'affrontement majeur entre les partisans de l'exploitation du potentiel hydroélectrique du pays et les défenseurs de l'environnement naturel du Laos. Toutefois, elles donnent l'occasion aux visiteurs d'admirer l'un de milieux naturels les mieux préservés d'Asie du Sud-Est.

ZNP de Phu Hin Bun et Tham Kong Lo

Créée en 1993, la zone nationale protégée (ZNP) de Phu Hin Bun (ປ່າສະຫງວນແຫ່ງຊາດພູຫີນປູນ) couvre un immense territoire sauvage (1 580 km²), composé de cours d'eau, de forêts humides et de formations karstiques, au centre de la province de Khammuan. C'est l'un des plus sites les plus évocateurs de la région. En explorant la ZNP à pied ou en bateau, on peut difficilement ne pas être impressionné par les vertigineuses falaises de calcaire qui s'élèvent à la verticale sur des centaines de mètres. L'une des principales curiosités ici est Tham Kong Lo (Tham Kong Lor ou Konglor), merveille géologique qui voit une rivière couler sur 7,5 km à travers une grotte de calcaire aux allures de cathédrale.

Ban Kong Lo (village de Kong Lo) est le meilleur point de chute pour visiter la grotte : ces dernières années, les guesthouses et les petits complexes hôtelier y ont fleuri.

À voir et à faire

À Tham Kong Lo, la billetterie sert aussi de centre d'information informel pour visiter la grotte et le secteur environnant. Outre la découverte de la grotte en pirogue à moteur, d'autres activités sont proposées, telles les courtes randonnées dans la jolie campagne autour de Ban Kong Lo ou les charmantes balades à vélo. Le site de l'association écotouristique locale de Konglor-Natane (AEKN, créée en partenariat avec une ONG française), konglor-natane-cave.com/fr, fournit notamment des informations sur les activités de plein air à faire dans le coin.

Du côté Ban Natane de la grotte, des vélos sont disponibles à la location (20 000 LAK/2 heures, 40 000 LAK/journée) et un itinéraire bien balisé de 1 heure 30 serpente à travers la campagne.

Au nord de la ZNP de Phu Hin Bun, l'opérateur écotouristique Green Discovery (p. 201) a mis en place un ambitieux parcours combinant tyrolienne, via ferrata et circuit dans la canopée, avec un étonnant pont supendu (*spider net bridge*) près du **point de vue de la forêt de calcaire** (ຈຸດຊົມວິວປ່າຫີນປູນ ; Route 8), appelé "The Rock Viewpoint" ; consultez le site Internet de l'agence (www.greendiscoverylaos.com) ou visitez ses bureaux à Tha Khaek pour plus de détails.

Khoun Kong Leng LAC

(ຂຸນກອງແລງ; 5 000 LAK). Niché au milieu des formations karstiques des confins méridionaux de la ZNP de Phu Hin Bun, le beau "lac du Gong du soir" atteint une profondeur de 70 m. L'eau, d'un vert luminescent, jaillit d'une rivière souterraine filtrée par la roche calcaire, d'où sa clarté incomparable. Hélas, ces dernières années, les aménagements ont partiellement gâché le cadre naturel du site. Il se situe à environ 50 km au nord-est de Tha Khaek.

Il faut demander au village l'autorisation de se baigner, puis se cantonner au cours d'eau qui part du lac, près de la passerelle de bois. La pêche est interdite.

Pour y arriver, prenez la Route 13 vers le nord puis, au Km 29, la piste sur la droite (est). Au bout de 2 km, obliquez une seconde fois à droite (sud) et roulez cahin-caha sur

À ne pas manquer

1 **Tham Kong Lo** (p. 196), stupéfiant univers minéral de grottes calcaires traversées par une rivière sur plus de 7 km – à parcourir en bateau.

2 La découverte de la **ZNP de Hin Namno** (p. 205), l'une des zones protégées les plus accidentées et spectaculaires de la région.

3 L'itinéraire de montagne de "**la Boucle**" (p. 202), un *road trip* à moto sur des routes en lacets entre forêts, vallées inondées et pics dentelés.

4 **Savannakhet** (p. 209), ancienne ville de l'époque coloniale à l'atmosphère surannée au bord du Mékong.

5 Un séjour dans un village isolé de la **ZNP de Dong Phu Vieng** (p. 216), à rejoindre à pied, pour avoir un aperçu de la vie avec les esprits de la forêt !

6 Une randonnée au cœur des impressionnants karsts calcaires, des grottes souterraines et des rivières sinueuses de la **ZNP de Phu Hin Bun** (p. 193).

7 **Tha Khaek** (Thakhek ; p. 198), jolie cité fluviale au style colonial, et base idéale pour des excursions à la journée.

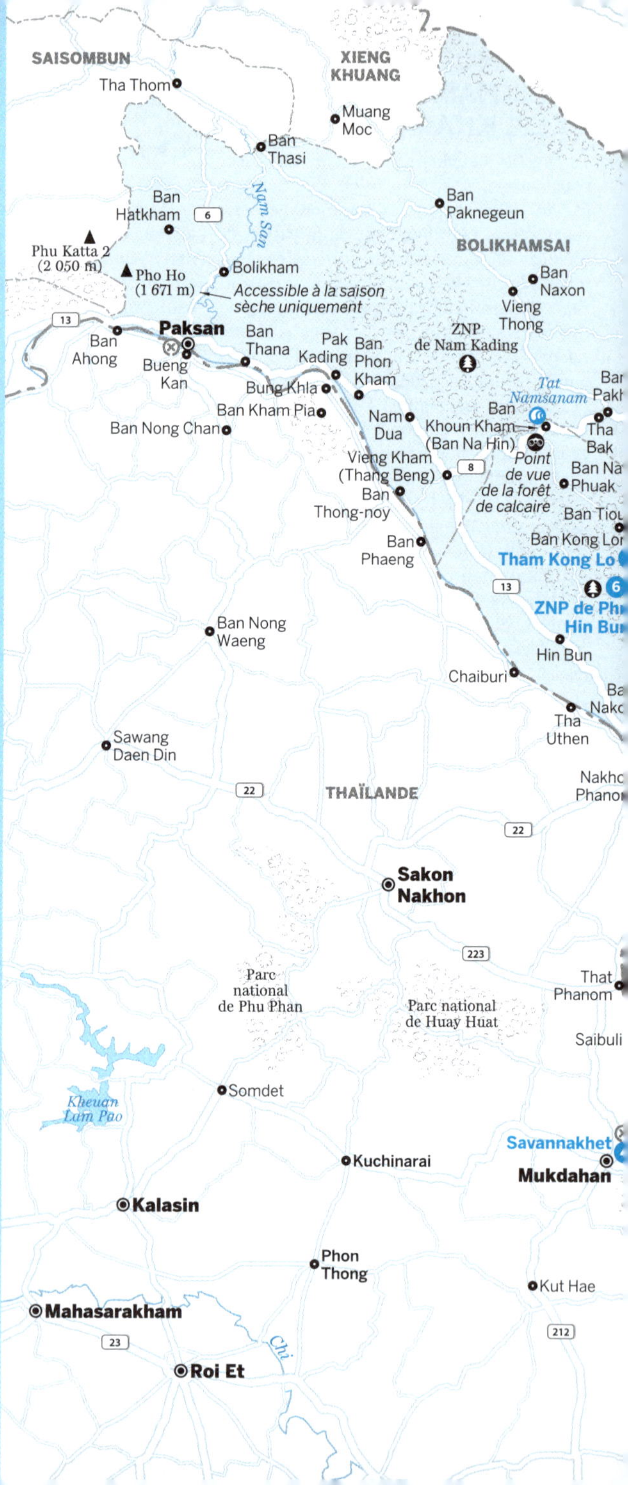

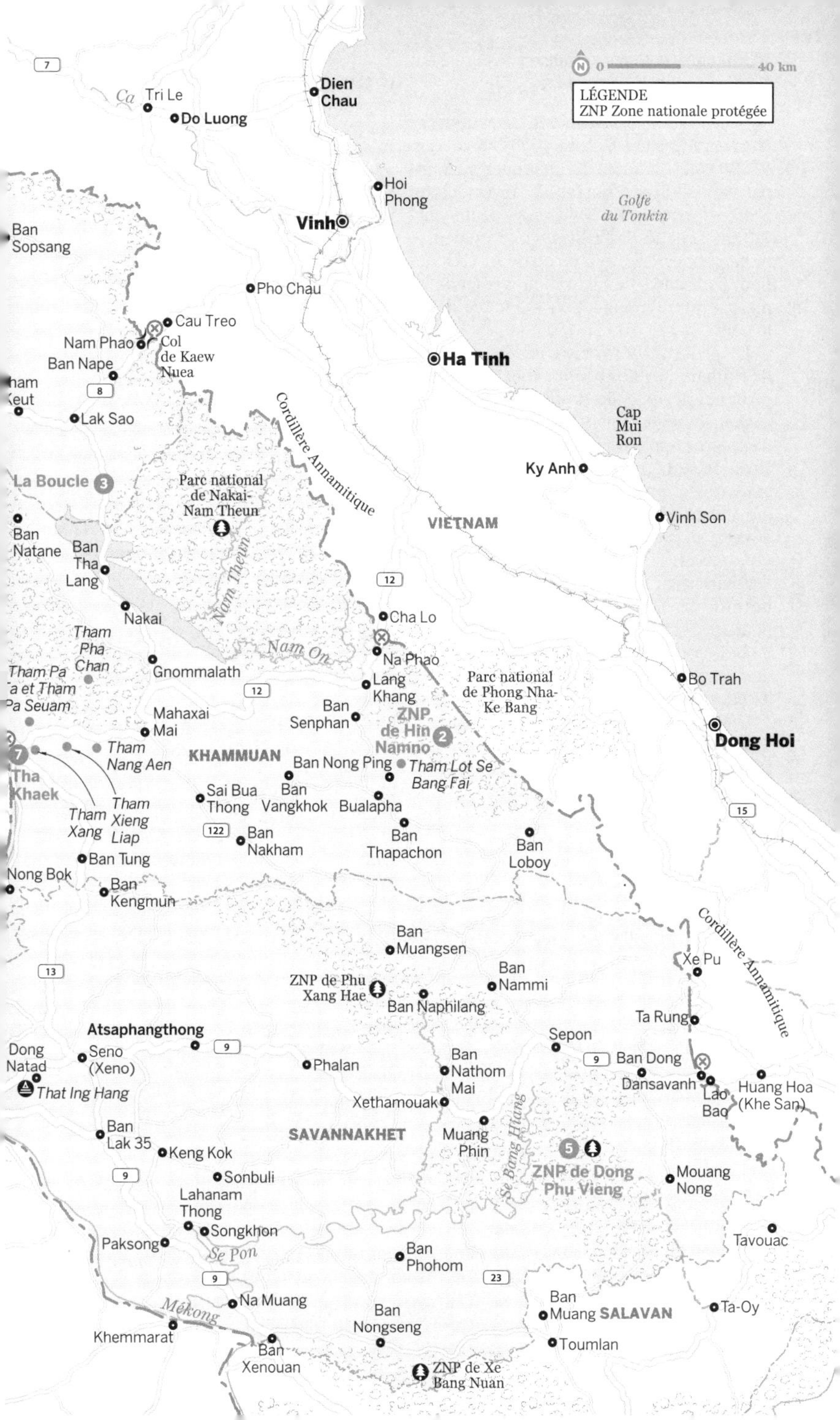
0 — 40 km
LÉGENDE
ZNP Zone nationale protégée
Golfe du Tonkin
Ca
Tri Le
Do Luong
Dien Chau
Hoi Phong
Vinh
Ban Sopsang
Pho Chau
Cau Treo
Nam Phao
Col de Kaew Nuea
Ban Nape
Lak Sao
Ha Tinh
Cordillère Annamitique
Cap Mui Ron
Ky Anh
La Boucle 3
Parc national de Nakai-Nam Theun
VIETNAM
Vinh Son
Ban Natane
Ban Tha Lang
Nam Theun
Nakai
Cha Lo
Tham Pha Chan
Nam On
Na Phao
Gnommalath
Parc national de Phong Nha-Ke Bang
Bo Trah
Lang Khang
Mahaxai Mai
Ban Senphan
ZNP de Hin Namno 2
Dong Hoi
Tham Nang Aen
KHAMMUAN
Ban Nong Ping
Tham Lot Se Bang Fai
Tha Khaek 7
Sai Bua Thong
Ban Vangkhok
Bualapha
Tham Xiang
Tham Xieng Liap
Ban Nakham
Ban Thapachon
Ban Loboy
Ban Tung
Nong Bok
Ban Kengmun
Ban Muangsen
Xe Pu
Ban Nammi
ZNP de Phu Xang Hae
Ban Naphilang
Ta Rung
Atsaphangthong
Sepon
Dong Natad
Seno (Xeno)
Phalan
Ban Nathom Mai
Ban Dong
Dansavanh
Lao Bao
Huang Hoa (Khe San)
That Ing Hang
Xethamouak
Ban Lak 35
SAVANNAKHET
Muang Phin
Keng Kok
Se Bang Hiang
ZNP de Dong Phu Vieng 5
Mouang Nong
Sonbuli
Lahanam Thong
Songkhon
Paksong
Tavouac
Se Pon
Ban Phohom
Na Muang
Ban Muang
SALAVAN
Ta-Oy
Mékong
Ban Nongseng
Khemmarat
Toumlan
Ban Xenouan
ZNP de Xe Bang Nuan
7
8
12
122
13
9
15
23

16 km entre collines et villages jusqu'à Ban Na Kheu, situé à 1 km du lac.

Tham Kong Lo SPÉLÉOLOGIE, BALADE EN BATEAU
(ຖ້ຳກອງລໍ ; grotte et bateau 65 000 LAK, parking 10 000 LAK ; 8h-16h). Ne manquez surtout pas la balade en bateau à travers cette grotte féerique. La rivière serpente sur 7,5 km dans les entrailles d'une immense montagne calcaire, au cœur de la ZNP de Phu Hin Bun. L'imagination s'emballe à mesure que l'embarcation s'enfonce dans le noir…

Un tronçon désormais éclairé permet de mieux profiter du spectacle. La pirogue accoste le long d'une partie rocheuse pour permettre aux visiteurs d'explorer une envoûtante forêt de stalactites, de stalagmites et autres formations calcaires. Comptez environ une heure dans chaque sens. À la saison sèche, vous devrez descendre à certains endroits pour que le batelier et son aide hissent l'embarcation sur les rapides. À l'extrémité de la grotte, on remonte un court passage (5 min) pour atteindre des stands de boissons. Reprenez votre souffle avant de repartir en sens inverse pour la suite de l'aventure.

On vous fournira des gilets de sauvetage. Munissez-vous d'une lampe-torche car celles proposées à la location ne sont pas toujours adaptées, et chaussez-vous de sandales en caoutchouc : des graviers coupants couvrent le lit de la rivière et il faut débarquer et franchir à pied des passages peu profonds.

Tham Nam None SPÉLÉOLOGIE
(ຖ້ຳນ້ຳນອນ ; 120 000 LAK pers). Découverte récemment, Tham Nam None n'a pas encore été entièrement explorée. S'étirant sur 15 km, sa rivière souterraine est l'une des plus longues du Laos et se prête à la randonnée à la saison sèche. Ne vous y aventurez pas seul : contactez le Spring River Resort pour organiser une excursion et n'oubliez ni lampe-torche ni piles de rechange.

Circuits organisés

Le centre d'information touristique de la province de Khammuan (p. 204) à Tha Khaek assure des excursions de la journée à Tham Kong Lo (groupe de 1/2/6 pers 1 500 000/850 000/550 000 LAK/pers) ; contactez le très compétent M. Somkiad. Green Discovery (p. 201) met aussi sur pied des excursions d'une journée vers Tham Kong Lo (70 $US/pers au minimum), plus des explorations nocturnes (à partir de 155 $US/pers).

Où se loger et se restaurer

La principale base d'hébergement de la région est Ban Kong Lo, avec une offre allant du logement chez l'habitant (*homestay*), pour vivre au rythme d'une famille laotienne, à l'un des meilleurs hôtels du secteur. Si vous faites "la Boucle" (p. 202), sachez que vous touverez des guesthouses et des hôtels à Ban Khoun Kham (Ban Na Hin) et à Lak Sao (à 36 km de la frontière avec le Vietnam).

EXPLORER LA ZNP DE PHU HIN BUN

Une excursion à Tham Kong Lo vous donnera un aperçu des merveilles que recèle cette immense zone protégée. Toutefois, deux circuits plus intéressants permettent de découvrir cette région escarpée, appréciée pour sa jungle tropicale, ses pics karstiques nimbés de brume et ses cours d'eau limpides.

Les autorités de la province de Khammuan ont mis sur pied 5 circuits de trek dans la ZNP. Celui de 2 jours au départ de Tha Khaek est très populaire (220 $ pour 2 participants). L'itinéraire traverse des paysages karstiques, passe par Tham Pha Chan et comprend une nuit dans un village. Les inscriptions se font auprès du centre d'information touristique de Tha Khaek (p. 204).

Green Discovery (p. 201) organise des treks similaires, ainsi qu'une très tentante excursion de 2 jours en kayak et à vélo entre de spectaculaires falaises sur la Nam Hin Bun, qui décrit un large arc de cercle en direction du Mékong.

Bien que la ZNP soit en grande partie inaccessible par la route, le nombre d'espèces animales dont la survie dépend de la forêt a été réduit à cause de la chasse et de l'exploitation forestière. Pourtant, la ZNP abrite encore plusieurs espèces de primates, ainsi que des éléphants et une espèce rare de cervidés. Une randonnée guidée reste votre meilleure chance d'apercevoir des animaux.

PASSER LA FRONTIÈRE

Passer au Vietnam : de Nam Phao à Cau Treo

Jusqu'à la frontière Le poste-frontière de Nam Phao (Laos)/Cau Treo (Vietnam), ouvert de 7h à 19h, se trouve au col de Kaew Neua, à 36 km de Lak Sao. Des bus assez réguliers circulent entre Lak Sao et Vinh, au Vietnam, de 10h à 14h (150 000 LAK). Il y a un guichet de change côté Laos, même si les taux pratiqués sont peu généreux.

Au retour depuis Vinh, au Vietnam, des bus partent régulièrement vers Tay Song (anciennement Trung Tam) tout au long de la journée (70 000 d, 2 heures, 70 km). De Tay Song, il faut compter encore 25 km à travers une campagne densément boisée jusqu'à la frontière. Le trajet devrait coûter 170 000 d (7,50 $US) à moto ou en taxi, mais les conducteurs exigent plusieurs fois cette somme. Attendez-vous à vous faire escroquer sur ce trajet.

À la frontière Vérifiez auprès d'une ambassade ou d'un consulat vietnamien si le visa est requis ou non. Certains citoyens de pays asiatiques et européens n'en ont pas besoin pour les courts séjours, contrairement à la majorité des détenteurs de passeport. Le Laos délivre des visas de 30 jours à la frontière.

Au Vietnam Détail peu commode, le poste-frontière vietnamien est situé à 1 km du poste-frontière laotien. Une fois que vous l'aurez franchi, vous serez assailli par des personnes proposant de vous emmener à Vinh. Contrairement à ce qu'ils affirment, un minibus pour Vinh ne coûte pas 30 $US par personne ; la somme de 5 $US est plus raisonnable, même si ce serait un exploit d'obtenir pareil tarif. Un taxi avec compteur coûte environ 50 $US, contre environ 320 000 d pour une moto. Échangez avec un maximum de conducteurs afin de mieux négocier.

Passer en Thaïlande : de Paksan à Beung Kan

Jusqu'à la frontière Peu de voyageurs passent par le poste-frontière de Paksan (Laos)/ Beung Kan (Thaïlande) (🕑7h-18h) via la traversée du Mékong. Le bateau (15 000 LAK, 20 min) part quand il y a 8 passagers.

À la frontière L'immigration laotienne ne délivre pas de visa sur place, mais les employés pourront effectuer en principe les formalités.

En Thaïlande Côté thaïlandais, des bus quittent Beung Kan pour Udon Thani (250 THB, 4 heures), d'où des compagnies aériennes ou des bus longue distance assurent des correspondances bon marché.

La scène culinaire locale n'étant pas la plus raffinée du centre du pays, nombre de visiteurs finissent par prendre leurs repas dans leur guesthouse, bien qu'il existe une poignée de restaurants destinés aux touristes.

Homestay – Ban Natane CHEZ L'HABITANT $
(☎ 030-5099071 ; Ban Natane ; par pers avec dîner et petit-déj 50 000 LAK). Des hébergements chez l'habitant sont disponibles à l'opposé de Tham Kong Lo, à Ban Natane. Le village est accessible à pied depuis les stands de boisson où les bateaux marquent leur terminus, à 2 km en prenant la route de gauche. Les vendeurs de boissons vous indiqueront la bonne direction. Malheureusement, vous devrez payer une deuxième fois en revenant par la grotte.

Thongdam Guesthouse GUESTHOUSE $
(☎ 020-5570999 ; Ban Kong Lo ; ch 60 000 LAK, bungalows 80 000 LAK). Cette petite propriété comprend un série de bungalows en dur et une rangée de bungalows en bois surélevés. Ces derniers disposent de plus d'espace et de lumière naturelle, ainsi que de vérandas donnant sur les rizières et les karsts.

Homestay – Ban Kong Lor CHEZ L'HABITANT $
(☎ 020-97015340 ; Ban Kong Lo ; par pers avec dîner et petit-déj 50 000 LAK). Si vous souhaitez vivre une expérience culturelle, renseignez-vous à la billetterie de Tham Kong Lo sur les séjours chez l'habitant (*homestay*) de Ban Kong Lo.

Chantha House GUESTHOUSE $
(☎ 020-22100002 ; chanthahouse@hotmail.com ; Ban Kong Lor ; dort 35 000 LAK, ch

50 000-130 000 LAK ; ❄ 📶). De sympathiques propriétaires gèrent cette guesthouse aux allures de chalet, disposant de 15 chambres fraîches et d'un dortoir. La vue sur les falaises est magnifique. Salon DVD, petit café et vélos à louer.

Spring River Resort BUNGALOWS $$
(☎ 020-59636111 ; www.springriverresort.com ; Ban Tiou ; bungalows 20-45 $US ; ⏲ fermé juin-juil ; P 📶). Une série de jolis bungalows sur pilotis, posés dans un jardin impeccablement entretenu aux allures de jungle, sur la rive de la Nam Hin Bun. Les plus chers sont plus spacieux et disposent d'une salle de bains et d'une petite véranda invitant à profiter de la vue sur la rivière. Il s'agit de l'hébergement le plus charmant du coin. Cadre superbe pour le restaurant (plats 35 000-50 000 LAK) attenant, au bord de l'eau, et la cuisine est savoureuse.

Signalons le ruisseau d'eau limpide à proximité, pour se rafraîchir, et les kayaks à louer.

Depuis/vers Tham Kong Lo

Les petites villes et les villages de cette région sont reliés par de bonnes routes. Il existe également des connexions avec le Vietnam, même si certaines des routes rurales les plus reculées sont en en très mauvais état et impraticables durant la saison des pluies.

Si vous allez directement à Tham Kong Lo, des *sǒrngtǎaou* (camions équipés de bancs à l'arrière) très lents partent de Talat Phetnamy, à Tha Khaek, vers Ban Kong Lo à 7h, 14h30 et 15h30 (75 000 LAK, 4 heures). Désormais, un bus quotidien direct circule entre Vientiane et Ban Kong Lo (70 000 LAK, 7 heures), avec un départ de Ban Kong Lo à 9h et de la gare routière Sud (Vientiane) à 10h.

Longue de 40 km, la route de Ban Khoun Kham (Ban Na Hin) à Ban Kong Lo suit un tracé rectiligne à travers une splendide vallée tapissée de rizières encadrées par d'imposantes falaises karstiques. C'est un trajet facile de 1 heure à moto ou en *sǒrngtǎaou*. De Ban Kong Lo, des *sǒrngtǎaou* partent vers Ban Khoun Kham (Ban Na Hin ; 25 000 LAK) à 10h, 13h et 15h.

Tha Khaek ທ່າແຂກ

☎ 051 / 38 000 HABITANTS

Située au bord du Mékong, en face de la ville thaïlandaise de Nakhon Phanom, Tha Khaek (Thakhek) est un ancien comptoir indochinois imprégné du charme tranquille des villes de bord de fleuve – et ce n'est pas le pont avec la Thaïlande (le troisième pont de l'Amitié lao-thaïlandaise sur le Mékong, qui date de 2011) qui semble devoir bouleverser les choses. Mélange suranné de maisons coloniales françaises décrépites et de boutiques chinoises aux façades colorées. Tha Khaek est une cité laotienne typique, pleine de caractère, et le point de départ de la fameuse "Boucle" (p. 202), un circuit à moto de 3 jours à travers des paysages variés. La ville peut aussi servir de base pour une excursion guidée à la journée vers Tham Kong Lo. Il y a une douzaine d'autres grottes alentour, dont certaines avec des bassins d'eau claire pour se baigner, accessibles en scooter ou en *túk-túk*.

À voir et à faire

Des vestiges suggèrent que la ville était autrefois un avant-poste des royaumes môn-khmers du Funan et du Chenla, vers le VIe siècle, quand la province de Khammuan faisait partie du légendaire royaume de Sikhottabong, et que sa capitale était situé non loin. Les racines de l'actuelle Tha Khaek remontent toutefois aux premières années du XXe siècle, alors que le protectorat français se consolidait au Laos. La ville servait alors de port, de poste-frontière et de centre administratif aux Français. Une présence dont témoignent encore des édifices partiellement restaurés donnant sur la place de la Fontaine.

À proximité de la ville, les magnifiques formations karstiques qui ponctuent la campagne sont les stars de la région en matière d'activités, telles l'escalade au Green Climbers Home (p. 201) ou l'exploration des nombreuses grottes qui criblent les montagnes aux pics déchiquetées. Une excursion à la journée avec le centre d'information touristique (p. 204) coûte 350 000 LAK/personne au minimum (pour un groupe de 6 pers ou plus).

À Tha Khaek même, il est agréable de flâner dans les rues pour s'imprégner de l'atmosphère locale et découvrir les vieilles maisons de style colonial, certaines restaurées, mais pas toutes, à moins d'opter pour une partie de *petang* (pétanque) sur le **terrain de Namfon** (☎ 020-56124455 ; ⏲ 16h-22h). Il ne faut pas non plus manquer la visite du **Vat (Pha That) Sikhottabong**, à l'extérieur de la ville en bordure du Mékong. Rénové sous le règne du roi Setthathirat, au XVIe siècle, ce grand stupa de près de 30 m de haut, tout blanc et doré, est l'un

Tha Khaek

dcs plus importants du Laos. Haut lieu de pèlerinage pour les bouddhistes, il abrite un grand bouddha assis.

Tham Pa Seuam GROTTE

(ຖ້ຳປາເຊືອມ ; entrée 5 000 LAK, parking 3 000 LAK). Sorte de Tham Kong Lo en format réduit, cette grotte traversée par une rivière longue de 3 km recèle d'impressionnantes stalactites et stalagmites. Elle n'est qu'à 15 km de Tha Khaek. Elle fait partie du programme de visites souterraines proposé par le centre d'information touristique (p. 204) – la tournée des grottes à la journée coûte 350 000 LAK/personne au minimum et comprend un parcours de 400 m en kayak dans la cavité principale.

Tham Pha Chan GROTTE

(ຖ້ຳພະໄມ້ຈັນຫອມ ; grotte du Bouddha de santal). GRATUIT On accède à la "grotte du Bouddha de santal" par une entrée de 60 m de haut sur quelque 100 m de large. Un cours d'eau coule sur 600 m parmi les

Tha Khaek

Activités

	Green Discovery	(voir 5)
1	Terrain de Namfon (petang)	A3

Où se loger

2	Bike & Bed Hostel	A3
3	Dongsay Hotel	B1
4	Hotel Riveria	A2
5	Inthira Hotel	A3
6	Le Bouton d'Or	A3

Où se restaurer

7	Restaurants de canard grillé	A3
8	Khao Sen Piak Pa Se	D2
9	Restaurants locaux	A3
10	Ping Kai Napong	A3

Où prendre un verre et faire la fête

11	Sabaidee Thakhek Restaurant	A4

Transports

	Mad Monkey (motos)	(voir 12)
12	Wangwang Motor Rental	A3

karsts et, durant la saison sèche, on peut traverser la grotte à pied. À l'extrémité ouest, un bouddha en bois de santal est niché dans une fissure, d'où le nom de la grotte. Pour y parvenir, il faut filer au nord en direction de Tham Pa Fa sur la Route 12, avant de bifurquer, à la hauteur du Km 14, vers le nord-ouest sur 9 km.

Non loin de Tham Pha Chan, la **résurgence de la Nam Don** (ຂຸນນ້ຳໂດມ) émerge dans une autre grotte. Merveille naturelle, la rivière jaillit du sol et s'écoule pour former un lac, se prêtant à la baignade, au pied du haut massif karstique.

Malheureusement, les deux sites sont desservis par une piste de 20 km, qui part vers le nord à environ 10 km à l'est du croisement avec la Route 13. Louez une moto ou un *túk-túk*, ou bien partez avec un guide du centre d'information touristique de Tha Khaek (p. 204).

Tham Xieng Liap GROTTE

(ຖ້ຳຊຽງລຽບ). GRATUIT Sur la Route 12, au Km 14, avant un grand pont, un panneau indique la direction de cette spectaculaire grotte calcaire. Suivez la piste en direction du sud sur 400 m environ, près du village de Ban Songkhone (à 10,5 km de la Route 13) pour rejoindre son entrée, située au pied d'une impressionnante falaise de 300 m de haut.

La grotte fait quelque 200 m de long et on peut la traverser à pied à la saison sèche, en pataugeant néanmoins, et aller se baigner dans une jolie vallée, de l'autre côté. Des *paa faa* (tortues à carapace molle) habitent la cavité et des *kha nyou* (*Laonastes aenigmamus*, les "énigmatiques souris du Laos"), une nouvelle espèce de rongeurs découverte dans la province de Khammouane en 1996, nichent dans la falaise. Pendant la saison des pluies, il vous faudra louer une embarcation (30 000 LAK) au départ du pont de Xieng Liap.

Tham Pa Fa GROTTE

(grotte du Bouddha ; entrée 5 000 LAK, parking 3 000 LAK ; ⏲8h-12h et 13h-17h). Cette grotte fut découverte en avril 2004 par un villageois du nom de Bun Nong, attiré à cet endroit par l'observation de chauve-souris qui pénétraient dans le creux de la falaise. Il grimpa puis se faufila dans l'entrée de la grotte et tomba nez à nez avec 229 statues de bouddhas en bronze ! D'une hauteur allant de 15 cm à 1 m, ces statues faisant face à l'entrée de la grotte sont vieilles de plusieurs siècles, et certaines dateraient des

FORÊT PRIMAIRE : EXPLOITATION FORESTIÈRE ILLÉGALE AU LAOS

Le Laos compte des portions de forêt tropicale primaire parmi les plus vastes d'Asie du Sud-Est. Maintenant que la Chine, la Thaïlande et le Vietnam ont mis en place des réglementations plus strictes pour protéger leurs propres forêts, le pays est une cible vulnérable pour l'exploitation forestière. L'EIA, l'Agence américaine d'information sur l'énergie, affirme que l'industrie du meuble a été multipliée par dix depuis 2000 au Vietnam, le Laos facilitant l'exportation de son bois pour rendre possible cette croissance. Quelque 500 000 m^3 de rondins franchiraient ainsi la frontière chaque année. Alors que l'État affiche en apparence une ligne dure contre l'abattage massif, les militaires et les fonctionnaires locaux exerçant dans les zones reculées sont des proies plus faciles face aux distributeurs de pots-de-vin.

La couverture forestière au Laos est passée de 70% dans les années 1940 à environ 40% en 2010, ce qui équivaut à la disparition d'environ 100 000 ha chaque année. Les zones nationales protégées (ZNP), censées être préservées par la loi laotienne, sont la cible d'une forte exploitation illégale, car elles recèlent un bois d'une grande valeur marchande. Tandis que la précieuse forêt laotienne continue de disparaître, le gouvernement a lancé un programme de replantation à l'échelle du pays. Hélas, il s'agit d'arbres de nature commerciale et non de rares spécimens poussant dans la forêt tropicale. Dans le cadre d'un programme prometteur, le Premier ministre laotien Thongloun Sisoulith a annoncé l'interdiction totale de l'abattage au Laos, effective au 1er juin 2016. Pourtant, durant les deux années qui ont suivi cette décision, les exportations de produits en bois fini ont paradoxalement doublé, même si l'État affirme que les matières premières proviennent d'arbres de plantation et non de forêts naturelles.

lointaines époques de Sikkhotabong et de Lan Xang, selon les historiens.

Aujourd'hui, les éclairages et autres aménagements donnent à la grotte un aspect bien différent qu'à l'époque où Bun Nong l'a découverte. Les photographies y sont interdites et l'endroit est considéré comme un lieu sacré, gardé, dit-on, par des ascètes locaux. Tham Pa Fa se trouve à 14 km de Tha Khaek. La course en *túk-túk* coûte environ 100 000 LAK.

Tham Xang GROTTE

(ຖ້ຳຊ້າງ ; grotte de l'Éléphant ; 5 000 LAK). Une grotte bien connue en raison de sa stalagmite en forme de tête d'éléphant. Celle-ci est nichée dans un petit passage derrière un imposant grand bouddha doré. Tham Xang est l'une des grottes les plus proches de Tha Khaek (à 4 km seulement). Prenez une lampe-torche.

Circuits organisés

Le centre d'information touristique (p. 204) propose divers circuits pour partir à la découverte des environs, notamment lors de randonnées, avec nuit chez l'habitant le plus souvent. Le tarif varie en fonction du nombre de participants. Le plus pratique est de s'adresser à l'efficace responsable du centre, M. Somkiad, afin de former éventuellement un groupe avec d'autres voyageurs. À titre d'exemple, un trek de 2 jours dans la ZNP de Phu Hin Bun ne coûte guère plus de 750 000 LAK par personne sur la base d'un groupe de quatre. On vous renseignera aussi sur les excursions à la journée vers une multitude de grottes, dont Tham Pa Seuam (p. 199).

Green Climbers Home ESCALADE

(020-56105622 ; www.greenclimbershome.com ; Ban Kouanphavang ; cours 140 000-700 000 LAK/pers ; oct-mai). Cette école d'escalade réputée est installée dans une vallée de la campagne karstique, à 18 km de Tha Khaek. Grâce à ses bungalows douillets, sa bonne cuisine et la qualité de ses prestations, elle affiche souvent complet. Elle dispose d'un surplomb accessible aux débutants et de plus de 320 voies cotées de 4 à 8C pour des sessions de tous niveaux.

Pour s'y rendre, un *túk-túk* coûte 100 000 LAK par jour. Les grimpeurs mordus choisiront un **hébergement** sur place – des dortoirs (55 000 LAK) ou des bungalows (à partir de 160 000 LAK), avec douches chaudes.

Green Discovery SPORTS D'AVENTURE

(051-251390 ; www.greendiscoverylaos.com ; Inthira Thakheh Hotel, Th Chao Anou ; 8h-21h30). L'agence écotouristique la plus chevronnée du pays assure un grand nombre d'excursions captivantes dans le centre du Laos. Elle propose des treks et de sorties en kayak dans la luxuriante ZNP de Phu Hin Bun, dont Tham Kong Lo (70/155 $US pour 1/2 jours), sans oublier des circuits pour les amateurs de cyclotourisme. À Phu Hin Bun, un nouveau parcours combinant tyrolienne, via ferrata et circuit dans la canopée, avec un impressionnant pont supendu, séduit tous les passionnés.

Cette agence Green Discovery s'impose également pour organiser une excursion dans la ZNP de Hin Namno.

Où se loger

Il y a à Tha Khaek une gamme honnête d'hébergements, dont deux adresses de catégorie moyenne qui en valent la peine.

Bike & Bed Hostel AUBERGE DE JEUNESSE $

(020-91710957 ; dort 55 000 LAK ;). Vous dormirez ici dans une jolie villa, qui comprend des dortoirs de 4 à 6 couchages (lits superposés standards). Les vraies raisons qui poussent à y séjourner sont l'ambiance chaleureuse et le jardin commun, où l'on a envie de se poser avec une boisson fraîche et un bon livre.

Dongsay Hotel HÔTEL $$

(020-56785683 ; ch avec petit-déj 190 000-386 000 K ;). Des chambres spacieuses et d'allure récente dans un bâtiment en L de 3 étages. Grâce à ses petits plus, comme son personnel attentionné, ses transferts gratuits depuis la gare routière/la frontière et son ascenseur (l'un des seuls de Tha Khaek), cet hôtel représente l'une des meilleures adresses de catégorie moyenne de la ville.

Le Bouton d'Or BOUTIQUE-HÔTEL $$

(051-250678 ; boutondor-tk@hotmail.com ; 89 Th Setthathirat ; ch avec petit-déj 45-70 $US ; @). Installé le long du fleuve, dans un bâtiment de style grande villa italianisante, cet hôtel est apprécié pour ses chambres plutôt élégantes (un mur est tapissé de bambou) et bien conçues. Grande réception et chambres autour d'un puits de lumière central, desservies par un bel escalier. Celles avec balcon donnant sur la rivière valent le supplément. Vous prendrez votre petit-déjneuner dans le restaurant au bord de l'eau.

Inthira Hotel BOUTIQUE-HÔTEL **$$**
(☎051-251237 ; www.inthira.com ; Th Chao Anou ; ch 26-36, ste 45 $US avec petit-déj ; ⊘ ❄ @ 📶). À proximité du Mékong et du marché, l'adresse peut-être la plus chic et la plus romantique de la ville, à l'abri d'une belle demeure coloniale en angle. Au premier étage, les chambres donnant sur la rue profitent du balcon qui court sur toute la façade. Agréable restaurant de spécialités laotiennes et internationale avec tables en terrasse.

Hotel Riveria HÔTEL D'AFFAIRES **$$**
(☎051-250000 ; www.hotelriveriathakhek.com ; Th Setthathirat ; ch 360 000-700 000 LAK, ste 865 000-1 030 000 LAK ; ⊘ ❄ @ 📶). Un vaste hôtel d'affaires bien géré sans grand caractère. Il vaut surtout pour sa vue superbe sur le Mékong et la Thaïlande d'un côté et les falaises déchiquetées de l'autre. Les chambres (TV, réfrigérateur et salle de bains avec baignoire) sont spacieuses, avec lit king-size et mobilier standard. Généreux petit-déjeuner buffet au restaurant, au rez-de-chaussée.

Où se restaurer

Tha Khaek compte un bon choix de restaurants ; il est inutile de s'éloigner trop de l'artère fluviale pour en profiter.

Khao Sen Piak Pa Se LAOTIEN **$**
(Th Kuvoravong ; plats à partir de 10 000 LAK ; ⏲6h-16h). Ici, on sert des bols généreux, et bien aillés, de *kòw Ъęeak sèn* (nouilles de riz dans un bouillon, accompagnées de morceaux de poulet ou de poitrine de porc croustillante), ainsi que des nouilles de blé aux œufs. Quelques plats vietnamiens sont également servis avant 10h (plus ou moins). Il n'y a aucun panneau en anglais ; cherchez la vieille enseigne de couleur jaune en face de la station de lavage.

Restaurants de canard grillé LAOTIEN **$**
(Th Setthathirat ; plats 20 000-50 000 LAK ; ⏲11h-23h). Une série de petits "restaurants" de grillades à ciel ouvert, qui portent le nom de leurs cuisinières (Me Noy, Me Kay, etc.) qui préparent le canard sous diverses formes. Vous les trouverez dans l'artère au bord du Mékong, juste au sud du marché de nuit.

Circuit à moto "La Boucle"

DÉPART THA KHAEK
ARRIVÉE THA KHAEK
DISTANCE/DURÉE 450 KM/4-6 JOURS

Cet itinéraire à travers les provinces de Khammuan et de Bolikhamsai – incluant idéalement une excursion à Tham Kong Lo, voire une randonnée dans le parc national de Nakai-Nam Theun – a acquis une dimension mythique chez les voyageurs, et les motards, épris d'aventure. À Tha Khaek, le centre d'information touristique vous fournira des détails, tandis que l'excellent DC, de Mad Monkey Motorbike, vous renseignera sur les excursions et les sites moins connus (il loue des motos).

Bien qu'il soit désormais possible d'effectuer le trajet par les transports publics, mieux vaut le faire en deux-roues. Plusieurs agences de Tha Khaek louent des motos et des scooters. Même si le modèle tout-terrain n'est pas nécessaire pour atteindre les sites de ce circuit, nous déconseillons l'itinéraire aux novices ; la route est globalement en très bon état, mais il y a des portions très ventées et vallonnées : certains motards peu expérimentés se sont blessés, et même tués, sur "la Boucle".

Une fois trouvé votre engin à (1) **Tha Khaek** (p. 198) – et en supposant que vous ayez déjà passé une journée à parcourir la Route 12 vers l'est pour découvrir les grottes et les lieux de baignade –, partez assez tôt pour avoir le temps de faire des pauses photo, nourriture et essence.

Au nord de Gnommalath, à 60 km de Tha Khaek (achetez du carburant et de la nourriture de base), vous atteindrez la centrale électrique et le (2) **centre des visiteurs de Nam Theun 2** (ສູນທ່ອງທ່ຽວນ້ຳເທີນສອງ ; ☎020-22213855 ; www.namtheun2.com ; ⏲8h30-12h et 13h-17h lun-sam). **GRATUIT** Sur les 23 km suivants, vous attendent une jungle préservée sur la gauche et un paysage inondé en raison d'un barrage sur la droite.

Juste avant que la route n'emprunte un nouveau pont sur la Nam Theun, vous arriverez dans le village de (3) **Ban Tha Lang** (p. 207), à 100 km de Tha Khaek. La Sabaidee Guesthouse constitue un hébergement correct et le Phosy Tha Lang

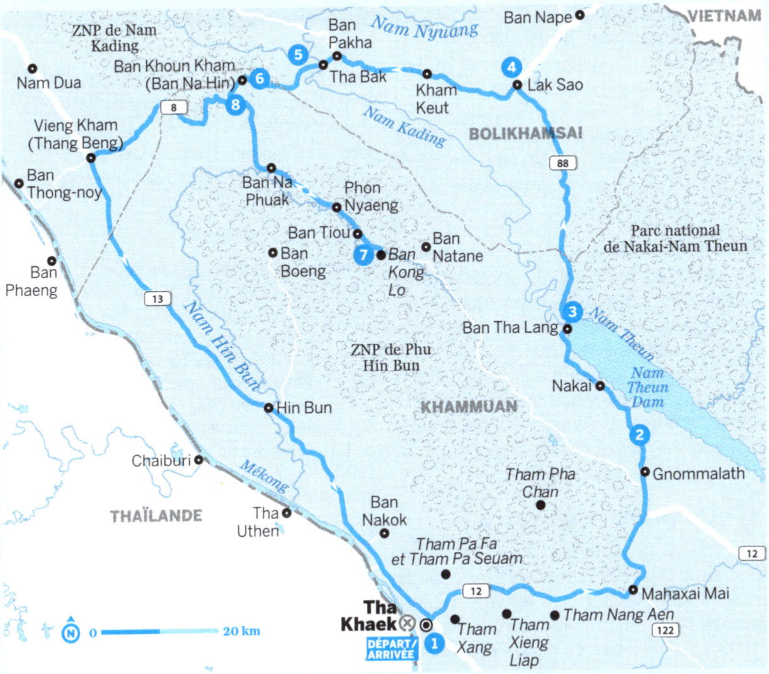

Restaurant est probablement la meilleure adresse de "la Boucle" pour se restaurer. Ban Tha Lang est en outre le point d'accès au parc national de Nakai-Nam Theun, et le personnel de la Sabaidee Guesthouse peut organiser des excursions dans cette impressionnante zone protégée ayant ouvert récemment au public.

Une fois franchi le pont à Ban Tha Lang, il reste quelque 50 km à parcourir pour gagner Lak Sao – un trajet magique à mesure que vous traversez le corridor entre le parc national de Nakai-Nam Theun et la ZNP de Phu Hin Bun. Roulez très prudemment : si la route est goudronnée, elle enchaîne les lacets serrés. Cette vallée inondée est déserte, et le paysage est dominé par des arbres morts. Après 17 km, continuez tout droit à l'intersection (l'embranchement de gauche mène au barrage de Nam Theun 2). Durant la saison sèche, cette partie du trajet prend 1 à 2 heures, en fonction du nombre de haltes photo effectuées.

Une fois arrivé à 4 **Lak Sao**, vous trouverez largement de quoi vous loger (la Phoutthavong Guest House pourra convenir, à la rigueur), vous restaurer et, au besoin, faire réparer votre moto. Toutefois, nous vous conseillons d'utiliser cette petite ville poussiéreuse et assez morne comme une étape pour déjeuner. Continuez encore 55 km sur la Route 8, puis faites une pause pour vous dégourdir les jambes à Tha Bak, et allez découvrir les 5 **bateaux-bombes** (ທ່າບັກເຮືອທີ່ເຮັດດ້ວຍຊາກລູກລະເບີດ) avant de repartir vers **Ban Khoun Kham** (Ban Na Hin), votre étape suivante pour la nuit avec l'excellente 6 **Sanhak Guesthouse** (020-55858159 ; sanhak.guesthouse@gmail.com ; Ban Khoun Kham (Ban Na Hin) ; dort 30 000-40 000 LAK, ch 60 000-100 000 LAK ;).

Depuis une bifurcation quittant l'itinéraire principal juste à l'ouest de Ban Khoun Kham, une boucle de 80 km vous conduira à Ban Kong Lo, votre point de chute pour la visite de la grotte de 7 **Tham Kong Lo** (p. 196), l'un des principaux sites touristiques de la région. Le trajet, presque entièrement rectiligne, encadré par de vertigineuses falaises karstiques et de vastes rizières, vaut le détour à lui seul.

Après avoir regagné Ban Khoun Kham, il faudrait poursuivre encore sur 40 km vers l'ouest sur la Route 8, puis vers le sud sur la Route 13 jusqu'à Tha Khaek, soit une distance d'environ 150 km, pour achever la Boucle ; toutefois, les deux derniers tiers du parcours ne sont pas vraiment pittoresques. Si vous avez le temps, nous vous suggérons d'aller vers l'ouest jusqu'au 8 **point de vue de la forêt de calcaire** (p. 193), d'y admirer le panorama, avant de rebrousser chemin.

Restaurants locaux LAOTIEN $
(Th Setthathirat ; plats 10 000- 20 000 LAK ; 7h-19h). Pour déguster pour trois fois rien de savoureuses spécialités laotiennes tel le *pîng kai* (poulet grillé) avec du riz gluant, dirigez-vous vers les étals animés des berges. Quantité de stands similaires jalonnent également la promenade de la place de la Fontaine.

Ping Kai Napong LAOTIEN $$
(Th Setthathirat ; 39 000-89 000 LAK ; 10h-22h). Bien que spécialisé dans le poulet grillé, le Png Kai Napong offre une visite virtuelle de la cuisine laotienne au fil de sa carte – des salades (goûtez le sublime *làap* de canard haché, aux échalotes et à la coriandre) aux soupes. À noter que la traduction des plats en anglais est assez hasardeuse. De loin la meilleure adresse du bord de fleuve.

Où prendre un verre

La scène nocturne de Tha Khaek n'est pas très animée, mais après quelques nuits passées sur "la Boucle", la ville semble presque une métropole vivante et bien éclairée. Il n'y a pas de bars à proprement parler, mais un certain nombre de restaurants servent à boire le soir, en particulier au bord du Mékong.

Sabaidee Thakhek Restaurant BAR
(Sunset ; Th Setthathirat ; 8h-minuit ; wifi). Ce restaurant (plats 35 000 K-75 000 LAK) du bord de fleuve, où s'engouffre la moindre brise, est l'un des meilleurs bars de la ville, avec ses bières d'importation, sa TV et sa musique live.

Renseignements

ARGENT

BCEL (Th Vientiane ; 8h30-16h30 lun-ven). Change les principales devises ; avance d'espèces (cartes Visa).

Lao Development Bank (Th Vientiane ; 8h30-11h30 et 13h-16h30). Délivre des espèces. DAB.

OFFICE DU TOURISME

Centre d'information touristique (020-55711797, 030-5300503 ; www.tourismkhammouane.org ; Th Vientiane ; 8h-17h). Cet office du tourisme très fiable propose d'intéressants treks de 1 ou 2 jours dans la ZNP de Phu Hin Boun, avec séjour au village avec hébergement chez l'habitant (*homestay*) ainsi que des treks vers les chutes d'eau près de Ban Khoun Kham et de Tham Kong Lo (900 000 LAK). Le personnel vous donnera également des conseils pour votre *road trip* à moto sur "la Boucle" (p. 202). Le très serviable M. Somkiad anglais.

POLICE

Police (051-212083 ; angle Th Kuvoravong et Th Unkham). Évitez de passer près du commissariat à moto si vous quittez la ville à destination de "la Boucle". La police locale a la réputation d'exiger une taxe touristique fictive.

Police touristique (051-213563 ; pl. de la Fontaine). La police sait ici rédiger des procès-verbaux pour les assurances.

SERVICES MÉDICAUX

Hôpital de Tha Khaek (051-212084 ; angle Th Chao Anou et Th Champasak ; 24h/24)

BUS DEPUIS/VERS THA KHAEK

DESTINATION	POINT DE DÉPART	PRIX	DURÉE	DÉPARTS
Attapeu	Gare routière	90 000 LAK	10 heures	15h30, 23h
Ban Kong Lo	Talat Phetmany	75 000 LAK	4 heures	7h, 14h30, 15h30 (tous *sŏrngtăaou*)
Lang Khang	Talat Phetmany	50 000 LAK	2-3 heures	8h, 12h (tous *sŏrngtăaou*)
Nakai	Talat Phetmany	35 000 LAK	1-2 heures	8h, 10h, 12h (tous *sŏrngtăaou*)
Nakhon Phanom (Thaïlande)	Gare routière	18 000-20 000 LAK	1 heure 30	8h15, 9h30, 10h30, 11h30, 13h30, 14h30, 16h, 17h
Pakse	Gare routière	70 000 LAK	6-7 heures	8h30
Savannakhet	Gare routière	30 000 LAK	2-3 heures	10h30, 11h30, 15h30
Vientiane	Gare routière	60 000-80 000 LAK	6	5h30, 6h30, 7h30, 8h30, 9h15
Vinh (Vietnam)	Gare routière	200 000	12-15 heures	9h

Depuis/vers Tha Khaek

La **gare routière de Tha Khaek** (051-251519 ; Route 13) est située à environ 3,5 km du centre-ville. Les bus à destination de Hanoï, Hué, Danang et Dong Hoi, au Vietnam, s'arrêtent ici. Toutefois, le personnel de la gare a été incapable de nous indiquer le moindre horaire de départ ou tarif, nous précisant en outre que l'achat des billets se fait uniquement à bord.

Talat Phetmany (Th Kuvoravong). Cette "gare routière" est le point de départ des *sŏrngtăaou* vers l'intérieur de la province de Khammuan.

Comment circuler

Un *jumbo* (triporteur à moteur) jusqu'à la gare routière devrait vous coûter 30 000 LAK, après négociation. Les *jumbo* ne quittent la gare routière pour la ville qu'une fois au complet, à moins que vous ne soyez prêt à verser 50 000 LAK pour le véhicule entier. Comptez 15 000 LAK par personne pour une course en ville.

Une poignée d'endroits en ville proposent des motos à louer et la plupart acceptent de garder gratuitement vos bagages si vous effectuez "la Boucle" (p. 202). Notez qu'il est courant que les agences conservent votre passeport jusqu'à ce que vous rameniez la moto.

Mad Monkey (020-59939909 ; douangdavanh@yahoo.com ; pl. de la Fontaine ; scooters 100 000 LAK/jour, motos tout-terrain 150-250 cm³ 300 000 LAK ; 8h-19h). Une excellente adresse où louer une moto pour s'attaquer à "la Boucle", entre autres aventures. Cette agence dispose de 2 motos tout-terrain Honda 250cm³ et de pimpantes Kawasaki Fox 150 cm³, mais aussi de scooters automatiques et semi-automatiques standards. Les engins sont peut-être plus chers qu'ailleurs, mais ils bien entretenus. Les propriétaires germano-laotiens sont en outre une excellente source d'information sur "la Boucle".

Mixay Motor Rental (020-55124555 ; 70 000-120 000 LAK/jour ; 6h30-18h). Installé dans le "centre-ville" de Tha Khaek.

Pokemongo (020-23431746 ; Thakhek Travel Lodge, Route 13 ; 70 000-100 000 LAK/jour ; 7h30-18h). Des scooters fiables pour s'attaquer à "la Boucle", circuler en ville ou explorer les grottes alentour.

Wangwang Motor Rental (020-56978535 ; pl. de la Fontaine ; 60 000-140 000 LAK/jour ; 7h-23h). Propose un large choix de motos, notamment de cross, ainsi que des scooters et d'autres véhicules. Si cela vous intéresse, vous pouvez rendre les motos louées ici aux magasins affiliés de Wangwang, à Pakse et à Vientiane.

ZNP de Hin Namno et ses environs

Tous les spécialistes semblent s'accorder sur le fait que la ZNP de Hin Namno est l'une des zones protégées les plus remarquables du Laos, voire de toute l'Asie du Sud-Est. Conjuguée aux deux zones protégées du Vietnam voisin, cette vaste étendue – la plus grande région karstique au monde – fait actuellement l'objet d'une étude pour obtenir une inscription transfrontalière au patrimoine mondial de l'Unesco.

Les 820 km² du parc englobent onze grands types d'habitat peuplés par diverses espèces menacées et endémiques, y compris le débonnaire douc à pattes rousses (appelé aussi singe aux cinq couleurs). On y trouve également Tham Lot Se Bang Fai, l'une des plus grandes grottes traversées par une rivière au monde. Certaines portions du parc constituaient d'importants canaux d'acheminement de la piste Hô Chi Minh, et Hin Namno comprend également des villages peuplés de groupes ethniques qui ne vivent nulle part ailleurs au Laos.

À voir et à faire

Parmi les activités à pratiquer dans le secteur, citons les excursions dans la ZNP de Hin Namno, la visite de la grotte de Tham Lot Se Bang Fai et les sorties en kayak sur des portions de la rivière souterraine de cette dernière. En théorie, ces sites peuvent se visiter de manière indépendante, mais, à moins de disposer d'un véhicule tout-terrain et de parler le lao ou le thaï, vous aurez besoin d'aide. Green Discovery

L'ACCÈS ET L'EXPLORATION DE LA ZNP DE HIN NAMNO

Le manque d'infrastructures signifie que la visite de la ZNP de Hin Namno ne sera pas possible pour la plupart des visiteurs, même si l'état des routes s'améliore lentement et que les autorités semblent (légèrement) moins paranoïaques à l'endroit des voyageurs étrangers. La seule façon d'explorer les parties les plus reculées du parc consiste à passer par le programme de séjour chez l'habitant (*homestay*) de Ban Thongxam et de Ban Nong Ping.

HORS DES SENTIERS BATTUS

SÉJOUR CHEZ L'HABITANT À BAN THONGXAM

L'une des meilleures façons de pénétrer au cœur de la ZNP de Hin Namno consiste à séjourner en *homestay* dans le village de Ban Thongxam (ບ້ານທອງຊໍາ), où la route s'achève. Dans cette minuscule localité yoy de 379 habitants, trois familles (☎ 020-91301556) accueillent les visiteurs à tour de rôle (50 000 LAK/pers avec nourriture) et peuvent éventuellement organiser des excursions dans la zone protégée (120 000 LAK/jour pour 2 pers).

La région est réellement superbe et les randonnées incluent l'observation du douc à pattes rousses, un singe menacé et coloré qui est l'animal emblématique du parc, ou encore la découverte de cascades, de rivières souterraines et de grottes, dont une qui aurait abrité 3 000 soldats du Viêt-cong dans les années 1970. Le site www.hinnamno.org fournit d'excellentes informations sur les richesses humaines et naturelles du secteur.

Il est possible, en théorie, de rejoindre le village par ses propres moyens (en dehors de la saison des pluies), mais vous devrez savoir parler le lao ou le thaï. Notez que cette région n'a été ouverte que récemment aux visiteurs, ce qui peut entraîner une certaine surveillance de la part de fonctionnaires locaux particulièrement zélés.

(p. 201) et – peut-être au moment où vous lirez ces lignes – le centre d'information touristique de Tha Khaek (p. 204) pourront vous faciliter l'accès à la zone protégée. En outre, le site Web www.hinnamno.org est une excellente source d'information pour quiconque envisage de visiter le secteur et présente quantité de détails sur des sites moins connus, mais tout aussi fascinants.

Tham Lot Se Bang Fai GROTTE

(ຖ້ຳລອດເຊບັ້ງໄຟ). Certainement la grotte la plus impressionnante et cependant la moins visitée de la province de Khammuan, l'extraordinaire Tham Lot Se (Xe) Bang Fai est située en lisière de la ZNP de Hin Namno. Elle a été creusée par la rivière Se (Xe) Bang Fai qui plonge dans une montagne calcaire, traçant un parcours souterrain de 6,5 km au fil d'immenses cavernes, de fantastiques formations rocheuses, de rapides et de chutes que n'ont découverts que de rares voyageurs.

Il a fallu attendre 2006 pour qu'une expédition américano-canadienne en dresse le plan précis, établissant qu'il s'agissait de l'une des plus vastes grottes au monde formées par une rivière souterraine. Le parcours d'un bout à l'autre se fait en huit étapes et n'est possible que durant la saison sèche, de janvier à mars. Les canots en bois de fabrication locale ne peuvent aller au-delà du premier tronçon, situé à environ 1 km de l'entrée. Ensuite, le seul moyen de progresser jusqu'à l'extrémité est de monter à bord d'un canot gonflable ou d'un kayak. Le site www.hinnamno.org est une formidable source d'informations (et de légendes) sur la grotte.

À 2 km en aval de l'entrée, le village de Ban Nong Ping est peuplé de Lao Loum et de Salang. Il y a maintenant de l'électricité et on y a construit un lodge touristique (80 000 LAK/pers), même si les visites ne sont vraiment possibles qu'en dehors de la saison des pluies. Pour s'y rendre, vous devrez parcourir 40 km de piste très accidentée (praticable uniquement en saison sèche) entre Lang Khang et Bualapha, puis en emprunter une autre, encore plus cahoteuse, jusqu'à Ban Nong Ping. Ce trajet ne peut être effectué qu'en véhicule tout-terrain ; n'envisagez même pas de vous y attaquer sur votre scooter de ville loué à Tha Khaek.

Green Discovery (p. 201) propose des excursions de 2 jours (375 $US) et 3 jours (454 $US) jusqu'à la grotte pour des groupes de 2 personnes. Il est également judicieux de consulter le centre d'information touristique (p. 204) de Tha Khaek.

Où se loger et se restaurer

Le poussiéreux village-carrefour de Lang Khang est le seul endroit de la ZNP de Hin Namno disposant d'un hébergement pour touristes. Sinon, vous logerez chez l'habitant (*homestay*) à Thongxam ou à Ban Nong Ping.

Lang Khang compte bien une ou deux gargottes sommaires, mais, pour le reste, les repas dans la ZNP se prennent pour la plupart chez l'habitant ou autour d'un feu de camp.

Khoun Pan Ya Guesthouse GUESTHOUSE $
(☎ 020-55851409 ; Lang Khang ; ch 80 000-100 000 LAK ; ❄). Unique hébergement de Lang Khang (et le seul de type hôtel dans le secteur), cette guesthouse est plutôt quelconque de l'extérieur. Toutefois ses chambres sont spacieuses et correctes.

Elle est située à environ 250 m sur la route de Bualapha ; guettez le panneau sur la gauche et déplacez-vous jusqu'à la pharmacie attenante.

ℹ Depuis/vers la ZNP de Hin Namno

Les moyens de transport public sont très limités dans la zone nationale protégée. Peut-être que les chauffeurs des bus qui circulent entre Tha Khaek et le Vietnam voudront bien vous déposer à Lang Khang. De là, pour rejoindre un hébergement chez l'habitant à Ban Thongxam ou le site de Tham Lot Se Bang Fai, il vous faudra organiser le trajet en 4×4.

Parc national de Nakai-Nam Theun et ses environs

Promu au statut de parc national en 2019, Nakai-Nạm Theun (ນາກາຍ-ສວນສາທາລະນະສຸກແຫງຊາດນ້ຳເທີນ) est la plus vaste et la plus diversifiée des zones protégées du pays. Ce territoire préservé de plus de 353 000 ha, qui ouvre progressivement ses portes aux visiteurs, est censé englober une des régions les plus sauvages, et vierges, de toute l'Asie du Sud-Est. Haut lieu de la biodiversité, Nakai sert d'habitat à des animaux d'exception, dont des éléphants, neuf variétés de primates, ainsi que des espèces récemment découvertes et des animaux que l'on ne trouve nulle part ailleurs au Laos.

Ban Tha Lang, un village poussiéreux à la lisière du vaste réservoir créé par le barrage de Nam Theun 2, sert de point de départ improbable pour le parc.

À voir et à faire

Les visiteurs se rendent surtout au parc national de Nakai-Nam Theun, même s'il faut noter qu'entre mai et août, le niveau de l'eau est trop bas pour rejoindre le départ des sentiers en bateau. Le principal intermédiaire sur place est la Phosy Tha Lang Guesthouse (ci-après), où Amphai organise des randonnées à la journée (tout compris 100 $US, 2 pers minimum), des excursions de 2 jours (200 $US) et des sorties de 3 jours (500 $US) sur la Nam Xot et au cœur de la zone protégée. Parmi les treks proposés : un séjour dans un village d'une ethnie locale, la visite d'une cascade et une sortie en kayak. Le parc offre d'assez bonnes occasions d'observer la faune.

On peut aussi organiser via la Phosy Tha Lang Guesthouse des activités sur le lac-réservoir, dont une sortie en kayak (50 000 LAK) et une balade en bateau au crépuscule de 1 heure (50 000 LAK/pers).

Où se loger et se restaurer

Il y a 2 guesthouses sommaires dans le village assoupi de Ban Tha Lang, qui sert de point d'accès au parc national de Nakai-Nam Theun. Au sein du parc, les villages de minorités ethniques reculés et le camping sont les seules possibilités d'hébergement.

Ban Tha Lang compte 2 ou 3 restaurants, établis dans des guesthouses.

Sabaidee Guesthouse GUESTHOUSE $
(☎ 020-55429950 ; Ban Tha Lang ; ch 50 000-60 000 LAK ; P 📶). Des chambres sans grand cachet mais propres, dans des bungalows au sein d'un vaste jardin. En haute saison, des braseros sont allumés chaque soir.

Phosy Tha Lang Guesthouse BUNGALOWS $
(☎ 020-58804711 ; Ban Tha Lang ; bungalows 70 000-90 000 LAK ; P 📶 🐾). Guesthouse avec un ensemble de petits bungalows un peu vieillots et étouffants, à deux pas de l'eau. Certains préfèrent les chambres les plus chères. Les zones communes et le restaurant affilié sont probablement plus intéressants que l'hébergement.

Amphai, présent ici ou au restaurant, est la personne à contacter pour organiser une visite du parc national de Nakai-Nam Theun.

Phosy Tha Lang Restaurant LAOTIEN $
(Ban Tha Lang ; plats 15 000-70 000 LAK ; ⏲ 6h-22h). Restaurant affilié à la guesthouse éponyme, et situé à la lisière du lac-réservoir créé par le barrage de Nam Theum 2 – belle vue sur l'eau. La cuisine laotienne est savoureuse et on y sert du vrai café. C'est le meilleur endroit pour se restaurer dans le secteur.

PASSER LA FRONTIÈRE

Passer au Vietnam : de Na Phao à Cha Lo

Jusqu'à la frontière Bien que la Route 12 soit désormais goudronnée, le poste-frontière de Na Phao (Laos)/Cha Lo (Vietnam) (⏲7h-16h) est l'un des moins empruntés par les *falang* (Occidentaux). L'irrégularité et la lenteur des transports des deux côtés de la frontière expliquent cette désaffection. Les seuls moyens de transport réguliers pour franchir la frontière sont les bus allant de Tha Khaek à Vinh, au Vietnam (100 000 LAK, 9h).

À la frontière On peut obtenir un visa laotien de 30 jours à la frontière. Certains ressortissants devant obtenir à l'avance un visa pour le Vietnam, il est préférable de se renseigner auparavant auprès de l'ambassade du Vietnam (p. 308) à Savannakhet ou sur le site fr.vietnam-visa.com pour des courts séjours.

Au Vietnam Reprenez le même bus, qui attendra que vous ayez terminé vos formalités avant de poursuivre vers Vinh.

Passer en Thaïlande : de Tha Khaek (Thakek) à Nakhon Phanom

Jusqu'à la frontière Seuls les locaux peuvent désormais transiter par le poste-frontière de Tha Khaek (Laos)/Nakhon Phanom (Thaïlande) sur le Mékong. Les voyageurs emprunteront un bus international (18 000 LAK/70 B, 1 heure 30 environ, 1/heure 8h15-17h) jusqu'à Nakhon Phanom via le pont de l'Amitié lao-thaïlandaise depuis la gare routière principale de Tha Khaek. Cela dit, on vous fera payer un supplément si vous traversez en dehors des heures d'ouverture, soit après 16h.

À la frontière Côté thaïlandais la plupart des ressortissants étrangers sont exemptés de visa pour des séjours de moins de 30 jours. À Tha Khaek, le burau de l'immigration laotienne délivre des visas de 30 jours à l'arrivée. Il y a un DAB 24h/24 et un service de change (BCEL) sur place.

En Thaïlande Une fois à Nakhon Phanom, des bus assurent la liaison avec Udon Thani (départs fréquents) et Bangkok (à 7h30, puis régulièrement de 16h30 à 19h30). Air Asia et Nok Air proposent plusieurs vols quotidiens à petit prix vers Bangkok, plus rapides et presque aussi bon marché.

ℹ Depuis/vers le parc national de Nakai-Nam Theun

Le principal carrefour des transports alentour est Nakai, à 20 km de Ban Tha Lang. De là, des *sŏrngtăaou* partent vers Tha Khaek à 8h15 et 12h (50 000 LAK), ainsi que vers Ban Tha Lang à 10h30 et 14h (40 000 LAK).

PROVINCE DE SAVANNAKHET

Province la plus peuplée du pays, Savannakhet rassemble 15% de la population laotienne – soit près d'un million d'habitants qui se répartissent entre Lao des plaines (Lao Loum), Thaï Dam, plusieurs minorités môn-khmères et des communautés vietnamiennes et chinoises établies de longue date.

S'étirant entre le Mékong et la Thaïlande à l'ouest, et la cordillère Annamitique et le Vietnam à l'est, la province est devenue un couloir commercial majeur entre ses deux grands voisins. Elle englobe également trois zones nationales protégées (ZNP) : Dong Phu Vieng, au sud de la Route 9, Phu Xang Hae, au nord, et Xe Bang Nuan, qui chevauche la frontière de la province de Salavan. L'est de la province est un bon endroit pour découvrir les vestiges de la piste Hô Chi Minh, principale voie de ravitaillement utilisée par les forces nord-vietnamiennes durant la guerre du Vietnam.

Savannakhet, la capitale éponyme de cette province, est l'une des villes les plus agréables du Laos, tout en constituant un point d'attache pour se rendre vers les zones protégées de la région.

Savannakhet ສະຫວັນນະເຂດ

☎041 / 91 000 HABITANTS

Alanguie au bord du Mékong et comme figée dans le temps lorsque la chaleur accable les gypseries de la vieille ville, Savannakhet est un séduisant mélange d'ancien et de moderne. L'attrait de la ville réside notamment dans son quartier historique, jalonné d'un impressionnant ensemble d'édifices plus ou moins décatis du début du XXe siècle, témoins de la présence française. Il n'y a pas énormément de choses à faire ici, à part profiter des berges du fleuve (un pont de l'Amitié lao-thaïlandaise, ouvert en 2006, relie la ville à Mukdahan en Thaïlande), ou s'installer dans l'un des restaurants et cafés élégants, chaque jour plus nombreux.

Cela dit, les possibilités d'activités ne manquent pas en dehors de la ville, et des agences comme Marvelaos (p. 211) peuvent vous aider à organiser des circuits d'aventure dans la campagne et les ZNP voisines.

À voir

Le charme de cette cité se révèle au promeneur s'il prend le temps de flâner dans les rues paisibles du centre, entre édifices anciens et modernes, au milieu des rires des enfants et des hommes âgés disputant une partie de *petang*. La brochure *Savannakhet Downtown* du centre d'information touristique, en anglais, permet de découvrir les plus beaux édifices du centre.

En ville

Église Sainte-Thérèse ÉGLISE

(Th Phetsalat ; ⏲lever-coucher du soleil). GRATUIT Construite dans les années 1920, Sainte-Thérèse est un point de repère de Savannakhet et la plus grande église catholique de la ville.

Vat Rattanalangsi TEMPLE BOUDDHIQUE

(ວັດລັດຕະນະລັງສີ ; Th Phagnapui ; ⏲lever-coucher du soleil). GRATUIT Édifié en 1951, le Vat Rattanalangsi accueille une école primaire religieuse. Le *sǐm* (salle d'ordination d'un monastère bouddhique) a la particularité de posséder des fenêtres vitrées (une rareté dans les temples laotiens). Parmi les autres édifices du monastère figurent un sanctuaire clinquant dédié à Brahma, une *săaláa lóng thám* (salle du sermon) moderne et un abri où trône un bouddha couché de 15 m de long entouré de peintures des Jataka.

Musée provincial de Savannakhet HISTOIRE

(ພິພິດທະພັນແຂວງຊະຫວັນນະເຂດ ; Th Khanthabuli ; 5 000 LAK ; ⏲8h-12h et 13h30-16h lun-ven). Ce musée au charme vieillot permet de découvrir des photos anciennes, à côté de vestiges de la guerre, de pièces d'artillerie et de spécimens désamorcés des engins non explosés, ces UXO qui ont fait plus de 20 000 victimes laotiennes depuis la fin de la "guerre secrète".

Musée des Dinosaures PALÉONTOLOGIE

(ຫໍພິພິດທະພັນໄດໂນເສົາ, ☎041-212597 ; Th Khanthabuli ; 10 000 LAK ; ⏲8h-11h30 et 13h-16h). Dans les années 1930, de vastes fouilles effectuées près d'un village situé à 145 km à l'est de la ville ont mis au jour des fossiles de dinosaures vieux de 110 millions d'années. Ce musée est consacré à leur histoire. La province de Savannakhet compte une dizaine de sites du genre, recelant des ossements provenant de six espèces de dinosaures.

Environs de la ville

Dong Natad RÉSERVE NATURELLE

(ດົງນາທາດ). Cette grande forêt sacrée à feuillage semi-persistant commence à 15 km à l'est de Savannakhet. Elle fait partie d'une zone protégée qui comprend deux villages dont les habitants coexistent avec la nature depuis près de quatre siècles et vivent traditionnellement des produits de la forêt : cueillette des champignons, récolte de fruits, de miel, de résine et d'insectes.

Marvelaos (p. 211) et le centre d'information touristique de Savannakhet (p. 215) proposent diverses formules – de l'excursion d'une journée à vélo au séjour chez l'habitant (*homestay*) de plusieurs jours. Ces treks organisés en collaboration avec les communautés locales ont beaucoup de succès. En vous promenant, vous croiserez probablement des villageois à la recherche de fourmis rouges, de cigales ou de criquets, selon la saison. Réservez votre excursion au moins un jour à l'avance.

That Ing Hang TEMPLE BOUDDHIQUE

(ທາດອິງຮັງ ; 5 000 LAK ; ⏲7h-18h). Datant du milieu du XVIe siècle, ce *thâat* aux proportions harmonieuses est le deuxième sanctuaire du Sud le plus vénéré, après le Vat Phu Champasak. Il s'élève sur 9 m de haut à l'emplacement (ou à proximité) de ce qui

Savannakhet

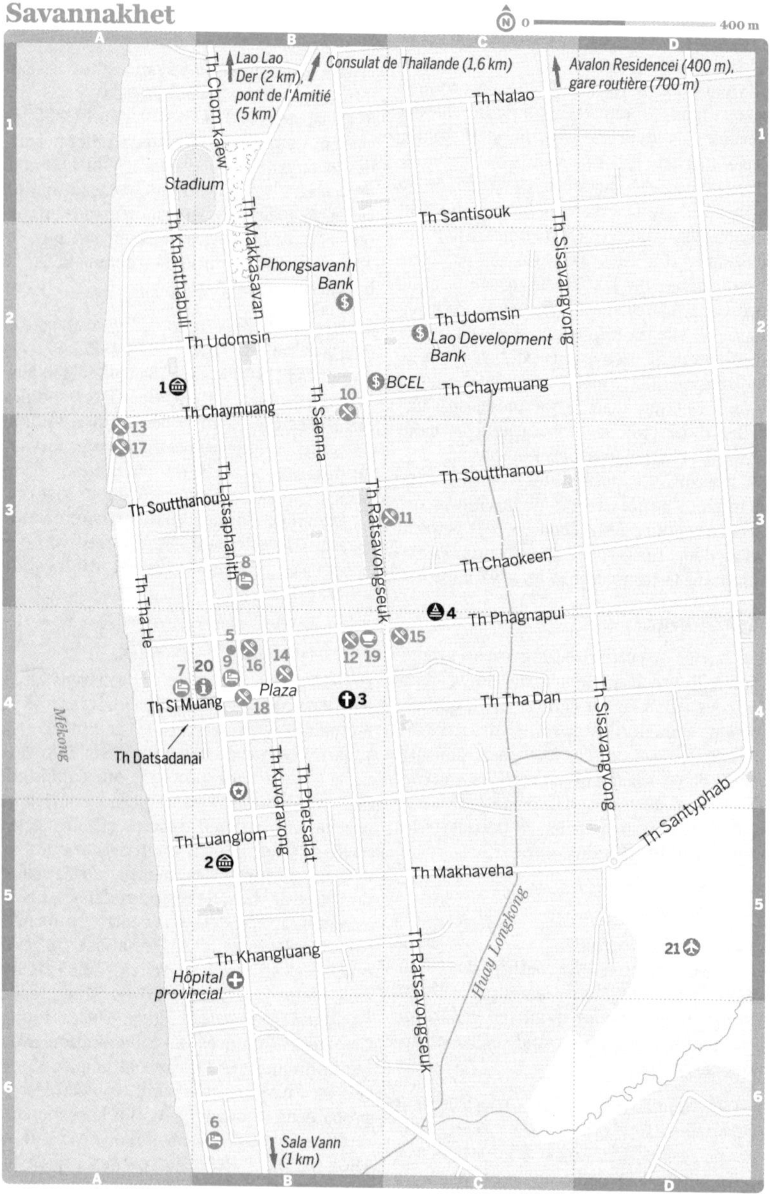

fut le quartier général des troupes de Chao Fa Ngum lors de la prise de Muang Sawa (Luang Prabang), au milieu du XIVe siècle – et peut-être sur un ancien site sacré du royaume de Si Khotabun (Sikhottabong).

Il est dit que le Bouddha, souffrant, se serait arrêté ici et se serait reposé sous un arbre. Une relique de la colonne vertébrale du Bouddha est censée être conservée à l'intérieur du *thâat*.

En dehors de sa base cubique d'inspiration môn, le That Ing Hang fut en grande partie reconstruit sous le règne (1548-1571) du roi Setthathirat, et il comprend trois

Savannakhet

À voir

1 Musée des Dinosaures A2
2 Musée provincial de Savannakhet B5
3 Église Sainte-Thérèse B4
4 Vat Rattanalangsi C4

Activités

5 Marvelaos B4

Où se loger

6 Daosavanh Resort & Spa Hotel B6
7 Hostel Savan Cafe A4
8 Pilgrim's Inn... B3
9 Vivanouk Homestay B4

Où se restaurer

10 Café Chez Boune B2
11 Khao Piak Mae Tik C3
12 Lao Breakfast Corner B4
13 Lao Derm A3
14 Lin's Café B4
15 Mae Bueam C4
16 No Name Grill Place B4
Pilgrim's Kitchen .... (voir 8)
17 Stands sur les berges A3
18 Marché de Savannakhet Plaza B4

Où prendre un verre et faire la fête

19 Lao Coffee Stall B4
Laochaleun Bar .... (voir 18)

Renseignements

20 Centre d'information touristique B4

Transports

Lao Airlines .... (voir 21)
21 Aéroport international de Savannakhet D5

terrasses dominées par un stupa laotien traditionnel et une ombrelle en or pesant 40 bahts (450 g). Une série de bouddhas est visible dans la salle inférieure, interdite aux femmes. Les Français ont restauré l'édifice en 1930. La fête du That Ing Hang a lieu à la pleine lune du premier mois lunaire.

Le temple est situé à environ 11,5 km au nord-est de Savannakhet par la Route 9, puis à 3 km à l'est (la bifurcation est indiquée clairement). On y accède plus facilement à vélo ou à moto. L'embranchement est bien signalé. Tous les bus en direction du nord pourront aussi vous y déposer. Un *sakai-làap* (*jumbo*) vous coûtera au moins 100 000 LAK pour faire l'aller-retour (n'hésitez pas à négocier).

Circuits organisés

Le centre d'information touristique de la ville (p. 215) et Marvelaos sont les adresses à privilégier pour organiser des sorties avec guide et/ou le transfert jusqu'à la forêt sacrée de Dong Natad et vers des destinations plus lointaines.

Marvelaos CIRCUITS ORGANISÉS
(☎020-55552927, 030-5873604 ; www.marvelaos.com ; 283 Th Latsapanith ; ⏲8h30-18h lun-sam). Enthousiastes et fiables, Alex l'Américaine et son mari laotien Taek proposent des visites de Savannakhet et des environs, dont des circuits guidés à Dong Natad, à vélo (175 $US) ou à pied avec hébergement dans un village de la forêt (2 pers tout compris 160 $US). Il y a aussi des treks de plusieurs jours dans la ZNP de Dong Phu Vieng (360 $US) et, peut-être lorsque vous lirez ces lignes, dans la ZNP de Phu Xang Hae. Ces circuits sont fortement recommandés.

L'agence, qui loue vélos (30 000 LAK/jour) et motos (100 000 LAK/jour), peut également vous aider à organiser vos transferts.

Où se loger

Savannakhet compte des choix corrects dans les catégories économique et moyenne, mais rien de très probant pour qui cherche un peu de luxe. La plupart des hébergements sont accessibles à pied depuis la charmante vieille ville.

Hostel Savan Cafe AUBERGE DE JEUNESSE $
(☎020-91243402 ; Th Si Muang ; dort 70 000 LAK, ch 200 000 K ; ❄📶). Située dans le "centre-ville" de Savannakhet, cette auberge raffinée fera votre bonheur pour quelques milliers de kips. Outre de jolis dortoirs de 2 à 6 couchages, et 2 chambres), il y a un café tendance au rez-de-chaussée, des zones de détente arborées et une terrasse carrelée sur le toit – vue imprenable sur le Mékong au crépuscule.

Pilgrim's Inn GUESTHOUSE $
(☎020-22133733 ; www.facebook.com/pilgrimskitchenandinn ; 106 Th Latsaphanith ; ch 20-25 $US ; ❄📶). La Pilgrim's Inn est affiliée à la très populaire **Pilgrim's Kitchen** (plats 30 000-50 000 LAK ; ⏲7h30-21h lun-sam ; ❄📶✍), et son personnel (qui parle anglais) sait vous mettre à l'aise. Les chambres vert

pâle conjuguent lits propres, climatisation et salles de bains (eau chaude), même si certaines manquent de lumière naturelle.

Vivanouk Homestay GUESTHOUSE $$
(☎020-91606030 ; Th Latsaphanith ; ch sans sdb 20-40 $US ;). Une jolie maison, constituée de 3 chambres (qui partagent 2 salles de bains, dont une avec une douche en plein air), à louer individuellement ou toutes ensemble comme un gîte. La décoration, à mi-chemin du contemporain et du style colonial, reflète l'ambiance artistique de la salle du rez-de-chaussée, où est servi le petit-déjeuner et qui fait office de bar en soirée.

Daosavanh Resort & Spa Hotel HÔTEL $$$
(☎041-252188 ; www.daosavanh.com ; Th Tha He ; ch 504 000-600 000 LAK, ste 788 000-1 050 000 LAK avec petit-déj ;). Face au Mékong, un fastueux hôtel dans ce qui ressemble à une immense villa. Confort de classe internationale et 53 chambres spacieuses et impeccables, à deux pas de la piscine. Les tarifs incluent les transferts depuis l'aéroport et la frontière.

Où se restaurer

La scène culinaire de Savannakhet est l'une des plus dynamiques du pays. Elle brille particulièrement par les petits-déjeuners et les déjeuners laotiens. Au dîner, la cuisine occidentale fait bonne figure.

No Name Grill Place LAOTIEN $
(Th Phagnapui ; plats à partir de 10 000 LAK ; 9h-13h). Guettez la fumée s'élevant d'un gril et les fonctionnaires en civil – deux signes extérieurs indiquant une bonne adresse où se restaurer au Laos. C'est une gargotte (toit en aluminium et sol en terre battue), mais les cuisiniers sont des pros de la grillade (indiquez simplement ce qui semble à votre goût), idéalement accompagnée d'une salade de papaye épicée, d'une généreuse soupe de bambou et de riz gluant.

Mae Bueam LAOTIEN $
(Th Ratsavongseuk ; 5h-21h). Une échoppe animée, où l'on prépare des *kòw jee* (sandwichs à la vietnamienne), notamment avec des œufs – parfait pour le petit-déjeuner. Il y a un menu imprimé en anglais au-dessus du comptoir, mais pas de panneau extérieur ; cherchez la boutique ouverte sur l'avant au carrefour.

Lao Breakfast Corner LAOTIEN $
(Th Phagnapui ; plats à partir de 10 000 LAK ; 5h-13h). Deux rangées de vendeurs qui se touchent presque, où trouver des mets comme le *kòw Ɓęeak sèn*, le *băn kŭan* (l'équivalent laotien du *bánh cuôn*, une spécialité vietnamienne très prisée ici, composée de nouilles de riz cuites à la vapeur et fourrées de porc émincé, de champignons et de carottes), des desserts à base de riz gluant et des délices frits.

VAUT LE DÉTOUR

CIRCUIT GASTRONOMIQUE DE SAVANNAKHET

Savannakhet est l'un des endroits les plus appréciés – et les plus accessibles – pour profiter d'une authentique cuisine laotienne. Les quatre pâtés de maisons qui longent Thanon Phagnapui, dans le quartier français, sont jalonnés d'une poignée de restaurants et de stands de cuisine de rue proposant d'excellentes versions des classiques de la cuisine laotienne.

Commencez votre circuit par un café à la mode laotienne (c'est-à-dire versé sur du lait condensé sucré à travers un filtre aux allures de chaussette) au Lao Coffee Stall (p. 214) ; le dynamique propriétaire sert l'une des meilleures versions que nous ayons dégustées.

Vous voilà prêt pour le petit-déjeuner. Vous pouvez parcourir un pâté de maisons vers l'est et l'échoppe Mae Bueam, ou vous rendre au Lao Breakfast Corner juste à l'ouest.

Faites une pause digestive. Une fois prêt, retournez dans Thanon Phagnapui et gagnez le No Name Grill Place. Indiquez simplement ce qui semble à votre goût sur le gril – un excellent poisson, du poulet ou de la poitrine de porc – et accompagnez votre plat d'une salade de papaye broyée, de soupe de bambou et d'une montagne de riz gluant. La cuisine laotienne sans prétention atteint ici des sommets.

Nous vous laissons le soin de vous occuper du dîner, mais ne passez pas à côté de l'excellent ragoût de bœuf (*lagoo* en lao) du Café Chez Boune (p. 214).

Khao Piak Mae Tik LAOTIEN $
(☎ 020-77744248 ; Th Ratsavongseuk ; plats 10 000 LAK ; ⏲ 24h/24). Mae Tik propose un délicieux *kòw Ъęeak sèn*. Guettez la minuscule baraque en bordure de route affichant un panneau en bois.

Lin's Café INTERNATIONAL $
(☎ 030-5332188 ; Th Phetsalat ; plats 23 000-60 000 LAK ; ⏲ 8h30-22h lun-sam ; ❄ ✍). Le tout premier café des routards de Savannakhet ; venez profiter de sa rafraîchissante ambiance climatisée, d'une

ZONES PROTÉGÉES DANS LE CENTRE DU LAOS

Concentrant l'essentiel des zones protégées du pays – à la fois les zones nationales protégées (ZNP) et les parcs nationaux – le centre du Laos est l'uns des meilleures régions pour explorer la nature laotienne dans ce qu'elle a de plus sauvage et d'intact. Comme ces zones englobent également des villages, les visites se font par l'entremise d'un programme de séjour chez l'habitant (*homestay*), fournissant ainsi l'occasion d'une expérience culturelle unique.

Cela dit, nombre de ces zones sont réellement sauvages. Au-delà du manque d'infrastructures, vous aurez besoin d'assistance pour obtenir l'autorisation de les visiter. Dans les provinces de Bolikhamsai et de Khammuan, le centre d'information touristique de Tha Khaek (p. 204) et Green Discovery (p. 201) contrôlent une grande partie de l'activité, tandis qu'à Savannakhet, l'excellente agence Marvelaos (p. 211) constitue l'unique intermédiaire.

Voici un résumé des zones protégées du centre du Laos :

ZNP de Phu Hin Bun (p. 193). Cette magnifique zone protégée, au sein des provinces de Bolikhamsai et de Khammuan, comprend le site de Tham Kong Lo – si connu que nombre de visiteurs ignorent qu'ils ont mis le pied dans la ZNP. C'est la seule zone protégée du centre du pays que les visiteurs puissent véritablement aborder par leurs propres moyens, même si les visites guidées permettent de découvrir cette zone de manière plus approfondie.

ZNP de Hin Namno (p. 205). Parmi les plus spectaculaires zones protégées du Sud, cette candidate au patrimoine mondial de l'Unesco est aussi l'un des territoires les plus accidentés et inaccessibles, même si les choses commencent à bouger. L'hébergement chez l'habitant de Ban Thongxam (p. 206) sera l'occasion d'une immersion dans la vie d'un village reculé, et d'une découverte de portions de jungle vraiment sauvages et de fascinants sites de la piste Hô Chi Minh. Si vous avez le temps et les moyens, il est possible de monter une expédition virtuelle à destination de Tham Lot Se Bang Fai (p. 206), une immense grotte formée par une rivière en partie souterraine. Dans la province de Khammuan.

ZNP de Dong Phu Vieng (p. 216). Le trek de 3 jours proposé ici offre un bon équilibre entre nature et culture ; il comprend des randonnées dans une jungle variée, des séjours en *homestay* dans deux villages katang, et une balade en bateau sur la magnifique Se (Xe) Bang Hiang. Dans la province de Savannakhet.

Parc national de Nakai-Nam Theun (p. 207). Promu au statut de parc national en 2019 et ouvert récemment au tourisme, ce parc – plus grande zone protégée du pays – est particulièrement réputé pour sa faune. Dans les provinces de Bolikhamsai et de Khammuan.

ZNP de Phu Xang Hae (ປ່າສະຫງວນແຫ່ງຊາດຊ້າງແຫ). Cette zone protégée de la province de Savannakhet possède un gros potentiel ; lors de la rédaction de ce guide, les autorités commençaient tout juste à étudier des façons de l'ouvrir au tourisme. Tenez-vous informé.

ZNP de Nam Kading (ປ່າສະຫງວນແຫ່ງຊາດນ້ຳກະດິງ). 🍃 Située dans la province de Bolikhamsai ; hélas, lors de la rédaction de ce guide, il n'y avait quasiment pas d'infrastructures pour accueillir les personnes désirant visiter cette zone protégée.

ZNP de Xe Bang Nuan À cheval entre les provinces de Savannakhet et de Salavan, cette zone protégée est celle la plus à l'écart des sentiers battus du Centre.

NE DÉRANGEZ PAS L'ESPRIT DE LA MAISON !

Les villageois katang de Dong Phu Vieng croient en toutes sortes d'esprits qui hantent la forêt. L'un des principaux esprits est celui de la maison, censé régner dans chaque foyer. Au cours des siècles, une série de tabous ont été édictés pour éviter de déranger cet esprit. Prenez garde à les respecter.

- N'entrez jamais dans la chambre du propriétaire et ne touchez pas l'endroit où est censé se trouver l'esprit.
- Ne dormez pas à côté d'une personne du sexe opposé, même s'il s'agit de votre conjoint ; sinon, avertissez votre guide qui prévoira une tente.
- Dormez avec la tête vers le mur extérieur le plus proche ; ne pointez jamais vos pieds vers le mur extérieur ou vers la tête de quelqu'un.

gamme complète de boissons à base de café et de pâtisseries maison.

Marché de Savannakhet Plaza INTERNATIONAL $

(Savannakhet Plaza ; repas 10 000-30 000 LAK ; 17h-22h). La vingtaine de stands de nourriture rassemblés sur ce marché de nuit permet de découvrir le meilleur de la cuisine de rue : brochettes au barbecue, soupes de nouilles fumantes, *dim sum*, sushis et tapas, entre autres. En outre, la Beerlao n'y manque jamais.

Stands sur les berges CUISINE DE RUE $

(17h-22h). Des vendeurs d'en-cas et de boissons sur les berges du Mékong, site idéal pour profiter du coucher du soleil ; la Beerlao est facturée 10 000 LAK, les *sìn daat* (fondues laotiennes) grésillent sur des grils à charbon.

Café Chez Boune INTERNATIONAL $$

(www.cafechezboune.com ; Th Chaymuang ; plats 60 000-160 000 LAK ; 7h-22h ;). Jolie salle habillée de bois et propriétaire parlant français “Chez Boune”, l'un des meilleurs restaurants de la région pour déguster de la cuisine occidentale. Si vous désirez quelque chose d'un peu plus local, choisissez le délicieux ragoût de bœuf (appelé *lagoo* en lao), l'un des rares exemples de cuisine fusion franco-laotienne.

Lao Derm LAOTIEN $$

(041-212270 ; plats 30 000-90 000 LAK ; 10h-23h). C'est l'un des seuls restaurants de la ville à offrir une belle vue sur le Mékong. La longue carte couvre tout un éventail de plats laotiens, chinois et thaïlandais. Le Lao Derm est aussi un bar. Il n'y a pas de panneau en anglais ; cherchez le bâtiment en bois et la péniche.

Où prendre un verre et faire la fête

Les stands d'en-cas et de boissons du bord de fleuve, en face du *vat* Sainyaphum, sont parfaits pour boire un verre au soleil couchant. Savannakhet n'est certes pas la meilleure destination nocturne du Laos, mais on y trouve quelques bars à karaoké qui attirent les habitants et une poignée de voyageurs.

Lao Coffee Stall CAFÉ

(Th Phagnapui ; 5h-12h). Comment mieux débuter la journée qu'en compagnie d'habitants bavardant aimablement, jouant aux dominos et sirotant un café noir à la mode locale ? Quelques gorgées pourraient même vous aider à sentir l'âme de Savannakhet. Nul panneau en anglais ici ; cherchez le bâtiment bleu pastel ouvert à l'avant.

Laochaleun Bar BAR

(Th Si Muang ; 18h-minuit ;). Installé à un endroit stratégique, à l'angle de la place du marché de nuit, un bar musical plein de caractère qui attire une clientèle jeune et enjouée dès 19h, puis plus fêtarde en soirée. Délicieux plats laotiens aussi. Concerts en soirée le week-end.

Renseignements

ARGENT

Les agences de la **BCEL** (Th Ratsavongseuk ; 8h30-16h30) et de la **Lao Development Bank** (Th Udomsin ; 8h30-11h30 et 13h-16h30) ont chacune un service de change, font des avances sur carte bancaire et disposent d'un DAB. À la **Phongsavanh Bank** (041-300888 ; Th Ratsavongseuk ; 8h30-16h lun-ven, 8h30-11h30 sam), avec DAB également, service de change et service Western Union.

OFFICE DU TOURISME

Centre d'information touristique (☎ 041-212755 ; Th Si Muang ; ⏲ 8h-11h30 et 13h30-16h lun-ven). Choix de brochures certes un peu datées, mais tout de même d'assez bonne qualité, sur la ville de Savannakhet et les environs, à défaut d'autre chose.

Marvelaos (p. 211). La meilleure source d'informations locales. Les propriétaires de l'agence organisent de nombreux circuits.

POLICE

Commissariat (☎ 041-260173 ; Th Khanthabuli ; ⏲ 24h/24)

PASSER LA FRONTIÈRE

Passer au Vietnam : de Dansavanh à Lao Bao

Jusqu'à la frontière Le passage au poste-frontière de Dansavanh (Laos)/Lao Bao (Vietnam) (⏲ 7h-19h30) s'effectue assez aisément. Des bus quittent Savannakhet à 7h et 12h pour Dansavanh (40 000 LAK, 5 à 6 heures). Dans cette direction, autant faire halte pour la nuit à Sepon (Xepon), qui peut faire une bonne base pour explorer la piste Hô Chi Minh ; des *sŏrngtăaou* relativement fréquents partent vers Dansavanh entre 7h et 15h (20 000 LAK, 1 heure).

La gare routière de Dansavanh est à près de 1 km de la frontière ; des adolescents vietnamiens peuvent vous prendre sur leur moto pour le reste du chemin (10 000 LAK).

À la frontière Le poste-frontière laotien, qui dispose d'un guichet de change, délivre à l'arrivée un visa touristique de 30 jours. Pour le Vietnam, certains ressortissants doivent se procurer un visa à l'avance : renseignez-vous auprès de l'ambassade du Vietnam (p. 308) à Savannakhet. Cela dit, la plupart des visiteurs régionaux, ainsi que certains voyageurs occidentaux n'ont pas besoin d'un visa pour les courts séjours.

Au Vietnam Du côté vietnamien, prenez une moto (40 000 VND ou 2 $US) pour rejoindre la gare routière de Lao Bao, à 2 km, d'où partent des bus à destination de Dong Ha (50 000 VND, 2 heures) reliée par le principal axe routier et ferroviaire nord-sud du pays. Du côté laotien, on trouve à 7h et 9h des bus pour Savannakhet (40 000 LAK, 5 à 6 heures) et il existe aussi des *sŏrngtăaou* pour Sepon (30 000 LAK, 1 heure) entre 7h et 17h. On peut passer la nuit dans un hôtel modeste des deux côtés de la frontière.

Si vous êtes pressé de rejoindre le Vietnam, de nombreux bus relient Savannakhet aux villes vietnamiennes de Hanoi, Hué et Danang.

Passer en Thaïlande : de Savannakhet à Mukdahan

Depuis la construction en 2006 du second pont de l'Amitié lao-thaïlandaise, les ressortissants d'autres pays que la Thaïlande et le Laos ne sont plus autorisés à faire la traversée en bateau entre Mukdahan et Savannakhet.

Jusqu'à la frontière Le bus international Thaïlande-Laos effectue le trajet entre les deux pays via le poste-frontière de Savannakhet (Laos)/Mukdahan (Thaïlande) (⏲ 6h-22h), dans les deux sens. À Savannakhet, cette liaison internationale (13 000 LAK, 45 min) au départ de la gare routière fonctionne toutes les heures de 8h15 à 19h. Il en va de même dans le sens inverse, au départ de la gare routière de Mukdahan (50 THB, 45 min) entre 7h30 et 19h. Les bus prennent également les passagers au poste-frontière.

À la frontière Le bus transportant le personnel du Savan Vegas Casino s'arrête lui aussi à la gare routière internationale mais rallie, hors de la ville, le complexe de casinos. Veillez à ne pas vous tromper de bus à la frontière.

Des visas laotiens de 30 jours sont délivrés à la frontière. Si vous n'avez pas de photo, vous devrez verser 1 $US. S'ajoute un droit de 1 $US pour "heures supplémentaires" si vous vous présentez entre 6h et 8h ou 18h et 22h un jour de semaine, le week-end ou un jour férié. La plupart des étrangers peuvent entrer en Thaïlande sans visa. Renseignez-vous auprès du consulat du Vietnam (p. 308) à Savannakhet.

En Thaïlande À Mukdahan, il existe au moins 5 bus quotidiens pour Bangkok. Pour gagner du temps, optez pour la formule "avion + voiture" d'Air Asia ou de Nok Air (minibus express vers l'aéroport de Nakhon Phanom et vol à petit prix vers Bangkok).

BUS DEPUIS/VERS SAVANNAKHET

DESTINATION	PRIX	DURÉE	DÉPARTS
Attapeu	75 000 LAK	8-10 heures	9h
Danang (Vietnam)	150 000 LAK	12 heures	9h mar, jeu, sam
Dansavanh	40 000 LAK	5-6 heures	7h, 12h
Hanoï (Vietnam)	250 000 LAK	24 heures	10h lun, mer, jeu, sam (tous avec couchettes)
Hué (Vietnam)	110 000 LAK	10 heures	8h
Mukdahan (Thaïlande)	13 000 LAK	45 min	toutes les heures 8h15-19h
Pakse	40 000 LAK	5-6 heures	7h, 17h30
Sepon	40 000 LAK	4-5 heures	7h, 12h
Tha Khaek	30 000 LAK	2 heures 30-4 heures	fréquents 7h-13h
Vientiane	75 000-120 000 LAK	8-11 heures	fréquents 6h-13h30 ; 20h30 (couchettes)

SERVICES MÉDICAUX

Hôpital provincial (☎ 041-212717 ; Th Khanthabuli ; ⏲ 24h/24)

ℹ Depuis/vers Savannakhet

L'**aéroport** (☎ 041-212140 ; Th Kaysone Phomvihane) de Savannakhet n'est desservi que par Lao Airlines, qui assure les liaisons vers Vientiane (à partir de 400 000 LAK, 55 min, 4/sem), Pakse (à partir de 190 000 LAK, 30 min, 4/sem) et Bangkok (à partir de 86 $US, 1 heure 20, 4/sem). Billets en vente au **comptoir de Lao Airlines** (☎ 041-212140 ; www.laoairlines.com ; aéroport de Savannakhet ; ⏲ 8h30-16h dim-lun, mer et ven), à l'aéroport, en ligne ou dans les agences en ville.

Pour qui souhaite économiser sur le trajet vers Bangkok, une autre possibilité consiste à franchir le pont de l'Amitié lao-thaïlandaise, et à choisir une formule "avion + voiture" proposée par Air Asia ou Nok Air via l'aéroport de Nakhon Phanon. Les billets sont en vente pour moins de 1 000 THB.

La **gare routière** (Th Makkasavan) de Savannakhet, généralement appelée le parking *khíw*, est située à la lisière nord de la ville. Si vous allez vers le nord ou le sud, outre les liaisons déjà citées, il est également possible de prendre l'un des bus réguliers qui passent par ici depuis/vers Vientiane.

ℹ Comment circuler

Étant donné la taille de Savannakhet, il n'est pas exclu que vous ayez besoin à un moment ou un autre d'emprunter un *jumbo*. Comptez environ 15 000 LAK la course en ville et 20 000 LAK jusqu'à la gare routière. Des *jumbo* font aussi le trajet depuis l'aéroport pour 30 000 LAK, même si cela peut revenir plus cher pour les voyageurs fraîchement débarqués.

L'agence Marvelaos (p. 211) loue des vélos (30 000 LAK/jour) et des motos (100 000 LAK/jour).

ZNP de Dong Phu Vieng et ses environs

Jusqu'ici relativement inaccessible, la ZNP de Dong Phu Vieng (ປ່າສະຫງວນແຫ່ງຊາດດົງພູວຽງ) a finalement ouvert ses portes au monde extérieur. Le parc couvre différents types de milieux allant de la jungle dense aux zones rocheuses et relativement arides, tandis que parmi les espèces animales qui le peuplent figurent le rare semnopithèque à coiffe, le semnopithèque de Phayre et le calao. Sachez aussi que plusieurs villages traditionnels katang sont situés dans le parc.

À l'est du parc, la région de Sepon (Xepon) est une zone frontalière qui fut une section importante de la piste Hô Chi Minh, comme en témoignent certains vestiges de cette époque.

Les bureaux du parc sont situés à Muang Phin, mais, pour obtenir le permis adéquat, et organiser le transport et l'hébergement, vous devrez passer par Marvelaos (p. 211), basé à Savannakhet. Cette agence organise un trek de 3 jours qui inclut une randonnée dans la jungle, des séjours dans des villages katang – avec notamment une balade à travers une forêt sacrée où vous apercevrez des *lak la'puep* (totems claniques disposés dans la jungle par des familles) – et une excursion en bateau sur la magnifique Se (Xe) Bang Hiang. Le trek tout compris pour 2 personnes revient à 360 $US.

Il est à noter que l'on trouve encore des UXO dans le parc ; ne vous écartez pas des sentiers clairement balisés.

Muang Phin est le camp de base pour les visites de la ZNP de Dong Phu Vieng, mais les hébergements se font chez l'habitant dans des villages katang. Il est important de s'informer sur la culture katang traditionnelle et les esprits de la maison (p. 214) avant de séjourner sur place.

Toute la nourriture est comprise lors des treks à Dong Phu Vieng. Prévoir des repas pour les régimes particuliers n'est pas vraiment envisageable. Il y a à Muang Phin quelques marchés et des gargottes où se restaurer.

Depuis/vers la ZNP de Dong Phu Vieng

Des moyens de transport publics empruntent régulièrement la Route 9 entre Savannakhet et Dansavanh, à la frontière.

Muang Phin est le point de départ de toute visite de la ZNP de Dong Phu Vieng, mais un circuit guidé vous fournira le transport.

Sud du Laos

Dans ce chapitre ➡

Le top des restaurants

- Nakorn Cafe Restaurant (p. 232)
- Daolin Restaurant (p. 224)
- Le Panorama (p. 224)
- Delta Coffee (p. 224)
- Chez Fred et Lea (p. 263)

Le top des hébergements

- Kingfisher Ecolodge (p. 238)
- Le Jardin (p. 221)
- Sala Done Khone (p. 263)
- Pon Arena Hotel (p. 254)

Pourquoi y aller

Le sud du Laos est dominé par le plateau des Boloven, hautes terres fertiles s'étendant sur quatre provinces, réputées pour leurs plantations de café et leurs cascades.

La métropole régionale, Pakse, est une ville plutôt agréable offrant un bon choix d'hébergements et de restaurants. C'est le point de départ d'excursions vers les Boloven et d'autres destinations alentour. Des circuits organisés et la location de vélos sont proposés par de nombreuses agences. Le Vat Phu Champasak, imposant vestige de l'Empire khmer, peut se visiter depuis Pakse ou depuis la petite localité de Champasak.

Le majestueux Mékong sort de sa torpeur et s'élargit au niveau de Si Phan Don (l'archipel fluvial des Quatre Mille Îles), où il atteint son point le plus large. Ces îles appréciées des baroudeurs possèdent aussi quelques hôtels de charme. C'est un lieu parfait pour se balader de village en village à vélo, faire du kayak et survoler la canopée en tyrolienne, ou observer les dauphins de l'Irrawaddy, de plus en plus rares.

Quand partir

Pakse

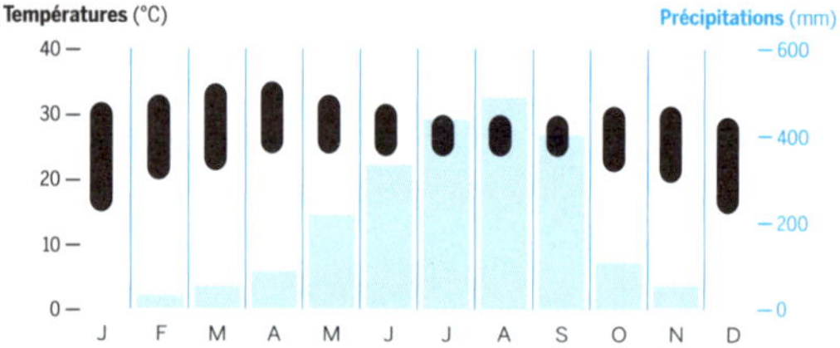

Octobre-novembre Idéal pour circuler à vélo – la pluie est faible et la poussière supportable.

Décembre-février Temps ensoleillé et plus frais, et même froid sur le plateau des Boloven. Parfait pour le trekking.

Mai-septembre Après la saison chaude, arrive la pluie. Il est difficile, voire impossible de voyager dans certaines régions.

À ne pas manquer

1 Les **chutes de Khon Phapheng** (p. 256), parmi les plus impressionnantes du Mékong, et le mystère du Manikhot, leur arbre sacré.

2 Les spectaculaires chutes d'eau du **plateau des Boloven** (p. 239), connu pour son climat frais et ses plantations de café.

3 La découverte du **Vat Phu Champasak** (p. 233) et son temple khmer.

4 Les îles du **Si Phan Don** (p. 252) à explorer à vélo, et les dauphins à observer en kayak.

5 Un trek ou une balade en bateau à travers la jungle à **Kiet Ngong** (p. 237), destination écotouristique.

6 Les hébergements rudimentaires de la réserve de **Tayicseua** (p. 239), où l'on randonne dans la jungle jusqu'à de splendides cascades.

7 Un parcours en **tyrolienne au-dessus du Mékong** (p. 260) et les rapides tuburlents de Tat Somphamit.

RÉGION DE PAKSE

De nombreux visiteurs choisissent Pakse comme point de chute pour découvrir les trésors de la région, dans la campagne alentour. Le Vat Phu Champasak est incontournable, la ZNP (zone nationale protégée) de Se Pian ravira les amoureux de la nature, tandis que les îles de Don Kho et Don Daeng offrent un bel aperçu de la culture laotienne.

La province de Champasak, qui faisait autrefois partie de l'empire cambodgien d'Angkor, fut intégrée au royaume de Lan Xang avant de devenir un royaume indépendant, du début du XVIIIe siècle au début du XIXe siècle. Sa population actuelle — plus de 700 000 habitants — comprend des Lao des basses terres (des Phu Thaï, pour la plupart), des Khmers, et de nombreux petits groupes môn-khmers des hautes terres résidant principalement sur le plateau des Boloven.

Pakse ປາກເຊ

031 / 68 330 HABITANTS

Capitale de la province de Champasak et porte d'accès au sud du Laos, Pakse (de *paàk* et *se*, signifiant "embouchure de la rivière") est installée à la confluence du Mékong et de la Se Don. De nombreux voyageurs s'arrêtent dans cette ville relativement animée et bien desservie. Abritant de nombreux restaurants, de jolis hôtels et des tour-opérateurs compétents, Pakse est une base à la fois pratique et confortable pour découvrir le plateau des Boloven (p. 239) et le Vat Phu Champasak (p. 233).

À voir

Pakse est un point de chute idéal davantage qu'une destination en soi. Le Vat Phou Salao, qui offre de beaux panoramas, surtout au crépuscule, mérite le détour (en *túk-túk* ou à pied pour les bons marcheurs).

Vat Phou Salao POINT DE VUE
(ວັດພູສະເຫຼົາ ; Route 16). Perché sur une colline au bord du Mékong face à Pakse, ce temple recèle un gigantesque bouddha doré. On y jouit d'une vue magnifique sur la ville, en particulier au coucher du soleil. Pour y accéder, prenez la première à gauche après le pont, puis montez la grande volée de marches ou bien la route qui grimpe sur 4,5 km.

Talat Dao Heuang MARCHÉ
(ຕະຫຼາດດາວເຮືອງ ; 5h-18h). Ce marché à proximité du pont lao-japonais, l'un des plus grands du pays, vaut le détour. Les zones alimentaires sont les plus animées, mais, quoi que vous cherchiez – des herbes médicinales aux téléphones portables –, vous trouverez votre bonheur.

Cathédrale du Sacré-Cœur ÉDIFICE RELIGIEUX
(ມະຫາວິຫານທີ່ ສັກສິດຫົວໃຈ ; Th 10 ; 5h30-20h). Cette église au toit de tôle abrite des peintures qui méritent le détour. Elles représentent Jésus en divers lieux du sud du Laos, dont au Vat Phu Champasak et aux chutes de Khon Phapheng, ainsi que prenant son dernier repas à base de riz gluant et de spécialités laotiennes.

Musée du patrimoine de Champasak ARTISANAT, HISTOIRE LOCALE
(ພິພິດທະພັນມໍລະດົກປະຫວັດສາດຈຳປາສັກ ; Route 13 ; 10 000 LAK ; 8h30-11h30 et 14h-16h lun-ven). Ce musée présente des pièces intéressantes : des tambours de bronze anciens, des sculptures en pierre provenant du plateau des Boloven, des stèles du XVe au XVIIIe siècle gravées d'inscriptions tham, des sculptures khmères et des instruments de musique. Vous ne manquerez pas la belle collection de textiles et de bijoux nyaheun, suay et laven, comprenant de larges bracelets de cheville en métal et des boucles d'oreille en ivoire.

Lors de nos recherches, le musée venait tout juste de déménager – près de l'ancienne piscine (*sá wài nâm*), à environ 7 km de la ville sur la Route 1. Nous ignorons si ce changement est permanent ou provisoire. Renseignez-vous au préalable auprès de votre hôtel.

Activités

Dok Champa Massage MASSAGES
(020-54188778 ; Th 5 ; massages 60 000-100 000 LAK ; 9h-22h). Massages laotiens, massages des pieds, soins à base de plantes… Le personnel, à la fois sympathique et compétent, est supervisé par un *ajahn* (professeur) résident.

Clinique Keo Ou Done MASSAGES
(Dispensaire de médecine traditionnelle ; 031-251895, 020-543 1115 ; massages 45 000 LAK, sauna 20 000 LAK ; 10h-17h, sauna 16h-20h). Professionnel et très fréquenté, l'endroit dispose d'une salle de massage climatisée et d'un sauna aux plantes pour chaque sexe.

Quittez la ville par la Th 38 et tournez à droite vers le golf de Pakse, à 1 km à l'est du Champasak Grand Hotel. La clinique est à quelques centaines de mètres sur la droite ; repérez les enseignes, une bleue et une verte.

Xuan Mai Cooking Class CUISINE

(☎ 020-28058585 ; Th 5 ; 300 000 LAK/pers). La propriétaire et chef du Xuan Mai Restaurant (p. 224) propose des cours d'une demi-journée. Au programme : un plat laotien, un plat vietnamien, un plat thaïlandais et un dessert.

Circuits organisés

La plupart des voyageurs organisent leurs excursions et leurs treks dans le Sud depuis Pakse. La plupart des hôtels et des agences de voyages proposent des excursions à la journée sur le plateau des Boloven, au Vat Phu Champasak et à Kiet Ngong. Miss Noy (p. 225) est sans doute le meilleur endroit pour obtenir des renseignements sur les visites à effectuer et les circuits organisés.

Les tarifs les plus bas comprennent seulement le transport (pas de guide, repas et entrées sont en supplément). Renseignez-vous sur les prestations avant de vous engager.

♥ Green Discovery AVENTURE

(☎ 031-252908 ; www.greendiscoverylaos.com ; Th 10 ; circuit de 2 jours "Tree Top Explorer" 399/329 $US par pers pour 2/4 pers ; ⏲ 8h-20h30). L'un des principaux tour-opérateurs laotiens spécialisés dans les circuits d'aventure écoresponsables. La formule phare est le circuit "Tree Top Explorer" de 2 ou 3 jours dans la ZNP de Dong Hua Sao (p. 240), près de Paksong. Il comprend des traversées de la canopée en tyrolienne et des treks dans la forêt, près des chutes et loin de toute route. On loge dans des cabanes écoresponsables perchées dans les arbres.

Green Discovery organise des circuits vers plusieurs autres destinations, dont les ZNP de Phu Xieng Thong et de Se Pian.

Vat Phou Cruises CROISIÈRE

(☎ 031-251446 ; www.vatphou.com ; près de Th 11 ; ⏲ bureau 8h-17h lun-sam, pas de croisières en juin). Ce prestataire organise de luxueuses croisières de 3 jours sur le Mékong entre Pakse et Si Phan Don, avec visite du Vat Phu Champasak (p. 233) et des chutes de Khon Phapheng (p. 256).

Où se loger

Loger dans le centre touristique, sur la Route 13 entre le pont de Souphanouvong (ancien pont français) et Thanon 24, permet d'accéder facilement aux agences de voyages, aux boutiques de location de motos, aux bureaux de change et aux restaurants pour touristes. Il y a également quelques hôtels et restaurants dans le quartier commerçant, organisé autour du Doungdy Plaza (p. 225). Si vous logez ailleurs, louez une moto ou un vélo.

Alisa Guesthouse GUESTHOUSE $

(☎ 031-251555 ; Route 13 ; ch 130 000-160 000 LAK, f 210 000 LAK ; 🚭 ❄ @ 📶). Cet établissement est sans doute la meilleure affaire de Pakse : chambres impeccables, sols carrelés, lits et armoires en bois massif, TV satellite et réfrigérateur. Seul bémol : le réseau Wi-Fi est insuffisant dans certaines chambres. L'hôtel affiche souvent complet.

Phi Dao Hotel HÔTEL $

(☎ 031-215588 ; phidaohotel@gmail.com ; Route 13 ; s 100 000-155 000 LAK, d 130 000-155 000 LAK, tr 180 000 LAK ; 🚭 ❄ 📶). Un choix sûr dans le centre-ville. Sans être les moins chères, ses chambres comptent parmi les meilleures, les plus propres et les mieux entretenues dans cette gamme de prix. Demandez-en une située à l'arrière ; celles côté rue sont bruyantes. L'hôtel possède un café animé, mais le petit-déjeuner n'est pas inclus dans le prix de la chambre.

Khaemse Guest House GUESTHOUSE $

(☎ 020-56359292 ; Th 12 ; ch avec ventil 40 000-70 000 LAK, ch avec clim 100 000-120 000 LAK ; ❄ 📶). Un emplacement au bord du fleuve et au bout d'un chemin, une terrasse en bois branlante échouée sur la rive – cette accueillante guesthouse semble à mille lieues de la ville et possède un charme alangui et désuet. Les chambres, simples mais propres, avec vue sur le fleuve, offrent un excellent rapport qualité/prix. Propriétaires très sympathiques.

♥ Le Jardin BOUTIQUE-HÔTEL $$

(☎ 030-9463324 ; www.lejardindepakse.com ; ch 70 $US ; ❄ 📶 🏊). Indéniablement l'un des hébergements les plus plaisants de Pakse. Ce bâtiment jaune ocre aux contours blancs et aux carrelages ornés de motifs floraux évoque l'architecture coloniale d'antan, et le jardin ajoute au charme du lieu. Les

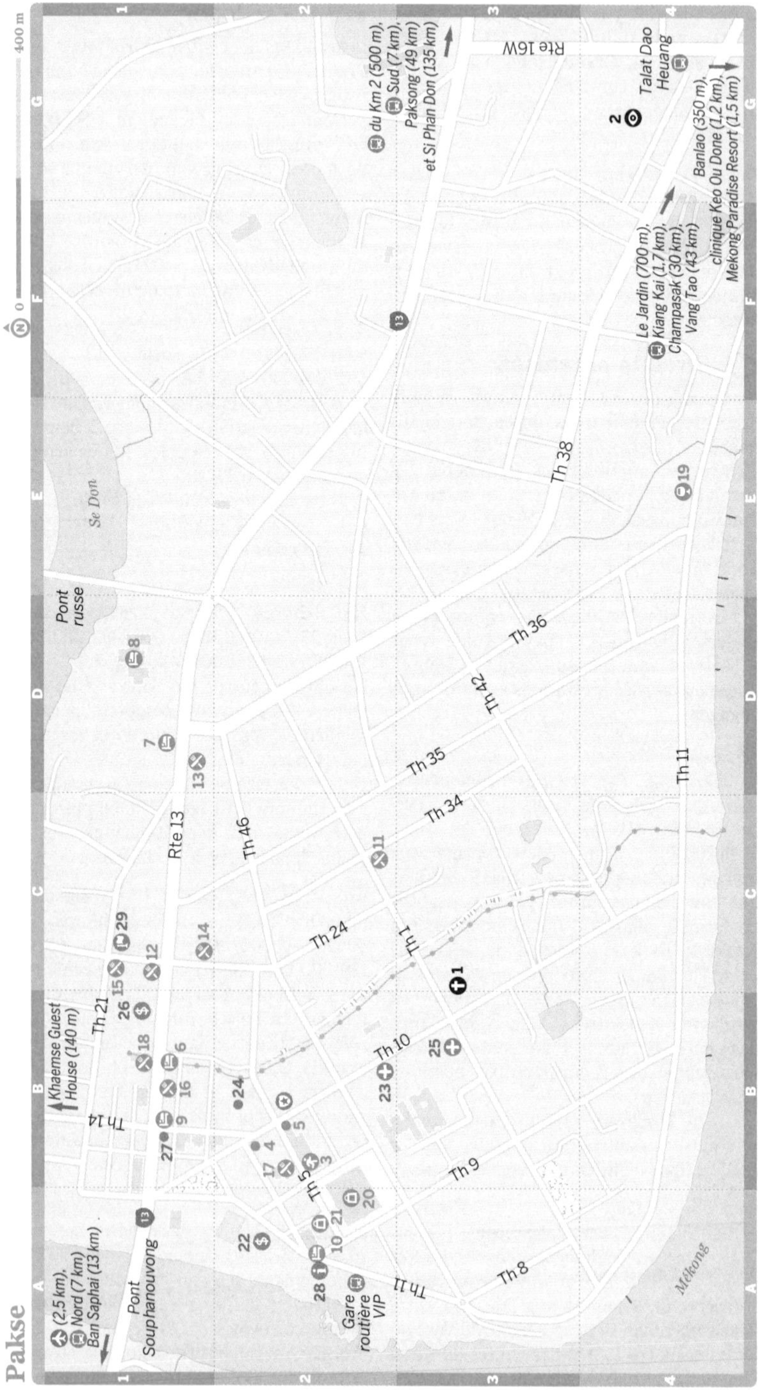
Pakse
(2,5 km),
Nord (7 km)
Ban Saphai (13 km)
Pont Souphanouvong
Khaemse Guest House (140 m)
Pont russe
Se Don
du Km 2 (500 m),
Sud (7 km),
Paksong (49 km)
et Si Phan Don (135 km)
Rte 16W
Talat Dao Heuang
Le Jardin (700 m),
Kiang Kai (1,7 km),
Champasak (30 km),
Vang Tao (43 km)
Banlao (350 m),
clinique Keo Ou Done (1,2 km),
Mekong Paradise Resort (1,5 km)
Gare routière VIP
Mékong
Rte 13
Th 14
Th 21
Th 46
Th 24
Th 1
Th 10
Th 5
Th 9
Th 8
Th 11
Th 34
Th 35
Th 42
Th 36
Th 38
400 m
0

Pakse

À voir
1 Cathédrale du Sacré-Cœur C3
2 Talat Dao Heuang G4

Activités
3 Dok Champa Massage B2
4 Green Discovery B2
Vat Phou Cruises .... (voir 10)
5 Xuan Mai Cooking Class B2

Où se loger
6 Alisa Guesthouse B1
7 Athena Hotel D1
8 Champasak Palace Hotel D1
9 Phi Dao Hotel B1
10 Residence Sisouk A2

Où se restaurer
11 Marché nocturne de Ban Tong C2
12 Daolin Restaurant C1
13 Delta Coffee D1
14 Dok Mai Trattoria Italiana C1
15 La Terrasse C1
16 Lankham Noodle Shop B1
17 Le Panorama B2
18 Noodle Shop Mengky B1
Sinouk Coffee Shop .... (voir 10)
Xuan Mai Restaurant .... (voir 5)

Où prendre un verre et faire la fête
19 Champahom E4

Achats
20 Doungdy Plaza A2
21 Monument Books A2

Renseignements
22 BCEL A2
23 Hôpital public B2
24 Bureau de l'immigration B2
25 International Hitech Polyclinic B3
Lankham Hotel (bureau de change) .... (voir 16)
26 Lao Development Bank B1
Miss Noy .... (voir 16)
27 Pakse Travel B1
28 Office du tourisme provincial A2
29 Consulat du Vietnam C1

Transports
Avis .... (voir 4)

chambres ornées d'œuvres d'art sont particulièrement bien aménagées. Un peu à l'écart du centre-ville, derrière le marché Dao Heuang, mais une navette gratuite rallie le quartier des restaurants chaque soir à 19h.

Residence Sisouk HÔTEL DE CHARME **$$**
(☎ 031-214716 ; www.residence-sisouk.com ; angle Th 9 et Th 11 ; ch avec petit-déj 60-80 $US ;). Hôtel ravissant, installé dans une ancienne maison coloniale. Chambres avec véranda, parquet, TV, magnifiques photos, chemin de lit hmong et quantité de fleurs fraîches. Le petit-déjeuner est servi dans le café sur le toit, qui jouit d'une vue à 360°. En payant davantage, vous aurez droit à une chambre plus vaste et lumineuse, en façade. Hors saison, les prix peuvent baisser jusqu'à 30%.

Mekong Paradise Resort HÔTEL **$$**
(☎ 031-254120 ; Ban Non Sawang ; ch avec petit-déj 38-85 $US ;). Située au bord du fleuve à tout juste 3 km au sud-est du centre de Pakse, voici une excellente adresse pour échapper à la ville. Les chambres offrent pour la plupart une vue imbattable sur le coucher du soleil au-dessus du Mékong. Les chambres "superior" (55 $US) avec un balcon ont du cachet, mais les Mekong Paradise (45 $US) jouissent d'une plus belle vue. Quant aux chambres Garden View (38 $US), nul besoin d'en sortir pour profiter du jardin.

Une adresse un peu éloignée du centre-ville, idéale pour qui cherche à s'isoler.

Champasak Palace Hotel HÔTEL **$$**
(☎ 031-212263 ; www.champasakpalacehotel.com ; Route 13 ; ch 330 000-350 000 LAK, ste 550 000 LAK tout compris ;). Ce bâtiment pompeux fut bâti pour servir de palais à Chao Boun Oum, dernier prince de Champasak et Premier ministre du Laos de 1960 à 1962. Les chambres standards, un peu kitsch, sont bien tenues et possèdent des lits confortables. Le restaurant et les espaces communs ont du style avec leurs colonnes en bois et leurs fenêtres à persienne, entre autres détails élégants.

N'hésitez pas à investir dans l'immense suite VIP (550 000 LAK), avec parquet et vue panoramique. Les chambres les moins chères, situées dans le bâtiment Sedone plus récent, à l'arrière, sont loin d'avoir autant de cachet.

Athena Hotel HÔTEL **$$$**
(☎ 031-214888 ; www.athenahotelpakse.com ; Route 13 ; ch avec petit-déj 60-90 $US ;). L'Athena se distingue par son style sobre et élégant. Décoration en bois, lits moelleux et éclairage modulable

au plafond dans les chambres. L'agréable piscine est bienvenue après une journée passée dans la poussière des routes, et le salon luxueux au toit de chaume invite à la détente (ou à prendre quelques photos). À environ 10 minutes de marche du centre touristique.

Où se restaurer

Le matin, de délicieuses *fĕr* (nouilles de riz) vous attendent au **Noodle Shop Mengky** (Route 13 ; 20 000 LAK ; 6h-13h) ou, en face, au **Lankham Noodle Shop** (Route 13 ; 20 000-50 000 LAK ; 6h-14h ;), plus touristique.

Rejoignez Pon Sai, à l'angle de Thanon 34 et Thanon 46, où se concentrent petites échoppes et vendeurs de rue proposant *fĕr*, sandwichs-baguette, *kòw nĕeo bîng* (pâtés de riz gluant, recouverts d'œuf puis grillés) et autres délices. L'endroit est plus animé le matin, mais certains magasins restent ouverts jusqu'au soir.

♥ Daolin Restaurant — LAOTIEN, INTERNATIONAL $

(Route 13 ; plats 15 000-50 000 LAK ; 7h-22h ;). Malgré le bruit incessant de la circulation, ce restaurant remporte un grand succès grâce à la qualité de son service et de sa cuisine. Il propose d'excellentes spécialités thaïlandaises et constitue une bonne introduction à la cuisine laotienne à travers des menus fixes comprenant riz gluant, légumes vapeur, sauce pimentée et poisson, poulet ou porc frit. Les végétariens peuvent y goûter des plats laotiens d'ordinaire à base de viande, comme la soupe au potiron (*om mahk éu*) et le *gôy* aux champignons.

♥ Delta Coffee — CAFÉ $

(Route 13 ; plats 25 000-50 000 LAK ; 7h-21h ;). Le Delta est bien plus qu'un café : les propriétaires Alan (qui est chinois) et Siriporn (thaïlandaise) servent le café de leur plantation située près de Paksong, mais leur carte comprend également pizzas, lasagnes aux épinards et toute une sélection de spécialités laotiennes et thaïlandaises. On recommande chaudement !

Sinouk Coffee Shop — CAFÉ $

(angle Th 9 et Th 11 ; plats 30 000- 45 000 LAK ; 6h30-21h ;). Cet établissement élégant, aux tables décorées de grains de café sous des plateaux en verre, sert un délicieux Arabica, cultivé sur le plateau des Boloven. Pour une petite faim, vous trouverez paninis, pâtisseries, salades et les habituels plats laotiens et thaïlandais. L'une des adresses les plus onéreuses pour un repas léger, mais la qualité est au rendez-vous.

Géré par la même entreprise que le Sinouk Coffee Resort (p. 241) de Paksong.

Marché nocturne de Ban Tong — MARCHÉ $

(Th 1 ; 16h30-21h30). Bien que petit et uniquement composé de stands de vente à emporter, ce marché est à Pakse ce qui ressemble le plus aux marchés nocturnes de style thaïlandais. Idéal pour goûter des spécialités laotiennes, puisqu'il suffit de montrer du doigt ce que vous désirez manger.

La Terrasse — LAOTIEN, INTERNATIONAL $

(Th 24 ; plats 20 000-70 000 LAK ; 10h-22h30 ;). À un pâté de maisons de la route principale, à côté de la rue touristique, cet établissement attire une clientèle de voyageurs et d'expatriés. Au menu mi-laotien mi-occidental, les énormes pizzas cuites au feu de bois (en soirée uniquement) et les sandwichs-baguette ultra-copieux sont cependant les plats vedettes. L'établissement produit également son propre *lòw-lów* fruité (whisky de riz).

Xuan Mai Restaurant — VIETNAMIEN, LAOTIEN $

(Th 5 ; plats 15 000-40 000 LAK ; 7h-22h30 ;). Ce restaurant tenu par des Vietnamiens sert des plats extrafrais : *fĕr, năem néuang* (boulettes de porc), *kòw Ƀûn* (nouilles de farine blanche et sauce sucrée et épicée), ainsi qu'un *láhp* maison plein de saveur. Les menus fixes offrent un excellent rapport qualité/prix si vous êtes en groupe.

♥ Le Panorama — LAOTIEN, INTERNATIONAL $$

(Th 5 ; plats 35 000-85 000 LAK ; 16h30-22h ;). Le restaurant perché sur le toit du Pakse Hotel allie une délicieuse cuisine franco-asiatique et une vue panoramique imprenable sur la ville. Au menu : magret de canard, pizza et succulent *Ƀah neung het hŏrm* (poisson farci cuit dans une feuille de banane).

Dok Mai Trattoria Italiana — ITALIEN $$

(Th 24 ; plats 30 000-80 000 LAK ; 10h-22h30 ;). Tenu par des Italiens, cet excellent petit établissement mise sur une cuisine authentique : des pâtes et des aubergines à la *parmigiana* bien cuisinées, ainsi qu'un choix de salades. Musique rock de qualité et tables dans le jardin complètent le tableau.

Banlao LAOTIEN, THAÏLANDAIS $$
(Th 11 ; plats 20 000-80 000 LAK ; 10h-22h). Parmi les restaurants flottants de Pakse, celui-ci affiche une carte de grands classiques, ainsi que des spécialités comme, en saison, le *gôy* aux œufs de fourmis (*gôy kài mót sòm* – le *gôy* est comparable au *láhp*, auquel est ajouté du sang). Les moins téméraires opteront pour une salade de papaye ou un poisson grillé aux herbes aromatiques.

Où prendre un verre et faire la fête

Une halte au Panorama s'impose pour savourer une Beerlao au soleil couchant. Quelques restaurants flottants, comme le Banlao, sont plus typiques et permettent d'admirer le crépuscule au bord de l'eau. Mais, pour profiter au mieux du coucher du soleil, traversez le pont Souphanouvong et dirigez-vous vers la gauche et l'embouchure de la Se Don, ou même continuez jusqu'à l'un des bars donnant sur le Mékong.

Champahom BAR
(Th 11). Tenu par des Thaïlandais, ce bar est un endroit décontracté où prendre un verre ou un en-cas en écoutant de la musique live (généralement thaïlandaise de style Carabao), presque tous les soirs (sauf le dimanche) de 19h30 environ à 21h.

Achats

Des paquets de café du plateau des Boloven sont en vente dans tous les cafés. Le Delta Coffee propose de bons produits. Plusieurs boutiques du Doungdy Plaza et du Talat Dao Heuang (p. 220) vendent des jupes laotiennes typiques.

Doungdy Plaza MARCHÉ
(Th 5 ; 8h-19h). Ce marché moderne vend principalement toutes sortes de vêtements à prix réduits, mais aussi des jupes et textiles laotiens.

Monument Books LIVRES
(Th 5 ; 9h-20h lun-sam, 9h-18h dim). Cette modeste librairie propose un excellent choix de cartes du Laos et des pays voisins (bien qu'assez peu détaillées), ainsi que des cartes postales et des ouvrages historiques et culturels.

Renseignements

ARGENT

Les banques, notamment la **BCEL** (Th 11 ; 8h30-15h30 lun-ven), bien située, et la **Lao Development Bank** (Route 13 ; 8h30-15h30 lun-ven) ont les meilleurs taux de change, mais le bureau de change du **Lankham Hotel** (7h-19h) est compétitif. Tous trois délivrent des avances sur les cartes bancaires (commission de 3%). LDB possède en outre un service Western Union et convertit les chèques de voyage en dollars (1%).

Nombreux DAB en centre-ville.

OFFICE DU TOURISME

Office du tourisme provincial (020-9204994 ; Th 11 ; 8h-16h lun-ven). Distribue surtout cartes et brochures. Le personnel peut toutefois répondre à vos questions ou vous aider à réserver des hébergements et des activités à Kiet Ngong, Don Kho et Don Daeng. Lors de nos recherches, il était question d'un changement d'adresse ; renseignez-vous sur place.

Miss Noy (020-22272278 ; noy7days@hotmail.com ; Route 13 ; vélos 10 000 LAK/jour, motos 60 000 LAK/jour ; 8h-20h). L'équipe connaît bien la région, en particulier le plateau des Boloven.

POLICE

Commissariat principal (031-252127)

SERVICES MÉDICAUX

International Hitech Polyclinic (VIP Clinic ; 031-214712 ; ihpc_lao@yahoo.com ; angle Th 1 et Th 10 ; 24h/24). Jouxtant l'**hôpital public** (030-5785709 ; Th 10 ; 24/24), cette clinique internationale propose des soins, un service et des installations d'une qualité bien supérieure à celle de l'hôpital. Elle comprend en outre une pharmacie.

VISAS

Le **bureau de l'immigration** (Th 10 ; 8h-11h et 14h-16h lun-ven) se trouve près du service de contrôle des étrangers du commissariat principal, dans un bâtiment bas couleur menthe. Pour prolonger votre séjour (entre 3 et 30 jours maximum), apportez une photocopie de votre passeport (page avec votre nom) et du visa, 2 photos, 30 000 LAK plus 20 000 LAK par jour supplémentaire. Les papiers seront prêts l'après-midi suivant.

Depuis/vers Pakse

AVION

L'**aéroport international de Pakse** (Route 13) est à 2,5 km au nord-ouest du pont de Souphanouvong. Le trajet en *túk-túk* revient à 40 000 LAK environ.

Lao Airlines (031-212252 ; www.laoairlines.com ; aéroport international de Pakse ; 8h-17h) assure des liaisons directes avec les villes d'Asie suivantes :

Bangkok 115 $US, 4/semaine
Hô Chi Minh-Ville 105 $US, 3/semaine
Luang Prabang 1 010 000 LAK, 3/semaine
Savannakhet 375 000 LAK, 4/semaine
Siem Reap 100 $US, 5/semaine
Vientiane 770 000 LAK, 3/jour

Une façon plus avantageuse de gagner Bangkok consiste à rejoindre Ubon Ratchathani par la route, puis de prendre un vol à bas coût.

BATEAU

Un bateau touristique lève l'ancre pour Champasak presque chaque matin à 8h30 s'il y a suffisamment de passagers (aller simple 70 000 LAK/personne). L'aller s'effectue en 2 heures, mais le retour dure un peu plus longtemps. Généralement, pas de traversée en basse saison. Réservez par l'intermédiaire de Miss Noy ou appelez **M. Khamlao** (☎ 020-22705955 ; 70 $US/bateau), qui possède son propre bateau.

BUS ET SŎRNGTĂAOU

Pakse compte plusieurs gares routières et stations de *sŏrngtăaou* (camion de passagers). La plupart des voyageurs organisent leur voyage en bus par l'intermédiaire d'une agence de voyages ou de leur lieu d'hébergement. Si l'on considère que cela inclut le ramassage dans le centre-ville, ou un transfert jusqu'au point de départ, les prix sont raisonnables.

Sur certains itinéraires longue distance – surtout vers le Cambodge, le Vietnam et Vientiane –, il importe de choisir le bon service pour ne pas perdre plusieurs heures et voyager dans des conditions pénibles. Réservez plutôt votre billet auprès d'une agence de voyages qui connaîtra mieux les trajets que votre logeur.

Voici les 6 gares principales :

Gare routière Sud (Route 13). Principale gare routière de Pakse, également appelée *kíw lot lák Þaat* ou "gare routière du Km 8", à 8 km au sud de la ville sur la route 13. Elle dessert la plupart des destinations.

PASSER EN THAÏLANDE : DE VANG TAO À CHONG MEK

Jusqu'à la frontière Une fois trouvé le bon bureau de l'immigration, le passage au poste-frontière de Vang Tao (Laos)/Chong Mek (Thaïlande), ouvert de 6h à 20h, est rapide.

Le moyen le plus simple de s'y rendre est de prendre le Thai-Lao International Bus (60 000 LAK, 2 heures 30-3 heures, départs à 8h30 et 15h) qui relie la gare routière Sud de Pakse à la gare routière d'Ubon Ratchathani. Il prend également des voyageurs à la petite gare routière de Kiang Kai. Si vous allez à Pakse (départs d'Ubon à 9h30 et 13h30, 200B), sachez que ce bus attend que les passagers aient obtenu leur visa pour le Laos.

De Pakse, de fréquents minivans (20 000 LAK, 45 min) partent de la rue face au marché de Talat Dao Heuang (p. 220) pour Vang Tao ; et des *sŏrngtăaou* (camions de passagers) quittent l'enceinte du marché jusqu'à environ 16h. Enfin, des vans qui partent toutes les heures de la gare routière Sud vous déposeront dans un parking sale et boueux situé à environ 500 m du bureau d'immigration laotien de Vang Tao.

Si vous vous rendez à Bangkok (225 000 LAK, 13 heures), un bus direct (avec parfois changement à Ubon) part de la gare routière Sud tous les jours à 16h. Les agences de voyages de Pakse proposent également un billet combiné bus/train couchette vers la capitale thaïlandaise (à partir de 310 000 LAK en 2e classe avec ventilateur, nettement plus cher pour un confort supérieur).

À la frontière Le Laos délivre des visas à l'arrivée (environ 35 $US ou 1 500 THB, selon votre passeport), tandis que la Thaïlande délivre des visas de 15 jours gratuits à la plupart des ressortissants étrangers. Il faut ensuite emprunter un inutile tunnel piéton souterrain pour passer la frontière.

Côté laotien, vous devrez payer un supplément de 10 000 LAK après 16h en semaine, le week-end et les jours fériés. Il est tout à fait légal. Certains officiers vous réclameront 100 THB, ce qui l'est moins. Il suffit de demander un reçu pour payer le prix officiel.

En Thaïlande Des minivans relient Ubon (100 THB, 1 heure 15, toutes les 30 min) depuis la gare routière de Chong Mek, qui se trouve à 600 m (20 THB en moto-taxi) sur la route principale. Sinon, des chauffeurs de taxi non déclarés, postés près du bureau de l'immigration, demandent 1 000 THB pour vous conduire n'importe où dans la ville d'Ubon Ratchathani.

Gare routière Nord (Route 13). La plus organisée des gares routières, souvent appelée *kíw lot lák jét* ("gare routière du Km 7"), est, sans surprise, à 7 km au nord de la ville. Pour le Nord exclusivement. Les panneaux en anglais annonçant les départs sont souvent erronés.

Talat Dao Heuang Minibus et *sŏrngtăaou* desservent des destinations proches, y compris la frontière thaïlandaise. Au départ d'un parking bondé au sud-est du marché ou de Thanon 38, face au marché.

Gare routière du Km 2 (☎ 031-212428 ; Route 13) ou gare Sengchalern, du nom de la compagnie propriétaire de la gare. Le bureau est installé dans l'entrée de la SL Guest House, en face du Friendship Mall.

Gare routière VIP (Th 11). Également appelée gare Thasalakham, elle est utilisée par les bus de nuit VIP à destination de Vientiane, qui s'arrêtent dans d'autres villes sur le trajet. Plusieurs compagnies desservent cette gare, offrant toutes les mêmes billets au même prix.

Gare routière de Kiang Kai (près de Th 38). Cette petite gare, assez difficile à dénicher, est située dans un bâtiment rouge et jaune à l'écart de la Thanon 38, à 1,5 km après le pont japonais. Des bus depuis/vers la Thaïlande, qui passent aussi par la gare routière Sud, y transitent, ainsi que des bus à destination de Vientiane.

Vientiane et le Nord

La plupart des voyageurs choisissent de rallier Vientiane (170 000 LAK, 10 heures) à bord de confortables bus-couchettes "VIP". Les billets peuvent s'acheter auprès des guesthouses ou de la gare routière VIP, d'où plusieurs bus partent chaque soir à 20h30. Un autre bus-couchettes part à 20h de la gare routière du Km 2. Il est possible de prendre ces bus jusqu'à Tha Khaek (130 000 LAK, 4 heures 30) et Seno (pour Savannakhet ; 100 000 LAK, 3 heures).

Pour ceux qui préfèrent voyager de jour, des bus ordinaires, climatisés mais lents (110 000 LAK, 12-14 heures) partent toute la journée de la gare routière Sud, s'arrêtant parfois pour prendre des passagers à la gare routière Nord. Ces bus desservent aussi Tha Khaek (60 000 LAK, 5 heures) et Seno (65 000 LAK, 7 heures).

Plateau des Boloven et l'Est

Les trajets à destination du plateau des Boloven et de l'Est sont assurés au départ de la gare routière Sud (ci-contre) et par des bus ordinaires avec ventilateurs au départ de la gare du Km 2. Derniers départs vers toutes les villes à 16h, sauf pour Sekong, départ à 14h30 de la gare routière Sud. Les bus pour Salavan (30 000 LAK, 3 heures) peuvent vous déposer à Tat Lo. Ceux pour Attapeu (50 000 LAK, 3 heures 30 à 5 heures) passent par Paksong (15 000 LAK, 1 heure 30) ; la moitié d'entre eux empruntent un long trajet via Sekong (55 000 LAK, 4 heures).

Champasak et Si Phan Don

Des *sŏrngtăaou* quittent régulièrement **Talat Dao Heuang** pour Champasak (20 000 LAK, 1 heure) jusqu'à midi environ – parfois jusqu'à 14h. Le matin, un service combiné bus-bateau touristique, proposé par la plupart des agences de voyages, relie également Champasak (65 000 LAK, 1 heure 30). Assurez-vous que votre billet comprend bien la traversée en bateau depuis Ban Muang. Le bateau coûte 10 000 LAK par personne ou 30 000 LAK pour les voyageurs seuls.

Pour Si Phan Don, les bus touristiques et les minibus qui viennent vous chercher en ville et comprennent le transfert en bateau jusqu'à Don Khong (60 000 LAK, 2 heures 30), Don Det (75 000 LAK, 3 heures) et Don Khon (80 000 LAK, 3 heures 15), sont plus confortables et pratiques. Les billets s'achètent auprès des guesthouses et des agences de voyages. Tous les départs ont lieu vers 8h.

Si vous êtes moins matinal, des *sŏrngtăaou* circulent de la gare routière Sud jusqu'à Ban Nakasang (pour Don Det et Don Khon ; 40 000 LAK, 3 heures 30) via Hat Xai Khun (pour Don Khong). Ils partent toutes les heures et circulent jusqu'à 17h.

Vers 13h, un *sŏrngtăaou* part pour Kiet Ngong (30 000 LAK, 2 heures environ).

Pays voisins

Si rejoindre le Cambodge (p. 265) relève du parcours du combattant, le passage en Thaïlande est aisé (voir ci-contre) ; pour aller au Vietnam, le niveau de difficulté se situe entre les deux.

La liaison la plus confortable vers Hué (200 000 LAK, 12 heures) et Danang (230 000 LAK, 14 heures), au Vietnam, se fait en bus-couchettes, qui partent le matin de la gare routière Sud ; ils effectuent pour des raisons légales un long trajet pour traverser la frontière à Lao Bao, à l'est de Savannakhet. Attention, ces bus sont irréguliers et sont parfois remplacés par un bus ordinaire, ou peuvent être supprimés. Pour le même prix, vous gagnerez jusqu'à 3 heures en empruntant les minibus modernes et confortables qui, via Salavan, passent la frontière à Lalay (p. 247), mais les conducteurs sont parfois assez imprudents. Des bus de marchandises, bien plus lents et en mauvais état, réservent quelques places inconfortables aux passagers. En l'absence de bus classiques, certaines agences de voyages peu scrupuleuses peuvent vous faire prendre ces bus sans vous avertir : vérifiez bien à quel type de véhicule correspond le billet que vous achetez. Pour Kom Tun ou Hô Chi Minh-Ville, on passe la frontière à Bo Y (p. 251). Certaines agences de voyages vendent des billets de bus direct pour Hô Chi Minh-Ville (450 000 LAK, 15 heures), mais ils passent par le Sud et vous devrez acheter un visa cambodgien. Même si le trajet dure plusieurs heures supplémentaires, la solution la plus économique consiste à se rendre à Kom Tum et à prendre une correspondance (240 000 d).

Comment circuler

TRANSPORTS LOCAUX

Les transports dans Pakse sont assez chers pour la région. Comptez entre 10 000 et 20 000 LAK pour un court trajet en *túk-túk*. Pour rejoindre les gares routières Nord ou Sud en *tùk-tùk*, comptez 15 000 LAK par personne ou 50 000 LAK pour le véhicule entier.

VÉLO

Le tour des sites touristiques de la ville à vélo permet une agréable promenade de quelques heures. Miss Noy (p. 225) loue des vélos.

VOITURE ET MOTO

Diverses boutiques et hébergements de la zone touristique, le long de la Route 13, louent des motos (50 000 LAK/jour pour une 100 cm³, 100 000 LAK/jour pour une Honda Scoopy automatique). Parmi les plus sérieux : l'agence Miss Noy (p. 225), qui organise une réunion d'information sur le plateau des Boloven tous les soirs, et **Pakse Travel** (☎ 020-22277277 ; Route 13 ; ⏲ 7h30-20h30).

Adressez-vous à une agence de voyages ou à votre hôtel pour louer une voiture avec chauffeur (comptez environ 100 $US sans l'essence, variable selon votre destination). **Avis** (☎ 031-214946 ; www.avis.la ; Th 10 ; à partir de 75 $US/jour ; ⏲ 8h30-18h lun-ven, 9h-13h sam et dim) loue des pick-up et des SUV – avec ou sans chauffeur, et peut se charger des papiers administratifs si vous souhaitez passer en Thaïlande et au Vietnam (mais pas au Cambodge).

ENVIRONS DE PAKSE

Don Kho, Ban Saphai et Ban Don Khoh

Situés sur le Mékong, au nord de Pakse, le village de Ban Saphai (ບ້ານສະພາຍ) et l'île voisine de Don Kho (ດອນໂຄ) sont réputés pour leurs tissages. À l'ombre de leur maison, les femmes tissent sur de grands métiers des *phàa salóng* (longs sarongs pour homme) en coton ou en soie (soie naturelle ou non) qu'elles vous montreront volontiers. Malgré sa notoriété, le site reste encore préservé de la foule. Non loin, le village de Ban Don Khoh (ບ້ານດອນເຂາະ), souvent ignoré, est spécialisé dans la sculpture sur pierre. On peut visiter ces trois destinations sur une demi-journée depuis Pakse ou, pour une immersion culturelle, passer une nuit chez l'habitant à Don Kho.

À voir

Ces destinations plairont surtout aux voyageurs intéressés par l'artisanat, mais permettent aussi de découvrir la vie locale dans une ambiance détendue.

Don Kho

Aucune voiture ne circule à Don Kho, tout au plus quelques motos, et, malgré l'arrivée de l'électricité, on se croirait à une autre époque. Les quelque 350 habitants de cette île d'une largeur de 800 m vivent dans des villages côtiers de la moitié nord et cultivent le riz dans le centrede l'île. Il n'y a pas de sites touristiques à proprement parler, mais les femmes à l'ouvrage devant leur maison accueillent les visiteurs.

Vous pourrez voir le Vat Silattana Satsadalam (ou Vat Don Kho) avec son hall mêlant les styles laotien et français, et un grand arbre qui aurait 500 ans selon les habitants. Pendant la moitié de l'année, certaines plages sont accessibles à pied et des propriétaires de bateau peuvent vous emmener pêcher (50 000 LAK). La "maison traditionnelle à toit double" signalée sur une carte à l'embarcadère n'existe plus ; si vous voulez retrouver la trace de l'ancien village et de son cimetière, il faudra vous frayer un chemin à travers un chemin largement boisé dans la partie sud de l'île. Au final, vous risquez d'être déçu.

Même si l'île se visite facilement à pied, vous pouvez louer un vélo (20 000 LAK/jour) : adressez-vous au petit centre administratif, à gauche du débarcadère, qui vous aidera aussi à trouver un logement chez l'habitant.

Don Kho fut brièvement la capitale du sud du Laos après l'arrivée des Français dans les années 1890, puis servit ensuite de mouillage sur le Mékong pour les bateaux à vapeur reliant Don Det et Savannakhet.

Ban Saphai

En arrivant dans ce village, rendez-vous d'abord à l'accueillant **centre artisanal**

de Ban Saphai (ສູນຫັດຖະກຳບ້ານສະຜ່າຍ; ⏲6h-19h), à côté du ponton. Il réunit quelques tisserands qui travaillent à leurs métiers et vend des textiles tissés aux alentours et autres objets artisanaux. On vous invitera aussi à vous rendre chez les femmes qui tissent chez elles : une carte à l'extérieur du centre indique un petit circuit qui passe par leurs maisons, l'ancienne école dans le temple et le marché local.

Ban Don Khoh

Sur l'île de Ban Don Khoh – une île peu connue qu'il ne faut pas confondre avec Don Kho (sans "h" final), plus au nord – résident d'innombrables sculpteurs sur pierre spécialisés dans les statues du Bouddha. Ils travaillent sans relâche, mais sereinement, au burin et au ciseau, après avoir dégrossi les pièces à la machine, sauf quand une cérémonie a lieu au temple ou lors de la diffusion d'un match important de *muay thai*. Un endroit paisible, où l'on peut voir les sculptures à différentes étapes de leur réalisation.

Les ateliers font face au **Vat Chomphet**, (ວັດຈອມເພັດ) avec sa statue du Bouddha de 30 m de haut. Ban Don Khoh se trouvant un peu plus à l'ouest, sur le Mékong, cette communauté de sculpteurs est aussi connue sous le nom de Ban Chomphet.

Où se loger et se restaurer

Don Kho se prête parfaitement à l'hébergement chez l'habitant. Un panneau indique une guesthouse communautaire au bout de l'île, mais il est en très mauvais état.

Ban Saphai compte quelques restaurants dignes de ce nom. On trouve à Don Kho une offre limitée en cuisine locale. En revanche, ne comptez pas vous restaurer à Ban Don Khoh.

Logement chez l'habitant à Don Kho CHEZ L'HABITANT $

(30 000 LAK/pers, 20 000 LAK/repas). Don Kho promet une expérience mémorable de logement chez l'habitant. Rendez-vous sur l'île, prononcez "homestay", et les villageois s'occuperont de vous ! Les repas sont pris en famille et sont, si l'on en croit notre expérience, délicieux. L'office du tourisme provincial (p. 225) de Pakse peut organiser votre séjour à l'avance.

Renseignements

Au centre artisanal de Ban Saphai, certaines personnes, qui parlent anglais, peuvent vous aider à réserver votre hébergement ou une activité sur Don Kho.

Les mêmes services sont proposés à l'office du tourisme provincial (p. 225) de Pakse.

Depuis/vers Don Kho et Ban Saphai

Ban Saphai est situé à 16 km au nord du pont Souphanouvong de Pakse, et l'embranchement est bien indiqué. Des *sŏrngtăaou* pour Ban Saphai (20 000 LAK, 45 min) partent régulièrement de la rue face au Talat Dao Heuang (p. 227) à Pakse.

De Ban Saphai à Don Kho, l'aller-retour en bateau traditionnel revient à 40 000 LAK (5 pers au maximum). Fixez une heure de retour ou demandez le numéro de portable du propriétaire du bateau pour l'appeler quand vous voulez rentrer.

Ban Don Khoh se situe entre Pakse et Ban Saphai, à 9 km du pont Souphanouvong. L'embranchement n'est pas signalé : c'est une route goudronnée en direction de l'ouest, juste avant la gare routière.

ZNP de Phu Xieng Thong

La **ZNP de Phu Xieng Thong** (ປ່າສະຫງວນແຫ່ງຊາດພູຊຽງທອງ; www.ecotourismlaos.com) couvre une superficie de 1 200 km² dans les provinces de Champasak et de Salavan. Ses points les plus accessibles se trouvent à 50 km en amont de Pakse. La réserve est d'une beauté irréelle, avec ses affleurements sculptés par l'érosion, ses crêtes de grès qui recèlent pour certaines des peintures rupestres. La faune, autrefois abondante, a été éradiquée par la chasse, mais il reste de nombreux oiseaux, notamment des paons spicifères. Vous pourrez apercevoir également diverses espèces d'orchidées sauvages.

Le circuit habituel, assuré de décembre à juin par Green Discovery (p. 221) revient à 132 $US par personne (à partir de 4 pers). Il comprend 2 jours de trek moyennement difficile depuis le village de Ban Mai Singsamphan, sur le Mékong, et une nuit chez l'habitant dans ce village.

L'office du tourisme provincial de Pakse n'organisant plus de circuits dans le parc et les guides anglophones étant rares, les voyageurs indépendants ne sont pas très bien lotis : le plus simple sera de vous rendre à Ban Mai Singsamphan.

Tat Phasuam

Tat Phasuam (ຕາດຜາສ້ວມ ; Route 20 ; entrée 10 000 LAK, moto/voiture 2 000/5 000 LAK ; 8h-18h), modeste mais intéressante cascade en U, est à 2 km de la Route 20, dans le Uthayan Bajiang Nature Resort, à quelque 35 km de Pakse. Des marchands ambulants vendent des produits de la forêt (larves d'abeille, fruits) le long du chemin menant à la chute d'eau, à laquelle on accède par des passerelles et des ponts en bois branlants. Les travaux en cours au moment de notre passage présagent un développement du site.

Tat Mak Ngaew, à 200 m de Tat Phasuam, vaut le coup d'œil.

CHAMPASAK

031 / 15 440 HABITANTS

Cité royale de 1713 à 1946, Champasak (ຈຳປາສັກ) est une localité somnolente où seule une place avec une fontaine, au milieu de l'artère principale, évoque la grandeur passée, envolée en même temps que l'ancienne famille royale. Quelques bâtiments éparpillés de l'époque coloniale avoisinent des maisons laotiennes traditionnelles en bois. De rares véhicules partagent l'étroite grand-rue (à laquelle se résume peu ou prou la ville) avec des vaches et des poules.

Le bon choix d'hébergements et la proximité de plusieurs sites, particulièrement les ruines angkoriennes du Vat Phu Champasak (p. 233), incitent bon nombre de visiteurs à loger à Champasak plutôt qu'à Pakse, bien plus animée. L'activité ici est concentrée dans l'artère qui longe le fleuve, de part et d'autre de la fontaine.

À voir et à faire

Il y a de quoi passer une merveilleuse journée à Champasak : quelques temples dignes d'intérêt, le Mékong, et la vie qui s'écoule le long de la route et du fleuve.

Vat Muang Kang TEMPLE BOUDDHIQUE

(ວັດເມືອງກາງ, Vat Phuthawanaram). À quelque 5 km au sud de la ville, sur le Mékong, ce *vat* est le plus ancien temple encore en activité de Champasak et parmi les plus intéressants dans le sud du Laos. On remarque d'abord le *sĭm* (*ubosot* ; salle d'ordination) élancé de style thaïlandais, au toit de tuiles rouge (en travaux lors de notre passage) et entouré de piliers, mais la *hăw tại* (bibliothèque du Tripitaka, recueil de textes sacrés bouddhiques), qui combine divers éléments architecturaux laotiens, chinois, vietnamiens et français, en est la pièce maîtresse.

Endommagée mais toujours très belle, la tour aurait renfermé des effigies du Bouddha, et, selon les habitants, aurait un pouvoir magique. Au cours d'une nuit du calendrier lunaire, un rayon de lumière mystique viendrait de l'autre côté du fleuve, traverserait le *gâaou* (cristal) et illuminerait le sommet du Sri Lingaparvata, la montagne sacrée qui domine le Vat Phu Champasak.

Les familles du village de Muang Kang tressent des paniers en bambou destinés à la cuisson du riz gluant ou à d'autres usages.

De Champasak, on peut aisément rejoindre le Vat Muang Kang : prenez la route qui longe le fleuve et, quand elle bifurque vers le Vat Phu, continuez vers le sud sur la route de terre. Au retour, si vous êtes à vélo ou à moto, vous pouvez emprunter sur une partie du trajet le charmant chemin au bord du Mékong.

Champasak Spa BIEN-ÊTRE

(020-56499739 ; www.champasak-spa.com ; massages 80 000-160 000 LAK ; 10h-12h et 13h-19h, fermé lun mai-oct et tlj en juin). Dirigé par Nathalie, ce spa aux effluves de thé vert propose des soins délicats à base de produits bio, tout en favorisant la création d'emploi pour les habitants du village. La formule complète sur la journée (550 000 LAK, réservation obligatoire) comprend gommage du corps et du visage, soin des cheveux, massage et déjeuner.

Où se loger

Il est facile de trouver une chambre à Champasak, sauf pendant la fête du Vat Phu Champasak (p. 237 ; généralement en février), pendant laquelle on peut camper sur le domaine du Vat Phu Champasak. Des hébergements de luxe et chez l'habitant sont disponibles sur l'île voisine de Don Daeng.

Souchitra Guesthouse GUESTHOUSE $

(020-9719877 ; ch avec ventil/clim 60 000/120 000 LAK ;). Cette guesthouse vieillissante était en cours de rénovation lors de nos recherches. Le jardin plaisant donne à la fois sur la route principale et sur le Mékong. Les chambres sont pratiques et agréables pour le prix, mais n'ont pas le Wi-Fi.

Champasak

À voir

1 Palais de Chao Boun Oum.................. A4
2 Résidence de Chao Ratsadanai.......... A4

Activités

3 Champasak Spa.................................. B1

Où se loger

4 Anouxa Guesthouse............................ B1
5 Dokchampa Guesthouse..................... B3
6 Residence Bassac A4
7 Saythong Guesthouse A3
8 Souchitra Guesthouse......................... A4

Où se restaurer

9 Champasak with Love......................... B2
Residence Bassac Restaurant.... (voir 6)

Où sortir

10 Théâtre d'ombre et cinéma Tuktuk.. A3

Renseignements

11 Centre d'information du district de Champasak................................. A3
12 Lao Development Bank A3

Saythong Guesthouse GUESTHOUSE $

(☎020-22206215 ; ch avec ventil/clim 80 000/120 000 LAK ; ❄ 📶). Cette guesthouse sympathique propose des chambres convenables à un prix très correct. Le restaurant occupe un emplacement de choix, dominant le Mékong.

♥ **Nakorn Cafe Guest House** GUESTHOUSE $$

(☎020-98177964 ; ch 38-45 $US ; ❄ 📶). Située au bord du fleuve, un peu au sud de l'animation, cette guesthouse lao-belge possède les chambres les plus propres de la ville, joliment carrelées, dotées d'un balcon privatif et d'une douche luxueuse à effet pluie. Un second ensemble de chambres surplombant le Mékong se trouve quelques portes plus bas ; il comprend une suite familiale sur 2 niveaux (70 $US). Supplément de 7 $US pour le petit-déjeuner au Nakorn Cafe.

♥ **River Resort** BOUTIQUE-HÔTEL $$$

(☎020-56850198 ; www.theriverresortlaos.com ; Ban Phaphinnoy ; villas sur jardin 130 $US, villas avec vue fleuve 180 $US avec petit-déj ; 🚭 ❄ 📶 🏊). Ces 12 villas en duplex (9 au bord du fleuve et 3 donnant sur un bassin et des rizières) sont dotées d'immenses lits, de tentures murales locales, de douches ouvertes sur l'extérieur et de grands balcons avec une vue splendide. Deux piscines, un salon de massages et un beau restaurant complètent l'offre. Excursions en bateau (celle au crépuscule est mémorable).

Bien qu'à seulement 3 km au nord de la ville, on se sent loin de tout.

♥ **Residence Bassac** BOUTIQUE-HÔTEL $$

(☎030-5407587 ; www.residencebassac.com ; ch avec petit-déj 86-110 $US ; 🚭 ❄ 📶). Perle du fleuve, cet hôtel mêlant ancien et moderne est plein de charme et invite à la détente. Des touches de luxe – parquet de bois massif, lumières d'ambiance, TV à écran plat, coffres-forts, douches effet pluie – en font un lieu à part à Champasak. De nouvelles chambres étaient en cours d'aménagement lors de notre passage.

Où se restaurer et prendre un verre

Les guesthouses (pensions) proposent généralement une bonne cuisine, mais leur principal atout est leur emplacement au bord du fleuve. Champasak with Love remporte le prix de la meilleure terrasse, talonné de près par **Dokchampa** (☎020-55350910 ; ch avec petit-déj avec ventil/clim 90 000/200 000 LAK ; ❄ 📶).

Rien de tel pour passer une bonne soirée que de s'installer sur la terrasse en bois de votre guesthouse, au bord du fleuve, au clair de lune, avec une boisson fraîche.

♥ Nakorn Cafe Restaurant LAOTIEN, INTERNATIONAL $
(plats 20 000-53 000 LAK ; ⏲7h30-21h30 ; 📶 ✎). Situé au bord du fleuve, ce restaurant à la fois chic et détendu propose une carte courte mais variée – *láhp* de canard, curry vert de poulet, sandwichs au thon... – comprenant aussi des bières belges. Les aimables propriétaires fournissent de bons conseils sur la région.

Champasak with Love LAOTIEN, THAÏLANDAIS $
(☎030-9786757 ; plats 20 000-40 000 LAK ; ⏲8h-21h ; 📶 ✎). Si la merveilleuse terrasse dominant le Mékong à l'ombre d'un vieux ficus ne suffit pas à vous séduire, sachez que la cuisine et le service sont à la hauteur. La carte est la plus fournie de la ville : principalement des plats thaïlandais, mais aussi des classiques laotiens et de bons petits-déjeuners, sandwichs, brownies et salades de fruits.

Un peu chères, les chambres rudimentaires (avec ventil/clim 40 000/80 000 LAK) de la vieille maison disposent de salles de bains communes.

Residence Bassac Restaurant LAOTIEN, INTERNATIONAL $$
(plats 40 000-95 000 LAK ; ⏲7h-22h ; 📶 ✎). Installé dans une *shophouse* chinoise joliment rénovée, ce restaurant d'hôtel luxueux à l'éclairage tamisé justifie à lui seul de s'attarder à Champasak. La carte va du *láhp* aux champignons à l'étonnante pizza au curry jaune.

100% LOCAL

ANCIENNES RÉSIDENCES ROYALES

À 300 m au sud de la fontaine se dressent deux superbes bâtiments blancs, témoins les mieux préservés de la gloire passée de Champasak : le vaste **palais de Chao Boun Oum** (ວັງເຈົ້າບຸນອຸ້ມ), le jeune frère du roi, datant de 1952, et, une rue plus haut, la **résidence de Chao Ratsadanai** (ໂຮງເຈົ້າຣັດສະດາໄນ), un palais colonial construit en 1926 pour son père. Ils appartiennent toujours à la famille royale.

Où sortir

Théâtre d'ombre et cinéma Tuktuk CINÉMA, THÉÂTRE
(☎020-55081109 ; 50 000 LAK ; ⏲nov-avr). À côté de l'office du tourisme, ce théâtre de marionnettes traditionnelles dirigé par le Français Yves Bernard présente l'épopée du *Ramayana*. Mercredi et samedi soir, le cinéma projette un fabuleux film muet, *Chang* (1927), tourné pendant 18 mois dans la jungle du nord-est de la Thaïlande par le scénariste et réalisateur du premier *King Kong* hollywoodien. Des musiciens accompagnent la projection sur scène.

Renseignements

Centre d'information du district de Champasak (☎030-9239673 ; ⏲8h-16h30 lun-ven, tlj sept-avr). Personnel sympathique qui pourra vous renseigner et organiser le transport en bateau jusqu'à Don Daeng et l'hébergement. Des guides locaux accompagnent des randonnées d'une journée au Vat Phu et à Uo Moung. Le centre propose aussi des excursions en bateau à Uo Moung (350 000 LAK), qui incluent Don Daeng et le Vat Muang Kang.

Lao Development Bank (⏲8h30-15h30 lun-ven). DAB et service Western Union ; change d'espèces.

Depuis/vers Champasak

Champasak est à 30 km au sud de Pakse, en passant par une jolie route goudronnée pratiquement déserte qui suit la rive occidentale du Mékong. Des *sŏrngtăaou* partent pour Pakse (20 000 LAK, 1 heure) le matin avant 8h. Des bus touristiques et des bateaux directs moins fréquents circulent aussi depuis/vers Pakse.

La liaison entre Pakse et Champasak est en fait effectuée par des bus touristiques réguliers (55 000 LAK, 1 heure 30) qui circulent le matin à destination de Si Phan Don et qui vous déposent à Ban Muang sur la rive est du Mékong, où un petit ferry (20 000 LAK/pers, motos 30 000 LAK) assure la traversée jusqu'au village de Ban Phaphin, à 2 km au nord de Champasak. Il n'existe guère d'autre solution que de finir le trajet à pied. Vérifiez que votre billet comprend bien la traversée du fleuve (les employés du ferry n'essaieront pas de vous arnaquer, mais certaines billetteries de Pakse l'ont déjà fait).

Pour rejoindre Si Phan Don, on peut aussi prendre le **ferry** de Ban Muang ou un bateau (240 $US le bateau privé ; demandez au centre d'information du district de Champasak si d'autres voyageurs sont intéressés, afin de partager le coût).

Comment circuler

Toutes les guesthouses louent des vélos (10 000-20 000 LAK/jour) et certaines, notamment **Anouxa Guesthouse** (☎ 020-55339008), également des motos (à partir de 70 000 LAK/jour). Anouxa loue même des VTT, rares à Champasak.

ENVIRONS DE CHAMPASAK

Site classé du Vat Phu

L'ancien sanctuaire khmer du Vat Phu (ວັດພູຈຳປາສັກ) est l'un des joyaux du Laos, et, à ce titre, inscrit sur la Liste du patrimoine mondial. Édifié à 1 400 m sur les contreforts du Phu Pasak (familièrement appelé Phu Khuai, ou "mont Phallus"), le Vat Phu est petit comparé aux imposants temples d'Angkor, près de Siem Reap, au Cambodge. Mais le cadre a son importance, et les pavillons en ruine, le sanctuaire orné d'un lingam (symbole phallique, emblématique de Shiva, la divinité suprême pour les hindous), l'énigmatique crocodile en pierre et les grands arbres qui ombragent le site dégagent une atmosphère magique. Tous ces éléments de même que la disposition du sanctuaire, unique dans l'architecture khmère, ont valu au Vat Phu d'être inscrit au patrimoine mondial de l'Unesco en 2001.

Une voiturette électrique transporte les visiteurs de la billetterie au *baray* (bassin cérémonial). Au-delà, continuez à pied.

À voir

Le Vat Phu se situe à la jonction de la plaine du Mékong et du Phu Pasak, une montagne considérée comme sacrée depuis des siècles, bien avant la construction du temple, par les premiers habitants austro-asiatiques qui vivaient dans la région.

Au sud du Vat Phu, trois sites plus petits de la période d'Angkor bordent l'ancienne route menant à Angkor Vat, au Cambodge. En très mauvais état, ils n'intéresseront que les passionnés d'architecture khmère. Sur la rive opposée, Uo Moung (p. 236) aurait également des liens avec le site de Vat Phu.

Vat Phu Champasak VESTIGES
(ວັດພູຈຳປາສັກ ; 50 000 LAK, parking moto 5 000 LAK ; site 8h-18h, musée 8h-16h30). Dans leur cadre bucolique, au cœur d'un site naturel spectaculaire où l'on croise relativement peu de visiteurs, les ruines khmères de Vat Phu sont très évocatrices. La plupart des bâtiments ont été construits entre les XIe et XIIIe siècles, même si certains remontent à plus de mille ans. Le site se compose de 6 terrasses sur 3 niveaux reliés par un escalier bordé de frangipaniers qui grimpe jusqu'au sanctuaire principal, au sommet de la montagne.

Visitez le site tôt le matin, pour profiter de la fraîcheur (il fait très chaud en journée et le niveau inférieur est dépourvu d'ombre) et de la plus belle lumière. Procurez-vous un plan à l'entrée car il y a très peu d'indications sur place.

➡ Niveau inférieur

La voiturette électrique vous dépose après le grand *baray* à l'ancienne entrée principale en grès du Vat Phu. De là, part une chaussée cérémonielle bordée de bourgeons de lotus en pierre et flanquée de deux *baray* nettement plus petits. Ils sont remplis d'eau et de fleurs de lotus à la saison des pluies, et un buffle s'y abreuve parfois.

➡ Niveau intermédiaire

À ce niveau se dressent deux **pavillons rectangulaires** en grès et latérite, superbement sculptés, datant probablement du milieu du Xe ou du début du XIe siècle. Le bâtiment se compose de 4 galeries autour d'une cour centrale. Transformé en temple bouddhique, le Vat Phu conserve la plupart des sculptures hindouistes d'origine des linteaux, figurant Vishnou et Shiva sous diverses formes. Le fronton oriental du pavillon nord en est un bon exemple : un relief représente Shiva et Parvati assis sur Nandi, le taureau qui sert de monture à Shiva.

Derrière le pavillon sud, se trouve le **pavillon de Nandi**, plus petit. De là partait une ancienne route royale de 200 km qui menait à Angkor Vat, au Cambodge. Devant

Environs de Champasak

Environs de Champasak

Les incontournables
1 Vat Phu Champasak A3

À voir
2 Hong Nang Sida A3
3 Muang Kao B2
4 Uo Moung C3
5 Vat Muang Kang B3
6 Salle d'exposition du Vat Phu A3

Où se loger
7 Nakorn Cafe Guest House B2
8 River Resort B1

Où se restaurer
Nakorn Cafe Restaurant .... (voir 7)

Transports
9 Ferry pour Ban Muang B1

le pavillon, il reste une partie réduite de cette chaussée, flanquée de 2 galeries effondrées conduisant à 2 escaliers escarpés.

Au pied d'un deuxième escalier se dresse, très raide, un impressionnant **dvarapala** (gardien du sanctuaire), l'épée brandie. Les visiteurs thaïlandais et laotiens y déposent souvent une offrande avant de continuer l'ascension de la montagne. Sortez du chemin et traversez l'étendue herbeuse au nord pour découvrir les vestiges d'un **yoni**, le symbole cosmique du sexe féminin associé au shivaïsme. À côté du *yoni*, 2 gigantesques **statues dvarapala**, sans bras ni tête, gisent à moitié enterrées dans le sol. Ce sont les plus grands *dvarapala* jamais découverts dans l'ancien royaume d'Angkor.

Après le *dvarapala*, un sentier de grès mène rapidement à un autre escalier

Vat Phu Champasak

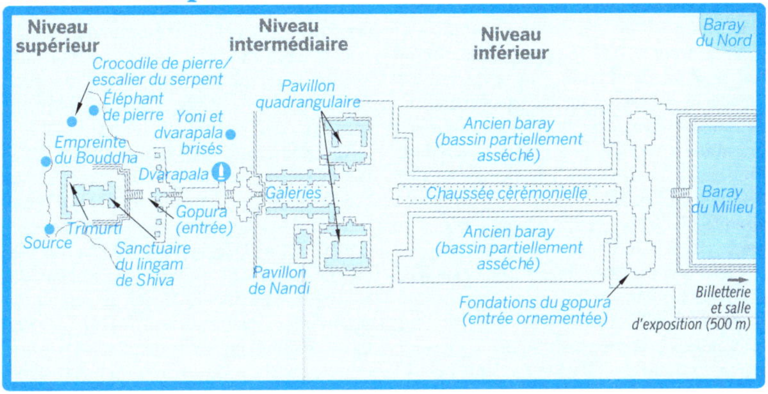

escarpé, au sommet duquel une petite terrasse regroupe les vestiges de 6 sanctuaires en briques – un seul conserve sa forme originale. De là, 2 escaliers (le second signalé par des gardiens accroupis, sans tête ni bras) conduisent au sommet, traversant les grandes terrasses bien visibles du pied de la montagne.

Ce parcours à travers le niveau intermédiaire se fait en grande partie à l'ombre de *dork jąmpąh* (frangipaniers), l'arbre national du Laos.

➡ Niveau supérieur

Au niveau supérieur s'étend le **sanctuaire** richement sculpté – remarquez notamment 2 gardiens et 2 apsaras (danseuses célestes). Il renfermait autrefois un lingam arrosé, grâce à des canalisations en grès, par l'eau de la **source sacrée** qui jaillit toujours derrière l'ensemble. Aujourd'hui, le sanctuaire contient des sculptures du Bouddha, très anciennes et distinctives, sur un autel. Au fond, la *cella* (cellule) en brique, qui abritait le lingam sacré, date peut-être du IXe siècle.

Sculpté dans un gros rocher derrière le sanctuaire principal, une **trimurti** de style khmer représente la trinité hindoue : Shiva, Vishnou et Brahma. Plus loin, derrière quelques terrasses, se trouve la grotte d'où la source sacrée coulait vers le sanctuaire. Sur un sentier au nord de la Trimurti, une **empreinte du Bouddha** et un éléphant sont sculptés dans une paroi rocheuse.

Juste au nord du sanctuaire du lingam de Shiva, au milieu d'un champ de ruines et de rochers, essayez de repérer 2 sculptures dans la pierre, l'**éléphant de pierre** et le **crocodile de pierre**. Les crocodiles étaient considérés comme des demi-dieux dans la culture khmère et les archéologues supposent que le rocher servait à des sacrifices humains ; sa fonction, s'il en avait une, reste toutefois inconnue. Le crocodile daterait de la période angkorienne, l'éléphant du XVIe siècle. Cherchez aussi les vestiges d'un intéressant fragment d'escalier flanqué de 2 serpents et plusieurs petites grottes, probablement utilisées pour pratiquer la méditation.

Une fois la visite terminée, asseyez-vous et profitez de la vue sur le *baray*, les plaines et le Mékong, particulièrement somptueuse. Une petite boutique vend des en-cas et des boissons fraîches.

Hong Nang Sida SITE ARCHÉOLOGIQUE
(ໂຮງນາງສີດາ ; ⏲ 8h-16h30). GRATUIT Situé à 2 km au sud du Vat Phu et facilement accessible à pied depuis ce dernier – suivez les panneaux à partir de l'entrée principale –, le temple de Nang Sida date probablement du milieu du XIe siècle. Il s'agirait du sanctuaire central d'une seconde cité ancienne. Remontez l'allée cérémonielle menant à la tour effondrée qui forme un amas impressionnant de blocs de grès. Une "bibliothèque" en brique se trouve sur le côté.

Musée du Vat Phu ARCHÉOLOGIE
(ຫໍພິພິດທະພັນວັດພູ ; inclus dans le billet du Vat Phu ; ⏲ 8h-16h30). À côté de la billetterie, ce musée très instructif donne à voir des dizaines de linteaux, naga (dieux-serpents mythiques vivant dans les rivières), bouddhas et autres sculptures en pierre du Vat Phu et des sites associés. Les légendes détaillées sont en anglais. Le bâtiment dispose de toilettes propres.

Uo Moung RUINES

(ອູໂມງ, temple de Tomo ; 10 000 LAK ; ⌚ 8h-16h). Sanctuaire khmer en ruine au bord d'un petit affluent du Mékong, Uo Moung fut probablement construit à la fin du IXe siècle, sous le règne de Yasovarman Ier. Sa fonction demeure mystérieuse, mais son orientation, vers la montagne sacrée de Phu Pasak, suggère un lien avec le Vat Phu Champasak (p. 233). Aussi fait-il partie du site classé du Vat Phu, bien qu'il se trouve sur la rive est du fleuve.

Les ruines comprennent une chaussée d'entrée bordée de gravures de boutons de lotus, semblables à celles du Vat Phu, et 2 *gopura* (entrées décorées) en grande partie effondrés. Plusieurs linteaux et sculptures en grès sont disséminés sur les rochers, à l'ombre de grands diptérocarpacées. Les plus belles œuvres du site sont visibles dans le musée du Vat Phu, notamment une pierre sculptée inhabituelle, dressée comme un lingam mais composée de 2 visages. Normalement, un *mukhalinga* possède 4 visages (*mukha*), tandis que les lingams plus ordinaires n'en comportent aucun. Un bouddha en bronze de style Sukhothai est visible dans le bâtiment blanc au cœur du site.

Uo Moung est à 45 km de Pakse. L'embranchement pour le site est signalisé sur la Route 13, juste après le pont Huay Tomo, à proximité d'un marché où on peut trouver des *săam-lâaw* (cyco-pousse à 3 roues) ou des *tùk-tùk*. Ils transporteront ceux qui n'ont pas de véhicule et qui ne souhaitent pas marcher jusqu'au site (4,5 km). La visite de ces ruines couvertes de mousse perdues dans la forêt vaut surtout pour l'atmosphère qui s'en dégage.

On peut aussi visiter Uo Moung en bateau au départ de Don Daeng, ou de Champasak, sur la rive opposée du Mékong. De Champasak, comptez quelque

100% LOCAL

CHAMPASAK DANS L'ANTIQUITÉ

Sous les palmiers et parmi les rizières, à 3 km au sud de Champasak, on découvre les vestiges d'une cité qui fut, il y a environ 1 500 ans, la capitale du royaume môn-khmer du Chenla. Le site est aujourd'hui appelé **Muang Kao** (ເມືອງເກົ່າ ; vieille ville), mais, d'après les spécialistes, la ville s'appelait Shrestapura.

Les photographies aériennes montrent les vestiges d'une cité rectangulaire de 2,3 km sur 1,8 km, ceinturée d'une double muraille en terre sur trois côtés et protégée à l'est par le Mékong. Il subsiste un petit *baray* (un mot khmer signifiant "bassin", habituellement utilisé pour des rituels), les fondations de monuments en brique circulaires, les traces d'un système d'irrigation élaboré, diverses statues et sculptures de pierre hindoues, des outils en pierre et des céramiques. Ces vestiges constituent un exemple très rare d'une cité antique dans le Sud-Est asiatique, dont le plan révèle l'importance des croyances religieuses dans les tâches de la vie quotidienne.

Les origines de la cité restèrent mystérieuses jusqu'à la découverte d'une stèle du Ve siècle portant les plus anciennes inscriptions en sanskrit trouvées en Asie du Sud-Est. Elle indique que la cité fut fondée par le roi Devanika et nommée Kuruksetra. Elle mentionne également le Sri Lingaparvata voisin, une référence au mont proche du Vat Phu Champasak. "Vénérée depuis l'Antiquité", cette montagne serait la résidence ou une manifestation du dieu hindou Shiva et, aujourd'hui encore, de nombreux habitants la considèrent comme la demeure de Phi Intha, l'esprit protecteur de la montagne.

À la fin du Ve siècle, la cité connut son âge d'or et fut un important centre régional au moins jusqu'au VIIe siècle, comme en témoignent deux piédestaux de sculptures de Nandi (taureau de Shiva), découverts en 1994-1995 et portant des inscriptions du roi khmer Citrasena-Mahendravarman. Surnommé le "Conquérant", il déplaça plus tard la capitale du royaume à Sambor Prei Kuk, au centre du Cambodge. Des trouvailles archéologiques laissent penser que la cité fut ensuite habitée jusqu'au XVIe siècle.

Les recherches de Patrizia Zolese et de son équipe de la mission archéologique italienne ont révélé qu'une seconde cité fut bâtie près du Vat Phu après le IXe siècle. Patrizia Zolese pense que le **temple de Ho Nang** aurait été au cœur de cette cité, probablement nommée Lingapura, un lieu mentionné dans de nombreux écrits anciens, mais non encore clairement identifié par les spécialistes.

400 000 LAK aller-retour jusqu'au village voisin de Ban Tomo, avec 1 heure d'attente sur place. Vous dépenserez un peu moins depuis Don Daeng, surtout si vous allez à vélo jusqu'à Ban Sisuk, à l'extrémité sud de Don Daeng, pour embarquer (environ 60 000 LAK aller-retour).

Autre excellente solution pour la journée : louer un vélo à Champasak, prendre un bateau pour Don Daeng puis Ban Tomo, et, au retour, retraverser le fleuve sur la rive occidentale (60 000 LAK environ) et rentrer à Champasak en pédalant.

Fêtes et festivals

Bun Vat Phu Champasak FÊTE BOUDDHIQUE

(Fête du Vat Phu Champasak). Cette fête bouddhique, la plus importante du Vat Phu Champasak, dure 3 jours et fait partie du Magha Puja (Makha Busa), qui se déroule lors de la pleine lune du troisième mois lunaire, généralement en février. Les cérémonies culminent le jour de la pleine lune : au petit matin, les moines reçoivent les aumônes des fidèles et un *wíen thíen* (circumambulation) aux flambeaux fait le tour des sanctuaires du niveau inférieur dans la soirée.

Durant ces 3 jours de festivités, des visiteurs laotiens montent sur la colline pour prier et déposer des offrandes de fleurs et d'encens. Devenue plus commerciale, la fête tend à ressembler à un carnaval pour enfants doublé d'un festival de musique. Les manifestations comprennent du kick-boxing, des combats de coqs, des pièces de théâtre, de la danse et de la musique ; des groupes viennent d'aussi loin que Vientiane pour l'occasion. Des stands de restauration bordent la route et, à la nuit tombée, la bière et le *lào-láo* (alcool de riz) coulent à flots et l'ambiance s'en ressent !

Où se loger et se restaurer

Une guesthouse se trouve près de l'entrée du Vat Phu, mais passer la nuit au bord du Mékong à Champasak est bien plus agréable.

Il y a des restaurants à l'entrée du Vat Phu et, au niveau supérieur, un petit magasin qui vend des en-cas et des boissons fraîches.

Depuis/vers le Vat Phu Champasak

Le Vat Phu Champasak se situe à 43 km au sud de Pakse et à 10 km de Champasak. Depuis Champasak, la route est plate, et on peut la parcourir aisément à vélo, même si l'ombre fait défaut. En *tùk-tùk*, l'aller-retour vous coûtera environ 100 000 LAK.

Kiet Ngong ບ້ານກຽດໂງ້ງ

☎ 030

La plupart des parcs nationaux du Laos ne sont pas gérés de façon très rigoureuse et présentent des infrastructures touristiques limitées. La meilleure façon de découvrir la ZNP de Se Pian est sans doute de visiter les communautés lao loum de Kiet Ngong.

Kiet Ngong est à la lisière d'un marais riche en faune aviaire, à une dizaine de kilomètres de la Route 13. Les éléphants (désormais utilisés presque exclusivement pour des treks touristiques) et une harde de buffles en nombre inhabituel ajoutent à l'expérience un côté safari. Mieux vaut coucher sur place au moins une nuit, mais rien n'empêche de faire l'aller-retour dans la journée depuis Pakse ou Champasak.

Les visiteurs doivent s'acquitter d'un droit d'entrée de la ZNP de Se Pian (25 000 LAK), payable dans le petit bâtiment blanc, que l'on croise en venant à Kiet Ngong, à 2 km à l'est de la Route 13, mais où il n'y a parfois personne.

À voir et à faire

Dirigé par la communauté, le centre d'information des visiteurs (p. 238) organise des séjours chez l'habitant, des treks ou des sorties d'observation ornithologique. Il est conseillé de le contacter à l'avance pour réserver, même si l'on peut en principe le faire en arrivant.

Les promenades en forêt et les sorties en pirogue traditionnelle (uniquement de juillet à mars) dans le marais sont à privilégier. Les excursions dans la jungle de la ZNP Se Pian (p. 238) peuvent être de simples balades à la demi-journée ou des treks avec bivouac (location d'équipement de camping possible). La zone humide, Bueng Kiet Ngong, qui s'étend sur 13,8 km^2 a été classée site Ramsar (zone humide d'importance internationale) en 2010. C'est une destination émergente pour l'observation des oiseaux, notamment les canards à ailes blanches, une espèce rare.

Comptez 100 000 LAK/jour pour un guide, auxquels s'ajoutent des suppléments selon l'activité choisie. Adressez-vous au centre d'information des visiteurs ou au Kingfisher Ecolodge. Les circuits VTT (430 000 LAK/pers pour 2 pers) sont à réserver auprès de l'écolodge.

ZNP de Se Pian — PARC NATIONAL

(ປ່າສະຫງວນແຫ່ງຊາດເຊປຽນ). L'une des principales zones protégées du pays, la ZNP Se Pian s'étend sur 2 400 km^2, entre la Route 13 à l'ouest, la province d'Attapeu à l'est et la frontière cambodgienne au sud. Trois grandes rivières l'arrosent : la Se Pian, la Se Khampho et la Se Kong. Outre une petite population d'ours noirs d'Asie, de gibbons à favoris blancs et de crocodiles du Siam, elle abrite de nombreux oiseaux, dont de rares grues antigones, des vautours et des calaos. Des bantengs, des éléphants d'Asie, des gaurs et des tigres la peuplaient jadis, mais ils ont quasiment disparu.

Il est presque impossible de visiter le parc par ses propres moyens, mais on peut y accéder dans le cadre d'un trek de plusieurs jours dans la jungle, d'une simple randonnée à pied, d'un circuit à VTT ou encore en bateau. Ces activités sont organisées par le village de Kiet Ngong et le tour-opérateur Green Discovery (p. 221), à Pakse. Si vous vous sentez d'humeur aventureuse, vous pouvez louer un bateau à Sanamsay, sur la Route 18A à 35 km à l'ouest d'Attapeu, pour descendre la Se Kong. Ce trajet en direction de la frontière cambodgienne permet de s'enfoncer dans une section magnifique de la ZNP.

Où se loger et se restaurer

Outre l'excellent Kingfisher Ecolodge, la communauté Kiet Ngong dispose de deux types d'hébergements (comptez 40 000 LAK/pers, plus 30 000 LAK pour les repas), à réserver auprès du centre d'information. Optez pour une nuit chez l'habitant dans une famille ou pour la guesthouse gérée par la communauté, composée de bungalows de type dortoirs, situés sur un superbe site donnant sur le marais. Certaines maisons familiales disposent de douches avec eau chaude.

Il y a quelques guesthouses avec restaurant dans le village de Kiet Ngong, mais vous seriez bien chanceux de les trouver ouvertes. La meilleure solution reste de prendre ses repas chez l'habitant.

Bounhome Homestay — GUESTHOUSE $

(☎030-5346293 ; 50 000 LAK/lit). À Ban Phaphon, à 10 km à l'est de Kiet Ngong, cette maison familiale en bois loue 4 petites chambres minimalistes, avec salle de bains commune sans eau chaude. M. Bounhome et sa famille, qui parlent un peu français, accueillent des visiteurs depuis plus de 20 ans.

Commandez vos repas à l'avance – *láhp* ou *kòw nĕeo* (20 000 LAK). M. Bounhome propose des marches dans la forêt et des excursions en bateau.

♥ Kingfisher Ecolodge — ÉCOLODGE $$

(☎020-5572 6315 ; www.kingfisherecolodge.com ; bungalows 800 000 LAK ; ⊙fermé mai-juin ; 📶). Tenu par une famille lao-italienne, ce lodge est situé sur une propriété de 7 ha en lisière du marais, à 700 m à l'est de Kiet Ngong. L'endroit est magnifique et s'installer sur votre balcon à l'aube pour observer les oiseaux survolant le marais vous laissera un souvenir inoubliable. Le restaurant-bar sur 2 niveaux évoque un lodge d'Afrique de l'Est.

Tout de bois et de chaume, les 7 confortables bungalows ont un côté safari très séduisant et ne manquent pas d'élégance : vastes plans en bois dans la salle de bains, boiseries et parquet poli, beaux lits et, luxe suprême, grands balcons pourvus de hamacs. Les chambres économiques aux balcons, plus modestes, se partagent une salle de bains impeccable. Lors de notre passage, il était question d'installer la climatisation dans certaines chambres et de construire une piscine.

La plupart des activités proposées par le centre d'information le sont également ici, en plus d'excursions à VTT d'une journée (430 000 K/pers, 2 pers au minimum) dans la ZNP de Se Pian. Pour faire honneur à sa dénomination, l'écolodge soutient l'école locale, utilise l'énergie solaire et encourage la protection de la faune et de la flore dans la ZNP Se Pian.

Wi-Fi disponible uniquement dans le restaurant.

Renseignements

Centre d'information (☎030-9552120 ; ⊙7h-16h). Géré par la municipalité au cœur de Kiet Ngong, ce centre s'occupe de tout : activités, hébergement et transport depuis la Route 13. Des affiches aux murs fournissent des renseignements utiles sur les différents choix proposés, ainsi que sur l'histoire, la culture et l'environnement naturel de la région. Certains guides parlent un peu anglais. Toutes les activités peuvent être organisées par le Kingfisher Ecolodge.

Depuis/vers Kiet Ngong

Kiet Ngong est à 56 km du centre de Pakse. La plupart des visiteurs arrivent ici dans le cadre d'un circuit organisé, mais venir en indépendant est assez facile. Un minibus ou un *sŏrngtăaou* (30 000 LAK, 2 heures à 2 heures 30) quitte Kiet Ngong pour la gare routière Lak 8 de Pakse vers 8h et revient à 11h. "Kiet Ngong" étant souvent mal compris, dites plutôt "Phu Asa". Sinon vous pouvez prendre n'importe quel véhicule allant vers le sud depuis la Route 13, descendre à Ban Thang Beng, à 9 km du village, et contacter le centre d'accueil pour qu'on vienne vous chercher à moto (25 000 LAK/pers).

PLATEAU DES BOLOVEN

S'étendant en partie sur les quatre provinces du sud du pays, le plateau des Boloven (ພູພຽງບໍລະເວນ ; Phu Phieng Boloven en lao) tire avantage d'un climat agréable, de chutes d'eau spectaculaires et de la culture du café.

Les colons français commencent à planter des caféiers, des hévéas et des bananiers au début du XXe siècle. La plupart de ces exploitants quittèrent le pays après l'indépendance dans les années 1950, et les autres suivirent lorsque les bombardements américains s'intensifièrent à la fin des années 1960, au cours de la guerre du Vietnam. Contrôler le plateau des Boloven était considéré comme vital, tant pour les Américains que pour les Nord-Vietnamiens, à en juger par le nombre stupéfiant d'engins explosifs non désamorcés ("UneXploded ordnance" ou UXO) qui s'y trouvent encore. Dans les zones sécurisées, des agriculteurs et de grandes entreprises pratiquent la culture du café. Parmi les autres produits locaux figurent les fruits, la cardamome, le rotin et, depuis peu de temps, l'avocat.

Les Laven (Boloven signifie "patrie des Laven") constituent le principal groupe ethnique du plateau, où vivent également plusieurs autres groupes môn-khmers, dont des Alak, des Katu, des Ta-Oy (Tahoy) et des Suay.

Région de Paksong

En grande partie détruite par les bombardements de la guerre du Vietnam, Paksong, capitale laotienne du café, compte relativement peu de curiosités. L'exception concerne les nombreuses cascades aux abords de la ville, sites incontournables du plateau des Boloven. On y accède facilement depuis Pakse.

À voir

Les environs de Paksong comptent de nombreuses chutes d'eau spectaculaires, dont les plus populaires sont Tat Fan et Tat Nyeuang (p. 240). Les plus belles sont pourtant celles de Tayicseua, plus lointaines et moins fréquentées. Toutes sont indiquées depuis la route principale, et des bus peuvent vous déposer aux embranchements. Les femmes qui se baignent aux cascades doivent porter une jupe ou un sarong.

Des plantations de café de tailles variables couvrent le plateau. Entre novembre et février, on peut voir les grains sécher au soleil. Le long de la route entre Pakse et Paksong, de nombreuses familles vous inciteront à faire une brève visite de leur plantation ; des visites plus formelles existent également (p. 241).

♥ Tayicseua CHUTES
(ຕາຍິກເສືອ ; 5 000 LAK et parking 5 000 LAK). Cette réserve naturelle privée, assez éloignée mais facile d'accès, englobe plusieurs cascades dont sept de taille considérable (aucune ne porte le nom de Tayicseua). Certaines se trouvent au niveau du parking et du restaurant. Les autres, réparties dans la forêt, comme la magnifique Tat Halang (ou "Tat Alang"), sont accessibles sans guide par un agréable réseau de sentiers. Même si le tourisme se développe, le site reste pour l'instant préservé de la foule.

Pour profiter au mieux de ce grand domaine et de la sérénité du lieu, n'hésitez pas à passer une nuit à la Tayicseua Guesthouse (p. 241).

Tayicseua est à 43 km de Paksong, non loin de la route principale. En venant de l'est, l'entrée du parc (signalisée) est à 4 km ce cette route. Le chemin de terre y menant est en assez bon état, néanmoins certains passages plus escarpés imposent la prudence à moto, surtout pendant la saison des pluies. Depuis l'ouest, la route non

AVERTISSEMENT : TAT KATAMTOK

En raison des nombreux incidents et agressions violentes survenus sur la route de Tat Katamtok, les tour-opérateurs ont cessé il y a plusieurs années d'emmener des touristes à cette cascade. Il est fortement déconseillé de s'y rendre tant que la sécurité n'y sera pas assurée.

goudronnée, plus longue, présente moins de difficultés.

Tat Fan — CHUTES

(ຕາດຟານ ; Tad Fane ; Route 16, Km 38 ; 10 000 LAK, moto/voiture 3 000/5 000 LAK). Tat Fan figure au nombre des chutes les plus spectaculaires du pays. Deux bras jumeaux traversent une épaisse forêt et plongent sur plus de 120 m pour former la Huay Bang Lieng. C'est tôt le matin et en fin d'après-midi qu'on profitera du meilleur ensoleillement, mais les chutes sont souvent dans la brume. Pour un point de vue remarquable, rendez-vous au Tad Fane Resort, un lodge de jungle au sommet d'une falaise en face des chutes.

Afin d'éviter la foule, faites un trek jusqu'au sommet des chutes ou jusqu'en bas. Comptez 10/15 $US par personne pour une demi-journée/journée, incluant l'entrée au parc national. La randonnée d'une demi-journée comprend la visite de Tat Nyeuang (ci-après) et d'un temple abandonné.

La route d'accès aux chutes se trouve à Ban Lak 38, à 12 km de Paksong.

Tat Champee — CHUTES

(ຕາດຈຳປີ ; Route 16, Km 38 ; 5 000 LAK, moto/voiture 3 000/5 000 LAK). La plus petite des quatre chutes à l'ouest de Paksong – à ne pas confondre avec la cascade du même nom, située à l'intérieur des terres sur la Route 20 en direction de Tat Lo – est cependant très belle. Une volée de marches en bon état rejoint le point de vue. De là un escalier en bois sommaire ou un sentier pédestre (plus long) descendent jusqu'à la rivière, où l'on peut se baigner et passer derrière la cascade.

La route d'accès à Tat Champee (qui part en face de celle pour Tat Fan) est à 12 km de Paksong. Les 2 km à parcourir sur cette route sont assez difficiles, aussi ces chutes sont-elles les moins visitées de la région.

ZNP de Dong Hua Sao — PARC NATIONAL

(ປ່າສະຫງວນແຫ່ງຊາດດົງຫົວສາວ). Au sud de Paksong, la ZNP de Dong Hua Sao de 1 100 km² englobe de vastes portions de forêt vierge où l'on peut apercevoir des singes, de grands papillons et de rares calaos. Mais le braconnage comme la déforestation illégale pour planter des caféiers constituent de vrais problèmes. Les circuits Accrobranche organisés par le spécialiste des activités d'aventure, Green Discovery (p. 221), constituent une bonne manière de découvrir le parc, mais il faut les réserver à l'agence de Pakse. Les treks proposés par le Tad Fane Resort traversent aussi la réserve.

Tat E-Tu — CHUTES

(ຕາດອີຕູ່ ; Route 16, Km 35 ; 5 000 LAK, moto/voiture 3 000/5 000 LAK). À 1 km au nord de la route principale (Route 16), Tat E-Tu est la première grande cascade que l'on croise en venant de Pakse. Cette chute de 40 m, très impressionnante, est moins courue que ses célèbres voisines. Une courte marche depuis le parking permet d'accéder au point de vue ; un escalier raide mais solide mène au pied de la cascade.

La route d'accès est à 15 km de Paksong.

Tat Nyeuang — CHUTES

(ຕາດເຍືອງ ; Route 16, Km 40 ; 10 000 LAK, moto/voiture 10 000 LAK ; ⏲ billetterie 8h-17h, chutes jusqu'à 18h30). Ces chutes — orthographiées aussi Tat Yuang — sont très impressionnantes avec leurs torrents jumeaux tombant sur près de 40 m dans la jungle. Ce sont probablement les plus exploitées du plateau des Boloven, et nombre de visiteurs y viennent pour la journée. Le week-end, des stands d'artisanat et de restauration s'installent le long du chemin menant à la cascade, dans une ambiance festive.

Un parcours amusant avec des marches mène à d'autres points de vue dans la forêt, et un chemin descend au pied des chutes. On peut nager en haut des chutes sans danger toute l'année, mais n'essayez pas de nager en bas pendant la saison des pluies.

L'embranchement est à environ 1 km après Ban Lak 38 ; comptez ensuite 1,2 km de la route principale au parc.

Activités et circuits organisés

Rafting et kayak se pratiquent sur la Huay Bang Lieng, qui alimente les chutes de Tat Fan durant la saison humide, de juillet à novembre. Pour en savoir plus, contactez Green Discovery (p. 221), à Pakse.

Tad Fane Zipline SPORTS D'AVENTURE
(Tad Fane Resort, Route 16, Km 38 ; 40 $US). Cette tyrolienne grisante s'adresse aux plus téméraires ! À 250 m au-dessus de la jungle, vous aurez droit à une vue imprenable sur les chutes jumelles de Tat Fan. Le parcours est divisé en quatre sections et comprend des portions de marche dans la forêt. Présence de guides prêts à offrir leur aide si nécessaire.

Koffie's Coffee Tours PLANTATIONS
(☎ 020-2276 0439 ; www.facebook.com/Koffies-Coffee/ ; visite 50 000 LAK/pers, atelier de torréfaction et visite 180 000 LAK). "M. Koffie", un Néerlandais fin connaisseur du café, organise des circuits sur le thème du café dans les environs de Paksong. Lors du circuit de 2 heures, vous découvrirez la culture, la récolte et la fabrication du café puis goûterez quelques variétés locales. Si vous restez l'après-midi pour l'atelier torréfaction, vous dégusterez une tasse de café torréfiée par vos soins et repartirez avec un paquet de grains. Départ à 10h au Won Coffee (p. 242).

Où se loger

De nombreux visiteurs logent à Pakse et font des excursions d'une journée sur le plateau des Boloven. Il y a pourtant un bon choix d'hébergements rustiques dans les environs de Paksong, où se situent les principales chutes d'eau. La climatisation est superflue dans cette région, et d'ailleurs, la plupart des chambres n'en sont pas équipées. L'isolement et le paysage, l'un des plus beaux du plateau, sont les atouts du lieu.

♥ **Tayicseua Guesthouse** GUESTHOUSE $
(☎ 020-95399789 ; www.tayicseua.com ; près de Route 16 ; dort 60 000 LAK, ch 120 000 LAK ; wifi). Entouré de ses sept cascades, cet établissement accueillant mérite bien son excellente réputation. À l'abri de la moustiquaire dans une cabane en bambou (ou sous votre propre tente), vous vous endormirez avec le bruit de l'eau et vous réveillerez avec le chant des oiseaux – à moins que vous ne choisissiez les bungalows en bois plus robustes. Un lodge communal surplombe la vallée embrumée de Tat Jariem au loin. Repas sans prétentioin à 20 000 LAK.

Tout est rudimentaire, mais pour qui n'est pas trop attaché au confort, c'est un endroit parfait !

Mystic Mountain Coffee GUESTHOUSE $
(☎ 020-99661333 ; www.mysticmountain.coffee ; ch 25 000 LAK/pers). Sur sa plantation de café reculée, le sympathique M. Khamsone a construit 2 chambres modestes. L'équipement est rudimentaire, mais on prendra bien soin de vous ! La plupart des visiteurs viennent pour une visite guidée de la région (à partir de 60 $US/pers). Les repas, gratuits si vous réservez la visite, coûtent sinon 20 000 LAK. À environ 12 km au nord de Paksong sur la route accidentée de Lao Ngam. Réservation obligatoire.

Tad Fane Resort RESORT $$
(☎ 020-56693366 ; www.tadfaneresort.com ; Route 16, Km 38 ; ch avec petit-déj 30-50 $US ; wifi). Ce lodge niché dans la fraîcheur de la jungle bénéficie d'un emplacement exceptionnel, dominant Tat Fan. Les cottages rustiques (2 niveaux) permettent de profiter de la symphonie nocturne des bruits de la forêt et de rejoindre les chutes d'eau tôt le matin, avant l'arrivée des nombreux visiteurs. Quelques cottages situés à l'arrière offrent même une vue partielle sur la cascade.

L'activité la plus populaire est la tyrolienne (voir plus haut), mais l'hôtel organise aussi des randonnées guidées dans la forêt d'une demi-journée (10 $US) ou d'une journée (15 $US), jusqu'à Tat Nyeaung notamment.

Baan E-Tu Waterfall Resort BUNGALOWS $$
(☎ 020-22769769, en Thaïlande 020-28347766 ; www.etuwaterfall.com ; Route 16, Km 35 ; ch 320 000-350 000 LAK, bungalows 420 000 LAK avec petit-déj ; clim, wifi). Une propriété au cœur d'une ancienne plantation de café et de thé, à 15 km à l'ouest de Paksong. Les bungalows sont ravissants, avec parquet ciré, matelas moelleux et, pour les chambres les plus chics, grand balcon d'où l'on entend le bruit des chutes de Tat Etu voisines.

Sinouk Coffee Resort BOUTIQUE-HÔTEL $$$
(☎ 030-9558960 ; www.suansinouk.com ; Route 16 ; ch avec petit-déj 70-100 $US ; non-fumeurs, clim, @, wifi). Dans une plantation de café en activité, à 30 km à l'ouest de Paksong sur la route de Tha Taeng, cet hôtel au bord d'un ruisseau a des airs de station de montagne. Comme la Residence Sisouk à Pakse (p. 223), la décoration est soignée : textiles locaux, meubles anciens, photos rétro, etc. Si vous êtes de passage, n'hésitez pas à vous arrêter pour un repas (plats 25 000-75 000 LAK) au milieu d'un jardin impeccable.

100% LOCAL

LE CAFÉ LAOTIEN

Un haut plateau, un sol volcanique fertile et riche en minéraux, des pluies abondantes : le plateau des Boloven rassemble les conditions idéales pour la culture du café. Les grains produits dans la région comptent parmi les meilleurs de la planète (et sont vendus à prix d'or), qu'ils soient de type arabica, arabica typica ou robusta. Située au cœur de ces terres de culture, Paksong est surnommée la "ville du café".

Les Français ont introduit le café sur le plateau des Boloven au début du XXe siècle, et l'arabica typica rapporté en France par bateau fut rapidement surnommé le "champagne des cafés". Les bombardements systématiques des années 1960 et 1970 ont mis un frein à la production, mais les affaires ont repris dans les années 1990. Aujourd'hui, ce sont presque 30 000 tonnes de grains de café vert – soit 90% de la production laotienne totale – qui sont récoltées à Paksong et dans le district adjacent de Tha Taeng.

L'argent du café a amélioré la vie de milliers d'habitants de la région, en particulier des femmes, mais l'essor de la culture caféière a ses revers, dont la pollution de l'eau et la déforestation.

Le plus grand producteur est Dao Heung, établi à Pakse. On peut voir l'usine depuis la route en montant vers Paksong, et l'opulente demeure du propriétaire à Pakse, près du pont japonais.

Dans le centre de Paksong, deux boutiques très différentes, Won Coffee et Jhai Coffee House, servent des cafés de grande qualité. Ils sont situés à 200 m l'un de l'autre, côté sud de la rue, près de l'hôpital. Le Won Coffee propose des visites guidées éducatives ; mieux vaut réserver, mais vous pouvez toujours tenter votre chance sur place si vous ne l'avez pas fait.

Où se restaurer et prendre un verre

Les restaurants situés près des cascades offrent un cadre charmant pour se restaurer, mais vous en trouverez aussi dans la ville de Paksong.

Tad Fane Restaurant LAOTIEN $
(☎020-56693366 ; Tad Fane Resort, Route 16, Km 38 ; plats 25 000-40 000 LAK ; ⏲7h30-22h30 ;). Le restaurant du Tad Fane Resort (p. 241) vous semblera peut-être désert lors de votre passage, mais il est ouvert aux visiteurs comme aux résidents de l'hôtel. Au menu, l'offre habituelle de plats laotiens et occidentaux.

Tat Nyeuang Restaurant LAOTIEN $
(☎020-56365324 ; Route 16, Km 40 ; plats 30 000-50 000 LAK ; ⏲7h-18h). Si vous visitez Tat Nyeuang (p. 240), n'hésitez pas à déjeuner dans le restaurant éponyme, bâtiment ouvert en bois résonnant de musique actuelle et proposant de bons plats laotiens, dont le riz gluant bicolore – la spécialité de la maison.

Jhai Coffee House CAFÉ
(jingjhai.coffee ; Route 16, Paksong ; ⏲8h-17h30 ;). Au cœur même du lieu de production, Jhai Coffee House se veut le premier café et torréfacteur philanthropique au monde. Il achète ses grains aux producteurs de la coopérative agricole Jhai Coffee à un prix équitable et réinvestit 100% de ses bénéfices dans des projets locaux dédiés à l'eau, à l'hygiène et à l'éducation des enfants. Cette étonnante petite oasis sert un excellent café (12 000-15 000 LAK) dans le centre-ville de Paksong.

Won Coffee CAFÉ
(Route 16, Paksong ; ⏲7h-17h30 ;). Au centre de Paksong, ce troquet local dirigé en partie par "M. Koffie" (p. 241), prépare du café bio (à partir de 10 000 LAK), mais aussi le *kopi luwak* (30 000 LAK par tasse ou 250 000 LAK les 100 g), aux fameux grains extraits des excréments de civette. Il organise aussi des circuits sur le café.

Depuis/vers Paksong

Le mieux est de louer une moto, mais tous les bus (15 000 LAK, 1 heure 30) arrivant de Pakse et à destination de l'Est peuvent vous laisser à Paksong ou à proximité de n'importe quelle cascade à l'ouest du village. Pour Tayicseua, montez dans un bus vers Attapeu, mais assurez-vous qu'il prend l'itinéraire direct, et non celui via Sekong.

Tat Lo ຕາດເລາະ

030

Tat Lo voit sa popularité grandir auprès des globe-trotteurs avec son cadre enchanteur, ses hébergements bon marché et ses magnifiques chutes d'eau. On est bien loin de l'ambiance festive de Don Det ou Vang Vieng, mais les habitants comme les Occidentaux venus s'y installer comptent bien préserver leur petit coin de paradis. Ainsi la sérénité qui y règne pousse-t-elle les visiteurs à s'attarder.

Les treks organisés à la journée et la pratique répandue de l'anglais font de Tat Lo un point de départ idéal pour explorer les Boloven, bien que le village soit au pied du plateau et non sur ses hauteurs. Tat Lo s'appelait à l'origine "Ban Saen Vang", mais ce nom n'est plus utilisé de nos jours.

À voir

Trois cascades jalonnent cette portion du fleuve : Tat Lo, Tat Hang et Tat Soung. Tat Lo est la moins impressionnante, mais les trois ont perdu de leurs attraits depuis la construction d'un barrage en amont.

Sachez que les autorités responsables du barrage ouvrent les vannes en soirée. Renseignez-vous auprès des habitants sur l'heure de cette manœuvre avant de visiter les chutes afin de ne pas vous trouver pris par les eaux, ce qui pourrait vous être fatal !

Tat Soung — CHUTES

(ຕາດສູງ ; parking 5 000 LAK). La cascade de Tat Soung se jette de 50 m depuis le plateau des Boloven, et, bien que le barrage en ait réduit le débit à un filet d'eau une grande partie de l'année (c'est celle des trois chutes qui en a le plus pâti), vous pourrez vous promener sur le sommet rocheux qui jouit d'une vue splendide. Lors des fortes pluies entre août et octobre, les chutes atteignent leur puissance maximum et retrouvent un peu de leur superbe.

Tat Soung est à 8 km au sud du village de Tat Lo et la route qui grimpe jusqu'au sommet est l'occasion d'une belle balade. À 3,5 km après le village de Tat Lo, dans le bourg de Kiang Tat Soung (Ban Kiang Tat Soung), vous croiserez un panneau (mentionnant par erreur "top") qui indique en réalité le bas des cascades. De jeunes guides vous proposeront de vous emmener au sommet (1,5 km) pour une somme modique. Dernier point : ne laissez rien traîner dans le top-case de votre moto pour éviter les mauvaises surprises au retour.

Ban Houay Houn — VILLAGE

(ບ້ານຫ້ວຍຫຸນ). Impossible de manquer Ban Houay Houn à 24 km de Tat Lo ; il est signalé par le panneau "Katu Weavers" et un attroupement de touristes devant la maison communautaire. Les femmes du village y tissent le coton à l'aide de métiers qu'elles maintiennent avec leurs pieds. Les motifs colorés sont enrichis de perles blanches. Si le rouge et le noir sont les couleurs traditionnelles des Katu, elles emploient désormais plusieurs couleurs pour satisfaire la demande touristique.

Bien que cette expérience n'ait rien d'authentique et que ce type de tissage soit pratiqué dans bien d'autres villages, cela peut valoir le coup de s'arrêter à Ban Houay Houn, car il y a chaque jour au moins une femme qui vient tisser et vendre ses produits. Vous n'aurez peut-être pas la chance d'en rencontrer dans un autre village.

Tat Lo — CHUTES

(ຕາດເລາະ). GRATUIT Tat Lo, à quelque 500 m en amont de Tat Hang, est un peu plus haute, mais guère impressionnante. Pour y accéder, passez devant les bungalows du Saise Resort et suivez la route jusqu'au bout, où vous devrez escalader quelques rochers. Pour rejoindre le haut des chutes, prenez la route qui monte sur 1 km en direction de l'est depuis l'embranchement signalisé dans le village.

Tat Hang — CHUTES

(ຕາດຮັງ). GRATUIT Les chutes de Tat Hang sont visibles depuis le pont en ville et quelques guesthouses. D'une hauteur et d'une largeur de 6 m, elles cascadent sur plusieurs niveaux ce qui leur confère une certaine beauté même à débit réduit. Vous pourrez vous y baigner, en compagnie des gens du coin.

Activités

L'association des guides de Tat Lo, basée au centre d'information touristique de Tat Lo, organise des randonnées (demi-journée/journée 80 000/160 000 LAK par pers) que nous vous recommandons. Elles passent par les trois chutes d'eau et par des villages katu, ta-oy (tahoy) et/ou suay.

Pour des circuits plus aventureux, ils peuvent vous emmener vers des chutes plus éloignées et d'autres sites, notamment une grotte abritant d'anciennes sépultures en pierre. Sinon, envisagez une excursion de 2 jours au **Phu Tak Khao**, avec nuit dans un village suay. Comptez 100/60 $US/personne pour un groupe de 2/4 personnes accompagné d'un guide local.

Où se loger et se restaurer

Si vous avez réservé, renseignez-vous auprès de votre guesthouse sur un transfert gratuit depuis la route principale (Route 20). Le centre d'information touristique de Tat Lo peut organiser des hébergements chez l'habitant pour 25 000 LAK par personne.

Les visiteurs prennent généralement leurs repas dans leur guesthouse, bien qu'il existe quelques petits restaurants indépendants dans les environs.

Mr Vieng Coffee & Homestay GUESTHOUSE $
(020-99837206 ; Ban Houay Houn ; 20 000 LAK/pers, 15 000 LAK). Cet hébergement sympathique tenu par un couple katu est installé dans une plantation de café à Ban Houay Houn, sur la Route 20, à 19 km au sud-ouest de Tat Lo. Les chambres modestes sont satisfaisantes pour le prix. Les propriétaires proposent des visites guidées de la plantation (15 000 LAK/pers), et vendent leur production de tissus. Un pavillon à toit végétalisé où exposer des tissus et d'autres articles était en construction lors de nos recherches.

Tadlo Lodge LODGE $$
(020-99352198 ; souriyavincent@yahoo.com ; ch/ste à partir de 50/100 $US, avec petit-déj ;). Situé au-dessus de Tat Hang, à environ 1 km du village de Tat Lo, c'est le seul hébergement un peu chic des environs. Le bâtiment principal arbore un style laotien traditionnel. Les chambres, élégantes et confortables, sont dotées de terrasses, et le restaurant offre une excellente vue sur la cascade. Seule la suite est climatisée. Les défenseurs des animaux doivent savoir que les éléphants de l'hôtel destinés aux promenades sont enchaînés la plupart du temps.

Saise Resort COMPLEXE HÔTELIER $$
(020-59156666 ; ch 150 000-250 000 LAK ;). Cet hôtel bénéficie probablement du meilleur emplacement de la région, au cœur de la forêt, tout près de Tat Hang. En revanche, le personnel est assez froid et les chambres ordinaires ; cela peut valoir le coup si la vôtre donne sur la cascade.

Saise Resort LAOTIEN, THAÏLANDAIS $
(plats 20 000-60 000 LAK ; 7h-21h ;). Une cuisine de qualité (essentiellement thaïlandaise), servie sur une superbe terrasse avec vue sur la cascade de Tat Hang.

Renseignements

Un DAB situé sur la grande route est la seule source de devises de la région ; les guesthouses pratiquent des taux de change exorbitants. Mieux vaut changer votre argent avant votre arrivée.

Centre d'information touristique de Tat Lo
(020-5445 5907 ; kouka222@hotmail.com ; 8h-11h30 et 13h30-16h30 lun-ven, tlj nov-fév). Pour engager un guide, obtenir des infos sur les excursions alentour ou vous aventurer plus avant dans la province de Salavan et au-delà, ce bureau efficace, qui dirige l'association des guides de Tat Lo, doit être votre première halte. On vous aidera aussi à organiser vos trajets en transport public sur le plateau des Boloven. Cartes et brochures sur la région à disposition.

Depuis/vers Tat Lo

À la gare routière Sud de Pakse (p. 226), dites simplement "Tat Lo" et l'on vous indiquera l'un des 9 bus quotidiens pour Salavan. Ceux-ci s'arrêtent sur la Route 20 à Ban Khoua Set (30 000 LAK, 2 heures), d'où vous devrez parcourir à pied ou en moto-taxi (10 000 LAK) le 1,5 km restant jusqu'à Tat Lo.

Pour Sekong (20 000 LAK, 1 heure) ou Attapeu (40 000 LAK, 3 heures), le plus sûr est le bus du matin qui passe par Ban Beng, que l'on peut rejoindre en moto-taxi (15 000 LAK) depuis Tat Lo. À Ban Beng, on peut aussi prendre un minibus ou un *sŏrngtăaou* pour Sekong, et un bus à destination de Paksong (20 000 LAK, 1 heure). Le centre d'information touristique peut demander qu'un bus à destination du Vietnam s'arrête pour vous prendre à Ban Khoua Set.

Salavan ສາລະວັນ

034 / 12 700 HABITANTS

À 30 km de la très touristique Tat Lo, Salavan (écrit aussi "Saravan" et "Saravane") reste une ville méconnue. Elle est pourtant plaisante, bien que dépourvue de site remarquable. Seuls les voyageurs désireux de rencontrer les minorités vivant dans la région alentour s'y arrêtent.

Plus de la moitié de la population de la province de Salavan appartient à l'ethnie lao (Loum et Soung), qui n'est pas originaire de la région. Le reste des 350 000 habitants se répartit entre des groupes môn-khmers relativement peu connus, dont des Ta-Oy

(Tahoy), des Lavai, des Alak, des Laven, des Ngè, des Tong, des Pako, des Kanay, des Katu, des Kado et des Katang, ces derniers étant des maîtres du tissage.

À voir

Le marché est un des rares attraits de Salavan, mais ceux qui s'intéressent à l'art bouddhique pourront effectuer une visite rapide de la ville. La construction d'un musée provincial est achevée, mais il n'était pas encore ouvert lors de nos recherches.

Il y a plus intéressant à voir hors de la ville, même si l'accès est moins aisé, comme par exemple le pont en ruines du Prince Souphanouvong, à environ 18 km, et les villages de tisserands des alentours de Toumlan.

Marché de Salavan VIE LOCALE

(ຕະຫຼາດສາລະວັນ ; ⏲ 6h-18h30). Les femmes des villages alentour viennent vendre sur ce marché les produits qu'elles ont cultivés ou ramassés dans la forêt : champignons, pousses de bambou, œufs de fourmi ou lézards.

Vat Kang Salavan TEMPLE BOUDDHIQUE

(ວັດກາງສາລະວັນ , Vat Simongkhoun). Fondé il y a plus de deux siècles, ce temple situé à 700 m au nord-est du marché possède un important *hŏr đại* — édifice dédié à la conservation des écritures bouddhiques — érigé dans un bassin pour protéger les manuscrits saints des termites. Reposant sur 57 piliers, il était en cours de rénovation lors de notre passage. Les dorures et les piliers en bois sombre sont impressionnants.

Une grande partie du temple a été détruite en 1972 et les vestiges de l'ancien *sĭm* en briques et du stupa, de l'autre côté de la route, sont recouverts par la végétation.

Environs de Salavan

Pont du Prince Souphanouvong RUINES

(Ban Dan Bridge ; Route 23). Réservées aux motards intrépides, les ruines de ce pont qui se dissimule hors des sentiers battus se trouvent à 10 km à l'ouest de Salavan, puis à 10 km au nord. Long de 150 m, il fut détruit par un bombardement américain en 1968 du fait de sa position stratégique sur la piste Hô Chi Minh. Les vestiges, la plupart des piliers en béton et une partie de la travée en acier, forment un contraste saisissant avec le paysage bucolique.

Le pont porte le nom de son concepteur, le "Prince rouge" Souphanouvong, ingénieur de métier (voir p. 275).

Un ferry (10 000 LAK) permet de traverser la rivière, que l'on peut même franchir à pied pendant la saison sèche.

La moto est pour ainsi dire le seul moyen d'y accéder. Vous pourrez emprunter la route jusqu'à Toumlan, mais il manque de nombreux petits ponts ; renseignez-vous à Salavan avant de vous lancer à la saison des pluies. Rejoindre le pont est l'occasion de faire une belle promenade à travers les montagnes de la ZNP de Se Ban Nuan.

Toumlan VILLAGE

(ບານຕຸມລານ). Petite localité-champignon construite à la va-vite à 50 km au nord de Salavan, Toumlan abrite quelques modestes magasins et restaurants, et des bâtiments administratifs surdimensionnés. Les villages katang environnants constituent l'une des principales régions de tissage du Laos. Les femmes fabriquent différents tissus en coton et en soie, notamment le *mat-mee* (ikat ou teinture par nouage), sur de grands métiers à tisser en bois différents des métiers à bras traditionnellement utilisés dans la région des Boloven.

Comme presque personne ne parle français, anglais ou thaï, montrez-vous souriant et poli (limitez les photos), et les artisans à l'ouvrage vous laisseront volontiers regarder leur travail. Promenez-vous en particulier sur la route à l'est de Toumlan, où presque toutes les maisons disposent d'un métier à tisser. La plupart de ces villages disposent de leurs propres élevages de vers à soie.

HORS DES SENTIERS BATTUS

VISITER LES ZONES NATIONALES PROTÉGÉES

La province est encore en grande partie recouverte de forêt naturelle, et visiter les zones protégées (ZNP) peut être difficile en raison de la quasi-absence d'infrastructures touristiques. L'office du tourisme (p. 246) de Salavan organise des treks, met les voyageurs en relation avec des guides et peut aider à trouver un logement chez l'habitant ; contactez-le au préalable. Toutefois, vous aurez sans doute plus de chance d'obtenir ce que vous souhaitez en vous adressant au centre d'information touristique de Tat Lo (p. 244).

La fête de Lapup, le sacrifice du buffle, s'y déroule généralement fin février.

Aucun transport en commun ne passe par ici, mais la Route 15A goudronnée est en bon état. Les plus aventureux pourront emprunter la Route 23, après le pont du Prince Souphanouvong.

Tahoy VILLAGE

(ບ້ານຕາໂອ້ຍ). Une visite à Tahoy (Ta-oy) ne se justifie pas à elle seule, mais on peut visiter la ville dans le cadre d'une excursion sur la journée à Toumlan. Le trajet qui y mène traverse une zone montagneuse peu peuplée et, même si les arbres ont pour beaucoup été abattus, il reste encore de beaux endroits. Tahoy fut autrefois une étape stratégique sur la piste Hô Chi Minh et 2 sentiers majeurs partent du village.

Tahoy est un centre d'activités pour la minorité ethnique ta-oy (tahoy), qui compte quelque 30 000 représentants dans l'est des provinces de Salavan et de Sekong. Parmi les autres minorités de la région, citons les Katang, les Pako, les Kado et les Kanay. Les Ta-Oy vivent dans des vallées boisées et, comme beaucoup des Môn-Khmers du sud du pays, ils pratiquent un mélange d'animisme et de chamanisme. Lors des cérémonies, les Ta-Oy dressent des totems en bambou aux motifs en losange pour interdire l'entrée de leurs villages aux étrangers. Ne manquez pas d'admirer les imposantes **maisons longues** en ville et aux alentours ; quelques-unes sont visibles dans un village avant de traverser le grand pont de Tahoy. En contrebas de la ville, en amont du pont, un court chemin conduit à de superbes **rapides**.

Tahoy est à 80 km de Salavan par une route goudronnée en bon état. En doublant la distance, on atteint Samouy, près de la frontière vietnamienne. Ces deux petites bourgades permettent de se restaurer, se loger et de faire le plein d'essence.

Où se loger et se restaurer

Les hébergements sont essentiellement regroupés sur la Route 15, à l'ouest du centre-ville, et sur la route venant du sud.

Malgré sa taille, Salavan est l'une des villes laotiennes les plus mal pourvues en matière de restauration. Le Sabaidee Salavan, qui possède une carte en anglais, fait figure d'exception.

Phonexay Hotel HÔTEL $

(☎020-91999655 ; Route 15 ; ch avec ventil 78 000 LAK, ch avec clim 120 000-200 000 LAK ; ❄📶). Le bâtiment principal assez récent et le Wi-Fi dans les chambres (capricieux lors de notre passage) font de cet établissement plutôt propre, à 1,5 km à l'ouest du marché, le meilleur choix de la ville. Les chambres du bâtiment neuf sont spacieuses, immaculées et bien équipées.

Jindavone Guesthouse GUESTHOUSE $

(☎034-211065 ; ch avec ventil/clim 70 000/100 000 LAK ; ❄). Sis dans un bâtiment bleu un peu tape-à-l'œil, à l'angle sud-est du marché, cet établissement économique et bien placé est dirigé par une famille accueillante, parlant un peu anglais. Les chambres à l'étage sont plus aérées.

Phoufa Hotel HÔTEL $

(☎030-5370799 ; Route 20 ; ch 60 000-150 000 LAK ; ❄📶). Cet hôtel ancien, mais convenable, propose différents types de bungalows, propres et assez bien entretenus, entourés d'un jardin agréable et de grands arbres. Le long de la Route 20, 1,5 km avant l'entrée dans la ville.

Sabaidee Salavan LAOTIEN, THAÏLANDAIS $

(plats 15 000-50 000 LAK ; ⏲7h-20h30). Ce restaurant, l'un des rares avec un menu en anglais, sert des plats laotiens et thaïlandais, ainsi que des *sukiyaki*. La cuisine est délicieuse et la musique pop thaïlandaise pas trop envahissante. En retrait de la Route 15 (au coin du Phonexay Hotel).

Renseignements

Les munitions non explosées (UXO) restent un problème majeur dans certaines zones rurales. Soyez particulièrement prudent si vous vous éloignez des routes principales : ne quittez pas les pistes ou les chemins balisés.

Il y a plusieurs banques et DAB en ville, notamment autour du marché.

Office du tourisme de Salavan (☎034-211528 ; ⏲8h-16h lun-ven). Le personnel est serviable et vous trouverez toujours quelqu'un qui connaît les sites touristiques alentour. Situé au sud du marché, à côté du grand bâtiment en verre de la banque Phongsavanh.

Depuis/vers Salavan

La gare routière est 2 km à l'ouest du centre, au croisement de la Route 20 et de la Route 15. Neuf bus quotidiens desservent Pakse (30 000 LAK, 3 heures), dont 3 (8h30, 16h, 16h30) continuent jusqu'à Vientiane (ordinaire/couchettes 130 000/190 000 LAK, 12-14 heures), et un jusqu'à Attapeu (50 000 LAK, 4 heures 30).

Aucun bus direct ne relie Salavan au Vietnam ; avec un peu de chance, l'un de ceux qui traversent la ville en provenance de Pakse aura quelques places libres.

Attapeu ອັດຕະປື

036 / 15 900 HABITANTS

La capitale de la province d'Attapeu, située à la confluence de la Se Kong et de la Se Kaman, est une ville assez banale, sans pour autant être déplaisante.

Si la végétation laisse espérer de bonnes surprises, la ville présente peu de curiosités, à l'exception des temples de Saisettha et des vestiges de la guerre du Vietnam à Pa-Am.

La province a fait les gros titres en 2018 lorsque l'un des nombreux barrages hydroélectriques en cours de construction dans le pays a partiellement cédé, causant la destruction de plusieurs villages et faisant malheureusement de nombreuses victimes.

Vous y entendrez parler autant lao que vietnamien, puisque la moitié de la population est vietnamienne.

À voir

Attapeu est le cadre de magnifiques couchers de soleil. Les sites dignes d'intérêt sont en dehors de la ville : les villages de Saisettha et Pa-Am (p. 249) peuvent faire l'objet d'une belle excursion sur une demi-journée. Un circuit au lac du cratère volcanique de Nong Fa ("lac bleu ciel") dans la ZNP de Dong Amphan (p. 249), plus difficile d'accès, vaut le détour.

La ville a tenté de tirer profit de la proximité de deux cascades assez spectaculaires, Tat Sae Pha et Tat Sae Pong Lai, situées à quelque 40 km, mais la rupture dramatique du barrage hydroélectrique en 2018 a contrarié ces efforts. Les infrastructures sont en cours de reconstruction.

Musée provincial d'Attapeu HISTOIRE LOCALE

(ຫໍພິພິດທະພັນແຂວງອັດຕະປື ; Samakhy Rd ; 8h30-11h30 et 13h30-16h lun-ven). GRATUIT Ce bâtiment vaste et élégant renferme une petite collection d'objets ruraux et tribaux, des outils (comme une décortiqueuse de riz), diverses maquettes de maisons tribales, des armes et quantité de photos de dignitaires locaux. Vaut le coup d'œil si vous n'avez rien d'autre à faire, mais sachez qu'il y a des fuites en cas de fortes pluies.

Marché Lak 3 MARCHÉ

(ຕະຫຼາດຫຼັກ 3). Marché animé où l'on trouve des produits frais, des baguettes et divers en-cas.

Environs d'Attapeu

Tat Sae Pha CHUTES

(ຕາດແຊພະ). Située à environ 40 km d'Attapeu, Tat Sae Pha compte parmi les plus belles cascades du Laos. Reculée et presque inaccessible durant la saison des pluies, elle est l'occasion d'une belle excursion à la saison sèche. Ces larges chutes en fer à

PASSER AU VIETNAM : DE LA LAY À LALAY

Jusqu'à la frontière Depuis Pakse, la plupart des voyageurs pour Hué et Danang empruntent des bus-couchettes, qui passent par le poste-frontière de Lao Bao, à l'est de Savannakhet. Plus rapides, les minibus via Salavan passent par le poste-frontière de La Lay (Laos)/Lalay (Vietnam). Cependant, si vous êtes à Salavan, vous pourrez généralement trouver des places disponibles à bord des bus en provenance de Pakse qui traversent la ville. Cette route étant peu fréquentée, il est préférable d'emprunter un transport direct jusqu'au Vietnam. Si tel n'est pas le cas, le minibus de 7h30 vous déposera à Samouy (35 000 LAK, 3 heures 30), tout près de la frontière.

À la frontière La frontière est ouverte de 6h à 19h. Il n'y a qu'une simple cahute, mais le passage se fait généralement sans encombre (autre que l'habituel supplément "heure tardive" côté laotien) à condition d'être déjà en possession de son visa vietnamien, si nécessaire. Dans l'autre sens, on peut obtenir un visa laotien à la frontière.

Au Vietnam Si vous n'avez pas pris un bus direct, sachez que les camions forment l'essentiel du trafic, et vous pourrez normalement quitter la frontière à bord de l'un d'entre eux, mais vérifiez auprès du chauffeur la direction qu'il suit : à droite au carrefour vers Hué et Danang ou à gauche vers Đông Hà.

Attapeu

cheval de 20 m de haut forment un spectacle saisissant. On peut s'approcher de l'eau et se rafraîchir en pataugeant dans de petits bassins.

Le centre d'information touristique d'Attapeu (p. 251) vous renseignera sur les conditions d'accès lors de votre visite.

Une guesthouse et un restaurant avaient été construits sur place et les routes d'accès améliorées en prévision du développement touristique, mais tout a été emporté lors de l'effondrement du barrage d'Attapeu en 2018. La reconstruction était en cours lors de nos recherches. Les chutes attireront sûrement leur lot de touristes une fois les infrastructures achevées.

Pour y accéder, empruntez la Route 18A jusqu'au village de Hua Se Pien, puis tournez à droite sur la Route 9005 en direction de Paksong. Vous traverserez des villages dévastés par l'effondrement du barrage – Hinlat, Ban Mai et Ban Samong – avant d'atteindre la cascade, environ 9 km après le village de Samong.

Tat Sae Pong Lai — CHUTES

(ຕາດແຊປອງໄລ). Ces chutes d'eau spectaculaires furent lourdement affectées par l'effondrement du barrage d'Attapeu en 2018. Situées à quelque 7 km au nord de Tat Sae Pha, elles sont difficiles d'accès. Avant la catastrophe, Tat Sae Pong Lai était plus photogénique que Tat Sae Pha, mais l'inondation a déposé une grande quantité de vase, aujourd'hui durcie, à sa base. Elle n'en reste pas moins un site remarquable.

Dans l'attente d'une amélioration des routes, on n'y accède uniquement à moto ou en 4x4. Contactez le centre d'information touristique d'Attapeu (p. 251) avant de tenter de vous y rendre.

Saisettha — VILLAGE

(ໄຊເຊດຖາ). À 11 km à l'est d'Attapeu par la Route 18B, Saisettha est un gros bourg situé

Attapeu

À voir

1 Musée provincial d'Attapeu C3
2 Mémorial de Kaysone Phomvihane B3
3 Marché Lak 3 .... A2
4 Mémorial de l'amitié lao-vietnamienne C3

Où se loger

5 Dokchampa Hotel B3
6 Phoutthavong Guesthouse C4
7 Sokpaserd Riverside D4
8 Soukdaoxay Guesthouse D3

Où se restaurer

9 Huean Phae Nang Gulap C4
10 Kiengnoi Attapeu B3
11 Sabaidee Attapeu C2
12 SP Coffee A2
13 Talat Samakhixay D4
14 Thi Thi Restaurant D4

Renseignements

15 BCEL B2
Thi Thi Money Exchange .... (voir 16)

Transports

16 Mai Linh Express D4

sur la rive nord de la Se Kaman. Il a un peu perdu sa douce atmosphère d'autrefois, mais il conserve quelques temples qui raviront les amateurs d'art.

À droite, juste après le pont Houay Phateun, se dresse au bord de l'eau le **Vat Siliawat That Inping** (ou Vat Fang Daeng), associé à un grand stupa octogonal. Dans la salle adjacente, un ensemble de peintures assez complet relate les scènes du Vessantara jataka (épopée bouddhique).

À 1 km à l'est, au bout de la route, la *sala* (salle ouverte) du **Vat Ban Xai** abrite d'autres belles fresques, représentant principalement la vie du Bouddha. L'entrée de l'ancien *sĭm* (salle de prière) est décoré de motifs floraux en stuc d'origine.

Quittez le Vat Ban Xai, revenez sur la route et poursuivez vers l'est. Après le pont Se Kaman, prenez la première grande route tout de suite à droite, et arrêtez-vous au deuxième temple (6,5 km au total) à Muang Kao ("vieille ville"). Il s'agit du célèbre **Vat Luang** où repose Lan Xang King Setthathirat, qui a donné son nom au district. Ce *vat* aurait été fondé en 1571, l'année de sa mort, et le stupa où il est inhumé, érigé peu après (mais reconstruit depuis). Un vieux *vihan* (salle de culte) décrépit, doté d'une porte et d'un pignon en bois sculpté, conserve un grand bouddha. Le petit *sĭm* (*ubosot*) sur le devant est en meilleur état.

Pa-Am VILLAGE

(ພະອ່າ). La région à l'est d'Attapeu faisait partie de la piste Hô Chi Minh qui se divise ici en deux sections principales : la piste Sihanouk qui se dirige vers le sud jusqu'au Cambodge et la piste Hô Chi Minh qui part vers l'est jusqu'au Vietnam. Aussi la région fut-elle lourdement bombardée pendant la guerre. Un des rares vestiges de cette époque est un lance-missile sol-air russe installé dans le village de Pa-Am (Ban Sombun) par les Nord-Vietnamiens dans les années 1970 pour se défendre des attaques aériennes.

L'engin a échappé aux ferrailleurs et le gouvernement a ordonné son exposition au centre du village, entouré de barbelés et de quelques carcasses de bombes.

À côté du lance-missile, un petit magasin d'artisanat local vend des textiles et des paniers tissés par des femmes talieng. En traversant le village, vous aurez peut-être la chance de les voir à l'ouvrage.

Pa-Am est à 16 km après Saisettha (suivez les panneaux indiquant San Xai après avoir quitté la Route 18B). Vous pourrez combiner la visite de ces 2 villages sur une demi-journée depuis Attapeu, si vous êtes véhiculé. Aucun transport public ne dessert Pa-Am.

Au nord de Pa-Am, la route devient rapidement mauvaise et continue jusqu'à Chaleun Xai, 38 km plus loin, avant de se diriger vers le nord-ouest jusqu'à Sekong. Malgré des améliorations récentes, ce tronçon reste assez ardu et déconseillé hors de la saison sèche.

ZNP de Dong Ạmphan PARC NATIONAL

(ປ່າສະຫງວນແຫ່ງຊາດດົງອໍາພານ). Le site le plus emblématique de cette zone protégée de 1 975 km² au nord-est de la province d'Attapeu est le **Nong Fa** (le lac bleu ciel ; ou Nong Kai Ork). Situé à 1 500 m d'altitude, il offre une vue sur les environs en contrebas, eux aussi de toute beauté.

Ce lac, qui nécessitait autrefois 5 jours de trek, était utilisé par les Nord-Vietnamiens comme site "R&R" ("repos et récupération") pour les soldats blessés sur la piste Hô Chi Minh. Le manque d'infrastructures actuel rend difficile, voire parfois impossible, le trajet jusqu'au lac. Renseignez-vous auprès du centre d'information touristique (p. 251)

100% LOCAL

LA CATASTROPHE DU BARRAGE D'ATTAPEU

Le 23 juillet 2018 vers 20h, un barrage (Saddle Dam D) en construction – faisant partie d'un vaste projet hydroélectrique dans le sud du Laos – cède sous la pression de pluies saisonnières plus intenses que d'ordinaire (la tempête tropicale Son-Tinh). Plusieurs milliards de litres d'eau se déversent instantanément sur le district de Sanamsay, dans la province d'Attapeu. Tel un tsunami, un mur d'eau charriant boue, arbres et pierres (certaines de la taille d'un camion) déferle sur plusieurs villages, dont Hinlat, Ban Mai, Tha Hin et Samong, qui sont entièrement détruits.

Les autorités, informées de l'imminence de la catastrophe, ont essayé d'informer la population, mais certains villageois n'en ont rien su avant de voir l'énorme vague destructrice déferler sur eux. Ils ont tenté de se mettre à l'abri aussi vite que possible, se réfugiant avec des enfants dans les bras dans des arbres ou sur des toits — ce qui ne fut pas toujours une solution sûre, comme en témoigne le tronc de 20 m de long qui s'est écrasé sur le toit de l'école de Ban Mai. On estime à 120 le nombre de morts ou de disparus, et des milliers de villageois ont dû être déplacés. Un an plus tard, la reconstruction était encore en cours. Fin 2019, de nombreux habitants vivaient encore dans des abris temporaires en attendant d'être relogés dans de nouveaux villages construits sur les hauteurs. Retourner dans leurs anciens villages n'est pas envisageable pour l'instant : l'épaisse couche de vase qui a recouvert les terres les a rendues impropres à la culture.

sur le moyen de s'y rendre. Il est éventuellement possible de réserver une excursion de 2 jours en 4x4 (auprès du Dokchampa Hotel), ou à moto tout-terrain (type Enduro), avec guide et nuit chez l'habitant près du lac.

Après avoir quitté la Route 18B qui arrive d'Attapeu, les 65 km de mauvaise piste qui mènent au parc traversent des collines escarpées, des parcelles rocailleuses et quelques cours d'eau à guet... Le trajet, déjà difficile à la saison sèche, est quasi impraticable pendant la saison des pluies. On peut théoriquement venir par ses propres moyens, mais la route est longue et vous risquez d'être refoulé par des gardes avant d'atteindre votre destination.

Jusqu'à une période récente, la réserve abritait l'un des écosystèmes les mieux préservés du pays. Cependant, l'exploitation illégale du bois, l'extraction d'or, le braconnage et les projets hydroélectriques sur la Se Kaman et la Se Su menacent aujourd'hui l'état originel de cet environnement. Pourtant, gaurs, tigres, éléphants et quelque 280 espèces d'oiseaux, comme l'argus ocellé, peuplent encore les forêts de la réserve.

Où se loger

Attapeu compte quelques hébergements corrects, mais rien de remarquable.

Sokpaserd Riverside GUESTHOUSE $
(☎020-22291223 ; Khunlong Rd ; ch 100 000 LAK ; ❄ 📶). Le Sokpaserd offre probablement le meilleur rapport qualité/prix d'Attapeu. Il propose des chambres correctes, climatisées, dans des bâtiments disséminés dans un joli jardin. L'accueil est chaleureux et l'atmosphère agréable. Même si une rue sépare l'établissement de la Se Kong, on aperçoit la rivière à travers les arbres à l'étage.

Dokchampa Hotel HÔTEL $
(☎036-211069 ; www.dokchampakham.weebly.com ; Route 18A ; ch avec petit-déj 129 000-259 000 LAK ; ❄ 📶). Les chambres de l'ancienne aile (les moins chères) sont sombres et défraîchies ; celles de l'aile récente sont meilleures et possèdent de grands lits, un réfrigérateur et tous les équipements habituels (mais pas de TV). Petit-déjeuner très sommaire. Mais l'adresse est tranquille.

L'enseigne et le site Web annoncent des services de tour-opérateur, qui semblent un peu aléatoires.

Soukdaoxay Guesthouse GUESTHOUSE $
(☎020-22900054 ; ch/d 100 000/200 000 LAK ; ❄ 📶). Cet établissement à la façade rose, situé sur la Se Kong au nord du centre-ville, abrite des chambres assez récentes d'un bon rapport qualité/prix. Trois d'entre elles à l'étage ont une belle vue sur la rivière.

Où se restaurer

Le matin, des marchands vendent des sandwichs-baguette, du *fĕr* (nouilles de riz) et d'autres nourritures de rue au **Talat Samakhixay** (Talat Nyai ; Khunlong Rd), près du pont. On trouve évidemment beaucoup de cuisine vietnamienne à Attapeu ; les menus en anglais sont assez rares. La ville compte un ou deux bons restaurants.

Après le dîner, les habitants s'attardent devant une bière dans des cafés modestes situés le long de la Se Kong, à l'extrémité sud de la ville.

Kiengnoi Attapeu LAOTIEN, THAÏLANDAIS $

(plats 20 000-50 000 LaK ; ⏲7h-22h ; 📶). Ce restaurant spécialisé dans le riz au curry et servant une grande variété de plats se distingue des autres établissements de la ville, où l'offre est dominée par les cafés et les restaurants de fondues laotiennes. Il fonctionne sur le principe de l'*ah-hăhn đahm sang* (plats sur commande), on peut donc commander un plat qui n'apparaît pas sur le menu en combinant les ingrédients de son choix.

Huean Phae Nang Gulap LAOTIEN, THAÏLANDAIS $

(Khunlong Rd ; plats 20 000- 70 000 LAK ; ⏲9h-23h ; 📶). Une fois descendu l'escalier menant au restaurant flottant de Madame Rose, installez-vous pour boire un verre en fin de journée en profitant d'une jolie vue. La cuisine est de bonne qualité ; on pourra vous préparer à peu près n'importe quel plat classique laotien ou thaïlandais. Le *tom sap* épicé au poisson (nommé *sweet and sour soup*, soupe aigre-douce) est une valeur sûre.

SP Coffee CAFÉ $

(☎020-22293281 ; plats 15 000-25 000 LAK ; ⏲7h-22h ; 📶). L'un des rares cafés climatisés d'Attapeu, qui sert aussi des plats laotiens et thaïlandais à prix raisonnables. Le café est correct. Le soir, l'établissement se transforme en bar et accueille parfois des soirées karaoké.

Thi Thi Restaurant VIETNAMIEN $

(Route 18A ; plats 15 000-35 000 LAK ; ⏲6h-21h ; 📶). Certains considèrent le restaurant du Dúc Lôc Hotel comme l'une des meilleures tables vietnamiennes en ville. Au menu, plats de poisson, soupes, riz frit et *fĕr*.

Sabaidee Attapeu LAOTIEN $$

(plats 30 000-70 000 LAK ; ⏲8h-21h ; 📶). On vient ici pour le cadre – une maison en bois rustique dont la large terrasse donne sur la Se Kong et les montagnes au loin. La carte comprend une profusion de viandes grillées ou frites, mais aussi des plats plus légers et une délicieuse salade de papaye épicée.

Renseignements

Vous trouverez des banques, notamment la **BCEL** (Route 18A ; ⏲8h30-15h30 lun-ven) et son offre complète de services, le long de la Route 18A, mais aucun DAB en centre-ville. Plus pratique que les banques pour changer vos devises : **Thi Thi Money Exchange** (Route 18A ; ⏲6h-20h).

Renseignez-vous au **centre d'information touristique d'Attapeu** (☎020-92265123 ; Kengxai Rd ; ⏲8h-11h30 et 13h30-16h lun-ven). La documentation (brochures, plans) est limitée, mais le personnel, très serviable, pourra vous trouver des guides et vous renseigner sur l'accès aux cascades les plus reculées.

PASSER AU VIETNAM : DE PHOU KEUA À BO Y

Jusqu'à la frontière Bien que peu d'étrangers empruntent cette route, plusieurs minibus partent chaque matin de Pakse à destination de Kon Tum (160 000 LAK, 9 heures) ; tous effectuent une courte halte à Attapeu vers 10h. Toutes les compagnies prennent des passagers à Attapeu (jusqu'à Kon Tum 60 000 LAK, 4 heures), principalement au **Dúc Lôc Hotel** (ou à proximité), où est basée la compagnie Mai Linh Express. Après Attapeu, la Route 18B est une voie montagneuse spectaculaire menant au bout de 113 km au poste-frontière de Bo Y (Vietnam)/Phou Keua (Laos). La deuxième moitié est en montée, et les glissements de terrain y sont fréquents pendant la saison des pluies.

À la frontière Le côté vietnamien de la frontière (ouverte de 6h à 19h) est plus développé que le côté laotien, purement utilitaire. Les formalités des deux côtés sont facilitées par la faible circulation. La plupart des voyageurs devront s'être procuré un visa vietnamien au préalable. Dans l'autre sens, on peut se procurer un visa laotien sur place.

Au Vietnam Depuis Kon Tum, les liaisons sont nombreuses, y compris vers Hué et Hô Chi Minh-Ville.

Depuis/vers Attapeu

Des bus depuis/vers Pakse (50 000 LAK, 3 heures 30-5 heures) partent toutes les heures ; la moitié passe par la route de Paksong (35 000 LAK, 2 heures 30) et l'autre moitié traverse Sekong (20 000 LAK, 2 heures). Cinq d'entre eux continuent jusqu'à Vientiane (ordinaire 140 000-170 000 LAK, couchette 220 000 LAK, 16-18 heures). Un bus part également le matin pour Salavan (50 000 LAK, 4 heures 30). Tous les bus partent de la **gare routière** (Route 11).

La compagnie **Mai Linh Express** (☎ 020-98302222 ; Route 18A), basée au Dúc Lôc Hotel, assure le matin des liaisons en minibus pour Kon Tum (60 000 LAK, 5 heures), Danang (150 000 LAK, 9 heures) et Hué (140 000 LAK, 12 heures).

Comment circuler

Il y a peu de *túk-túk* à Attapeu ; la course entre la gare routière et le centre-ville coûte 10 000 LAK/ personne, ou 20 000 LAK si vous êtes seul. **Phoutthavong Guesthouse** (☎ 020-5551 7870) loue des vélos pour 20 000 LAK par jour.

Vous trouverez une **station-service** non loin du centre-ville.

SI PHAN DON

☎ 031

À Si Phan Don (ສີ່ພັນດອນ), superbe archipel qui s'étire au milieu du Mékong, le temps s'écoule lentement sur fond de paysages paradisiaques. Telle l'île des Lotophages (les mangeurs de lotus dans l'*Odyssée*), Si Phan Don risque de vous faire perdre le désir de retrouver votre foyer.

C'est ici que le Mékong atteint sa plus grande largeur – 14 km – sur son cours de 4 350 km, du plateau tibétain à la mer de Chine méridionale. Durant la saison sèche, le fleuve laisse apparaître d'innombrables îlots et bancs de sable qui lui ont valu son nom : Si Phan Don signifie littéralement "Quatre Mille Îles".

Don Khong ດອນໂຂງ

☎ 031 / 55 000 HABITANTS

La vie s'écoule paisiblement sur Don Khong (île de Khong), au rythme indolent du Mékong. C'est un lieu agréable où passer un jour ou deux à se promener au milieu des filets de pêche qui sèchent sur la berge, sortir en bateau au coucher du soleil, faire une balade à vélo ou simplement lézarder au bord de l'eau. Certains hébergements justifient à eux seuls le séjour ici.

L'île mesure 18 km de long et 8 km à son point le plus large. La plupart des habitants vivent dans et autour de deux villages reliés par une route de 8 km : l'endormie Muang Khong, sur la côte est, et Muang Saen, commerçante mais sans charme, sur la côte ouest. Khamtay Siphandone, ancien facteur ayant travaillé sous l'administration de l'Indochine française et devenu président du Laos de 1998 à 2006, est né à Ban Hua Khong, à la pointe nord de Don Khong, en 1924.

À voir

Des rizières et des collines basses occupent le centre de cette charmante petite île, et de modestes villages ponctuent son littoral. Une route goudronnée, parsemée de nombreux nids-de-poule, en fait le tour. Le vélo constitue le meilleur moyen d'explorer Don Khong sur une journée. À la pointe sud de l'île, deux villages, Ban Hin Siew et Ban Hang Khong, méritent le détour pour leurs *vat* anciens.

Un pont à Ban Hua Khong Lem écourte le trajet pour rejoindre le hameau peu visité de Don San. Souvent difficilement praticable, une piste longe la côte est sur 6 km jusqu'à la pointe nord de l'île où une plage émerge quand la rivière est basse. C'est aussi le point le plus septentrional de Si Phan Don.

Ban Hin Siew Tai Palm Sugar Trees FERME

(ຕົ້ນຕານບ້ານຫີນສ້ຽວໃຕ;carte p.254). Certes, des palmiers à sucre poussent sur toute l'île. Pourtant, Ban Hin Siew Tai est sans conteste la capitale sucrière du sud du Laos. De novembre à février, 2 fois par jour, les paysans grimpent aux arbres pour récolter la sève, qu'ils font ensuite bouillir afin de la transformer en sucre. Passez à la ferme en début de matinée : s'ils sont là, les paysans vous feront volontiers visiter.

Musée historique de Don Khong HISTOIRE LOCALE

(ພິພິດທະພັນປະຫວັດສາດດອນໂຂງ ; carte p. 254 ; Muang Khong ; 5 000 LAK ; ⏲ 8h30-11h30 et 13h-16h lun-ven). Fier de sa demeure sur 2 niveaux, qu'il fit construire en 1935 dans le style colonial français, le gouverneur de l'île la baptisa Sathanavoudthi, "jardin d'Éden" en dialecte lao ancien. Plus réalistes, les habitants l'appelèrent simplement : "la maison en briques”. Restauré en 2010, le bâtiment abrite depuis un des plus petits musées du Laos. Instruments de musique, pièges à animaux et photos du chemin de fer de Don Khon méritent bien quelques minutes de votre temps.

C’est généralement fermé, mais faites le tour et vous trouverez quelqu’un pour vous ouvrir.

Vat Jom Thong TEMPLE BOUDDHIQUE
(ວັດຈອມທອງ ; carte p. 254 ; Muang Khong). À l’extrémité nord de Muang Khong, le Vat Jom Thong est le plus ancien temple de l’île, datant de la période de Chao Anou (1805-1828). Le *vihan* (salle de culte), bâti sur un plan cruciforme, possède un triple portail d’entrée unique, des portes et volets en bois sculpté, tandis que de nombreuses créatures hindoues et bouddhistes ornent son toit et ses pignons.

Tham Phu Khiaw GROTTE
(ຖ້ຳພູຂຽວ ; carte p. 254). À 2 km au nord de Muang Khong, un sentier mène à la grotte de la Montagne verte. Cette petite cavité peu profonde en pleine forêt contient des effigies assez grossières du Bouddha et des brisures de poteries, et fait l’objet d’un pèlerinage annuel, généralement en juin.

La promenade jusqu’à l’entrée se fait en 15 minutes sur un sentier qui grimpe presque tout du long. Suivez le principal sentier de Muang Khong – le début est signalé par une balise bleue – jusqu’à la deuxième clairière rocailleuse dans la forêt, puis obliquez vers le sud (à gauche) jusqu’à la petite falaise. Pour continuer au-delà de la grotte, et rejoindre le point de vue, ou bien traverser l’île, vous devrez faire appel à un guide.

Vat Phu Khao Kaew TEMPLE BOUDDHIQUE
(ວັດພູເຂົາແກ້ວ ; monastère de la Colline de Verre ; carte p. 254). À environ 6,5 km au nord-est de Muang Saen, le Vat Phu Khao Kaew fut construit sur un lieu sacré à l’emplacement de ruines probablement pré-khmers dont il ne subsiste plus rien. Aujourd’hui, vous y trouverez un stupa moderne, rouge vif et or, et un grand bouddha allongé dans la posture de l’entrée au nirvana. Perché sur un socle rocheux dominant le Mékong, le site mérite le détour pour son splendide panorama.

Il abriterait un naga (serpent d’eau mythique), dont l’entrée du repaire serait dissimulée. Le panneau sur la route indique de façon erronée “Kae” au lieu de “Kaew”.

Fêtes et festivals

Bun Suang Heua COURSES DE BATEAUX
(Bun Nam ; nov/déc). Une fête nautique a lieu à Don Khong au début du mois de décembre, ou fin novembre, habituellement au moment de la fête nationale. Les 4 jours de festivités culminent avec les courses de bateaux en face de Muang Khong, plus proches de la rive que dans les grandes villes.

Où se loger

Certains des meilleurs hébergements de l’île se trouvent à Si Phan Don, mais si vous recherchez un bungalow au bord de l’eau ou une ambiance festive, mieux vaut continuer plus au sud jusqu’à Don Det et Don Khon.

Don Som Riverside Guesthouse GUESTHOUSE $
(carte p. 254 ; 030-9434108 ; Don Som ; ch avec/sans sdb 85 000/58 000 LAK). Cette guesthouse tenue par un sympathique couple lao-néerlandais doit son succès à son excellent emplacement sur Don Som, accessible depuis Don Khong par un court trajet en ferry. Les chambres sont dans des bungalows en bois rudimentaires, mais agréables et propres ; l’un d’eux possède une salle de bains privative. Pour un séjour en toute simplicité, sans Wi-Fi.

Restaurant sur place et possibilité de cours de cuisine laotienne.

Khong View Guesthouse GUESTHOUSE $
(carte p. 254 ; 030-95666634 ; Muang Khong ; ch avec ventil 60 000 LAK, ch avec clim 100 000-120 000 LAK ;). Difficile de faire mieux placée que cette guesthouse proche de la zone touristique, mais au calme. Sa grande terrasse aérée à l’étage offre la plus belle vue de la ville sur le Mékong. Les chaleureux propriétaires vous mettent à l’aise et ils cuisinent parfois pour leurs clients (il n’y a pas de restaurant).

Done Khong Guesthouse GUESTHOUSE $
(carte p. 254 ; 020-52535999 ; donekhong.gh@gmail.com ; Muang Khong ; ch sans/avec clim 70 000/100 000 LAK ;). La première guesthouse que vous apercevrez en descendant du bateau, dans une vieille maison. La propriétaire parle français. Chambres sombres au sol carrelé, pourvues de draps d’un blanc éclatant et de meubles sans prétention. Le restaurant

Si Phan Don

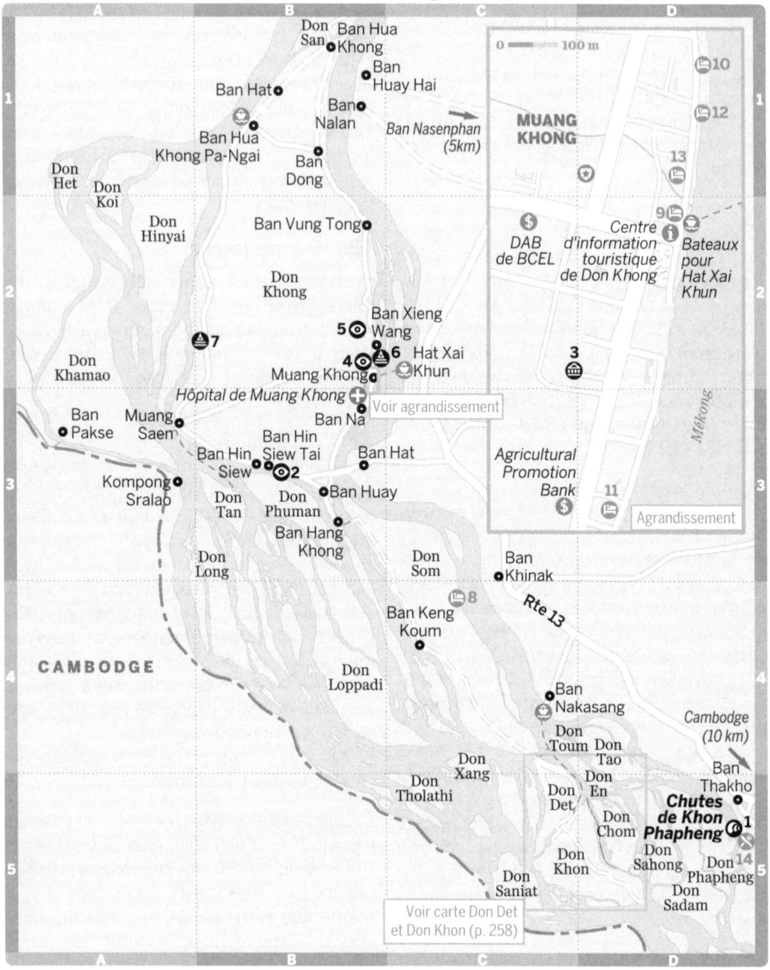

au bord de l'eau, à la carte essentiellement laotienne, invite à la détente. Le personnel connaît bien l'île.

Mekong Inn HÔTEL $$
(carte ci-dessus ; ☎031-213668 ; www.gomekonginn.com ; Muang Khong ; ch 35 $US, avec petit-déj ;). Cet établissement situé au sud du centre-ville est un cran au-dessus des guesthouses habituelles, mais l'accueil des propriétaires lao-canadiens demeure chaleureux. Les chambres spacieuses, bien aménagées et dotées d'une belle vue sur le fleuve, sont réparties dans 2 bâtiments ; l'un d'entre eux donne sur la piscine. Des cours de danse laotienne étaient proposés aux clients lors de notre passage.

Pon Arena Hotel BOUTIQUE-HÔTEL $$
(carte ci-dessus ; ☎031-515018, 020-22270037 ; Muang Khong ; ch avec petit-déj 50-85 $US ;). Cet hôtel haut de gamme idéalement situé au bord du fleuve possède de belles chambres dotées de lits confortables, d'élégantes touches en bois et d'une TV à écran plat. On trouve 2 piscines, dont une surplombant le fleuve. L'hôtel, qui se compose de plusieurs bâtiments, était en cours d'expansion lors de nos recherches.

Si Phan Don

Où se restaurer et prendre un verre

La plupart des restaurants de Muang Khong sont rattachés à un hébergement ; ils sont tous similaires, en ce qui concerne les plats cuisinés et la qualité. On peut facilement manger local dans les modestes échoppes de la grande route qui passe derrière les guesthouses. Les lève-tôt pourront prendre leur petit-déjeuner au **marché** (ຕະຫຼາດເມືອງໂຂງ; carte ci-contre ; Muang Khong ; 5h30-8h).

Les restaurants de la plupart des guesthouses servent du *lòw-lów* (whisky de riz) artisanal de Don Khong, réputé pour être le plus doux du pays.

Renseignements

ARGENT

Agricultural Promotion Bank (carte ci-contre ; Muang Khong ; 8h-15h30 lun-ven). Change des principales devises et DAB à l'entrée.

BCEL (carte ci-contre ; Muang Khong). Un DAB au rez-de-chaussée de la tour Lao Telecom.

OFFICE DU TOURISME

Centre d'information touristique (carte ci-contre ; 030-9682036, 020-29250303 ; bkouam1960@yahoo.com ; Muang Khong ; 8h-16h lun-ven). À proximité de l'embarcadère, ce centre est dirigé par les efficaces MM. Phan et Boun. Il fournit des renseignements sur toute la région de Si Phan Don et peut vous mettre en contact avec un guide (80 000 LAK/jour).

POLICE

Commissariat À un pâté de maisons en retrait du fleuve, à Muang Khong.

SERVICES MÉDICAUX

Hôpital de Muang Khong (carte ci-contre ; Muang Khong ; 24h/24). À l'extrémité sud de la localité. Une partie du personnel parle anglais.

Depuis/vers Don Khong

BATEAU

L'association des bateliers de Don Khong effectue la traversée jusqu'à Don Det et Don Khon presque tous les jours à 8h30 (aller simple/aller-retour 40 000/60 000 LAK par pers ; 6 passagers au minimum), avec retour de Don Det à 15h. Comptez 1 heure 30 en naviguant dans le sens du courant et 2 heures pour le remonter. Le prix fixe par bateau est de 250 000 LAK ; le tarif par personne est donc plus élevé si vous êtes moins de 6 passagers. Pour réserver, adressez-vous à n'importe quelle guesthouse. L'embarcadère, facile à trouver, est juste en face du centre d'information touristique.

BUS

L'immense majorité des voyageurs prennent un bus touristique qui inclut une correspondance pour l'île sur la Route 13. Soit vous descendez sur la route du pont et continuez vers Muang Khong en *túk-túk*, soit vous descendrez à Hat Xai Khun, sur le continent (à 1 km de la grand-route) et prenez un petit **ferry** (carte ci-contre), généralement bondé. Si vous préférez prendre un **bateau** (carte ci-contre) ou un *túk-túk* privatif, prévoyez 15 000 LAK/personne si vous êtes plusieurs (30 000 LAK au minimum).

Au départ de l'île, les transports touristiques à destination du Sud, vers Don Det (70 000 LAK) et Don Khon (80 000 LAK avec transfert en bateau, 2 heures) passent par Hat Xai Khun vers 10h ; le bus à destination du Nord, vers Pakse (70 000 LAK, 2 heures) part vers 12h.

Sinon, des bus sans climatisation (50 000 LAK, 3 heures) partent de Muang Khong à destination de la gare routière Sud de Pakse (p. 226) entre 6h et 9h30. Aux autres heures, postez-vous sur la Route 13 et attendez le *sŏrngtăaou* qui assure toutes les heures la liaison Pakse-Nakasang.

VÉLO ET MOTO

Si l'aventure vous tente, vous pouvez parcourir les 15 km à pied, à vélo ou à moto via Don Som et Don Det, avec traversée en **ferry** (carte ci-contre) dans les deux cas (10 000 LAK/pers). Pendant la saison des pluies, cet itinéraire, difficile habituellement, est impraticable à cause de la boue. Renseignez-vous sur l'état du parcours auprès du personnel du ferry (plutôt qu'auprès des habitants de Muang Khong, moins au fait des aléas fluviaux).

Comment circuler

Il est possible de louer des motos vieilles et poussives (à partir de 60 000-80 000 LAK/jour) et des vélos plutôt récents (10 000 LAK/jour) à divers endroits de la zone touristique de Muang Khong.

Don Det et Don Khon

La plupart des voyageurs qui se rendent à Si Phan Don échouent sur ces deux îles jumelles. Connue pour son côté festif et hippie, Don Det (ດອນເດດ) reste pourtant raisonnable, si ce n'est les "happy snacks" vendus au grand jour dans certains bars – prenez garde.

Bien sûr, ces îles recèlent bien d'autres attraits. Lorsque l'on se dirige de Ban Hua Det vers le sud, les guesthouses se font plus rares, cédant la place aux rizières, palmiers à sucre, buffles, etc. Pêcheurs et tisserands y incarnent la vie rurale. Vous pourrez tout aussi bien vous balancer dans un hamac, faire du vélo ou dériver nonchalamment au fil du Mékong sur une chambre à air. L'ambiance est tout aussi sereine de l'autre côté du pont français, sur Don Khon (ດອນຄອນ), où vous attendent de superbes cascades, des plages de sable. Vous pourrez y observer des dauphins et même explorer un petit coin sauvage.

À voir

Bien que ces deux îles vous invitent à adopter leur mode de vie tranquille, ne manquez pas les dauphins et les cascades de Don Khon.

Chutes de Khon Phapheng CHUTES

(ຕາດຄອນພະເພັງ ; carte p. 254 ; 55 000 LAK ; 8h-17h). Il s'agit de rapides plus que d'une cascade, mais quel spectacle ! Ces chutes, les plus hautes et sans conteste les plus époustouflantes sur le Mékong, illustrent parfaitement la force de la nature avec les millions de litres d'eau qui, chaque seconde, se fracassent sur les rochers. Pour y accéder, vous paierez plus cher que pour les chutes de Tat Somphamit, mais elles sont aussi, avec leurs jardins et leurs sentiers de promenade, plus agréables ; on peut également s'approcher davantage des rapides.

Les environs comptent plusieurs points de vue situés sur des terrains aménagés, ainsi que de nombreux restaurants et stands d'en-cas. Vous aurez peut-être la chance d'apercevoir un arc-en-ciel dans la brume du petit matin. Comme dans toutes les cascades de la région, vous verrez de frêles échafaudages en bambou installées par de courageux pêcheurs sur les parois rocheuses. Une navette gratuite relie sans discontinuer les deux extrémités du parc, distantes de 500 m.

À quelque 150 m de l'entrée, ne manquez pas (mais ce serait difficile) l'autel consacré au Manikhot (p. 260), un arbre sacré.

Khon Phapheng se trouve sur la rive est du Mékong, près de Ban Thakho. Depuis Ban Nakasang, prenez la Route 13 sur 3 km, puis continuez pendant 8,5 km vers le sud-est jusqu'à l'embranchement qui mène aux chutes à 1,5 km de là. Comptez environ 50 000 LAK l'aller-retour en *tùk-tùk* depuis Nakasang avec 1 heure sur place. On peut aussi arriver sans difficulté à moto depuis Don Khong. Les chutes font partie de circuits en kayak au départ de Don Det et Don Khon. Les kayakistes amateurs n'ayant pas le droit de pagayer à proximité du site, on vous y emmènera par la route pendant que votre embarcation sera transportée à Ban Nakasang.

Tat Somphamit CHUTES

(ຕາດສົມພາມິດ, chutes de Li Phi ; carte p. 258 ; Don Khon ; 35 000 LAK ; guichet 8h-17h). Appartenant aujourd'hui au Don Khone Somphamit Waterfalls Park, les imposantes chutes de Tat Somphamit (aussi appelées Li Phi) forment un superbe réseau de rapides bouillonnants. Des sentiers très accessibles y ont été récemment aménagés, ainsi que la tyrolienne Mekong Fly (p. 260). Des pêcheurs risquent leur vie en se postant sur les rochers, mais ne tentez pas cet exploit — ces rapides sont extrêmement dangereux et ont fait des victimes.

Tout au bout du parc, en contrebas de la cascade, vous atteindrez la petite **plage de Li Phi** (sous les eaux à la saison des pluies). Les habitants ne s'y baignent jamais, par crainte des esprits et des fantômes, mais les forts courants confirment cette prudence. À 1 km en aval, la plage de Xai Kong Nyai, plus sûre et accessible toute l'année, se prête à la baignade.

Le charmant restaurant au toit de chaume situé au-dessus de la plage arrête de servir à 17h, mais on peut s'y attarder pour contempler le coucher du soleil.

100% LOCAL

LA VOIE FERRÉE DE DON KHON

Un train sur Don Khon ? Aussi surprenant que cela puisse sembler, il y avait bien une voie ferrée sur l'île. En témoignent les 2 mini-locomotives — seuls vestiges de la ligne — exposées à Ban Khon et à Ban Hang Khon.

La ligne a ouvert en 1893. Il y avait alors peu de routes au Laos, et le Mékong, parcouru depuis des siècles par les marchands laotiens, chinois et cambodgiens, était considéré par les Français comme une artère essentielle au commerce entre le Cambodge et la Chine. Ils ont tenté bien des fois de remonter les rapides du fleuve à bord de leurs vaisseaux, en vain ; si bien qu'ils ont fini par recourir à un train pour transporter bateaux, marchandises et passagers sur toute la longueur de Don Khon, contournant ainsi les infranchissables rapides. Dans un premier temps, les marchandises étaient en partie transportées à la force des bras, par des équipes de travailleurs vietnamiens les tirant le long des rails. Des locomotives à vapeur furent utilisées à partir de 1897.

Dans les années 1920, le réseau ferré fut étendu à Don Det, où il n'en reste plus rien aujourd'hui. Chaque train pouvait compter jusqu'à 12 wagons, et il fallait deux trains en moyenne pour transporter le chargement d'un navire. Le trafic s'interrompit en 1940 en raison de la Seconde Guerre mondiale, et ne reprit jamais.

De nombreux restaurants moins chers se trouvent un peu plus loin des chutes.

Point de vue de Ban Hang Khon POINT DE VUE
(ຈຸດຊົມວິວບ້ານຫາງຄອນ ; carte p. 258 ; Ban Hang Khon, Don Khon). Non loin du vieux port français de Ban Hang Khon, quelque 150 marches mènent à un beau point de vue sur le Mékong.

Chutes de Khon Pa Soi CHUTES
(ຕາດຄອນປາສ້ອຍ ; carte p. 258 ; Don Khon). **GRATUIT** Sans être aussi spectaculaires que les autres, les chutes de Khon Pa Soi impressionnent tout de même et leur isolement les préserve de la foule. Depuis le petit **restaurant** (qui ne sert parfois que des boissons fraîches), traversez le grand pont suspendu, amusant ou effrayant selon votre tempérament, qui mène à l'île de Don Pa Soi, puis suivez le grondement de la cascade principale 200 m plus loin.

On peut se baigner à certains endroits lorsque le niveau de l'eau est bas, mais soyez très vigilant ; le risque de se faire emporter par le courant est toujours présent.

Un deuxième pont, plus petit, mène à d'anciens chenaux en béton édifiés par les Français sur le Mékong pour déplacer des grumes (troncs d'arbre abattus).

Locomotive à vapeur de Ban Hang Khon SITE HISTORIQUE
(ຫົວລົດໄຟຈັກອາຍນ້ຳບ້ານຫາງຄອນ ; carte p. 258 ; Don Khon). La moins bien conservée des deux locomotives abandonnées à la rouille, situées à chaque extrémité de la route principale qui traverse l'île en suivant le tracé de l'ancienne voie ferrée. Des panneaux retracent l'histoire de la voie.

Locomotive à vapeur de Ban Khon SITE HISTORIQUE
(ຫົວລົດໄຟຈັກອາຍນ້ຳບ້ານຄອນ ; carte p. 258 ; Don Khon). La seconde locomotive utilisée sur la ligne édifiée par les Français à la fin du XIXe siècle pour transporter des marchandises là où les rapides rendaient le transport fluvial inenvisageable. Inutile depuis la construction de nouvelles routes, elle fut délaissée après la Seconde Guerre mondiale (pendant laquelle les Japonais l'ont brièvement utilisée). Les voies ont été démontées il y a bien longtemps.

De l'autre côté des anciennes voies se trouve un petit **cimetière chrétien**.

Plage de Xai Kong Nyai PLAGE
(ຫາດຊາຍກອງໃຫຍ່, Tha Sanam ; carte p. 258 ; Don Khon). Pour changer du hamac, venez poser votre serviette de bain sur cette petite plage de sable. On peut s'y baigner toute l'année, mais méfiez-vous des courants qui vous éloignent de la rive. Trois **restaurants** servent des boissons fraîches ; des pêcheurs pourront vous emmener à bord de bateaux traditionnels voir les cascades, les dauphins ou le coucher du soleil (les embarcations ne sont ni protégées du soleil ni équipées de gilets de sauvetage ; prix variables.)

Vat Khon Tai TEMPLE BOUDDHIQUE
(ວັດຄອນໃຕ້ ; carte p. 258 ; Don Khon). Le principal temple bouddhique de Don Khon, est construit sur le site d'un ancien sanctuaire khmer. Derrière le hall d'ordination,

Don Det et Don Khon

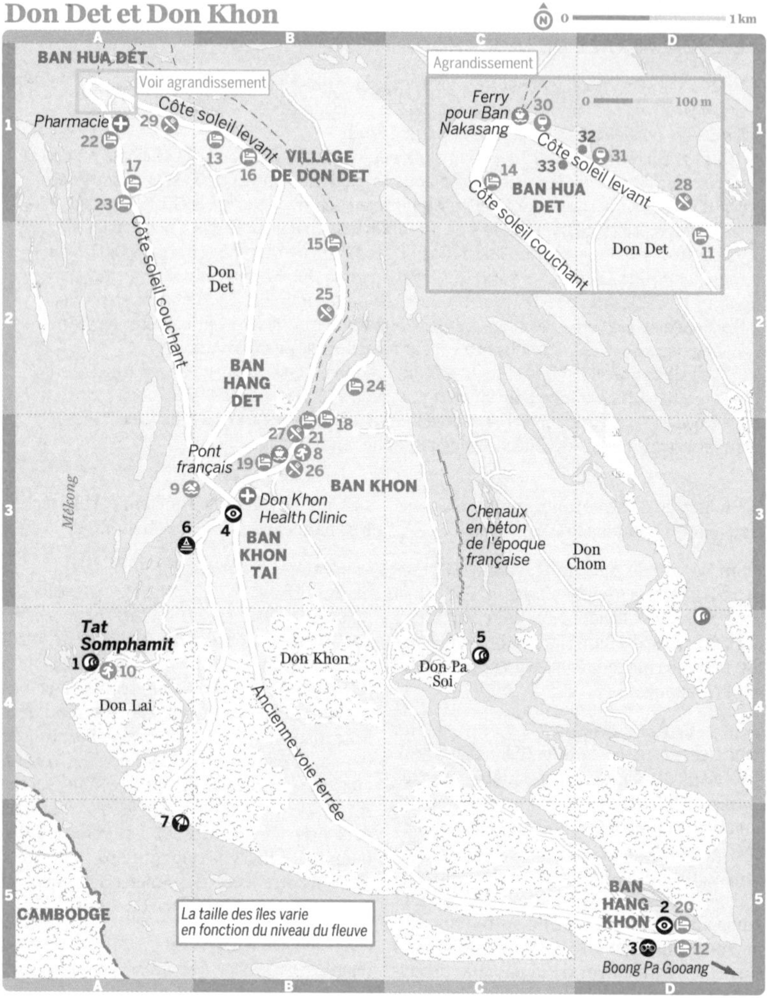

lui-même dissimulé par un bâtiment plus récent, se trouvent un beau stupa assez abîmé et un lingam, évocateur de Shiva, de l'époque khmère. D'anciens blocs de pierre sont disséminés sur le site. Ne manquez pas les bateaux de course rangés à proximité.

Activités

Sports aquatiques

La pratique du **kayak** est très répandue dans l'archipel, ce qui s'explique vu la splendeur du Mékong en ces lieux. Une excursion d'une journée (180 000 LAK/pers) vous mènera aux chutes de Khon Pa Soi (p. 257), au site où observer des dauphins (mais les voir depuis votre kayak sera plus hasardeux qu'à bord d'un bateau) puis aux chutes de Khon Phapheng (p. 256) que vous rejoindrez en voiture. Les tarifs sont parfois négociables (en particulier hors saison) ; sinon certaines guesthouses peuvent offrir le petit-déjeuner le jour de l'excursion, si vous réservez par leur intermédiaire.

En raison des dangers, vous trouverez difficilement des kayaks à louer en individuel. Le **tubing** (10 000 LAK) est très en vogue. Néanmoins, ne dépassez pas le pont

Don Det et Don Khon

Les incontournables
1 Tat Somphamit A4

À voir
2 Locomotive à vapeur de Ban Hang Khon D5
3 Point de vue de Ban Hang Khon D5
4 Locomotive à vapeur de Ban Khon B3
5 Chutes de Khon Pa Soi C4
6 Vat Khon Tai A3
7 Plage de Xai Kong Nyai A5

Activités
8 Lao's Massage B3
9 Piscine du Long Island Resort A3
10 Mekong Fly A4

Où se loger
11 Baba Guesthouse D2
12 Ban Hang Khon Homestay D5
13 Crazy Gecko B1
14 Little Eden C1
15 Mama Leuah Guesthouse B2
16 Mama Piang B1
17 Moon by Night A1
18 Pa Kha Guesthouse B3
19 Pan's Residence B3
20 Pomelo Guesthouse D5
21 Sala Done Khone B3
22 Seng Thavan 1 Guesthouse A1
23 Seng Thavan 2 Guesthouse A1
24 Souksan Guesthouse B2

Où se restaurer
25 Boathouse B2
26 Chanthoumma's Restaurant B3
27 Chez Fred et Lea B3
Four Thousand Sunsets .... (voir 21)
Little Eden Restaurant .... (voir 14)
Mama Lueah Guesthouse Restaurant .... (voir 15)
28 Mr Mo's Restaurant D1
29 Street View Restaurant A1
The Gardens .... (voir 8)

Où prendre un verre et faire la fête
30 4000 Island Bar C1
31 Adam's Bar D1

Renseignements
32 Green Paradise Travel D1
33 Wonderful Tours C1

français où les forts courants vous entraîneraient fatalement vers les chutes. Vous pouvez remonter le fleuve en bateau et vous laissez porter par le courant pour revenir à Don Det. On peut profiter des îles toute l'année, mais la meilleure saison s'étend de décembre à juillet.

Enfin, toutes les guesthouses organisent des **promenades en bateau** : croisière au coucher du soleil, journée d'une île à l'autre, sortie matinale pour observer les oiseaux, partie de pêche... Choisissez par exemple un après-midi avec balade sur l'eau et collation (55 000 LAK/pers ou 40 000 LAK pour le transport seul) proposée par Souksan Guesthouse (p. 263).

Observation des dauphins

Au large de la rive sud de Don Khon, vit un petit banc de dauphins de l'Irrawaddy (p. 262), une espèce particulièrement menacée. Bien qu'ils ne soient plus que trois individus à cet endroit du Mékong, vous aurez de fortes chances de les apercevoir dans leur milieu naturel – un temps fort d'un voyage dans le sud du Laos !

Pour les Laotiens et les Khmers, ces mammifères sont traditionnellement considérés comme des humains réincarnés et de nombreuses histoires racontent le sauvetage par des dauphins de pêcheurs ou de villageois tombés dans le fleuve ou attaqués par des crocodiles. Ces croyances impliquent qu'aucun Laotien ou Khmer ne capture un dauphin intentionnellement.

On peut louer un bateau (70 000 LAK, 4 personnes au maximum) au départ du vieil embarcadère français à Ban Hang Khon, qui vous approchera du banc de dauphins. L'embarcadère offre une vue spectaculaire sur le large Mékong qui s'étale de part et d'autre, jusqu'au Cambodge. Durant la saison chaude, les dauphins restent près du village, mais s'éloignent lorsque les eaux du fleuve montent. Peut-être les verrez-vous du bateau ; à défaut, vous débarquerez sur la côte cambodgienne et rejoindrez à pied un point de vue donnant sur la zone de conservation (comptez 20 000 LAK de droit d'accès). Partez tôt le matin ou en fin d'après-midi pour éviter la chaleur. Les circuits en bateau depuis Bang Hang Khon peuvent combiner observation des dauphins et chutes de Khon Phapheng (250 000 LAK) ou de **Nook Xume** (100 000 LAK), plus petites.

Vélo

La boucle de Don Khon à vélo est un itinéraire idéal. Au départ du village de

LE MANIKHOT, UN ARBRE SACRÉ ÉTRANGE ET MERVEILLEUX

Lorsque vous pénétrez dans le domaine, bien entretenu, des chutes de Khon Phapheng (p. 256), un sentier vous amène à un opulent pavillon de style laotien surmonté d'une flèche. C'est le sanctuaire dédié au légendaire Manikhot, arbre sacré solitaire, mystérieux et inaccessible, qui se dressait sur un affleurement rocheux au cœur du torrent rugissant de Khon Phapheng.

Son aspect inhabituel a suscité de nombreuses croyances. On racontait qu'il était le seul de son espèce et que ses racines pointaient vers le ciel tandis que ses branches étaient enracinées dans la roche (et c'est en effet l'impression qu'il donnait). Il aurait porté, selon ses branches, trois variétés de fruits ; certains, quand on les mangeait, rendaient immortel, tandis que d'autres vous transformaient en singe. Évidemment, personne n'a jamais goûté aucun fruit de cet arbre auquel on ne pouvait accéder.

Pendant des générations, cet arbre fut l'objet de légendes. On a même prétendu qu'il était mentionné dans le *Ramayana*, grande épopée indienne. Le 19 mars 2012, le Manikhot bascula ; il était mort. On fit plusieurs tentatives pour le récupérer. La première se solda par un échec, mais permit tout de même d'attacher l'arbre à son rocher pour éviter qu'il ne soit emporté. Il fut finalement "secouru" par des militaires, en hélicoptère, le 13 janvier 2013. Apparemment, l'arbre ne bougea qu'après la promesse par un chaman qu'il ne serait pas emporté loin des chutes, et après 7 jours et 7 nuits de psalmodie.

Il ne put être récupéré en entier, et ce qu'il en reste est conservé dans un "cercueil" en Plexiglas installé au cœur du sanctuaire. Des Laotiens viennent de tout le pays pour s'y recueillir et déposer des offrandes.

Ban Khon, prenez le chemin goudronné en direction du temple de Ban Don Khon Neua, puis empruntez un des petits sentiers qui traversent les rizières, jusqu'au fleuve.

En pédalant vers le sud, vous verrez bientôt de vastes **vestiges de chenaux** en béton construits par les Français pour déplacer des grumes. Celles-ci, provenant des forêts de la province de Sainyabuli, à l'ouest de Vientiane, étaient assemblées par trois pour former des radeaux. Des bateliers laotiens dirigeaient ensuite ces radeaux à travers le dédale des îles, jusqu'à la pointe nord de Don Khon. Là, les bateliers poussaient les radeaux dans les chenaux, ce qui libérait les grumes, avant de sauter sur la rive.

Tournez au niveau du panneau indiquant les chutes de Khon Pa Soi – le grand pont suspendu en bois qui y mène mérite à lui seul le coup d'œil. Le sentier continuait auparavant jusqu'au sud de l'île, mais les ponts ont été emportés. Il faut donc rebrousser chemin jusqu'à une route partant sur la gauche, qui permet de rejoindre la route qui suit le tracé de l'ancienne voie ferrée. Elle mène au village de Ban Hang Khon, à la pointe sud de l'île, où se trouvent les vestiges d'un vieux **port français**. Le point de vue sur le Mékong y est spectaculaire, et on peut y faire des excursions d'observation des dauphins.

Il y a aussi dans le village un point de vue sur le Mékong en haut d'une colline (p. 257), où vous attendent une vieille locomotive à vapeur de l'époque coloniale, plusieurs restaurants et un hébergement chez l'habitant (p. 263).

La route qui revient vers le nord longe la vieille voie de chemin de fer sur 5 km dans les terres, jusqu'à Ban Khon Tai. Elle mène à un **pont français** photogénique, près duquel se trouve une autre locomotive à vapeur française (p. 257), mieux conservée. De là, dirigez-vous vers le sud-ouest, en empruntant la route qui contourne l'historique Vat Khon Tai (p. 257), ou celle qui le traverse. Achevez votre périple aux impressionnantes chutes de Tat Somphamit (p. 256).

Renseignez-vous au préalable sur l'état des routes non goudronnées, parfois peu praticables pendant la saison des pluies.

Autres activités

♥ **Mekong Fly** TYROLIENNE

(carte p. 258 ; ☎ 030-4999989 ; Don Khon ; 250 000 LAK ; ⏲ 8h-17h). Faites un vol grisant au-dessus des rapides bouillonnants de Tat Somphamit (p. 256). Le circuit en tyrolienne comprend pas moins de 7 plateformes, des parcours de marche et des ponts à traverser. Le personnel expérimenté assure assistance et sécurité. Le circuit commence au restaurant des chutes, où sont diffusées des vidéos du parcours aventure.

Pendant la haute saison, l'agence organise également des sorties en kayak pour observer les dauphins (150 000 LAK).

Piscine du Long Island Resort BAIGNADE
(carte p. 258 ; Don Det ; 25 000 LAK). La présence de cette belle piscine au milieu des rizières du sud de Don Det est étonnant. Bar et transats sur place ; serviette incluse dans le tarif haute saison.

Lao's Massage MASSAGE
(carte p. 258 ; Ban Khon ; massage laotien 60 000 LAK ; ⌚9h-22h). Massages des pieds, massages à l'huile et gommages comptent parmi les soins proposés dans cet espace détente de Don Khon équipé de climatisation.

Où se loger

En règle générale, logez à Don Det si vous souhaitez vous amuser, à Don Khon pour vous mettre au vert. En réalité, les fêtes se tiennent sur la pointe nord de Don Det, et les guesthouses les plus calmes et isolées de tout Si Phan Don se trouvent dans la partie sud de Don Det.

De nombreux établissements pratiquent des réductions en basse saison ; n'hésitez pas à les demander si on ne vous les propose pas spontanément.

Don Det

Les meilleurs hébergements de Don Det se trouvent sur le côté du soleil levant de l'île ; ce sont aussi les plus chers, mais les logements économiques ne manquent pas non plus. Le côté du soleil couchant dispose surtout de bungalows en bambou. L'ennui c'est que les chambres deviennent de véritables fournaises en fin de journée. En revanche, le trafic maritime (donc le bruit) est moins important de ce côté.

Quel que soit l'endroit retenu, éloignez-vous un peu de la côte. Dans la partie est, au-delà du vieux pont français du village de Don Det, vous vous sentirez à des années-lumière de la vie festive de Ban Hua Det. Dans la partie ouest, le cadre devient rural à 1 km du fleuve.

Seng Thavan 2 Guesthouse GUESTHOUSE $
(carte p. 258 ; ☎020-98622348 ; côté soleil couchant ; ch avec/sans sdb 150 000/80 000 LAK ; 📶). Cette guesthouse située au bord du fleuve propose divers hébergements rudimentaires – simples constructions en bois ou chambres dans un grand bâtiment neuf en béton. De nouvelles chambres étaient en construction lors de notre passage. Le restaurant avec vue sur le fleuve et au décor floral est très agréable.

Mama Piang GUESTHOUSE $
(carte p. 258 ; ☎020-58186049 ; côté soleil levant ; ch 50 000 LAK). À notre connaissance, Mama Piang est l'une des propriétaires les plus accueillantes et drôles de Si Phan Don. Elle loue 6 chambres avec ventilateur et eau froide. Son **restaurant**, de l'autre côté de la route, donne sur le fleuve, et Mama Piang est à juste titre très fière de sa cuisine.

Crazy Gecko GUESTHOUSE $
(carte p. 258 ; ☎020-97193565 ; info@crazygecko.ch ; côté soleil levant ch 170 000-240 000 LAK ; 📶). Les 4 chambres, proprettes et sans

VOYAGE RESPONSABLE À SI PHAN DON

Certes, les habitants de l'archipel tirent profit des revenus du tourisme, mais n'oubliez pas de respecter certaines règles sur Don Det et Don Khon pour que le sourire des Laotiens reste sincère et votre empreinte sur les lieux positive.

La marijuana est très répandue sur Don Det, ce qui ne veut pas dire qu'elle est bien acceptée par les habitants. Certains ignorent ce dont il s'agit exactement, et ceux qui la tolèrent préfèrent qu'elle joue un rôle secondaire dans votre visite de l'île plutôt qu'elle ne la justifie.

La plage de Ban Hua Det est devenue un endroit branché où bronzer et faire des feux de camp le soir, mais prenez soin de n'y laisser aucun déchet.

Afin de réduire votre impact sur l'environnement des îles, vous pouvez payer pour remplir votre bouteille d'eau dans de nombreuses boutiques et guesthouses de Don Det. Cette pratique ne s'est pas encore répandue sur Don Khon.

Ne donnez pas de bonbon, stylo, pièce, etc. aux enfants. Ces gestes poussent certains enfants de Don Khon à mendier, ce qui leur est néfaste à long terme et couvre de honte leur famille.

100% LOCAL

DES DAUPHINS MENACÉS

Le dauphin de l'Irrawaddy (*Orcaella brevirostris*, appelé *paa khaa* au Laos) est l'une des créatures les plus fascinantes du Mékong, mais aussi l'une des plus menacées. Ces cétacés bleus ou gris, reconnaissables à leur front proéminent, à leur sorte de sourire perpétuel et à leur petit aileron dorsal, atteignent 2,75 m de longueur. Dotés d'une étonnante faculté d'adaptation, ils peuvent vivre dans l'eau douce, l'eau saumâtre des estuaires et l'eau salée d'espaces semi-fermés comme les baies.

Pour les Laotiens et les Khmers, ces mammifères sont traditionnellement considérés comme des humains réincarnés et de nombreuses histoires racontent le sauvetage par des dauphins de pêcheurs ou de villageois tombés dans le fleuve ou attaqués par des crocodiles. En raison de ces croyances, aucun Laotien ou Khmer ne capture un dauphin, que ce soit pour se nourrir ou pour le plaisir.

Toutefois, l'utilisation des filets maillants ainsi que des années de pratiques de pêche destructrices — comme la pêche à la dynamite au Cambodge — ont décimé leur population. Des programmes d'éducation et de préservation sont mis en place, en particulier au Cambodge, mais les filets maillants demeurent une menace constante. En effet, les dauphins ont besoin de remonter à la surface pour respirer toutes les 2 à 3 minutes et se noient souvent avant même que les pêcheurs ne s'aperçoivent qu'ils sont pris dans leurs filets.

Au Laos, les dauphins remontaient autrefois la Se Kong, mais leur habitat se limite aujourd'hui à un bassin naturel de 600 m de large et 50 m de profondeur (à la saison humide) situé à la frontière cambodgienne, connu au Laos sous le nom de Boong Pa Gooang et au Cambodge sous celui d'Anlong Cheuteal. Ils ne sont plus que trois à survivre dans ce bassin.

superflu, s'organisent autour d'un balcon aussi sympathique que fonctionnel, dans un bâtiment sur pilotis en bois solide. Hamacs, meubles disparates et sculptures pour le cadre, qui se prête idéalement à la détente (bien qu'on s'attendrait à un peu mieux pour le prix). S'y ajoutent un billard, des jeux de société, et un restaurant avec terrasse sur le fleuve de l'autre côté de la route.

Mama Leuah Guesthouse GUESTHOUSE **$**
(carte p. 258 ; ✆ 020-5907 8792 ; www.mamaleuah-dondet.com ; côté soleil levant ch 100 000 LAK ; wifi). Les chambres sont certes des plus rudimentaires, mais l'endroit est beau, reposant et entouré de jardins, ce qui est rare à Don Det. Le restaurant (p. 264) sert une excellente cuisine thaïlandaise et quelques spécialités suisses inattendues.

Seng Thavan 1 Guesthouse GUESTHOUSE **$**
(carte p. 258 ; ✆ 020-5613 2696 ; ch 100 000 LAK ; wifi). Bonne adresse côté soleil couchant dans la catégorie petits budgets. Les 4 chambres, un peu vieillottes, sont d'une propreté méticuleuse, et disposent d'une salle de bains attenante. L'adresse est à l'écart du fleuve, mais vous profiterez d'une vue plaisante depuis le café, discret et confortable avec ses sièges inclinables.

♥ **Baba Guesthouse** GUESTHOUSE **$$**
(carte p. 258 ; ✆ 020-98893943 ; www.dondet.net ; côté soleil levant, Ban Hua Det ; ch 350 000 LAK ; clim, wifi). Cette belle guesthouse donne sur le Mékong d'un côté et sur des rizières vert émeraude de l'autre. Les prix sont plus élevés que la moyenne des environs, mais se justifient : chambres immaculées presque luxueuses et décorées avec goût, moustiquaires, balcon et salle de bains rutilante.

Le restaurant (ouvert de 7h à 12h) en terrasse dominant la rivière est aussi chic que la guesthouse et sert de succulents petits-déjeuners. Le propriétaire, Basil, et son épouse sont des hôtes irréprochables. Importantes réductions hors saison.

Moon by Night GUESTHOUSE **$$**
(carte p. 258 ; ✆ 020-95767543 ; côté soleil couchant ; clim, wifi). Cette nouvelle guesthouse tenue par un Australien offre d'élégantes chambres en béton à l'aménagement très soigné, dotées des lits extrêmement confortables et de vastes salles de bains. Pas de restaurant attenant (ce qui est rare dans la région), mais le propriétaire gère aussi

le Street View Restaurant (p. 264), situé du côté soleil levant.

Little Eden HÔTEL $$

(carte p. 258 ; ☎020-77739045 ; côté soleil couchant, Ban Hua Det ; ch avec petit-déj à partir de 41-50 $US ;). Le complexe hôtelier le plus luxueux de Don Det occupe un vaste terrain à l'extrémité nord de l'île. Les chambres, impeccables, sont dotées d'un mobilier contemporain en bois sombre, de parquet verni et d'équipements modernes. Une belle piscine de 18 m, un bar et un restaurant idéal pour admirer le coucher du soleil complètent l'ensemble.

Don Khon

Don Khon propose un bon équilibre entre hébergements pour petits budgets et milieu de gamme. Hormis le **logement chez l'habitant** (Ban Hang Khon Homestay ; carte p. 258 ; ☎020-98893204 ; Don Khon ; 36 000 LAK/pers, 30 000 LAK/repas) et la Pomelo Guesthouse de Ban Hang Khon, toute l'offre est regroupée dans le village de Ban Khon, en face de Don Det. C'est une bourgade agréable et paisible (pas de fête ici), mais dépourvue du charme des îles.

Pa Kha Guesthouse GUESTHOUSE $

(carte p. 258 ; ☎020-55841522 ; ch avec ventil/clim 80 000/120 000 LAK ;). Cette guesthouse affiche un excellent rapport qualité/prix : chambres propres et accueillantes, service correct et emplacement calme. Les chambres les moins chères donnent sur le fleuve et les plus récentes avec climatisation sont de l'autre côté de la route, comme le restaurant.

Souksan Guesthouse GUESTHOUSE $

(carte p. 258 ; ☎020-91808944 ; ch avec ventil 50 000-60 000 LAK ;). Cette guesthouse propose des chambres de qualité moyenne situées dans un gros bungalow avec terrasse commune donnant sur le fleuve. Dans le restaurant jouxtant les chambres, on s'assoit sur des coussins en contemplant le Mékong. Pas d'eau chaude dans les salles de bains. Les sorties barbecue en bateau de M. Souksan (jusqu'à Khon Phapheng 100 000 LAK, jusqu'à Don Som 55 000 LAK) sont amusantes et très populaires.

Pomelo Guesthouse GUESTHOUSE $$

(carte p. 258 ; ☎020-97925893 ; Ban Hang Khon ; ch 25 $US ;). Tenue par un chef thaïlandais et sa compagne suisse, cette guesthouse aménagée avec goût dans un style rustique bénéficie d'un emplacement remarquable face au Mékong, à Ban Hang Khon. La maison traditionnelle sur pilotis abrite 2 chambres spacieuses avec douche à effet pluie et vue splendide ; également 2 bungalows. Terrasse de baignade privative et kayak gratuit pour les résidents.

Sala Done Khone BOUTIQUE-HÔTEL $$

(carte p. 258 ; ☎031-515050 ; www.salalaoboutique.com/saladonekhone ; ch avec petit-déj 60-80 $US ;). Réparties dans 5 bâtiments, les chambres de cet établissement de charme sont les plus originales et les plus élégantes de Si Phan Don. Boiseries, beau sol carrelé d'origine, persiennes : la villa patrimoniale française est le siège social réhabilité d'un ancien commerce datant de 1896. Au bord du fleuve, le Sala Phae est composé de bungalows flottants avec toilettes biologiques et terrasses privatives. Plus récentes mais tout aussi belles et confortables, les chambres du Ban Din ont été bâties en argile et autres matériaux respectueux de l'environnement.

Pan's Residence GUESTHOUSE $$

(carte p. 258 ; ☎020-23655151 ; www.pansresidence.com ; Ban Khon ; ch avec petit-déj 28-35 $US ;). Dotés d'un intérieur crème, d'une salle de bains impeccable et d'un balcon avec hamac, les bungalows en bois teinté, charmants et robustes, se situent soit au bord du fleuve, soit dans un jardin peuplé de papillons. Petit-déjeuner inclus. Les services touristiques proposés sont fiables.

Où se restaurer

La plupart des guesthouses servent le même choix de classiques laotiens, thaïlandais et occidentaux. Les restaurants indépendants sont en général un cran au-dessus de ceux des guesthouses, et les 5 000 à 10 000 LAK supplémentaires facturés par plat sont justifiés. En principe, les meilleures adresses sont installées à Don Khon et du côté soleil levant de Don Det, juste au sud de Ban Hua Det.

Chez Fred et Lea INTERNATIONAL, LAOTIEN $

(carte p. 258 ; ☎020-22128882 ; Ban Khon, Don Khon ; plats 20 000-50 000 LAK ; 7h-22h ;). Ce café/salon de thé tenu par un couple franco-laotien sert cafés et thés issus de l'agriculture bio, mais aussi une excellente cuisine laotienne et occidentale, sans rivale sur l'île. L'absence de vue sur le fleuve est largement compensée par la musique en fond sonore et la fraîcheur des ingrédients. Essayez le menu fixe laotien ou français à 80 000 LAK.

Mr Mo's Restaurant LAOTIEN, OCCIDENTAL $

(carte p. 258 ; ☎030-55759252 ; Ban Hua Det, Don Det, côté soleil levant ; plats 20 000-50 000 LAK ; ⏲7h-23h ;). Vous ne manquerez pas de voir dès votre descente du ferry les pancartes promouvant les circuits guidés de M. Mo, et son restaurant vous apparaîtra bientôt. Contrairement aux nombreux établissements plus exigus de l'île, celui-ci est spacieux, lumineux et aéré. La cuisine, comme le café, est une valeur sûre.

Les chambres (double/triple 100 000/150 000 LAK) situées de l'autre côté de la rue sont pratiques, sans plus.

The Gardens LAOTIEN, THAÏLANDAIS $

(carte p. 258 ; Ban Khon, Don Khon ; plats 20 000-65 000 LAK ; ⏲9h-22h ;). Réputé pour ses produits très frais, ce restaurant au toit de chaume et à la cuisine ouverte est l'endroit idéal pour découvrir la cuisine laotienne, comme la salade épicée à la papaye et le poisson grillé du Mékong. Sert aussi les plats classiques appréciés des voyageurs et une recette maison de poulet à la citronnelle.

Chanthoumma's Restaurant LAOTIEN $

(carte p. 258 ; Ban Khon, Don Khon ; plats 25 000-70 000 LAK ; ⏲6h30-22h ;). Devant une maison certes délabrée, cette sympathique famille sert une cuisine de qualité (rouleaux de printemps, salades de papaye et autres plats végétariens, notamment) depuis de nombreuses années.

Mama Leuah Guesthouse Restaurant THAÏLANDAIS, SUISSE $$

(carte p. 258 ; côté soleil levant, Don Det ; plats 20 000-50 000 LAK ;). Ce restaurant dans une guesthouse sert d'excellents plats thaïlandais, quelques spécialités suisses inattendues telles que le *Zürcher geschnetzeltes* (porc dans une sauce à la crème et aux champignons), ainsi qu'un cordon bleu très apprécié des expatriés de la région.

Little Eden Restaurant LAOTIEN, INTERNATIONAL $$

(carte p. 258 ; côté soleil levant, Ban Hua Det ; plats 35 000-140 000 LAK ;). Profitant de la brise soufflant de la pointe de l'île, ce nouveau restaurant est l'une des meilleures adresses pour manger une cuisine laotienne et occidentale haut de gamme : tendre canard à l'orange, spaghettis bolognaise et *láhp* de poisson-chat du Mékong.

Street View Restaurant PIZZA $$

(carte p. 258 ; ☎020-98779177 ; côté soleil levant, Don Det ; plats 35 000-65 000 LAK ; ⏲8h-23h ;). Ce bel établissement en bois, installé au bord du fleuve, bénéficie de terrasses, d'un bar bien garni et d'une solide réputation. Pizzas cuites au feu de bois, poulet au barbecue, poisson du Mékong, côtes de bœuf, burgers, salades et petits-déjeuners équilibrés. Les prix élevés sont justifiés.

Four Thousand Sunsets FUSION $$

(carte p. 258 ; Don Khon ; plats 25 000-80 000 LAK ; ⏲7h-22h ;). Bien nommé, ce restaurant flottant haut de gamme invite à la détente au gré des flots au coucher du soleil. La carte contraste avec l'offre habituelle des îles et propose de nombreux plats que vous ne goûterez pas ailleurs : curry *hinlay* du nord de la Thaïlande, poisson du fleuve grillé ou cuit vapeur, saucisses fumées aux herbes et divers sautés.

View Restaurant LAOTIEN $$

(carte p. 254 ; Khon Phapheng ; plats 30 000-80 000 LAK ; ⏲7h30-17h). Le restaurant des chutes de Khon Phapheng (p. 256), qui propose un large choix de plats, est une bonne adresse pour déjeuner lors de la visite du site. Son meilleur atout est bien sûr la vue, spectaculaire. Le service est un peu lent, mais pourquoi se presser ?

Boathouse POISSON $$

(carte p. 258 ; Don Det ; plats 20 000-65 000 K ; ⏲7h-23h). Restaurant tenu par un ancien pêcheur allemand marié à une Laotienne du coin. Tout est fraîchement pêché et préparé, du poisson-chat cuit à la vapeur dans une feuille de bananier aux grillades de poisson au barbecue (à commander à l'avance). Dans un bâtiment un peu austère non loin du fleuve, au sud de Don Det, environ 1 km après le village.

Où prendre un verre et faire la fête

C'est dans la localité de Ban Hua Det que les choses se passent, mais une sorte de couvre-feu semi-officiel semble avoir été instauré à minuit dans les bars. L'action se déplace ensuite du côté de la plage (attention, elle est immergée pendant la saison des pluies), avec parfois des feux de camp et des bains de minuit.

4000 Island Bar BAR
(carte p. 258 ; ☎ 020-96476088 ; côté soleil levant, Ban Hua Det, Don Det ; ⏱7h-23h ; 📶). Bonne cuisine indienne et occidentale, boissons fraîches, service agréable et ambiance reposante : tous les ingrédients sont réunis pour

PASSER AU CAMBODGE : DE NONG NOK KHIENE À TRAPAENG KRIEL

Jusqu'à la frontière Franchir le poste-frontière (ouvert de 6h à 18h) de Nong Nok Khiene (Laos)/Trapaeng Kriel (Cambodge) — presque un passage obligé pour les routards effectuant le grand tour d'Indochine — est toujours une épreuve.

On recommande la compagnie cambodgienne Sorya Transport, qui effectue la liaison entre Pakse et Phnom Penh, au départ de la gare routière Sud (p. 226 ; 7h30, 220 000 LAK). La compagnie de bus Sengchalern assure un service quotidien entre Pakse et Phnom Penh (230 000 LAK, 12-14 heures) via Stung Treng (120 000 LAK, 6 heures) et Kratie (160 000 LAK, 9 heures), mais dans des conditions très variables. Soit un gros bus parcourt l'ensemble du trajet, soit un minibus va jusqu'à la frontière où l'on change de véhicule, soit il y a un second changement à Stung Treng. Ces correspondances occasionnent souvent d'importants retards. Quel que soit le véhicule, il part à 7h de la gare routière du Km 2 (p. 227), puis effectue un arrêt pour prendre d'autres passagers à la gare routière Sud. Si vous achetez votre billet sur l'une des îles de Si Phan Don, il comprendra le transfert en ferry depuis l'île en question, puis en minivan jusqu'au départ du bus.

Sengchalern vend également des billets pour Siem Reap (280 000 LAK) à la gare routière du Km 2, mais nous déconseillons ce très long trajet. Mieux vaut avoir recours à **Asia Van Transfer** (AVT ; www.asiavantransfer.com), compagnie fiable proposant un bus au départ de la frontière à 11h30, qui emprunte la nouvelle route nord de Siem Reap (20 $US) et arrive vers 19h. Le trajet en *túk-túk* jusqu'à l'hôtel est compris dans le prix ; on peut réserver par Internet. En revanche, vous devrez rejoindre la frontière par vos propres moyens. À Don Det, Green Paradise Travel (p. 266) et quelques guesthouses vendent des billets combinés AVT (270 000 LAK), comprenant le bateau jusqu'à Nakasang et le minivan jusqu'à la frontière. Une agence de voyages de Pakse vend un billet similaire à 260 000 LAK. **Wonderful Tours** (carte p. 258 ; ☎ 020-55705173 ; Ban Hua Det, Don Det ; ⏱7h-21h30) est spécialisé dans les trajets vers le Cambodge, mais via des transports locaux cambodgiens.

À la frontière On peut se procurer le visa laotien comme le visa cambodgien sur place, mais pots-de-vin, arnaques et incivilités sont inévitables. Côté laotien, vous paierez un supplément de 2 $US (ou l'équivalent en kips ou en bahts) pour "heure tardive" ou "frais de traitement", selon l'heure à laquelle vous passez, que ce soit à l'entrée ou à la sortie du pays. Au Cambodge, le prix du visa, fixé à 30 $US, grimpe systématiquement à 35 $US. Vous devrez payer 1 $US supplémentaire pour une visite médicale hâtive lors de votre entrée au Cambodge, et 2 $US de frais de traitement lors de votre sortie. Il est possible d'éviter tous ces frais si vous êtes prêt à attendre, ce qui peut être si long que votre bus repartira sans vous. Les compagnies de bus prennent leur part elles aussi, puisqu'elles facturent 5 $US minimum pour transmettre vos papiers aux gardes-frontières, même si vous avez déjà un visa. Ce n'est pas une arnaque à proprement parler, puisqu'un service vous est rendu en échange de votre argent, mais on ne vous dira pas que ce service est optionnel. Pour ne pas payer, insistez pour vous occuper de vos papiers vous-même et passer l'immigration seul — rien de bien difficile !

Au Cambodge À part les bus mentionnés ci-dessus, il n'y a pour ainsi dire aucun trafic au niveau de la frontière. Si vous vous retrouvez sans moyen de transport, attendez-vous à payer 45 $US pour un taxi privé à destination de Stung Treng, au sud, ou 150 000/60 000 LAK pour un taxi/*săam-lâaw* (cyclo-pousse à 3 roues) à destination de Ban Nakasang, au nord.

faire de ce bar un favori des voyageurs. Pour se faire de nouveaux amis autour du billard, jouer aux fléchettes, écouter ses morceaux préférés ou simplement se détendre en profitant de la vue.

Adam's Bar BAR

(carte p. 258 ; côté soleil levant, Ban Hua Det, Don Det ; ⌚7h-23h). Le personnel joue à fond l'esprit d'équipe et donne aussi des conseils utiles sur les îles. Bon choix de plats laotiens et occidentaux (plats 20 000-55 000 LAK).

Renseignements

ARGENT

Il n'y a pas de banque sur les îles, mais de plus en plus d'établissements acceptent les paiements par carte bancaire. Vous pourrez changer vos devises, en général à taux désavantageux, dans la plupart des gueshouses, notamment à la Baba Guesthouse (p. 262) sur Don Det, qui assure une avance de liquidités sur carte bancaire avec une commission de 6%. À Ban Nakasang, vous trouverez une Agricultural Promotion Bank et une BCEL avec DAB dans la rue principale. Les circuits en kayak prévoient une halte au DAB en fin de parcours.

OFFICE DU TOURISME

Il n'y a pas d'office du tourisme sur ces îles. Il faudra donc vous contenter des informations des guesthouses et des agences de voyages, d'ailleurs plus utiles que la plupart des offices du tourisme. Le site Internet de la Baba Guesthouse (p. 262) contient bon nombre de renseignements utiles (www.dondet.net).

SERVICES MÉDICAUX

Don Khon possède un **dispensaire** rudimentaire (carte p. 258) et Don Det une petite **pharmacie** (carte p. 258 ; côté soleil levant, Ban Hua Det). Ban Nakasang, sur le continent, regroupe les deux. En cas de problème sérieux, mieux vaut se rendre directement à Pakse.

Depuis/vers Don Det et Don Khon

Le prix de la traversée en bateau entre **Ban Nakasang** (carte p. 254) et les îles est fixé par l'association locale des bateliers et les départs quotidiens sont peu nombreux. Comptez 15 000 LAK par personne (30 000 LAK pour un passager seul) vers Don Det, et 20 000 LAK par personne (60 000 LAK/pers) vers **Don Khon** (carte p. 258).

Les voyageurs qui se rendent à Pakse réservent en général leur billet sur l'île, qui comprend la traversée et la correspondance en bus ou minibus qui part à 12h (60 000 LAK, 3 heures). Si vous préférez partir à un autre moment, un *sŏrngtăaou* quittent toutes les heures Ban Nakasang pour la gare routière Sud (p. 226) de Pakse (40 000 LAK, 3 heures 30, toutes les heures jusqu'à 12h). Un bateau quitte les îles à temps pour la correspondance avec le *sŏrngtăaou* de 8h. Tous s'arrêtent à Hat Xai Khun (pour Don Khong).

Même dans le meilleur des cas, rallier le Cambodge (p. 265) depuis les îles relève de l'exploit. **Green Paradise Travel** (carte p. 258 ; ☎020-99533939, 020-55494928 ; greenparadisetours99@gmail.com ; côté soleil levant, Ban Hua Det, Don Det ; ⌚7h-21h30) est une agence fiable proposant notamment le transfert par bateau ou par la route jusqu'à la frontière.

Pour rejoindre par voie fluviale Don Khong (500 000 LAK) et Champasak (200 $US) vous devrez louer un bateau privé ; mais vous trouverez souvent d'autres voyageurs pour partager les frais. Pour Don Khong, vous pouvez aussi téléphoner à la Done Khong Guesthouse ou à la Pon's Riverside Guesthouse (☎020-55406798), sur l'île, qui vous diront si un bateau doit arriver dans la matinée. Si c'est le cas, vous pourrez réserver votre place sur le trajet retour (50 000 LAK).

Comment circuler

Sans circulation, ou presque, et très peu escarpées, Don Det et Don Khon peuvent s'explorer facilement à vélo (à louer auprès de n'importe quelle guesthouse, 10 000 LAK/jour). Les îles étant petites, tout est aussi faisable à pied.

Vous trouverez quelques *tùk-tùk* à Ban Hua Det et Ban Khon. Comptez 100 000 LAK pour un circuit à Ban Hua Det comprenant observation des dauphins et chutes de Tat Somphamit, avec un temps sur place suffisant, ou 70 000 LAK pour la simple liaison entre Ban Hua Det et Ban Khon.

Comprendre le Laos

Histoire

Le Laos apparut pour la première fois sous le nom de Lan Xang, ou "royaume du Million d'éléphants", au XIVe siècle. En dépit de quelques brèves périodes d'indépendance, il fut le plus souvent assujetti à des voisins plus puissants, en particulier le Siam et le Vietnam. Aspiré par le conflit vietnamien, le pays connut une longue guerre civile qui se solda par la prise de pouvoir des communistes en 1975. Longtemps isolé, il a finalement entamé des réformes économiques dans les années 1990, mais la perspective d'un changement politique semble encore lointaine.

Martin Stuart-Fox, professeur émérite d'Histoire à l'université du Queensland (Australie), est l'auteur de ce chapitre ; il a écrit de nombreux livres et articles sur la politique et l'histoire du Laos.

La préhistoire et la migration lao-thaï

Les premiers *Homo sapiens* (hommes modernes) arrivèrent en Asie du Sud-Est il y a quelque 50 000 ans. Une culture néolithique s'y développa environ 8 000 av. J.-C., et des groupes de chasseurs-cueilleurs essaimèrent dans la région, y compris au Laos. Ce sont les ancêtres des actuelles minorités des hauts plateaux, collectivement appelées Lao Thoeng (Lao des hautes terres), dont les Khamu forment le groupe le plus important dans le nord du pays.

Le premier royaume du sud du Laos apparaît sous le nom de Chenla dans des textes chinois et date du Ve siècle. L'une de ses capitales se situait près de Champasak, non loin du Vat Phu, un temple khmer plus tardif. Un peu plus tard, les Môn – un peuple parlant une autre langue austro-asiatique – établirent des royaumes sur le moyen Mékong : Sri Gotapura (Sikhottabong en lao), avec sa capitale près de Tha Khaek, et Chanthaburi, à proximité de Viang Chan (Vientiane).

Des peuples thaï commencèrent probablement à migrer du sud de la Chine vers le VIIIe siècle. Ils comprenaient les Thaï-Lao du Laos, les Thaï-Siam et les Thaï-Yuan du centre et du nord de la Thaïlande, et les Thaï-Shan du nord-est de la Birmanie. Tous parlaient des langues thaï apparentées, pratiquaient la riziculture dans les vallées fluviales et s'organisaient en petites principautés, les *méuang*, gouvernées par des dirigeants héréditaires, les *chao méuang* (seigneurs du *méuang*). Les Thaï-Lao, ou Lao, se déplacèrent lentement le long des rivières du nord du pays, jusqu'à ce qu'ils rejoignent le Mékong, le "Grand Fleuve".

CHRONOLOGIE

500

Shrestapura, première capitale du royaume môn-khmer du Chenla, est une cité prospère organisée autour du Vat Phu Champasak.

1181

Jayavarman VII défait les Cham depuis Angkor et devient le souverain le plus puissant de l'Empire khmer, dont le territoire englobe la majeure partie du Laos.

Le royaume de Lan Xang

Le premier vaste royaume lao date du milieu du XIVe siècle, quand le Sud-Est asiatique continental expérimentait des mutations sans précédent. Le grand empire khmer du roi Jayavarman VII, qui avait édifié la cité d'Angkor Thom, avait atteint sa dimension maximale, jusqu'au moyen Mékong, et entrait dans une période de retrait. Le roi Ramkhamhaeng profita du vide politique et fonda le royaume thaï-siam de Sukhothai, tandis qu'au nord, Mangray établissait le royaume thaï-yuan de Lanna ("un million de rizières"), avec Chiang Mai pour capitale. D'autres petits royaumes thaï furent créés à Phayao et Xiang Dong Xiang Thong (Luang Prabang). Les Khmers conservaient le pouvoir dans le sud du Laos et l'est de la Thaïlande.

Nous savons qu'à cette époque Viang Chan, et peut-être même Xiang Dong Xiang Thong, payait tribut à Sukhothai. Du fait de l'accroissement de sa puissance, Sukhothai augmentait sa pression sur les Khmers. Ces derniers cherchèrent un allié et choisirent un jeune prince lao, Fa Ngum, éduqué à Angkor. Son père avait dû fuir de Xiang Dong Xiang Thong après avoir séduit l'une des concubines de son propre père et Fa Ngum se retrouva donc en première ligne pour hériter du trône.

Les Khmers offrirent à Fa Ngum une princesse et une armée, puis l'envoyèrent au nord ravir le moyen Mékong à Sukhothai, affaiblissant ainsi le royaume thaï-siam. Fa Ngum réussit sa mission et Sikhottabong reconnut sa suzeraineté, de même que Xieng Khuang et plusieurs autres *méuang* lao. Seule Viang Chan résista. Proclamé roi à Xiang Dong Xiang Thong, Fa Ngum finit par conquérir Viang Chan et nomma son empire en plein essor Lan Xang Hom Khao, ce qui signifie "un Million d'éléphants et le Parasol blanc". Il construisit une belle capitale à Xiang Dong Xiang Thong et entreprit d'organiser sa cour et son royaume ; s'aliénant l'aristocratie locale, il nomma ses généraux khmers à des postes prépondérants. Les vassaux devaient venir à la capitale tous les trois ans pour renouveler leur serment d'allégeance et payer leur tribut.

Alors que Fa Ngum offrait des sacrifices aux *phïi (*esprits traditionnels) du royaume, à la demande de son épouse, il introduisit le bouddhisme theravada khmer au Lan Xang. L'immoralité du souverain aurait causé sa perte. Fa Ngum séduisait en effet les épouses et les filles des nobles de sa cour, qui décidèrent de le remplacer. Exilé à Nan (Thaïlande actuelle), il y mourut cinq ans plus tard. Le royaume de Lan Xang demeura l'un des plus puissants d'Asie du Sud-Est jusqu'au début du XVIIIe siècle.

Son fils, Un Heuan (Samsenthai), lui succéda et épousa des princesses des principaux royaumes thaï (Lanna et Ayuthaya, qui avaient succédé à Sukhothai), consolida le royaume et développa le commerce. Il utilisa sa fortune pour construire des temples et embellir sa capitale.

En nommant son royaume Lan Xang Hom Khao ("un Million d'éléphants et le Parasol blanc"), Fa Ngum proclamait sa puissance et son rang. Les éléphants constituaient alors les chars d'assaut des guerres du Sud-Est asiatique et affirmer être le royaume du Million d'éléphants revenait à mettre en garde les royaumes voisins.

1256

Kubilaï Khan conquiert le royaume thaï de Nan Chao – dans la région du Xishuangbanna, au Yunnan, en Chine –, provoquant l'exode des Thaï vers le sud.

1353

Fa Ngum fonde le royaume lao de Lan Xang et fait construire une capitale à Xiang Dong Xiang Thong.

1421

À la mort du roi Samsenthai, fils et successeur de Fa Ngum, le Lan Xang éclate en factions rivales qui se combattent durant le siècle suivant.

LES EUROPÉENS AU LAOS

Le premier Européen à avoir laissé une description du royaume lao arriva à Viang Chan (qui sera plus tard appelée Vientiane) en 1641. Il s'agissait de Gerrit van Wuysthoff, un négociant employé par la Compagnie néerlandaise des Indes orientales, qui souhaitait ouvrir une route commerciale le long du Mékong. Avec son petit groupe, il fut royalement accueilli durant son séjour de 8 jours dans la capitale. Van Wuysthoff donne plus de détails sur les prix des marchandises que sur la culture ou la religion lao. Il fut suivi un an plus tard par un autre visiteur, qui rédiga une description plus intéressante de la Viang Chan du XVIIe siècle. Missionnaire jésuite, Giovanni-Maria Leria séjourna 5 ans à Viang Chan. Il eut peu de succès dans ses tentatives de conversion au christianisme et finit par abandonner. En revanche, il s'attacha à la population (hormis les moines) et a merveilleusement décrit le Palais royal et les demeures des nobles.

Après la période de stabilité du long règne (42 ans) de Samsenthai, le Lan Xang fut ébranlé par des querelles de succession. Le plus jeune fils de Samsenthai monta finalement sur le trône, sous le nom de Xainya Chakkaphat (maître de l'univers) et, malgré ce titre orgueilleux, se révéla un souverain sage et avisé.

La fin de son règne fut marquée par la première grande invasion du Lan Xang, conduite par l'empereur du Vietnam Le Thanh Tong. À l'issue d'une âpre bataille, les Vietnamiens s'emparèrent de Xiang Dong Xiang Thong et mirent la ville à sac. Xainya Chakkaphat s'enfuit et les Lao organisèrent la résistance. Affamées et décimées par le paludisme, les forces vietnamiennes durent battre en retraite. Devant l'ampleur des pertes, le Vietnam se jura de ne plus jamais envahir le Lan Xang.

Le royaume lao retrouva sa puissance sous le règne de Visoun, l'un de ses plus grands souverains, qui accéda au trône en 1501. Ancien gouverneur de Viang Chan, Visoun fit édifier un temple somptueux, le Vat Visunarat (ou Vat Visoun), tour à tour détruit et reconstruit au fil des siècles et toujours présent à Luang Prabang.

Le roi Setthathirat (règne 1546-1571), petit-fils de Visoun, fut le plus grand bâtisseur de l'histoire du Laos. Il fit construire et rénover plusieurs monastères de Luang Prabang, dont le splendide Vat Xieng Thong, et en fit de même à Viang Chan, où il fit transférer la capitale en 1560 face à la menace constituée par la montée en puissance de la Birmanie. Il abandonna derrière lui le Pha Bang (statue du Bouddha) et changea le nom de Xiang Dong Xiang Thong en Luang Prabang en son honneur. En revanche, il emporta ce qu'il considérait comme une représentation plus puissante encore du Bouddha, le Pha Kaew, ou bouddha d'Émeraude, qui se trouve aujourd'hui à Bangkok. Parmi ses principales œuvres figurent un nouveau palais sur les rives du Mékong, le grand stupa de That Luang

1501

Grâce au roi Visoun le royaume lao connaît une renaissance culturelle. Il installe un peu plus tard le Pha Bang, statue vénérée du Bouddha, à Luang Prabang.

1560

Le roi Setthathirat, petit-fils de Visoun, transfère la capitale à Viang Chan face à la menace de la Birmanie, nouvelle puissance dans la région.

1695

La mort du roi Suriya Vongsa provoque de nouveau la division du Lan Xang en royaumes concurrents.

et un temple pour le bouddha d'Émeraude (Vat Pha Kaeo) ; il finança également des temples royaux à proximité du palais.

Il fallut ensuite plus de 60 ans pour qu'un autre grand roi lao monte sur le trône et mette un terme à une période de division, ponctuée d'une domination birmane intermittente. Couronné en 1638, Suriya Vongsa resta 57 ans au pouvoir. Son règne, le plus long de l'histoire du Laos, fut un âge d'or pour le royaume de Lan Xang, alors au faîte de sa puissance. Viang Chan, centre majeur d'enseignement bouddhiste, attirait à cette époque des moines de toute l'Asie du Sud-Est continentale.

Le morcellement du royaume

À la mort du roi Suriya Vongsa en 1695, une querelle de succession éclata et provoqua la division du Lan Xang. Le seigneur de Luang Prabang déclara le premier son indépendance, suivi quelques années plus tard par celui de Champasak, dans le sud du pays.

Jadis puissant, le Lan Xang fut partagé en plusieurs royaumes régionaux dont aucun ne pouvait résister au pouvoir grandissant du royaume thaï-siam d'Ayutthaya. Durant cinq décennies, les Siamois furent préoccupés par la menace birmane qui aboutit à la mise à sac d'Ayutthaya ; mais ils se relevèrent rapidement. Sous la conduite de Taksin, un jeune commandant charismatique, ils chassèrent les Birmans du centre et du nord du Siam et Chiang Mai fut rattachée au Siam. Après avoir organisé son royaume et construit une nouvelle capitale, Taksin envisagea d'autres conquêtes et se tourna vers les royaumes lao. En 1799, tous trois s'étaient rendus aux armées siamoises, payaient un tribut à Bangkok et avaient accepté la suzeraineté du Siam, qui s'était emparé du bouddha d'Émeraude.

Lorsque Chao Anou succéda à ses deux frères aînés à la tête du royaume de Viang Chan, il était résolu à obtenir l'indépendance. Après avoir acquis quelque mérite grâce au financement de monastères bouddhiques et à la construction du Vat Si Saket, il passa à l'action en 1826 et envoya trois armées sur le Mékong et le plateau de Khorat. Passé l'effet de surprise, les Siamois se reprirent, repoussèrent les Lao et s'emparèrent de Viang Chan. Chao Anou s'enfuit puis fut capturé un an plus tard alors qu'il tentait de reprendre la cité. Les Siamois furent alors impitoyables ; ils pillèrent la ville, n'épargnant que le Vat Si Saket, et déplacèrent la population à l'est du Mékong. Chao Anou mourut en prison à Bangkok.

Durant les 60 années suivantes, les *méuang* lao, de Champasak à Luang Prabang, versèrent des tributs au Siam. Dans un premier temps, ces deux petits royaumes conservèrent un certain degré d'indépendance, mais furent bientôt étroitement contrôlés par le Siam. Ce dernier cherchait alors à consolider son empire pour faire face à l'arrivée d'une nouvelle

Les Laotiens croient que les nagas (serpents d'eau mythologiques ; *nàhk* en laotien) sont devenus les divinités protectrices du Bouddha, appelés nagas. Les fidèles leur font des offrandes et des courses de bateaux annuelles sont organisées pour leur agrément ! Dans les *vat*, les nagas sont volontiers représentés sur les balustrades.

1707-1713

Le Lan Xang est divisé en trois royaumes plus petits et plus faibles : Viang Chan, Luang Prabang et Champasak.

1769

L'armée birmane envahit le nord du Laos et annexe le royaume de Luang Prabang.

1778

Les forces siamoises envahissent le sud du Laos et conquièrent le royaume de Champasak.

puissance dans la région : la France, qui avait établi un protectorat sur la majeure partie du Cambodge en 1863.

Quatre ans plus tard, une expédition française partie explorer et cartographier le Mékong arriva à Luang Prabang, à l'époque la plus grande ville en amont de Phnom Penh, au Cambodge. Dans les années 1880, Luang Prabang se retrouva au cœur d'une lutte qui opposait les Siamois, les Français et des bandes de mercenaires chinois. En 1887, la ville fut pillée et incendiée par un groupe composé de Thaï des hauts plateaux et de mercenaires chinois ; seul le Vat Xieng Thong fut épargné. Le roi prit la fuite sur le Mékong en compagnie d'un explorateur français, Auguste Pavie, qui lui offrit la protection de la France.

Les royaumes du Sud-Est asiatique n'étaient pas des États au sens moderne du terme, dotés de frontières fixes ; leur territoire variait selon la puissance du centre. Les *méuang* (principautés) extérieurs pouvait faire allégeance dans un autre territoire quand le centre était faible. Pour cette raison, les historiens préfèrent parler de mandala, un terme sanskrit signifiant "cercle de pouvoir" (*monthon* en lao).

La période coloniale

Au bout du compte, la France s'imposa par la politique de la canonnière. En 1893, un navire de guerre français parvint à remonter la Chao Phraya jusqu'à Bangkok et braqua ses canons sur le palais royal. Sous la contrainte, les Siamois acceptèrent de céder à la France tous les territoires à l'est du Mékong. Le Laos devint ainsi une colonie française – Luang Prabang obtenant le statut de protectorat, tandis que le reste du pays passait sous administration directe.

En 1900, Viang Chan (appelée Vientiane) redevint la capitale administrative du Laos, mais le siège du pouvoir se trouvait en réalité à Hanoi, la capitale de l'Indochine française. En 1907, un nouveau traité franco-siamois ajoutait deux territoires à l'ouest du Mékong au Laos (la province de Sainyabuli et une partie du Champasak), tandis que le Cambodge récupérait les provinces de Siem Reap et de Battambang.

En dépit des projets coloniaux d'exploitation, le Laos demeurait une charge dans le budget de l'Indochine. Malgré des impôts élevés et un système de corvée, notamment pour la construction des routes, la colonie ne parvint jamais à l'équilibre financier. Si du bois était flotté en aval du Mékong et des gisements d'étain étaient découverts dans le centre du Laos, les bénéfices restaient maigres. On cultivait du café dans le Sud et du pavot à opium dans le Nord, passé en grande partie clandestinement en Chine.

L'explorateur et naturaliste Henri Mouhot est le premier Français qui arriva au Laos. Il mourut du paludisme en 1861 près de Luang Prabang, où l'on peut toujours voir sa tombe.

Nationalisme et indépendance

Le mouvement pour l'indépendance se développa lentement au Laos. Les Français justifiaient la colonisation en affirmant protéger les Laotiens contre des voisins agressifs, en particulier les Siamois. L'élite locale, consciente de sa faiblesse, se satisfaisait de cette interprétation, malgré son désaccord à l'égard de la présence vietnamienne. Le Parti communiste indochinois (PCI), fondé par Hô Chi Minh en 1930, ne revendiquait pas une indépendance séparée pour le Vietnam, le Cambodge et le Laos.

1826-1828

Chao Anou succède à ses deux frères sur le trône de Viang Chan et mène une guerre contre le Siam pour l'indépendance du Laos. Il est fait prisonnier et Viang Chan est mise à sac par les armées siamoises.

1867

Des membres de l'expédition française du Mékong arrivent à Luang Prabang. Au cours des 20 années suivantes, la cité est au cœur de luttes de pouvoir et la France offre sa protection au roi.

1885

Après des siècles d'invasions successives par les puissances voisines, l'ancien Lan Xang est fragmenté en une série d'États sous le contrôle du Siam.

Il ne réussit à recruter ses deux premiers adhérents laotiens qu'en 1935. Jusque-là, les membres du PCI résidant au Laos étaient des Vietnamiens, fonctionnaires ou employés dans les mines d'étain.

Le déclenchement de la Seconde Guerre mondiale fragilisa la position de la France en Indochine. Un nouveau gouvernement farouchement nationaliste à Bangkok profita de l'affaiblissement de la France pour reprendre les territoires "perdus" 50 ans auparavant. Il renomma le Siam Thaïlande et ouvrit les hostilités. Un accord de paix conclu sous les auspices du Japon ravit au Laos ses terres à l'ouest du Mékong.

Pour contrer la propagande expansionniste de Bangkok, les Français encouragèrent le nationalisme laotien. En vertu d'un accord passé entre le Japon et le gouvernement de Vichy, l'administration française restait en place et les troupes japonaises bénéficiaient d'une liberté de mouvement. Dès le début de l'année 1945, les Japonais commencèrent à soupçonner les Français de se tourner vers les Alliés. Le 9 mars, ils frappèrent un grand coup dans toute l'Indochine et arrêtèrent tous les militaires et fonctionnaires français. Au Laos, quelques soldats français réussirent à se cacher dans la jungle et organisèrent la résistance avec leurs alliés laotiens.

Les Japonais gouvernèrent le Laos durant 6 mois, jusqu'à ce que les bombes atomiques de Hiroshima et de Nagasaki mettent un terme à la Seconde Guerre mondiale. Pendant cette période, ils contraignirent le roi Sisavang Vong à proclamer l'indépendance du royaume et un mouvement nationaliste de résistance, le Lao Issara (Laos libre), vit le jour. Lors de la capitulation du Japon le 15 août, le Lao Issara forma un gouvernement provisoire dirigé par le prince Phetsarat, un cousin du roi. Le pays était unifié pour la première fois depuis le début du XVIIIe siècle. Cependant, le monarque revint sur la déclaration d'indépendance, estimant que le Laos avait toujours besoin de la protection de la France. La tension grimpa rapidement entre Luang Prabang et Vientiane. Après que le souverain eut démis Phetsarat de sa fonction de Premier ministre, l'Assemblée nationale provisoire, où siégeaient 45 nationalistes, vota une motion déposant le roi.

Les Français, déterminés à reprendre le contrôle de leur empire indochinois, tiraient les ficelles en coulisses. À la fin de la guerre, l'armée chinoise occupait le territoire indochinois au nord du 16e parallèle, et les troupes indo-britanniques prenaient position au sud pour accepter la reddition du Japon. La Grande-Bretagne laissa rapidement les Français reprendre les commandes. En mars 1946, lors d'une trêve entre le Viêt-minh et la France au Vietnam, les forces françaises attaquèrent le Nord afin de reprendre le contrôle du reste du Laos. Le gouvernement Lao Issara dut s'exiler à Bangkok, laissant la France conclure un accord avec

La Société du Laos siamois au XIXe siècle (L'Harmattan, 2003), d'Étienne Aymonier, un auteur qui a longtemps séjourné au Laos, analyse de façon particulièrement éclairante cette période de l'histoire sous domination siamoise.

1893

Un navire de guerre français parvient à Bangkok et force les Siamois à abandonner à la France la souveraineté sur tous les territoires lao à l'est du Mékong.

1904

Le roi Sisavang Vong fonde la famille royale actuelle.

1907

Un traité international fixe les frontières actuelles du Laos. Vientiane (orthographe française de Viang Chan) devient la capitale administrative.

L'"ARMÉE SECRÈTE" ET LES HMONG

Après l'indépendance du Laos en 1953, les États-Unis entraînèrent et financèrent l'armée royale laotienne dans le cadre de leur stratégie de lutte contre le communisme en Asie du Sud-Est. En 1961, des agents de la CIA entrèrent en contact avec les minorités hmong qui vivaient dans la plaine des Jarres et aux alentours. Ils leur transmirent un message simple – "Méfiez-vous des Vietnamiens, ils prendront vos terres" –, leurs distribuèrent des armes et leurs donnèrent une formation rudimentaire, faisant une vague promesse d'autonomie hmong. À cette époque, la plaine des Jarres était aux mains des neutralistes et du Pathet Lao, soutenu par les Nord-Vietnamiens. Afin de protéger les populations les plus vulnérables, plusieurs milliers de Hmong se déplacèrent dans les montagnes au sud de la plaine. Leur chef était un jeune officier hmong du nom de Vang Pao.

En octobre 1961, le président John F. Kennedy donna l'ordre de recruter une force de 11 000 Hmong, commandée par Vang Pao. Sous la supervision de la CIA, ils reçurent une formation dispensée par des centaines de conseillers des forces spéciales américaines et thaïlandaises, ainsi que des armes et de la nourriture parachutées par Air America.

Peuple indépendant et endurant, les Hmong avaient émigré au Laos au début du XIXe siècle, fuyant la Chine où ils étaient persécutés. En 1918, ils se soulevèrent contre l'administration française, une rébellion que la France mit quatre ans à réprimer. À la fin des années 1930, la direction hmong se divisa sur les droits de représenter la communauté. Pour cette raison, lors de la guerre d'Indochine, une majorité de Hmong se rangèrent aux côtés de la France, et, plus tard, du gouvernement royal, et une minorité rejoignirent le Pathet Lao. Les Hmong qui formaient l'"armée secrète" furent recrutés parmi les premiers.

L'adoption d'une politique de neutralité et la formation du deuxième gouvernement de coalition en 1962 s'accompagnèrent du retrait officiel du personnel militaire américain. Bien qu'ils aient signé les accords de Genève cette même année, les États-Unis

le roi, qui réaffirmait l'unité du Laos et étendait l'autorité du souverain sur le pays entier. Les territoires de la rive ouest du Mékong, pris par la Thaïlande en 1940, furent rendus au Laos.

En 1949, alors que la situation semblait bloquée entre le Viêt-minh et l'armée française au Vietnam, la France, désireuse de consolider sa position au Laos, octroya davantage de souveraineté au pays. Cette indépendance partielle lui permit d'être reconnu par la Grande-Bretagne et les États-Unis. La promesse d'une amnistie provoqua le retour de la plupart des dirigeants du Lao Issara, afin de participer au processus politique. Parmi eux se trouvait Souvanna Phouma, un jeune frère de Phetsarat, qui resta en Thaïlande. Pendant ce temps, Souvine Souphanouvong, le demi-frère des deux princes, incitait ses partisans à rejoindre le Viêt-minh et à poursuivre la lutte anticoloniale.

1945

Les Japonais occupent le Laos et obligent le roi à déclarer l'indépendance. Un mouvement nationaliste de résistance, le Lao Issara (Laos libre), forme un gouvernement provisoire.

1946

Les Français occupent de nouveau le Laos et exilent le gouvernement du Lao Issara.

1950

Le Pathet Lao (communiste) forme un gouvernement de résistance. Souphanouvong en devient son représentant et est également président du Front du Laos libre (FLL).

poursuivirent leurs opérations clandestines, en particulier l'approvisionnement et la formation de l'"armée secrète" pour des actions de guérilla. Le siège secret de la CIA se trouvait à Long Cheng, et Sam Thong, avec plusieurs milliers d'habitants, était la plus importante localité hmong.

Au cours des 12 années suivantes, l'"armée secrète" hmong mena une incessante campagne de guérilla contre les forces régulières nord-vietnamiennes lourdement armées, qui occupaient la plaine des Jarres. En septembre 1969, avec l'aide de l'aviation américaine, les Hmong parvinrent à reprendre la plaine des Jarres. Six mois plus tard, une contre-offensive communiste les repoussa dans les montagnes et ils subirent de terribles pertes.

La guerre s'éternisant, elle fit tant de victimes parmi les Hmong qu'il devint difficile de trouver de nouvelles recrues. Des garçons de 12 ans furent envoyés au combat. L'"armée secrète" fut renforcée par d'autres minorités, dont des Yao (Mien) et des Khamu, ainsi que par des bataillons entiers de volontaires thaïlandais. Au début des années 1970, elle comptait plus de 30 000 hommes, dont environ un tiers de Thaïlandais. Quand un cessez-le-feu fut signé en 1973, avant la formation du 3e gouvernement de coalition, l'"armée secrète" fut officiellement dissoute. Les volontaires thaïlandais rentrèrent chez eux et les unités hmong furent intégrées dans l'armée royale lao. On avance le chiffre de 12 000 morts et de plus de 30 000 blessés parmi les Hmong, mais ces chiffres pourraient être plus élevés. Les années de guerre avaient alimenté une profonde défiance, et 120 000 Hmong sur une population de quelque 300 000 personnes quittèrent le Laos après 1975, plutôt que de vivre sous un régime communiste. Presque tous s'installèrent aux États-Unis. Parmi les Hmong qui s'étaient rangés aux côtés du Pathet Lao, plusieurs détiennent aujourd'hui des postes importants dans le Parti populaire révolutionnaire lao (PPRL) et au gouvernement.

La montée du Pathet Lao

La décision des trois princes de suivre des chemins séparés provoqua la scission du Lao Issara. Ceux qui rentrèrent au Laos continuèrent à se battre pour obtenir l'indépendance dans un cadre légal. D'autres, qui rejoignirent le Viêt-Minh, poursuivaient un but politique très différent : l'expulsion des Français et la formation d'un régime marxiste. Leur mouvement prit le nom de Pathet Lao (pays des Lao).

Le prince Souphanouvong, qui sera surnommé le "Prince rouge", fut l'architecte de l'alliance entre le Lao Issara et le Viêt-minh et devint le représentant du gouvernement de résistance et le président du Front du Laos libre (FLL, Naeo Lao Issara), qui succédait au Lao Issara dissous. Cependant, deux autres hommes, membres du Parti communiste indochinois, détenaient le véritable pouvoir : Kaysone

1953

Le traité d'amitié et d'association franco-laotien accorde une totale indépendance au Laos. À l'issue d'une conférence tenue à Genève, une zone de regroupement est réservée aux forces du Pathet Lao.

1955

Les dirigeants du Pathet Lao forment le Parti populaire lao (PPL, le futur Parti populaire révolutionnaire lao) et un large front politique appelé Front patriotique lao (FPL).

1957

Formation du premier gouvernement de coalition, qui s'effondre après une crise financière et politique.

Phomvihane, ministre de la Défense, et Nouhak Phoumsavan, ministre de l'Économie et des Finances.

À cette époque, la victoire des communistes en Chine (en 1949) avait changé la donne de la guerre d'Indochine. Désormais approvisionné en armes chinoises, le Viêt-minh élargissait la guerre et les Français se retrouvaient sur la défensive, avant de se rendre le 7 mai 1954. Le lendemain s'ouvrait à Genève la conférence qui devait mettre un terme à la guerre.

Partage et unité

À la conférence de Genève, en mai 1954, il fut accepté de partager temporairement le Vietnam entre le Nord et le Sud. Le Cambodge conserva son unité territoriale. Au Laos, deux provinces du Nord-Est (Hua Phan et Phongsali) furent dévolues au regroupement des forces du Pathet Lao. Le mouvement put y conforter son organisation politique et militaire, tout en négociant avec le Gouvernement royal laotien (GRL) la réintégration des deux provinces dans un État unifié.

Tout d'abord, les dirigeants du Pathet Lao fondèrent un parti marxiste laotien. Il fallut attendre 1955 pour justifier la création du Parti populaire lao (PPL), qui prit plus tard le nom de Parti populaire révolutionnaire laotien (PPRL). Aujourd'hui, le PPRL demeure le parti au pouvoir. Il a établi un vaste front politique, appelé le Front patriotique lao (FPL), avec Souphanouvong comme président et Kaysone comme secrétaire général. Avec les autres membres du "gouvernement", ils ont conduit la révolution laotienne durant les 30 ans de lutte (1945-1975) pour le pouvoir.

La priorité pour le Gouvernement royal laotien (GRL) était de réunifier le pays avec une solution politique. Isolé dans ses bases reculées, le Pathet Lao dépendait entièrement des Nord-Vietnamiens pour les armes et pratiquement toute autre assistance. Parallèlement, le GRL dépendait de plus en plus des États-Unis, qui avaient rapidement supplanté la France en tant que principal bailleur de fonds. C'est ainsi que le Laos devint un terrain d'affrontement des deux blocs de la guerre froide.

C'est au Premier ministre Souvanna Phouma qu'incomba la tâche de composer avec les divergences idéologiques et les ingérences étrangères. Il négocia avec son demi-frère Souphanouvong un accord prévoyant l'entrée de deux ministres et deux vice-ministres du Pathet Lao dans un gouvernement de coalition. Les provinces du Pathet Lao furent réintégrées dans l'administration royale. Des élections furent tenues et, contre toute attente, se soldèrent par un bon résultat du Front patriotique lao (FPL). Les États-Unis ne décoléraient pas.

Presque entièrement dépendant des subsides américains, le Laos fut plongé dans une grave crise politique et financière lorsque les États-Unis suspendirent leur aide en août 1958, à la suite de la nomination

1958

Le gouvernement tombe et le Comité pour la défense des intérêts nationaux (CDIN), de droite, soutenu par les États-Unis, accède au pouvoir.

1960

De vastes régions du pays sont en proie à la lutte armée. Un coup d'État neutraliste précède la bataille pour Vientiane.

1961

Dans le contexte de la guerre du Vietnam, la CIA reçoit l'ordre de former une "armée secrète" dans le nord du Laos.

de ministres du Pathet Lao. Ce fut le glas du premier gouvernement de coalition, qui avait duré 8 mois.

Alors que les affrontements reprenaient dans une partie du pays, des voix commencèrent à s'élever contre cette guerre fratricide. Le 9 août 1960, un modeste officier, commandant du second bataillon de parachutistes de l'armée royale, s'empara du pouvoir à Vientiane alors que la quasi-totalité du gouvernement se trouvait à Luang Prabang pour préparer les obsèques du roi Sisavang Vong. Le capitaine Kong Le annonça au monde que le Laos revenait à une politique de neutralité et exigea que Souvanna Phouma redevienne Premier ministre. Le roi Sisavang Vatthana accepta, mais le général Phoumi Nosavan refusa de participer et partit dans le centre du pays pour organiser l'opposition au nouveau gouvernement.

Il était soutenu par le gouvernement thaïlandais et par l'Agence centrale de renseignements (CIA) des États-Unis, qui lui fournissaient argent et armes. En décembre, il était prêt à marcher sur Vientiane, où se déroula une bataille acharnée, mais inégale. Kong Le se replia dans la plaine des Jarres, où ses troupes se regroupèrent avec des unités du Pathet Lao. Le gouvernement neutraliste s'affirmait toujours le gouvernement légitime du pays et, en tant que tel, recevait des armes de l'Union soviétique via le Vietnam, qui, pour la plupart, profitaient au Pathet Lao. Dans le pays, de vastes secteurs tombaient aux mains des communistes, et les offensives de l'armée royale se soldaient par des défaites et des désastres. Les États-Unis envoyèrent des soldats en Thaïlande pour empêcher toute tentative de traversée du Mékong par les communistes, et il sembla, durant une période, que l'intervention majeure de l'armée américaine dans la région aurait lieu au Laos plutôt qu'au Vietnam.

La 2e coalition et la guerre du Vietnam

À cette époque, le nouveau gouvernement du président Kennedy réfléchit à l'opportunité d'une guerre au Laos. Puis il fit volte-face et décida de soutenir la neutralité du pays.

Les "trois princes" (Souvanna Phouma pour les neutralistes, Souphanouvong pour le Pathet Lao et Boun Oum, prince héréditaire du Champasak et dirigeant de la droite) finirent par s'accorder sur la composition d'un gouvernement de coalition avec une représentation identique du Pathet Lao et de la droite (4 postes chacun), et une majorité absolue des neutralistes (11 postes). Les délégués des 14 pays participants se retrouvèrent à Genève en juillet 1962 pour signer l'accord international garantissant la neutralité du Laos et interdisant toute présence militaire étrangère dans le pays. La nouvelle coalition gouvernementale entra en fonction dans un climat de bienveillance et d'espoir.

Pendant la guerre du Vietnam, des ingénieurs militaires chinois construisirent un réseau routier dans le nord du Laos. Bien que servant au Pathet Lao, ces routes ne furent jamais bombardées par les Américains, de peur que l'armée chinoise n'intervienne dans la région.

1962

Les accords de Genève sur le Laos établissent un 2e gouvernement de coalition, avec un nombre de portefeuilles équivalent pour le Pathet Lao et la droite, et la majorité absolue pour les neutralistes.

1964

Les États-Unis entament une guerre aérienne au Laos, la "guerre secrète", essentiellement contre les positions communistes dans la plaine des Jarres.

1964-1973

La guerre du Vietnam s'étend au Laos. La présence américaine et nord-vietnamienne s'accroît et le pays est bombardé sur toute sa longueur.

Les premières fissures apparurent dans la façade de la coalition au bout de quelques mois, provoquées par la guerre au Vietnam. Les Nord-Vietnamiens comme les Américains manœuvraient pour l'avantage stratégique et ne pouvaient laisser la neutralité laotienne leur barrer le chemin. En dépit des accords de Genève, les deux camps continuèrent d'approvisionner leurs alliés respectifs en armes et en ravitaillement. Aucune puissance étrangère ne faisait de même avec les neutralistes, qui se retrouvèrent pris en étau entre la droite et la gauche.

Dans *Guérilla au Laos* (L'Harmattan, 2000), Jean Deuve, qui fut parachuté au Laos comme chef d'un groupement de guérilla antijaponais, raconte l'occupation japonaise, les massacres qui l'ont accompagnée, la résistance formée autour des membres des services secrets parachutés de France et les activités des groupes de guérilla franco-laotiens.

Pour les Vietnamiens, la neutralité laotienne devait permettre de maintenir en l'état les sphères de contrôle militaire existantes : la droite dans les plaines du Mékong, le Pathet Lao dans les hauts plateaux de l'Est, et quelques unités neutralistes de Souvanna Phouma entre les deux. Hanoi attendait que le gouvernement laotien, comme celui du Cambodge, le laisse utiliser leur territoire pour acheminer hommes et fournitures au Sud-Vietnam par la piste Hô Chi Minh. Pour les Américains, la neutralité laotienne devait précisément servir à empêcher cette infiltration.

Région stratégique majeure pour les deux camps, la plaine des Jarres devint bientôt leur principal champ de bataille. Pour empêcher les Américains de la contrôler et de menacer ainsi le Nord-Vietnam, Hanoi y prit position, chassa les neutralistes de Kong Le, puis s'intéressa à l'"armée secrète" des Hmong, entraînée par la CIA et financée par les États-Unis, dans les montagnes qui entourent la plaine.

Fin 1963, alors que chaque camp accusait l'autre de violer les accords de Genève, le deuxième gouvernement de coalition avait volé en éclats. Le Premier ministre Souvanna Phouma avait beau s'efforcer de sauver les apparences, les ministres du Pathet Lao avaient quitté Vientiane et les neutralistes se terraient après l'assassinat de leur ministre des Affaires étrangères. Toutes les puissances avaient toutefois intérêt à préserver la façade de neutralité du Laos, et Souvanna Phouma put compter sur des appuis diplomatiques pour contrer les tentatives de coups d'État fomentées par des généraux de droite en 1964 et 1965.

Les États-Unis entamèrent leurs offensives aériennes sur le Laos en 1964 avec le bombardement des positions communistes dans la plaine des Jarres, puis, à mesure qu'augmentaient les infiltrations nord-vietnamiennes par la piste Hô Chi Minh, étendirent leurs pilonnages d'un bout à l'autre du territoire. Selon les chiffres officiels, ils lâchèrent 2 093 100 tonnes de bombes au cours de 580 944 sorties pour un coût total de 7,2 milliards de dollars, soit 2 millions de dollars par jour pendant 9 ans. Le bilan en vies humaines demeure inconnu, mais l'on sait qu'un tiers des 2,1 millions d'habitants furent contraints de quitter leur foyer.

La présence nord-vietnamienne et américaine s'accrut dans les années 1960. On estime qu'en 1968, 40 000 soldats nord-vietnamiens étaient basés au Laos pour protéger la piste Hô Chi Minh et appuyer

1974

Le cessez-le-feu de 1973 au Vietnam met un terme aux combats au Laos et permet la formation d'un 3e gouvernement de coalition.

1975

Les communistes s'emparent du pouvoir et instaurent la République démocratique populaire lao (RDPL). Elle sonne le glas de la monarchie.

1986

Le "nouveau mécanisme économique" ouvre la voie à l'économie de marché et aux investissements étrangers.

quelque 35 000 combattants du Pathet Lao. L'armée royale comptait 60 000 hommes, payés et équipés par les États-Unis, les forces de Vang Pao (encadrées par la CIA) s'élevaient à la moitié, et les neutralistes de Kong Le à 10 000. Les combattants étaient donc financés par leurs soutiens extérieurs, et cette guerre par procuration dura jusqu'en 1973.

L'offensive du Têt, en 1968, marqua un tournant décisif dans la guerre du Vietnam. Les Américains réalisèrent alors qu'ils ne gagneraient pas par des moyens militaires et qu'ils devaient envisager une solution politique. Alors qu'un "accord tacite" sur les sphères de contrôle limitait les affrontements dans la majeure partie du Laos, la guerre au sol s'intensifia dans la plaine des Jarres. Des unités de l'"armée secrète", jusqu'alors utilisées dans des combats de guérilla, furent envoyées dans des opérations d'envergure au cours desquelles elles subirent de lourdes pertes.

Tous ces bombardements furent incapables d'arrêter la circulation des soldats nord-vietnamiens sur la piste (ou les pistes) Hô Chi Minh. L'opération lancée en janvier 1971 par l'armée sud-vietnamienne en vue de couper la piste se solda par un échec ; le Pathet Lao revendiqua une victoire, gagnée en fait par les Nord-Vietnamiens, et étendit par la suite son contrôle sur le sud du pays. Vers le milieu de l'année 1972, quand de sérieux mouvements pour la paix se firent sentir, les quatre cinquièmes du territoire étaient aux mains des communistes.

Le sort du Laos restait intimement lié à la situation au Vietnam. Il fallut attendre un cessez-le-feu effectif au Vietnam, en janvier 1973, pour que les combats cessent ensuite au Laos. Puis commencèrent les tractations politiques. Les partis parvinrent à un accord en septembre sur la composition et le fonctionnement d'un troisième gouvernement de coalition. Six mois supplémentaires furent nécessaires pour que des mesures de sécurité effectives permettent son entrée en fonction. La répartition des portefeuilles témoignait de l'évolution des équilibres politiques : le Premier ministre Souvanna Phouma était le seul neutraliste, les autres ministères étant répartis, à parts égales, entre la droite et la gauche. Face à une droite divisée et démoralisée par le retrait des États-Unis, le Pathet Lao apparut comme un parti uni, bien organisé et porteur d'un plan réfléchi, approuvé lors du IIe Congrès du PPRL en 1972. Les communistes avaient l'avantage et l'ont depuis conservé.

Un Américain au Laos aux débuts de l'aide américaine. 1954-1957, d'Alex Moore (L'Harmattan, 2000), raconte l'arrivée à Vientiane d'un fonctionnaire des États-Unis et les activités de l'US Operations Missions (USOM) au Laos.

La révolution et les réformes

En avril 1975, après la chute de Phnom Penh puis de Saigon, le Pathet Lao exerça une pression politique sur la droite. Des manifestations obligèrent les dirigeants et généraux de droite à quitter le pays. L'USaid était également visée et des centaines d'Américains commencèrent aussi à partir. Dans tout le pays, les villes furent "libérées" l'une après l'autre par les forces du Pathet Lao, qui parvinrent à Vientiane en août.

1987

Une guerre frontalière de 3 mois éclate entre le Laos et la Thaïlande, pour s'achever par une trêve en février 1988.

1991

Promulgation, en août, de la Constitution de la République démocratique populaire lao. Le général Khamtay Siphandone devient Premier ministre.

1997

Le Laos rejoint l'Association des nations de l'Asie du Sud-Est (Asean).

LES CAMPS DE RÉÉDUCATION

Les camps de rééducation se trouvaient dans des régions reculées. Les prisonniers travaillaient à la construction de routes, aidaient les villageois et cultivaient leurs propres légumes ; mais la nourriture était peu abondante, le travail pénible et les soins médicaux étaient inadéquats, voire absents. Hormis dans quelques camps de haute sécurité réservés aux politiciens haut placés et aux officiers de l'armée, les prisonniers étaient autorisés à établir des contacts limités avec les villageois des environs. Des couples se formaient parfois entre prisonniers et villageoises. Il était toutefois presque impossible de s'échapper, tant les camps étaient isolés. Seuls les prisonniers qui affichaient leur contrition d'avoir commis leurs "crimes" passés étaient libérés ; certains travaillaient alors pour le régime, d'autres partaient rejoindre leur famille à l'étranger.

Souvanna Phouma choisit de coopérer avec le Pathet Lao afin d'éviter un nouveau bain de sang. Des centaines de fonctionnaires et de militaires de haut rang se rendirent volontairement dans des camps de "rééducation politique", pensant qu'ils n'y resteraient que quelques mois.

Les responsables de la droite étant en prison ou réfugiés en Thaïlande, le Pathet Lao consolida son pouvoir. À tous les niveaux, des comités populaires prirent le contrôle de l'administration. Résigné, le troisième gouvernement de coalition, du moins ce qu'il en restait, demanda, lors d'une réunion extraordinaire en novembre, l'instauration d'un "régime démocratique populaire". Sous la pression, le roi accepta d'abdiquer et, le 2 décembre, un Congrès national des représentants du peuple, convoqué par le PPRL, proclama la fin de la monarchie laotienne – vieille de 650 ans – et l'instauration de la République démocratique populaire lao (RDPL). Contrairement aux victoires militaires des communistes au Cambodge et au Vietnam, les communistes laotiens prirent le pouvoir par des moyens "quasi légaux". Ils participèrent aux gouvernements de coalition et exigèrent le respect strict des accords conclus, tout en renforçant continuellement leur armée révolutionnaire. Cette stratégie fut imaginée par Kaysone Phomvihane, secrétaire général du PPRL depuis 1955, qui devint Premier ministre du nouveau gouvernement marxiste-léniniste. Souphanouvong fut nommé chef de l'État.

Kaysone Phomvihane naquit en 1920, à Savannakhet, d'un père vietnamien et d'une mère lao. Ce marxiste convaincu abandonna son nom vietnamien pour celui de Phomvihane, qui signifie Brahmavihara en lao, les Quatre Incommensurables, ou conduites pieuses, du bouddhisme.

Le nouveau régime fut organisé selon les modèles soviétique et nord-vietnamien. Le gouvernement et l'administration étaient fermement dirigés par le Parti (parti unique ne tolérant aucune opposition) et les sept membres du Politburo. Le Parti s'employa immédiatement à restreindre toute liberté d'expression et de réunion, et à nationaliser l'économie. La population dut assister à d'interminables "séminaires" pour assimiler la vision du monde du Pathet Lao. Alors que grimpait l'inflation, le contrôle des prix fut imposé. En réaction, environ 10% de la population, dont la

1998-2000
La crise asiatique ébranle sérieusement l'économie laotienne. La Chine et le Vietnam soutiennent le pays à l'aide de prêts et de conseils.

2000
La crise économique déclenche des troubles politiques. L'attaque par des rebelles d'un poste de douane à la frontière thaïlandaise fait 5 morts.

2004
La sécurité est renforcée à Vientiane lors du 10e sommet de l'Asean, le plus important rassemblement de chefs étrangers jamais organisé au Laos.

quasi-totalité des Laotiens diplômés, fuirent via le Mékong en Thaïlande, retardant le développement du Laos d'au moins une génération.

Une tâche écrasante attendait le nouveau régime. L'économie des secteurs contrôlés par la droite, notamment les villes du Mékong, dépendait entièrement de l'aide américaine. Elle s'effondra avec l'arrêt de cette aide, et la situation fut aggravée par les mesures gouvernementales et la fermeture de la frontière thaïlandaise. Malgré l'arrivée de conseillers d'URSS, d'Europe de l'Est et du Vietnam, le niveau de l'aide du bloc communiste restait insuffisant pour compenser les versements américains. La collectivisation de l'agriculture, très mal conçue et mal appliquée, ne fit qu'empirer la situation.

Si le régime ne persécuta pas les bouddhistes comme le firent les Khmers rouges au Cambodge, il imposa néanmoins des restrictions à la pratique religieuse. Les jeunes moines étaient encouragés à quitter la *sangha* (communauté bouddhiste), et ceux qui restaient devaient travailler pour gagner leur vie. La population était incitée à ne pas dépenser d'argent pour les fêtes bouddhiques. De nombreux moines se réfugièrent en Thaïlande. La fête des Fusées, destinée à favoriser une mousson bénéfique, fut annulée, et une sécheresse intervint cette même année. Les habitants en conclurent que les nagas (serpents mythologiques vivant dans les rivières et autres cours d'eau) avaient été offensés. L'année suivante, les autorités autorisèrent la fête... et les pluies furent abondantes.

L'insurrection hmong se poursuivit durant 30 ans. En 1977, craignant que le roi, en résidence surveillée, ne s'évade et prenne la tête de la résistance, les autorités l'arrêtèrent ainsi que sa famille, les envoyèrent à Vieng Xai, l'ancien quartier général du Pathet Lao durant la guerre, et les obligèrent à travailler dans les champs. Le roi, la reine et le prince héritier moururent, probablement de paludisme et de malnutrition. Leur mort n'a jamais été déclarée officiellement.

En 1979, la nécessité d'infléchir les politiques s'imposa. Kaysone Phomvihane annonça que les paysans pouvaient quitter les coopératives et cultiver leurs propres terres, et que les entreprises privées seraient autorisées. Cette même année, le Vietnam envahit le Cambodge pour chasser les Khmers rouges, et la Chine envahit le nord du Vietnam pour donner une leçon à Hanoi. Le Laos s'étant rangé aux côtés du Vietnam, ses relations avec la Chine se détériorèrent. Elles n'étaient pas meilleures avec la Thaïlande, qui soutenait l'insurrection contre le régime installé par les Vietnamiens au Cambodge. Les réformes ne suffirent pas à améliorer l'économie laotienne. L'Union soviétique, elle-même à l'aube de réformes fondamentales, commençait à se lasser de soutenir le régime laotien. De son côté, le Vietnam était suffisamment préoccupé par le Cambodge. Kaysone Phomvihane finit par convaincre le Parti de

Bua Deng (Lotus rouge, 1988), un film laotien du réalisateur Som-Ok Southiphone, raconte l'histoire d'une famille laotienne ordinaire qui voit son existence bouleversée par les événements qui conduisirent à la libération de Vientiane par le Pathet Lao. L'un des quelque douze films produits au Laos depuis 1975, *Bua Deng*, est le seul à avoir franchi les frontières du pays.

2006

Le VIIIe congrès du Parti populaire révolutionnaire lao et des élections législatives avalisent une nouvelle direction politique.

2009

Le Laos accueille les 25e Jeux d'Asie du Sud-Est. Quelque 4 000 Hmong sont rapatriés de force par la Thaïlande.

2010

Début de la production du barrage hydroélectrique de Nam Theun 2, le plus grand d'Asie du Sud-Est.

suivre l'exemple chinois : ouvrir l'économie aux mécanismes du marché et le pays à l'aide étrangère et aux investissements occidentaux, tout en conservant le strict monopole du pouvoir politique.

Le progrès économique tarda à se manifester en raison, notamment, des tensions persistantes avec la Thaïlande. À la fin de l'année 1987, les deux pays s'affrontèrent brièvement à cause d'un conflit territorial, qui aurait fait environ un millier de morts. L'année suivante, les deux voisins se réconcilièrent. Les relations avec la Chine s'améliorèrent également. Les premières élections législatives furent organisées et aboutirent à la promulgation d'une Constitution en 1991. Un cadre légal fut lentement mis en place et, dès le début des années 1990, les investissements étrangers directs augmentaient et l'économie s'améliorait.

Le Laos moderne

Principal personnage du communisme laotien pendant plus d'un quart de siècle, Kaysone Phomvihane mourut en 1992. Le général Khamtay Siphandone devint à la fois président du PPRL et Premier ministre. Son ascension marqua l'accession aux commandes du Parti des chefs militaires de la révolution. Lorsque Khamtay démissionna en 2006, l'un de ses proches compagnons, le général Chummaly Sayasone, lui succéda.

La prospérité du milieu des années 1990 reposait sur l'accroissement des investissements et de l'aide étrangère, dont le pays restait très dépendant. La RDPL entretenait de bonnes relations avec tous ses voisins et améliora fortement ses contacts avec la Chine. Le Laos rejoignit l'Association des nations de l'Asie du Sud-Est (Asean) en 1997.

Pour un panorama complet de l'histoire du Laos, lisez *Histoire du pays lao : de la préhistoire à la République* (L'Harmattan, 2000) de Savèngh Phinith, Phou Ngeu Souk-Aloun et Vannida Thongchanh.

La crise asiatique de la fin des années 1990 mit un terme à cette période faste. La chute du baht thaïlandais entraîna celle du kip laotien (LAK), fortement liés en raison des relations commerciales entre les deux pays. La crise économique déclencha une certaine agitation. Une manifestation d'étudiants, réclamant la fin du monopole politique du PPRL, fut violemment réprimée et ses meneurs, condamnés à de longues peines de prison. Des opposants résidant en Thaïlande attaquèrent un poste de douane à la frontière, provoquant une riposte immédiate de l'armée laotienne. Une série de petits attentats à la bombe à Vientiane et dans le sud du pays fut également attribuée à des dissidents expatriés, tandis que les "brigands" hmong étaient tenus pour responsables d'attaques contre les transports dans le Nord. Redoutant l'effet de ces incidents sur l'industrie touristique naissante, le gouvernement réagit par un tour de vis sécuritaire.

Les autorités firent pression sur la Thaïlande en tant que membre de l'Asean pour qu'elle réprime les opposants laotiens présents sur son sol ; dans le pays, l'armée pourchassa les Hmong. En 2003, des journalistes occidentaux entrèrent pour la première fois en contact avec des rebelles

2012

Sombath Somphone, membre engagé de la société laotienne, œuvrant au développement du pays, est enlevé à Vientiane. Le gouvernement laotien nie toute responsabilité dans cette disparition.

2013

Le début des travaux du Xayaboury, premier barrage sur le Mékong au Laos, suscite le mécontentement du Cambodge et du Vietnam.

2015

Le recensement décennal établit la population laotienne à 6 492 000 habitants.

hmong, et firent état à leur retour d'une insurrection agonisante. Les opérations militaires poussèrent des Hmong à se rendre et d'autres à se réfugier en Thaïlande. Malheureusement, les Thaïlandais les considérèrent comme des émigrants clandestins et leur refusèrent l'asile. Les négociations visant à les installer dans des pays tiers échouèrent et, en décembre 2009, malgré des protestations internationales, quelque 4 000 Hmong furent rapatriés de force au Laos.

Entre 2000 et 2010, le montant des investissements chinois au Laos a fortement progressé jusqu'à équivaloir à celui de la Thaïlande. Le Japon restait le premier donateur. Des compagnies chinoises ont investi dans de grands projets miniers, hydroélectriques, agricoles et forestiers. Parallèlement, le commerce transfrontalier n'a cessé de se développer. La vitalité économique a accru l'influence politique du Laos au détriment du Vietnam, bien que les relations entre les deux pays demeurent étroites et cordiales. Si les cadres du Parti laotien suivent toujours des cours de marxisme-léninisme au Vietnam, ils s'inspirent davantage du puissant voisin chinois en matière d'économie.

Devenu président du Laos en avril 2016, l'ancien vice-président Bounnhang Vorachith a fait de la lutte anticorruption son principal cheval de bataille, remplaçant les ministres défaillants par des membres (prétendument) de confiance. Il a demandé un arrêt de l'exploitation forestière et s'est engagé à reboiser 70% du Laos d'ici à 2020. Il a également préparé la scène politique laotienne pour la réunion de l'Asean d'août 2016, qui se tenait au Laos et à laquelle Barack Obama assistait. John Kerry avait déjà visité le pays plus tôt dans l'année, après Hillary Clinton en 2012. Les États-Unis signifiaient par là à la Chine qu'ils s'intéressaient à l'avenir du Laos. De son côté, la superpuissance asiatique contribue au financement des barrages et des lignes ferroviaires à grande vitesse à travers le pays, ce qui place le Laos, de plus en plus endetté, dans une position de vecteur essentiel dans la stratégie commerciale chinoise de la "nouvelle route de la soie". La désastreuse rupture du barrage d'Attapeu, dans le sud-est du Laos en 2018, a rappelé quel pouvait être le coût réel de ce type de projets, ainsi que les défis auxquels est confronté le gouvernement.

2016

Le vice-président du Laos Bounnhang Vorachith devient le nouveau président de la République laotienne.

2016

En août, Barack Obama en visite officielle au Laos promet une aide de 90 millions de $US au cours des trois prochaines années pour le déminage du pays.

2018

La partie haute de l'une des retenues du barrage d'Attapeu s'effondre, causant plus de 100 morts et le déplacement de milliers de villageois.

Culture et société

Rares sont les pays à la population aussi souriante et sereine que celle du Laos. *Bô pen niăng* (pas de problème) pourrait être la devise nationale. Rien ne semble perturber les Laotiens, en surface tout du moins. La mentalité laotienne résulte d'une alchimie complexe entre culture, environnement et religion, et il faut parfois un peu de temps aux visiteurs pour s'adapter au rythme local, délicieusement alangui.

L'état d'esprit laotien

Dans une large mesure, ce comportement qui permet d'affronter toutes les situations est défini par le bouddhisme theravada, qui met l'accent sur l'apaisement des passions humaines. Ainsi, les émotions fortes sont taboues dans la société laotienne. Plus que la dévotion, la prière ou le travail, le *kamma* (karma) détermine le sort d'un individu. C'est la raison pour laquelle les Laotiens ne se préoccupent pas outre mesure de l'avenir, une attitude souvent perçue comme un manque d'ambition par les étrangers.

Les Laotiens expriment familièrement le sentiment que "trop travailler est mauvais pour la tête" et plaignent souvent ceux qui "pensent trop". Il fut un temps où l'éducation n'était pas très valorisée, mais cette attitude change avec la modernisation et un accès accru aux postes à l'étranger. Éviter le stress psychologique inutile demeure une norme culturelle. D'un point de vue typiquement laotien, si une activité - travail ou jeu - ne comporte pas de *múan* (amusement), elle générera probablement du stress.

Le contraste entre les Laotiens et les Vietnamiens illustre bien la faille culturelle qu'a constituée la cordillère Annamitique entre les zones d'influence indienne et chinoise. Les colons français la résumaient ainsi : "Les Vietnamiens plantent le riz, les Cambodgiens le regardent pousser et les Laotiens l'écoutent." S'il ne s'agissait certes pas d'un hommage, nombre de Français succombèrent au charme du Laos et s'y installèrent.

Les Laotiens ont toujours volontiers accepté l'assistance extérieure et les investissements étrangers, qui apportent un certain degré de développement économique sans exiger un accroissement de productivité. Le gouvernement apprécie tous les signes extérieurs de la technologie moderne - comme en témoignent les gratte-ciel qui ornent les affiches de propagande politique - sans abandonner pour autant les traditions, dont la philosophie du *múan*. L'enjeu pour le Laos est de trouver un équilibre entre la préservation de sa culture et un changement de mentalité susceptible de lui procurer une certaine autosuffisance.

Mode de vie

Les Laotiens se lèvent habituellement avant 6h du matin, peut-être parce que tout ferme tôt, même dans la capitale. La journée commence par un petit-déjeuner rapide, chez soi ou dans une échoppe de nouilles. Le matin, chez les Lao Loum (Lao des plaines) et dans d'autres régions bouddhiques, des moines collectent les aumônes, souvent auprès des femmes qui leur donnent riz et légumes en échange d'une bénédiction.

Les enfants en âge scolaire rejoignent à pied une classe surchargée dans un bâtiment rudimentaire, où officient un ou deux enseignants. Les élèves de secondaire sont souvent pensionnaires, car les établissements sont peu nombreux et souvent trop éloignés de chez eux. Presque toutes les familles qui en ont les moyens paient pour que leurs enfants apprennent l'anglais, vu comme une quasi-garantie d'emploi futur.

La plupart des Laotiens vivant dans les campagnes, où le travail est essentiellement manuel. Selon la saison, le lieu et le sexe (les hommes et les femmes ont des tâches clairement distinctes dans l'agriculture), il consiste à planter ou à récolter le riz ou d'autres cultures. Contrairement au Vietnam voisin, le Laos n'effectue qu'une moisson de riz par an, ce qui signifie deux périodes occupées et une vie paisible le reste de l'année.

Pendant ces moments de calme, les hommes pêchent, chassent et réparent leur maison, tandis que les femmes partent à la cueillette en forêt, tissent ou ramassent du bois pour le feu. À ces époques, l'accueil dans les villages est un authentique moment de convivialité et, dans l'après-midi, vous pourrez vous asseoir devant la boutique locale pour partager un ou deux *lào-láo* (alcool de riz) avec les habitants sans avoir l'impression de leur voler leur temps.

Le *lào-láo* est la boisson alcoolisée que préfèrent nombre de Laotiens, surtout en milieu rural où le revenu moyen est si bas que la Beerlao représente un luxe inaccessible. L'opium reste la drogue la plus communément consommée – et tolérée –, bien que la récente destruction des plantations la rende moins disponible. En ville, le *yaba* (méthamphétamine) est devenu un nouveau stimulant chez les jeunes.

À cause de la faiblesse des revenus et malgré la hausse du revenu mensuel minimum à 130 $US en 2018, les Laotiens organisent leurs sorties en famille, mettent de l'argent en commun pour un *bun vat* (fête d'un temple) ou un pique-nique près de la cascade voisine. Ils vivent généralement au sein d'une famille élargie, avec trois générations ou plus partageant une maison ou une propriété familiale, et dînent ensemble assis sur des nattes.

Lors des fêtes et des cérémonies apparaissent des éléments du costume traditionnel laotien ; les hommes portent un *phàa bịang* (une écharpe sur l'épaule) et les femmes, une écharpe similaire, un chemisier ajusté et un *phàa nung* (sarong). Dans la vie quotidienne, les hommes optent pour la tenue classique chemise et pantalon, tandis que les femmes préfèrent souvent le *phàa nung* ou *sin*. Les femmes d'autres ethnies ou communautés, notamment les Chinoises et les Vietnamiennes, portent le *phàa nung* pour se rendre dans une administration afin de faciliter les démarches.

Pour découvrir agréablement le folklore et l'âme laotienne, lisez *Contes et légendes du Laos* de Karine Amarine (You Feng, 2007).

Population

Le Laos possède l'une des plus faibles densités de population d'Asie, bien que le nombre d'habitants ait plus que doublé au cours des trente dernières années et continue d'augmenter rapidement. Un tiers des 6,6 millions de Laotiens vivent dans les villes de la vallée du Mékong, principalement à Vientiane, à Luang Prabang, à Savannakhet et à Pakse. Un autre tiers résident le long d'autres cours d'eau majeurs.

Après la prise du pouvoir par les communistes en 1975, un habitant sur dix a quitté le pays. Vientiane et Luang Prabang ont été les plus touchées ; Luang Prabang a perdu environ un quart de sa population. Le flux s'est cependant inversé au cours des dix à quinze dernières années, le nombre des immigrants – Laotiens rapatriés, Chinois, Vietnamiens et autres – surpassant actuellement celui des émigrants.

La plupart des expatriés occidentaux qui vivent au Laos travaillent temporairement pour des organisations d'aide multilatérale et bilatérale. Quelques-uns sont employés par des sociétés étrangères des secteurs minier, pétrolier ou hydroélectrique, ainsi que dans le tourisme.

Groupes ethniques

On décrit souvent le Laos comme un conglomérat de minorités ethniques et de langues plutôt qu'un État-nation. Si les groupes sont nombreux et variés, les Laotiens se divisent eux-mêmes en quatre catégories : les Lao Loum, les Lao Thaï, les Lao Thoeng et les Lao Soung. Cette classification reflète plus ou moins l'altitude à laquelle ils vivent et, par conséquent, leurs inclinations culturelles. Pour remédier aux inexactitudes, le gouvernement laotien a récemment reclassé les groupes ethniques en trois grandes familles linguistiques – austro-thaï, austro-asiatique et sino-tibétaine. Toutefois, nombre de Laotiens ignorent à quelle famille ils appartiennent et nous nous en tenons à la répartition la mieux connue.

Un peu plus de la moitié de la population se compose de Lao ou Lao Loum, le groupe dominant. Le reste comprend 10 à 20% de Thaï, 20 à 30% de Lao Thoeng (Lao des hauts plateaux ou habitants de basse montagne, principalement d'origine proto-malaise ou môn-khmère) et de 10 à 20% de Lao Soung (Lao des montagnes, principalement des Hmong ou des Mien établis en altitude). La répartition du gouvernement englobe les Lao Thaï dans le groupe des Lao Loum. Ces trois groupes figurent en costume national au verso des billets de 1 000 K dans l'ordre suivant, de gauche à droite : Lao Soung, Lao Loum et Lao Thoeng.

Parmi les ethnies montagnardes tibéto-birmanes figurent les Lisu, les Lahu, les Lolo, les Akha et les Phu Noi. Parfois désignées Lao Thoeng, elles vivent dans les montagnes du Nord, comme les Lao Soung.

Des ethnographes étrangers ont identifié entre 47 groupes et 134 sous-groupes ethniques différents au Laos.

Lao Loum

Principal groupe ethnique, les Lao Loum (Lao des plaines), par leur supériorité numérique et leurs meilleures conditions de vie dans les plaines fertiles de la vallée du Mékong ou de ses affluents, ont dominé pendant des siècles les autres groupes ethniques moins importants. Leur langue est la langue nationale, leur religion – le bouddhisme – est la religion nationale et nombre de leurs coutumes, comme la préparation du riz gluant ou la cérémonie du *bąasǐi*, sont considérées comme représentatives du pays, même si nombre d'autres groupes ethniques ne les partagent pas.

Les Lao Loum mènent traditionnellement une vie sédentaire reposant sur une économie de subsistance grâce à la culture du riz irrigué. Ils vivent dans des maisons surélevées et, comme la plupart des Austro-Thaï, pratiquent le bouddhisme theravada, teinté de croyances animistes.

La distinction entre Lao et Thaï est relativement récente, d'autant que 80% de ceux qui parlent une langue lao résident dans le nord-est de la Thaïlande. Même des Lao vivant au Laos désignent sous le nom de "Thaï" différents groupes de Lao Loum, tels par exemple les Thaï Luang Phabang (Lao de Luang Prabang).

Lao Thaï

Bien qu'étroitement liés aux Lao, ces sous-groupes thaï ne se sont pas laissés absorber par la culture lao et se subdivisent selon des distinctions claniques. Comme les Lao Loum, ils vivent dans des vallées fluviales, mais préfèrent celles en altitude aux plaines inondables du Mékong. Selon leur habitat, ils cultivent aussi bien le riz de montagne que le riz irrigué. Les Lao Thaï mêlent également bouddhisme theravada et animisme, mais accordent plus d'importance au culte des esprits que les Lao Loum.

En général, les différents groupes de Lao Thaï se reconnaissent à la couleur prédominante de leurs vêtements, ou à leur secteur de résidence : Thaï Dam (Thaï noirs), Thaï Khao (Thaï blancs), Thaï Pa (Thaï des forêts), Thaï Neua (Thaï du Nord), etc.

Lao Thoeng

Les Lao Thoeng (ou Lao Theung ; Lao des hauts plateaux et des collines) sont apparentés aux peuples austro-asiatiques qui vivent à moyenne altitude dans les montagnes du nord et du sud du pays. Les Khamu forment le groupe le plus important, suivis par les Htin, les Lamet et un nombre plus restreint de Laven, de Katu, de Katang, d'Alak et d'autres groupes môn-khmers du Sud. Les Lao Thoeng sont parfois désignés sous le terme péjoratif de *khàa* (esclave ou serviteur), parce qu'ils ont été contraints à travailler par des peuples migrants austro-thaï il y a des siècles, puis par la monarchie laotienne. Encore aujourd'hui, ils sont souvent employés comme ouvriers par des Lao Soung.

Les Lao Thoeng ont un niveau de vie nettement inférieur à celui des trois autres groupes. Leurs échanges avec les autres Laotiens reposent généralement sur le troc.

Les langues des Htin (également appelés Lawa) et des Khamu sont très proches et ces deux groupes seraient arrivés au Laos longtemps avant les Lao des plaines, les Thaï ou les Lao Soung. Durant les fêtes du Nouvel An laotien à Luang Prabang, les Lao des plaines offrent un tribut symbolique aux Khamu, considérés comme leurs prédécesseurs et les "gardiens de la terre".

En raison de la diversité ethnique du Laos, la "culture lao" existe seulement chez les Lao Loum (Lao des plaines), qui représentent près de la moitié de la population. La culture lao loum prédomine dans les villes et les villages de la vallée du Mékong.

Lao Soung

Les Lao Soung (Lao des montagnes, ou Lao d'en-haut), regroupent les ethnies montagnardes vivant à l'altitude la plus élevée. Venus du Myanmar, du Tibet et du sud de la Chine au cours des 150 dernières années, ce sont les immigrants les plus récents.

Les Hmong, également appelés Miao ou Meo, forment le groupe le plus vaste avec plus de 300 000 représentants, divisés en quatre principaux sous-groupes : les Hmong blancs, les Hmong rayés, les Hmong rouges et les Hmong noirs (les couleurs correspondent à des détails de leur costume). Ils résident dans les neuf provinces du Nord et dans celle de Bolikhamsai, au centre du Laos.

La culture sur brûlis du riz et du maïs constitue la base de leur agriculture. Les Hmong élèvent aussi des bovins, des porcs, des buffles et des poules, plus pour le troc que pour la vente. Pendant des années, l'opium a constitué leur seul revenu et ils en cultivaient plus que tout autre groupe laotien. Cependant, un programme draconien d'éradication mené par le gouvernement (avec l'aide des États-Unis) a éliminé la plupart des cultures. La perte de cette ressource monnayable a durement touché nombre de communautés hmong. Les Hmong sont particulièrement nombreux à Hua Phan, à Xieng Khuang, à Luang Prabang et dans les provinces du Nord.

Les Mien (aussi appelés Iu Mien, Yao ou Man) constituent le second groupe le plus important. Ils vivent principalement dans les provinces de Luang Nam Tha, Luang Prabang, Bokeo, Udomxai et Phongsali. Comme les Hmong, ils cultivaient traditionnellement le pavot à opium. Les cultures de substitution, dont le café, mettent du temps à prospérer et à devenir rentables. Les Mien et les Hmong partagent de nombreuses caractéristiques ethniques et linguistiques et sont essentiellement animistes. Considérés plus agressifs et batailleurs que les Mien, les Hmong ont été choisis et entraînés par la CIA pour servir dans les forces spéciales du gouvernement royal dans les années 1960 et le début des années 1970. De nombreux Hmong-Mien ont quitté le pays après 1975.

Autres Asiatiques

Comme ailleurs en Asie du Sud-Est, les Chinois ont émigré au Laos depuis des siècles pour travailler dans le commerce. Si la plupart viennent directement du Yunnan, beaucoup sont plus récemment arrivés du Vietnam. Selon les estimations, leur nombre varie entre 2 et 5% de la population. Au moins la moitié des résidents chinois permanents vivraient à Vientiane et à Savannakhet. Par ailleurs, des milliers d'ouvriers chinois travaillent dans le nord du pays.

Un nombre important de Vietnamiens résident dans les provinces frontalières ainsi qu'à Vientiane, à Savannakhet et à Pakse. Ce sont pour la plupart des commerçants, qui possèdent leur propre affaire. À cela s'ajoute une présence militaire vietnamienne, faible mais continue, dans les provinces de Xieng Khuang et de Hua Phan. Un petit nombre de Cambodgiens vivent dans le sud du Laos.

Religion

Bouddhisme

Environ 60% des Laotiens, principalement les Lao Loum et quelques groupes thaï, pratiquent le bouddhisme theravada (appelé aussi "Petit Véhicule" ou hinayana), qui fut apparemment introduit à Luang Prabang (alors Muang Sawa) entre la fin du XIIIe siècle et le début du XIVe siècle. Des contacts avec le bouddhisme mahayana auraient peut-être eu lieu du VIIIe au Xe siècle et, antérieurement, avec le bouddhisme tantrique.

L'article 9 de la Constitution laotienne interdit le prosélytisme et la diffusion de documents religieux en dehors des églises, des temples ou des mosquées. Les étrangers pris en flagrant délit risquent l'arrestation et l'expulsion.

Le roi Visoun (Visounarat ou Vixoun ; règne 1501-1520) – un successeur du roi Fa Ngum, fondateur du royaume de Lan Xang (du Million d'éléphants) en 1353 –, fit du bouddhisme la religion d'État après avoir accepté le Pha Bang (ou Pra Bang, le "très vénéré"), une statue en or du Bouddha, de ses alliés khmers. La statue fut apportée à Muang Sawa, alors rebaptisée Luang Prabang (Grand Phabang). Aujourd'hui, le Pha Bang est conservé au Palais royal, à Luang Prabang. Le bouddhisme se répandit assez lentement dans le pays, même parmi les peuples des plaines, peu désireux d'adopter cette religion à la place du culte des *phïi* (esprits de la Terre).

Le bouddhisme theravada est une école plus ancienne et, selon ses adeptes, plus authentique que le bouddhisme mahayana pratiqué en Asie de l'Est et dans l'Himalaya. Il est parfois appelé "école du Sud", car il a suivi l'itinéraire sud depuis l'Inde au Sri Lanka et en Asie du Sud-Est.

La doctrine theravada met l'accent sur les trois principaux aspects de l'existence : le *dukkha* (souffrance, insatisfaction, maladie), l'*anicca* (fugacité, nature éphémère de toute chose) et l'*anatta* (caractère incontrôlable et inéluctable de la réalité). La compréhension de l'*anicca* révèle qu'aucune expérience, aucun état d'esprit, aucun objet physique ne dure. Tenter de les prolonger crée le *dukkha*. L'*anatta* est la compréhension qu'il n'existe aucune partie du monde en perpétuel changement qu'on puisse désigner en disant : "c'est moi", "c'est Dieu" ou "c'est l'âme".

Le but ultime du bouddhisme theravada est le nirvana (*nibbana* en sanskrit), qui signifie littéralement l'"extinction" de toutes les causes du *dukkha*. Il s'agit en effet de la fin de l'existence corporelle ou même céleste, à jamais soumise à la souffrance et perpétuellement conditionnée par le *kamma* (l'action). En réalité, la plupart des bouddhistes laotiens souhaitent une renaissance dans une existence "meilleure" plutôt que le nibbana. En nourrissant les moines, en faisant des offrandes aux temples et en priant régulièrement au *vat* local, ils espèrent acquérir suffisamment de "mérite" (*puñña* en pali ; *bun* en lao) pour leur vie future. Et, c'est dans la quête du mérite que vous avez le plus de chances de voir le bouddhisme laotien "en action". Regarder les moines arpenter leur quartier à l'aube pour collecter des offrandes de nourriture faites par les habitants, agenouillés devant leur maison, est un spectacle inoubliable.

Les bouddhistes laotiens se rendent souvent au *vat* lors des *wán Sĭn* (ວັນສິນ) ("jours des préceptes"), qui tombent environ tous les sept jours, à la pleine lune, à la nouvelle lune et aux quartiers. Ils apportent alors des offrandes de boutons de lotus, d'encens et de bougies devant divers autels et reliquaires, de la nourriture pour les moines, méditent ou assistent au *thêt* (prêche du *dhamma*) d'un moine supérieur.

Moines et nonnes

Contrairement à d'autres religions, dans lesquelles prêtres, nonnes, rabbins et imams prononcent des vœux qui les engagent pour la vie, on peut être moine ou nonne bouddhiste de manière éphémère. Tout Laotien bouddhiste est censé devenir *khúu-bạa* (moine) durant une courte période de sa vie, de préférence entre la fin de sa scolarité et l'entrée dans la vie active ou le mariage. Les hommes ou les garçons de moins de 20 ans peuvent entrer dans la *sangha* (communauté bouddhiste) en tant que *néhn* (novice), un événement assez fréquent, car la famille gagne du mérite quand l'un de ses fils prend la robe et le bol à aumônes. Selon la tradition, le séjour dans le *vat* dure trois mois, pendant le *phansăa* (carême bouddhique), qui coïncide avec la saison des pluies. Aujourd'hui, les hommes se contentent souvent de passer une ou deux semaines en tant que moine ou novice pour accroître leur mérite. Par ailleurs, des moines consacrent toute leur vie au *vat*.

Il n'existe pas d'ordre hermétique similaire pour les religieuses, mais les femmes peuvent résider dans un temple en tant que *náhng sée* (nonnes laïques), vêtues d'une robe blanche et la tête rasée.

Culte des esprits

Religion ancestrale pour de nombreux peuples, l'animisme (croyance aux âmes et aux esprits) et le culte des *phĭi* (esprits) sont omniprésents et pratiqués partout au Laos. Antérieur au bouddhisme et officiellement interdit, il demeure la principale croyance non bouddhiste. Pour la plupart des Laotiens, il ne s'agit pas de choisir entre l'une ou l'autre ; les croyances bouddhistes coexistent pacifiquement avec les *phĭi*, supposés habiter tous les éléments naturels, créant une sorte de syncrétisme.

Un exemple éloquent de cette coexistence est la "maison de l'esprit", que vous apercevrez à l'extérieur ou dans la plupart des habitations. Ce sont souvent des temples miniatures richement décorés, construits pour accueillir l'esprit local. Les habitants doivent partager leur espace avec l'esprit et le rendre heureux, lui offrir suffisamment d'encens et de nourriture pour qu'il ne leur cause pas d'ennuis.

À Vientiane, le bouddhisme et le culte des esprits se côtoient au Vat Si Muang. L'image centrale du temple n'est pas une représentation du Bouddha, mais le *lák méuang* (pilier de la cité), dans lequel résiderait l'esprit gardien de la ville. De nombreux habitants déposent quotidiennement des offrandes devant le pilier avant de prier devant une effigie du Bouddha. Vous pourrez participer au culte des *phĭi* lors de la cérémonie du *bạasĭi*.

En dehors de la vallée du Mékong, le culte des *phĭi* est particulièrement vivace parmi les groupes thaï, notamment les Thaï Dam qui vouent un culte particulier aux esprits appelés *then*. Les *then* habitent non seulement les plantes et le sol, mais aussi des régions entières. Les Thaï Dam vénèrent également les 32 *khwăn* (esprits gardiens). Les *măw* (maîtres/chamans), formés aux rites propitiatoires et à l'exorcisme, président les principales fêtes et cérémonies thaï dam. Si vous séjournez dans un village katang lors d'un trek dans les forêts de la ZNP (zone nationale protégée) de Dong Phu Vieng, vous découvrirez peut-être certaines pratiques liées aux croyances et aux tabous.

Le *bạasĭi* (ou *baci*) est un rituel durant lequel des esprits protecteurs sont attachés à l'invité d'honneur par des fils de coton blanc ou orange, noués au poignet.

Les Hmong-Mien pratiquent également l'animisme, ainsi que le culte des ancêtres. Certains reconnaissent l'existence d'un esprit supérieur, d'autres non. Les Akha, les Lisu et d'autres groupes tibéto-birmans mêlent aussi animisme et culte des ancêtres.

Autres religions

Le pays compte un petit nombre de chrétiens, qui font essentiellement partie de l'ancienne élite de l'époque coloniale. Un nombre réduit de musulmans réside à Vientiane, pour la plupart des marchands arabes et indiens dont les ancêtres s'installèrent au Laos dès le XVIIe siècle. La capitale abrite également une petite communauté de Cham, des musulmans cambodgiens qui ont fui le Kampuchéa des Khmers rouges dans les années 1970. Quelques groupes de musulmans du Yunnan, appelés *jìin háw* par les Laotiens, vivent dans le nord du pays.

Être une femme au Laos

Le rôle et le statut des Laotiennes varient grandement selon leur ethnie, mais, quelle que soit leur origine, elles sont toujours en deuxième place

LE BOUDDHISME APRÈS LA RÉVOLUTION

Durant les années de guerre, de 1964 à 1973, les deux antagonistes ont cherché à utiliser le bouddhisme pour légitimer leur cause. Au début des années 1970, le Front patriotique lao (FPL) avait gagné cette guerre de propagande, les moines se ralliant de plus en plus nombreux aux communistes.

Malgré ce soutien, la *sangha* (communauté bouddhiste) allait connaître de grands bouleversements après 1975. Dans un premier temps, l'enseignement du bouddhisme fut interdit dans les écoles primaires et la population n'eut plus le droit de nourrir les moines, désormais contraints à travailler la terre et à élever du bétail, en violation directe avec leurs vœux. Face au mécontentement populaire, le gouvernement revint sur sa décision et autorisa les dons de nourriture en 1976. À la fin de cette même année, il avait non seulement permis le traditionnel don d'aumônes, mais il offrait directement une ration quotidienne de riz à la *sangha*.

En 1992, dans ce qui fut probablement la principale reconnaissance du bouddhisme depuis la révolution, le gouvernement remplaça l'emblème du marteau et de la faucille sur le sceau national par un dessin du Pha That Luang, le symbole bouddhique le plus sacré du pays. Aujourd'hui, le département des Affaires religieuses (DAR) contrôle la *sangha* et s'assure de la conformité de l'enseignement bouddhique aux principes marxistes. Tous les moines doivent suivre un endoctrinement politique dans le cadre de leur formation monastique et tous les textes canoniques et extra-canoniques ont été "révisés" par le DAR. Par ailleurs, les moines n'ont pas le droit de promouvoir le culte des *phĩi* (esprits de la Terre), officiellement interdit au Laos, tout comme le *săinyasąat* (magie). Le culte des *khwăn* (les 32 esprits gardiens des fonctions mentales et physiques) n'a toutefois fait l'objet d'aucune restriction.

L'un des changements majeurs du bouddhisme laotien a été l'abolition de la secte Thammayut. Autrefois, la *sangha* était divisée entre les Mahanikai et les Thammayut (comme en Thaïlande). Cette dernière est une secte minoritaire, fondée par le roi thaïlandais Mongkut. Le Pathet Lao la voyait comme un instrument de la monarchie thaïlandaise (et par conséquent de l'impérialisme américain) pour infiltrer les milieux politiques laotiens. Pendant plusieurs années, tous les livres bouddhiques rédigés en thaïlandais furent interdits, entravant sérieusement l'enseignement du bouddhisme au Laos. Depuis, cette interdiction a été levée et les moines laotiens ont même obtenu l'autorisation d'étudier dans les universités bouddhiques de Thaïlande. Toutefois, l'interdiction de la secte Thammayut demeure et a provoqué un déclin de la méditation, considérée comme le cœur de la pratique du bouddhisme theravada. Dans l'ensemble, la discipline monastique est bien plus souple aujourd'hui au Laos qu'avant 1975.

après les hommes. Lors de votre voyage, vous ne manquerez pas de le constater. Si le travail des hommes est incontestablement pénible, les femmes semblent toujours travailler plus durement, plus longtemps, et disposer de bien moins de temps pour la vie sociale ou le repos.

Les femmes lao loum bénéficient partiellement des coutumes en matière d'héritage, qui leur permettent, à l'instar des hommes, d'hériter de terres ou de commerces. Cela provient d'une tradition matriarcale selon laquelle le mari rejoint la famille de sa femme. Souvent, la benjamine et son époux habitent avec les parents et s'en occupent jusqu'à leur mort, puis héritent au moins d'une partie des terres et des activités. Cependant, même si une femme lao loum hérite des terres de son père, elle n'a qu'un contrôle limité sur leur utilisation. Son mari a le dernier mot pour les décisions majeures, alors qu'elle se doit d'économiser suffisamment d'argent pour traverser d'éventuelles crises.

Ces coutumes correspondent aux croyances culturelles liées au bouddhisme laotien, qui enseigne couramment que les femmes doivent renaître en hommes avant de pouvoir atteindre le nirvana ; ainsi, sur le plan spirituel, une femme est généralement inférieure à un homme. Malgré tout, les femmes lao loum jouissent d'un meilleur statut que celles d'autres groupes ethniques, qui font partie du clan de leur mari et héritent rarement d'un bien quelconque.

Les femmes laotiennes doivent faire face à d'autres obstacles : les filles sont moins scolarisées que les garçons ; les femmes sont rares au gouvernement et aux postes de direction ; et, même si elles constituent plus de la moitié des travailleurs, leur salaire est souvent inférieur à celui d'un homme. En cas de divorce, il est très difficile pour une femme de trouver un autre mari, à moins qu'il ne soit plus âgé ou étranger.

Dans les villes, la hausse du niveau de vie, l'éducation et l'influence des idées étrangères font toutefois évoluer les choses et les citadines sont souvent plus sûres d'elles et engagent plus volontiers le dialogue avec les étrangers que les femmes des campagnes. Petit à petit, les femmes sont amenées à occuper des postes à responsabilité, comme Pany Yathotou, une Hmong élue présidente de l'Assemblée nationale du Laos.

Histoire de femmes et décalages culturels au Laos (L'Harmattan, 2006), de Fabrice Mignot, recueille les témoignages de femmes du nord-est du pays, paysannes et ménagères, que les bouleversements historiques ont amenées à suivre des voies nouvelles.

Arts

L'art traditionnel laotien s'est essentiellement intéressé à la religion, en particulier le bouddhisme. Contrairement à l'art thaïlandais, birman et cambodgien, il n'a jamais englobé un large éventail de styles et de périodes, surtout parce que le pays possède une histoire bien plus modeste et parce qu'il n'existe que depuis peu en tant qu'entité politique. En outre, le Laos ayant été dominé par ses voisins de façon intermittente, la plupart de ses œuvres d'art ont été détruites ou, comme le bouddha d'Émeraude, volées par les armées conquérantes.

L'art contemporain, encore timide au Laos, a fait son entrée dans les galeries de Vientiane et de Luang Prabang.

Le tissage est une activité artistique que l'on trouve pratiquement partout et les styles diffèrent selon la région ou l'ethnie. C'est aussi la forme d'art la plus accessible pour le budget d'un voyageur, qui peut souvent l'acheter directement aux artisans.

Littérature et cinéma

De toute la littérature classique laotienne, le *Pha Lak Pha Lam*, la version laotienne de l'épopée indienne du *Ramayana*, est le récit le plus connu et le plus influent. Il est parvenu au Laos avec les Khmers hindous, sous forme de bas-reliefs en pierre du Vat Phu Champasak et d'autres temples de la période d'Angkor. Il a peut-être été transmis parallèlement par des conteurs et des écrits. Les Laotiens en ont élaboré leur propre version, qui diffère grandement de l'original et du *Ramakian* thaïlandais.

La production de longs-métrages a repris au Laos en 1997 avec *Than Heng Phongphai* (La Forêt charmante), tourné par Vithoun Sundara. Ce film a été suivi de *Falang Phon* (Ciels clairs après la pluie, 2001), puis de *Leum Teua* (Illicéité, 2004), du même Sundara.

Le Festival international du film de Vientiane (www.vientianale.org) est une initiative culturelle rendue possible notamment grâce au soutien de l'Institut français du Laos.

Parlons lao, langue, civilisation et culture du Laos (2000, L'Harmattan), de Chou Norindr, est une méthode d'initiation à la langue lao comportant de nombreuses indications sur la culture et les centres d'intérêt du pays, carrefour linguistique où se sont exercées les influences indienne, sino-vietnamienne et occidentale.

La plupart des 547 jataka du *Pali Tipitaka* (canon bouddhique en trois sections) – qui racontent chacun une vie antérieure du Bouddha – sont apparus au Laos en reprenant presque mot pour mot la version rédigée pour la première fois au Sri Lanka. Une série de 50 écrits apocryphes, reposant sur des légendes lao-thaï de l'époque, ont été ajoutés par des érudits pali de Luang Prabang il y a trois ou quatre siècles. L'un des jataka les plus populaires au Laos est un ancien texte pali, appelé *Mahajati* ou *Mahavessandara* (*Pha Wet* en lao), qui relate l'avant-dernière incarnation du Bouddha. Les murs des *sĭm* de nombreux *vat* sont habituellement ornés de peintures représentant ce jataka, parmi d'autres.

La littérature contemporaine a souffert des décennies de guerre et de communisme. Le premier roman en langue lao fut édité en 1944 et il a fallu attendre 1999 pour qu'un recueil de fiction laotienne contemporaine, *Mother's Beloved: Stories from Laos*, d'Ounthine Bounyavong, soit publié dans une édition bilingue lao-anglais. Depuis, un nombre croissant de romans et de nouvelles ont été traduits en thaï, mais rarement en anglais et encore plus rarement en français.

L'industrie cinématographique laotienne compte parmi les plus discrètes du Sud-Est asiatique. Sorti en 2008, *Sabaidee Luang Prabang* (*Good Morning, Luang Prabang* en anglais) n'est que le sixième long-métrage produit au Laos depuis 1975. Réalisé par le Thaïlandais Sakchai Deenan avec l'acteur lao-australien très populaire Ananda Everingham comme vedette principale, ce film raconte une histoire d'amour à l'eau de rose ; malgré ce scénario "sans danger", le tournage se serait déroulé sous le contrôle permanent des autorités laotiennes.

Le documentaire *The Betrayal* (*Nerakhoon*, 2008) a été réalisé par l'Américaine Ellen Kuras en collaboration avec le protagoniste principal du film, Thavisouk Phrasavath (co-metteur en scène). Tourné sur une période de 23 années, il raconte la vie de la famille de Phrasavath, qui a émigré à New York après la révolution communiste.

L'année 2013 a vu la sortie de *The Rocket*, du réalisateur australien Kim Mordaunt, l'histoire d'un jeune garçon laotien qui construit une fusée pour regagner la confiance de sa famille. Le film a notamment été primé au Festival international du film de Berlin en 2013.

Depuis quelques années, alors que la production de films au Laos est toujours parcellaire, il fait compter sur Mattie Do, première femme cinéaste du pays et pionnière dans le genre de l'épouvante. Née à Los Angeles de parents immigrés pendant la révolution commnuniste, elle est revenue au Laos en 2010 après 30 ans d'exil. Premier long-métrage réalisé par une femme au Laos, *Chanthaly*, film fantastique (un genre jusque-là interdit par les autorités) sort en 2013. Il sera suivi par *Dearest Sister* (*Nong Hak*) en 2016, histoire d'une jeune fille de la campagne qui se rend dans la capitale pour prendre soin de sa riche cousine qui a perdu la vue et a acquis la capacité de communiquer avec les morts. Derrière les scènes d'épouvante, "ses sombres récits dévoilent l'envers de la condition féminine au Laos". Le film a été co-produit par la France et l'Estonie, et le Strasbourgeois David Scherer a réalisé les effets spéciaux de maquillage.

Son dernier film *The Long Walk* (2019) a été présenté à la Mostra de Venise. Il s'agit d'une "réflexion sur la foi et le destin", comme le dit la réalisatrice, incarnée par une nouvelle histoire de fantômes à l'ambiance fantastique dont le héros est un vieillard, sorte de sorcier qui parle avec les morts et cherche à modifier son passé.

Musique et danse

La musique classique laotienne était à l'origine une musique de cour qui accompagnait les cérémonies royales et les danses ("drames dansés") classiques au début du XIXe siècle sous le règne de Chao Anou, le roi de Vientiane élevé à la cour siamoise de Bangkok. Ce genre de musique est joué par un ensemble appelé *sep nyai*, constitué de *khâwng wóng* (batterie de gongs), d'un *ranyâat* (sorte de xylophone), d'un *khui* (flûte en bambou) et d'un *pii* (instrument à anche double, semblable au hautbois).

La pratique de la musique classique et du théâtre laotien a décliné ; 40 ans de guerre intermittente et une révolution ont relégué ces arts du spectacle au second plan pour la plupart des Laotiens. En général, ce genre de musique ne s'entend plus qu'aux représentations publiques du *Pha Lak Pha Lam*. En revanche, la musique folklorique est toujours restée populaire. Le principal instrument est le *khǽn* (ou *khene* selon l'orthographe française), un instrument à vent composé d'une double rangée de roseaux semblables à des bambous, encastrés dans une caisse de résonance en bois et rendus étanches par de la cire d'abeille. Il peut y avoir entre 4 et 8 roseaux par rangée (soit 16 tuyaux au total) et la longueur de l'instrument varie de 80 cm à 2 m. Un musicien expérimenté est capable de produire des airs de danse rythmés et entraînants.

Bien que se concentrant essentiellement sur le nord-est de la Thaïlande, *Traditional Music of the Lao* (1985), de Terry Miller, est le seul livre, bien documenté, qui évoque la musique du Laos.

Au son du *khǽn*, les gens commencent souvent à danser le *lám wóng* (ronde), la danse traditionnelle la plus populaire. Les couples dansent en cercle les uns autour des autres jusqu'à former trois cercles : un de danseurs individuels, le deuxième formé par les couples et le troisième par le reste de l'assistance.

Mǎw lám

Le folklore laotien possède son propre théâtre chanté, reposant sur la tradition du *mǎw lám*. Cette expression, difficile à traduire, peut signifier "maître des vers". Mélange pétillant d'esprit de dialogues et de chants, il permet à un ou plusieurs chanteurs d'aborder des thèmes aussi variés que la politique et la sexualité dans un langage familier, voire paillard. Cet art, qui a toujours été épargné par la censure gouvernementale, représente un important moyen d'expression populaire.

On distingue plusieurs types de *mǎw lám* en fonction du nombre de chanteurs et de la région. Ainsi, le *mǎw lám khuu* (*mǎw lám* en couple) est joué par un homme et une femme qui débutent un flirt et une joute verbale. Pour le *mǎw lám jót* (*mǎw lám* en duel), deux chanteurs du même sexe s'affrontent en répondant à des questions ou finissant une histoire – un peu comme une improvisation de rap.

Dans le nord du Laos, la musique folklorique basée sur le *khǽn* est généralement appelée *khâp* plutôt que *lám*. D'authentiques *mǎw lám* ont lieu lors des fêtes des temples et sont diffusés par la radio nationale. Jonny Olsen (également connu sous le nom de Jonny Khaen), né et élevé aux États-Unis, est devenu une star du *khǽn* au Laos.

Pop Lao

Jusqu'en 2003, jouer de la musique "moderne" était virtuellement interdit au Laos. Le gouvernement avait décrété que cela ne correspondait pas au pays, et les groupes qui décidaient de jouer malgré tout, comme le groupe de heavy metal Sapphire, étaient muselés. Les jeunes écoutaient de la musique thaïlandaise ou occidentale piratée, tandis que la musique pop laotienne se cantonnait au *lûuk thûng*, des arrangements sirupeux mêlant les rythmes du cha-cha-cha et du boléro aux mélodies lao-thaïlandaises.

Le site Web (en anglais) de la North Illinois University comporte des pages sur la culture, la langue, l'histoire, les traditions et la musique du Laos, ainsi que des enregistrements de khǽn (www.seasite.niu.edu/lao).

Puis le gouvernement a décidé que la jeunesse laotienne pouvait écouter de la pop moderne, à condition que ce soit de la pop laotienne. Thidavanh Bounxouay, une chanteuse lao-bulgare plus connue sous le nom d'Alexandra, a été la première star. Si son style n'avait rien de radical, il était incontestablement plus branché que ce qui avait précédé. D'autres groupes ont suivi comme Princess, composé de filles, et celui pop-rock d'Awake.

Récemment, des groupes de rock plus audacieux, comme Crocodile et Leprozy, ont vu le jour. Le deuxième s'est produit sur des scènes relativement importantes en Thaïlande. Le groupe de hard rock Cells est également plus connu en Thaïlande qu'au Laos et a donné de grands concerts à Bangkok.

L'université du nord de l'Illinois consacre une partie de son site (www.seasite.niu.edu/lao, en anglais) à la culture, au folklore et à la musique du Laos, avec des enregistrements de *khāen*.

Jusqu'alors presque exclusivement associé à la diaspora de Los Angeles, le hip-hop laotien commence à se développer dans le pays avec des groupes comme Hip Hop Ban Na et L.O.G. ; ce dernier a produit un tube arrivé en tête du hit-parade thaïlandais.

À Vientiane, vous trouverez des enregistrements de la plupart des artistes cités sur le marché en plein air proche du Pha That Luang et au Talat Sao Mall. Certains se produisent parfois dans des salles de la capitale, mais vous les verrez plutôt lors de concerts en plein air lors des principales fêtes.

Architecture

Comme dans tous les autres domaines artistiques, les meilleurs architectes du pays ont durant des siècles consacré leur talent aux temples bouddhiques. Les résultats sont particulièrement impressionnants à Luang Prabang.

Les *thâat* (stupas) laotiens diffèrent des autres stupas du monde bouddhique. Ces monuments sont érigés au-dessus d'un reliquaire, construit pour conserver une relique du Bouddha, habituellement un cheveu ou un fragment d'os. En Asie, leur forme et leur taille varient – des pagodes à plusieurs niveaux du Vietnam aux gros monolithes en brique du Sri Lanka. Le style laotien se distingue par une jolie combinaison d'arêtes et de courbes. Le Pha That Luang doré de Vientiane est le stupa le plus connu du Laos, devenu le symbole national.

Dans les vallées fluviales ou dans les montagnes, les maisons traditionnelles sont de simples constructions en bois ou en bambou, coiffées d'un toit de feuilles ou d'herbe. Les Lao des plaines les construisent sur des pilotis pour éviter les inondations durant la mousson et pour conserver le riz en dessous. Les montagnards les bâtissent directement sur le sol. Les plus jolies maisons des plaines comportent souvent un motif en étoile dans les architraves, mais se font de plus en plus rares.

Dans les maisons khamu traditionnelles, des crânes d'animaux domestiques sont souvent accrochés au mur, au-dessus d'un autel. Ce sont ceux des animaux que la famille a sacrifiés à ses ancêtres et il est strictement tabou de les toucher.

L'architecture coloniale des villes laotiennes conjugue le style provincial français classique – bâtiment à un étage, murs épais, fenêtres à persiennes et toits de tuiles pentus – à des balcons et à un système de ventilation permettant la circulation de l'air dans la touffeur du Sud-Est asiatique. Si nombre de bâtiments ont été rasés ou laissés à l'abandon après l'indépendance, ils sont aujourd'hui très recherchés, particulièrement par les étrangers, et certains ont été transformés en hôtel ou en guesthouse. Il y a ainsi à Luang Prabang et Vientiane nombre de maisons coloniales qui ont été remarquablement restaurées. Citons notamment à Luang Prabang la "maison Desproges" (au style fusion avec son escalier et sa toiture ressemblant à celle d'un temple bouddhique), qui fut un temps la maison d'enfance de l'humoriste (1939-1988), à l'époque où son père était directeur de l'école primaire de la ville. Elle accueille aujourd'hui l'Institut français. En revanche, à Tha Khaek (Thakhek), à Savannakhet et à Pakse, nombre de bâtiments de l'époque française se dégradent à un rythme alarmant.

Après la révolution, l'architecture a adopté les normes du réalisme socialiste, imposées en Union soviétique, au Vietnam et en Chine : des lignes droites, des angles aigus et une absence quasi totale d'ornementation. Plus récemment, une tendance à l'intégration de motifs architecturaux laotiens classiques dans des bâtiments modernes a vu le jour. L'Assemblée nationale de Vientiane et l'aéroport de Luang Prabang, tous deux dessinés par l'architecte Hongkad Souvannavong, formé à La Havane et à Moscou, sont représentatifs de ce nouveau courant. D'autres projets, comme la Siam Commercial Bank dans Thanon Lan Xang à Vientiane, cherchent à réintroduire harmonieusement des éléments de l'architecture coloniale française, ignorée pendant un demi-siècle.

Sculpture

Parmi tous les arts laotiens traditionnels, le plus impressionnant est sans doute la sculpture bouddhique du XVIe au XVIIIe siècle, l'âge d'or du royaume de Lan Xang. En bronze, en pierre ou en bois, elle représente invariablement le Bouddha ou des personnages associés aux jataka (*sáh-dók* ; récits des vies antérieures du Bouddha). Comme les autres sculpteurs bouddhistes, les artisans laotiens accentuaient les traits particuliers du Bouddha historique Siddharta Gautama (Shakyamuni) : nez aquilin, lobes d'oreille pendants, chevelure bouclée, etc.

Deux représentations du Bouddha debout sont spécifiques au Laos. La première est la posture de l'"appel de la pluie", qui figure le Bouddha les mains près du corps, les doigts pointés vers le sol, une posture rarement représentée dans le reste du Sud-Est asiatique. L'aspect légèrement arrondi et "désossé" de la statue rappelle le style thaïlandais de Sukhothai, tandis que le drapé de la robe sur les hanches évoque le style khmer. Cependant, les lobes d'oreille plats et plaqués, les sourcils arqués et le nez aquilin sont typiquement laotiens. Le bas de la robe est recourbé de manière parfaitement symétrique de chaque côté, une autre particularité laotienne.

La seconde représentation originale est le Bouddha "contemplant l'arbre de la Bodhi", ou arbre de l'Éveil. Cet arbre se réfère au grand banian sous lequel il était assis lors de son illumination à Bodhgaya, en Inde, au VIe siècle av. J.-C. Sa posture est sensiblement la même que dans l'appel de la pluie, à part les mains croisées devant lui au niveau des poignets.

Le Haw Pha Kaeo et le Vat Si Saket à Vientiane, et le musée du Palais royal à Luang Prabang renferment les plus belles sculptures laotiennes.

L'art traditionnel reste bien vivant de nos jours. À Ban Don Khoh, près de Pakse, une majorité de villageois gagnent leur vie en sculptant des bouddhas en pierre.

Artisanat

On trouve des nattes et des paniers tressés en paille, rotin et roseau un peu partout et ces articles deviennent des produits d'exportation. Des minorités ethniques continuent d'utiliser ces paniers, prouvant que l'artisanat était jusqu'à récemment aussi pratique qu'ornemental. Dans les villages, on peut directement acheter un panier à l'artisan. Les nattes et les paniers tressés par les Htin (Lao Thoeng) comptent parmi les plus beaux exemples.

Pour les peuples montagnards Hmong et Mien, les bijoux en argent tiennent un rôle important en tant que richesses "portables" que l'on peut léguer. Autrefois, les monnaies françaises constituaient la principale source d'argent ; elles étaient fondues ou intégrées dans un bijou. Dans les villages du Nord, il n'est pas rare de voir des pièces plus récentes agrémenter les coiffes élaborées des femmes.

Les Lao des plaines ont également une longue tradition du travail de l'or et de l'argent. Bien que cet artisanat décline depuis quelque temps, vous verrez de nombreux bijoutiers travailler sur des feux dans les marchés de tout dans le pays.

Dans le nord-ouest du pays, on fabrique communément du papier avec du *săa* (écorce de mûrier) ; vous en trouverez à Vientiane et à Luang Prabang. Non polluant, le *săa* est une ressource renouvelable, qui nécessite bien moins de traitements que la pulpe de bois.

L'ARCHITECTURE DES TEMPLES OU L'HISTOIRE DE TROIS VILLES

L'*uposatha* (*sĭm* en lao ; salle d'ordination) constitue toujours la partie la plus importante des *vat* bouddhiques theravada. Les hauts toits pointus comportent plusieurs niveaux (habituellement trois, cinq, sept ou parfois neuf), qui correspondent aux diverses doctrines bouddhistes. L'arête des toits, presque toujours ornée d'un motif de flamme, se termine par de longs et fins crochets appelés *chaw fâa* (amas célestes). Le long de l'arête centrale d'un *sĭm*, des flèches semblables à un parapluie, appelées *nyâwt chaw fâa* (*chaw fâa* supérieurs), portent parfois de petits pavillons (nagas – serpents d'eau mythologiques) agencés sur deux niveaux pour représenter le mont Meru, le centre mythique du cosmos hindo-bouddhiste. Ces bâtiments sont édifiés selon trois styles architecturaux : ceux de Vientiane, de Luang Prabang et de Xieng Khuang.

La façade d'un *sĭm* de style Vientiane comporte habituellement une grande véranda avec de grosses colonnes supportant un toit décoré. Certains possèdent également une véranda plus sobre à l'arrière, tandis que ceux entièrement entourés d'une terrasse trahissent une influence thaïlandaise.

Le style de Luang Prabang s'apparente à celui du Siam septentrional (Lanna), ce qui n'a rien de surprenant puisque le Laos et le nord de la Thaïlande ont fait partie des mêmes royaumes durant des siècles. Les toits descendent très bas, parfois presque jusqu'au sol, donnant l'impression que le *sĭm* va prendre son envol. Les Laotiens disent que la ligne du toit ressemble aux ailes d'une poule protégeant ses poussins.

Il reste peu de *sĭm* de style Xieng Khuang en raison des lourds bombardements de la province durant la guerre du Vietnam. La plupart des temples survivants se situent à Luang Prabang et contiennent des éléments des styles de Luang Prabang et de Vientiane. Le *sĭm* bâti sur une plateforme à plusieurs niveaux rappelle les temples de Vientiane, tandis que les larges toits bas évoquent le style de Luang Prabang, sans les multiples niveaux. Les poutres en console jouent un rôle plus important dans l'esthétique générale de l'édifice, donnant au *sĭm* une forme pentagonale vu de face.

Textiles

L'art du tissage au Laos est une tradition millénaire, et, comme ailleurs en Asie du Sud-Est, s'il a la fonction de créer des vêtements, il a également celle de forger une identité commune au groupe, par les motifs, les couleurs et les tissus employés. Les femmes ont toujours su tisser depuis leur plus jeune âge, produisant des étoffes pour leur propre usage, celui de la parenté et de leur voisinage, et traditionnellement les hommes choisissaient des jeunes filles travailleuses et sachant tisser. Il existe donc quasiment autant de styles de soieries et de cotonnades que de régions et d'ethnies au Laos, le mode de confection et les techniques utilisées variant selon la provenance géographique. Bien qu'ils aient des similitudes avec ceux d'autres pays d'Asie du Sud-Est, les textiles laotiens se distinguent par les types de métiers à tisser et des motifs bien spécifiques.

Lao Textiles and Traditions (1997), de Mary F. Connors (en anglais), est la meilleure introduction sur le tissage au Laos.

Les tisserandes du Sud (souvent organisées en de petites unités de production), qui travaillent sur des métiers à pied plutôt qu'à châssis, confectionnent les plus belles soieries. Elles sont réputées pour leurs *mat-mii* (ikat, technique consistant à nouer et à teindre les fils avant le tissage) élaborés, qui arborent des motifs d'éléphants ou empruntés aux temples khmers et s'apparentent aux ikats indonésiens. Ceux-ci peuvent être utilisés pour différents types de vêtements ou comme tentures. Dans les provinces de Sekong et d'Attapeu, certains textiles s'agrémentent de perles et de broderies. Les *phàa nung* d'une seule pièce sont plus répandus que ceux composés de plusieurs panneaux.

Dans le Centre, les tissages typiques comprennent des *mat-mii* en coton teints à l'indigo et des brocards à trame simple (*jók* et *khit*), ainsi que diverses techniques introduites par des migrants à Vientiane.

D'une manière générale, les textiles du Nord mêlent couleurs et motifs géométriques complexes (rayures, diamants, zigzags, animaux et plantes). Ils se présentent habituellement sous la forme de *phàa nung* ou *sin* (sarong féminin), avec parfois une bordure tissée de fils d'or ou d'argent, ou bien de *pàh bęeang*, une étole lao thaï que les hommes et les femmes portent seule ou par deux lors des mariages et des fêtes.

Les brocards réhaussés de fils d'or et d'argent sont des réalisations traditionnelles typiques de Luang Prabang, tout comme les dessins complexes et les motifs d'origine thaï lü. Les tisserands du Nord utilisent généralement des métiers à châssis. La taille, le corps et l'étroit *sín* (bordure inférieure) d'un *phàa nung* sont souvent cousus ensemble à partir de différentes étoffes.

Dans le Nord-Est, les peuples thaï réalisent des *yìap kọ* (brocards à trame) avec de la soie sauvage, des fils de coton et des teintures naturelles, ajoutant parfois la technique du *mat-mii*. Les grands motifs en forme de diamant sont courants.

Chez les Hmong et les Mien, on trouve des pièces de tissus carrées, brodées et matelassées, aux couleurs très vives dont les motifs apparemment abstraits ont une signification rituelle. Les Hmong les appellent *pandau* (tissus-fleurs). Certains, plus grands, représentent des scènes de la vie villageoise incluant des figures humaines et des animaux.

De nombreux sous-groupes appartenant aux groupes Lao Soung et Lao Thoeng confectionnent des sacs à bandoulière (*nyaam*) dans la tradition austro-thaï et tibéto-birmane, comme ceux qu'on peut voir dans les montagnes d'Asie du Sud et du Sud-Est. Aujourd'hui, les *nyahm* fabriqués à partir de pièces découpées dans des textiles anciens – *phàa nung* ou vêtements provenant d'ethnies montagnardes – connaissent un succès particulier. Le Talat Sao (marché), à Vientiane, figure parmi les meilleurs endroits pour acheter ce type d'article.

Les teintures naturelles proviennent de l'ébène (graines et bois), du tamarin (graines et bois), de la laque rouge extraite du *Coccus iacca* (un insecte vivant dans les troncs d'arbre), de la racine de curcuma et de l'indigo. À partir de cette palette de base de cinq couleurs naturelles – noir, orange, rouge, jaune et bleu –, on peut créer une gamme infinie de couleurs. Parmi d'autres couleurs non mélangées et plus subtiles figurent le kaki, obtenu à partir de l'écorce d'un tabebuia indien, le rose (bois de sappan) et l'or (bois de jaquier et d'arbre à pain).

Si l'on voit beaucoup de *kátâw* (jeu de balle) et de football au Laos, le sport que vous pourrez sans doute le plus facilement pratiquer est la *petang*. Importée par les Français, la *petang* est la version laotienne de la pétanque. Des petits terrains en terre battue, ou en gravier, sont présents dans tout le pays. La participation du Laos à une compétition internationale a généré un regain d'intérêt pour ce jeu : lors des Jeux du Sud-Est asiatique de 2005, le Laos a remporté la médaille d'or en simple messieurs et celle d'argent en double messieurs.

Environnement

Si le Laos n'a guère de ressources minérales ou pétrolières, l'eau et le bois ne manquent pas, et ont largement alimenté son économie. Les récentes mesures pour contrôler l'exploitation forestière en 2016 ont freiné les pratiques illégales, mais la construction de nombreux barrages hydroélectriques exerce une pression considérable sur l'environnement. La popularité croissante de l'écotourisme jouera peut-être un rôle décisif dans la conservation des régions sauvages restantes, mais, pour l'instant, les intérêts commerciaux semblent prévaloir sur la préservation des milieux naturels.

Géographie et géologie

Sans accès à la mer et couvrant une superficie équivalant à la moitié de celle de la France, le Laos possède des frontières avec la Chine, le Myanmar (Birmanie), la Thaïlande, le Cambodge et le Vietnam. Les plissements géologiques divisent le Laos en une succession de montagnes, de vallées, de rivières et de cols souvent spectaculaires, qui s'étendent vers l'ouest à partir de la frontière lao-vietnamienne.

Montagnes et plateaux couvrent plus de 70% du territoire. Parallèle au cours du Mékong et traversant près de la moitié du pays, la cordillère Annamitique (appelée aussi Truong Son) est une chaîne accidentée, composée de pics de 1 500 à 2 500 m d'altitude. Au centre de la cordillère, le plateau de Khammuan est parsemé d'impressionnantes grottes et gorges calcaires, dont les parois verticales s'élèvent sur des centaines de mètres au-dessus de vallées tapissées de jungle. À l'extrémité sud de la chaîne, le plateau des Boloven, d'une superficie de 10 000 km^2, est une des principales régions de culture du riz de montagne, du café, du thé et d'autres productions qui prospèrent dans le climat plus frais d'altitude.

La moitié nord du Laos, plus vaste, se compose essentiellement de massifs montagneux. Les plus hauts sommets, dont le Phu Bia (2 820 m), point culminant du pays, se situent dans la province de Xieng Khuang. Juste au nord du Phu Bia – toujours interdit aux voyageurs –, le plateau montagneux du Xieng Khuang, le plus élevé du pays, s'élève à 1 200 m d'altitude et comprend la fameuse plaine des Jarres, vallonnée et criblée de milliers de cratères de bombes. Elle doit son nom aux énormes jarres de pierre préhistoriques qui la parsèment.

Le Mékong est appelé Lancang Jiang (Fleuve turbulent) en Chine, Mae Nam Khong en Thaïlande, au Myanmar et au Laos, Tonle Thom (Grande Eau) au Cambodge, et Cuu Long (Neuf Dragons) au Vietnam.

Le reste du pays est en majeure partie couvert de forêts, principalement constituées d'espèces à feuilles caduques. Ces forêts profitent d'une relation complexe avec le Mékong et ses affluents, qui absorbent les pluies de mousson et relâchent l'eau progressivement dans les cours d'eau et l'atmosphère durant la saison sèche.

Le Mékong et ses affluents

Prenant sa source à près de 5 000 km de la mer sur le plateau tibétain, le Mékong traverse le Laos sur toute sa longueur. Si la moitié de son cours se situe en Chine, le Laos en possède la seconde partie la plus longue. Dans sa plus grande largeur, près de Si Phan Don au sud, il peut atteindre 14 km pendant la saison des pluies et contourne des centaines d'îles et d'îlots. Sa partie médiane est navigable toute l'année, de Heuan Hin (au nord des rapides de Khemmarat dans la province de Savannakhet) à Kok Phong (province de Luang Prabang). Toutefois, une série de puissants rapides et de chutes, celles de Khon Phapheng, à Si Phan Don, a empêché le Mékong de devenir une sorte d'autoroute fluviale régionale à l'instar d'autres grands fleuves.

La fertile vallée du Mékong, de Sainyabuli à Champasak, forme la partie la plus plate et tropicale du Laos. La quasi-totalité du riz consommé dans le pays, ou exporté, provient de cette plaine. La plupart des autres exploitations agricoles à grande échelle se situent également dans cette région. Le Mékong et ses affluents constituent par ailleurs une importante ressource en poisson, un composant essentiel dans l'alimentation laotienne.

Parmi les principaux affluents du Mékong figurent la Nam Ou et la Nam Tha, qui coulent du nord en creusant d'étroites et profondes vallées calcaires, et la Nam Ngum, qui traverse une large plaine dans la province de Vientiane avant de se jeter dans le Mékong. La Nam Ngum est le site d'une des plus anciennes centrales hydroélectriques du Laos, qui alimente les villes de la région de Vientiane et la Thaïlande. La Se Kong coule à travers la majeure partie du sud du pays et se jette dans le Mékong au Cambodge. La Nam Kading et la Nam Theun arrosent le centre du Laos. Tous les affluents et rivières situés à l'ouest de la cordillère Annamitique se jettent dans le Mékong. À l'est de la chaîne, les cours d'eau qui proviennent des provinces de Hua Phan et de Xieng Khuang se jettent dans le golfe du Tonkin, le long de la côte vietnamienne.

Le poisson-chat géant du Mékong peut mesurer 3 m de long et peser jusqu'à 300 kg. En raison du dynamitage des bancs de sable par les Chinois sur le cours supérieur du fleuve, il est aujourd'hui menacé d'extinction à l'état sauvage.

Faune et flore

L'écosystème laotien demeure un des moins perturbés d'Asie en raison d'une urbanisation globalement modeste et d'une densité de population faible. La perturbation est moindre, certes, mais bien réelle, et pour de nombreuses espèces comme le tigre et l'éléphant d'Asie, l'avenir semble très sombre.

Animaux

Montagnes, forêts et cours d'eau abritent de nombreux animaux, endémiques au pays ou communs à la région. Près de la moitié des espèces animales originaires de Thaïlande prospèrent au Laos grâce à une couverture forestière plus abondante et à des chasseurs moins

VOYAGE RESPONSABLE ET ANIMAUX SAUVAGES

Si le gouvernement laotien autorise les villageois à chasser pour leur subsistance, la vente et l'achat de tout animal sauvage est illégal au Laos. Voici quelques conseils pour que vous soyez sûr de ne pas contribuer à la baisse des espèces menacées :

- N'achetez pas d'animal sauvage (vivant ou mort) dans un marché.
- Bien qu'elles soient proposées sur certaines cartes, ne mangez pas des espèces menacées ou les proies de ces dernières (tortues à carapace molle, couleuvres, chevrotains, sambars, écureuils, rats des bambous, muntjacs, pangolins, etc.).
- Évitez d'acheter des colliers fabriqués à partir de dents animales, des animaux empaillés, des araignées sous verre et des bouteilles d'alcool avec des serpents, des oiseaux ou des insectes à l'intérieur.
- Guettez les produits dont l'étiquette atteste qu'ils sont autorisés par la Convention sur le commerce international des espèces de faune et de flore sauvages menacées d'extinction (CITES). On peut les acheter au Laos et les rapporter chez soi légalement.

Pour plus de renseignements, consultez la Wildlife Conservation Society (laos.wcs.org).

nombreux. Presque tous les animaux sauvages sont cependant menacés par la chasse et la perte de leur habitat.

Plusieurs nouvelles espèces ont néanmoins été découvertes au Laos ces dernières années, comme le gecko du genre *cyrtodactylus* ou la pipistrelle (chauve-souris) à dents longues, et d'autres que l'on croyait éteintes se sont réfugiées dans des forêts reculées. Du fait de leur rareté, ces espèces nouvellement recensées figurent sur la liste des animaux menacés.

Comme au Cambodge, au Vietnam, au Myanmar et dans la majeure partie de la Thaïlande, la faune du Laos appartient essentiellement à la branche zoo-géographique indochinoise (par opposition au domaine sondaïque, au sud de l'isthme de Kra dans le sud de la Thaïlande, ou à la branche paléo-arctique du nord de la Chine).

Parmi les mammifères endémiques au Laos, on peut citer le petit panda, le chien viverrin, le rat-marmoset de Delacour, la civette d'Owston et le loris pygmée. D'autres espèces exotiques sont communes à tout le Sud-Est asiatique, tels les pangolins malais et chinois, dix espèces de civettes, le chat marbré, les mangoustes crabières et de Java, le saro d'Indochine et le goral gris (un autre caprin), ainsi que des félins dont le chat léopard et le chat doré d'Asie.

Les primates tiennent une place importante dans la faune. Outre plusieurs espèces connues, dont les semnopithèques de Phayre et de François, le douc, ainsi que plusieurs macaques, deux autres sont endémiques au Laos : le gibbon à favoris blancs (*Hylobates concolor*) et le rhinopithèque du Tonkin. Menacé, le gibbon à crête noire est chassé pour sa viande ou pour être vendu en Thaïlande comme animal de compagnie. Plusieurs projets de sensibilisation s'efforcent d'encourager les communautés locales à préserver des habitats pour les gibbons.

Selon l'Union internationale pour la conservation de la nature (www.iucn.org), les animaux sauvages ont de bien meilleures chances de survie au Laos qu'au Vietnam voisin. Ainsi, le sanglier du Vietnam (*Sus bucculentus*), présent au Laos, a été recensé pour la dernière fois au Vietnam en 1892 et, jusque récemment, considéré comme disparu.

Éléphants

L'Elephant Conservation Centre (p. 142) de Sainyabuli avance un triste chiffre : sur dix éléphants nés au Laos, seuls deux survivent. Ce centre prodigue des soins vétérinaires et attribue aux éléphantes qui travaillent trois à quatre ans pour porter leurs petits, leur donner naissance, les allaiter et les élever, soit plus de temps que ce que le cornac moyen peut se permettre. La baisse de leur population n'a donc rien d'étonnant.

Le Laos était jadis appelé le "pays du Million d'éléphants", mais ils ne sont plus que 800 environ aujourd'hui. On estime entre 300 et 400 le nombre d'éléphants sauvages vivant dans les forêts à canopée ouverte, essentiellement dans la province de Sainyabuli à l'ouest de Vientiane, dans la ZNP de Phu Khao Khuay (province de Bolikhamsai), et sur le plateau de Nakai dans le centre-est du pays.

La chasse et la perte de leur habitat constituent les principales menaces. Dans des régions comme le plateau de Nakai, des braconniers vietnamiens tuent les pachydermes pour leur viande et leur cuir, alors que le barrage Nam Theun 2, dans la province de Khammuan, a englouti une vaste portion de leur habitat. La Wildlife Conservation Society (WCS) développe un projet dans ce secteur, dont l'objectif à long terme est d'établir un "site pilote qui servira de modèle pour limiter le conflit homme-éléphant dans la nation".

On trouve également dans plusieurs provinces des éléphants domestiques (environ 400 au total) qui travaillent. Ceux qui sont utilisés pour l'exploitation forestière afin d'accéder au bois encore disponible sur les flancs des montagnes, sont mis en grand danger. Depuis l'interdiction de l'exportation de bois en 2016, nombre de cornacs et leurs éléphants sont au "chômage". Nourrir un éléphant coûtant extrêmement cher (environ 250 $US par semaine), le tourisme est leur unique source de revenus alternative : les pachydermes reprennent alors du service en

La Caravane des éléphants (Actes Sud, 2003) relate l'aventure de la caravane organisée par l'association de sauvegarde des éléphants, ElefantAsia, au Laos en 2002. Quatre éléphants et leurs cornacs ont parcouru 1 300 km en 3 mois à la rencontre des habitants, qui craignent et vénèrent ce totem national. Photos, aquarelles et documents d'archives contribuent à éclairer la place du pachyderme dans les cultures d'Asie et le défi que représente sa protection.

transportant les touristes sur un *howdah* (palanquin) attaché sur leur dos. Les éléphants ont une colonne vertébrale irrégulière et convexe : ce mode de transport leur est donc extrêmement douloureux. La plupart des voyageurs ignorent également que pour être dompté au point d'être assez fiable pour les transporter, les jeunes éléphants doivent d'abord passer par le "broyage" : une cage où on les maltraite et les affame, et où on les frappe régulièrement avec un *ankus* (croc). C'est cette peur de l'*ankus* qui les pousse à faire ce qu'on leur demande.

Autre problème : ces éléphants utilisés pour l'exploitation forestière et en quête de "travail" sont pour beaucoup des mâles, et l'énorme production de testostérone pendant le musth rend leur humeur changeante (c'est le moins que l'on puisse dire) : il est alors dangereux de les monter. Si le gérant du camp qui l'emploie insiste pour faire travailler son éléphant pendant cette période critique, le cornac ne peut s'y opposer. Des drames se produisent à une effrayante régularité, comme en Thaïlande en 2015, quand un éléphant en période de musth a tué son cornac, un touriste écossais et sa fille.

Il est possible d'aller à la rencontre des éléphants de façon respectueuse, sans les monter. Situé près de Sainyabuli, le formidable Elephant Conservation Center (p. 142) offre aux visiteurs une expérience immersive inoubliable, leur permettant d'observer les pachydermes dans un habitat naturel.

Espèces en danger

Tous les animaux sauvages du Laos sont menacés en raison de la chasse et de la perte progressive de leur habitat. En 2004, le pays a ratifié la Convention des nations unies sur le commerce international des espèces menacées de la faune et de la flore sauvages (CITES), qui, avec d'autres réglementations, a facilité les poursuites contre les contrebandiers. Toutefois, cela n'empêche pas de voir de nombreux animaux menacés, morts ou vivants, sur les marchés laotiens. Les marchés frontaliers proposent les espèces les plus prisées, tels les animaux appréciés des Chinois et des Vietnamiens pour la cuisine exotique ou la médecine traditionnelle.

Sur les centaines d'espèces de mammifères connues au Laos, plusieurs dizaines sont menacées comme l'indique la liste rouge de l'IUCN (Union internationale pour la conservation de nature ; www.iucnredlist.org), notamment l'ours noir d'Asie, l'ours malais, le gaur, le banteng (deux espèces de bovins sauvages), le tigre, le léopard et la panthère nébuleuse. Diverses ONG ont installé des pièges photographiques dans les forêts, permettant de faire des photos sans intervention humaine, afin de tenter de recenser les animaux. Dans la ZNP de Nakai-Nam Theun, les responsables du barrage Nam Theun 2 ont posé eux-mêmes des appareils.

Dans la ZNP de Nam Et-Phou Louey, il resterait 9 tigres, peut-être les derniers du Laos. La Wildlife Conservation Society (WCS ; www.wcs.org), qui compte 150 employés (sylviculteurs, officiers, habitants de la région, biologistes, etc.), a mis en place un efficace programme communautaire de sensibilisation à l'écotourisme (tel le safari nocturne à Nam Nern, p. 101) pour subvenir aux besoins des populations les plus vulnérables. La Wildlife Conservation Society concentre ses efforts de conservation sur des espèces comme l'éléphant d'Asie, le crocodile du Siam, le tigre, le gibbon à crête noire et le cerf d'Eld.

Certaines espèces en danger sont si rares qu'elles n'ont été découvertes que très récemment. Parmi elles, un bovidé à cornes fuselées (*Pseudoryx nghetinhensis*) appelé *nyang* au Laos et *saola* au Vietnam, repéré dans la cordillère Annamitique, le long de la frontière lao-vietnamienne, en 1992. On a longtemps pensé que cet animal, décrit dans des ouvrages

Des rochers aux formes étranges sont vénérés dans tout le pays. Même au milieu de nulle part, vous verrez des tissus safran drapés sur des rochers aux allures de tortues, de nasses à poisson, de stupas, etc. Des légendes locales expliquent leur provenance ou leur utilisation et certains sont connus à l'échelon national.

chinois du XIVe siècle, n'existait pas. Il fait désormais partie des trois espèces de mammifères terrestres repérées et décrites au XXe siècle. Malheureusement, ses cornes constituent un trophée apprécié des deux côtés de la frontière.

En 2005, des scientifiques de la WCS ont découvert sur un marché de la province de Khammuan un "rat des roches laotien", vendu pour sa viande. Il s'agissait en fait d'un *Laonastes aenigmamus*, seul survivant d'un groupe de rongeurs préhistoriques qui s'est éteint il y a environ 11 millions d'années. Avec beaucoup de chance, vous en apercevrez peut-être sur les falaises aux alentours des grottes proches de la Route 12, dans la province de Khammuan.

Parmi les mammifères les plus sérieusement menacés, le dauphin de l'Irrawaddy est présent dans des zones de plus en plus en plus restreintes du Mékong, près de la frontière cambodgienne. L'utilisation de filets maillants a causé ce que le WWF nomme l'"extinction fonctionnelle" de l'espèce – c'est-à-dire qu'elle ne compte plus suffisamment d'individus pour assurer la survie de l'espèce.

Oiseaux

Les forêts et les montagnes abritent une belle diversité d'oiseaux migrateurs ou résidents. Dans les années 1990, une équipe d'ornithologues britanniques en a répertorié 437 espèces, dont 8 menacées à l'échelle mondiale et 21 frôlant le même statut. D'autres recherches font état de 650 espèces.

Parmi les plus remarquables, citons le faisan prélat, le paon spicifère, le pic de Rabier, le calao brun, le kétoupa roux, la grue antigone, l'ibis géant et le tisserin doré. La chasse réduit considérablement l'avifaune dans les centres urbains. En 2008, des scientifiques de la WCS et de l'université de Melbourne ont découvert une nouvelle espèce d'oiseau dans le centre du pays, le bulbul hualon, le premier passereau à tête dénudée localisé sur le continent et la première espèce de bulbul découverte depuis un siècle.

On voyait encore récemment des hommes pointer leur fusil vers la cime des arbres dans de grandes villes comme Savannakhet ou Vientiane. Ce n'est plus le cas aujourd'hui, mais dans presque tous les villages on entend les chasseurs l'après-midi.

Plantes

Selon l'Organisation des nations unies pour l'alimentation et l'agriculture (FAO), la forêt couvrait plus de 69% du territoire laotien en 2005. Elle serait aujourd'hui autour de 45%, selon les sources. Environ 11% de ces bois peuvent être classés forêts primaires.

L'opium est cultivé et consommé au Laos depuis des siècles, mais le pays n'en est devenu un producteur majeur qu'avec l'expiration de la loi anti-drogue de 1971. L'opium a été presque éradiqué, mais il serait actuellement à nouveau cultivé dans les contrées reculées du nord du Laos.

Comme dans les autres régions tropicales du Sud-Est asiatique qui connaissent des saisons sèches de 3 mois ou plus, la végétation indigène se compose essentiellement de forêts de mousson. Dans ces forêts mixtes à feuilles caduques, nombre d'arbres perdent leur feuillage pendant la saison sèche pour conserver l'eau. Les forêts humides – aux arbres à feuilles persistantes – n'existent pas au Laos, bien que des espèces importées comme le cocotier soient courantes dans la vallée inférieure du Mékong. Si le pays compte de grands arbres, ne vous attendez pas aux forêts vertigineuses trouvées dans d'autres parties du Sud-Est asiatique : les conditions climatiques ne permettent pas la croissance de tels géants.

Les forêts de mousson laotiennes présentent généralement trois étages de végétation. Des diptérocarpacées, de grands arbres à tronc unique avec une écorce claire pouvant atteindre plus de 30 m, composent la canopée. Viennent ensuite à mi-hauteur des arbres à bois dur recherchés et en diminution constante, tels les tecks, les padouks (parfois appelés palissandres d'Asie) et les acajous. L'étage inférieur se compose de petits arbres, d'arbustes, de graminées et, le long des rivières, de bambous. Sur certains plateaux du Sud, on trouve des forêts sèches à la canopée moins dense, avec un étage intermédiaire plus clairsemé et un sous-bois comportant davantage de graminées et de bambous. Des forêts de conifères tropicaux de montagne couvrent les parties de la cordillère Annamitique arrosées par la mousson du sud-ouest et les pluies provenant de mer de Chine méridionale, tandis que des forêts de pins poussent sur le plateau de Nakai et dans la région de Sekong, au sud.

Outre les bois durs, qui sont très prisés, la flore comprend un bel échantillon d'arbres fruitiers, des bambous (avec plus de variétés que tout autre pays à l'exception de la Thaïlande et de la Chine) et une multitude de fleurs, dont de précieuses orchidées. Dans certaines parties du pays, ces dernières sont arrachées dans les forêts (souvent dans des zones protégées) pour être vendues aux touristes thaïlandais ; vous en verrez sur les marchés près des chutes du plateau des Boloven. Les prairies et les savanes couvrent largement les hauts plateaux de la cordillère Annamitique.

Environ 85% du Laos se compose de terrains montagneux, et moins de 4% de ces terres sont considérées comme arables.

Zones nationales protégées (ZNP)

Le Laos possède l'un des systèmes de régions protégées les plus récents et les plus complets au monde. En 1993, le gouvernement a créé 18 régions de conservation de la biodiversité nationale, d'une superficie totale de 24 600 km², soit un peu plus de 10% de la surface du pays. Plus important encore, ces régions ont été choisies en se fondant sur l'avis de scientifiques plutôt qu'en fonction des circonstances (comme l'ont fait nombre d'autres pays). Deux autres ont été ajoutées en 1995, soit un total de 20 régions protégées couvrant 14% du pays. De plus, 4% du territoire sont constitués de régions provinciales protégées, faisant du Laos l'un des pays les mieux préservés de la planète.

Ces régions ont été rebaptisées zones nationales protégées (ZNP) il y a quelques années. Si ces considérations sémantiques peuvent sembler sans importance, elles reflètent des différences majeures. Ainsi, les ZNP abritent des villages, contrairement aux parcs nationaux, où seuls peuvent y vivre des gardes forestiers et des employés du parc et où la chasse et l'exploitation forestière sont interdites. De fait, les forêts des ZNP sont divisées en forêts d'exploitation du bois, forêts de protection du réseau hydrographique et forêts préservées.

Pour une description détaillée de toutes les zones nationales protégées du Laos, consultez le site www.ecotourismlaos.com (en anglais).

Les plus vastes ZNP se situent dans le Sud où, contrairement à la croyance populaire, la forêt naturelle est plus importante qu'au nord. La plus grande ZNP, celle de Nakai-Nam Theun, s'étend sur 3 710 km² où vivent des espèces animales récemment découvertes, comme le *nyang*.

Des oiseaux rares aux éléphants sauvages, la faune de ces régions est relativement abondante. Dans la majeure partie du pays, le meilleur moment pour la découvrir se situe en novembre, juste après la mousson. Toutefois, même à cette période, vous aurez de la chance si vous apercevez de nombreux animaux, notamment en raison de la chasse et de leur crainte des humains. Il est également difficile de distinguer les animaux dans les sous-bois, d'autant que nombre d'entre eux sortent la nuit. En faisant appel à une agence que l'on vous aura recommandée, vous augmenterez vos chances d'observer des animaux sauvages.

Malheureusement, en raison de financements insuffisants, les ZNP et la plupart des sites touristiques naturels souffrent d'un manque d'infrastructures et de gestion. On entend fréquemment dire que les fonds nécessaires à leur entretien ne sont pas disponibles. C'est pourquoi de nombreux sites naturels, notamment des chutes d'eau, sont gérés pour l'État par des concessionnaires privés. Il arrive que ces concessions soient révoquées et que les sites concernés soient laissés à l'abandon. Par ailleurs, beaucoup de ZNP sont très difficiles d'accès, si bien que la plupart des voyageurs s'y rendent dans le cadre de circuits organisés.

Dans une tentative de remédier à ces problèmes, le gouvernement a commencé en 2018 à créer des parcs nationaux, qui seront mieux gérés et financés que les ZNP. Pour le moment, Nakai-Nam Theun et Nam Et/Phou Louey ont été désignés parcs nationaux, et il serait question d'accorder ce statut à 8 autres ZNP au cours des 5 prochaines années.

ONG au Laos

- *ElefantAsia (www.elefantasia.org)*
- *Traffic East Asia (www.traffic.org)*
- *Wildlife Conservation Society (www.wcs.org)*
- *Union internationale pour la conservation de la nature (IUCN ; www.iucn.org/lao)*
- *Fonds mondial pour la nature (www.panda.org)*
- *Elephant Conservation Center (www.elephantconservationcenter.com)*

Écologie

En survolant le Laos, il peut sembler que la majeure partie du territoire se compose d'étendues sauvages intactes. C'est une impression trompeuse. L'économie et la subsistance sont la cause de la plupart des problèmes environnementaux. La chasse, qui persiste à cause de la pauvreté, nuit à certaines espèces sauvages. La surpêche dans les rivières est également un souci persistant, dû à l'accroissement de la population et aux fortes demandes d'exportation. Les forêts sont exploitées à des rythmes dévastateurs en raison des profits tirés des essences précieuses. Les projets hydroélectriques affectent le réseau fluvial et les écosystèmes qui en dépendent, dont les forêts, mais le pays a besoin de l'argent qu'ils rapportent et facilite l'implantation des compagnies étrangères.

Des lois existent bel et bien pour protéger la faune et la flore et le Laos compte de nombreuses zones protégées. Cependant, la plupart des Laotiens ignorent tout des enjeux concernant la protection de la nature et la volonté manque bien souvent autant que l'argent pour financer des projets de conservation, payer des gardes forestiers ou encore poursuivre les contrevenants.

L'un des principaux obstacles à la protection de l'environnement est la corruption (selon l'Indice de perception de la corruption de 2018, le Laos se classe 132e sur 180 pays dans le monde). Pourtant, l'écotourisme

L'ÉCOTOURISME AU LAOS

Des forêts couvrant plus de la moitié du pays, 2 parcs nationaux, 18 zones nationales protégées (ZNP), plus de 650 espèces d'oiseaux et des centaines de mammifères : le Laos, qui compte 49 groupes ethniques, possède l'un des écosystèmes les mieux préservés d'Asie du Sud-Est.

Après le succès du projet écoresponsable de Nam Ha, lancé en 1999 dans la province de Luang Namtha, l'industrie écotouristique s'est développée en cherchant à préserver les intérêts des différents groupes ethniques, la faune sauvage et les forêts.

De nombreux tour-opérateurs laotiens ont perduré depuis les débuts de l'écotourisme car ils ont respecté leurs engagements à l'égard des ethnies locales et de l'environnement. Avant de vous engager dans un trek, posez les questions suivantes :

- Les groupes sont-ils de taille réduite de sorte à ne pas perturber la vie du village ?
- Le guide est-il un habitant de la région ?
- Les habitants et les villages traversés tirent-ils des bénéfices directs de l'excursion ?
- L'entreprise reverse-t-elle une partie de ses bénéfices à des associations de défense de l'environnement ou de l'éducation locale, ou est-elle directement affiliée à une organisation telle que le WWF ou la WCS ?

Pour en savoir plus sur le tourisme durable, consultez le site www.ecotourismlaos.com.

progresse dans tout le pays et dans certaines communautés locales, on comprend bien que l'environnement rapporte plus si on le sauvegarde que si on l'épuise.

Les engins explosifs non désamorcés ("UneXploded ordnance" ou UXO) de la guerre du Vietnam qui parsèment une bonne partie de l'est du pays, le long de la piste Hô Chi Minh, demeurent un problème environnemental majeur. La recherche et le désamorçage des bombes progressent lentement.

Les plus gros obstacles rencontrés cependant par le Laos sont les pressions internes, mais aussi les contraintes exercées par les pays voisins, plus peuplés et également plus riches – Chine, Vietnam et Thaïlande –, pour exploiter les abondantes ressources (bois, énergie hydroélectrique) du pays.

Barrages hydroélectriques sur le Mékong

Pendant des millénaires, le Mékong a été l'artère vitale du Laos et de toute la région. Quelque 60 millions de personnes vivent de la pêche et d'autres ressources fournies par le fleuve et ses affluents. Le Mékong est le 12e fleuve du monde par sa taille et le 10e par son débit. À la différence d'autres grands fleuves, une série de rapides a empêché d'en faire une voie navigable majeure, bordée de grandes villes industrielles.

L'approbation en 2005 du barrage Nam Theun 2 (province de Khammuan) par la Banque mondiale a ouvert la boîte de Pandore de l'énergie hydroélectrique, qui contribue fortement à la croissance économique du Laos depuis. Six grands barrages sont déjà en service, 7 sont en cours de construction, au moins 12 de plus sont prévus, et les accords de construction envisagent d'en construire 35 de plus.

Parmi les impacts négatifs des barrages à ce jour, citons le déplacement forcé des communautés locales et l'abandon de leur culture fluviale traditionnelle, l'inondation des zones en amont, des écoulements de sédiments réduits, et une plus forte érosion en aval entraînant des problèmes pour les ressources halieutiques et les personnes qui tirent leurs subsistances des rivières.

Le plus lourd tribut que le Laos a payé au développement de l'hydroélectricité a résulté de la rupture d'un barrage (p. 250) dans la province d'Attapeu, en 2018. Cette catastrophe entraîna la destruction de plusieurs villages, la mort de nombreux habitants, la perte de nombreuses têtes de bétail et le déplacement de milliers de villageois. Le gouvernement a tenté de gérer les conséquences directes du désastre, mais la politique de développement des barrages n'a guère été remise en question.

Effet moins visible mais plus alarmant à long terme, les barrages modifient le débit du Mékong, notamment celui du lac Tonlé Sap au Cambodge, essentiel pour la reproduction des poissons et pour la subsistance de millions de personnes.

On peut trouver davantage d'informations en ligne, notamment sur les sites Web de la Mekong River Commission (www.mrcmekong.org), qui surveille le développement des barrages hydroélectriques et des digues, de la Save the Mekong Coalition (savethemekong.net) et du WWF (www.wwf.fr).

Marco Polo fut probablement le premier Européen à traverser le Mékong, au XIIIe siècle, suivi par un groupe d'émissaires portugais au XVIe siècle. Le marchand hollandais Gerrit Van Wuysthoff arriva en bateau au XVIIe siècle. En 1893, le traité franco-siamois de Bangkok désigna le Mékong comme frontière entre le Siam et l'Indochine française.

Déforestation

En 2016, le nouveau président du Laos Bounnhang Vorachith a interdit l'exportation de bois d'œuvre et de rondins, affolant la contrebande, bien installée. Depuis, dans tout le pays, des cargaisons de bois ont été saisies dans des cachettes dans la forêt et des scieries. En 2015, Radio Free Asia a révélé que le fils d'un membre du Politburo laotien était un baron de la contrebande de bois à la frontière chinoise via Móhān (Yunnan), et des membres de l'armée laotienne sont fortement soupçonnés d'avoir dirigé clandestinement l'exploitation forestière illégale, comme dans la province de Khammuan et dans des régions reculées de l'extrême sud du pays.

La compagnie nationale d'électricité tire elle aussi profit de la vente de bois à chaque fois qu'elle raccorde une ville ou un village au réseau électrique national, avec le déboisement effectué au bord des principales routes laotiennes. Les grandes plantations et l'industrie minière, de même que l'écobuage (pratique agricole de culture sur brûlis) entraînent également une perte d'habitat. Cela peut avoir des conséquences néfastes sur les communautés rurales : dans certaines zones de campagne, 70% des produits alimentaires (riz excepté) proviennent de la forêt.

Le président actuel s'est engagé à démissionner s'il ne tenait pas sa promesse d'avoir reboisé 70% du pays en 2020. Reste à voir si cette initiative sera couronnée de succès.

Laos pratique

Carnet pratique

Ambassades et consulats

Ambassades et consulats étrangers au Laos

Belgique (**consulat honoraire** ; ☎021-214150 ; consulaos@hotmail.com ; Vat Haysoke 079/01, rue Sethatirat, Hom 2, Chantabouly, Vientiane). Les ressortissants belges pourront aussi s'adresser à l'**ambassade à Bangkok** (☎2 108 1800 ; diplomatie.belgium.be/thailand ; 16/F Sathorn Square, 98 North Sathorn Road ; Bangkok).

Cambodge (carte p. 154 ; ☎021-314952 21 35 38 34 ; www.cambodianembassy-laos.com ; rue Tha Deua, Km 3, Vientiane ; ⌚8h-12h et 14h-17h lun-ven). Délivre des visas (30 $US).

Canada (**bureau de l'ambassade** ☎021-353834 ; VNTNE@international.gc.ca ; KM4, Thadeua Road, Watnak Village, Sisattanak, Vientiane). Les citoyens canadiens pourront aussi s'adresser à l'**ambassade à Bangkok** (☎0 2646 4300 ; www.thailande.gc.ca ; place Abdulrahim, 990 Rama IV, Bangrak, Bangkok).

Chine (carte p. 154 ; ☎021-315100 ; la.china-embassy.org/eng ; rue Wat Nak Nyai, Vientiane ; ⌚8h-11h30 lun-ven). Émet des visas en 4 jours ouvrables (moins si vous payez pour le service). Certains voyageurs ont rapporté des changements soudains et imprévus les empêchant d'effectuer leur demande de visa.

France (carte p. 162 ; ☎021-267400 ; www.ambafrance-laos.org ; rue Setthathirath, Vientiane ; ⌚9h-12h30 et 14h-17h30 lun-ven)

Myanmar (Birmanie) (carte p. 154 ; ☎021-314910 ; rue Sok Pa Luang, Vientiane ; ⌚8h30-12h lun-ven). Délivre des visas généralement en 3 jours (40 $US), parfois le jour même.

Suisse (**agence consulaire** ; ☎021-251 794 ; 192/1 Sibounheuang Road, Chanthaboury, Vientiane). Les citoyens suisses pourront aussi s'adresser à l'**ambassade à Bangkok** (☎2 674 6900 ; www.eda.admin.ch/bangkok ; 35 North Wireless Road "Thanon Witthayu Nuea", Lumphini, Bangkok)

Thaïlande (carte p. 154 ; ☎021-214581 ; vientiane.thaiembassy.org/en ; rue Kaysone Phomvihane, Vientiane ; ⌚8h30-12h et 13h-16h30 lun-ven). Pour les renouvellements et les prorogations de visas, voir le **consulat à Vientiane** (carte p. 154 ; ☎021-415335 ; vientiane.thaiembassy.org/en/ ; 15 rue Bourichane ; ⌚8h30-12h et 13h-15h) et le **consulat à Savannakhet** (☎041-212373 ; Rte 9 ; ⌚8h30-16h30 lun-ven). Visas de tourisme et visas non-immigrants (1 000 THB).

Vietnam (carte p. 154 ; ☎021-451990 ; www.mofa.gov.vn/vnemb.la ; 85 rue 23 Singha, Vientiane ; ⌚8h30-11h30 et 13h30-17h lun-ven). Délivre des visas de tourisme en une journée (65 $US) ou en 3 jours (55 $US) au **consulat à Luang Prabang** (carte p. 50 ; www.vietnamconsulate-luangprabang.org ; Th Phothisarat ; ⌚8h-11h30 et 13h30-17h lun-ven), qui émet des visas de tourisme en 24 heures (50 $US) ou 3 jours (40 $US), et au **consulat à Pakse** (carte p. 222 ; ☎021-99691666 ; www.vnconsulate-pakse.mofa.gov.vn ; Th 21 ; ⌚8h30-11h30 et 14h30-16h30 lun-ven), où les visas reviennent à 60 $US.

Ambassades et consulats du Laos à l'étranger

Belgique (☎02-740-09-50 ; laoembassy.brussels@gmail.com ; avenue de la Brabançonne 19-21, Bruxelles)

Cambodge (☎023-982 632 ; laoembpp@canintel.com ; 15-17 Mao Tse Tung Blvd, Phnom Penh)

Canada Les ressortissants Canadiens doivent s'adresser à l'**ambassade à Washington** (☎202-332-6416 ; www.laoembassy.com ; 2222 S Street NW, Washington DC 20008, États-Unis).

Chine (☎010-1532 1224 ; laoembchina@hotmail.com ; 11 Sanlitun, Dongsie Jie, Beijing 100600)

France (☎01 45 53 02 98 ; www.ambalaos-france.com ; 74 avenue Raymond-Poincaré, 75116 Paris ; ⌚9h-12h et 14h-17h lun-ven)

CONSEILS AUX VOYAGEURS

La plupart des gouvernements possèdent des sites Internet qui recensent les dangers possibles et les régions à éviter. Consultez notamment les sites suivants :

Ministère des Affaires étrangères français (www.diplomatie.gouv.fr)

Ministère des Affaires étrangères de Belgique (diplomatie.belgium.be)

Département fédéral des Affaires étrangères suisse (www.eda.admin.ch/eda/fr/dfae.html)

Ministère des Affaires étrangères du Canada (www.voyage.gc.ca)

Myanmar (Birmanie) (☎01-222 482 ; laoembcab@mptmail.net.mm ; N.A1 Diplomatic Quarters, Franser Rd, Yangon)

Suisse (☎022-798 24 40/41/42 ; 14 bis route de Colovrex 1218 Le Grand Saconnex, Genève) ; **consulat à Schwytz** (☎041-810 16 59 ; www.laos-swiss.ch ; Bahnhofstrasse 52, 6430 Schwytz)

Thaïlande (☎02-539 6679 ; 520, 502/1-3 Soi Sahakarnpramoon, Pracha-Uthit Road, 10310 Bangkok)

Vietnam (☎04-942 4576 ; 22 rue Tran Binh Trong, Hanoi)

Argent

La monnaie nationale officielle au Laos est le kip laotien (LAK). Le baht thaïlandais (THB) et le dollar américain ($US) sont aussi couramment utilisés.

Cartes bancaires

Un nombre croissant d'hôtels, de restaurants haut de gamme et de boutiques de souvenirs de Vientiane et de Luang Prabang acceptent les cartes Visa et MasterCard, ainsi que, dans une moindre mesure, les cartes Amex ; les frais de transaction, généralement autour de 3%, sont souvent facturés au client. Ailleurs, votre carte bancaire ne vous sera d'aucune utilité pour régler vos dépenses.

Les antennes de la BCEL (Banque pour le commerce extérieur lao), dans la plupart des grandes villes, permettent d'effectuer des retraits d'espèces avec votre carte Visa ou MasterCard, moyennant une commission de 3%. Les autres banques pratiquent parfois des taux plus élevés : si vous êtes à Vientiane, n'hésitez pas à comparer.

Change

Après des années de fluctuations, le kip (LAK) semble désormais assez stable ; il se maintient à un cours d'environ 8 500 kips pour un dollar américain (voyez notre tableau des taux de change p. 17). Ne partez toutefois pas du principe que la devise ne bougera plus.

Les banques et les bureaux de change ont des taux de change pratiquement identiques. Les deux offrent un taux légèrement plus intéressant pour les grosses coupures (50 et 100 $US) que pour les montants inférieurs (20 $US ou moins). Les agences bancaires de Vientiane et de Luang Prabang acceptent également les euros, les dollars canadiens et américains, ainsi que les bahts thaïlandais, entre autres devises. Ailleurs que dans ces villes, la plupart ne prennent que les dollars américains ou les bahts.

Vous trouverez des changeurs agréés à Vientiane (notamment au marché Talat Sao ; p. 173) et à certains postes-frontières. Ils appliquent des taux comparables à ceux des banques, tout en restant ouverts plus tard.

Il n'existe pas de véritable marché noir au Laos et, à moins d'un krach économique, il y a peu de risque que cela change.

Distributeurs automatiques de billets (DAB)

Aujourd'hui, il existe des DAB partout au Laos. Mais on ne peut retirer à la fois qu'un maximum de 700 000 à 2 000 000 LAK (85 à 250 $US) selon les banques, sans oublier la commission, variable, qu'elles appliquent systématiquement à la transaction. Si votre banque vous facture des frais sur chaque retrait effectué au Laos, tout cela peut s'additionner rapidement.

Monnaie

L'économie nationale repose lourdement sur le baht thaïlandais et le dollar américain. On estime qu'un tiers des liquidités en circulation à Vientiane

PRIX DES REPAS

Presque tous les restaurants du Laos sont bon marché, comparés aux standards internationaux. Les gammes de prix ci-dessous concernent le plat de résistance.

$ moins de 5 $US (40 000 LAK)

$$ 5-15 $US (40 000-120 000 LAK)

$$$ plus de 15 $US (120 0000 LAK)

LE LAOS PRATIQUE

Le Rénovateur (www.lerenovateur.la). Organe du gouvernement laotien, est l'hebdomadaire en langue française du Laos.

Vientiane Times (www.vientianetimes.org.la). Le seul journal en anglais du pays s'inscrit dans la ligne du Parti. Parution du lundi au samedi.

Radio nationale (www.laonationalradio.com). Un journal d'informations est proposé quotidiennement en langue française sur la fréquence AM. À écouter également sur le site Internet.

TV Les programmes de la télévision nationale sont limités, et la plupart des Laotiens regardent les chaînes thaïlandaises et/ou des vidéos de karaoké. Sinon, TNL1 diffuse en hertzien des programmes en langue française (journal télévisé en langue française, 15 minutes, trois fois par jour).

Poids et mesures Système métrique international. Le poids de l'or et de l'argent est parfois donné en bahts (15 g) thaïlandais.

Tabac Les fumeurs sont très nombreux à la campagne, mais de plus en plus rares en ville. Presque tous les hôtels proposent des chambres non-fumeurs. Le tabac est interdit dans les cafés et restaurants de Vientiane et de Luang Prabang.

portent l'effigie du roi de Thaïlande, et un deuxième tiers, celle de différents présidents américains. Le kip est surtout réservé aux petits achats, tandis que les marchandises et les services un peu plus onéreux sont indifféremment indiqués en kips, en bahts ou en dollars. À partir d'une somme équivalente à 100 $US, le prix est habituellement donné dans la monnaie nord-américaine.

La majorité des transactions continuent pourtant de s'effectuer en kips, et mieux vaut avoir quelques liasses en poche. Il existe des billets de 500, 1 000, 2 000, 5 000, 10 000, 20 000, 50 000 et 100 000 kips. Les petits vendeurs, en particulier dans les zones rurales, rencontreront des difficultés à changer les coupures de 100 000 kips.

Pourboire

La pratique du pourboire n'est pas très courante, sauf dans les restaurants touristiques, où l'on vous saura gré de laisser l'équivalent de 10% de l'addition – à moins que le service ne soit compris.

Assurances

Le Laos est généralement considéré comme un pays à haut risque et, compte tenu de la rareté des services médicaux, il est essentiel de disposer d'un contrat prévoyant une évacuation, par avion si nécessaire, vers un hôpital de Thaïlande.

Voir aussi le chapitre *Santé* (p. 327).

Bénévolat

En France, quelques organismes offrent des opportunités de travail bénévole sur des projets de développement ou d'environnement, parfois sur des périodes courtes (d'une à 4 semaines). Certaines associations s'adressent plus spécifiquement aux jeunes. Les chantiers proposés vont de la réfection d'une école aux travaux liés à l'environnement. Il s'agit d'une bonne formule pour s'immerger dans le pays, connaître l'envers du décor touristique et bénéficier d'une ambiance internationale (les volontaires viennent de divers pays en général). En revanche, les conditions de vie sur un chantier sont spartiates, et prenez garde au décalage fréquent entre le programme et la réalité. La fouille archéologique peut rapidement se transformer, une fois sur place, en coup de peinture donné à la maison des jeunes locale. Le matériel est parfois rudimentaire, et la réalité du terrain souvent plus dure qu'on ne l'imaginait.

Quelques associations à Luang Prabang ont ponctuellement besoin de bénévoles, et il existe des projets locaux à Huay Xai, Muang Khua et Sainyabuli.

Voici quelques organismes que vous pouvez contacter :

Comité de coordination pour le service volontaire international (CCVIS ; ☎01 45 68 49 36 ; www.unesco.org/ccivs)

Comité de coopération avec le Laos (Ccl Laos ; www.ccl-laos.org/spip.php)

Jeunesse et Reconstruction (☎01 47 70 15 88 ; www.volontariat.org ; 10 rue de Trévise, 75009 Paris)

Climat

La mousson qui affecte l'ensemble de l'Asie du Sud-Est engendre trois grandes périodes climatiques, avec une alternance de saison sèche et de saison des pluies. La mousson du sud-ouest s'installe entre mai et juillet et dure jusqu'en novembre.

La mousson est suivie d'une saison sèche (novembre-mai) qui se caractérise, jusqu'à la mi-février, par des températures relativement basses et des brises fraîches dues aux influences de la mousson du nord-est (qui contourne une grande partie du Laos). Les exceptions à ce schéma général sont les provinces de Xieng Khuang, de Hua Phan et de Phongsali, qui reçoivent en avril-mai des pluies venues du Vietnam et de la Chine.

Les températures varient en fonction de l'altitude. Dans la vallée humide du Mékong, elles s'échelonnent de 15 à 38°C, tandis qu'elles peuvent descendre à 0°C la nuit dans les montagnes septentrionales. Les années froides, il neige en montagne.

Consultez la carte du climat p. 16 et les graphiques des températures au début de chaque chapitre régional.

Désagréments et dangers

Laos a acquis la réputation de destination sûre, affichant un faible taux de criminalité et un nombre d'escroqueries inférieur à celui généralement enregistré dans des pays voisins, plus touristiques. Toutefois, on a observé ces dernières années une augmentation de la petite délinquance, notamment des vols et des petites escroqueries, qui représentent plus une source de désagréments qu'un véritable danger.

Drogues

Au Laos, les drogues sont illégales, et leur consommation est punie de lourdes amendes voire, pour les substances les plus fortes, de longues peines de prison. Les voyageurs semblent apprécier le *happy shake* (milk-shake à la marijuana ou aux champignons), et même parfois l'opium dans les régions reculées où l'on en trouve encore. Toutefois, les descentes de police ne sont pas rares et peuvent être suivies d'amendes salées et d'expulsion ou de peines d'emprisonnement. Mieux vaut donc être prudent et se limiter à la Beerlao...

Engins explosifs non désamorcés (UXO)

De vastes zones dans l'est et le sud du pays sont contaminées par des engins explosifs non désamorcés ("UneXploded ordnance" ou UXO) – voir aussi p. 84. Les provinces de Salavan, de Savannakhet et de Xieng Khuang seraient les plus sévèrement touchées, suivies par Champasak, Hua Phan, Khammuan, Luang Prabang, Attapeu et Sekong.

Statistiquement, le risque pour les voyageurs étrangers de tomber sur des engins explosifs est faible, mais vous devrez faire preuve de prudence si vous vous aventurez hors des principaux axes de circulation dans les provinces mentionnées ci-dessus. Autrement dit, suivez seulement les chemins bien tracés. Ne touchez jamais à un objet susceptible d'être un engin non désamorcé, aussi vieux ou rouillé qu'il paraisse.

Files d'attente

Les Laotiens suivent la coutume du Sud-Est asiatique qui consiste non pas à se mettre en rang, mais à s'agglutiner devant les guichets ou les portes. Et c'est le principe du "premier vu, premier servi" qui règne. Jouez donc le jeu à la laotienne et faites avancer votre argent, votre passeport ou vos lettres aussi près que possible du premier rang. Vous finirez par obtenir satisfaction. Il reste que la situation n'est jamais aussi chaotique qu'elle peut l'être dans certains pays voisins.

UN FIL D'ARIANE EN VOYAGE

Le **portail Ariane** (pastel.diplomatie.gouv.fr/fildariane), mis en place par le Centre de crise du ministère des Affaires étrangères, est un service gratuit permettant au voyageur français à l'étranger d'être contacté par le service consulaire, sur son téléphone portable ou par e-mail, au cas où des événements graves (crise politique, catastrophe naturelle, attentat...) se produiraient dans le pays durant son séjour, ou de contacter rapidement sa famille ou ses proches en France en cas de besoin.

La procédure d'inscription se réalise en ligne, où vous donnez des informations sur votre voyage (date de départ, de retour, numéro de téléphone portable, coordonnées d'éventuels contacts sur place, adresses de séjour et itinéraire prévu, etc.).

Grâce à ce service, vous recevrez en outre, avant votre départ, des recommandations de sécurité par e-mail si la situation dans le pays le justifie.

Il existe une application pour les Smartphones et les tablettes, intitulée *Conseils aux voyageurs*.

Réseau routier et fluvial

Grâce à l'amélioration du réseau routier et à des véhicules plus sûrs, voyager au Laos par la route présente peu de risque, à défaut d'être toujours confortable. La circulation demeure peu considérable dans le pays, si bien que les accidents de la route sont beaucoup moins fréquents que dans les pays voisins. Ils constituent néanmoins le principal danger pour les voyageurs.

La moto connaît un engouement croissant auprès des visiteurs, ce qui multiplie le risque d'accidents. Protégez-vous aussi de la version laotienne du "tatouage thaïlandais" – une brûlure sur la face intérieure du mollet produite par le tuyau d'échappement.

Les hors-bord (speedboats) qui circulent sur le Mékong dans le nord du Laos sont aussi dangereux et bruyants que rapides. Nous vous recommandons d'éviter de les emprunter, sauf en cas de nécessité absolue.

Vol

Dans l'ensemble, les vols sont beaucoup moins répandus qu'ailleurs en Asie du Sud-Est, mais leur nombre a néanmoins augmenté ces dernières années. La plupart des vols signalés se sont en réalité déroulés dans un contexte propice – vous les éviterez aisément avec du bon sens.

Les vols d'effets personnels et d'argent sont en hausse dans les hébergements, en particulier les bungalows à la campagne ; ne laissez pas traîner d'espèces ni d'objets tentants. Surveillez vos bagages dans les bus bondés et ne mettez pas d'argent dans les poches de votre pantalon. Si vous vous déplacez à vélo ou à moto dans Vientiane, ne placez aucun objet de valeur dans votre panier ou vos sacoches : des voleurs à la tire motorisés opèrent parfois en duo.

Les vols de motos sont de plus en plus fréquents. N'oubliez jamais votre antivol dans les zones moins fréquentées et, le soir, et préférez les parkings payants chaque fois que c'est possible.

Électricité

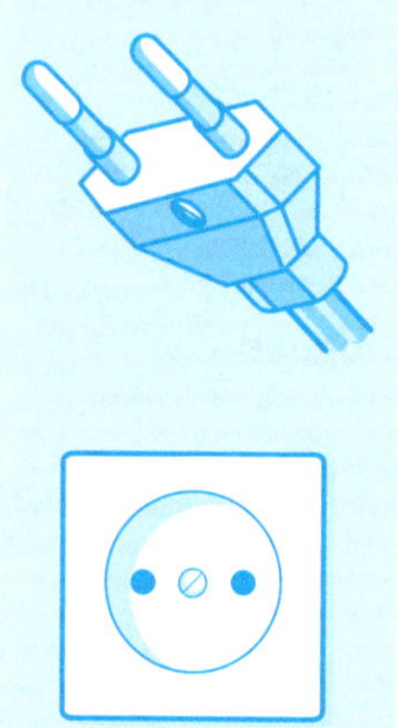

Type C
220 V/50 Hz

Type A
120 V/60 Hz

Formalités et visas

Des visas sont délivrés à l'arrivée, dans les aéroports internationaux et la plupart des postes-frontières (voir *Visas à l'arrivée*).

Avant le départ, il est impératif de contacter l'ambassade et le consulat du Laos dans votre pays pour s'assurer que les modalités d'entrée sur le territoire n'ont pas changé.

Assurez-vous que votre passeport a une validité supérieure à six mois.

Nous vous conseillons de scanner ou de photocopier tous vos documents importants (pages d'introduction de votre passeport, cartes bancaires, police d'assurance, billets de train/d'avion/de bus, permis de conduire, etc.). Conservez ces copies à part des originaux. Vous remplacerez ainsi plus aisément ces documents en cas de perte ou de vol.

Visas à l'arrivée

Le gouvernement laotien délivre des visas de tourisme valables 30 jours à l'arrivée dans tous les aéroports internationaux du pays et à la plupart des postes-frontières. Les formalités sont très simples. Vous devez fournir le prix du visa en espèces (30 $US pour les citoyens français), une photo d'identité et le nom de l'hôtel ou de la guesthouse où vous résiderez. Toute personne sans photo d'identité ou arrivant le week-end, un jour férié ou en dehors des heures de bureau, doit s'acquitter d'un supplément de 1 ou 2 $US.

Le coût du visa dépend de votre passeport : ainsi, les Canadiens devront débourser 42 $US, mais la plupart des autres ressortissants entre 30 et 35 $US. À défaut de dollars, il vous faudra régler 1 500 THB thaïlandais (45 $US environ). Aucune autre devise étrangère n'est acceptée.

Visas d'affaires

Les visas d'affaires, également délivrés pour 30 jours, sont relativement faciles à obtenir, à condition d'avoir un ordre de mission reconnu par un correspondant au Laos. Ils peuvent être prorogés jusqu'à un an.

Prorogation de visas

Un visa de tourisme peut se proroger de 30 jours (deux fois seulement), mais seulement à Vientiane, Luang Prabang, Pakse et Savannakhet. Le coût pour chaque jour supplémentaire (maximum 90 jours) est fixé à 20 000 LAK.

Dépassement de visas

Si vous dépassez la durée de votre visa, il vous faudra payer une amende au contrôle de l'immigration lors de votre départ du Laos. Elle s'élève actuellement à 10 $US par jour supplémentaire. On ne vous fera, cependant, aucune autre difficulté.

Handicapés

Le manque de routes pavées et de trottoirs rend difficile le déplacement des personnes à mobilité réduite. Les personnes en fauteuil roulant devront circuler sur la route, à côté des autres véhicules. Rares sont les bâtiments publics ou les sites touristiques équipés de rampes d'accès pour les chaises roulantes, et les hôtels ne sont pas mieux lotis, à quelques exceptions près dans la catégorie haut de gamme à Vientiane et à Luang Prabang (qui sont aussi les seuls lieux équipés de toilettes adaptées). Les transports publics sont surchargés et difficiles d'accès, même pour les non-handicapés.

Les voyageurs ayant des besoins particuliers devront préparer soigneusement leur voyage au Laos, s'armer de courage et être prêt à improviser. Comme dans la plupart des pays en développement, le manque d'infrastructures peut être compensé par la bonne volonté : si vous êtes prêt à prendre ce risque, quelques paires de bras pourront vous aider à franchir les obstacles et à monter à bord des véhicules. Toutefois, les voyageurs en fauteuil roulant remarquent généralement que les Laotiens semblent moins prompts à donner un coup de main que les habitants d'autres pays du Sud-Est asiatique.

Il existe peu de ressources utiles en ligne, mais la Lao Disabled People's Association (www.developmentaid.org) répertorie des organisations traitant de différents handicaps et susceptibles de fournir des conseils aux voyageurs.

L'**APF France handicap** (☎01 40 78 69 00 ; www.apf-francehandicap.org ; 17 bd Auguste-Blanqui, 75013 Paris) peut fournir des informations utiles sur les voyages accessibles. **Yanous** (www.yanous.com), **Hizy** (hizy.org), **Handicap.fr** (www.handicap.fr) et **Tourisme et handicaps** (www.tourisme-handicaps.org) constituent également de bonnes sources d'information.

Désormais, les principales plateformes d'hébergement que sont **Abritel** (www.abritel.fr), **Airbnb** (www.airbnb.fr), **Booking** (www.booking.com) et **Hotels.com** (fr.hotels.com) ont intégré des critères d'accessibilité à leur moteur de recherche. Les agences de voyages **Yoola** (www.yoola.fr) et **Comptoir des voyages** (www.comptoir.fr) organisent des voyages adaptés aux personnes à mobilité réduite.

Heure locale

Le Laos a 7 heures d'avance sur l'heure GMT. Lorsqu'il est midi à Paris, il est 17h (18h en hiver) à Vientiane, et 6h du matin à Montréal. L'heure reste la même toute l'année au Laos.

Homosexualité

Dans son ensemble, la culture laotienne accepte assez bien l'homosexualité, même si celle des femmes est méconnue ou niée. Les démonstrations publiques d'affection – hétérosexuelles ou homosexuelles – sont mal vues.

Aucune loi n'interdit l'homosexualité, mais la communauté LGBT+, plus discrète que par le passé, est loin de s'afficher aussi librement qu'en Thaïlande. Les autorités ont banni certains spectacles de travestis et interdit aux établissements gays de s'afficher comme tel en arborant des drapeaux arc-en-ciel. Ce qui ne signifie pas pour autant qu'ils ont disparu !

Utopia (www.utopia-asia.com) fournit informations touristiques et contacts à destination des voyageurs gays au Laos, ainsi qu'une utile terminologie gay locale.

Internet (accès)

La plupart des guesthouses (pensions), hôtels et cafés des lieux touristiques disposent du Wi-Fi gratuit. Il existe encore des cybercafés, mais ils tendent à se raréfier ; les tarifs tournent autour de 5 000 à 10 000 LAK l'heure.

Jours fériés

Écoles et administrations sont fermées lors des jours fériés officiels, et les administrations fonctionnent au ralenti pendant les fêtes.

Jour de l'an international (1er janvier)

Jour de l'armée (20 janvier)

Journée internationale de la femme (8 mars)

Nouvel An laotien (14-16 avril)

Fête internationale du Travail (1er mai)

Journée internationale des enfants (1er juin)

Fête nationale (2 décembre)

Marchandage

En général, les Laotiens ne négocient pas de manière aussi agressive que dans d'autres régions du Sud-Est asiatique. Au Laos, il s'agit bien plus d'une transaction amicale entre deux personnes qui, généralement, négocient un prix qui sera juste pour les deux parties.

Si presque tout peut se négocier sur les marchés, les boutiques pratiquent le plus souvent des prix fixes. La première règle pour un bon marchandage est d'avoir une idée du prix. Renseignez-vous d'abord auprès de quelques vendeurs alentour. Ensuite, au moment d'acheter, une bonne stratégie consiste à commencer la négociation à 50% du prix annoncé, en augmentant petit à petit. En général, une attitude amicale et flexible agira presque toujours en votre faveur. Gardez à l'esprit que s'échauffer ou chicaner pour 1 000 ou 2 000 kips n'a rien de très élégant. Les Laotiens, qui disposent de beaucoup moins d'argent que les visiteurs étrangers, ne le font jamais. Et vous êtes ici dans un pays très bon marché pour les voyageurs occidentaux.

Offices du tourisme

Le Département du marketing touristique, qui dépend du ministère de l'Information, de la Culture et du Tourisme (MICT), possède des bureaux dans tout le pays ; ceux de Vientiane et Luang Prabang sont particulièrement utiles.

De nombreuses antennes sont bien approvisionnées en brochures et en cartes, mettent bien en valeur les curiosités et sites touristiques de la province, et sont tenues par un personnel parlant anglais. Les bureaux de Tha Khaek, Savannakhet, Pakse, Luang Namtha, Sainyabuli, Phongsali et Sam Neua sont tous excellents. Les employés, très professionnels, sont en mesure de vous proposer des randonnées ou d'autres activités possibles dans leur province. Ils devraient aussi pouvoir vous aider à réserver un moyen de transport local. Vous pourrez également obtenir des renseignements fiables auprès d'une guesthouse fréquentée par d'autres voyageurs étrangers.

Le MICT gère, par ailleurs, trois excellents sites Internet (avec une version anglaise), qui fournissent des renseignements précieux avant le départ.

Central Laos Trekking (www.trekkingcentrallaos.com)

Ecotourism Laos (www.ecotourismlaos.com)

Ministère de l'Information, de la Culture et du Tourisme (www.tourismlaos.org)

Pas d'impairs !

Pour ne pas choquer vos hôtes laotiens, mieux vaut respecter certaines conventions sociales et religieuses.

Bouddhisme Lors des visites de temples, couvrez-vous les épaules et les jambes jusqu'aux genoux, ôtez chaussures et couvre-chef. Lorsque vous êtes assis, gardez vos pieds derrière vous, car la plante des pieds ne doit pas être tournée face aux représentations du Bouddha. Les femmes ne doivent toucher ni les moines ni leurs affaires ; elles veilleront à s'écarter de leur route et, dans les transports en commun, ne pas s'asseoir à côté d'eux.

Salutation Pour se saluer, les Laotiens joignent leurs mains dans un geste de prière qu'on appelle le *nop*. Un geste à adopter lorsque vous rencontrez quelqu'un.

Pudeur Évitez de vous balader en maillot de bain ou en tenue trop légère en ville, en particulier après une partie de bouée tractée à Vang Vieng. Portez le très pratique sarong.

Garder son calme Ne vous disputez jamais avec un Laotien et ne faites rien qui pourrait faire perdre la face à vos interlocuteurs, comme les insulter ou les critiquer en public. Le sourire est à privilégier en toute circonstance.

Lisez aussi les encadrés p. 105, p. 214 et p. 261.

Photographies

Les autorités laotiennes n'apprécient guère que l'on photographie les aéroports et les installations militaires du pays.

Les habitants des campagnes n'ont pas l'habitude d'être pris en photo ; demandez-leur au préalable si cela ne les gêne pas. Dans les régions tribales, demandez toujours la permission avant de photographier quelqu'un ou un totem religieux ; photographier des personnes est tabou au sein de nombreuses ethnies. Briser de tels tabous n'est jamais insignifiant et il est important de respecter les coutumes locales.

Poste

L'envoi du courrier depuis le Laos est relativement bon marché et assez fiable, mais les voyageurs attendent généralement de rejoindre la Thaïlande avant d'envoyer des colis. Si vous vous dirigez vers le Cambodge, mieux vaut poster vos paquets avant votre départ.

Tous les paquets doivent rester ouverts pour inspection avant leur envoi. De la même manière, on ouvre parfois les colis qui arrivent au Laos et ce "service" obligatoire peut coûter une somme modique.

La **poste principale de Vientiane** (carte p. 162 ; ☎021-216425 ; rue Saylom ; ⏲8h-17h lun-ven) dispose d'un service de poste restante.

Problèmes juridiques

Bien que certains droits soient théoriquement garantis au Laos, concrètement on peut être mis à l'amende, détenu ou expulsé à tout moment et pour n'importe quel motif. Cela se produit parfois vis-à-vis des étrangers.

Si vous restez à l'écart de toute action illégale, vous ne devriez pas rencontrer de problèmes. Dans le cas contraire, les choses peuvent se compliquer sérieusement et votre écart risque de vous coûter cher. La possession de drogue et le recours à la prostitution sont les deux délits pour lesquels les voyageurs se font le plus souvent prendre, souvent sur dénonciation du dealer ou du proxénète. La loi laotienne interdit les relations sexuelles entre ressortissants étrangers et Laotiens en dehors du mariage. Les amendes pour non-déclaration d'une relation s'échelonnent de 500 à 5 000 $US et peuvent également être assorties d'une peine de prison ou de l'expulsion.

Si vous êtes incarcéré, demandez à appeler votre ambassade ou votre consulat au Laos. Une telle démarche peut éventuellement accélérer la procédure de jugement et votre libération.

Si un policier vous arrête pour infraction au code de la route ou un autre délit mineur, il essaiera peut-être de vous inciter à lui glisser quelques billets. La corruption est fréquente.

Téléphone

Avec une carte SIM locale ou une connexion Wi-Fi sur votre portable, les applications d'envoi de messages et d'appels telles que Whatsapp ou Skype sont les moyens de communication les moins onéreux. Au Laos, charger votre téléphone avec ne serait-ce que 50 000 LAK vous donne assez de data pour un mois.

Les appels internationaux effectués à partir des bureaux de Lao Telecom (⏲7h30-21h30), ou des bureaux de poste de la plupart des capitales de province, sont tarifés à la minute, avec un forfait minimum de 3 minutes. Pour la plupart des pays du monde, vous paierez entre 2 000 et 4 000 LAK la minute.

Téléphones portables

Lao Telecom et plusieurs sociétés privées proposent des services basés sur les systèmes GSM et 3G/4G. La concurrence est rude et les cartes SIM locales sont en vente (10 000 kips) presque partout. Les appels sont bon marché et on peut facilement se procurer des recharges. La couverture du réseau varie selon la société et la région.

Indicatifs téléphoniques

Pour appeler le Laos depuis l'étranger, composez l'indicatif international (☎00) suivi de celui du Laos (☎856), puis le numéro de votre correspondant.

Pour appeler l'étranger depuis le Laos, faites le ☎00 puis composez le code du pays (☎33 pour la France, ☎32 pour la Belgique, ☎41 pour la Suisse et ☎1 pour le Canada), et le numéro désiré.

Pour les appels longue distance à l'intérieur du pays, faites le ☎0, puis l'indicatif de la ville suivi du numéro.

Les numéros de téléphone portable commencent par ☎020 et ceux des téléphones WIN par ☎030.

Toilettes

La plupart des établissements de catégories moyenne et supérieure sont équipés de toilettes à l'occidentale. En revanche, si vous privilégiez les adresses meilleur marché, attendez-vous à ce que les toilettes à la turque soient la norme dans les guesthouses (pensions) petits budgets.

Même dans les toilettes à l'occidentale, quand elles existent, la plomberie n'est pas toujours conçue pour que l'on jette le papier dans la cuvette. Dans ce cas, vous trouverez une poubelle destinée au papier usagé.

Les toilettes publiques sont rares dès que l'on s'éloigne des itinéraires touristiques. Il est, par conséquent, parfaitement toléré de s'arrêter au bord de la route ou derrière un buisson pour satisfaire ses besoins naturels.

Travailler au Laos

En raison du grand nombre d'organisations d'aide et de la croissance rapide du secteur commercial international, notamment dans les domaines de l'énergie et de l'exploitation minière, le nombre d'emplois accessibles aux étrangers est en hausse, mais reste faible.

Les postes se concentrent principalement à Vientiane.

Parmi les secteurs à envisager, l'enseignement du français ou de l'anglais à titre individuel ou dans l'un des quelques centres linguistiques de Vientiane. Il n'est pas indispensable de détenir un diplôme d'enseignement, mais cela peut aider à négocier une meilleure rémunération.

Si vous possédez une certaine expertise technique ou de l'expérience dans le domaine du bénévolat international, vous pouvez vous tourner vers les programmes en lien avec les Nations unies ou les ONG étrangères prodiguant aide et assistance technique. Ces emplois sont difficiles à décrocher. Pour multiplier vos chances, rendez-vous directement aux bureaux des organisations concernées à Vientiane pour vous renseigner sur les offres d'emploi. Voir aussi la rubrique *Bénévolat* p. 310. Consultez la liste des ONG présentes au Laos sur l'excellent site www.directoryofngos.org.

Voyager en solo

Femmes seules

Le Laos est un pays accueillant pour les voyageuses en solo, mais gardez à l'esprit que, contrairement à certaines destinations voisines plus touristiques, le Laos rural est resté très conservateur. Les violences envers les voyageuses sont extrêmement rares, mais, si vous êtes seule, il peut être judicieux de vous joindre à d'autres voyageurs lorsque vous vous rendez dans des régions reculées.

Il est extrêmement rare de voir une Laotienne porter un débardeur, un short ou une mini-jupe. On voit fréquemment des touristes étrangères vêtues ainsi à Vang Vieng, où la descente de la rivière en chambre à air est très appréciée, ou aux chutes de Kuang Si, mais dans les zones rurales, mieux vaut se couvrir davantage pour éviter les regards appuyés. Si vous vous baignez dans le cours d'eau d'un village, prévoyez un sarong.

Il est d'usage pour les femmes de ne pas s'asseoir sur le toit des bateaux fluviaux, car on croyait jadis que cela portait malheur. La plupart des capitaines n'y prêtent plus attention, mais, si on vous demande de descendre du toit tandis que les hommes y restent, vous saurez pourquoi.

Transports

DEPUIS/VERS LE LAOS

AVERTISSEMENT

Les informations contenues dans ce chapitre sont particulièrement susceptibles de changements. Vérifiez directement auprès de la compagnie aérienne ou de l'agence de voyages les modalités d'utilisation de votre billet d'avion. N'hésitez pas à comparer les prestations. Les détails fournis ici doivent être considérés à titre indicatif et ne remplacent en rien une recherche personnelle attentive.

Beaucoup de voyageurs arrivent ou partent du Laos par l'une de ses nombreuses frontières terrestres ou fluviales. Il est assez simple de se rendre au Laos en avion car le nombre de compagnies aériennes desservant le pays est limité, d'où des tarifs plutôt homogènes.

Les Français et les autres ressortissants de l'UE, ainsi que les Canadiens, peuvent obtenir leur visa à l'arrivée au Laos (p. 312). Attention, la durée de validité du passeport doit dépasser d'au moins 6 mois le temps du séjour au Laos. Les Suisses n'ont pas besoin de visa si leur voyage dans le pays n'excède pas 15 jours.

VOYAGES ET CHANGEMENTS CLIMATIQUES

Tous les moyens de transport fonctionnant à l'énergie fossile génèrent du CO_2 – la principale cause du changement climatique induit par l'homme. L'industrie du voyage est aujourd'hui dépendante des avions. Si ceux-ci ne consomment pas nécessairement plus de carburant par kilomètre et par personne que la plupart des voitures, ils parcourent en revanche des distances bien plus grandes et relâchent quantité de particules et de gaz à effet de serre dans les couches supérieures de l'atmosphère. De nombreux sites Internet utilisent des "compteurs de carbone" permettant aux voyageurs de compenser le niveau des gaz à effet de serre dont ils sont responsables par une contribution financière à des projets respectueux de l'environnement. Lonely Planet "compense" les émissions de tout son personnel et de ses auteurs.

Voie aérienne

Le Laos dispose de liaisons aériennes avec les pays voisins, notamment la Thaïlande, le Vietnam, le Cambodge, la Malaisie, Singapour, la Chine et la Corée du Sud. Le point d'accès le plus pratique en avion est Bangkok et cela tombe bien, car de nombreuses compagnies desservent la capitale thaïlandaise. Il est généralement plus économique de prendre un vol avec escale. Une fois à Bangkok, des liaisons aériennes ou par voie terrestre (bus et train) permettent de gagner le Laos.

Il existe quatre aéroports internationaux au Laos :

Aéroport de Vattay (VTE ; carte p. 154 ; ☎021-512165 ; www.vientianeairport.com ; Rte 13), à Vientiane. Bus et *jumbo* (ou *túk-túk*, un taxi tricycle motorisé) circulent depuis/vers l'aéroport de Vientiane. La course en taxi/minibus est fixée à 7/8 $US.

Aéroport de Luang Prabang (LPQ : ☎071-212173 ; www.luangprabangairport.com ; wifi). La liaison en taxi depuis/vers l'aéroport a un coût standard de 50 000 LAK.

Aéroport de Savannakhet (carte p. 210 ; ✆041-212140 ; Th Kaysone Phomvihane). Comptez 30 000 LAK en *jumbo* depuis l'aéroport, mais les conducteurs augmentent parfois leur tarif de départ.

Aéroport de Pakse (Route 13). Comptez environ 50 000 LAK en *săhm-lór* ou *túk-túk* vers l'aéroport.

Voici une liste des principales compagnies aériennes :

Air Asia (www.airasia.com). Liaisons quotidiennes de Vientiane à Kuala Lumpur et Bangkok, vols de Luang Prabang à Kuala Lumpur et Bangkok.

Bangkok Airways (www.bangkokair.com). Vols quotidiens de Bangkok à Vientiane et Luang Prabang.

China Eastern Airlines (www.fr.ceair.com/fr). Au départ de Vientiane, liaisons quotidiennes pour Kunming et Nanning ; au départ de Luang Prabang, plusieurs liaisons hebdomadaires pour Kunming.

Jeju Air (www.jejuair.net). Vols quotidiens pour Séoul.

Lao Airlines (www.laoairlines.com). Compagnie nationale. Vaste réseau de liaisons internationales, notamment de Vientiane à Bangkok, Busan, Changsha, Changzhou, Guangzhou (Canton), Hanoi, Kunming et Séoul ; de Luang Prabang à Bangkok, Chengdu, Chiang Mai, Hanoi et Jinghong ; de Pakse à Hô Chi Minh-Ville et Siem Reap ; de Savannakhet à Bangkok.

Scoot (www.flyscoot.com). Un vol quotidien au départ de Vientiane et Luang Prabang pour Singapour.

Thai Airways (www.thaiairways.com). De Vientiane à Bangkok et Luang Prabang tous les jours ; vols moins chers avec la filiale Thai Smile.

Vietnam Airlines (www.vietnamairlines.com). Vols pour Hanoi et Phnom Penh au départ de Vientiane et pour Hanoi et Siem Reap au départ de Luang Prabang.

AGENCES EN LIGNE

Vous pouvez réserver votre vol via une agence en ligne ou vous renseigner auprès d'un comparateur de vols :

- www.bourse-des-vols.com
- www.ebookers.fr
- www.expedia.fr
- www.govoyages.com
- www.illicotravel.com
- www.kayak.fr
- www.opodo.fr
- www.partirou.com
- www.skyscanner.fr
- voyages.kelkoo.fr

Depuis la France

Au départ de Paris, Vientiane est desservie par vol régulier via Hanoi par Air France et Vietnam Airlines, ou via Bangkok par Thai Airways International. Sur d'autres compagnies aérienne, telles Lufthansa ou Swiss, les escales sont plus nombreuses. Le vol dure en moyenne de 15 à 20 heures, avec une escale.

Les transporteurs et agences ci-dessous sont susceptibles d'obtenir des vols secs intéressants :

Air France (✆3654, 0,34 €/min ; www.airfrance.fr)

Thai Airways International (✆01 55 68 80 00 ; www.thaiairways.com)

Vietnam Airlines (✆01 44 55 39 90 ; www.vietnamairlines.com)

Maison de l'Indochine (✆01 84 25 43 20 ; www.maisondelindochine.com)

Tui (✆0825 000 825, 0,20 €/min ; tui.fr)

Depuis la Belgique

En partant de Bruxelles, Thai Airways International dessert Vientiane avec 1 escale (à Bangkok). Comptez entre 16 et 24 heures de vol, en moyenne.

Quelques compagnies aériennes et agences recommandées :

Thai Airways International (✆02-502-47-44 ; www.thaiairways.com)

Airstop (✆070-233 188 ; www.airstop.be)

Connections (✆070-23 33 13 ; www.connections.be)

Voyages Éole (✆02-672-35-03 ; www.voyageseole.be)

TAXE DE DÉPART

Les vols internationaux sont soumis à une taxe de départ de 10 $US, comprise dans le prix du billet lors de l'achat.

Depuis la Suisse

En partant de Zurich, on trouve des vols avec 1 escale (2 escales au départ de Genève), pour un total d'environ 16 à 24 heures de vol.

Quelques adresses :

Lufthansa (✆435 478 631 ; www.lufthansa.com/fr)

Thai Airways International (✆02 15 65 00 ; www.thaiairways.com)

Depuis le Canada

Il existe des vols avec 2 escales Montréal-Vientiane (minimum 27 heures de vol). Sinon, vous pouvez prendre un billet pour Bangkok d'où vous rejoindrez la capitale laotienne facilement. En partant de Vancouver, vous ferez une seule escale, habituellement à Séoul.

Quelques adresses de transporteurs et d'agences :

Air Canada (✆1-888-247-2262 ; www.aircanada.com)

Lufthansa (✆1-800-563-5954 ; www.lufthansa.com/ca)

Expedia (www.expedia.ca).

Travel Cuts – Voyages Campus (✆1-800.667.2887 ; www.travelcuts.com)

Travelocity (✆855-231-0930 ; travelocity.ca)

Voie terrestre

Le Laos partage des frontières terrestres et/ou fluviales avec la Thaïlande, le Myanmar (Birmanie), le Cambodge, la Chine et le Vietnam. Les modalités de passage variant fréquemment, renseignez-vous ou consultez le forum de Lonely Planet (www.lonelyplanet.fr) avant de partir.

Vous pouvez entrer au Laos avec votre propre véhicule ou moto depuis la Thaïlande et le Cambodge à condition d'être en possession des documents nécessaires. Cela reste pour l'instant impossible depuis le Vietnam, la Chine ou le Myanmar (Birmanie). Les douaniers laotiens laissent passer les vélos sans encombre.

Cambodge

Des bus et des minibus quotidiens relient Pakse à Stung Treng (4 heures), à Kratie (6 heures) et à Phnom Penh (11 heures). Dans les deux sens, ils font halte à Ban Nakasang et Ban Hat Xai pour les voyageurs qui désirent faire une halte à Si Phan Don. Il vaut mieux passer la frontière avec ces bus, car il est assez difficile de trouver un moyen de transport au poste-frontière de Non Nok Khiene (Laos)/ Trapeang Kriel (Cambodge).

Chine

Des bus pratiques relient les principales villes du Yunnan au nord du Laos. Les liaisons sont : Luang Namtha-Jinghong (6 heures), Udomxai-Mengla (5 heures) et Kunming-Luang Prabang (environ 24 heures, dans un bus de nuit chinois). On peut aussi très bien envisager le voyage par étapes via Boten, le seul poste-frontière entre la Chine et le Laos actuellement ouvert aux étrangers. Depuis Móhān, côté chinois, il faut compter 2 ou 3 heures en minibus pour rallier Mengla, la grande ville la plus proche.

Myanmar (Birmanie)

Le premier pont de l'Amitié Laos-Myanmar, inauguré en 2016, relie Xieng Kok dans la province de Luang Namtha au district de Tachileik dans l'État Shan. Des désaccords concernant la délimitation des frontières ont toutefois retardé sa mise en service. Vérifiez à Vientiane ou à Luang Namtha que le pont est ouvert, ou optez pour la sécurité en passant par la Thaïlande, via Chiang Khong et Mae Sai jusqu'à Tachileik, au Myanmar.

Thaïlande

Huit postes-frontières sont accessibles aux étrangers pour le transit avec la Thaïlande. Plusieurs supposent de prendre un bateau sur le Mékong ou de franchir le fleuve par l'un des ponts de l'Amitié.

DE LA THAÏLANDE À VIENTIANE

Des bus relient régulièrement Vientiane aux villes thaïlandaises de Khon Kaen (4 heures), Nakhon Ratchasima (7 heures), Nong Khai (1 heure 30) et Udon Thani (2 heures 30) en passant par le pont de l'Amitié. Il y a plusieurs trains (www.railway.co.th/english) par jour entre Bangkok et Nong Khai (12 heures environ), puis entre Nong Khai et la gare de Dongphasy, près de Vientiane. Il existe des vols bon marché au départ d'Udon Thani à destination de Bangkok et d'autres aéroports thaïlandais.

DE LA THAÏLANDE AU NORD DU LAOS

La majorité des visiteurs se rendent à Luang Prabang. Trois possibilités s'offrent à eux, mais aucune n'est directe. La route de Chiang Rai via Huay Xai jusqu'à Luang Prabang est sans conteste la plus plaisante pour les touristes et, en principe, la plus rapide (environ 24 heures par le bus, ou 2 jours combinant bus et bateau).

Cet itinéraire passe par Chiang Khong/Huay Xai. En partant de Chiang Rai avec le premier bus du matin, on peut prendre le bateau à Huay Xai pour se rendre à Luang Prabang, où l'on arrive le lendemain soir. Autre possibilité : partir de Chiang Rai à midi pour embarquer dans le bus de nuit de 17h (plus rapide mais pas vraiment conseillé comparé au superbe trajet en bateau), qui arrive à Luang Prabang le lendemain en fin de matinée. Les billets combinés vendus dans les agences de Chiang Mai ou Chiang Rai sont souvent excessivement chers.

D'autres itinéraires sont parfaitement envisageables, mais ils sont si peu fréquentés des touristes étrangers qu'ils supposent de parler laotien et/ou thaïlandais (ou d'être doué en mime !). En outre, ces trajets peuvent prendre plusieurs jours en raison de transports publics limités et de routes en mauvais état. Deux parcours sont possibles : Nan-Muang Ngeun-Luang Prabang, ou Loei-Pak Lai-Sainyabuli, encore plus isolé.

DE LA THAÏLANDE AU CENTRE DU LAOS

Peu de touristes vont du nord-est de la Thaïlande au centre du Laos par les postes-frontières le long du Mékong, pourtant très pratiques.

Le passage du fleuve entre Nakhon Phanom et Tha Khaek s'effectue facilement et plusieurs bus relient quotidiennement Bangkok à Nakhon Phanom (12 heures). Il reste que les liaisons aériennes économiques s'avèrent presque aussi avantageuses financièrement et nettement plus rapides.

FRANCHIR LES FRONTIÈRES DU LAOS

CAMBODGE

POSTE-FRONTIÈRE	VILLE DE TRANSIT	VISA DISPONIBLE A L'ARRIVÉE
Non Nok Khiene (L)/ Trapeang Kriel (C)	Si Phan Don (L), Stung Treng (C)	Oui

CHINE

POSTE-FRONTIÈRE	VILLE DE TRANSIT	VISA DISPONIBLE A L'ARRIVÉE
Boten (L)/Móhān (C)	Luang Nam Tha (L), Mengla (C)	Pour le Laos seulement

MYANMAR (BIRMANIE)

POSTE-FRONTIÈRE	VILLE DE TRANSIT	VISA DISPONIBLE A L'ARRIVÉE
Houy Koum (L)/Kainglek (M)	Luang Namtha (L), Tachileik (M)	Non

THAÏLANDE

POSTES-FRONTIÈRES	VILLES DE TRANSIT	VISA DISPONIBLE A L'ARRIVÉE
Tha Na Leng (L)/Nong Khai (T)	Vientiane (L), Nong Khai (T)	Oui
Paksan (L)/Beung Kan (T)	Paksan (L), Beung Kan (T)	Non
Huay Xai (L)/Chiang Khong (T)	Huay Xai (L), Chiang Rai (T)	Oui
Tha Khaek (L)/Nakhon Phanom (T)	Tha Khaek (L), Nakhon Phanom (T)	Oui
Savannakhet (L)/Mukdahan (T)	Savannakhet (L), Mukdahan (T)	Oui
Vang Tao (L)/Chong Mek (T)	Pakse (L), Ubon Ratchathani (T)	Oui
Muang Ngeun (L)/Huay Kon (T)	Hongsa (L), Phrae (T)	Oui
Kaen Thao (L)/Tha Li (T)	Pak Li (L), Loei (T)	Oui

VIETNAM

POSTES-FRONTIÈRES	VILLES DE TRANSIT	VISA DISPONIBLE A L'ARRIVÉE
Dansavanh (L)/Lao Bao (V)	Savannakhet (L), Dong Ha (V)	Laos oui/Vietnam parfois
Phou Keua (L)/Bo Y (V)	Attapeu (L), Kontum (V)	Laos oui/Vietnam parfois
Na Phao (L)/Cha Lo (V)	Tha Khaek (L), Dong Hoi (L)	Laos oui/Vietnam parfois
Nong Haet (L)/Nam Can (V)	Phonsavan (L), Vinh (V)	Laos oui/Vietnam parfois
Nam Phao (L)/Cau Treo (V)	Tha Khaek (L), Vinh (V)	Laos oui/Vietnam parfois
Na Meo (L)/Nam Soi (V)	Sam Neua (L), Thanh Hoa (V)	Laos oui/Vietnam parfois
Pang Hok (L)/Tay Trang (V)	Muang Khua (L), Dien Bien Phu (V)	Laos oui/Vietnam parfois

Le pont entre Mukdahan et Savannankhet constitue le passage le plus méridional ouvert aux étrangers sur le Mékong. De Bangkok, plusieurs bus rallient Mukdahan (environ 10 heures) et le Thai-Lao International Bus rejoint la gare routière de Savannakhet en 45 minutes. Les compagnies aériennes à bas coûts proposent au départ de l'aéroport de Nakhon Phanom des billets combinés liaison aérienne/ liaison terrestre.

La traversée du fleuve entre Beung Kan et Paksan est le choix le plus hasardeux car les transports publics sont très irréguliers côté thaïlandais.

DE LA THAÏLANDE AU SUD DU LAOS

Des bus internationaux relient deux fois par jour Ubon Ratchathani à Pakse (4 heures, passage compris) via les postes-frontières de Chong Mek (Thaïlande) et de Vang Tao (Laos). Un bus rallie Pakse à Bangkok une fois par jour. Des billets combinant bus et train sont aussi en vente à Pakse.

Vietnam

Au moment de la rédaction de ce guide, les étrangers pouvaient passer la frontière entre le Laos et le Vietnam par 7 postes-frontières. À chacun de ces postes, le Laos délivre un visa de tourisme valable 30 jours. Pour le Vietnam, en revanche, vous devrez vous procurer votre visa à l'avance – il s'obtient rapidement à Luang Prabang, Vientiane, Savannakhet et Pakse pour certaines nationalités. Des exceptions sont faites pour les pays de l'Asean (Association des Nations de l'Asie du Sud-Est), le Japon et la Corée du Sud, ainsi que certains pays européens (y compris la France). Dans tous les cas, nous vous conseillons de prendre un bus qui franchit la frontière plutôt que de morceler votre trajet, car il peut être difficile de trouver un moyen de transport aux postes-frontières les plus isolés.

VOYAGES ORGANISÉS

Le Laos fait l'objet de nombreux voyages et séjours organisés, mais aussi de circuits à thème (culture, nature, croisières fluviales, randonnée, etc.). N'hésitez pas à comparer les prix avant de faire votre choix.

Franchir les frontières du Laos

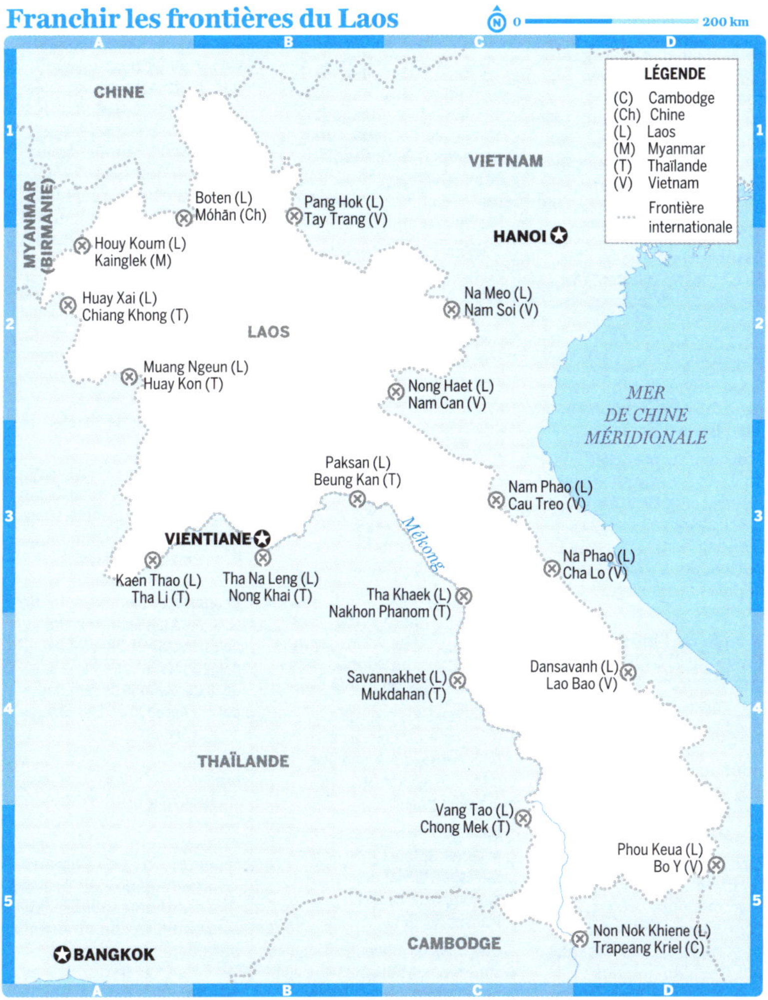

Asia (☎01 56 88 66 75 ; www.asia.fr). Propose 2 circuits de 10 à 22 jours : Vientiane, Luang Prabang, minorités ethniques, grottes sacrées, balades en bateau, etc. Également 2 circuits indochinois (Cambodge, Laos et Vietnam).

Atalante (☎04 72 53 24 80 ; www.atalante.fr). Spécialiste des treks et des randonnées. Circuits alliant nature et culture, villes et petites communautés rurales (niveau facile à moyen ; à partir de 7 ans) couvrant tout le pays, du Nord au Sud.

Comptoir des voyages (☎01 86 95 65 30 ; www.comptoir.fr). Plusieurs idées de circuit dans tout le pays : croisières sur le Mékong, visite de temples et de villages reculés, etc. Excursions au Cambodge et en Thaïlande.

Explorator (☎01 53 45 85 85 ; www.explo.com). Un voyage de 18 jours au Laos, avec croisière fluviale, découverte de Luang Prabang et de villages du Nord, visite de temples et de grottes, et rencontre avec les éléphants.

Fleuves du Monde (☎01 44 32 12 85 ; www.fleuves-du-monde.com). Deux croisières de 11 et 14 jours sur le Mékong hors des sentiers battus, dans de confortables cabines, avec halte à Luang Prabang.

Monde de l'Inde et de l'Asie (☎01 53 10 31 00 ; www.mondeasie.com). Des circuits au Laos (certains combinés avec la Thaïlande, le Vietnam ou le Cambodge) : trek au nord du Laos, grand tour du pays en 17 jours entre villes et villages, temples, grottes et cascades.

Les Maisons du Voyage (☎01 84 25 43 20 ; www.maisonsduvoyage.com). Plusieurs circuits accompagnés ou voyages sur mesure, du Laos jusqu'au Triangle d'Or au plateau des Boloven en passant par les falaises de Vang Vieng et les temples de Luang Prabang.

Nomade (☎01 46 33 84 22 ; www.nomade-aventure.com). Parmi les circuits au Laos : au fil du Mékong, randonnée en forêt, kayak, vélo, baignade dans des cascades, visite de Luang Prabang, etc.

Orients (☎01 45 61 90 90 ; www.orients.com). Découverte de Luang Prabang et de Paksé, circuits dans la région des 4 000 îles, au plateau des Boloven et au Vat Phou à Champasak.

Tamera (☎04 78 37 88 88 ; www.tamera.fr). Plusieurs voyages d'aventure : grande traversée du Laos, trekking dans les montagnes du Nord, découverte de villages reculés et interaction avec les éléphants.

Terres d'Aventure (☎01 70 82 90 00 ; www.terdav.com). Nombreux voyages de découverte du Laos, avec une rare randonnée dans la jungle (cordillère Annamitique), balade en pirogue, séjour chez l'habitant, Luang Prabang, plateau des Boloven...

COMMENT CIRCULER

Les transports au Laos offrent généralement un bon rapport qualité/prix, mais les trajets peuvent s'avérer nettement plus longs qu'ils n'apparaissent sur le papier.

Avion Le Laos dispose d'un important réseau aérien intérieur, ce qui économise un temps appréciable sur un séjour court.

Bateau Le Mékong est la colonne vertébrale du pays. Le réseau fluvial assure une part importante des transports au Laos.

Bus Des bus modernes circulent sur les principaux axes au départ de Vientiane, mais l'histoire est bien différente dès qu'on s'aventure hors des villes.

Voiture Pour ceux qui disposent d'un budget plus large, une location de véhicule avec chauffeur est le choix le plus confortable pour couvrir de grandes distances en un minimum de temps.

Avion

Les vols intérieurs, notamment au départ de petits aéroports, sont assez souvent annulés en raison du brouillard (en mars) ou d'épaisses fumées pendant la saison des brûlis. En période de vacances, lorsque les vols affichent souvent complet, il est conseillé de réserver. Le reste de l'année, où les risques d'annulation sont les plus importants, faites-vous confirmer un jour ou deux à l'avance que le vol est bien maintenu.

Lao Airlines (www.laoairlines.com). La principale compagnie aérienne assure des liaisons intérieures, notamment entre Vientiane et Luang Prabang, Luang Nam Tha, Pakse, Phonsavan, Savannakhet et Udomxai.

Lao Skyway (www.laoskyway.com). Compagnie domestique plus récente assurant des vols entre Vientiane et Udomxai, Luang Prabang, Huay Xai, Phonsavan, Luang Namtha, Phongsali et Sam Neua. Certains vols, dont ceux à destination de Phongsali et Sam Neua, n'apparaissent pas sur le site de la compagnie ; il faut passer par les bureaux de Lao Skyway pour réserver.

Les billets doivent obligatoirement être réglés en dollars et en espèces, à moins de réserver en ligne ou dans les agences de Lao Airlines des principales villes, qui acceptent les paiements par carte bancaire pour les vols internationaux et intérieurs.

Bateau

Le fleuve et les rivières, qui totalisent plus de 4 600 km de voies navigables, constituent le réseau traditionnel de communication du Laos. Le Mékong, la Nam Ou, la Nam Khan, la Nam Tha, la Nam Ngum et la Se Kong en forment les principaux axes. Le Mékong est la principale voie fluviale et la plus étendue. Le fleuve est navigable toute l'année entre Huay Xai au nord et Savannakhet au sud, bien que la construction de nouveaux barrages rende presque indispensables les changements de bateau. Des canoës creusés dans des troncs d'arbre aux "bateaux bombes" fabriqués avec les carcasses d'anciennes bombes, toutes sortes de petites embarcations sillonnent les rivières plus modestes.

Que vous empruntiez un bateau touristique de Huay Xai à Luang Prabang ou une embarcation locale dans une région reculée du pays, ne manquez pas de faire une excursion au fil de l'eau lors de votre séjour au Laos.

Ferry (bateau lent) et taxi fluvial

Particulièrement apprécié, le bateau lent entre Huay Xai et Luang Prabang circule tous les jours. Il reste bon marché, à environ 250 000 LAK ou 30 $US/personne pour 2 jours de voyage. Au départ de Huay Xai, ces bateaux rudimentaires sont souvent bondés ; dans l'autre sens, au départ de Luang Prabang, il y a moins de monde. On voyage, on mange et on dort sur le pont. Les toilettes (quand il y en a) se limitent à un simple trou pratiqué dans le pont à l'arrière du bateau.

Pour les trajets courts, de Luang Prabang aux grottes de Pak Ou par exemple, mieux vaut prendre un taxi fluvial. Les *héua hăhng nyáo* (bateaux traditionnels) sont les plus courants et coûtent environ 10 $US/heure.

Sur le cours supérieur du Mékong, entre Huay Xai et Vientiane, circulent beaucoup de *héua wái* (hors-bord) de fabrication thaïlandaise, capables de couvrir en 6 heures des distances pour lesquelles le ferry met 2 jours ou plus. Comptez au moins 30 $US l'heure. Pour les hors-bord (*speedboats*) qui assurent un service régulier, il est possible de partager les frais entre les passagers. En revanche, ces bateaux sont assez dangereux – ne les prenez qu'en dernier recours.

Circuits organisés

Vu la raréfaction des bateaux publics, les agences de voyages proposent des expéditions en kayak ou en raft sur certains tronçons de rivière particulièrement photogéniques. Adressez-vous de préférence à des prestataires de Luang Namtha, Luang Prabang, Nong Khiaw, Vang Vieng, Tha Khaek ou Pakse.

Pour un voyage plus luxueux, **Mekong Cruises** (www.mekong-cruises.com) et **Mekong River Cruises** (carte p. 54 ; ☎071-254768 ; www.cruisemekong.com ; 22/2 Th Sakkarin, Ban Xieng Thong ; croisière 6 jours 1 080 $US/pers tout compris ; ⏲8h30-18h lun-ven) proposent des croisières de plusieurs jours sur le Mékong à bord de bateaux tout confort.

UN BATEAU PEUT EN CACHER UN AUTRE

Voici quelques-uns des *héua* (bateaux) que vous verrez peut-être sur les nombreux cours d'eau du pays :

Héua sáh Grand et vieux bateau à deux ponts : il a presque disparu.

Héua dooan (bateau express). Bateau couvert d'un toit et destiné au transport des marchandises, circulant fréquemment entre Huay Xai et Luang Prabang ; malgré leur lenteur, ces embarcations sont dites "express" par comparaison avec les bateaux à deux ponts.

Héua wái (hors-bord ; *speedboat*). Petite embarcation ressemblant à un canoë avec un moteur attaché à l'arrière ; extrêmement rapide mais bruyant, inconfortable et risqué. Non recommandé.

Héua hăhng nyáo (*long-tail boat*). Bateau traditionnel, équipé d'un moteur fixé à l'arrière ; présent partout.

Héua pái (bateau à rames). Sorte de pirogue, répandue à Si Phan Don, l'archipel fluvial des Quatre Mille Îles.

Bus

Les transports en commun longue distance au Laos sont assurés par des bus ou par des *sŏrngtăaou* (littéralement, "deux rangées"), des camions ou camionnettes reconvertis en véhicules pour passagers par l'adjonction de bancs de chaque côté. Des compagnies privées ont mis en place des bus VIP sur certaines liaisons fréquentées. Ces véhicules sont climatisés, plus rapide, plus luxueux et un peu plus coûteux que les bus classiques. Beaucoup de guesthouses (pensions) peuvent se charger des réservations de billets moyennant une petite commission.

Les *sŏrngtăaou* assurent en général la desserte

des itinéraires les plus courts à l'intérieur d'une province donnée. Ils ont tendance à être remplacés par des minivans partout dans le pays. Les villages d'une relative importance disposent en majorité d'au moins un *sŏrngtăaou* qui effectue un aller-retour à peu près quotidiennement vers la capitale de la province.

Train

Le Laos dispose actuellement d'une seule minuscule ligne de chemin de fer, qui relie sur 3 km Nong Khai en Thaïlande à la préfecture de Vientiane via le pont de l'Amitié. Il est prévu de prolonger cette ligne jusqu'au centre de Vientiane, puis d'assurer une connexion avec une voie ferrée financée par la Chine reliant Kunming à Vientiane via Luang Prabang. Actuellement en construction, cette ligne à grande vitesse (plus de 300 km/h) devrait être achevée vers 2022.

Vélo

Les paysages et la lumière particulière, la circulation relativement lente dans la majorité des villes et sur la plupart des grandes routes font probablement du Laos le pays qui se prête le mieux au vélo en Asie du Sud-Est.

Des vélos monovitesse sont proposés à la location dans la plupart des lieux suffisamment touristiques, pour un tarif approximatif de 20 000 LAK/jour. Comptez 30 000-80 000 LAK/jour pour un VTT de meilleure qualité.

Voiture et moto

Conduire au Laos est plus facile qu'on ne le pense. Certes, les infrastructures routières n'ont rien de très élaboré, mais, en dehors des grands centres urbains, la circulation est très fluide et prendre le volant est une partie de plaisir par comparaison avec le Vietnam, la Chine ou la Thaïlande.

Les motards trouveront quantité d'informations sur le site Web de **Golden Triangle Rider** (www.gt-rider.com). Faire un périple à moto au Laos est de plus en plus apprécié par les voyageurs.

Assurance

Les sociétés de location de voitures fournissent une assurance, mais lisez soigneusement le contrat. Notez que la plupart des assurances de voyage ne couvrent pas la conduite d'une moto.

Code de la route

Attendez-vous à tout : c'est la règle fondamentale. La conduite se fait à droite, mais les Laotiens ont la fâcheuse habitude de se déporter sur la gauche avant de tourner à droite, ce qui peut être délicat quand on ne s'y attend pas. Aux croisements également, il paraît normal de tourner à droite sans regarder à gauche au préalable.

Entrer avec son propre véhicule

Apporter un véhicule au Laos est assez aisé pour autant qu'on détient un "carnet de passage". Il suffit de faire tamponner ce carnet à chaque passage de frontière – on ne vous demande ni supplément ni permis.

Si vous achetez votre véhicule en Thaïlande, pays qui ne reconnaît pas le système du carnet, il vous faut un permis de transport international, appelé en Thaïlande *lêm sĭi mûang* (cahier violet). Vous l'obtiendrez à l'**office des transports terrestres de Nong Khai** (✆042-411591, poste 103 ; ⏲8h30-16h30). Vous devrez fournir les papiers d'immatriculation du véhicule, les reçus prouvant que vous avez payé les taxes, votre passeport et votre permis de conduire international ou un permis de conduire thaïlandais.

Du côté laotien, il faudra présenter tous les documents mentionnés ci-dessus et souscrire une assurance automobile laotienne (environ 300 THB/semaine).

Entrer en Thaïlande ou au Cambodge, en venant du Laos, ne pose pas trop de problèmes si tous vos papiers sont en ordre. Pour le Vietnam, mieux vaut ne pas tenter de franchir la frontière avec une voiture personnelle. Si vous vous rendez en Chine, il est quasi impossible de passer la frontière en conduisant un véhicule plus imposant qu'un vélo.

Essence et pièces détachées

Au moment de la rédaction de ce guide, l'essence coûtait environ 1 $US le litre, le diesel un peu moins. Les motards trouveront de l'essence en bidon dans tous les villages du pays, mais cela revient en général plus cher que dans les stations-service. On trouve du diesel dans la plupart des villes. Mieux vaut toutefois faire le plein dans les stations des grandes marques, dans les grandes agglomérations, car la qualité du carburant peut laisser à désirer dans les régions reculées.

Les pièces détachées pour les véhicules à quatre roues sont coûteuses et rares, même à Vientiane.

État des routes

Malgré la médiocrité générale du réseau routier, les travaux effectués cette dernière décennie ont considérablement amélioré l'état des principales routes.

Ailleurs, les chaussées non goudronnées restent la règle. Le Laos compte environ 23 000 km de routes répertoriées, dont

PENSE-BÊTE MOTO

Louer une moto et partir à l'aventure en s'arrêtant où on veut et quand on veut procure un rare sentiment de liberté en voyage. La faible circulation et la splendeur des paysages au Laos en font un pays tout indiqué pour un *road trip*. Il y a toutefois deux ou trois choses à savoir avant de laisser son passeport comme caution pour louer une moto.

La moto Vu les tarifs et l'offre disponible, la grande majorité des voyageurs louent des 110 cm^3 chinoises. Or aucune de ces moto 110 cm^3 n'est conçue pour rouler sur des routes de terre. Les motos japonaises sont mieux adaptées et justifient le supplément de quelques dollars par jour.

L'odomètre Étant donné que de nombreuses routes n'ont pas de bornes kilométriques et que les embranchements sont rarement signalés, mieux vaut prendre une moto avec un odomètre en état de marche. La plupart des échoppes de motos peuvent vous installer un odomètre en 10 minutes moyennant quelques dollars : une dépense justifiée à condition de penser à noter la distance au départ.

L'équipement Pensez à emporter crème solaire, chapeau, imperméable ou poncho en plastique, bandana et lunettes de soleil. Les routes bitumées sont poussiéreuses au Laos, surtout dans le sud, et ces deux derniers accessoires sont donc essentiels. Autres accessoires indispensables : un casque (demandez-en un si on vous ne le propose pas), un pantalon long et des chaussures, au risque, sinon, de vous retrouver avec les mollets brûlés par le pot d'échappement.

Les problèmes À moins d'être vraiment chanceux, vous serez forcément confronté à un problème mécanique (prévoyez le budget pour y parer).

La responsabilité Au Laos, on peut conduire une moto sans permis, ni casque ni aucun équipement de sécurité, mais à vous d'assumer toute la responsabilité de cette liberté. En cas d'accident, il n'y aura pas d'ambulance pour venir vous chercher et, même si vous rejoignez un hôpital, son équipement sera rudimentaire. Il est bon d'avoir sur soi une trousse médicale de premier soin et des numéros de téléphone d'hôpitaux en Thaïlande et de votre compagnie d'assurance. De même, si votre moto tombe en panne, inutile d'appeler le loueur pour qu'il vous la remplace. Il vous faudra donc la charger sur le prochain *sŏrngtăaou* ou pick-up pour l'apporter là où on pourra vous la réparer. Ne l'abandonnez pas sur le bord de la route, sinon il vous faudra en payer une autre.

plus des trois quarts ne sont pas bitumées. Les routes non asphaltées sont particulièrement périlleuses durant la saison des pluies. Beaucoup sont alors impraticables, sauf en 4x4 ou à moto tout-terrain. Pendant la saison sèche, les nuages de poussière soulevés par la circulation rendent le voyage très inconfortable, surtout en *sŏrngtăaou* ou à moto. Prévoyez un masque de protection. Indépendamment des conditions climatiques, le Laos est un pays très montagneux et même les trajets relativement courts peuvent prendre beaucoup de temps.

Location

Dans la plupart des grands centres urbains, et dans certaines villes de moindre importance, on loue des motos de facture chinoise et japonaise de 100 et 110 cm^3 pour 40 000 à 120 000 LAK/jour. L'état de ces motos toutefois est très variable. Il n'est pas nécessaire de fournir un permis, mais vous devrez laisser votre passeport en caution. Pour vous déplacer dans la campagne, louez de préférence une moto japonaise. À Vientiane, Luang Prabang, Vang Vieng, Tha Khaek et Pakse on peut louer des motos de cross de 250 cm^3 moyennant de 25 à 50 $US/jour.

En ce qui concerne les voitures, mieux vaut louer un véhicule avec chauffeur, car non seulement le chauffeur assume la responsabilité en cas d'accident et sait où il va, mais, qui plus est, le prix est le même. Comptez 40 à 100 $US/jour, selon l'itinéraire.

Basé à Vientiane, **Avis-Budget** (carte p. 162 ; ☎020-22861415 ; www.avis.la ; rue Setthathirath ; ⏲8h30-18h lun-ven, 8h30-13h sam-dim) offre un service de location de véhicules sérieux.

Pour une moto, essayez **Driven By Adventure** (☎020-58656994 ; www.hochiminhtrail.org ; location 38-95 $US/jour, circuit à partir de 190 $US/jour) ou **Fuark Motorbike Service**

DISTANCES ROUTIÈRES (KM)

	Attapeu	Luang Namtha	Luang Prabang	Muang Khong	Nong Haet	Pakse	Phongsali	Phonsavan	Sam Neua	Savannakhet	Tha Khaek	Udomxai	Vang Vieng
Luang Namtha	1 400												
Luang Prabang	1 130	270											
Muang Khong	190	1 380	1 110										
Nong Haet	1 280	580	350	1 260									
Pakse	210	1 250	980	120	1 130								
Phongsali	1 550	360	410	1 520	720	1 390							
Phonsavan	1 170	470	250	1 150	110	1 020	620						
Sam Neua	1 350	450	460	1 320	300	1 190	590	180					
Savannakhet	410	1 050	780	390	930	250	1 190	820	990				
Tha Khaek	480	920	650	460	800	370	1 070	690	870	130			
Udomxai	1 290	110	180	1 270	470	1 140	250	360	440	940	820		
Vang Vieng	970	440	170	940	320	810	580	220	480	650	490	350	
Vientiane	810	680	390	790	470	660	810	380	620	500	330	580	150

(carte p. 154 ; ✆021-261970 ; fuarkmotorcross@yahoo.com ; rue T2 ; ⏲9h-18h), à Vientiane.

Permis de conduire

Officiellement, pour conduire au Laos, vous devez être en possession d'un permis de conduire international, à faire établir dans votre pays d'origine. Si vous ne louez qu'une moto, on ne vous réclamera sans doute jamais votre permis.

Sécurité

Évitez de prendre le volant au crépuscule ou à la nuit tombée : vaches, buffles, poules et chiens, sans compter les milliers de Laotiens qui rentrent chez eux, transforment la moindre route en un redoutable parcours d'obstacles.

Transports locaux

Bien que la plupart des centres-villes soient assez modestes pour être explorés à pied, les petites localités ont souvent une gare routière à plusieurs kilomètres de distance.

Bus

Vientiane est la seule ville pourvue d'un réseau de bus urbains. Toutefois, à l'exception de quelques lignes, il est de peu d'utilité pour les visiteurs.

Sŏrngtăaou, jumbo, săam-lâaw et túk-túk

Les pick-up et taxis à trois roues que l'on voit à Vientiane et dans les capitales de province changent de nom selon l'endroit où l'on se trouve. Plus grands, les *sŏrngtăaou* font aussi office de bus dans certains endroits, et de bus urbains dans les principales villes. Les plus grands trois roues s'appellent *jumbo* (*jąmbọh*) ou *sakai-làep* dans le sud du Laos, et peuvent prendre de 4 à 6 passagers sur deux bancs latéraux. À Vientiane, ils sont parfois baptisés *túk-túk*, comme en Thaïlande (même si au Laos ce nom désigne traditionnellement des véhicules un peu plus grands que les *jumbo*). Il arrive aussi que ces triporteurs soient appelés simplement *thaek-sii* (taxi) ou, dans le cas de ceux qui ressemblent à des motos avec side-car, *săam-lâaw* (*samlor* ou "trois roues"). Les *săam-lâaw* (cyclo-pousse) traditionnels, appelés "cyclo" dans le reste de l'ancienne Indochine, sont une espèce en voie de disparition au Laos.

Taxi

À Vientiane, des taxis (en petit nombre) transportent une clientèle d'hommes d'affaires étrangers et de touristes. Dans le pays, les taxis se louent à la course, à l'heure ou à la journée. Comptez entre 35 et 50 $US la journée pour circuler dans une ville, en fonction du véhicule et de vos talents de négociateur.

Santé

Les problèmes de santé et la qualité des infrastructures médicales varient énormément en fonction de l'endroit où vous vous trouvez au Laos et de la façon dont vous voyagez. Si les visiteurs sont exposés aux maladies tropicales, les risques ne sont pas très élevés. Vous subirez sans doute de légers désagréments qui seront, dans la plupart des cas, traités facilement. Les conseils donnés dans ce chapitre ne peuvent en aucun cas remplacer une consultation avec un médecin qualifié avant votre départ.

AVANT LE DÉPART

Assurances

Il est conseillé de souscrire une assurance qui vous couvrira en cas d'annulation de votre voyage, de vol, de perte de vos affaires, de maladie ou encore d'accident.

Vérifiez que les "sports à risques", comme la plongée, la moto ou même la randonnée ne sont pas exclus de votre contrat, ou encore que le rapatriement médical d'urgence, en ambulance ou en avion, est couvert. De même, le fait d'acquérir un véhicule dans un autre pays ne signifie pas nécessairement que vous serez protégé par votre propre assurance.

Vous pouvez contracter une assurance qui réglera directement les hôpitaux et les médecins, vous évitant ainsi d'avancer des sommes qui ne vous seront remboursées qu'à votre retour. Dans ce cas, conservez avec vous tous les documents nécessaires (les consultations médicales se règlent généralement en espèces : demandez un reçu pour le remboursement).

Attention ! Avant de souscrire une assurance, vérifiez bien que vous ne bénéficiez pas déjà d'une assistance par votre carte bancaire, votre mutuelle ou votre assurance automobile.

N'oubliez pas de prendre avec vous les documents relatifs à l'assurance ainsi que les numéros à appeler en cas d'urgence.

Enfin sachez que la plupart des médecins au Laos s'attendent à être payés en espèces.

Vaccins

Seul le vaccin contre la fièvre jaune est exigé pour passer la frontière du Laos, mais seulement si vous venez d'une région contaminée (certaines parties de l'Afrique ou de l'Amérique du Sud) dans les 6 jours précédant votre entrée en Asie du Sud-Est. Vous devrez alors être en possession d'une preuve de vaccination contre la fièvre jaune. Plus vous vous éloignez des circuits classiques, plus il faut prendre vos précautions. Faites inscrire vos vaccinations dans un carnet international de vaccination (livret jaune) que vous pourrez vous procurer auprès de votre médecin ou d'un centre.

Le **ministère des Affaires étrangères** (www.diplomatie.gouv.fr/voyageurs) effectue une veille sanitaire et met régulièrement en ligne des recommandations sur les vaccinations.

Planifiez vos vaccinations au moins 6 semaines avant le départ, car certaines demandent des rappels ou sont incompatibles entre elles. Les vaccins ont des durées d'efficacité très variables ; certains sont contre-indiqués pour les femmes enceintes.

Voici les coordonnées de quelques centres de vaccination (renseignez-vous pour savoir s'il est nécessaire de prendre rendez-vous ou non) :

Institut Pasteur (☎01 45 68 80 88 ; www.pasteur.fr/fr/centre-medical/vaccination ; 209-211 rue de Vaugirard, 75015 Paris)

Centre de vaccinations internationales Air France (☎01 43 17 22 00 ; www.vaccinations-airfrance.fr ; 38 quai de Jemmapes, 75010 Paris)

VACCINS RÉCOMMANDÉS

MALADIE	DURÉE DU VACCIN	PRÉCAUTIONS
Diphtérie	10 ans	Recommandé
Fièvre jaune	10 ans	Obligatoire au Laos lorsque l'on vient d'une région infectée (certaines parties de l'Afrique et de l'Amérique du Sud). À éviter en début de grossesse.
Hépatite virale A	5 ans (environ)	Il existe un vaccin combiné hépatite A et B qui s'administre en trois injections. Tous les voyageurs se rendant en Asie du Sud-Est devraient être vaccinés contre l'hépatite A.
Hépatite virale B	10 ans (environ)	
Méningite	sans	Fortement recommandé pour les voyageurs se rendant en zone d'infection pendant la saison épidémique
Rage	sans	Vaccination préventive lors d'un long séjour ou dans les zones reculées
Rougeole	toute la vie	Indispensable chez l'enfant
Tétanos et poliomyélite	10 ans	Fortement recommandé

Centre de vaccination/voyage de l'hôpital Saint-Louis (☎01 42 49 46 83 ; www.vaccin-voyage-ghparis10.aphp.fr ; 1 av. Claude-Vellefaux, 75010 Paris)
Centre de vaccinations ISBA (☎04 76 63 27 27 ; www.isbasante.com ; 7 rue Jean-Marie-Chavant, 69007 Lyon).
Autres centres en France (coordonnées sur le site Web).

Vous pouvez obtenir la liste complète des centres habilités à vacciner contre la fièvre jaune sur le site www.sante.gouv.fr.

Santé sur Internet

Il existe de très bons sites Internet consacrés à la santé en voyage. Avant de partir, vous pouvez consulter les conseils en ligne du **ministère des Affaires étrangères** (www.diplomatie.gouv.fr), de l'**Organisation mondiale de la santé** (OMS ; www.who.int/fr) ou le site très complet du **ministère de la Santé** (www.sante.gouv.fr). Vous trouverez, par ailleurs, plusieurs liens sur le site de **Lonely Planet** (www.lonelyplanet.fr).

PENDANT LE VOYAGE

Vols long-courriers

Les trajets en avion, principalement du fait d'une immobilité prolongée, peuvent favoriser la formation de caillots sanguins dans les jambes (par exemple une phlébite). Le risque est d'autant plus élevé que le vol est plus long.

Généralement, l'un des premiers symptômes est un gonflement ou une douleur du pied, de la cheville ou du mollet. En prévention, buvez en abondance des boissons non alcoolisées, faites jouer les muscles de vos jambes lorsque vous êtes assis et levez-vous de temps à autre pour marcher dans la cabine.

Décalage horaire

Le décalage horaire est fréquent dans le cas de trajet traversant plus de trois fuseaux horaires. Il se manifeste par des insomnies, de la fatigue, des malaises ou des nausées. En prévention, buvez des boissons non alcoolisées et mangez léger. En arrivant, exposez-vous à la lumière naturelle et adoptez les horaires locaux aussi vite que possible (pour les repas, le coucher et le lever).

AU LAOS

Précautions élémentaires

Faire attention à ce que l'on mange et à ce que l'on boit est la première des précautions à prendre. Les troubles gastriques et intestinaux sont fréquents, même si la plupart du temps ils restent sans gravité. Ne soyez cependant pas paranoïaque et ne vous privez pas de goûter la cuisine locale, cela fait partie du voyage. Privilégiez les aliments tout juste préparés, et évitez les coquillages. Pelez les fruits et ne mangez que des légumes cuits. N'oubliez pas également de vous laver les mains fréquemment.

Problèmes de santé et traitement

L'autodiagnostic et l'autotraitement sont risqués ; aussi, chaque fois que cela est possible, adressez-vous à un médecin. Ambassades et consulats pourront en général vous en recommander un. Les grands hôtels également, mais les honoraires risquent d'être très élevés.

Soins et services médicaux

Le Laos n'est pas équipé pour traiter les urgences médicales graves. Cliniques et hôpitaux comptent parmi les plus mal lotis de toute l'Asie du Sud-Est en termes d'hygiène, de formation des équipes soignantes, d'équipements et même de médicaments disponibles.

Dans le cas d'affections mineures ou moyennement graves, dont la malaria, l'**International Clinic** (carte p. 154 ; ☎021-214024 ; Mahosot Hospital, rue Fa Ngoum ; ⏰24h/24) de Vientiane jouit d'une bonne réputation. Certaines ambassades à Vientiane assurent également le fonctionnement de petits centres médicaux. C'est le cas du **Centre médical de l'ambassade de France** (carte p. 154 ; ☎021-214150 ; angle rue Khu Vieng et rue Simeuang ; ⏰8h30-12h et 13h30-19h lun-mar et jeu-ven, 8h30-12h et 13h30-17h mer, sam-dim).

Pour toute pathologie sérieuse, mieux vaut passer la frontière thaïlandaise. Si le problème peut attendre votre arrivée à Bangkok, c'est encore mieux, car cette ville compte d'excellents hôpitaux.

En cas d'urgence médicale, vous pouvez faire venir une ambulance de Nong Khai (en face de Vientiane) ou d'Udon Thani, en Thaïlande (à 75 km de cette frontière). Le **Nong Khai Wattana General Hospital** (☎042-465201) est le centre médical le plus proche. L'**Aek Udon Hospital** (☎042-342555 ; Th Phosri), à Udon Thani, fournit des soins de meilleure qualité, mais il faut une heure de plus pour l'atteindre par la route.

Il est fortement déconseillé d'acheter des médicaments sans ordonnance, car les produits périmés, contrefaits ou mal conservés ne sont pas rares au Laos.

Affections liées à l'environnement

L'Asie du Sud-Est est en grande partie chaude et humide presque toute l'année. La plupart des voyageurs mettent au moins deux semaines pour s'adapter au climat. Les crampes musculaires provoquées par une sudation excessive sont fréquentes. Pour les éviter, buvez suffisamment et évitez les activités physiques intenses. Prenez le temps de vous acclimater.

Coup de chaleur

De longues périodes d'exposition à des températures élevées peuvent vous rendre vulnérable au coup de chaleur. Cet état grave survient quand le mécanisme de régulation thermique du corps ne fonctionne plus : la température s'élève alors

TROUSSE MÉDICALE DE VOYAGE

- Veillez à emporter avec vous une petite trousse à pharmacie contenant quelques produits indispensables. Certains ne sont délivrés que sur ordonnance médicale. Attention, les liquides et les objets coupants sont interdits en cabine.
- des antibiotiques, à utiliser uniquement aux doses et aux périodes prescrites. Il n'est pas absurde de demander à votre médecin traitant de vous en prescrire pour le voyage
- un antidiarrhéique, en cas de forte diarrhée, surtout si vous voyagez avec des enfants
- un antihistaminique en cas de rhumes, allergies, piqûres d'insectes, mal des transports
- un antiseptique ou un désinfectant pour les coupures, les égratignures superficielles et les brûlures, ainsi que des pansements gras pour les brûlures
- de l'aspirine ou du paracétamol (douleurs, fièvre)
- une bande Velpeau et des pansements pour les petites blessures
- une paire de lunettes de secours (si vous portez des lunettes ou des lentilles de contact) et la copie de votre ordonnance
- un produit contre les moustiques, de l'écran total
- une pommade pour soigner les piqûres et les coupures et des comprimés pour stériliser l'eau
- une paire de ciseaux à bouts ronds, une pince à épiler et un thermomètre à alcool
- une petite trousse de matériel stérile comprenant une seringue, des aiguilles, du fil à suture, une lame de scalpel et des compresses
- des préservatifs (norme CE)

EAU POTABLE

- Ne buvez pas l'eau du robinet, ne l'utilisez pas pour vous laver les dents.
- L'eau en bouteille est en général potable.
- Faire bouillir l'eau (8 à 10 minutes) est la meilleure façon de la purifier de façon sûre et efficace.
- À défaut de pouvoir la faire bouillir, utilisez des pastilles chimiques pour la purifier (prenez l'avis de votre pharmacien avant le départ).
- Il est aussi possible de filtrer l'eau ; une micro-filtration sera efficace contre les parasites et les bactéries, pas contre les virus.

de façon dangereuse. Évitez l'alcool et les activités fatigantes lorsque vous arrivez dans un pays à climat chaud.

Symptômes : malaise général, transpiration faible ou inexistante et forte fièvre (39 à 41°C) et céphalée lancinante, difficultés à coordonner ses mouvements, signes de confusion mentale ou d'agressivité. Il faut absolument hospitaliser le malade. En attendant les secours, installez-le à l'ombre, ôtez-lui ses vêtements, couvrez-le d'un drap ou d'une serviette mouillés et éventez-le continuellement.

Coup de soleil et insolation

Pendant les mois les plus chauds, les coups de soleil sont plus fréquents, même par temps couvert. Utilisez un écran solaire haute protection. Les lunettes de soleil sont indispensables.

Au bord de l'eau, évitez de vous exposer aux heures les plus chaudes (de 12h à 16h) et privilégiez l'ombre.

Une exposition prolongée au soleil peut provoquer une insolation. Symptômes : nausées, peau chaude, maux de tête. Dans ce cas, il faut rester dans le noir, appliquer une compresse d'eau froide sur les yeux et prendre un antalgique.

Maladies infectieuses et parasitaires

Bilharzioses

Les bilharzioses sont des maladies dues à des vers. On se contamine en se baignant dans les eaux douces (rivières, ruisseaux, lacs et retenues de barrage) où vivent les mollusques qui hébergent la forme larvaire des bilharzies. Juste après le bain infestant, on peut noter des picotements ou une légère éruption cutanée à l'endroit où le parasite est passé à travers la peau. Quatre à douze semaines plus tard, apparaissent une fièvre et des manifestations allergiques.

Si par mégarde ou par accident, vous vous baignez dans une eau infectée, séchez-vous vite et séchez aussi vos vêtements. Consultez un médecin si vous êtes inquiet.

Diarrhée du voyageur

Le changement de nourriture, d'eau ou de climat suffit à la provoquer ; si elle est causée par des aliments ou de l'eau contaminés, le problème est plus grave. En dépit de toutes vos précautions, vous aurez peut-être la "turista" (tout comme 30 à 50% des voyageurs, en général au début du voyage), mais quelques visites aux toilettes sans aucun autre symptôme n'ont rien d'alarmant. Il est fortement recommandé d'emmener avec soi un antidiarrhéique et un antiseptique intestinal (de type Ercefuryl). Demandez conseil à votre pharmacien et à votre médecin. La déshydratation est le danger principal lié à toute diarrhée, particulièrement chez les enfants. Ainsi le premier traitement consiste à boire beaucoup. Quand vous irez mieux, continuez à manger légèrement. Lorsque la diarrhée persiste au-delà de 48 heures ou s'il y a présence de sang dans les selles, il est préférable de consulter un médecin.

Diphtérie

Elle prend deux formes : celle d'une infection cutanée ou celle d'une infection de la gorge, pour laquelle il existe un vaccin. On l'attrape au contact de poussière contaminée sur la peau, ou en inhalant des postillons d'éternuements ou de toux de personnes contaminées. Pour prévenir l'infection cutanée, il faut se laver souvent et bien sécher la peau.

Dysenterie

Affection grave, due à des aliments ou de l'eau contaminés, la dysenterie se manifeste par une violente diarrhée, souvent accompagnée de sang ou de mucus dans les selles. Une analyse des selles est indispensable pour diagnostiquer le type de dysenterie. Il faut donc consulter rapidement.

Giardiase

Ce parasite intestinal est présent dans l'eau souillée ou dans les aliments souillés par l'eau. Symptômes : crampes d'estomac, nausées, estomac ballonné, selles très liquides et nauséabondes, et gaz fréquents. La giardiase peut n'apparaître que plusieurs semaines après la contamination. Les symptômes peuvent disparaître pendant quelques jours puis réapparaître, et ceci pendant plusieurs semaines.

Hépatites

L'hépatite est un terme général qui désigne une inflammation du foie. Elle est le plus souvent due à un virus. Les formes les plus habituelles se manifestent par une fièvre, une fatigue qui peut être intense, des douleurs abdominales, des nausées, des vomissements, associés à la présence d'urines très foncées et de selles décolorées presque blanches. La peau et le blanc des yeux prennent une teinte jaune (ictère). L'hépatite peut parfois se résumer à un simple épisode de fatigue sur quelques jours ou semaines.

Hépatite A. C'est la plus répandue, mais il existe un vaccin, recommandé en cas de fort risque d'exposition. La contamination est alimentaire : l'hépatite A se transmet par l'eau, les coquillages et, d'une manière générale, tous les produits manipulés à mains nues. Il n'y a pas de traitement médical ; il faut simplement se reposer, boire beaucoup, manger légèrement et s'abstenir totalement de toute boisson alcoolisée pendant au moins six mois.

Hépatite B. Elle est très répandue, mais la vaccination est efficace. Elle se transmet par voie sexuelle ou sanguine (piqûre, transfusion). Évitez de vous faire percer les oreilles, tatouer, raser ou de vous faire soigner par piqûres si vous avez des doutes quant à l'hygiène des lieux. Les symptômes de l'hépatite B sont les mêmes que ceux de l'hépatite A.

Hépatite C. Ce virus se transmet par voie sanguine (transfusion ou utilisation de seringues usagées) et semble donner assez souvent des hépatites chroniques. La seule prévention est d'éviter tout contact sanguin, car il n'existe pour le moment aucun vaccin.

Typhoïde

Cette maladie se transmet par de l'eau ou de la nourriture contaminées par des matières fécales humaines. La fièvre et une éruption rose sur l'abdomen sont généralement les premiers symptômes, qui s'accompagnent parfois d'une septicémie (empoisonnement du sang). Le vaccin contre la typhoïde (utile si vous voyagez plus d'une semaine en Asie du Sud-Est) protège pendant 3 ans.

Vers

Fréquents en zones rurales tropicales, on les trouve dans les légumes non lavés ou la viande trop peu cuite. Ils se logent également sous la peau quand on marche pieds nus. Souvent, l'infection ne se déclare qu'au bout de plusieurs semaines. Bien que bénigne en général, elle doit être traitée sous peine de complications sérieuses.

VIH/sida

L'infection est présente dans pratiquement tous les pays. La transmission de cette infection se fait : par rapport sexuel (hétérosexuel ou homosexuel – anal, vaginal ou oral), d'où l'impérieuse nécessité d'utiliser des préservatifs à titre préventif ; par le sang, les produits sanguins et les aiguilles contaminées. Il est impossible de détecter la présence du VIH chez un individu apparemment en parfaite santé sans procéder à un examen sanguin.

Évitez, s'ils ne sont pas stérilisés, tous les instruments de chirurgie, les aiguilles d'acupuncture et de tatouage, ainsi que les instruments utilisés pour percer les oreilles ou le nez.

Toute demande de certificat attestant la séronégativité pour le VIH est contraire au Règlement sanitaire international (article 81).

Affections transmises par les insectes

Dengue

Cette infection virale devient de plus en plus répandue au Laos, en particulier dans les environnements urbains. La dengue se transmet par les moustiques de la famille *Aedes*, qui piquent la journée et se trouvent souvent près des habitations, ou à l'intérieur. Ils pondent dans les réserves d'eau artificielles (citernes, barils, tonneaux, pots à eau ou conteneurs en plastique).

Il n'existe pas de traitement prophylactique contre cette maladie. Poussée de fièvre, maux de tête, douleurs articulaires et musculaires précèdent une éruption cutanée sur le tronc qui s'étend ensuite aux membres puis au visage. Au bout de quelques jours, la fièvre régresse, et la convalescence commence. Les complications graves sont rares et les cas les plus sévères touchent généralement les enfants de moins de 15 ans qui contractent la dengue pour la deuxième fois. La meilleure prévention est de suivre les protections d'usage contre le paludisme (voir l'encadré p. 333).

En cas de fièvre à votre retour en France, signalez à votre médecin votre voyage au Laos.

Encéphalite japonaise

Un moustique nocturne (le *Culex*) est responsable de la transmission de cette maladie virale, surtout dans les zones rurales près des élevages de cochons ou des rizières.

Symptômes : fièvre soudaine, frissons et maux de tête, suivis de vomissements et de délire, aversion marquée pour la lumière vive et douleurs aux articulations et aux muscles. Les cas les plus graves provoquent des convulsions et un coma. Chez la plupart des individus qui contractent le virus, aucun symptôme n'apparaît.

Les personnes les plus en danger sont celles qui doivent passer de longues périodes en zone rurale pendant la saison des pluies (de juillet à octobre). Si c'est votre cas, il faudra peut-être vous faire vacciner.

Fièvre jaune

La fièvre jaune est une maladie infectieuse grave transmise par des moustiques vivant dans des régions boisées. Les premiers symptômes ressemblent à ceux de la grippe, tels que fièvre, frissons, maux de tête, douleurs musculaires, douleurs dorsales, perte d'appétit, nausées ou vomissements. Généralement, ces symptômes régressent au bout de quelques jours.

La fièvre jaune est endémique dans certaines régions et un certificat de vaccination est exigé pour tous les voyageurs en provenance de certains pays d'Afrique et d'Amérique du Sud. La vaccination contre la fièvre jaune doit être pratiquée au moins 10 jours avant toute exposition potentielle au virus. Elle assure une protection durant une dizaine d'années. Les réactions provoquées par le vaccin restent généralement légères.

Les mesures de protection contre les piqûres de moustiques jouent un rôle essentiel dans la prévention.

Paludisme

Le paludisme, ou malaria, est transmis par un moustique, l'anophèle, dont la femelle pique surtout la nuit, entre le coucher et le lever du soleil.

Le paludisme survient généralement dans le mois suivant le retour de la zone d'endémie. Symptômes : maux de tête, fièvre et troubles digestifs. Non traité, il peut avoir des suites graves, parfois mortelles. Il existe différentes espèces de paludisme et le traitement devient de plus en plus difficile à mesure que la résistance du parasite aux médicaments gagne en intensité.

Les médicaments antipaludéens n'empêchent pas la contamination, mais ils suppriment les symptômes de la maladie. Si vous voyagez dans des régions où la maladie est endémique (ce qui peut être le cas dans certaines régions rurales du Laos), il faut absolument suivre un traitement préventif (uniquement sur ordonnance), qu'il faut en général poursuivre après le retour. Renseignez-vous impérativement auprès d'un médecin spécialisé. Indispensable également : vous protéger des moustiques (voir l'encadré ci-contre).

Tout voyageur atteint de fièvre ou montrant les symptômes de la grippe doit se faire examiner. Il suffit d'une analyse de sang pour établir le diagnostic. Contrairement à certaines croyances, une crise de paludisme ne signifie pas que l'on est touché à vie.

Coupures, piqûres et morsures

Coupures et égratignures

Les blessures s'infectent très facilement dans les climats chauds et cicatrisent difficilement. Coupures et égratignures doivent être traitées avec un antiseptique et du désinfectant cutané. Évitez si possible bandages et pansements, qui empêchent la plaie de sécher.

Morsures de serpents

Portez toujours bottes, chaussettes et pantalons longs pour marcher dans la végétation à risque. Ne hasardez pas la main dans les trous et les anfractuosités, et faites attention lorsque vous ramassez du bois pour faire du feu. Les morsures de serpent ne provoquent pas instantanément la mort, et il existe généralement des antivenins. Il faut calmer la victime, lui interdire de bouger, bander étroitement le membre comme pour une foulure et l'immobiliser avec une attelle. Trouvez ensuite un médecin, et essayez de lui apporter le serpent mort. N'essayez en aucun cas d'attraper le serpent s'il y a le moindre risque qu'il morde à nouveau. Il ne faut absolument pas sucer le venin ou poser un garrot.

Piqûres

Les piqûres de guêpes ou d'abeilles sont généralement plus douloureuses que dangereuses. Une lotion apaisante ou des glaçons soulageront la douleur et empêcheront la piqûre de trop gonfler. Si vous êtes allergique, n'oubliez pas de transporter sur vous une trousse d'urgence, avec une seringue d'adrénaline auto-injectable.

Les piqûres de scorpion sont très douloureuses et parfois mortelles. Inspectez vos vêtements ou chaussures avant de les enfiler.

Punaises

Les punaises affectionnent la literie douteuse. Si vous repérez de petites taches de sang sur les draps ou les murs autour du lit, cherchez un autre hôtel. Les piqûres de punaise forment des alignements réguliers.

SE PROTÉGER DES MOUSTIQUES

Hormis les traitements préventifs, la protection contre les piqûres de moustique est le premier moyen d'éviter d'être contaminé par le paludisme. Le soir, dès le coucher du soleil, couvrez vos bras et surtout vos chevilles, et mettez de la crème antimoustique. Ils sont parfois attirés par le parfum ou par l'après-rasage.

- En dehors du port de vêtements longs, l'utilisation d'insecticides ou de répulsifs à base de DEET (de type Cinq sur Cinq) sur les parties découvertes du corps est à recommander (sauf pour les enfants de moins de 2 ans).
- Évitez de sortir vers le lever et le coucher du soleil.
- En vente en pharmacie, les moustiquaires constituent en outre une protection efficace, à condition qu'elles soient imprégnées d'insecticide. De plus, ces moustiquaires sont radicales contre les insectes à sang froid (puces, punaises, etc.) et permettent d'éloigner serpents et scorpions. Vérifiez bien que celles dans les hôtels n'ont pas de trous.
- D'une manière générale, le risque de contamination est plus élevé en zone rurale et pendant la saison des pluies.

Une pommade calmante apaisera la démangeaison.

Sangsues et tiques

Les sangsues, présentes dans les régions de forêts humides, se collent à la peau et sucent le sang. Les randonneurs en retrouvent souvent sur leurs jambes ou dans leurs bottes. Du sel ou le contact d'une cigarette allumée les feront tomber. Ne les arrachez pas, car la morsure s'infecterait plus facilement. Une crème répulsive peut les maintenir éloignées. Utilisez de l'alcool, de l'éther, de la vaseline ou de l'huile pour vous en débarrasser. Vérifiez toujours que vous n'avez pas attrapé de tiques dans une région infestée (surtout après avoir marché dans une zone rurale) : elles peuvent transmettre le typhus.

Affections moins fréquentes

Choléra

Les cas de choléra sont généralement signalés à grande échelle dans les médias, ce qui permet d'éviter les régions concernées. La protection conférée par le vaccin n'étant pas fiable, celui-ci n'est pas recommandé. Prenez donc toutes les précautions alimentaires nécessaires. Symptômes : diarrhée soudaine, selles très liquides et claires, vomissements, crampes musculaires et extrême faiblesse. Il faut consulter un médecin ou aller à l'hôpital au plus vite, mais on peut commencer à lutter immédiatement contre la déshydratation qui peut être très forte. Une boisson à base de cola salée, dégazéifiée et diluée au 1/5, ou encore du bouillon bien salé, seront utiles en cas d'urgence.

Filarioses

Ce sont des maladies parasitaires transmises par des piqûres d'insecte. Les symptômes varient en fonction de la filaire concernée : fièvre, ganglions et inflammation des zones de drainage lymphatique ; œdème (gonflement) au niveau d'un membre ou du visage ; démangeaisons et troubles visuels. Un traitement permet de se débarrasser des parasites, mais certains dommages causés sont parfois irréversibles. Si vous soupçonnez une possible infection, il vous faut rapidement consulter un médecin.

Grippe aviaire

Plusieurs cas, dont certains mortels, de virus H5N1 ont été déclarés au Laos. Il s'agit d'une maladie virale animale, concernant les volailles, exceptionnellement transmissible à l'homme. Le virus se transmet par voie aérienne (voie respiratoire), soit par contact direct, notamment avec les sécrétions respiratoires et les matières fécales des animaux malades, soit de façon indirecte par l'exposition à des matières contaminées (par la nourriture, l'eau, du matériel et des mains ou des vêtements souillés). Évitez les élevages de volailles et lavez-vous les mains régulièrement.

Leishmanioses

Il s'agit d'un groupe de maladies parasitaires qui existent sous trois formes : viscérale, cutanée et cutanéo-muqueuse.

La leishmaniose viscérale sévit à l'état endémique en Asie. La durée d'incubation va de 1 à 6 mois. La maladie se caractérise par des accès de fièvre irréguliers, une altération importante de l'état général, une augmentation de volume de la rate et du foie et une anémie. La maladie est mortelle sans traitement ; sur le pourtour méditerranéen elle est plus fréquente chez les enfants de moins de 5 ans et les personnes atteintes de déficiences du système immunitaire.

Les leishmanioses cutanées sévissent notamment en Asie. L'incubation s'étend d'une semaine à un an. La forme sèche de la maladie se caractérise par des rougeurs sur la peau qui s'ulcèrent et se recouvrent d'une croûte. Dans la forme humide, l'ulcère est généralement plus important et la surinfection plus fréquente.

Les leishmanioses sont transmises par des insectes. La meilleure précaution consiste à éviter de se faire piquer en se couvrant et en appliquant une lotion anti-moustique. Ces insectes sont surtout actifs à l'aube et au crépuscule. Les piqûres ne sont généralement pas douloureuses, mais elles provoquent des démangeaisons. Si vous pensez souffrir de la leishmaniose, consultez un médecin.

Leptospirose

Cette maladie infectieuse, due à une bactérie (le leptospire) qui se développe dans les mares et les ruisseaux, se transmet par des animaux comme le rat et la mangouste.

On peut attraper cette maladie en se baignant dans des nappes d'eau douce, contaminées par de l'urine animale. La bactérie pénètre dans le corps humain par le nez, les yeux, la bouche ou les petites coupures cutanées. Les symptômes, similaires à ceux de la grippe, peuvent survenir 2 à 20 jours suivant la date d'exposition. Ces symptômes durent habituellement quelques jours voire quelques semaines. La maladie est rarement mortelle.

Évitez donc de nager et de vous baigner dans tout plan d'eau douce, notamment si vous avez des plaies ouvertes ou des coupures.

Méningite à méningocoques

Cette maladie très grave attaque le cerveau et peut être mortelle. Postillons et éternuements suffisent à propager le germe. Le vaccin est efficace pendant plus de 4 ans, mais renseignez-vous quand même sur les épidémies.

Symptômes : taches disséminées sur le corps, fièvre, trouble de la conscience, fort mal de tête, hypersensibilité à la lumière et raideur du cou. La mort peut survenir en quelques heures. Il faut se faire soigner immédiatement.

Opisthorchiose

Cette maladie parasitaire se contracte en consommant des poissons d'eau douce, crus ou insuffisamment cuits. Au Laos, éviter le *ƀạh dàak* (un poisson cru fermenté accompagnant de nombreux mets). Le risque d'attraper cette maladie reste toutefois assez faible. Quand la contamination est importante, on souffre d'une fatigue générale, d'une fièvre légère, d'un gonflement ou d'une sensibilité du foie ou de douleurs abdominales générales. En cas de doute, il faut faire analyser ses selles par un médecin compétent.

Rage

Très répandue en Asie du Sud-Est, cette maladie est transmise par un animal contaminé. Morsures, griffures ou même simples coups de langue d'un mammifère doivent être nettoyés immédiatement et à fond. Frottez avec du savon et de l'eau courante, puis nettoyez avec de l'alcool. S'il y a le moindre risque que l'animal soit contaminé, allez immédiatement voir un médecin. Même si l'animal n'est pas enragé, toutes les morsures doivent être surveillées de près pour éviter les risques d'infection et de tétanos.

Un vaccin antirabique existe. Il faut y songer si vous comptez séjourner longtemps dans des zones rurales, travailler avec des animaux ou pratiquer la spéléologie (les morsures de chauves-souris peuvent être dangereuses). La vaccination préventive ne dispense pas de la nécessité d'un traitement antirabique immédiatement après un contact avec un animal enragé.

Typhus

Le typhus est transmis soit par des acariens (dont les tiques), soit des poux. La maladie commence comme un mauvais rhume, suivi de fièvre, de frissons, de migraines, de douleurs musculaires et d'une éruption cutanée. Une plaie douloureuse se forme autour de la piqûre et les ganglions lymphatiques voisins sont enflés et douloureux.

Le typhus des broussailles est transmis par des acariens. On le rencontre principalement en Asie et dans les îles du Pacifique. Soyez prudent si vous faites de la randonnée.

Tétanos

Cette maladie parfois mortelle se rencontre partout, et surtout dans les pays tropicaux. Difficile à soigner, elle se prévient par vaccination.

Tuberculose

Bien qu'assez répandue dans de nombreux pays en développement, cette maladie ne présente pas de grand danger pour le voyageur. Les enfants de moins de 12 ans sont plus exposés que les adultes. Il est donc conseillé de les faire vacciner s'ils voyagent dans des régions où la maladie est endémique. La tuberculose se propage par la toux ou par des produits laitiers non pasteurisés faits avec du lait de vaches tuberculeuses. On peut boire du lait bouilli et manger yaourts ou fromages sans courir de risques.

Santé au féminin

Grossesse

La plupart des fausses couches ont lieu pendant les trois premiers mois de la grossesse. C'est donc la période la plus risquée pour voyager. Pendant les trois derniers mois, il vaut mieux rester à distance raisonnable de bonnes infrastructures médicales. Les femmes enceintes doivent éviter de prendre inutilement des médicaments. Cependant, certains vaccins et traitements préventifs contre le paludisme restent nécessaires. Mieux vaut consulter un médecin avant de prendre quoi que ce soit.

Problèmes gynécologiques

Une nourriture pauvre, une résistance amoindrie par l'utilisation d'antibiotiques contre des problèmes intestinaux peuvent favoriser les infections vaginales lorsqu'on voyage dans des pays à climat chaud. Respectez une hygiène intime scrupuleuse, et portez jupes ou pantalons amples et sous-vêtements en coton. Dans les zones urbaines, vous trouverez aisément des produits de protection féminine, mais il vaut mieux apporter vos propres moyens de contraception.

Les champignons, caractérisés par une éruption cutanée, des démangeaisons et des pertes, peuvent se soigner facilement. En revanche, les trichomonas sont plus graves ; pertes blanches et sensation de brûlure lors de la miction en sont les symptômes. Le partenaire masculin doit également être soigné.

Il n'est pas rare que le cycle menstruel soit perturbé lors d'un voyage.

Médecine traditionnelle

Dans toute l'Asie du Sud-Est, la médecine traditionnelle est très pratiquée. Il existe une différence de taille entre celle-ci et la médecine populaire. Les remèdes "de bonne femme" sont à éviter, car ils font souvent appel à des procédés douteux susceptibles d'entraîner des complications. En revanche, certaines méthodes de guérison, comme la médecine traditionnelle chinoise, sont tout à fait respectables, et certaines commencent à être adoptées par les médecins occidentaux.

Les méthodes de santé asiatiques traditionnelles partent du principe qu'il existe une force de vie fondamentale et que les troubles qui surviennent sont causés par des blocages ou des déséquilibres. Phytothérapie, massages et acupuncture sont des techniques destinées à rétablir ou à maintenir l'équilibre de cette force de vie. Ces thérapies s'adressent plus aux maladies chroniques, comme la fatigue chronique, l'arthrite, l'irritabilité intestinale et certains problèmes de peau récidivants. Évitez d'y recourir en cas d'affection aiguë grave, comme le paludisme.

Langue

Langue officielle de la République populaire démocratique du Laos, le lao, tel qu'il est écrit et parlé à Vientiane, est devenu la langue véhiculaire des différents groupes ethniques du pays. Les accents toniques et le vocabulaire varient légèrement selon les régions, notamment du nord au sud, mais le dialecte de Vientiane reste le plus largement compris.

Les linguistes du lao contemporain reconnaissent cinq principaux dialectes : le lao de Vientiane, le lao du Nord (parlé à Sainyabuli, Bokeo, Udomxai, Phongsali, Luang Namtha et Luang Prabang), le lao du Nord-Est (Xieng Khuang et Hua Phan), le lao du Centre (Khammuan et Bolikhamsai) et le lao du Sud (Champasak, Savannakhet, Salavan, Attapeu et Sekong). Chacune se divise en sous-dialectes. Ainsi, la différence entre le lao parlé dans les provinces voisines de Xieng Khuang et de Hua Phan est évidente pour ceux qui connaissent la langue.

Tous les dialectes lao font partie de la branche thaï de la famille linguistique thaï-kadai et sont très proches des langues parlées en Thaïlande, dans le nord du Myanmar et dans des enclaves des provinces chinoises du Yunnan et du Guangxi. Le lao standard est suffisamment proche du thaï classique (parlé dans le centre de la Thaïlande) pour que les locuteurs des deux langues se comprennent. De fait, la quasi-totalité des Laotiens vivant à l'ouest de la cordillère Annamitique comprennent le thaï.

POUR ALLER PLUS LOIN

Indispensable pour mieux communiquer sur place (si vous lisez l'anglais) : le **Guide de conversation anglais/lao de Lonely Planet** . Pour réserver une chambre, lire un menu ou simplement faire connaissance, ce manuel permet d'acquérir des rudiments de lao. Inclus : un minidictionnaire bilingue.

Les Laotiens qui ont fait des études lisent également le thaï, car nombre des ouvrages utilisés dans les lycées et les universités du Laos sont écrits en thaï.

Les dialectes du nord et du nord-est de la Thaïlande sont encore plus proches du lao standard, qui compte même plus de locuteurs en Thaïlande qu'au Laos. Si vous allez au Laos après un séjour en Thaïlande (notamment dans le Nord-Est), vous pourrez sans doute utiliser les rudiments linguistiques déjà acquis. L'inverse ne fonctionne pas aussi bien : les Thaïlandais de souche ne comprennent pas toujours le lao, auquel ils sont moins confrontés.

Dans les villes de la vallée du Mékong, le français demeure compris par certains. En dépit de son passé colonial, il reste la deuxième langue officielle du pays et de nombreux documents administratifs sont rédigés en lao et en français, de même que certaines enseignes commerciales (l'anglais tend néanmoins à remplacer le français). Comme au Vietnam, l'anglais a supplanté l'ancienne langue coloniale dans les affaires, le commerce et l'enseignement. Cependant, les Laotiens de plus de 50 ans maîtrisent en général mieux le français que l'anglais.

De nombreux Laotiens ont fait leurs études en russe et parlent cette langue, désormais peu employée.

Essayez d'apprendre quelques mots en lao durant votre séjour, ce qui facilitera la communication et vous vaudra le respect des Laotiens que vous rencontrerez.

Alphabet

L'alphabet lao compte aujourd'hui 30 symboles de consonnes (formés à partir de 20 phonèmes de base) et 28 symboles pour les voyelles et les diphtongues (15 symboles employés dans diverses combinaisons). Quatre signes de ton complètent ces symboles, dont deux seulement sont couramment utilisés pour indiquer les six tons différents (en association avec tous les autres symboles). Le lao se lit de gauche à droite, même si certaines voyelles apparaissent à différents endroits par rapport aux consonnes : avant, après, au-dessus, au-dessous ou "autour" (c'est-à-dire avant, au-dessus et après).

Tons

Comme les divers dialectes thaï et chinois, le lao est une langue tonique essentiellement monosyllabique, excepté pour les mots empruntés au sanskrit, au pali, au français et à l'anglais, qui comportent souvent deux syllabes ou plus. Beaucoup d'associations voyelle-consonne identiques ne se distinguent que par le ton. Le mot sao, par exemple, peut signifier "fille", "matin", "pilier" ou "vingt" selon le ton. Pour ceux dont la langue maternelle n'est pas tonique, le lao est particulièrement difficile à apprendre. Même en "connaissant" le ton correct, leur tendance à utiliser une inflexion pour indiquer émotion, emphase ou interrogation interfère. Pour apprendre le lao, il faut avant tout s'efforcer d'ajouter ces intonations spontanées.

Le lao de Vientiane comporte six tons : 3 tons plats (grave, médian et aigu) et 3 autres avec une inflexion (ascendant, aigu descendant et grave descendant). Ces six variations diffèrent selon le registre de la voix du locuteur ; ainsi, une personne avec une voix grave n'aura pas les mêmes inflexions qu'une autre avec une voix aiguë.

Ton grave

Il correspond au ton le plus bas employé dans la conversation, généralement plat. Exemple : *dĭi* (bon). Notez néanmoins que tout le monde ne le prononce pas ainsi. Certains habitants de Vientiane ont une intonation légèrement montante à la fin.

Ton médian

Également plat, il correspond au registre moyen du locuteur et n'est pas indiqué par un accent. Exemple : *het* (faire).

Ton aigu

Plat lui aussi, il correspond au ton le plus haut du registre. Exemple : *héua* (bateau).

Ton ascendant

Il commence un peu en dessous du ton médian et rejoint ou dépasse le ton aigu. Exemple : *săam* (trois).

Ton aigu descendant

Il commence au ton aigu ou au-dessus et descend au niveau médian. Exemple : *sâo* (matin).

Ton grave descendant

Il commence à peu près au niveau médian et descend au niveau du ton grave. Exemple : *khào* (riz).

Transcription

La translittération des mots lao en caractères romains présente beaucoup de difficultés, car de nombreux sons lao, notamment certaines voyelles, n'existent pas en français ou en anglais. Dans la plupart des cas, on a utilisé le système de transcription français hérité de la colonisation, qui n'est pas vraiment conforme à la réalité.

Il n'existe aucune méthode officielle de transcription ; le gouvernement lao ne semble pas s'en préoccuper et tend à suivre les anciennes méthodes françaises. Nous avons opté ici pour un système fondé sur celui de la transcription officielle du thaï, les deux langues présentant des phonèmes très similaires, sauf dans les cas où il peut y avoir confusion avec des termes couramment employés.

Les secteurs public et privé s'orientent progressivement vers une transcription plus internationale, calquée sur le système thaï.

Prononciation

Voyelles

Les voyelles s'écrivent avant, après, au-dessus ou en dessous des consonnes. Dans la liste ci-dessous, les consonnes sont figurées par un "×".

×ິ	**i**	court
×ີ	**ii**	long
ໃ×, ໄ×	**ai**	"aï" comme dans "ail"
×າ	**aa**	long
×ະ	**a**	court
ແ×	**ae**	"è" comme dans "mène"
ເ×ະ, ເ×ັ×	**e**	"eu" comme dans "feu"
ເ×	**eh**	"é" comme dans "bébé"
ເ×ິ, ເ×ີ	**oe**	"e" long
×ຶ, ×ື	**eu**	"eu" comme dans "deux"
×ຸ	**u**	"ou" court comme dans "coup"
×ູ	**uu**	ou long comme dans "lourd"
×າຍ	**aai**	comme "a-aï"
ເ×ົາ	**ao**	"ao" comme dans "baobab"
×ໍ	**aw**	"o" fermé comme dans "pot"
ໂ×ະ, ×ົ×	**o**	"o" court
ໂ×	**oh**	"au" long comme dans "marteau"

ເ×ືອ	**eua**	"eu" et "a" bien distincts
×ຽ×, ເ×ັຍ	**ia**	"ien" comme dans "rien"
×ວ×, ×ົວ	**ua**	"oua" comme dans "toi"
×ວຍ	**uay**	"ouaille"
×ິວ, ×ີວ	**iu**	"iou" comme dans "sioux"
×ຽວ	**iaw**	"illo" comme dans "billot"
ແ×ວ	**aew**	comme "a-ou"
ເ×ວ	**ehw**	comme "ê-ou"
ເ×ັວ	**ew**	"ê-ou" bref
ເ×ີຍ	**oei**	"œi" comme "œil"
×ອຍ	**awy**	"oï" comme dans "oyez"
ໂ×ຍ	**ohy**	comme "oh-i

Consonnes

Les consonnes "aspirées" se prononcent avec un souffle audible. Les consonnes "sourdes" se prononcent sans vibration des cordes vocales.

ກ	**k**	comme "g" sourd et non aspiré
ຂ, ຄ	**kh**	comme le "k" de "képi"
ງ	**ng**	"ngo", utilisée au début des mots
ຈ	**j**	"tch" doux sourd et non aspiré
ສ, ຊ	**s**	"s" comme "savon"
ຍ	**ny**	"gn" comme dans "oignon" ; utilisée au début des mots
ດ	**d**	"d" comme dans "dodo"
ຕ	**t**	consonne sourde non aspirée, entre le "t" et le "d"
ທ, ຖ	**th**	"t" comme dans "tapis"
ນ, ໜ	**n**	"n" comme dans "non"
ບ	**b**	"b" comme dans "baba"
ປ	**p**	"p" sourd et non aspiré
ພ, ຜ	**ph**	"p" de Paris (jamais le "ph" de "phare")
ຟ, ຝ	**f**	"f" comme dans "four"
ມ, ໝ	**m**	"m" comme dans "mare"
ຢ	**y**	"y" comme dans "yoyo"
ລ, ຫລ	**l**	"l" comme dans "lit"
ວ, ຫວ	**w**	"w" comme dans "watt" (souvent orthographié "v")
ຮ, ຫ	**h**	"h" très aspiré

EXPRESSIONS DE BASE

Bonjour	ສະບາຍດີ	sábaai-dii
Au revoir	ສະບາຍດີ	sábaai-dii
Excusez-moi	ຂໍໂທດ	khăw thŏht
Merci	ຂອບໃຈ	khàwp jai
Oui/non	ແມນ/ບໍ່	maan/baw

Comment allez-vous ?
ສະບາຍດີບໍ່ — sábaai-dii baw?

Je vais bien, et vous ?
ສະບາຍດີ ເຈົ້າເດ້ — sábaai-dii jâo dêh?

Comment vous appelez-vous ?
ເຈົ້າຊື່ຫຍັງ — jâo seu nyăng?

Je m'appelle...
ຂ້ອຍຊື່ ... — kháwy seu...

Parlez-vous français ?
ເຈົ້າປາກ ຝຣັ່ງ ໄດ້ບໍ່ — jâo pàak falang dâi baw?

Je ne comprends pas.
ບໍ່ເຂົ້າໃຈ — baw khào jai

HÉBERGEMENT

hôtel	ໂຮງແຮມ	hóhng háem
guesthouse	ຫໍຮັບແຂກ	hăw hap kháek

Avez-vous une chambre ?
ມີຫ້ອງບໍ່ — míi hàwng baw?

chambre double
ຫ້ອງນອນຕຽງຄູ່ — hàwng náwn tĭang khuu

chambre simple
ຫ້ອງນອນຕຽງດຽວ — hàwng náwn tĭang diaw

C'est combien ?	... ເທົ່າໃດ	... thao dại?
par nuit	ຄືນລະ	khéun-la
par semaine	ອາທິດລະ	ąathit-la
air conditionné	ແອເຢັນ	ąe yăn
eau chaude	ນໍ້າຮ້ອນ	nâm hâwn
salle de bains	ຫ້ອງນໍ້າ	hàwng nâm
ventilateur	ພັດລົມ	phat lóm

ORIENTATION

Où est le ... ?	... ຢູ່ໃສ	... yùu săi?

Quelle est cette (rue) ?
ບອນນີ້ (ຖນົນ) ຫຍັງ — bawn nîi (thanŏn) nyăng?

À quelle distance ?
ໄກເທົ່າໃດ — kại thao dại?

Tournez à gauche/droite.
ລ້ຽວຊ້າຍ/ຂວາ — lîaw sâai/ khwăa

tout droit
ໄປຊື່ໆ — pại seu-seu

AU RESTAURANT

Quelles sont vos spécialités ?
míi nyăng phi-sèt baw

J'aimerais essayer ceci.
ຂ້ອຍຢາກລອງກິນເບິ່ງ
khàwy yàak láwng kịn boeng

Ce n'est pas ce que j'ai commandé.
ຂ້ອຍບໍ່ໄດ້ສັ່ງແນວນີ້
khàwy baw dâi sang náew nîi

Je ne mange que des légumes.
ຂ້ອຍກິນແຕ່ຜັກ — khàwy kịn tae phák

Je n'aime pas les plats épicés.
ບໍ່ມັກເຜັດ — baw mak phét

J'aime les plats épicés.
ມັກເຜັດ — mak phét

Pouvez-vous m'apporter l'addition ?
ຂໍແຊັກແດ້ — khăw saek dae

Mots utiles

assiette	ຈານ	jạa
baguettes	ໄມ້ທູ່	mâi thuu
bol	ຖ້ວຍ	thùay
bouteille	ແກ້ວ	kâew
carte	ລາຍການ ອາຫານ	láai-kạan ạa-hăan
couteau	ມີດ	mîit
cuillère	ບ່ວງ	buang
fourchette	ສ້ອມ	sâwm
verre	ຈອກ	jàwk

Fruits et légumes

ail	ຫົວຜັກທຽມ	hŭa phák thíam
ananas	ໝາກນັດ	màak nat
aubergine	ໝາກເຂືອ	màak khĕua
banane	ໝາກກ້ວຍ	màak kûay
cacahuètes	ໝາກຖົ່ວດິນ	màak thua dịn
canne à sucre	ອ້ອຍ	âwy
chou	ກະລໍາປີ	ká-lam pịi
chou-fleur	ກະລໍາປີດອກ	ká-lam pịi dàwk
citron vert	ໝາກນາວ	màak náo
concombre	ໝາກແຕງ	màak tạeng
germes de soja	ຖົ່ວງອກ	thua ngâwk
goyave	ໝາກສີດາ	màak sĭi-dạa
haricots	ຖົ່ວ	thua
haricots verts	ຖົ່ວຍາວ	thua nyáo
jaque	ໝາກມີ້	màak mîi
laitue	ຜັກສະລັດ	phák sá-lat
légumes	ຜັກ	phák
litchi	ໝາກລິ້ນຈີ່	màak lîn-jii
longane (œil de dragon)	ໝາກຍໍາໄຍ	màak nyám nyái
mandarine	ໝາກກ້ຽງ	màak kîang
mangue	ໝາກມ່ວງ	màak muang
noix de coco	ໝາກພ້າວ	màak phâo
oignon (bulbe)	ຫົວຜັກບົວ	hŭa phák bua
oignon frais	ຕົ້ນຜັກບົວ	tôn phák bua
papaye	ໝາກຫຸ່ງ	màak hung
pastèque	ໝາກໂມ	màak móh
pomme de terre	ມັນຝລັ່ງ	mán fa-lang
ramboutan	ໝາກເງາະ	màak ngaw
tomate	ໝາກເລັ່ນ	màak len

Nombres

1	ໜຶ່ງ	neung
2	ສອງ	ăwng
3	ສາມ	săam
4	ສີ່	sii
5	ຫ້າ	hàa
6	ຫົກ	hók
7	ເຈັດ	jét
8	ແປດ	pàet
9	ເກົ້າ	kâo
10	ສິບ	síp
11	ສິບເອັດ	síp-ét
12	ສິບສອງ	síp-săwng
20	ຊາວ	sáo
21	ຊາວເອັດ	sáo-ét
22	ຊາວສອງ	sáo-săwng
30	ສາມສິບ	săam-síp
40	ສີ່ສິບ	sii-síp
50	ຫ້າສິບ	hàa-síp
60	ຫົກສິບ	hók-síp
70	ເຈັດສິບ	jét-síp
80	ແປດສິບ	pàet-síp
90	ເກົ້າສິບ	kâo-síp
100	ຮ້ອຍ	hâwy
200	ສອງຮ້ອຍ	săwng hâwy
1000	ພັນ	phán
10 000	ໝື່ນ(ສິບພັນ)	meun (síp-phán)
100 000	ແສນ(ຮ້ອຍພັນ)	săen (hâwy phán)
1 000 000	ລ້ານ	lâan

Produits de base

beurre	ເບີ	bọe
bœuf	ຊີ້ນງົວ	siin ngúa
crabe	ປູ	pụu
crevettes	ກຸ້ງ	kûng
fruits de mer	ອາຫານທະເລ	ạa-hăan tha-léh
glace	ນໍ້າກ້ອນ	nâm kâwn
œuf	ໄຂ່	khai
pain	ເຂົ້າຈີ່	khào jịi

piment	ໝາກເຜັດ	màak phét
poulet	ໄກ່	kai
poisson	ປາ	pąa
porc	ຊີ້ນໝູ	sìin mŭu
riz	ເຂົ້າ	khào
sauce de poisson	ນໍ້າປາ	nâm pąa
sauce de soja	ນໍ້າສະອິ້ວ	nâm sá-ĭu
sel	ເກືອ	kęua
sucre	ນໍ້າຕານ	nâm-tąan

Boissons

alcool de riz	ເຫຼົ້າລາວ	lào láo
bière	ເບຍ	bįa
bière pression	ເບຍສົດ	bįa sót
café	ກາເຟ	kąa-féh
eau gazeuse	ນໍ້າໂສດາ	nâm sŏh-dąa
eau potable	ນໍ້າດື່ມ	nâm deum
jus d'orange	ນໍ້າໝາກກ້ຽງ	nâm màak kîang
lait	ນໍ້ານົມ	nâm nóm
thé	ຊາ	sáa
yaourt	ນົມສົ້ມ	nóm sòm

ACHATS ET SERVICES

Je recherche...
ຂ້ອຍຊອກຫາ ... khàwy sàwk hăa ...

Combien coûte... ?
... ເທົ່າໃດ ... thao dąi?

C'est très cher.
ລາຄາແພງຫລາຍ láakháa pháeng lăai

Je voudrais changer de l'argent.
ຂ້ອຍຢາກປ່ຽນເງິນ khàwy yàak pian ngóen

banque	ທະນາຄານ	thanáakháan
pharmacie	ຮ້ານຂາຍຢາ	hâan khăai yąa
poste	ໄປສະນີ (ໂຮງສາຍ)	pąi-sá-níi (hóhng săai)

URGENCES

Au secours !	ຊ່ວຍແດ່	suay dae!
Laissez-moi tranquille !	ໄປເດີ້	pąi dôe!

Appelez un docteur !
ຊ່ວຍຕາມຫາໝໍໃຫ້ແດ່ suay tąam hăa măw hài dae!

Appelez la police !
ຊ່ວຍເອີ້ນຕໍາລວດແດ່ suay ôen tam-lùat dae!

Où sont les toilettes ?
ຫ້ອງນໍ້າຢູ່ໃສ hàwng sùam yuu săi?

Je suis perdu(e).
ຂ້ອຍຫລົງທາງ khàwy lŏng tháang

Je ne me sens pas bien.
ຂ້ອຍບໍ່ສະບາຍ khàwy baw sábąai

JOURS ET DATES

aujourd'hui	ມື້ນີ້	mêu nîi
ce matin	ເຊົ້ານີ້	sâo nîi
ce soir	ຄືນນີ້	khéun nîi
cet après-midi	ບ່າຍນີ້	baai nîi
demain	ມື້ອື່ນ	mêu eun
hier	ມື້ວານນີ້	mêu wáan nîi
lundi	ວັນຈັນ	wán jąn
mardi	ວັນອັງຄານ	wán ąngkháan
mercredi	ວັນພຸດ	wán phut
jeudi	ວັນພະຫັດ	wán pahát
vendredi	ວັນສຸກ	wán súk
samedi	ວັນເສົາ	wán săo
dimanche	ວັນອາທິດ	wán ąathit

TRANSPORTS

avion	ເຮືອບິນ	héua bĭn
bateau	ເຮືອ	héua
bus	ລົດ	lot
minibus	ລົດຕູ້	lot tûu

Je veux aller à...
ຂ້ອຍຢາກໄປ ... khàwy yàak pąi ...

Je voudrais un billet.
ຂ້ອຍຢາກໄດ້ປີ້ khàwy yàak dâi pîi

Où se trouve l'embarcadère ?
ລົງເຮືອຢູ່ໃສ lóng héua yuu săi?

À quelle heure part... ?
... ຈະອອກຈັກໂມງ ... já àwk ják móhng?

À quelle heure arrivons-nous ?
ຈະໄປຮອດພຸ້ນຈັກໂມງ já pai hâwt phûn ják móhng?

Puis-je m'asseoir ici ?
ນັ່ງບ່ອນນີ້ໄດ້ບໍ່ nang bawn nîi dâi baw?

Quand arriverons-nous à...
ເວລາຮອດ ... ບອກຂ້ອຍແດ່ wéhláa hâwt ... bàwk khàwy dae

Arrêtez-vous ici.
ຈອດຢູ່ນີ້ jàwt yuu nîi

Je voudrais louer un(e)...
ຂ້ອຍຢາກເຊົ່າ ... khàwy yàak sao ...

bicyclette	ລົດຖີບ	lot thìip
moto	ລົດຈັກ	lot ják
samlor (cyclo-pousse)	ສາມລໍ້	săam-lâw
sŏrngtăaou (pick-up de passagers)	ສອງແຖວ	săwngthăew
taxi	ລົດແທກຊີ	lot thâek-síi
túk-túk	ຕຸກ ຕຸກ	túk-túk
voiture	ລົດ(ໂອໂຕ)	lot (ŏh-tŏh)

GLOSSAIRE

ąahaan – nourriture

anatta – concept bouddhique de non-substantialité ou de non-essentialité de la réalité : inexistence d'une "âme" permanente

anicca – concept bouddhique de non-permanence, nature éphémère de toute chose

ANV – armée nord-vietnamienne

Asean – Association des Nations de l'Asie du Sud-Est

bâan – terme générique pour maison ou village ; écrit Ban sur les cartes

bąasĭi – parfois écrit *basi* ou *baci* ; cérémonie durant laquelle les 32 *khwăn* (esprits protecteurs) sont symboliquement attachés au participant pour lui assurer santé et sécurité

baht – (*bàat*) monnaie thaïlandaise couramment utilisée au Laos ; également unité de mesure lao équivalente à 15 g, abrégé en THB

BCEL – Banque pour le commerce extérieur lao

bun – prononcé *bųn* et souvent orthographié *boun* ; fête, mais aussi "mérite" spirituel acquis par les bonnes actions ou la pratique religieuse

don – prononcé *dąwn* ; île

dukkha – concept bouddhique de souffrance, d'insatisfaction et de maladie

falang – terme dérivé du mot lao *falang-sèht* ou "Français" ; désigne l'Occident et les Occidentaux

fŏe – nouilles de riz, l'un des plats les plus courants au Laos

hăi – jarre

hăw tąi – bâtiment monastique abritant le Tripitaka (écritures bouddhiques)

héua – bateau

héua hang nyáo – bateau traditionnel (*long tail boat*)

héua phái – bateau à rames

héua wái – hors-bord

hùay – ruisseau ; écrit *Huay* sur les cartes

jataka – (pali-sanskrit) récits mythologiques des différentes incarnations du Bouddha ; *sáa-dók* en lao

jęhdii – stupa bouddhique ; également orthographié *chedi*

jįin háw – musulmans originaires du Yunnan, vivant dans le nord du Laos

jumbo – triporteur à moteur, parfois appelé *túk-túk*

khǽn – instrument à vent composé de deux rangées de roseaux encastrés dans une caisse de résonance en bois dur et rendus étanches à l'air par de la cire d'abeille

khào nĭaw – riz gluant, aliment de base des Laotiens

khào-nŏm – pâtisserie ou sucrerie, parfois abrégé *khanŏm*

khúu-bąa – moine bouddhiste lao

khwăn – esprits protecteurs

kip – prononcé *kìip* ; monnaie laotienne, abrégé en LAK

láap – salade épicée à base de viande, de volaille ou de poisson émincés

lák méuang – pilier de la ville

lám wóng – "danse du cercle" traditionnelle, que l'on danse aussi bien dans les fêtes folkloriques qu'en discothèque

Lao Issara – mouvement de résistance lao contre les Français dans les années 1940

Lao Loum – "Lao des plaines", groupes ethniques appartenant à la diaspora lao-thaï

Lao Soung – "Lao des montagnes", groupes installés en haute altitude (Hmong et Mien, par exemple) ; également orthographié Lao Sung

Lao Thoeng – "Lao des plateaux", terme désignant principalement les populations môn-khmères vivant à moyenne altitude

lingam – pilier ou symbole phallique de Shiva, souvent présent dans les temples d'origine khmère

mae nâm – rivière (littéralement, "mère des eaux") ; généralement abrégé nâm dans les noms propres, comme dans Nam Khong (Mékong)

măw lám – théâtre chanté populaire, terme qui se traduit approximativement par "maître des vers"

múan – amusement (élément qui, selon les Laotiens, devrait être présent dans chaque activité)

méuang – district ou ville et autrefois, cité-État ; souvent écrit Muang sur les cartes

Muang – voir *méuang*

muu bâan – village

náang síi – nonnes bouddhistes

naga – *nâa-kha* en lao ; serpent d'eau mythique que l'on retrouve fréquemment dans l'art et les légendes lao-thaï

nâm – eau ; peut aussi désigner une rivière, du jus, de la sauce et tout ce qui est liquide

néhn – moine bouddhiste novice ; également appelé *samanera*

nibbana – "apaisement", extinction de tous les attachements mentaux qui constitue le but ultime du bouddhisme theravada (nirvana)

pąa – poisson

pąa dàek – sauce de poisson fermenté qui accompagne souvent les plats laotiens

Pathet Lao – littéralement, "pays lao"; terme générique désignant le pays et référence journalistique à la branche militaire de l'ancien Front patriotique lao (couverture du Parti populaire lao) ; souvent abrégé PL

pha – image sacrée faisant généralement référence à un bouddha ; vénérable

phàa – étoffe

phàa bįang – écharpe portée sur l'épaule par les hommes

phàa nung – sarong, porté par la plupart des Laotiennes

phàa salòng – sarong, porté par les hommes

Pha Lak Pha Lam – version laotienne de l'épopée indienne du *Ramayana*

phansăa – carême bouddhiste débutant en juillet avec la saison des pluies ; également appelé *watsa*

phĭi – esprits, dont le culte, qui existe parallèlement au bouddhisme, constitue l'autre grande religion du Laos

phúu – colline ou montagne ; s'écrit aussi *phu*

PRPL – Parti révolutionnaire populaire lao

RDPL – République démocratique populaire du Laos

săaláa lóng thám – *sala* (salle) où moines et laïcs écoutent l'enseignement bouddhiste

săam-lâaw – cyclo-pousse à trois roues ; s'écrit également *samlor*

sakai-làep – autre nom du *jumbo* employé dans le sud du Laos, du fait de sa vague ressemblance avec la capsule spatiale *Skylab*

sala – prononcé *săa-láa* ; bâtiment ouvert sur les côtés, salle

samana – prononcé *săamanáa* ; "séminaire", euphémisme servant à désigner les camps de travail et de rééducation créés après la révolution de 1975

samanera – moine bouddhiste novice ; également appelé *néhn*

se (sé) – également orthographié *xe* ; utilisé dans le sud du Laos pour dire "rivière" ; Se Don signifie donc "rivière Don" et Pakse, "embouchure (*pàak*) de la rivière"

shophouse – bâtiment à un ou deux étages comprenant une boutique au rez-de-chaussée et des habitations aux étages supérieurs

sĭi – sacré ; également orthographié *si*

sĭm – salle d'ordination d'un monastère bouddhique ; terme dérivé des *sima* (prononcé *siimáa*), les tablettes de pierre sacrées qui délimitent le lieu consacré à ces fonctions

soi – allée

sŏrngtăaou – littéralement, "deux rangées", camion ou pick-up de passagers, pourvu de deux bancs latéraux ; peut aussi s'écrire *săwngthăew*

tàat – chute d'eau ; également appelé *nâm tók* ; écrit *Tat* sur les cartes

talàat – marché ; le *talàat sâo* est le marché du matin, et le *talàat mèut* le marché libre ou marché noir ; écrit *Talat* sur les cartes

thâat – stupa ou reliquaire bouddhique ; écrit *That* sur les cartes

thaek-sii – taxi

thanŏn – rue ou route ; souvent orthographié *Thanon* sur les cartes ; abrégé "Th" dans les adresses

túk-túk – voir *jumbo*

UXO – "UneXploded explosive ordnance" en anglais ; engins explosifs non désamorcés

vat – monastère bouddhique

Viêt-minh – forces vietnamiennes opposées aux Français dans la lutte pour l'indépendance de l'Indochine

vipassana – méditation intérieure

wat – voir *vat*

vihan – (*vihara* en pali-sanskrit) bâtiment monastique

ZNP – zone nationale protégée, classification attribuée à une vingtaine de réserves naturelles à travers le pays

En coulisses

VOS RÉACTIONS ?

Vos commentaires nous sont très précieux et nous permettent d'améliorer constamment nos guides. Notre équipe lit toutes vos lettres avec la plus grande attention. Nous ne pouvons pas répondre individuellement à tous ceux qui nous écrivent, mais vos commentaires sont transmis aux auteurs concernés. Tous les lecteurs qui prennent la peine de nous communiquer des informations sont remerciés dans l'édition suivante, et ceux qui nous fournissent les renseignements les plus utiles se voient offrir un guide.

Pour nous faire part de vos réactions, prendre connaissance de notre catalogue et vous abonner à notre newsletter, consultez notre site Internet : **www.lonelyplanet.fr**

Nous reprenons parfois des extraits de notre courrier pour les publier dans nos produits, guides ou sites web. Si vous ne souhaitez pas que vos commentaires soient repris ou que votre nom apparaisse, merci de nous le préciser. Notre politique en matière de confidentialité est disponible sur notre site Internet.

À NOS LECTEURS

Merci à tous les voyageurs qui ont utilisé la dernière édition de ce guide et qui nous ont écrit pour nous faire part de leurs conseils, de leurs suggestions et de leurs anecdotes :

Adélaïde Alias, Philippe Borios, Élise Boutriau, Alexandre Claudel, Noémie Dufourd, Katia Garnier, Sophie Gondry, Céline Grosche, Jean-Marie Lacout, Marjorie Lebleu, Michel Levet, Ludovic Loizel, Anne-Sophie Morin, Mathilde Palmier, Pauline Robert, Jean Paul Simon

UN MOT DES AUTEURS

Austin Bush

Je souhaite remercier James Smart, qui a édité ce guide, Angela Tinson, mes coauteurs Nick Ray et Bruce Evans, ainsi que tous ceux qui m'ont aidé sur le terrain, en particulier Manilla, Paul Eshoo, Tek et Alex de Marvelao, M. Somkiad de l'office du tourisme de Tha Khaek, Amphai de Phosy Tha Lang, Inthy Deuansavanh et Ivan Scholte.

Bruce Evans

Un grand merci aux Laotiens, dont l'accueil chaleureux et pragmatique a rendu ce voyage si plaisant, ainsi qu'à mes collègues auteurs, Nick et Austin. Je remercie également David Wharton, expat à Vientiane, Frédéric Gousset de Don Khon, Boun de l'agence Green Discovery, Yves de Noi's Bikes à Pakse, M. Khamphan de l'office du tourisme d'Attapeu, Paul Eshoo et Don Duvall.

Nick Ray

Un chaleureux merci aux Laotiens, dont la convivialité, la force et l'humour contribuent à faire de ce pays une destination fascinante. Mes plus grands remerciements vont à mon épouse, Kulikar Sotho, et à nos enfants, Julian et Belle. Merci à mes parents de m'avoir transmis le goût du voyage, ainsi qu'à tous ceux qui, au Laos, m'ont aidé à affiner mes connaissances et à redécouvrir ce pays. Ils se reconnaîtront ! Je remercie aussi les coauteurs de ce guide, Austin Bush et Bruce Evans, et toute l'équipe Lonely Planet qui a collaboré sur ce guide.

REMERCIEMENTS

Données des cartes du climat adaptées de Peel M. C., Finlayson B. L. et McMahon T. A., (2007) : “Updated World Map of the Köppen-Geiger Climate Classification”, *Hydrology and Earth System Sciences*, 11, 1633-1644.

Photographie de couverture : Pha That Luang à Vientiane, Travel Pix Collection/AWL Images ©

La section *Histoire* a été rédigée par le professeur Martin Stuart-Fox, professeur émérite de l'University of Queensland, en Australie.

À PROPOS DE CET OUVRAGE

Cette 10e édition du guide Lonely Planet *Laos* est la traduction de la 10e édition du guide *Laos* en anglais. Les recherches et la rédaction ont été confiées à Austin Bush, Bruce Evans et Nick Ray. L'édition précédente avait été rédigée par Kate Morgan, Tim Bewer, Nick Ray et Richard Waters.

Traduction Pierre-Yves Raoult, Pauline Tardieu-Collinet

Direction éditoriale Didier Férat

Responsable éditorial Dominique Bovet

Adaptation française Carole Haché

Responsable prépresse Jean-Noël Doan

Maquette Gudrun Fricke

Cartographie Cartes adaptées par Nicolas Chauveau pour la version française

Couverture Laurent Briard

Remerciements à Angélique Adagio et Rose-Hélène Lempereur pour leur précieuse contribution au texte et à Christiane Mouttet pour la correction finale. Merci aussi à Olympe Richer pour son travail de préparation des textes. Un grand merci à Dominique Spaety, Dominique Bovet et Dorothée Pasqualin pour leur soutien et à toute l'équipe du bureau de Paris. Enfin, merci à Darren O' Connell, Elizabeth Nguyen, Chris Love, Jacqui Saunders, Glenn van der Knijff et Claire Murphy du bureau australien et Clare Mercer, Joe Revill, Sarah Nicholson, Luan Angel et Becky Henderson du bureau de Londres.

Index

Références des cartes **en gras**
Références des photos en bleu

Légende des cartes

À voir

- Château
- Monument
- Musée/galerie/édifice historique
- Ruines
- Église
- Mosquée
- Synagogue
- Temple bouddhiste
- Temple confucéen
- Temple hindou
- Temple jaïn
- Temple shintoïste
- Temple sikh
- Temple taoïste
- Cave/vignoble
- Plage
- Réserve ornithologique
- Zoo
- Autre site

Activités, cours et circuits organisés

- Bodysurfing
- Plongée/snorkeling
- Canoë/kayak
- Cours/circuits organisés
- Ski
- Snorkeling
- Surf
- Piscine/baignade
- Randonnée
- Planche à voile
- Autres activités

Où se loger

- Hébergement
- Camping
- Refuge/gîte

Où se restaurer

- Restauration

Où prendre un verre

- Bar
- Café

Où sortir

- Salle de spectacle

Achats

- Magasin

Renseignements

- Banque
- Ambassade/consulat
- Hôpital/centre médical
- Accès Internet
- Police
- Bureau de poste
- Centre téléphonique
- Toilettes
- Office du tourisme
- Autre adresse pratique

Géographie

- Plage
- Refuge/gîte
- Phare
- Point de vue
- Montagne/volcan
- Oasis
- Parc
- Col
- Aire de pique-nique
- Cascade

Agglomérations

- Capitale (pays)
- Capitale (région/État/province)
- Grande ville
- Petite ville/village

Transports

- Aéroport
- Poste frontière
- Bus
- Téléphérique/funiculaire
- Piste cyclable
- Ferry
- Métro/MRT/Station MTR
- Monorail
- Parking
- Station-service
- Skytrain/Station de métro
- Taxi
- Gare/chemin de fer
- Tramway
- Métro/U-Bahn/Subway
- Autre moyen de transport

Les symboles recensés ci-dessus ne sont pas tous utilisés dans ce guide

Routes

- Autoroute à péage
- Voie rapide
- Nationale
- Route secondaire
- Petite route
- Chemin
- Route non goudronnée
- Route en construction
- Place/rue piétonne
- Escalier
- Tunnel
- Passerelle
- Promenade à pied
- Promenade à pied (variante)
- Sentier

Limites et frontières

- Pays
- État/province
- Frontière contestée
- Région/banlieue
- Parc maritime
- Falaise
- Rempart

Hydrographie

- Fleuve/rivière
- Rivière intermittente
- Canal
- Étendue d'eau
- Lac asséché/salé/intermittent
- Récif

Topographie

- Aéroport/aérodrome
- Plage/désert
- Cimetière (chrétien)
- Cimetière (autre)
- Glacier
- Marais/mangrove
- Parc/forêt
- Site (édifice)
- Terrain de sport

LES GUIDES LONELY PLANET

Une vieille voiture déglinguée, quelques dollars en poche et le goût de l'aventure, c'est tout ce dont Tony et Maureen Wheeler eurent besoin pour réaliser, en 1972, le voyage d'une vie : rallier l'Australie par voie terrestre via l'Europe et l'Asie. De retour après un périple harassant de plusieurs mois, et forts de cette expérience formatrice, ils rédigèrent sur un coin de table leur premier guide, *Across Asia on the Cheap*, qui se vendit à 1 500 exemplaires en l'espace d'une semaine. Ainsi naquit Lonely Planet, dont les guides sont aujourd'hui traduits en 13 langues.

NOS AUTEURS

Austin Bush

Vientiane et ses environs, Vang Vieng, Centre du Laos Austin est arrivé en Asie du Sud-Est en 1999 dans le cadre d'un programme linguistique à l'université de Chiang Mai, en Thaïlande. L'attrait pour la grande ville, les besoins professionnels et son goût pour la cuisine épicée l'ont conduit à Bangkok, où il habite toujours. Aujourd'hui écrivain et photographe, il a contribué à de nombreux livres, magazines et sites Internet. Il a également fourni textes et/ou photos pour plus d'une vingtaine de titres Lonely Planet, dont *Bangkok, Laos, Malaisie, Singapour et Brunei, Myanmar (Birmanie), Bangkok en quelques jours, Thaïlande, Îles et plages de Thaïlande, Vietnam, Cambodge* ainsi que *The World's Best Street Food*.

Bruce Evans

Sud du Laos Après avoir parcouru le *hippie trail* dans les années 1970, Bruce a vécu plus de 20 ans en Thaïlande, dont une bonne partie en immersion dans un monastère bouddhique. De retour en Australie, il a travaillé de nombreuses années comme éditeur pour Lonely Planet. Éditeur et traducteur freelance depuis 2013, il s'est spécialisé dans le Sud-Est asiatique, où il se sent comme chez lui. Ce voyage au Laos a marqué sa deuxième collaboration avec Lonely Planet en tant qu'auteur. Bruce a également rédigé les chapitres de la section *Comprendre le Laos*.

Nick Ray

Luang Prabang et ses environs, Nord du Laos Plus ou moins londonien, résidant actuellement à Phnom Penh, Nick est l'auteur de nombreux guides sur la région du Mékong, dont les titres *Cambodge*, *Myanmar (Birmanie)* et *Vietnam* de Lonely Planet. Lorsqu'il n'écrit pas, il est souvent en reconnaissance dans les coins les plus reculés d'Asie du Sud-Est afin de repérer des lieux de tournage pour le cinéma et la télévision. Il a travaillé notamment sur la production du film *Tomb Raider* et de l'émission *Top Gear.* Le Laos fait partie de ses lieux de prédilection, et c'est avec enthousiasme qu'il est retourné dans les régions reculées du Nord. Il a aussi rédigé les sections *Préparer son voyage* et *Laos pratique*.

Laos

10e édition

Traduit et adapté de l'ouvrage *Laos, 10th edition, June 2020*

92 avenue de France - 75013 Paris

Photographes © comme indiqué 2020

Dépôt légal Janvier 2021

ISBN 978-2-81618-635-2

Imprimé par Pollina, Luçon, France - 99208

En Voyage Éditions | un département édi8